釋控

從中央思想到群體思維，
看懂科技的生物趨勢

THE NEW BIOLOGY OF
MACHINES, SOCIAL SYSTEMS,
& THE ECONOMIC WORLD

KEVIN KELLY

凱文・凱利【著】　何宜紋【譯】

作者介紹

凱文・凱利（KK）可以說是科技趨勢的先知。過去三十年來，他參與並報導了各項科技革命。早年曾在亞洲地區遊歷的他，一直與日常科技產品保持距離，卻也一直保持著對科技產業趨勢的敏銳度。

1993 年共同創辦了《連線》（The Wired）雜誌，至 1999 年任職總編輯期間帶領《連線》拿下兩座美國國家雜誌獎。也曾於 1984 至 1990 年間擔任《全球概覽》（賈伯斯名言「Stay hungry, stay foolish」即出自此處。）的編輯與發行人。他也協助創辦了駭客年會及虛擬社群的先驅 The WELL。

KK 現在是《連線》雜誌的資深撰稿人，並同時替《紐約時報》、《經濟學人》、《華爾街日報》等撰文討論科技以及經濟等現況發展。《必然》以及《科技想要什麼》（正體中文版皆已出版）是 KK 近十年的科技觀察，本書則是奠定他科技觀察地位的重要著作。另著有《新經濟的新規律》、《魅力亞洲》、《酷玩意》等書。

譯者簡介

何宜紋：高雄第一科技大學應用德語研究所碩士，目前為台東大學兒學文學研究所博士生，研究翻譯及兒童文學。譯有《爸爸的紅椅子》。

「數位新世界」出版的話

數位科技像空氣一樣，一轉瞬就充滿了我們生活的每個角落。工作、學習、娛樂、理財、居家、出遊、溝通、傳情、兼差、謀生、犯罪等，沒有一種媒體的發明像數位科技這樣無縫深入。

美國史學大師巴森在他的經典名著《從黎明到衰頹》中說，這個時代有一個新階級叫做「數位人（Cybernist）」，他們的角色跟中世紀的教會神職人員一樣，各機構制度的主管及領袖皆從這個階級產生。巴森在一九九九年寫出這段話的時候，Google 尚未誕生，然而十年過後，現在全世界市值上升最快的公司，讓最多年輕人快速致富的行業，全都來自這裡。

數位世界本來是人類的新邊疆，但很快的他已經變成我們的現實。英特爾的葛洛夫說「所有公司都會變成網路公司」，我們不只架部落格，上噗浪，開臉書，我們也要開始煩惱新開拍的電影如何找到觀眾，老家日漸蕭條的手工製品如何找到新愛好者，舊媒體如何找尋新讀者，救災體系如何不要被鄉民在一天之內架設的網站所淘汰。

舊時代的服務、溝通、組織必須現在就跨入新世界，而我們只有很少數人熟悉數位世界的遊戲規則。如果有所謂數位落差，那不只存在於城鄉之間，更重要的是存在於舊部門、舊市場、舊主管、舊官僚對新世界的陌生。

你不需要開始學程式設計，但你應該開始熟悉數位世界運作的原理，以及如何進入的方法。這是「數位新世界」系列為什麼會誕生的原因。

Out of Control by Kevin Kelly

Copyright © 1994 by Kevin Kelly. All rights reserved.

Published by arrangement with Brockman, Inc.

Traditional Chinese edition copyright © 2018 by Owl Publishing House,
a division of Cité Publishing Ltd.

數位新世界 10　　　　　　　　　　　　　　　　　　ISBN 978-986-262-355-8

釋控：從中央思想到群體思維，看懂科技的生物趨勢

作　　　者	凱文‧凱利
譯　　　者	何宜紋
選 書 人	謝宜英
責任編輯	王正緯
協力編輯	張瑞芳
校　　　對	魏秋綢
版面構成	張靜怡
封面設計	徐睿紳
行銷業務	鄭詠文、陳昱甄
總 編 輯	謝宜英
出 版 者	貓頭鷹出版
發 行 人	涂玉雲
發　　　行	英屬蓋曼群島商家庭傳媒股份有限公司城邦分公司

104 台北市中山區民生東路二段 141 號 11 樓

畫撥帳號：19863813；戶名：書虫股份有限公司

城邦讀書花園：www.cite.com.tw　購書服務信箱：service@readingclub.com.tw

購書服務專線：02-2500-7718~9（周一至周五上午 09:30-12:00；下午 13:30-17:00）

24 小時傳真專線：02-2500-1990~1

香港發行所　城邦（香港）出版集團／電話：852-2877-8606／傳真：852-2578-9337

馬新發行所　城邦（馬新）出版集團／電話：603-9056-3833／傳真：603-9057-6622

印 製 廠　中原造像股份有限公司

初　　　版　2018 年 8 月

定　　　價　新台幣 1200 元／港幣 400 元

讀者意見信箱　owl@cph.com.tw

投稿信箱　owl.book@gmail.com

貓頭鷹知識網　http://www.owls.tw

貓頭鷹臉書　facebook.com/owlpublishing/

【大量採購，請洽專線】(02) 2500-1919

城邦讀書花園
www.cite.com.tw

國家圖書館出版品預行編目資料

釋控：從中央思想到群體思維，看懂科技的生
物趨勢／凱文‧凱利（Kevin Kelly）著；何
宜紋譯 . -- 初版 . -- 台北市：貓頭鷹出版：
家庭傳媒城邦分公司發行, 2018.08
面；　公分 .（數位新世界；10）
譯自：Out of control: the rise of neo-biological
　　　civilization
ISBN 978-986-262-355-8（精裝）

1. 網路經濟學　2. 社會網路　3. 生物演化

550.16　　　　　　　　　　　　　107008971

好評推薦

本書作者以最廣義的定義探討生命是甚麼的問題。一般而言，我們將生命與技術視為不同的領域，並且認為技術干預生命的過程，作者推翻了這樣的說法。本書最具啟發性的觀點即是生命是一種終極的技術，生命與物質朝向一種複雜的共同進化的方向演進。作者以物質而非以人為觀察的重點探討生命的意義，讓我們重新檢視人的意義，也就是說，人不是本質不變的生命體，人與物質的共同演化造就了我們今天的樣貌。這是一本非常精彩的書，值得閱讀。

——楊乃女（國立高雄師範大學英語系副教授）

充滿獨到見解、引人入勝的人物與發人深省的主題。

——《哈佛商業評論》

所有的高階主管都必須閱讀此書……有趣而充滿洞見。

——《財富》雜誌

這是一本由實際研究、不帶偏見的理論以及有趣的軼聞軼事編織而成，關於我們的世界是如何組織的，充滿靈魂的書。

——《獨立報》

本書提醒我們，自我組織……是創新、進步與生命本身的精髓。

——《富比士 ASAP》

〔推薦序〕

《釋控》，第四個不連續的跨越

曹家榮（世新大學社會心理學系助理教授）

　　《釋控：從中央思想到群體思維，看懂科技的生物趨勢》，這本凱文・凱利（Kevin Kelly，以下簡稱 KK）在 1994 年出版，也被認為是他最重要的著作，終於有繁體中文譯本問世了。雖然在時間上看起來，《釋控》的繁中譯本似乎來得太遲*，但若你翻開這本書便會發現，其實他來得正好。

　　有些人也許會認為，要說來得正好，KK 在去年被翻譯成繁體中文的最新著作《必然：掌握形塑未來 30 年的 12 科技大趨力》，才算正好吧！畢竟，《必然》可是更精準地掌握且預測著未來科技發展的趨勢。

　　就科技發展的討論來說可能確實如此。雖然《釋控》一書也令人驚嘆於，早在近四分之一個世紀前，KK 就已經目光精準地談論物連線（第 10 章「工業生態學」）、新興網路經濟（第 11 章「網路經濟學」）、加密數位貨幣（第 12 章「電子貨幣」）這些在今天仍在發展

＊ KK 最新的著作《必然：掌握形塑未來 30 年的 12 科技大趨力》與另一本重要著作《科技想要什麼》都由貓頭鷹出版社分別已於 2017 年、2012 年出版繁中譯本。

中的科技、經濟與社會現象。但我所謂「來得正好」指的是我認為在《釋控》中更重要的、真正的主題。我稱為，跨越第四個不連續的未來。

「第四個不連續」這個概念是 KK 從科學史學家大衛·查奈爾（David Channell）處借來的。他指的是人類與機器之間的不連續（前三個依序是地球與物理宇宙、人類與有機世界、理性與非理性）。跨越這第四個不連續正是 KK 在《釋控》這本書的核心主題。就像 KK 在本書的第一章指出的：這本書寫的正是有關天生與人造的聯姻。

換言之，我說《釋控》這本書的繁體中譯來得正好，是希望讀者們將這本書放在一個更大的脈絡下去閱讀。這個脈絡即是晚近幾年來在各個學術（甚至非學術）場域中不斷被提及、反省的，關於「地球」的當下與未來的問題。或者用一個比較流行的詞彙來說，也就是關於「人類世」的問題。

KK 當然沒有在書中提到人類世這個概念。《釋控》出版時，這個概念恐怕根本還不存在*。但在《釋控》的第五章，當 KK 在討論地球作為一個共同進化的生命網路時，他所討論的便不只是過去我們認為的有機體生命，而是更包含了各種科技物、人造物這些看似非生命的物質，他們同樣也是「蓋亞」這個生命系統的一部分。

沒錯，《釋控》這本書談的正是在跨越第四個不連續後，在人、生物愈發工程化，而機器也愈發生物化的這個時代，這個地球生命系統的未來。而這正呼應了今天種種關於人類世的討論。

＊「人類世」（Anthropocene）一詞最早是由荷蘭大氣化學家 Paul Crutzen 於 2000 年時提出的。

我相信這絕非巧合。因為《釋控》成書的 1990 年代，其實也正是與「人類世」相關的「後人類」思潮萌芽發展的階段。而當 KK 說《釋控》關注的是「天生的」與「人造的」之間聯姻的現象時，其實也正是觸及了關於後人類處境討論的核心。

　　不管是著名女性主義科學史學家唐娜·哈洛威（Donna Haraway）1985 年出版的〈賽伯格宣言〉，還是後人類主義學者凱瑟琳·海爾斯（Katherine Hayles）1999 年的《我們如何成為後人類》，都將人與科技之間界線（也就是第四個不連續）的模糊、甚至消解，看作是後人類處境的核心問題。換言之，所謂後人類處境的一項重要特徵，也就是人與機器之間那條「武斷」界線的取消，進而開啟關於人造物、科技實際上如何根本地影響了自然、生命的反思，乃至於開始從「整個地球」（包含生命與非生命體）的角度思索共同生存的問題。

　　當然，將 KK 放在這個脈絡中不等於主張 KK 是個後人類主義者。在這篇文章最後，我希望提醒讀者們一個關鍵的差異。從《釋控》的第一章開始，你會發現 KK 可以說是一個科技樂觀主義者。例如，雖然當時還不存在關於人工智慧機器人將取代人類工作的爭論，但 KK 在《釋控》中便主張，人與機器之間終將從對抗轉變成一種共生合作的關係。

　　這樣的樂觀自然源自於《釋控》整本書的核心論點：人與機器將逐漸變得愈來愈相似。KK 試圖說服他的讀者，不管是人、有機體還是科技，終將成為某種類型的生命。他認為，總有一天機器和生物之間的差別將難以區分（第九章「冒出的生態圈」）。甚至，整個世界都將網結成人類與機器共生的心智（第三章「有心智的機器」）。

　　我們先無需評價究竟帶著批判意味的後人類主義，與 KK 關於科技發展、人機共生進化的樂觀主義，究竟孰優孰劣。讓我們聽 KK 繼

續說下去，看他在這部令人眼睛一亮的重量級著作中，如何剖析地球這個人類於其中共生共存的生命系統，究竟要如何走向未來。

萬事互相效力

何宜紋

　　羅馬書八章 28 節：「我們曉得萬事都互相效力」，以前只知這句話，也知道其意義，但直到我翻譯完這本《釋控》後，才恍然大悟，原來我 20 年來的教官生涯，竟是成就了我翻譯《釋控》這本書的助力；畢竟對一個喜歡文學，閒暇時總是閱讀文史書籍的人來說，科普是另一個領域，用字遣詞及其意境是不一樣的。話說，對於身為一位高中職教官而言，因教學需要，對國防科技、軍事戰史與世界局勢的知識的吸取，除教科書所載內容外，也必須隨時吸取課外新知，以希冀能提供學生更全面的認知。因為是工作，是面對學生的一種責任，因此不管喜歡與否，**閱讀就對了**，而這樣的知識背景，倒也成了在翻譯《釋控》時不至於太過陌生，這真是成為我翻譯過程中的助力。若說是否有遺憾的話，那就是如果能再早些年接觸《釋控》的話，掌握到原文作者 Kevin Kelly 在《釋控》中對預測機制、對科技的發展趨勢及對未來的展望等，加以對照這幾年股票市場的趨勢，設若有機會從事相關投資的話，或許也能靠股票賺點小利了。

　　另外，對於本譯書的期許就是，由於譯者的碩士論文寫的便是有關翻譯的方方面面，因此在接受本翻譯任務時，便思忖應以什麼樣的翻譯手法從事這項翻譯工作，讓這本書的譯文以何種樣貌與讀者見

面。在此，非常感謝宜英總編輯及編輯團隊並未給予我太多的束縛；但也因此思考之後，便為本譯文下了翻譯綱要——既然是科普書籍的翻譯，譯文首重的就是「忠實」於原文，文句力求通順，不應有譯者的「再創作」風格。譯者對本書的期許，乃希望讀者於閱讀譯文時，雖然無法像閱讀小說時那樣緊緊地扣住心弦，但也希望讀者能享受到原文作者所書寫的好文筆，並且也能接收到原文作者於書中所要傳達有趣、有用的知識與訊息，作為能引起像我一樣鍾愛閱讀小說的讀者，不再覺得科普是無趣、很硬的文章，進而能擴展自己選書的廣度、加深對科普的喜愛，而不是「**閱讀就對了**」。也因此，譯者在文中儘量不對原文加注，儘量簡單轉述原作者之意，以免打斷讀者閱讀的節奏，壞了讀者閱讀的興致，而能每篇一氣呵成——每篇都可以獨立閱讀，不似長篇小說，一定要從頭讀起。

再者，在翻譯的過程中，譯者只是愈加佩服 KK 的深厚學識，更重要的是作者能以深入淺出的方式，甚至佐以故事敘述相關的科普，使之更顯活潑。在此非常樂意將本書推薦給想要嘗試廣泛閱讀的讀者，相信您也可以從中獲得不一樣的視野，希望他將來對您也能「萬事互相效力！」

在此，非常感謝宜英總編及正緯對本書積極的投入，讓本書能與各位見面。

何宜紋　高雄第一科技大學應用德語研究所碩士；台東大學兒學文學研究所博士生。研究領域：翻譯、兒童文學，譯有《爸爸的紅椅子》。

目 次

第一章

人造與天生

我關在一間完全密閉的玻璃小屋內。在裡頭我吸入自己呼出的氣體，由於電扇的吹拂，空氣頗為清新。我排出的尿液和糞便由一些輸送管、管線、電纜、植物及沼澤微生物所構成的系統回收，還原成我可以使用的水和食物：食物味美，水也不錯。

昨晚，外頭下著雪，作為實驗性質的玻璃小屋內，仍然溫暖、濕潤並且舒適。今天早上，厚厚的內窗上掛滿凝結的水珠。小屋內到處是植物，許多大片的香蕉樹葉圍繞在我周邊——那是大片令人心暖暖的黃綠色塊。青豆的細長藤蔓交錯纏繞著布滿了每一道牆面。小屋裡的大半植物是食用性植物，而我的每頓餐食都是來自他們。

我所在的小屋是一個太空生活試驗艙。這個空間裡的空氣循環完全是藉助植物和他們扎根的土壤，以及透過那些在樹葉當中串在一起嘎嘎作響的管道系統——既不是單單只有綠色植物，也不是只靠笨重的機器就足以讓我存活。正確地說，是陽光供養植物而機油驅動機器，他們之間的結合才使我得以繼續生存。在這小屋裡，生物和人造物已經聯合成為一個健全的系統，他們的目的就是養育更高等的複雜生物——在當下，那就是我。

在本世紀的最後，發生在這個玻璃小屋內的事也悄悄的在地球上大規模地發生。天生自有的自然界和人類建造的人造國度漸漸地成為一體。機器正在生物化，而生物也逐漸地工程化。

這種現象正印證一些古老的隱喻：把機器比喻成生物，生物比喻成機器。這樣的古老比喻可以追溯到第一部機器誕生之時。如今，那些許久以前流傳下來的比喻不再只是像詩意般的情感想像而已，他們正成為事實——有益的事實。

這本書寫的主題正是有關天生與人造的聯姻。技術人員推論出生物體和機器兩者之間的邏輯規則，並且一一應用於建立極其複雜的系統工作中，召喚出既是人造，也具有生命，兩者同時並存的新奇裝置；這種生命和機器的聯姻帶來了生活上的便利性。就某種程度而言，這是因為現有技術的局限迫使生命與機器的聯姻。由於我們自己創造的這個世界變得如此複雜，我們必須求助自然界並找出管理他的方法。也就是說，假使想讓他完全正常運轉，那麼我們所製造出的環境愈機械化，最終他也必須變得更加生物化。我們的未來是技術性的未來，但絕不是灰冷的鋼鐵世界；相反地，技術所引領的未來是朝向一個新生物學的文明。

自然界一直供給他的血肉給我們人類。最早的時候，我們只取自然界的原物料，例如食物、衣物纖維和居所。後來，我們學會了從生物圈中提取原料來創造新的合成材料。現在，自然界的生物正向我們說明他的心智——而我們正在學習他的邏輯道理。

像鐘錶般精確的邏輯（機械的邏輯）僅能夠建造簡單的裝置。真

正複雜的系統，像是細胞、草原、經濟體或者大腦（不管是自然的或人工的）都需要一個精確的非技術邏輯。而現在我們所看到的是，除了生物邏輯外，沒有任何邏輯可以組裝出一個有思想的設備、甚至是組裝出任何一套可運行的大型系統。

人類能夠從生物學中學習到生物的邏輯並藉以製造出一些有用的東西，這真是一個令人感到驚奇的發現。雖然過去有許多哲學家曾猜想過，人類可以吸取生命的法則並將他應用在其他地方；但直到電腦和人造系統的複雜性如同生命體一樣地錯綜複雜時，這種想法才得以證實。生命中有多少東西**能夠被轉化**，仍令人感到神祕而且不可思議。到目前為止，有些生命體的特質已經成功地移植到機械系統中，如：自我複製、自我管理、有限度的自我修復、和緩的進化以及局部學習。我們有理由相信還會有更多的特質可以被合成出來並且轉化成新的東西。

然而就在我們把生物邏輯輸進機器中的同時，也正把技術邏輯導入生命之中。

生物工程的本質是充分地控制有機體，以便對其進行改進。馴化後的動植物就是科技邏輯應用到生命的範例。野胡蘿蔔芳香的草根經過草本植物採集者一代又一代地進行微調栽培，才得以改良成菜園裡甜美的胡蘿蔔；野牛的乳房也是以一種非自然方式選擇性地增大，來滿足人類，而不是小牛的需求。這麼說來，乳牛和胡蘿蔔是人類的發明，一如蒸汽機和火藥。只是，乳牛和胡蘿蔔更能表明人類未來所想要創造發明的種類：生長出來而不是製造出來的產物。

基因遺傳工程所做的事，正如養牛人家在挑選更好的霍爾斯坦乳牛品種一樣。只不過基因工程師採用更精確、更有效力的手段來加以控制。當胡蘿蔔和乳牛的培育者必須靠著緩慢的基因進化時，現代遺

傳基因工程師則利用定向的人工進化——有目的的計畫——大大地加速改良。

機械與生命體之間的重疊逐年增加。這種仿生學的融合現象,部分也出現在語詞上。「機械」與「生命」兩者的意義一直在延伸中,直到有一天所有結構複雜的東西都可以被理解成機器,而所有能自身維持運轉的機器也能被看作生物。除了語義外,還有兩種具體的趨勢正在發生:(1) 人造物表現得愈來愈像生命體;(2) 生命變得愈來愈工程化。遮住有機體和人造物兩者之間的表層面紗已經完全揭開,顯示出一直以來這兩者在本質上其實是相同的。在生物族群中,我們知道有像是生物體與生態系統這樣的概念,而與之相對應的人造物中,亦如有機器人、公司、經濟體以及電腦迴路等等;那麼我們應如何為這兩者之間所共有的靈魂命名呢?因為每一種系統都擁有如同生命的屬性,因此我將那些同時是人造和天生的系統稱為「活系統」(vivisystem)。

接下來的章節裡,我會針對這個大一統的仿生學新領域進行審視。我所要描述的活系統有很多是「人造的」,一如精巧的工藝品。他們幾乎都是真實存在的實驗執行下產生之物,而不只是理論。我所針對的都是一些複雜且宏大的人造活系統:全球電話系統、電腦病毒孵化器、機器人原型機、虛擬實境、合成動畫角色、各種人工生態系統,還有模擬全球的電腦模式。

但是自然界的野性是我們深入了解活系統的主要資料來源,或許也是未來能更清楚洞悉活系統的最重要源頭。我所要報導的新實驗包括組裝生態系統、復原生物學、複製珊瑚礁、社會性昆蟲(蜜蜂及螞蟻),還有像是我在前面所提及的亞利桑那州生物圈 2 號的複雜封閉系統。

這本書所研究的活系統深奧複雜、範圍廣泛，並且差別巨大。從這些特殊的大系統中，我提出一套適用於所有大型活系統的統一原則，並將之稱為「神律」；這套神律是所有自我維持和自我改良系統共同遵循的基本原則。

　　當人類努力在創造複雜的機器時，我們一次又一次地回向自然尋求指引。因此，自然不僅僅是一個存有各式生物基因的寶庫，可以提供未來疾病救治尚未發現的草本療法（雖然無疑地必得是如此）；自然也是一個「文化基因庫」，一個創意工廠。在每一個熱帶叢林的蟻丘中都隱藏著充滿活力、後工業時代所效法的典範。那些無法勝數的野生蟲子和野草，還有那些從這生命中所汲取意義的原始人類文化，都值得我們去守護；這不為別的，只為那些他們尚未披露的後現代隱喻。對新生物文明來說，毀壞一片大草原並不只是毀掉一座基因儲藏庫，而是毀壞一座蘊藏著未來暗示、洞見和新生物文明模型的寶庫。

　　大規模地將生物邏輯轉入機器裡，應該使我們感到敬畏。當天生和人造之間的統一完成時，由我們製造出來的東西將會學習、適應、自行療癒，並且進化。這是一種我們還很難想像的力量。數以百萬計的生物機器聚合在一起的能力，或許有天會跟我們自己的創新能力相較量。我們的創造力也許外表華麗，但是由許多不斷默默工作的零件所形成的，那種緩慢而無垠的創造力，或許更值得一提。

　　然而就在我們將釋放生命的力量放進我們所創造的機器時，我們卻喪失了對他們的控制。他們獲得野性，並且因野性獲得一些驚奇。接著，這是所有造物主必須面對的困境：他們再也無法完全擁有自己

所創造出來最優秀的作品。

　　人造的世界很快就會像天生的世界一樣擁有自治力、適應力和創造力，但同時也失去我們的控制。我認為，這是一樁非常重大的交易。

第二章

蜂群思維

在我辦公室的窗下方，蜂箱安靜地任由大批忙碌的蜜蜂進進出出。夏天的午後，當陽光穿透樹影映照著蜂箱時，陽光照射下的蜜蜂就像弧形的曳光彈一樣，嗡嗡作響地鑽進那小小的黑洞口。此時，我看著他們將今年熊果樹花上最後的零星花蜜採集回家。過不久，雨季來臨，蜂群就會躲藏。當我寫作時，我仍會凝視著窗外；他們仍舊辛勤地工作，只不過是在黑暗的家中。只有在最溫和宜人的天氣裡，才能幸運地看到陽光下成千上萬的他們。

養蜂多年，我曾親手將蜂群搬離建築物和樹林，以一種快速又廉價的方式在家中建立新的蜂箱。一年秋天，鄰居砍倒一棵樹，我從樹裡頭取出蜜蜂——我拿著鏈鋸，切進那倒下的老藍果樹，可憐的樹裡頭有著像癌腫瘤似的蜂巢。我鋸得愈深，發現愈多蜜蜂。蜜蜂擠在一個像我一樣大的凹洞裡。那天是個灰暗、涼爽的秋天，所有的蜜蜂都待在巢裡，現在卻被我的手術攪亂得焦慮不安。最後我將手伸進蜂巢中。好熱！至少是攝氏 35 度。擠滿了 10 萬隻冷血蜜蜂的蜂巢卻已變成有著溫暖血液的有機體。加熱的蜂蜜像稀薄、溫暖的血流竄著。我的感覺就像是把手伸進一隻垂死的動物裡。

將蜜蜂群聚的蜂巢視為一隻動物的想法倒是來遲了。希臘人和羅馬人是出了名的養蜂人。他們從自製的蜂箱中獲得數量可觀的蜂蜜，然而這些古代人對蜜蜂的所有認識幾乎都是錯誤的。要怪的話，應歸咎於蜜蜂生活的隱密性——一個由上萬狂熱忠心的武裝士兵守護的祕密。古希臘哲學家德謨克利特斯認為蜜蜂的孵化如同蛆一樣。古希臘將軍暨歷史學家色諾芬分辨出蜂后，卻錯誤地賦予他監督責任，但他並沒有這項職責。亞里斯多德對於導正對蜜蜂的認識，獲得不錯的成果，其中包括「蜜蜂統治者」將幼蟲放入蜂巢隔間的半正確觀察。（事實上，蜜蜂出生時是卵，至少他修正了德謨克利特斯所誤導的蜜蜂是始於蛆。）直到文藝復興，蜂王的性別才被證實為雌性，蜜蜂下腹分泌蜂蠟的祕密也是這時才發現。更是在現代遺傳學出現後，才有線索指出蜂群是徹底的母系社會，而且是姊妹關係：除了少數無用的雄蜂，所有的蜜蜂都是雌性姊妹。蜂巢就像日蝕或月蝕一樣地神祕，深不可測。

　　我曾經看過日蝕、月蝕，也觀察過蜂群。日蝕、月蝕是一種奇觀，我觀看的興趣不大，多半是出於責任，我想是因為他們的罕見及傳統因素，就跟參加 7 月 4 日的國慶遊行一樣。然而，蜂群所喚起的是另一種敬畏。我曾看過幾次蜜蜂分群，每一次都令我驚呆住，其他人看到了也是目瞪口呆。

　　即將離開蜂巢的蜂群是瘋狂的，在入口處周圍明顯地變得躁動不安。蜂群的振翅聲此起彼落喧鬧地嗡嗡作響，振動四周。蜂巢開始吐出整個蜂群，不僅像是要挖空腸胃，也像要掏空靈魂一樣。那些蜜蜂微小的意志力在蜂巢的上方聚集，形成有如吵鬧惡作劇鬼的風暴，並發展成一朵不透明，卻有著生命和目的的黑色小雲。巨大嗡嗡作響的喧擾聲激勵著像幽靈般的蜂群，蜂群緩慢地升高飛入空中，留下空

空的蜂巢和令人困惑的靜謐。德國神智學者魯道夫‧史坦那在他另類怪異的《9篇關於蜜蜂的講義》清楚地寫著：「正當人類靈魂脫離身體⋯⋯，人類可以在飛行的蜂群中真實地看到人類靈魂分離的影像。」

多年來，跟我同區的養蜂人馬克‧湯普森有個怪異渴望，想要建立一個同居的蜂巢──一個你能夠把頭伸進去探訪活生生蜜蜂的家。有次，他正在院子裡工作，一個蜂箱湧出一群蜜蜂「像流動的黑色熔岩，漸漸消溶，然後高飛」。由3萬隻蜜蜂集結的黑色雲朵形成直徑6公尺的黑色暈圈，像幽浮似的，離地2公尺，正好位在眼睛高度。那搖曳不定的昆蟲黑雲開始慢慢地飄移，保持不變的2公尺高度。這個同居蜂巢的夢想終於成真。

馬克沒有猶豫，扔下工具，進入蜂群中，他的光頭立刻就在蜜蜂颶風的中心。他小跑步穿過院子與蜂群同步離開。馬克頭戴著蜜蜂黑環，跳過一個又一個籬笆，此刻的他正跑步跟上那響聲如雷的動物，他的頭在他的腹部飄動著。他們一起穿過公路，迅速通過一片開闊的田野，接著又跳過一個籬笆。他累了，蜜蜂還不累，他們加快速度。這個頭戴蜂群的男人滑下山崗，滑進沼澤。他和蜜蜂現在就像迷信傳說中的沼澤惡魔，嗡嗡叫，盤旋著，穿越瘴氣。穿越汙泥時，馬克劇烈搖晃，試圖保持平衡。這時，蜜蜂接收到某種信號，加快速度。他們卸除馬克頭上的環圈，留下他濕漉漉地站在那裡，「氣喘吁吁，快樂而驚奇」。蜂群維持齊眼的高度，飄過地面，就像被釋放的精靈，越過高速公路，飛進松樹林裡，直到消失不見。

「『蜂群的靈魂』在哪裡？⋯⋯他駐足何處？」作家莫里斯‧梅德林克早在1901年就提出這樣的質疑。「是誰統治這裡、發號命令、預見未來、⋯⋯？」現在能確定的是，不是蜂后。當蜂群從蜂巢前面

的狹長小孔湧出時，蜂后只能跟著。蜂后的女兒們（工蜂）負責選擇蜂群應該在哪裡及何時安頓下來。5、6隻不知名的工蜂在前方偵查，確認可能安置蜂巢的樹洞或牆洞。他們飛回來後，用約定好的舞蹈方式向休息的群蜂報告。在報告當中，偵查蜂舞跳的幅度愈誇張，即表示他所主張的地點愈好。接下來，頭目們會根據舞蹈的強度查核多個選定的地點後擇一，並以加入偵查蜂快速旋轉的舞踏方式來表示同意。這會引起更多的跟隨者前往確認先行選定的地點，回來後加入偵查蜂的喧鬧舞踏，表達他們的選擇。

除了偵查蜂外，極少數的蜜蜂會去查探兩個以上的地點。蜜蜂們看到一個訊息──「去吧，那是個好地方。」他們飛去，回來之後飛舞地說：「是的，真是個好地方。」透過重複的強調，最中意的地點會有更多的探訪者，因這樣的方式也會吸引其他更多的探訪者。按照遞增法則，得票愈多，反對愈少。漸漸地，由一個以像滾雪球似的方式形成一個大舞群主宰著場面，直到終場。最大的蜂群獲勝。

這是一個白癡的選舉大廳，由白癡選舉白癡，而這樣的效果卻不可思議。這是民主的、也是完全分散式管理的真正本質。當舞曲結束閉幕時，按照民眾的選擇，蜂群帶著蜂后和雷鳴般的嗡嗡聲，飛向蜂群投票所選定的地點。蜂后非常謙恭地跟著。假如他可以思考，那麼他會記得他只不過是一個農家女孩，與受指示（誰下的指示？）來照顧他的保育蜂是有著血親的姊妹。他，原來只是一個普通幼體，在蜂王漿的餵養下從灰姑娘轉變成為蜂后。然而，是什麼樣的命定讓這個幼蟲被選為女王？又是誰選擇這挑選的人呢？

「是蜂群選定的，」威廉・莫頓・惠勒解答了這個疑惑。他是古典學派生態學家暨昆蟲學家，最早創立社會性昆蟲研究領域。1911年時，他在《形態學》期刊發表了一篇名為〈作為一個有機體的蟻

群〉的爆炸性短論，主張無論從哪個重要且具科學意義來看，昆蟲群體不僅只是一個類有機體，他實實在在就是一個有機體。他寫道：「就像一個細胞或一個人，他表現得正如同一個完整的單一個體，在空間中保持著他的特性，抗拒解體……既不是一個東西，也不是一個概念，而是一個持續的不斷變動或進程。」

這是一群有 2 萬個盲目群眾合併成的整體。

在拉斯維加斯一間漆黑的會議室裡，一群興高采烈的觀眾手拿硬紙棒在空中揮舞。紙棒的一端是紅色，另一端是綠色。大會議室的最後面，有架攝影機拍攝這些瘋狂的參加者。攝影機將紙棒的色塊連結到由製圖奇才羅倫・卡本特所架設的一套電腦上。卡本特的客製軟體將觀眾席中的每一端紅色和每一端綠色的紙棒進行定位。今晚到場的人數將近 5,000 人，電腦精確地將每個紙棒的位置（和他的顏色）展示在巨大而詳細的螢幕上。螢幕就掛在會議前台上，讓每個人都可以看到。更重要的是，電腦算出紅色紙棒和綠色紙棒的總數，並用這個數值控制軟體。當觀眾揮動紙棒時，螢幕上就會顯示出一大片在黑暗中瘋狂舞動的光點，宛如龐克風的燭光遊行。觀眾看見他們自己以紅色畫素或綠色畫素出現在螢幕上。翻轉自己的紙棒，便可以立即改變自己所投射出的畫素顏色。

羅倫・卡本特在大螢幕上啟動老式的電動遊戲「乒乓」。「乒乓」是第一款流行的商業化電動遊戲機。那是極其簡單的排列設計：白色圓點在方形框裡跳來跳去；兩邊各有一個可以移動的長方形，模擬球拍的動作。簡單地說，就是電子乒乓球。在這版本裡，展示紅色

紙棒，球拍往上移；綠色，球拍則下移。更確切地說，乒乓球拍是隨著觀眾席中紅色紙棒平均數的增加或減少而上下移動。手上的紙棒只是參與決定的一票。

卡本特不需要做太多解釋，因為參加 1991 年電腦繪圖專家會議的每位與會者或許都曾經玩過「乒乓」遊戲。卡本特的聲音透過麥克風在會議場中大聲隆隆地作響：「好了，朋友們，在會議場左邊的人控制左邊球拍，右邊的人控制右邊球拍。假如你認為你在左邊，那麼你就是在左邊。清楚嗎，開始！」

觀眾興高采烈地歡呼。5,000 人沒有任何猶豫地玩起了「乒乓」電動遊戲，玩得相當不錯。球拍每次移動都是幾千玩家意圖的平均數。這種感覺令人緊張不安。球拍一般會按照你的意圖移動，但並非總是如此。當他不合你的意圖時，你會發現自己花費在預判球拍動向的專注力，跟對付球跳過來的專注力是一樣多。每個人都能清楚地覺察到別人在遊戲中也運用著他的聰明才智：這是一群大呼小叫的烏合之眾。

群體的心智把「乒乓」玩得這麼好，使得卡本特決定提高難度。在沒有任何提示下讓球跳得更快些。參加者一齊發出了尖叫聲。過了一兩秒，這些群眾已調整好速度，而且比之前玩得更好。卡本特再加快速度，大家也立刻跟上腳步。

「讓我們試試別的，」卡本特建議。螢幕上顯示出會場上的座位圖。他在中央用白線劃出一個大圈。「你們能在圈內用綠色做出一個『5』嗎？」他問觀眾。觀眾盯著一排排的紅色畫素。這個遊戲類似在體育場上舉高標語牌做出圖案，只是現在沒有任何預先設置的排序，只有一個虛擬螢幕。這時綠色畫素幾乎同時出現擺動的曲線，並隨意地擴大，好像那些人認為他們的座位就在「5」的路徑上，因此

將手上的紙棒翻成綠色。一個模糊的圖案正在成形。在喧鬧中，觀眾共同地開始辨認出一個「5」字。一經確認，「5」立即變得非常清晰。坐在圖形模糊邊緣揮舞著紙棒的觀眾決定他們「應該」在哪個位置，使得成形的「5」更加清楚。數字自行聚合拼裝好了。

「現在做一個4！」聲音響起。一下子，出現一個「4」。「3！」，瞬間功夫，一個「3」出現。接著快速連續出現「2……1……0。」這突然發生的事進行得很順利。

羅倫・卡本特在螢幕上啟動一個飛機飛行模擬器，簡潔說明：「左邊的人控制翻滾，右邊的控制傾斜角度。假如你們將飛機指向任何有趣的東西，我會向他發射火箭。」飛機處於騰空狀態。飛行員是──5,000名新手。這一次，會場上完全安靜下來。當擋風玻璃外的景象出現時，每個人都在研究著導航器。飛機朝向粉色小山中的粉色深谷降落。跑道看起來非常窄小。

讓飛機上的乘客共同駕駛飛機的想法既有趣又荒唐可笑。這整個粗糙蠻橫的民主意識卻非常具有吸引力。作為乘客，要投票表決所有事情，不僅是決定整架飛機的航向，也要決定何時調整襟翼，改變升力以平衡飛機狀態。

但是群體心智似乎在決定飛機著陸的關鍵時刻是個不利條件，因為這時可沒空去權衡眾人意見。當5,000名參與者開始要降低飛機高度著陸時，安靜的大廳爆發粗暴的叫喊聲和急切的命令。會場成了一個陷入危機的巨大駕駛艙。「綠，綠，綠！」一部分人大聲喊著。「紅的，再多點！」一會兒，另一群人喊著。「紅，紅，紅──色！」飛機令人暈眩地向左傾斜。顯然，飛機將錯過跑道，機翼會先著地。不像「乒乓」，飛行模擬器從推動操縱桿到發生反應，從輕推副翼桿到機身傾斜轉彎，需要一段時間的延遲反應。這些隱藏起來的信號擾

亂群體的心智。因為矯枉過正導致搖擺不定，飛機傾斜震盪。但是，眾人不知怎的中斷飛行，理智地拉高飛機，將飛機轉向，再次試著降落。

他們是如何調轉方向的呢？沒有人決定要左轉或右轉，甚至是轉或不轉——沒人作主。但是，彷彿眾人一心似地將飛機側轉並且轉身遠離。再次試圖著陸，再次飛行歪斜。眾人決定一致行動，沒有經過橫向溝通；就像鳥群起飛，眾人再次拉高飛機。飛機在上升時稍微有些搖擺，接著又搖晃一些。就在這不可思議的瞬間，這 5,000 人的心智同時有了相同強烈的想法：「不知道是否可以翻轉 360 度？」

大家不說一句話，繼續翻轉飛機。現在沒什麼好失去的了。隨著地平線，飛機令人頭昏眼花地上下翻轉。5,000 名外行飛行員在他們第一次單飛中讓飛機翻轉，這動作實在是太優美了，他們起立為自己鼓掌叫好。

參與者做了像鳥兒們會做的事：他們群聚一起。但他們是自覺性地聚集起來。當他們合作做出一個「5」或者是操控飛機時，是他們對自己的總體樣貌做出反應。然而，一隻飛行中的鳥對於群飛一起的鳥群形態並沒有全然的概念。而所謂的「群態」正是從動物完全忘記他們群集的形狀、大小或者列隊中顯現出來的。一隻跟著結隊飛行的鳥兒對於飛行中群鳥的優雅姿態及聚合是盲目且未加以思考的。

破曉時分，在雜草叢生的密西根湖上，上萬隻的野鴨躁動不安。在清晨柔和淡淡紅色的光輝中，野鴨們聒聒聒聒地叫著，抖動著他們的翅膀，在水中尋覓食物。到處都是野鴨。突然間，受到一種令人幾乎感覺不到的信號暗示，千隻鴨子就像一個個體似地整個飛了起來。他們轟然一聲飛向天空。於此同時，湖面上另外一千多隻的野鴨也跟著他們，就像一尊半坐臥的巨人，現在要坐立起來了。這頭可怕的大

野獸在空中盤旋，突然轉向東方的太陽，一眨眼，反轉方向，將自己翻轉過來。一會兒，整群野鴨似乎受到一個想法所控制一樣地轉向西方，飛走了。17 世紀一位不知名的詩人寫著：「……成千上萬的魚群宛如一頭巨獸在游動，破浪前進。他們像是一體，不屈不撓聚在一起去對抗共同的命運。這種一致是從何而來？」

一群鳥兒並不是一隻碩大的鳥，科學報導記者詹姆斯・格萊克寫道：「一隻鳥或一條魚不管動作如何地流暢自如，都無法像滿天的八哥在玉米田上空打轉，或像百萬隻的米諾魚迅速密集地集結成隊，在視覺上所帶給我們的震撼。……（鳥群急轉逃離掠奪者的）高速影片顯示出轉向動作像波浪狀穿過整個鳥群，以大約七十分之一秒的速度從一隻鳥傳導到另一隻鳥，遠比一隻鳥的反應時間要來得快。群鳥並非只是鳥的聚集而已。」

電影《蝙蝠俠大顯神威》裡有一場景，一大群黑色大蝙蝠成群地穿越水淹的隧道進入紐約市中心。這些蝙蝠是由電腦製作而成的。動畫師最先只繪製出一隻蝙蝠並預留空間可以讓他自動地搧動翅膀，再複製成打的蝙蝠直到成群；然後下程式指令讓每隻蝙蝠可以在螢幕上到處獨自活動，只是讓蝙蝠得遵循編碼後的一些簡單的規則：不可以撞上其他蝙蝠、跟上其他蝙蝠、不可以離隊太遠。當這些具有規則系統的蝙蝠動起來時，他們就像真的蝙蝠聚集在一起。

群體規則是由一位在圖像硬體製造商 Symbolics 工作的電腦科學家克雷格・雷諾茲所發現的。用簡單的程式調整各種不同的作用力——多一點聚力，少一些延遲時間——雷諾茲使形塑的群體行為動作可以像活生生的蝙蝠群、麻雀群或是魚群。甚至在《蝙蝠俠大顯神威》裡，一群行進中的企鵝也是以雷諾茲的程式運算聚合而成的。就像蝙蝠一樣，電腦將建製的 3D 企鵝先行全部複製，再把他們放進場

景中朝向一個特定方向前進出發。當他們行進在積雪的街道上時，擁擠推撞的場景就輕易地出現了，不受任何人控制。

雷諾茲簡易的系統規則繪製出的群體是如此地真實，以至於生物學家回頭看看自己拍攝的高速電影後，斷定真實鳥類和魚類的群聚行為必定是源自於一套相似的簡單規則。群體曾經被視為是生物體的決定性象徵，某些壯觀的隊形只有生物體才能實現。根據雷諾茲的規則系統，群體如今被當作是一種適應技巧，適用於任何分散式的活系統，無論是有機的還是人造的。

研究螞蟻的先驅者惠勒首先以「超級有機體」來稱呼忙碌合作的昆蟲群體，以便清楚地和「有機體」的隱喻涵義區分。在世紀交替之際（約 1900 年左右），有一派哲學思潮主張：通過觀察一些較小部分的個體行為，就可以理解上層的整體模式。當時，惠勒便受到這思潮的影響。正在起步發展的科學研究便一頭栽進物理學、生物學、和所有自然科學的微觀細節裡頭。這種將整體的研究還原為關注其細部組成要素的覺醒，在當時被認為是能夠理解整體最實際有效的途徑，而且會持續整個 20 世紀，至今（指 21 世紀）仍是科學探索最主要的模式。惠勒和他的同事便是這類還原論觀點的主要擁護者，例如惠勒就寫了 50 篇專論螞蟻那具體卻又神祕行為的論文。但在同一時間裡，惠勒在這超級有機體中看到「湧現的特性」繼而取代了群蟻固有的特徵。惠勒表示，群居所形成的超級有機體是從大量普通昆蟲有機體的聚集中「湧現」出來的。他指出，湧現是科學——一種技術性、理性的解釋——不像神祕主義或煉金術。

惠勒認為，湧現的觀點是調和「將他分解為部分」和「將他視為一個整體」兩種不同途徑的一個方法。當整體行為有規律地從各部分限制的行為中湧現時，那麼身體與心智、整體與部分的二元性就會完全地消失不見。然而，這些超級特性是如何從較底層部分而湧現出來的細節詳情，卻無人知曉。現在依然如此。

然而，惠勒團隊清楚知道湧現是個普通的自然現象。就像日常生活當中普通的因果關係一樣具有關聯性，一種 A 導致 B，B 導致 C，或像 2 + 2 = 4 這樣的因果關係。化學家援引普通的因果關係解釋是經實驗觀察到的，硫原子和鐵原子化合為硫化鐵分子。根據當時的哲學家 C・洛伊德・摩根的說法，湧現的概念是表示一種不同類型的因果關係。在這裡，2 + 2 不等於 4；甚至不可能意外等於 5。在湧現邏輯裡，2 + 2 = 蘋果。「湧現的進程是，儘管看起來多少有點躍進（一個跳躍），但最好的詮釋是，在事件的進展中，他是一種向性的質變，是關鍵的轉折點。」這是摩根 1923 年寫在《湧現式進化》著作裡的一段話，那是一本人膽的論述。書中引用了布朗寧的一段詩，這段詩中證明了音樂是如何從和弦中湧現出來：

　　而我不知道，除此（音樂）之外，人類是否可以擁有比
這更好的天賦。
　　因為從三個音階所表達出來的，不是第四個音階，卻是
星辰。

我們現在可以證明，那是我們大腦的複雜性使我們能從音符中精煉出音樂，因為我們相信橡樹聽不懂巴哈。當我們聆聽巴哈時，巴哈的氣質浸濡我們身心，這種「巴哈情懷」是一種恰如其分地有如詩

般的意象，而這樣的意象是從音符以及其他共通的訊息中所湧現出來的，這是多麼具有意義的模式啊！

一隻小蜜蜂，這樣的生物體擁有輕於十分之一克的翅室、組織、甲殼素組成的結構模式。一個蜂巢的組織裡則有工蜂、雄蜂、花粉和蜂窩裡的幼蜂而共同組成一個整體。一個重達 22.7 公斤的蜂巢機體是小蜜蜂的個體部分隨著共有的一致性而湧現出來的。蜂巢擁有大量其個體組成部分所沒有的東西。一個斑點大的蜜蜂小腦袋只有 6 天的記憶，但作為整體的蜂巢所擁有的記憶卻有 3 個月之久，是蜜蜂平均生命的兩倍。

螞蟻也擁有像蜂群一樣的心智思維。當他們要從一個巢穴搬到另一個巢穴時，會顯示出湧現控制下那卡夫卡式的陰暗面。當一群螞蟻用嘴搬運像王冠上寶石般的蟻卵、幼蟲、蛹，拔營向西行時，同一蟻巢的另一批忠心的工蟻也趕忙地正啣著像貴重物品般的家當往東走；然而仍有些工蟻或許是接收到混亂的訊息，正空著手一下向東一下向西地亂跑。像極了辦公室裡典型的一天忙亂。但，整個螞蟻窩還是搬走了。看不到上層做出任何明確指示的蟻群，卻能選出了一個新地點，進而發出信號讓工蟻開始築巢並且進行自我管理。

「蜂群思維」的奇妙之處在於，沒有任何一隻蜜蜂掌控他，但卻有著一隻看不見的手在控制著他，而這隻手是從一群愚笨的成員中湧現出來的。神奇的還不只如此。當一隻蟲子機體想要發展形成群集機體時，那麼只需要蟲子數量增加，這樣就會有很多、更多的蟲子，他們因此互相交流。直到某個階段，其複雜度達到一定程度時，這時新的「群集」類型就會從原來簡單的「蟲子」項目中湧現出來了。群集是蟲體與生俱來的內在屬性，這當中便蘊藏著一種神奇。因此，我們在蜂巢中所發現的一切，都是潛藏在一隻蜜蜂當中。儘管我們可以用

迴旋加速器和螢光鏡來探究一隻蜜蜂，卻是永遠也無法一窺蜂巢的特性。

在活系統中有一個普遍性定律：較低層級的存在是無法推斷較高層級的複雜性。也就是說，不管用任何方式——不管是電腦還是大腦，數學、物理或哲學等方法——若沒有實際地運作，都無法解開融合於個體部分的湧現模式。只有已存在的蜂巢才能揭示單隻蜜蜂本身是否融合了群集的特性。理論家是這麼認為的：想要了解潛藏在湧現結構當中的系統，那麼最快速、最便捷、也是唯一確定的方法，就是實際運作這個系統。因此，想要「表述」一個複雜的、非線性的反應式，只有發掘他的實際作為，這是沒有任何捷徑可以一蹴可幾的，因為他有太多的行為被隱藏了。

這讓我們更想知道，到底還有什麼我們尚未見過的東西隱藏在蜜蜂的體內？或者，還有什麼是因為沒有足夠的蜂巢同時出現，而還沒有顯露出來的東西埋藏在蜂巢裡面？那麼就此而言，有什麼東西是潛藏在人體中沒有湧現出來的，而必須等到我們所有人類都透過人際交流或政治管理聯繫起來？在類似這樣蜂巢仿生學的超級心智思維中，或許正醞釀著讓人最意想不到的東西。

最令人難以理解的東西總是蘊藏在思維之中。

正因為人體明顯的是一個由專司各種功能器官所組成的集合體——心臟負責輸送，腎臟負責清掃——因此，當發現思維將認知行為委派給大腦不同區域時，人類並沒有太驚訝。

18 世紀晚期，內科醫生注意到病人在臨終之前，腦部受損的區

域和明顯喪失的思維能力之間存在著關聯性。這種關聯已經超越學術的研究：強烈精神錯亂的起因是屬於生物學的範疇嗎？1873 年，在倫敦西賴丁精神病院裡一位年輕的精神科醫師對此心存懷疑，便以外科手術從兩隻活著猴子的大腦中取出一小部分的組織。其中一例是導致一隻猴子右臂癱瘓；另外一例則是導致耳聾。但在其他所有的部分，兩隻猴子都是正常的。這個實驗訊息表明：大腦必定是經過劃分的，部分失靈了也不會像一艘沉船遭到滅頂一樣，使整個人也失去生命。

如果大腦被劃分成各個部門，那麼記憶是儲存在哪一部位？複雜的大腦思維是以什麼樣的方式來分攤工作？答案實在是非常令人感到意外。

1888 年，一位談吐流利、記憶敏捷的男人出現在朗道爾特博士的辦公室；他感到恐懼不安，因為他無法念出字母表裡的任何一個字。這位茫然不知所措的男人在聽寫一條訊息時，可以毫無差錯地寫出字來；然而他卻無法複誦寫出的內容，即使寫錯了，也無法找出他寫錯的地方。朗道爾特博士記錄著：「在看視力檢查表時，（他）無法念出任何字母。然而他聲稱可以看得很清楚，……他把 A 比作畫架，Z 比作蛇，P 比作搭扣。」

這個男人在死前 4 年的時間裡，他的失讀症變成完全的讀寫失語症。果不其然，屍體解剖時，發現兩處損傷：一處舊傷靠近枕骨（視力），另一處新傷可能是在語言中樞附近。

這是大腦科層官僚化的顯著證據。他暗示著，腦部不同的區域分管不同的功能。如果是口語說話，這一區掌管字母的處理；如果是有關閱讀，則由那一區處理相應的字母。如果要說出一個字母（輸出），還需要向另一科室申請。數字則由另一棟大樓不同的處室共同

處理。如果想要罵人，就像《巨蟒飛行馬戲團》的滑稽短劇讓人聯想到，必須到下面的大廳裡去。

早期的大腦研究員，約翰‧休林斯傑克森講述一位關於他的女病人的故事。他在日常生活中完全失語。有一次，有些傾倒在他所住病房對街的垃圾著火了，這位病人第一次說出，而且也是休林斯傑克森聽他說過唯一的一個字：「火！」

怎麼會這樣呢？他感到有些不可置信，難道在他的語言中樞裡，「火」是唯一一個他所能記得的字？難道大腦中有他自己的「火」字部門？

隨著大腦研究員進一步的研究，思維的謎題向人們展現出他本身的特殊性。在有關記憶的文獻中記載著，有一類人能正常地區分具體的名詞——告訴他們「肘部」，他們就會指著自己的肘部——但是令人吃驚的是，他們竟然無法區分抽象名詞——問他們有關「自由」或「天資」時，他們會茫然地瞪著眼睛，然後聳聳肩。與此相反的是，另一類看起來正常的人則失去他們記住具體名詞的能力，然而卻能完全地辨別抽象事物。伊斯瑞爾‧羅森菲爾德在他精彩卻被人忽視的著作《發現記憶》中寫著：

> 一位病人，被要求對「乾草」下定義，這位病人回答：「我已經忘記了。」然後被要求再次對「海報」下定義時，他說：「不知道。」然而，給他「祈求」這個字時，他說：「真誠地請求幫助。」再問「條約」，則回答：「友好的協定。」

古代哲學家說，記憶是座宮殿，在宮殿裡每個房間都置放一個思

想。但隨著在臨床上發現一個又一個不同型式的特別健忘症及針對其病症的研究，記憶房間的數量總和卻暴增，並且這樣的發現及研究，似乎沒有盡頭。已經被分割為許多小室的記憶城堡，又被分割成有著許多極小密室的極大迷宮。

有一項研究中的四個病人能辨別無生物的物體（如雨傘、毛巾），卻會對有生命的東西胡亂曲解意思，包括食物。其中一位病人能夠毫不含糊地談論無生命物體，但對他來說，蜘蛛的定義是「一個尋找東西的人，他是為國家工作的間諜。」還有些紀錄是關於會妨礙病人使用過去時態的失語症。我曾聽說另一個傳聞（我無法證實，但毫不懷疑），是關於一種疾病，罹患該疾病的患者可以分辨所有的食物，但只有蔬菜除外。

南美文學大師波赫士所杜撰解釋的古代中國百科全書《天朝善智》，其中的分類系統正能恰如其分地表示出潛藏在記憶系統下荒謬的隨意性。

在那本年代久遠的百科全書中，將動物劃分成：

(a) 屬於皇帝的 (b) 防腐處理的 (c) 馴養的 (d) 乳豬 (e) 人魚 (f) 神奇的 (g) 流浪狗 (h) 歸入此類的 (i) 發瘋似抽搐的 (j) 不可勝數的 (k) 用極細緻的駱駝毛筆描繪的 (l) 其他的 (m) 剛剛打破花瓶的 (n) 遠看像蒼蠅的

就如《天朝善智》的分類系統一樣地牽強，任何分類的過程都有其邏輯問題。除非每一個記憶都能有不同的地方存放，否則就一定會有令人疑惑的重疊。例如，一隻喋喋不休的頑皮豬，可能就歸類在上述三種不同的類別裡。儘管可能，但將想法歸到三個記憶槽裡是相當

沒有效率的事。

在電腦科學家試圖建立人工智慧的系統過程中，知識是如何存進我們的大腦中，已經不僅僅是個學術問題了。那麼，蜂群心智的記憶架構是什麼樣子的呢？

過去，大多數研究者的想法傾向於人類是憑直覺使用他們自製記憶庫的方法：每一個檔案文件存放在單一位置，彼此間可以多重相互參照引用，就像圖書館一樣。1930 年代，在加拿大從事神經外科研究的威爾德·潘菲爾德醫生通過一系列著名的一流實驗，為記憶在大腦中有獨立位置的理論提出了有力證據。在大膽的開腦手術中，潘菲爾德在病人的意識清醒的狀態下，利用電激探查病人的小腦活體，並請他們講述經歷。病人述說著非常生動的記憶。電激最微小的移動能引發明顯不同的想法。就在潘菲爾德用探測器掃描小腦表面的同時，他也繪製每一個記憶在大腦中的相對位置。

第一個讓他感到驚訝的發現是，那些往事可以重播，就像錄音機在若干年後可以播放一樣——只要「按下重播鍵」。潘菲爾德在他描述一位 26 歲婦女癲癇發作後的幻覺時，使用「回閃」這個專有名詞：「同樣的回閃出現好幾次，都跟他表親的家或到那裡旅行有關——他已經有 10 年到 15 年沒有去過那裡，但在小時候常去。」

潘菲爾德對那未經探查的活體大腦進行探索的結果，產生了一種不可撼動的印象：腦半球就像非常出色的記錄裝置，那精彩的回憶功能似乎與時下流行的留聲機不相上下。我們每一個記憶都被精確地刻劃在他自己的碟片上，由溫和有節制的大腦忠實地分類與歸檔；並且能夠像點唱機中的歌曲一樣，按下正確的按鈕就可以播放出來，除非受到暴力的傷害。

然而，仔細查看潘菲爾德實驗的原始紀錄，可以發現，記憶並非

完全是機械的處理過程。有個例子是一位 29 歲的婦女在潘菲爾德刺激他的左顳葉時，他的反應：「有些東西從某個地方朝我這邊來了。是個夢。」4 分鐘後，刺激完全相同的點：「景色似乎跟之前的不一樣……」刺激附近的點：「等一下，有東西在我上面閃過去了，我夢過的東西。」刺激第 3 點時，在大腦的更深一點的地方：「我一直在作夢。」重複刺激同一點：「我一直看到東西──我一直夢到的東西。」

這些文件所提到的，與其說是從記憶檔案的底層小隔間擷取出來、雜亂無章的記憶再現，倒不如說是像夢一般的模糊隱現。擁有這些經驗的主人認為他們是零碎的半記憶。他們帶著生硬拼湊而成的情趣到處徘徊，夢隨著產生──沒有中心故事的點點滴滴和過去的片段重組成為夢中的拼貼畫。**似曾相識**的感覺並未出現，也沒有「當時正是那樣」的強烈情感跟現在情緒感覺相抗衡。沒有人被這樣的重播所欺騙愚弄。

人類的記憶的確會當機不管用。他們不管用的方式很特別，在雜貨店買東西卻忘了清單上的蔬菜或者就是忘記買蔬菜這件事。記憶損傷通常和大腦受到物理損傷有關，因此我們認為記憶在某程度上是跟時間和空間綁在一起的，因為跟時間、空間綁在一起正是真實的定義。

但是現代認知科學更傾向一個新的觀點：記憶好像是儲存在大腦裡許多沒有關聯、不像記憶的片段匯集而從中湧現出來的事件。這些半意識的片段沒有固定的儲藏位置，他們分散在大腦中。在不同意識之間，他們儲存的方式在本質上也不同──學習洗牌的技巧跟學習對玻利維亞首都的了解是不同的組織方式──這種方式也會隨著人的不同而不同，同樣地每次也會有些不同。

因為可能存在的想法或經歷比大腦中神經元的組合方式要來得多，因此記憶必得以某種方式自行組織，才能在他有的儲存空間裡容納更多的想法。他不可能將過去的每一個記憶都放在一個框架上，也不可能對未來每一個潛在的念頭預留位置。

我記得，20 年前在台灣的一個夜晚，我坐在敞篷卡車的後面，行經山裡滿是灰塵的路上。我穿著夾克，而山上的空氣讓人感到寒冷。我搭著順風車，要在黎明前到達一座山的頂峰。卡車在陡峭、黑暗的路上向上蜿蜒行駛，而我在高山的清新空氣中抬頭望著星空。天空是如此清澈，我能看到地平線上的小星星。突然，一顆流星咻地滑落，因為在山上所處的角度，剛好可以看見他在大氣層裡的跳動。他跳呀，跳呀，跳著，就像一粒石子。

現在，當我想起這段往事時，那跳動的流星不再是記憶的重播，儘管他是如此的生動；而這個流星跳動的影像並不特別存在我記憶中的任何地方。當再現這段經歷之時，我重新拼裝組合這段記憶；事實上，每次當我想起這段回憶時，我都對他重新進行拼裝組合。組合這個記憶的材料元素就是散布在我大腦中極小的證據碎片：一段記錄著冷颼颼的寒風、某處顛簸的行程、許多看得見的星星、搭順風車的場景；而冷、顛簸、光點、等候這些紀錄甚至更微小。但這些同樣都是我們的記憶，通過我們的感官所接收到的原始意象，並且用他們組合成我們現在的感知。

我們的意識從許多散布在記憶中的線索創造了現在，正如他創造了過去一樣。站在博物館裡一件展品的前面，我的記憶會將這個展品所具有對應於「椅子」的概念聯想在一起，儘管這個展品只有三隻腳。我的記憶從未看過這樣的一把椅子，但他符合所有與椅子相關聯的事物——直立、水平的座位、穩定、有多隻腳——隨之產生了視覺

意象。這個聯想非常迅速；事實上，在察覺椅子特有的細節之前，我會注意到他的一般「椅性」。

我們的記憶（以及我們的群聚思維）是以同樣模糊的、隨意的方式創造出來的。要找到記憶中的跳動流星，我的意識會緊抓住一條光的線索，並且收集一連串和星星、寒冷、顛簸有關的情感。我所創造出來的記憶有賴於我最近在記憶裡丟進什麼樣的東西，也包括上次我在重組這段跳動流星的記憶時，另外所加的、所感受的其他事情。這也就是為什麼每次我憶起這個故事時會有些不同的原因。因為他每次在真正的意義上都是一段完全不同的經歷。感知的行為及記憶的行為都是一樣的。兩者都是將許多分散的碎片組合成一個湧現的整體。

認知科學家道格拉斯・霍夫斯塔特說：「記憶，是高度地重建。從記憶中進行檢索，這意味著要從數目龐大的事件中挑選什麼是重要的、什麼是不重要的、強調重要的東西、忽略不重要的東西。」這挑選的過程就是感知。「我非常非常相信，」霍夫斯塔特告訴我，「認知的核心過程與感知的關係是非常非常緊密的。」

在過去 20 年裡，一些認知科學家已經認真思考出創造分散式記憶的方法。1970 年代初期，心理學家大衛・馬爾提出一種人類小腦的新模型。在這個新模型中，記憶是隨機儲存在整個神經元的網路裡。1974 年，電腦科學家沛恩帝・卡內爾瓦提出類似的數學網路模型；借助這個模型，一長串的數據可以隨機地儲存在電腦的記憶體中。卡內爾瓦的演算系統是一個相當出色的方法，他將有限數量的數據點儲存在一個非常巨大的潛在記憶體空間裡。換句話說，卡內爾瓦指出一種能夠將思維所擁有的任何感知存入有限記憶機制的方法。由於宇宙中可能存在著比原子或粒子更多的思想，而人類思維所能接觸到的實際思想或感知，就其中的全部可能性來說，是相對地稀少；因

此，卡內爾瓦稱這個方法為「稀疏分散式記憶體」系統。

在一個稀疏分散式網路中，記憶是感知的一種。回憶行為和感知行為兩者都是在非常大量可能的模式選擇中來發現一個所需要的模式。當我們回憶時，我們事實上是再創造該原始的感知行為；也就是說，藉著類似於我們曾經使用過的感知方式，重新定位該模式。

卡內爾瓦的系統就像數學似地非常的清晰簡潔，因此只要一個電腦高手利用一個下午的時間就能夠大致地實施運用了。1980 年代中期，在 NASA 阿姆斯研究中心，卡內爾瓦和同事們在一台電腦上設計出一個非常穩定實用的版本，用來微調他的稀疏分散式記憶體。卡內爾瓦的記憶體系統可以做許多令人感到不可思議的事情，真可媲美於我們人類自己思維所能做的。研究者事先在稀疏記憶體中放進一些畫在 20×20 格子內的低畫質數字（1 至 9）圖像，記憶體儲存這些圖像。然後，他們拿起另一批畫質比原來的樣本更差的數字存入記憶體，看看他是否能「回想」起是什麼數字。記憶體真的做到了。他感知到那隱藏在所有劣化圖像背後的原型形態。就本質言，他是記起他以前從未看過的形狀。

這個突破不僅僅是讓發現或重現過去的東西成為可能，更是說明當只給定最模糊的線索時，他也能夠在無數的可能性當中找出一些東西。然而，記憶如果只是能調出祖母的容貌是不夠的，應當是在各種不同的光線和不同的角度去看祖母的樣子時，都能辨別出祖母的形象。

蜂群思維是一種兼具感知和記憶兩者的分散式記憶體。人類思維可能主要也是分散式的；只是，在人工思維中分散式思維肯定是占優勢的。愈多的電腦科學家以蜂群的思維方式來思考分散式問題時，愈發現其合理性。他們指出，大多數個人電腦在開機狀態時，大部分的

時間並沒有真正在使用。當你在電腦上打一封信時，因敲擊鍵盤所產生的短脈衝會打斷電腦的休息，但是當你在構思下一句話時，電腦又回到無所事事的狀態。整體而言，辦公室裡開機中的電腦在一天中大部分的時間都是處於閒置狀態。大公司裡資訊系統的管理人員看著幾百萬美元的個人電腦設備晚上在工作人員的辦公桌上立著沒事做，並且質疑是否這些電腦所具備的能力可能沒有被充分利用。他們所需要的只是一個在完全分散式系統中的協調工作和儲存的辦法。

不過，只有解決閒置的問題並不是分散式電腦的主要工作。分散式系統和蜂群思維有他們自己的價值，例如他們對於突然的中斷和擾亂具有極強的免疫力。在加州帕羅奧多市一間數位設備公司的研究實驗室裡，一位工程師向我演示了分散式電腦的優勢，他打開了裝有公司內部電腦網路的機櫃門，誇張地從內部拔掉一條電纜線，網路即刻地繞過缺口，一點也不遲疑。

當然，任何蜂群思維仍有失靈的時候。但是，因為網路的非線性特質，當他失靈時，所發生的故障可能就像除了蔬菜之外，什麼食物都記得的失語症一樣。一個損壞的網路智能或許能計算出圓周率的第十億位的數字，卻不能轉發新郵件到新地址；他或許也能查出將非洲變種斑馬進行分類如此艱澀難懂的文本，但通常卻找不出有關動物任何合情合理的描述。那麼總的來說，忘記蔬菜名的失語症比較不像局部的記憶體儲存器的故障，更像系統層面上的故障；作為其症狀之一，可能與蔬菜相關的特殊性有關——就像電腦的硬碟裡兩個獨立卻又相互矛盾的程式可能會產生一個「錯誤」而阻止你用**粗體字**列印一樣。粗體字型的儲存位置雖然沒有遭到破壞；但是提供粗體字的系統處理是被破壞了。

構建分散式電腦思維所遇到的一些困難可以藉由在一個箱體內建

立電腦網路的方法予以克服。這種刻意壓縮的分散式計算也被稱為平行運算，因為在超級電腦中有成千上萬的電腦正同時進行平行運算。平行超級電腦不能解決辦公桌上閒置的電腦，也無法將散布各處的計算能力聚合起來；他就只能平行運算，但就其本身及其內部而言，平行運算就是他的一個優勢，而為此花了一百萬美元來製造一個單機裝置也是值得。

平行分散式計算非常適用於感知、視覺和仿真等範圍。平行機制處理複雜性的能力勝過由體積龐大、運算速度超級快的串列計算機組成的傳統超級電腦。但是在內存稀疏分散式記憶體的平行超級電腦裡，記憶體與數據處理之間的差異消失了。記憶成為感知的再現，與原來的認知行為沒有什麼差別。兩者都是從一大堆相互連接的部件中湧現出來的模式。

滿槽子的水，拔塞子，水攪動，形成渦流，再成漩渦，宛如有生命似地成長。一會兒，漩渦從表面擴展到了槽底，水槽的水整個動了起來。不停變化的水分了瀑布在龍捲式渦流中旋轉，時時刻刻地改變著漩渦的形狀。而漩渦持續著，其本質並沒有改變，就在瓦解的邊緣上舞動著。「我們並非死物，而是能自行延續不朽的模式。」諾伯特·維納這樣寫著。

水槽空了，所有的水通過漩渦流得乾乾淨淨。當滿槽的水最後從槽裡排到地下水管後，漩渦的形狀到哪裡去了？那麼這個形狀又是從何而來的？

不管什麼時候，當我們拔去塞子，漩渦似乎都會出現。這是一種

湧現的現象，就像群一樣，他的能量和結構並非只是蘊含在單一水分子的能量和結構中而已。不管你多麼熟悉水分子（H_2O）的化學結構式，他都不會告訴你有關漩渦的特性。一如所有湧現的存在，渦流的本質是源自於大量其他事物的聚集。以這個例子來說，那是滿槽的水分子。一滴水並不足以顯示出一個漩渦，就像一把沙也不足以引發山崩。事物的湧現需要一定個體數量的族群、群體、集體、群眾，或是更多。

多，就會不一樣。一粒沙子無法引發沙丘崩塌，但是堆積到足夠的沙粒，就會積成沙丘，進而引發沙崩。某些物理屬性，如溫度，也是取決於分子的集體行為。一個單獨分子飄浮在空間裡，是不會有確切的溫度。溫度更會被認為是一群具有一定分子數量的集體性特徵。雖然溫度也是湧現出來的特徵，他是可以精確地、有把握地、而且可預測地被測量出來。他的存在是真實的。

科學界很早就意識到，大量個體和少量個體兩者之間的行為表現相比較是有所差異的。個體群聚孕育出複雜性必需的數量後，才能產生湧現的事物。隨著成員數量的增加，兩個或更多成員之間可能的相互作用，其總體會呈現出指數的穩定增長。當連接度高而且成員數量夠多之時，群體行為的動態特性於焉產生。量變引起質變。

構成「更多」有兩種極端方式可以達成。一種方式是可以依照一長串有順序的操作方式建造一個系統，就像在工廠裡有許多彎彎曲曲的裝配線所做的一樣。就像鐘錶的內部邏輯一樣，透過一系列複雜的動作來量出時間，這是一種循序系統的原型。大部分的機械系統都是

遵循這種邏輯。

　　另一種極端方式則是，我們發現很多系統都是將平行運作的部件拼接在一起秩序的工作，非常像大腦的類神經網路或者像螞蟻群居。這類系統的動作都是在一連串凌亂卻相互依存的事件中進行的。他們不再像一只鐘錶那樣，滴答滴答地以各自離散的方式驅動讓鐘錶動起來；倒更像是上千只的鐘錶發條同時地去驅動一個平行的系統。因為沒有指令鏈，因此任何單一發條的特定動作都會傳遞到整個系統，使得整體的表現更容易掩蓋局部的表現。從群體湧現出來的行為不再是一系列有著關鍵作用的個體行為，而是眾多的同步動作；而這些同步動作所表現出來的群體模式更為重要多了。這就是群集模型。

　　這兩種「更多」的極端組織方式都只能存在於理論中，因為在現實生活中所有的系統都是這兩種極端的混合體。一些大型系統傾向於循序模式（如工廠），另外一些則是傾向於網路模式（如電話系統）。

　　我們發現，似乎在宇宙中最有趣的事物都是接近網路模式這一端。我們有彼此交錯的生活圈、錯綜複雜的經濟、形形色色的社會群體，以及難以捉摸的心智。作為動態的整體，他們擁有某些相同的特質，譬如，某種特別的生命力。

　　我們熟知的這些平行運作的整體系統有不同的名稱，蜂群、電腦雲端網路、大腦神經元網路、動物食物鏈、群集系統等。所有上述系統所歸屬的系統分類也有其不同的名稱：網路、複雜自適應系統、群系統、活系統，或是群集系統。我在這本書中使用了這所有的術語。

　　就組織上來說，每個系統都是匯集了許多（數以千計）自治成員。「自治」意味著每個成員都是依照其內部的規則和其所處的環境狀況各自做出反應。這與遵從來自中心的命令，或者根據全體的環境做出步調一致的反應是截然的不同。

這些自治成員彼此間高度連結，但不是連結到一個中樞位置，因此他們形成一個對等網路。因為沒有控制中心，所以這類管理和系統中樞被稱為系統去中心化分布，正如蜂巢的管理形式。

以下是分散式系統的四個顯著面向，活系統的特質也是由此而來：

- 沒有強制性的中心控制
- 次級單位具有自治特質
- 次級單位之間彼此高度連結
- 點對點的影響透過網路形成非線性的因果關係

上述每項因素的相對重要性和優勢尚未經過系統性地檢驗。

本書的主題之一是論述分散式人造活系統，諸如平行運算、類神經網路矽晶片，或者像知名的英特爾這類大型的網路連線等等，除了向人們展現有機系統的迷人之處外，也暴露了他們的一些缺點。以下這些是我對分散式系統的優缺點所整理的概述：

群系統的優點

- **可適應**——建造一個類似鐘錶裝置系統，使他可以適應預先設定的刺激物。但是，建造一個可以適應新刺激物的系統，或者想要超出一個狹窄範圍而做出改變時，需要一個群體——一個蜂群思維。只有一個具有許多部件的整體才能在其部分物件消逝時仍讓整體維持運作，或者改變去適應新的刺激物。
- **可進化**——只有在群系統的基礎下，各個系統隨著時間的推移，可從一個系統部件傳遞到另一個系統部件地轉變其適應性

（從身體到基因、從個體到群體）。也就是說，非群系統則無法進行進化（就生物學的意義而言）。

- **彈性**──因為群系統是建立在眾多的平行關係上，所以會有多餘的存在。個體行為並不具特別意義。小故障就像在吵鬧聲中的一隻小老鼠，他的叫聲無舉足輕重之害；而大故障在結構層級的下一個最高層次可以得到控制，所以也只是成為一個小故障。

- **無限性**──傳統的簡單線性系統會轉為正回饋迴路──像擴音機的麥克風會有刺耳的回聲。但在群系統中，正回饋可導致次序的遞增；通過遞增，群系統可以超越原始的狀態範圍而逐步擴展新的結構，進而建立他自己的支架，並得以再建立更為複雜的結構。自發性的次序有助於創造更多的次序。生命繁殖更多的生命，財富創造更多的財富，訊息孕育更多的訊息，這所有的一切都突破了原有的框架，並且無止境。

- **新穎性**──群系統基於三個因素會產生新穎性：(1) 他們「對初始條件敏感」──這句簡單的學術短語是說，因果不成比例──所以他們可以將小土丘變造成一個令人驚訝的一座山──所謂小題大作。(2) 在許多個體相互連結所形成的指數組合中，他們隱藏無數新穎的可能性。(3) 他們不強調個體，因此允許個體有所差異及缺點。在具有遺傳性、個人差異及缺點的群系統中可能會導致不斷地出現新穎性；換言之，也就是我們所稱的進化。

群系統的明顯缺點

- **未優化**──因為是多餘的，又沒有中央控制，所以群系統的效

率低；並且資源分配得亂七八糟，到處總是有一再努力的成果。對一隻青蛙來說，產下上千上萬顆蛙卵，難道只是為了一些即將成蛙的後代──這真是一大浪費！假如群系統真的存在湧現控制，那麼就會像在自由經濟市場中的價格一樣，會傾向於抑制效率低的，但絕不會像線性系統一樣地將他消滅掉。

- **不可控**──沒有可控制的權威性。引領群系統，所能做的就像牧羊人放羊：在關鍵部位使力，將系統的自然趨勢轉向目標（利用羊怕狼的天性，用狗想要追逐羊的方式，將羊兒們聚集起來）。一個經濟體不能受外部控制，他只能在內部慢慢地調整。人類思維不可能不做夢，但當夢境出現時，就去揭露他。不管在哪裡出現「湧現」，人類的控制就會消逝。

- **不可測**──群系統的複雜性以不可預見的方式影響著系統的未來。「生物學的歷史就是關於出乎意料之外的歷史」克里斯・蘭頓這麼說著；目前他正致力於開發群的數學模型。湧現這個字詞有他不為人知的一面。在電玩遊戲中，湧現出新穎性是相當有趣的；在空中交通控制系統中，若出現湧現的新狀況，可能會使國內進入緊急狀態。

- **不可知**──就目前我們所知，因果關係就像鐘錶裝置。我們可以理解成是有順序的鐘錶系統；然而，非線性網路系統卻像謎般地令人難以理解。後者困在他們自製的悖論邏輯裡。A 導致B，B 導致 A。群系統是個邏輯相交的海洋。A 間接地影響其他一切事情，而其他一切事情也間接影響 A。我稱這種情形為橫向或水平式的因果關係。真正的原因（或者更精確地說，有一定比例的要素混合而成真正的原因）會透過網路橫向地傳播開來，直到觸發這一個特殊事件的原因再也無從獲知。那就順

其自然吧！我們不需要精確地知道到底番茄細胞是如何運作，才可以種植、食用，甚至改良番茄；我們不需要知道一個巨大型的集體計算系統是如何工作，才可以建造、使用，甚至讓他更完美。但無論我們是否了解一個系統，都需對他負責，所以了解他肯定會有幫助的。

- **非即時性**——點火、產生熱能、打開開關、線性系統啟動，隨時為你服務；如果系統停止，重新啟動就可以了。簡單的集體系統用簡單的方法就可以啟動，但是具有多層次的複雜群系統就需要時間才能啟動。系統愈複雜，所需的預熱時間愈長。每一個層級都需安頓好了；橫向的起因必須都充分完成傳播；上百萬自治代理成員必須熟悉他們自己的環境。我想，這對人類而言將是最難學習的一課：有機的複雜性將需要構成整體有機系統的時間。

在群邏輯的優缺點之間取得平衡，幾乎是要求我們需要在生物活系統的得失之間做出選擇一樣。但因為我們是隨著生物系統而成長，而且別無選擇，因此我們總是毫不猶豫地接受他們所提出的代價。

我們允許工具可以有一點點奇怪故障的傾向，用以交換讓工具具有更強大的功能；就像為了保證互連線上一千七百萬電腦節點的群系統不會（整個）失靈，我們不得不忍受令人討厭的電腦病毒，或者莫名其妙的局部斷電。為了保證互連線有非常好的靈活性，我們欣然接受浪費且效率低的多重路由。另一方面，當我們建造自治機器人時，我敢打賭我們會放棄一些他們潛在的適應能力做為約束，以防止他們自作主張而脫離我們全面的控制。

隨著我們的發明從線性、可預知、具有因果關係屬性的機械裝置

轉向相互交錯、無法預知、且具有模糊屬性的活系統，我們需要改變對機器的期望。這裡有個非常簡易的經驗法則或許有所幫助：

- 對必須絕對控制的工作，可靠傳統的鐘錶控制系統仍是不錯的選擇。
- 對需要絕對完全適應的地方，所需要的就是失控的群物件。

我們將機器向集體群每推進前一步，就是將他們向生命推進一步；而當我們將奇妙的裝置從鐘控系統每拉開一步，便意味著他又多失去一些機器所具有的冰冷、快速與最佳效率。大多數的工作都會在控制和適應性之間取得一個平衡點，因此，最有利於工作的機器設備會是由部分鐘控裝置系統、部分群系統組合成的某種半機械人的混合體。如果對通用群處理過程的數學屬性能夠發現愈多，我們對仿真複雜性與生物複雜性的理解也會愈多。

群系統凸顯了真實事物的複雜面向。他們不合常規。群計算的數學延續了達爾文有關動植物經歷無規則變異而產生無規則族群的革命性研究。群邏輯試著了解失常狀態、估量不穩定性、測定不可預知性。套句詹姆斯‧格萊克的話說，這是一個嘗試，用以描繪出「無定形的形態學」──似乎給天生無形的形態予以造形。科學已經解決了所有簡單的工作──清晰又簡明的信號。現在他所要面對的就只是噪音；他必須直接面對生命的雜亂。

禪宗大師曾經指導入門新弟子，想要通向禪道需要以一種無成見

的「初學者心態」才能達到。大師告誡學生，「要摒除一切先入為主之見」。要領悟複雜事務的群系統，需要一種可以稱為蜂群思維的意識。這位群體大師教導說，「放下一切固有的和確信的執著」。

一個具有禪意和群體性的思維：原子是 20 世紀科學的圖標。

通行的原子標誌會令人印象深刻：一些圓點循著極細的軌道繞行一個黑點。原子獨自旋轉，形成單一性的典型縮影。這是個性的象徵：原子的個性，是力量最基本的來源。原子代表力量、知識和必然性。他就像圓周一樣地可靠、一樣地規律。

像行星的原子圖像印在玩具上、棒球帽上。原子旋轉的運行方式出現在公司的商標圖案和政府的印章上，出現在麥片盒的背面，出現在教科書中，或者成為電視廣告中的主角。

原子的內部軌道是宇宙的鏡像，一邊是遵循規則的能量核，一邊是星系中旋轉的同心球體。意圖是他的核心，是本我，是生命力量，所有的一切都固定在適合的旋轉軌道上。成為符號的原子，其確定的軌道和軌道之間明確的間隙代表著對已知宇宙的理解。原子傳達了簡單的質樸力量。

另一個禪的思維：原子是過去。下一個世紀的科學象徵是充滿活力的網路。

網路圖標沒有中心點：他是一群彼此相聯的小圓點，是由一堆彼此指向，像一窩蛇糾纏在一起的箭頭所組成的網路，那不安分的圖像消褪在不確定的邊界。網路是原型——總是同樣的畫面——代表所有的電路、所有的智慧、所有的通訊交流、所有的民主、所有的群體和所有大規模的系統。這個圖標捉摸不定地令人難以解釋；不小心的話會陷入他那沒有開始、沒有結束、也沒有中心的悖論裡頭。或者說，到處都是開始、到處也是結束，到處都是中心。這是糾結的問題。埋

藏在顯而易見的凌亂下就是曲折迂迴的真相。想要解開他需要極大的勇氣。

達爾文的《物種起源》說明物種是如何從許多個體間彼此衝突，卻又相互關聯的自身利益中湧現出來的。而當他想尋找一個圖像作為這本長篇大論的結尾時，他發現了纏結的網。他看到「鳥在樹叢上唱歌，形形色色的昆蟲在周圍飛來飛去，還有爬過溼地的蠕蟲」；整個網路形成「一個盤錯纏結的一團，以非常複雜的方式彼此相互依存。」

網路是複合多重的象徵，由此產生群組織的存在——分散式系統——自我擴散到整個網路，以至於沒有任何一部分能說「我就是我」。他是由許多不怕難為情的個體思維聚在一起所形成無可逆轉的社會性格。他傳達了電腦和自然兩者的邏輯；相對的，他也傳達一種超越理解的力量。

隱藏在網路之中的是個無法看見的神祕——沒有權威的控制。原子代表的是簡單明瞭，而網路傳達的是複雜性的凌亂力量。

作為一面旗幟，網路卻更難與之相處。他是一面不受控制的旗幟。不管哪裡出現網路，哪裡就會出現對抗人類控制的反叛份子。網路符號象徵心靈的困境、生命的糾結，以及個體性所需的大眾。

網路的低效率容許而不是排除缺點，就好比那些多餘和彈開的向量，以及只是為了穿越街道而來來回回的東西。網路孕育著小缺點，得以避免大故障時常發生。正是他容許錯誤，而不是毀壞錯誤的能力，使分散式組織成為學習、適應和進化的沃土。

網路是唯一有能力無偏見地發展或無引導學習的形式。所有其他的拓撲結構都會限制可能發生的事物。

一個網路群到處都是邊界，因此無論用何種方式都能開啟疆界進

入網路群。事實上，網路是最沒有結構的組織，甚至可以說是完全沒有結構。他能夠無限地重組，也可以不需要改變事物的基本形狀向任何方向成長；嚴格說來，他也沒有任何外形可言。類鳥群的發明者克雷格·雷諾茲指出，網路具有不受打斷而吸收新事物的非凡能力：「沒有證據可以顯示自然鳥群的複雜性受到任何方式的限制。當新鳥兒們加入時，鳥群不會『滿載』或『超出負荷』。當鯡魚游向他們的產卵地時，那數百萬隻的魚群隊伍可綿延長達 27 公里。」我們的電話網路可以覆蓋多寬廣呢？一個網路理論可以增添多少個節點，仍能使他運轉呢？這個問題甚至很難有人問起。

群拓撲有各式各樣的形態，但唯有大型的網狀結構才能擁有形態的真正多樣性。事實上，由真正相異的部件組成的群體只有在網路中才能保持連貫性。其他形態——鏈狀、金字塔狀、樹狀、圓形、星形——都無法容納真正的多元性，並且以一個整體模式運行。這就是為什麼網路和民主或者市場幾乎具有相同意義的原因了。

動態網路是少數幾個融合時間維度的結構之一，他著重內部的變化。因此不管在哪裡，當我們看到持續不斷的不規則改變時，也應該能看到網路，而事實上也的確如此。

一個分散式、去中心化的網路不僅是一個物體，更是一個過程。在網路的邏輯裡，名詞會轉換成動詞。現今的經濟學家認為，把商業產品當作服務來做，會得到最好的效果。這不只是賣東西給顧客，而是你為他們做了什麼；也不再是產品是什麼東西，而是他跟什麼相關聯，他做了什麼。流程比資源更為重要，行為說了算。也就是說，行為最具有發言權。

網路邏輯是違反直覺的。比如說，你需要鋪設連接一些城市的電話電纜，以堪薩斯城、聖地牙哥和西雅圖這三個城市為例，連接這三

座城市的電話線總長是 4,828 公里。根據常識，在電話網路中要增加第 4 個城市，電纜線的總長就必須增加，但那不會是網路邏輯所給的資訊。若增加第 4 個城市做為中樞站（以鹽湖城為例），其他城市都通過鹽湖城相連，電纜總長可以減少到 4,586 公里，比原來 4,828 英里少了 5%。因此，網路展開的總長度比增加節點後的長度還少。不過，這種效果是有所限制的。1990 年，在貝爾實驗室工作的黃光明和堵丁柱證明，在網路加入新的節點，系統最多能節省約 13%。在網路的世界裡，更多則意味著不同的涵義。

另一方面，1968 年德國運籌學研究員狄特里希·布雷斯發現，增加線路到已經壅塞的網路只會使他的運算速度慢下來，現在我們稱之為布雷斯悖論。科學家發現了許多例子，都是有關增加容量到擁擠網路上會降低他的總產量。1960 年代末期，斯圖加特城市規劃者試圖增加一條街道緩解市區交通壅塞狀況。當他們這麼做了，交通擁擠更加惡化；之後，他們試著關閉那條街道，交通狀況反而改善了。1992 年，紐約在地球日當天關閉擁擠的第 42 街，原來害怕情況會更糟糕，但事實上，那天的交通狀況卻得到了改善。

還有，1990 年 3 位科學家致力於腦神經元網路的研究提出報告說，提高個體神經元的增益——響應度——並不能提高個體信號性能的檢測，但他確實能提高整個網路檢測信號的性能。

網路有他自己的邏輯性，但跟我們的期望相比，簡直是亂了套。這個邏輯將迅速影響生活在網路世界中的人類文化。我們從繁忙的通訊網路、平行運算的網路、分散式裝置以及分散式系統的網路中所獲得的就是網路文化。

艾倫·凱是位有遠見的人，他和個人電腦的發明有很大的關係。他說，個人擁有的書冊是文藝復興時期個人意識的主要塑造者之一，

普遍使用的網路電腦在未來會是人類的主要塑造者。而我們拋在身後的也並非只是個人一本本的書籍。一周 7 天，一天 24 小時全球即時的民意調查、無所不在的電話、非同步電子郵件、500 個電視頻道、視頻點選：所有這一切加諸到原有的基礎上共同交織成輝煌的網路文化，成就一個不可思議蜂巢似的王國。

我蜂箱裡的小小蜜蜂應該無法意識到自己的群體。根據定義，他們集體的蜂群思維必定超越他們個體的小蜜蜂思維。當我們將自己與蜂巢式的網路連接起來時，許多事情就會湧現出來，作為身處網路中的小小神經元的我們，無法預料、無法理解、無法控制，甚至無法察覺到這些東西。任何湧現的蜂巢思維都會付出這樣的代價。

第三章

有心智的機器

當馬克·波林和你握手致意時,你握住的是他的腳趾。幾年前,波林胡亂地玩弄他自製的飛彈時,炸傷了手指。外科醫生用他的腳趾部分重建了一隻手,但殘疾的手仍然讓他動作遲緩。

波林製造能咀嚼其他種類機器的機器。他的發明物往往複雜,通常也很龐大。他最小的機器人也比一個成年人的身軀還大;最大的機器人伸直脖子還高達兩層樓。他的機器人配備著活塞驅動的上下顎和蒸汽鏟車式手臂,並且散發出生命的活力。

當波林要用螺絲拴緊他的機器巨獸時,他那殘疾的手通常會感到不方便。為了可以快速修理,他在自己的臥室門外安裝了一台頂級的工業車床,並在廚房堆滿焊接設備。只要一兩分鐘,他就可以將那些鋼鐵巨獸發生故障的汽動式四肢給焊接好。但他那隻殘疾的手卻是個麻煩精。他想要從機器人身上拆下一隻手給自己裝上。

波林住在舊金山一條街道盡頭的倉庫裡,那條街是在高速公路橋下的一條死巷。住的地方旁邊有一間用白鐵皮蓋的簡陋棚屋,上頭掛著汽車修理的招牌。倉庫外就是廢品堆積場,堆滿了鏽跡斑斑的報廢

機器，堆到跟鐵網圍欄一樣高，其中一個報廢品是噴射發動機。廢棄場常常是陰森空蕩蕩的。送信給波林的郵差從吉普車跳下時，總要熄火，鎖上車門。

波林稱自己以前是個少年犯，長大後成為專幹些「有創意的破壞」的年輕人。儘管是在舊金山這麼有個人個性的地方，但每個人也承認他的鬼把戲高於平均水平。當波林還是個 10 歲的小孩時，他就用偷來的乙炔噴槍破壞口香糖販賣機上面的大圓球罐。年輕時，他玩起了戶外廣告看板的街頭再生藝術：深夜裡，他很有創意地用噴漆將廣告文字改換成政治語言的訊息。最近，他又鬧出了新聞：他的前任女友告訴警察，當他周末離開時，他用環氧樹脂塗滿了他的車子，再用羽毛黏滿擋風玻璃及車身。

波林所發明的裝置是最機械式的，同時也是最具有生物屬性的機器。譬如「迴轉利嘴機」：兩個綴滿鯊魚利齒狀的鐵環在相交的軌道上極速旋轉，彼此互成夾角，不停旋轉地「咬著吃著」。旋轉的嘴可以瞬間嚼碎一個小物體。通常他會一點一點地吃掉另一個機器懸掛著的胳臂。再舉個「尺蠖機」的例子，這個改良自農具的玩意兒是由汽車引擎驅動，引擎安裝在農具的一端，發動時透過曲柄帶動 6 組特大號的釘耙，耙地時像尺蠖一樣弓著一拱一拱地前進。他行進的速度非常沒有效率，但就像是生物的爬行方式。還有「啄步機」，他用機身裝載的罐裝加壓二氧化碳，用氣動的方式帶動他的鋼頭錘打地面，打碎路面的柏油瀝青。他好像一隻重達 227 公斤的啄木鳥瘋狂地啄著公路。「我大部分的機器是世界上僅有他們自己的型號，心智正常的人不會去弄這些對人類毫無實際用處的機器。」波林面無笑容地說。

一年之中總有幾次，波林會幫他的機器家族辦場表演。他們的首演是在 1979 年舉行，名為「機器性愛派對」；在秀場上，他那些古

怪的機器互相撞來撞去、彼此毀壞對方，最後成了一堆廢鐵。過了些年，他舉辦一場名為「無用的機器行為」展，繼續解放機器，讓他們回到原來的原始形態與樣貌。至今，他大概辦了 40 場的展示，通常是在歐洲；他說：「在那裡，不會有人控告我。」歐洲國家對藝術的支持體系（波林稱他為藝術黑手黨），同樣也支持這些膽大妄為的展演。

1991 年，波林在舊金山的市中心辦了一場「機器馬戲團」展示會。那個晚上，在一處高速公路匝道橋下的一個廢棄停車場，上千位穿著黑皮衣夾克的龐克粉絲完全靠著口耳相傳聚集在這裡。在這個臨時搭建的競技場，在耀眼的聚光燈照射下，十多具機器怪獸和自動鐵戰士正等著用激情和蠻力消滅對方。

展場上這些傢伙的比例大小和精神使人們想起一個形象：沒有皮膚的機械恐龍。他們用液壓軟管驅動的骨架、鏈條咬合的齒輪和電纜連接的槓桿來維持平衡。波林稱他們為「生物機器」。

這些可不是博物館裡毫無生氣的恐龍，他們身體上的物件是波林連偷帶借從別的機器上拿下的物件，還有汽車引擎驅動的動力，並且賦予他們小小生命力，讓他們在熱臭氧發出難聞味道的探照燈光下表演著——重擊、碾壓、暴跳、碰撞在一起——他們活了！

那晚，在鈦金屬強光的照射下，站著的觀眾瘋狂不已。（特別為他們選擇音質粗糙的）擴音喇叭不停地播放著預錄的工業噪音。刺耳的聲音有時會切換成電台的電話訪談節目或其他電子時代的背景聲音。一聲尖銳的汽笛聲壓住了所有的刺耳聲音：演出開始，機器動了起來。

接下來的一個小時是場大混戰。一個 60 公分長的「鑽頭機」撞擊了一頭狀似雷龍的傢伙長頸上的末端。這個錐狀的鑽頭形同蜜蜂的

螫針，讓人聯想到牙科醫生的恐怖鑽頭。他接著又暴跳如雷、殘酷地鑽進另一個機器人——滋滋聲作響，那聲音不禁令人覺得牙齒痛到發麻。至於，另一個瘋狂的傢伙是「螺絲錐投機」，滑稽地到處衝撞，夾帶巨大吼叫聲撕裂路面。他是一部長 3 公尺，重一噸的鋼製滑車，底部有兩個鋼螺旋胎面的輪子，每個輪子帶動一個直徑 45 公分的螺旋錐瘋狂旋轉。他在柏油路面上以時速 48 公里的速度四處竄來竄去，實在可愛。滑車頂端安裝一個機械式投石機，可以投擲 22 公斤重的爆炸燃燒彈。當「鑽頭機」追著去螫「螺旋錐投機」時，「螺絲錐投機」正對著一座由鋼琴搭建的塔樓投射火藥彈。

「這裡幾乎像是受控的無政府狀態，」波林曾經對他那些完全志願的夥伴們開玩笑地說道。他稱他的「公司」為「生存研究實驗室」（SRL），一個故意讓人誤以為是公司的名稱。SRL 喜歡舉辦未經官方核准、不需通知消防部門、沒有保險、也沒有事先宣傳的演出。他們讓觀眾坐得很靠近，看上去似乎很危險，也確實很危險。

一部改裝過的商用草地灑水車——他本來應該是在草地上爬行、灑水，賜予草生命——現在卻給這裡帶來一場兇暴的火焰浴。他的旋轉臂噴出一大圈點燃的煤油，形成熾熱的橘紅色雲團。未完全燃燒的嗆人煙霧，被頭頂上的高速公路硬逼回來，使觀眾感到窒息。接著，「螺旋錐投機」不小心踢倒了「地獄花灑」的燃料箱，使「地獄花灑」不得不結束自己的生命。「噴火器」立刻點火填補了空缺。「噴火器」是台可操控的巨型鼓風機——通常是用在市中心的摩天大樓作為空調用的機具——被拴在一部馬克型卡車的引擎上。卡車的馬達帶動巨大的風扇旋轉，將 200 公升汽油桶裡的柴油燃料噴到空氣中。碳弧火花點燃了油／氣混合物，吐出長達 15 公尺的邪惡黃色火舌，烘烤著一座由 20 架鋼琴堆疊的塔樓。

波林可以透過一個模型飛機用的無線遙控操縱桿來操控火龍。他把「噴火器」的噴嘴轉向觀眾，觀眾反射性地急忙閃躲。即便是在15公尺外的地方也能感受到迎面而來的熱氣。「你明白這是怎麼回事了吧，」波林稍後說著，「缺了掠食者的生態系統會變得不穩定。也就是說，這些觀眾的生活裡沒有天敵；那麼，就讓這些機器充當掠食者的角色，他們要做的就是讓掠食者突然出現在文明世界。」

　　SRL 的機器相當複雜，而且愈來愈複雜。波林總是忙著孵化產生新的機器，這樣才能使馬戲團的生態系統保持不斷的進化。他常用新式附件將老舊型號升級。他可能換掉「螺旋機」的電鋸，改成一對像龍蝦的鐵螯來代替，也可能將身高 7 公尺的「大圖騰」的一隻胳臂上焊接上一把噴火槍。有時他還玩起機器雜交，把兩個大傢伙的部件互相對調。其他時間，他就忙著為新玩意接生。在最近的一次表演場次，他推出 4 個新寵物：一個可攜式閃電機，可以對著附近的機器人噴出 2.7 公尺長並發出劈啪聲的藍色閃電；一只由噴射引擎發動的120 分貝汽笛；一門軍用電磁軌炮，以時速 321 公里的速度發射一顆燃燒的鐵水彗星，在碰撞下這顆彗星在空中爆開，變成燃燒的毛毛細雨灑落下來；還有一門先進的遠程遙現加農砲——是人機一體的機器人加農砲，可以讓帶著虛擬視鏡的操控者轉動自己的腦袋盯住目標，來調整砲口的瞄準方向，而砲彈是塞滿混凝土和雷管炸藥的啤酒罐。

　　這些表演是「藝術」，因此不斷會有資金短缺的問題；門票僅夠付一場演出的雜項支出——燃料、工作人員的伙食以及備用零件。波林坦承，他用來拆解製造新怪獸的一些機器原型是偷來的。一位 SRL 的成員說，他們喜歡在歐洲辦表演的原因是因為那裡有很多「可得之物」。什麼是「可得之物」？「一些容易獲得、容易解救出來的、或是免費拿到的。」除了「可得之物」之外的材料則是從軍隊過剩的零

件中挑選出來的，波林以一貨車的容量計算 65 美元一磅的價格從那些友好的、精簡規模的軍事基地那裡買回來。他還從那裡搜刮不少機具、潛艇零件、新奇古怪的馬達、罕見的電子器件、價值 10 萬美元的備件，還有粗鋼。「如果是在 10 年前，這些東西可是值錢的，關係著國家安全等等。可是一夕之間就成了廢棄品。我改造這些機器，實際是讓這些機器改邪歸正──從過去做的是『有意義的』毀滅性工作，如今是做些**毫無用處**的破壞。」

多年前，波林做了一個像螃蟹一樣可以在地板上快速爬行的生物機器。一隻驚慌失措的天竺鼠被鎖在一個滿是開關的小座艙裡充當駕駛員。製作這一隻生物機器並非出於殘忍，而是為了探究生物體和機器趨同的可能性。SRL 的發明常常會把高速運轉的金屬物和柔軟的生物體結合起來。啟動後，這隻天竺鼠生物機器就處於混亂狀態而搖搖晃晃；就在一場受控制的無政府狀態的演出中，幾乎沒人會注意到他。波林說：「這些生物機器幾乎不能控制而且毫無用處，但我們也只需要這種程度的控制。」

在舊金山現代藝術新館的開工典禮上，主辦單位邀請波林在市中心的空地上集中展示他的機器家族，希望可以「在大白天創造幾分鐘的幻覺」。他的「衝擊波加農砲」首先登場發射空氣砲。人們確確實實地可以看到從砲口咻咻發射出來的衝擊波，加農砲震得幾個街區內的汽車玻璃和大樓窗戶發出嘎嘎響聲，也使得正值交通高峰期的車輛無法動彈。隨後，波林介紹「蜂群之群」出場。這些高度及腰的圓柱體行動機器人，他們成群結隊地四處移動。大家都在猜想，蜂群會往哪裡去；任何一個蜂群不會命令其餘的蜂群，其他蜂群也不會去控制這個蜂群要去哪裡。廣場成了這些硬傢伙們的天下──一群失控的機器。

SRL 的終極目標是讓機器自治。「雖然讓他們做出自治的行為確實困難。」波林告訴我。不過，在試圖將控制權由人轉給機器的研究領域裡，他可是走在許多擁有許多經費的大學實驗室的前頭。他那些花幾百美元，用回收的紅外線感測器和廢舊的步進馬達裝配出來的蜂群式創造物，在製造首批自治蜂群機器人的非正式賽局中擊敗了麻省理工學院的機器人實驗室。

　　在自然孕育物與機械製造物之間的衝突中，馬克‧波林是站在後者這邊。他說：「機器有話要對我們說。當我開始設計一場新的表演時，我會問自己，這些機器想做些什麼？例如，當我看到這台老舊的挖土機，就像看到某個鄉下佬每天開著他，在烈日下幫電話公司挖溝。老挖土機厭倦了，累病了，滿身是塵土。我們找到他，問**他**想要做什麼。或許他想加入我們的演出吧。我們就這樣到處奔走去搭救那些被丟棄，甚至被肢解的機器。」我們必須問自己，這些機器到底想做些什麼，他們想被漆成什麼顏色？於是我們考慮到顏色和燈光的協調。我們的表演不是為人辦的，是為機器辦的。我們從不關心機器該如何取悅我們，而是我們如何去愉悅他們。這就是我們的表演——為機器舉辦的娛樂秀。

　　機器也需要娛樂，他們有自己的複雜性，有自己的行程要過。透過製造更複雜的機器，我們正賦予他們自己的自治行為，因而不可避免地他們也會有自己的意圖。「這些機器在我們為他們創造的世界裡過得自由自在。」波林對我說，「他們的行為舉止十分地**自然**。」

　　我問波林：「假設機器的行為表現是遵循自然的話，那他們是否也有天賦的權利？」「那些大傢伙們有很多權利，」波林說，「我學會尊敬他們，當他們其中的一個朝你走過來時，他擁有行走的權利，你就得讓路，這就是我尊重他們的方式。」

現今的問題是我們不尊重我們的機器人。他們被堆放在沒有窗戶的工廠裡，做些沒人想做的事。我們把他們當作奴隸一樣使喚，但他們不是啊。人工智慧先驅、數學家馬文‧明斯基告訴過那些願意傾聽的人這樣的想法。明斯基不遺餘力地鼓吹把人類的智能下載到電腦裡。但另一方面，發明文字處理技術、滑鼠和超媒體的傳奇小子道格拉斯‧恩格爾巴特卻提倡電腦為人類服務的理念。1950 年代，當這兩位大師在麻省理工學院相遇時，據說留下這麼一段膾炙人口的對話：

明斯基：「我們要給機器智慧，我們要讓他們有自我意識！」
恩格爾巴特：「你要為機器做這些好事？那麼你打算為人類做些什麼？」

那些致力於使電腦更友好、更人性化、更以人為本的工程師常常會說起這個故事。而我是堅定地站在明斯基這邊──站在製造物的這一邊。人類有自己的生存之道，我們會訓練機器人來伺候我們。那麼，我們打算為機器做什麼？

如今，世界上服役的工業機器人總數接近一百萬。然而，除了舊金山的那個瘋狂壞小子藝術家外，沒有任何人會問機器人想要什麼。人們認為那愚蠢、不合時宜、甚至是大不敬。

的確，這百萬個「機器人」中，99% 只不過是隻號稱「智慧」的自動手臂。這些「智慧」手臂能做一般手臂可以做的所有事，也不會感知疲倦。但作為我們曾經所希望的「機器人」，他們又啞又瞎，而且還得靠牆上的插座來維持生命。

除了馬克‧波林那些失控的機器人外，現今大多數不具靈活性的

機器人都很笨重、遲緩，還要靠救濟過活——無法離開持續的電力供給和人類的智能。很難想像這些最早的機器人會衍生出什麼有趣的事。幫他們再加個手臂、幾條腿、或者一個腦袋吧，得到的結果還是一個昏昏欲睡的龐然大物。

我們想要得到的是機器人羅比，那是科幻小說中的原型機器人——一個真正自由走動、自行導航、能量自給的機器人，一個令人感到驚奇的機器人。

近來，一些實驗室的研究者意識到，想要造出羅比，最有效的途徑就是拔掉靜態機器人身上的電源插頭，製造出「行動機器人」——可以移動的機器人。而「靜態機器人」的手臂只要能完全容納得下電力和大腦，那也還算是可以。其實任何機器人只要有以下這兩種條件：獨立行走和獨立生存，那就是更上層樓的機器人了。

儘管波林帶有龐克風格的舉止和藝術家的氣質，但他持續所製造出來的機器人，常常打敗那些世界上頂尖大學所研發出來的機器人。而他所用的設備正是那些大學實驗室捨棄不用的東西。由於對金屬自身的局限性和自由度有深刻的理解，便彌補波林沒有學位的弱點。他在製造那些生物機器的時候是不使用設計圖的。有次，只為了逗弄一位窮追不捨的記者，波林帶他走遍自己的工作室，翻找正在開發的跑步機「計畫書」。兩人拚命找了 20 分鐘後（「我記得上個月的圖紙就在這裡」），在破舊的金屬書桌底下，一個抽屜裡發黃的 1984 年電話簿下面，找到一張紙。那是一張鉛筆畫的輪廓圖，真的就只是一張草圖，沒有任何技術說明。

「他就在我的腦子裡。我只要在金屬塊上劃劃線，就可以動手切割了。」波林拿著一塊機器削過的 5 公分厚精緻鋁製工件。對我來說，鋁塊像是暴龍前肢骨骼的形狀，工作桌上還有兩塊和他一模一樣

的成品。他正在做第四塊。這些鋁塊會安裝在一隻大約像騾子尺寸會跑的機器上，做為四肢的一部分。

波林完成後的跑步機並非真的會跑，他只是走得快一點而已，偶爾以驚人的速度走時，會有些跟蹌。還沒有人做出真正會跑的機器人。幾年前，波林造出一個結構複雜的特大號四足行走機器，高3.6公尺，方方正正，既不聰明也不敏捷，但他確確實實是拖著腳慢慢地移動。四根像樹幹一樣大的方柱就是他的四條腿，由一些交錯的液壓管和巨大的變速器共同驅動。如同SRL的其他發明一樣，這頭笨拙的怪獸由一個模型汽車的遙控器操縱。換句話說，這頭怪獸是重達907公斤的一隻恐龍，但只有像豌豆般的大腦。

雖然在研發經費上投入千萬元，但還沒有一位電腦高手想出方法糊弄一個機器人靠他自己的智能穿過房間。有些機器人很誇張地花上數天的時間，或者有的是撞到家具，要不然就是走完四分之三的路程後就發生故障。1990年12月，經過10年的努力，卡內基‧梅隆大學「機器人科學專業技術中心」的研究生組裝一台機器人，命名為「漫步者」（Ambler）。漫步者可以一路慢慢地走，穿越整個院子，全長大約30公尺。

漫步者的個頭甚至比波林的拖腳走巨獸還要來得大，他原本研發的目的是用來探索遙遠的行星。但是卡內基‧梅隆大學這個龐大的原型機就已經花費納稅人好幾百萬美元；而波林的拖腳走怪獸只花了幾百美元，其中的三分之二是花在啤酒和披薩餅上。這個5.79公尺高的鐵製漫步者重達2噸，這還沒算上他那放在地上沉重的大腦。這台巨大的機器在院子裡蹣跚學步，每一步伐都要經過深思熟慮。除此之外，他什麼事也不做。在等待這麼長的一段時間之後，漫步者能不摔倒地走著就足夠了。漫步者的研究者們高興地為他的第一步鼓掌喝

采。

　　移動 6 條像蟹腳似的腿對漫步者而言，是最簡單的事；但想要努力地清楚自己身在何處，對漫步者來說，倒是有點難度了。即使只是簡單地描繪出地形地勢，以便可以計算行動的路徑，也成了漫步者的痛苦。他所花費的時間，大部分是在計算，得出院子的布局，而不是花在走路上。「這肯定是個院子，」他對自己說，「這兒有些我可以走的路徑。我先把他們和我腦子裡的院子地圖加以比對，找出最佳的路徑，捨棄其他的。」漫步者先在他的頭腦裡創建環境的圖像後，再依這個符號圖像為自己導航，每走一步都要更新一次符號圖像。中央電腦用來處理漫步者的雷射視覺儀、感測器、氣壓足肢、齒輪箱和馬達的軟體程式，這些程式長達數千行。儘管重達 2 噸、高及兩層樓，又大又重，但這可憐的機器人只是靠他的頭活著，而這個頭只用一條長長的電纜線連接到他的身上。

　　我們拿漫步者一隻大腳墊下的一隻小小的螞蟻來做比較。當漫步者從院子這頭走到那頭時，小螞蟻已經穿過院子跑了個來回了。一隻螞蟻腦袋加身體的重量才百分之一克——像針尖般的大小，他對整個院子沒有印象，對自己身在何處也幾乎無所知；然而他卻能在院子裡平安無事地暢行無阻，甚至在某種程度上想都不用想。

　　漫步者之所以被建造得巨大粗壯，是為了可以抵擋火星上極端的嚴寒和風砂的環境，他在火星上就不會那麼重。然而諷刺的是，由於漫步者的塊頭太大，這輩子是去不了火星了，或許只有像螞蟻那麼小的機器人才有希望。

　　螞蟻式移動機器人是羅德尼・布魯克斯想出來的解決方法。這位麻省理工學院的教授覺得與其浪費時間製造一個無用的天才，還不如製造一群有用的白癡。他指出，往行星上派送一個自稱擁有智力的獨

立超重恐龍恐怕是遙遙無期，但派送一大群可以做事的機械蟑螂可能會讓我們獲得更多的訊息。

1989 年，布魯克斯發表一篇廣泛被引用的論文，篇名為〈快速、廉價、失控：機器人入侵太陽系〉。文中聲稱：「幾年內花費適度的成本利用數百萬小機器人入侵一顆行星是可能的。」他提議用拋棄式火箭發射一群鞋盒大小的太陽能推土機進入月球。派出一支由無足輕重、能力有限的機器人個體所組成的軍隊，讓他們互相協調任務，並允許他們自由行動。有些機器人會出局，但大多數會繼續工作，並且會做出一些成績來。這支移動式機器人軍隊可以兩年內用現成的物件完成組裝，然後用最便宜的方式完成組裝單次環月軌道火箭之後，再行發射。就在別人還在爭論某個巨大笨重傢伙時，布魯克斯早已把侵略機器人製造出來並派遣出去了。

NASA 的官員們有理由聽從布魯克斯的大膽計畫。遠從地球進行控制的效果無法令人滿意。一個遠在裂縫邊緣上蹣跚搖晃的機器人需要等上一分鐘才能接收到從地面站發來的信號，這顯示機器人必須要有自治的能力。一個太空機器人不能像漫步者那樣，身在太空，頭在地球。他必須有完全依靠內在邏輯和規則運行、配戴在身上的自主大腦，無需接收太多從地球來的訊息。他們的頭腦不必非常聰明。例如，一群移動機器人可以笨到一天花上 12 個小時在火星上去鏟平一塊區域清理出一塊著陸區。推、推、推，保持地面平整。如果只是當中的一個機器人來做，工作可能無法做得很好；但是作為一個群集進行工作的百個機器人就能夠清理出一片建築用地。日後，當人類的考察隊著陸時，太空人可以關閉那些依然可以活動的移動機器人，並且嘉許地拍拍他們。

雖然大多數的機器人會死掉——在登陸後數月內，日復一日的嚴

寒和酷熱會使電腦的晶片裂開而失效。就像螞蟻群，單一個移動機器
人是無足輕重的。但相較於漫步者，發射他們到太空的費用便宜上千
倍；這樣一來，發射數百個移動機器人所花費的只是一個大機器人的
零頭。

布魯克斯最初的狂想主意如今已經演變為 NASA 的正式發展項
目。「噴射推進實驗室」的工程師正在創造微型漫遊者。這個計畫開
始的時候是想做一個「真正的」行星漫遊者的縮小比例模型，但是人
們逐漸認識到小尺寸、分散式的優點後，微型漫遊者本身就變成了實
際的成果。NASA 的微型機器人原型看上去非常花稍，有 6 個輪子、
無線電遙控，像台兒童沙灘車。從某種意義上來說，他是輛沙灘車，
但他經由太陽能發動並且能自我引導。1997 年登陸的火星環境勘測
任務裡，可能會有一批這樣的微型漫遊者擔任主角。

微型機器人可以用現成的物件快速建造。發射他們很便宜，而且
一旦成群釋放，他們就會脫離控制，無需持續的（而且可能會誤導
的）管理。這種粗略、卻也實用的邏輯推理，完全顛覆了大多數工業
設計者在設計複雜機械時，採用緩慢、周密完善、完全掌控的方法。
這種激進派的工程原理簡化成一個口號：快速、廉價、失控。工程
師預見，快速、廉價、失控的機器人將適用於下列領域：(1) 探索星
球，(2) 採集、開礦、收割，(3) 遠程建設。

「快速、廉價、失控」最早出現在研討會中工程師的圓形胸牌
上，後來羅德尼・布魯克斯把這句口號做為自己那篇引起轟動的論文
標題。新的邏輯帶來對機器全然不同的新視野。移動機器人群體中沒
有控制中心，他們一致的分散在時空裡，正如一個民族穿越了歷史和
大陸。大量的製造這些機器人吧，別把他們看得過於珍貴。

羅德尼・布魯克斯在澳大利亞成長，像世界上許多男孩一樣，他

喜歡讀科幻小說和做些玩具機器人。他逐漸養成以相反的視角來看事物的習慣，總是想要逆習慣常的想法做事。布魯克斯不斷進出全美各大頂尖機器人實驗室，探究關於機器人的奇思異想，最後接受了麻省理工學院移動機器人研究負責人的終身職位。

在那裡，布魯克斯開始展開一個雄心勃勃的研究生計畫——建造更接近昆蟲而非恐龍的機器人。「亞倫」（Allen）是布魯克斯建造的第一個機器人。他的大腦保存在旁邊的桌上型電腦裡——為了一個值得保存的大腦，當時的機器人研發者都這麼做。亞倫的身體具有視覺、聽覺和觸覺所感知到的信號，透過多樣的電纜線傳送到大腦盒子裡；但這些線纜上像是個永無止境的困擾，一直困擾著布魯克斯和他的團隊。由於這些纜線會產生太多的電子背景干擾，使得布魯克斯換了一個又一個本科專業工程學研究生來解決這個問題。他們查遍各種已知的傳播媒介，甚至是業餘無線電、警用對講機、手機等多種替代方案，但無論哪一種都無法找到能傳輸多種多樣的信號，又能免於靜電干擾的連接方式。最後布魯克斯和他的研究生們都發誓，不管要把大腦設計得多麼小，下個計畫會將大腦**整合進**機器人體內——這樣機器人身上就不需要這些重要卻明顯的纜線了。

因此，他們不得不在製造機器人「湯姆」和「傑瑞」時，使用最簡單的邏輯步驟以及短而簡單的連接。但讓他們感到驚訝的是，他們發現在完成簡單任務時，這種自帶神經迴路的固定式笨方法遠比大腦表現得更好。根據發現的這個愚蠢神經元的小小成就，促使布魯克斯再次檢視遭廢棄的亞倫。他回憶說：「事實證明，亞倫的大腦並沒有起什麼多大的作用。」

這次成功有利的精簡方式讓布魯克斯繼續探索，看看能讓機器人傻到什麼地步卻仍舊可以做些有用的事情。最後，他得到一種基於反

射的智能，這樣的機器人就會如同螞蟻一樣笨，但也會像螞蟻一樣令人感到有趣，引人深思。

　　布魯克斯的想法在一個有橄欖球般的大小、像蟑螂似的機巧裝置上成形，稱之為「成吉思」（Genghis）。布魯克斯將他的精簡理念發揮到極致。成吉思有 6 條腿，卻沒有任何可以稱得上是「腦」的東西。他的 12 個馬達和 21 個感測器，全部分布在沒有中央處理器可分解的網路上。然而，這 12 個充當肌肉的電機和 21 個感測器之間的交互作用，卻產生了令人驚訝的複雜性和類似生命體的行為。

　　成吉思的 6 條小腿，每條都是各自工作，誰也不靠誰。每一條腿有他自己神經元細胞組成的一個神經節——一個極小的微型處理器——如此一來就可以控制腿的動作。每條腿只想著自己！對成吉思來說，走路成為一個至少有 6 個小頭腦在工作的一項團隊合作項目。其他在體內更微小的頭腦便負責這些腿與腿之間的通訊。昆蟲學家說，這正是螞蟻和蟑螂克服困難的方式——他們在足肢上有神經元負責該足肢的思考活動。

　　在移動機器蟑螂成吉思身上，行走是通過 12 個馬達的集體行為完成的。每條腿有 2 個馬達負責抬腳或不抬腳，乃取決於周圍的幾條腿正在做什麼動作。假設他們以正確的次序動作的話，那麼——開始，起步走！一、二、一、二、一、二，就這麼「走」起來了。

　　這個奇巧的裝置上沒有一個部分是掌管走路動作。不靠高級的中央控制器，控制會從底部逐漸地匯集起來。布魯克斯稱之為「由下而上的控制」。由下而上的行走，由下而上的機靈。假使剪斷蟑螂的一隻腳，他還能利用其他的 5 隻腳調整步伐，一步也不凌亂地往前爬。這種改變並非學習而來，而是一種即時自我重組。假使弄廢成吉思的一條腿，其他還能走路的 5 條腿也會重組走路，正如蟑螂一樣地輕而

易舉重新找到新的步態。

布魯克斯在他的一篇論文裡，首先揭示了如何讓創造物不知所以然的走路方法：

> 沒有中央控制器指導身體把腿放在哪裡，或者在遇到障礙物時把腿抬得多高。而是，每條腿都有權做些簡單的動作，並且每條腿都能獨立判斷在不同的狀況下該怎麼做。例如，兩個基本動作可以做這樣子的思考，「我是一條腿，我要抬起來，接著我要放下去，」或者「我是一條腿，我要往前走，讓其他的五條腿落後一點點。」這些步驟都是獨立存在，而且是隨時待機，一旦感知的先決條件成立的話，就會啟動運作。接下來就是走路，只需按順序地抬腿（明顯地，這是唯一可能需要中央控制的地方）。一條腿一經抬起，馬上就會自動地往前移動，接著落下；但這個往前擺動的動作會觸發其餘的腿往後移動一點點，因為這樣，這些腿碰巧著地，身體就往前動了。

一旦生物機器能在平滑地面穩定行走，就可以加進其他動作使他行走得更好。想讓成吉思跨越在地板上的一堆電話簿，就需要安裝一對觸鬚，把地面的信息傳遞到第一組腿上。來自觸鬚的信號可以抑制馬達的動作。規則可以是：「假使你感覺到有東西，我就停下來；如果沒有，我就繼續走。」

成吉思在學習跨越障礙物的同時，其基本的行走模式是不會受到隨意的擾動。布魯克斯藉此說明這是一個普遍的生物原則——一個神律：**當某個系統正常運作時，不要擾亂他；要以他為基礎加以建構。**

在自然體系裡，改良就是在現存的已調整好的系統上「加加補補」加以補強。原先的層級繼續運作，甚至不會（或者用不著）注意到在上頭還有另一個層級。

當你的朋友告訴你走哪條路到達他們家時，他們不會告訴你「避免撞到其他車」，儘管你是絕對必須遵守這條訓誡。他們不需要以較低層次的目標來和你溝通，因為你熟練的駕車技術早已保證這個目標會很順利地實現。而走哪條路到達他們家就是關於高層次的活動了，就像駕駛車子要經過一個城市一樣。

動物（在進化的過程中）以類似的方式來學習。正如布魯克斯的移動機器人也是如此。他的機器人透過建立一個行為層次學會穿越複雜的世界，順序大致如下：

- 避免碰觸物體
- 無目的漫遊
- 探索世界
- 建構內在地圖
- 注意環境變化
- 規劃旅行方案
- 預見變化並修正相應方案

負責無目的漫遊部門不會在乎障礙物，因為負責避免碰觸部門早已採取好了措施。

布魯克斯移動機器人實驗室的研究生建造了一個拾荒移動機器人——晚上在實驗室收集空飲料罐——他們開心地稱他為「搜集狂機器人」。搜集狂機器人的無目的漫遊部門讓他在每個房間遊蕩；避免碰

觸部門則是讓他在漫無目的遊蕩時不會碰撞家具。

　　搜集狂機器人整晚閒逛直到他的攝影機偵測到桌子上一個飲料罐形狀的物體。信號觸動移動機器人的輪子，將機器人推進到飲料罐正前方。機器人的手臂不需等待中樞大腦（他沒有大腦）發出指令，便能夠透過周圍環境「了解」自己所處的位置；手臂上裝有傳遞信號的導線，以便手臂可以「看」到輪子。假如他說，「咦，我的輪子停了，」那麼他就知道，「我一定是在飲料罐的前面。」接著，手臂伸出去拿罐子。如果罐子比空罐重，就留在桌上；如果罐子是輕的，就會拿走。拾荒機器人手拿空罐繼續漫無目的走著（因為有避免碰觸部門，不會撞到家具或牆壁），直到意外遇到回收桶；這時，輪子就會在回收桶前面停了下來。傻裡傻氣的手臂會「看看」自己的手是否拿著罐子；是的話，就扔進回收桶；如果不是，就再次在辦公室裡閒晃，直到他發現另一個罐子。

　　這個以隨機偶然遇到為基礎所設計的荒唐「碰運氣」程式系統只是一個極沒有效率的回收執行方法罷了。但夜復一夜，在沒有其他什麼事可做的情況下，這個很傻但很可靠的拾荒者居然搜集到數量可觀的鋁罐。

　　實驗室可以藉由那些原來已有的工作，再加進一些新的行為方式，這樣搜集狂機器人便能發展出更複雜的系統。複雜性就是這樣透過逐漸添加，且不修正其基本結構而累積起來的。最底層的行為活動並不會受到擾亂。無目的漫遊模組一旦排除了障礙，並且運轉良好，就永遠不會被改變。即使無目的漫遊模組妨礙了新的更高級行為，這已經驗證應用的規則也只是被抑制下來，而非被刪除。代碼永不會改變，只是受到忽略。這是多麼官僚，又多麼具有生物性啊！

　　再者，系統的各個部分（部門、單位、規則、行為方式）正常運

作——沒有失誤地運作——就像各自的獨立系統。避免碰觸部門自行工作，不管拿罐子部門要不要做事；同樣地，拿罐子部門在做事，不管碰觸部門是否要幹活。即使青蛙的頭掉了下來，青蛙的腿也會跳了起來，就是這個意思。

布魯克斯為機器人所設計的分散式控制結構，即後來人所稱的「包容結構」，因為當更高級的行為想要有掌控權時，需要包含較低層次的行為任務。

假如把國家看成是一部機器，那麼可以用包容結構這種方式來建造：

從鄉鎮開始，解決鄉鎮的後勤：基本工作包括整修街道、鋪設水電管道、提供照明，還有制定法律。一旦這些鄉鎮能夠確實地運作良好，就可以設立郡縣。在鄉鎮持續正常運作的基礎上，往上再增加一層具有複雜度的層級，也就是在這些郡縣的行政區內設立法院、監獄和學校。假設郡縣的機構單位消失了，鄉鎮仍能持續運作。有了足夠多的郡縣後，再增加州的層級。州負責徵稅，同時允許郡縣掌管許多的職權。沒有州，鄉鎮也能維持下去，雖然可能不再那麼有效率或那麼複雜。當州的數量足夠多，就可以增加聯邦政府。藉由對州的限制，及承載在州上面層級的組織工作，聯邦層級會包含州的一些活動。即使聯邦政府消失了，數千個地方鄉鎮仍會繼續做自己地方的工作——修街道、鋪設水電管道和提供照明。但是鄉鎮的工作由州所包含，最後由一個國家聯邦所包容時，這些鄉鎮工作就會有更強而有力的功能。也就是說，這套由包容結構所建構起來的鄉鎮可以建造房子、設立教育體系、制定規範，而且會比他們原來各自能夠做的還要來得繁榮。美國政府的這個聯邦結構就是一個包容結構。

大腦和身體也是這樣的結構方式，由下而上。就像鄉鎮一樣，由

簡單的行為開始——直覺和反射。先生成一段能做簡單工作的神經迴路，然後讓很多神經迴路運轉下去。接著複雜行為從一大堆有效運作的反射中湧現出來，如此就在上頭建構第二層級。無論第二層級是否起作用，最初的層級持續運作。但是當第二層級開始產生一個更複雜的行為時，就會把他下一層的行為包容進來了。

以下是布魯克斯的移動機器人實驗室開發出來的一套分散式控制的普用方法。他可以應用於大多數的創造：

(1) 先做簡單的事。

(2) 學會準確無誤地做簡單的事。

(3) 在簡單任務的成果上添加新的活動層級。

(4) 不改變簡單的事。

(5) 讓新層級的工作像簡單層級一樣的準確無誤地運轉。

(6) 重複以上步驟，無限類推。

這套方法也可以做為管理任何複雜性事務的竅門，因為他原本就是這麼做的。

你不會想要透過一個中心化的大腦來管理整個國家的運轉。想想看，如果想修理住家前面的下水道時，還得打電話到華盛頓的聯邦下水道修理局預約，這會引起什麼一連串可怕的事情呢？

最明顯的方法是在處理一些複雜的事情時（例如管理 1 億人口或者是靠著兩條細細的腿走路），常常想到的辦法就是列一張所有需要按著順序完成任務的清單，然後從中央指揮部或大腦下指令完成這些任務。前蘇聯的經濟就是按這種理性卻又非常不切實際的方式運作的。而這種組織的內在不穩定性早在蘇聯解體前就很明顯了。

中央指揮下的身體與中央指令型的經濟相比,也不會好到哪裡。然而機器人研發、人造生物、人工智慧一直以來都是以中樞指揮的設計藍圖為主流。布魯克斯對於那些頭腦中心論的成員所培育出來的機器人到現在都還沒複雜到足以崩潰,一點也不感到驚訝。

布魯克斯一直嘗試培育沒有中樞頭腦的系統,這種系統就會有足夠的複雜性而能夠崩潰。在一篇論文裡,他稱這類沒有中樞智能為「非理性智能」,有趣卻又微妙的雙關語。一方面,這種智能——由下而上層層積累建構而成——本身沒有用於推理的結構;另一方面,這種智能的湧現也毫無推理可言。

蘇聯之所以崩潰並不是因為他的中央集權扼殺了經濟,而是因為任何由中央控制的複雜系統總是不穩定也不具彈性。假設是以中央控制的模式來設計機構、公司、工廠、生物體、經濟和機器人,那麼他們都將難以繼續繁榮下去。

是的,我知道你會想問:「但作為人類,我難道沒有中央控制的大腦嗎?」

人類有大腦,但他不是中央集權,也沒有所謂的中心。「大腦有一個中心的想法是錯誤的。這不僅是錯誤的,而且是錯得離譜。」丹尼爾·丹尼特這樣說著。丹尼特是塔夫斯大學的哲學系教授,長久以來鼓吹意識的「功能性」視角:意識的多功能性,例如思考,是來自於不思考的部分。像昆蟲似的移動機器人所具有的半意識,就是動物和人類意識的極好樣式。依據丹尼特的說法,人體內沒有一個地方是用來控制行為的,沒有一個地方是用來創造「行走」的,沒有地方是靈魂居住之所。丹尼特說:「當你仔細看著大腦內部,你會發現根本**空無一物**。」

丹尼特正慢慢地說服很多心理學家,讓他們相信,意識是從一個

由許多微弱、無意識的神經迴路構成的分散式網路中所湧現出來的一種現象。丹尼特告訴我，「舊的模式認為，大腦中有一個中心位置，一個內在的祕密聖殿，一個劇場，意識都從那裡產生。」也就是說，一切訊息都必須交給一位特使，以便讓大腦可以察覺這些訊息。當你做出有意識的決定時，那是在大腦的峰會上所做的決定。而本能反射則是穿越高山的隧道，不必參加意識高峰會。

從這樣的邏輯來看（腦部科學領域的絕對正統說法），丹尼特說：「當你要說話時，你的大腦會生成一個語言輸出盒。語句會由一些講話工匠構思排列，然後放進盒子裡。講話工匠會從稱為『概念生成者』的子系得到指示，也就是得到先於語言構成的訊息。當然，概念生成者必須也是從某個來源獲得訊息，因此，類似的控制過程會無限地回溯下去。」

丹尼特稱這種觀念為「唯中央意圖」，意圖從大腦中央權威層層傳達下去。他描述這種應用語言生成的觀點，就像「有位四顆星的上將訓示部隊：『好了，這是你們得做的差事，我要啐罵這個傢伙，找適當的話題編造些英文侮辱詞，然後把他發送出來。』如果說話的過程要這樣才能產生，那是一件多麼令人絕望的事。」

丹尼特說，更可能的是，「意義，是許多本身並無具有任何意義的小東西，通過分散式交互作用湧現出來的。」一整堆分散式的模式常常生成自相矛盾的原材料——這兒有一個可用的詞，那裡有個不確定的詞。「但語言行為就是從一堆雜亂無章，不完全協調，甚至實際上大部分相互競爭中所湧現出來的。」

我們如果用文學的修辭說法，把他看成是意識的流，就像我們頭腦裡有著收音機正播放著新聞一樣。丹尼特說：「根本沒有意識流。意識是**多源頭**存在的，或者說，是許多不同的意識流，沒有哪一條意

識流會被單獨挑出來。」1874年，心理學家先驅威廉・詹姆斯這麼寫著：「……思維在任何階段都像一個上演著同時發生有各種可能性的舞台。意識在這些可能性的相互比對過程中起起落落，選這個，就抑制其他的……。」

　　非此即彼的吵雜心思，這樣的思想觀念形成我們所認為的「統一的智慧」，馬文・明斯基將之稱為「心智社會」。他簡單地說明，「你**可以**通過許多細微的反應建立一個心思意識，每種反應本身都是無知無覺的。」想像一下，一個基本的大腦由各自獨立的專司份子組成，每個份子都與一些重要的目標（或本能）有關，如確保食物、保護、繁殖或防禦。單獨來看，每個份子都是低能兒，但結合在一起，通過錯綜複雜層層控制，以許多各種不同的搭配組織起來，就能創造思維活動。明斯基強調說：「沒有交流的思緒就沒有智能可言。智慧乃從愚笨之事中才能得著。」

　　心智的社會聽起來和心智的官僚體系似乎大同小異。事實上，沒有進化和學習的壓力的話，腦中的心智社會就會變成官僚主義。然而，誠如丹尼特、明斯基、布魯克斯所預想的，一個複雜組織裡的愚笨個體之間總是為了資源和認同既競爭又相互合作。在競爭個體之間的協調是非常鬆散的。明斯基認為，智能是由「幾乎有著獨自目標的獨立個體結合而成的鬆散聯盟」所產生的。勝者的個體留存，敗者隨時間消失。從這層意義上來看，頭腦並非壟斷完全控制，而是一個冷酷無情的生態系統，在這裡，競爭反而孕育出一種新生的合作關係。

　　心智這種微混沌的特性比我們所能體會的還要來得深刻，甚至到了讓我們的內心感到不安的程度。很有可能的是，心智活動其實就是一種隨機或一種統計現象──等同於平均法則。這樣大量分布的跳飛式神經衝動構成了心智活動的基石，即使給予一個已知起點，其結果

也並非必然如此。如此一來，沒有重複的結局，有的只是隨機而生的結果。因此想要達成某個特定的想法，都需要一點點運氣。

丹尼特對我坦承：「我之所以喜歡這個理論是因為當人們第一次聽到這種說法時，他們會大笑，但再接著想想，他們認為這或許是對的！後來他們思考得愈深入，他們會意識到，不，這不僅**有可能**是對的，而且某些觀點**必定是對的！**」

就像丹尼特和其他人所注意到的，人類並不多見的多重人格症候群在某種程度上源於人類意識的去中心化和分散式的特質。每一個人格——不管是比利還是莎莉——都共用同一群人格代理以及同一群執行者和行為模組，卻產生明顯的不同角色。罹患多重人格障礙的病會將他們人格中的某個碎片（或者說，某個群組）當作一個完整的人格表現出來。外人永遠不知道他們正在和誰交談。病人看上去似乎缺了一個「我」。

但我們不也都是這樣嗎？在我們生命中的不同時期，在不同的心境下，我們也是變換著自己的性格。當某個人被我們內心世界的另外一面所傷害時，他會尖叫著說：「你不是我過去所認識的人了！」這個「我」是我們內心世界的一個籠統延伸，我們以此作為區分自己和他人的身分。一旦一個人沒有「我」或失去「我」，那麼就會迅速立刻地創造一個「我」。明斯基說，這正是我們會做的事。根本就無「我」的存在，是我們每個人都自創一個「我」。

人無「我」，蜂窩無「我」，團體無「我」，野獸無「我」，國家無「我」，任何活體無「我」。一個活系統的「我」，是一個幽靈，是一個只有短暫生命的蔽體；就像百萬個旋轉的水分子匯聚而成瞬間的漩渦，只要指尖一碰，即消散無形。

但須臾之間，分布在深層的烏合之眾聚合一起攪動，又起了漩

渦。這個漩渦是另外一個，還是原來的那一個？在經歷了瀕死經驗後，你會有所不同，或者只是更加成熟？如果本書這個章節的安排打錯了次序，那他會是另外的一本，還是原來這本書呢？當你無法回答這個問題時，那你就明白你現在談的正是關於分散式系統了。

每一個獨立的生物個體內都有一大群非生物的東西。將來有一天，每一部單獨的機器內也會有一大堆非機械的東西。這兩種類型的群體都各自的存在著並且有自己的生活作息。

布魯克斯寫道：「包容結構在本質上是一種將機器人的感測器和致動器連接起來的並行分散式計算。」這種架構的要點在於將複雜功能分解成模組單元，以層級形式組織起來。許多觀察家對於這種去中心化控制的社會理念感到高興，但一聽到層級組織是包容結構中最重要和核心部分時卻感到失望。分散式控制不就意味著層級機制的終結嗎？

當但丁一層層爬上天堂的九重天時，他所攀登的也是一座象徵地位的層級。在地位層級裡，訊息和權力只有單向傳遞：自上而下。而在包容或網路層級架構裡，訊息和權力是由下而上傳遞，或從一邊到另一邊。正如布魯克斯指出的：「不管是在哪一個層級工作的代理或模組，他們都生來平等……。每一個模組只要盡力把自己的事做好就可以了。」

在人類的分散式控制管理體系裡，一些特定類型的層級會增加而非減少。在那些包含人類節點的分散式系統內更是如此——像是巨大的全球電腦網路。許多電腦領域的行動家大力鼓吹網路經濟的新紀元，一種建立於圍繞電腦點對點網路的新紀元，認為應該是拋棄嚴格家長制式網路的時候了。他們的說法也對也錯。雖然專制的「自上而下」的層級結構會漸漸消亡，但若沒有「自下而上」控制的嵌套式層

級，分散式系統也不會長久。當同層級個體之間相互影響時，他們會聚合成為一體，如同一個完整的細胞器官，一個規模更大但行動更遲緩的網路基礎單元。隨著時間推移，一種多層次組織就會在由下而上的滲透流動中形成：底層活動會快，上層活動會慢。

通用分散式控制的第二項重點是，控制的聚合必須是由底部遞增。把複雜問題以理智推理拆解成符合邏輯、互相作用的因子是不可能的。這動機雖好，但必然失敗。例如，大公司如果無中生有產生一些合資企業，那麼這些大公司就會有明顯垮掉的傾向。為解決另一部門的問題而設立大型機構，那麼他本身也會成了問題部門。

由上而下的聚合之所以也不可行的原因，就跟數學運算除法比乘法難的道理是一樣的。幾個質數相乘得出答案很容易，小學生就會做。但如果要將一個大數字分解成質因數的話，超級電腦也會卡住。自上而下的控制就像將乘積分解成因數一樣困難，但因數相乘得到乘積則是非常容易。

這個定律簡單扼要，可以這麼表述：分散式控制必須是從簡單的局部控制中衍生出來；**複雜系統必須是從運作良好的簡單系統上衍生出來的。**

為了驗證由下而上的分散式控制理論，羅徹斯特大學的研究生布萊恩・山內製作一個雜耍導盲機器手臂。手臂的任務是用拍子反覆地揮拍一個氣球。這個機器手臂並沒有一個大腦可以計算出氣球定位後移動拍子到正確的氣球下方，再以適當的力量揮拍；相反，山內分散這些定位和控制力量的工作。最後的平衡動作是由一群愚笨的「代理」組成的委員會所完成。

例如，把「氣球在哪裡？」這個極複雜的問題細分成幾個獨立問題，將其分散到許多微型邏輯電路中。一個代理只考慮一個簡單的

問題：氣球是否在可觸及之範圍內？──一個相對容易操作的問題。主管此問題的代理對何時拍擊氣球一無所知，甚至連氣球在哪裡也不知。他的單一工作就是當氣球不在手臂上攝影機的視線範圍內時下指令讓手臂退後，並且持續移動直到氣球進入視線內。由這些能夠下指令的決策中心組成的網路或社會形成一個生物體，來展現非凡的敏捷性和適應性。

山內說：「行為代理之間沒有明確的訊息交流。所有的交流都是經由觀察其他代理對外界環境的影響而發生的。」像這樣保持事物的局部性和直接性，可讓社會進化產生新的行為，同時也可避免在硬體連線的過程中產生暴增的複雜性而拖垮整個系統。和流行的商業說教方式相反，把每件事都告訴每一個人並不是智慧的產生方式。

「我們把這個想法更往前推了一步，」布魯克斯說，「並且實際上常常利用外部世界作為分散式物件之間的交流媒介。」一個反射模組並不是由另一個模組來通知他該做些什麼，而是直接感知外部世界反射回來的訊息，然後再藉著其對外部世界的作用把訊息傳遞給他人。「訊息有可能會丟失──事實上發生的頻率還滿高的。但沒關係，因為代理會一遍又一遍不斷地發送訊息。他會不斷重複『我看見了。我看見了。』的消息，直到手臂接收到訊息並且採取相應的動作以修正外部動作，代理才會安靜下來。」

集中化的訊息交流並不是中央大腦僅有的麻煩。中央內存記憶的維護同樣令人感到疲憊。共享的內存記憶必須嚴格、及時、準確地更新──這是一個很多公司都深有同感的問題。對機器人來說，控制中心要挑戰的艱巨任務是依據他所感知的事來編譯或者更新一個「外部世界模型」、一個理論、或者一個表述：牆在哪裡、門還有多遠、以及──小心點，樓梯在那裡。

當大腦中樞與許多感測器傳回來的訊息相互衝突時，該怎麼辦呢？眼睛說，有東西正要過來；耳朵卻說，那東西正要離開。大腦要相信誰呢？合乎常理的做法是試著找出真相。於是，控制中心調解糾紛並重新修正信號讓他們一致。在非包容結構的機器人中，中央大腦的巨大計算資源大都用在根據不同視角所傳回的信號，進而試著繪製出一個協調一致的外部圖像上。系統的各個部分對於來自攝影機和紅外線感測器大量湧入的數據各自有不同的解讀，因而也各自形成對外部世界極不一樣的觀感。因為這樣，大腦永遠無法協調好所有的事情，所以總是一事無成。

想要協調出一幅關於世界的中央圖像太難了；但布魯克斯發現，利用現實世界作為其自身的模型要容易多了：「這是個好主意，因為這個世界確實是他自身相當好的模型。」由於沒有強制的中央模型，因此任何部分也沒有調解爭議的職責，他們根本不需要和諧一致。相反，不同的信號產生出不同的行為。在包容控制的網路層級中，行為表現是被（抑制、延遲、活化的方式）篩選出來的。

實質上，對機器人來說（或者說對昆蟲來說——布魯克斯更希望這樣表述），並沒有外部世界的圖像。沒有中央記憶，沒有中央指令，沒有中央存在，一切都是分散式的。「經由與外部世界溝通可以避免只根據手臂的數值逕行調校視覺系統的問題。」布魯克斯這樣寫著。外部世界自身成為「中央」控管者；沒有圖像的環境成為圖像本身。這樣就可省下巨量的計算工作。布魯克斯說：「在這樣的組織內，只需要少量計算就可以產生智能行為。」

沒有了中央組織，各種不同的個體們不是行動就是消失沉寂。我們可以這樣來理解布魯克斯所提出的結構說法——用他的話來說就是：「大腦裡的每一個個體經由與外部世界進行溝通以爭取機器人的

身體資源。」只有成功做到這一點的那些個體才能得到其他個體的注意。

　　那些機靈的觀察者早就注意到，布魯克斯的說法正是市場經濟的正確描述：參與市場活動的個體之間是沒有交流的，他們只是觀察其他個體的行為對共同市場所造成的影響（不是行為本身）。從上千百位我從未謀面的蛋商那裡，我得知了蛋價的訊息。訊息告訴我（包括很多別的訊息在裡面）：「一打雞蛋比一雙皮鞋便宜，但是比一通兩分鐘的國內長途電話貴。」這個蛋價一起和其他價格訊息指導了數千個養雞場主人、鞋子製造商和投資銀行決定該將資金和精力放在哪裡。

　　布魯克斯的模型，不僅為人工智慧領域帶來巨大變革，他也是任何類型的複雜機體之所以可以運作的真正模型。我們在所有類型的活系統中都能看到包容結構、網路層級機制。布魯克斯從製造移動式機器人的過程中得出 5 個經驗談，表述如下：

- ‧遞增式建構──複雜性自我發展，而非硬性植入。
- ‧感測器和致動器的緊密結合──直接反應，不需思考。
- ‧模組化獨立層──把系統拆分為能自行發展的了單元。
- ‧分散式控制──不需要中央集權計畫。
- ‧稀疏通訊──觀察外部世界的結果，不需導線傳遞訊息。

　　當布魯克斯把笨重且剛愎自用的機器怪獸壓縮成一隻卑微的、輕如鴻毛的小蟲時，他在那次小型化技術的嘗試中有了新認識。以前，要使一個機器人「更聰明」，需要為他配置更多的電腦部件，結果使他更笨重。他愈笨重，驅動馬達就要愈大。馬達愈大，供電所需的電

池組就會愈大。電池組體積愈大，移動電池組的架構也就更大，如此便會陷入惡性循環中。這個惡性循環使得機器人大腦與身體部件重量的比重朝著愈來愈小的趨勢發展。

但如果這個循環顛倒過來，就會成為一個良性循環。電腦部件愈小，電機愈輕，電池愈小，結構也愈小，相對應的尺寸骨架強度就愈大。儘管腦的尺寸還是很小，但這會使得移動機器蟲的大腦占身體的比重相對更大些。布魯克斯的移動機器蟲大都比 4.5 公斤來得輕一些。由模型汽車零件組裝出來的成吉思，只重 1.6 公斤。布魯克斯想要在 3 年內推出身長 1 公厘（鉛筆尖大小）的機器蟲。他叫他們為「機器跳蚤」。

布魯克斯主張不僅要把這種機器人發送到火星上，也要讓他滲透到地球上各個角落。布魯克斯說，他想要盡可能地把人造生命引進現實生活當中，而不是盡可能地在人造生命裡引進有機體。他想讓世界各地充滿便宜、小型、無所不在的半思維機器生物。他舉了一個聰明的例子：在你的住宅裡只要大約增加 10 美元的費用，就可以在一扇門安裝一個電腦晶片，這樣他會知道你要出門了，或者可以聽到另一扇門傳來訊息說你要過來了，他還會在你離開時通知電燈等等事情。如果一棟大樓裡有了這些可以彼此交談的每一扇門，那麼就可以幫助控管溫度，還可以幫助控制車流。如果將我們現在看來是毫無生命力的裝備設施裡裝置這些小小的入侵者，為他們注入快速、廉價、失控的小小智慧，那麼我們就能擁有一群感覺靈敏的小東西來服務我們，並且持續學習如何為我們帶來更好的服務。

受到激勵的布魯克斯預言了一幅到處都是與我們相互依存的人造生物所構成的未來景象———一種新型式的共生關系。其中大部分不會被我們察覺，而是被我們認為那是理所當然的事情，他們以昆蟲的方

法來解決問題──人多好幹活兒，人多力量大，個體單元微不足道。他們的數量將會像自然界的昆蟲一樣遠超過我們。事實上，布魯克斯所想像的機器人不是像電影《星際大戰》裡的 R2D2 那樣為我們端茶倒水，而是只需在我們視線看不到的地方，與萬物同化成為一體。

移動機器人實驗室裡有位學生製作了一款如同兔子大小的廉價機器人。他會觀察我們在房間裡的位置，隨著你的走動不斷調整你的立體音響效果以達到最佳的音效。布魯克斯心中也有另一個創意，想像一個小型機器人生活在我們家裡的客廳角落或者在沙發下面。他會像搜集癖好機那樣，只要你不在家的時候，就四處遊蕩吸塵。只有在你回家發現地板非常乾淨時，才會意識到他的存在；還有一個類似並且是非常小的機器小爬蟲住在電視機的螢幕角落裡，當電視機關著的時候就會從角落裡面爬出來吸食電視機上的灰塵。

每個人都想要擁有可以用程式操控的寵物。「汽車和馬的最大的區別就在於，」頗受歡迎的技術傳播者凱斯·漢森如此說，「你不用每天檢修汽車，卻必須每天照料馬。」我想人們也希望動物一樣可以具備開關的功能。

「我們熱中於建造人工生物。」布魯克斯在 1985 年的一篇文章中寫道。他把人工生物定義為一種在現實環境裡沒有人類協助仍可生存數周或者數月，並且可以做一些有用工作的創造物。「就這個意義而言，我們的移動機器蟲就是這種創造物。開啟電源，他們就融入外部世界，與這世界相互作用、相互影響，尋求並達成各種目標。這與其他的機器人相比截然不同。他們需要依照預定程式或計畫完成特別任務。」布魯克斯堅持自己不要像大多數機器人設計者那樣，為他的創造物建立玩具（簡單容易的）環境，並且說：「我們堅持建造能在真實的世界裡存在的完整系統，以免自欺欺人、逃避難題。」

時至今日，自然科學一直未能解決一個難題：如何去啟動一種純意識。如果布魯克斯是對的，那麼這個問題也許永遠無法實現。相反地，意識將從愚笨的身體中發展出來。幾乎所有從移動機器人實驗室獲得的經驗都在告訴我們，在一個不寬容錯誤的真實世界裡，沒有身體就沒有意識。「思考即行動，行動即思考，」就像 1950 年代控制論運動的啟蒙者海因茲・馮佛斯特所說，「沒有活動就沒有生命。」

我們人類與生俱來的想法，認為我們更像機器人「漫步者」而不是螞蟻，因此造就了「漫步者」體態龐大的麻煩。自從醫學證實大腦在生理的重要作用後，我們自我感覺的中心就從古代所認為的心臟，移轉到現今所認同的大腦。

20 世紀的人類完全依靠大腦而存在。因此，我們製造的機器人也是依靠大腦而存在。科學家——也是凡人——認為，作為生靈的他們就只是集中在前額下方、眼球後面的那一小塊區域。我們就在那裡生息。事實上，到了 1968 年，腦死已經成為判斷臨床死亡的依據。無意識意味無生命。

功能強大的電腦催生了無身軀智能的幻想。我們都聽過這樣的描述：意識是存在於浸泡在容器中的大腦裡。現代人說，藉著科學，人不需身軀也能夠以大腦的形式存活下去。由於電腦本身就是巨大的頭腦，所以我可以生存在電腦中。同樣道理，電腦的意識也可以輕易地使用我的身體。

在美國通俗文化的經典中，意識的可轉移性已經是人們廣為信守的理念。人們宣稱，意識轉移是個很棒的想法，或是一個驚人的想

法，卻沒有人認為那是錯誤的想法。現代的一般民眾相信，意識就像是可以在容器之間倒來倒去的液體。也因而產生了《魔鬼終結者2》、《科學怪人》等一大堆科幻作品。

不論好壞，在現實中我們不以頭腦為中心，也不以意識為中心。即便真的如此，我們的意識也沒有中心，沒有「我」，我們的身體也沒有向心性。身體和意識跨越了彼此間的假想邊界，也模糊了彼此間的差別。他們都是由大量的低層次物質組合而成的。

我們知道，與其說眼睛像照相機，還不如說他更像大腦。眼球擁有像超級電腦的大量處理能力。我們許多的視覺感知在光線剛剛觸及纖薄的視網膜時就發生了，比中樞大腦形成影像要早得多。我們的脊髓神經不僅是一捆傳輸大腦指令的電話線，他也在思考。當我們把手指著在胸口而不是頭部，為行為做出保證時，我們更接近於事實。荷爾蒙和胜肽流貫我們全身，而我們的情感便是漫遊於其中。催產素釋放出愛的想法（或許也有些可愛的想法）。這類荷爾蒙也處理訊息。科學家最新推斷表明，我們的免疫系統是一台神奇的並行分散式感知機，他能辨識並且記住數以百萬計的不同分子。

對布魯克斯來說，軀體就意味著精簡單純。沒有軀體的智能和沒有形式的存在就像幽靈似的鬼魂，必給人錯覺。只有在真實的世界裡創造真實的物體，才能建立像意識和生命那樣的複雜系統。只有製造出必須以真實軀體而存活的機器人，讓他們日復一日地自食其力，才有可能發掘出人工智慧或真正的智能。當然，假如你不想要有意識湧現的話，那麼只要把他與軀體分離開來便可。

單調乏味會使心智錯亂。

40 年前，加拿大心理學家唐納德‧赫布對一些案例很感興趣：這些人描述，他們在極度無聊時會出現離奇妄想。雷達觀測員常常報告發現物體光點，而雷達螢幕上根本沒有東西；長途卡車司機突然停車，因為他看到搭便車的旅行者，但路上連個影子也沒有。韓戰時期，加拿大國防研究委員會邀請赫布參與研究另一件有關人體處於單調疲乏的情況下，產生令人感到棘手的結果：招供。那些被俘虜的聯軍士兵似乎被共產主義洗腦（當時是個新名詞）之後，宣布摒棄西方世界。他們也許曾經受到被關進隔絕水箱之類的折磨。

1954 年，赫布為此在蒙特婁麥吉爾大學搭建了一間黑暗隔音的小房間。志願者們來到這個狹小的房間內，前提是得頭上戴著半透明的護目鏡，手臂裹著紙板，手上戴著棉手套，耳朵裡塞著播放低沉噪音的耳機，安靜不動地躺在床上兩到三天。他們聽到持續的嗡嗡聲，不久即融入一片死寂。他們只感覺背部隱約作痛，只看到黯淡的灰色，或許是黑色？那些自出生以來大量圍繞在心頭上各種各樣的訊息感受漸漸消失。慢慢地，每個人的意識掙脫身體的束縛開始旋轉。

半數的受測者報告他們產生了幻視，其中有些人在第一個小時出現：「有一排小人，一個德軍鋼盔……卡通式人物集成的動畫場景。」在 1954 年那個純真的年代，加拿大的科學家報告說：「我們的早期受測者中有幾個案例，其中之一的受測試者稱他為『醒著做夢』，這情形起初令人相當費解。後來，我們的一位研究員以受測者的身分觀察到了這一現象，並意識到這個特殊性和嚴重性。」靜躺著不動到第二天，受測者可能會說「現實感沒了，身體意象變了，說話困難，塵封的往事歷歷在目，滿腦子性欲，思維遲鈍，夢境複雜，以及隨之而來更多的憂慮和驚恐。」他們沒有提及「幻覺」，因為他們

還沒有想到這個詞。

　　幾年後，傑克‧弗農繼續進行赫布的實驗。他在普林斯頓心理學系的地下室建造了一間「黑屋」。他招募了一些研究生，這些受測的研究生會花四、五天的時間在黑暗中「好好想些事情」。最初的受測學生中有一位告訴前來聽取情況的研究者：「在你們打開觀察窗的時候，我猜我大概已經在那兒待了一整天了。我覺得奇怪，為什麼你們過了這麼久才來觀察我。」事實是，那裡當然沒有什麼觀察窗。

　　在這個與世隔絕的寂靜棺材裡待了兩天後，幾乎所有的受測者都沒有了正常的思維。注意力瓦解，取而代之的是一直出現的白日夢。更糟糕的是，原本活躍的思維陷入了一個不活躍的循環。「一位受測者想出了一個遊戲，按照字母表順序，列出每種化學反應及其發現者的名字。來到字母 N 的時候，他一個例子也想不起來，他試著跳過 N 繼續下去，但 N 卻一直固執地湧入心頭，非要得到答案不可。當這個問題讓他感到厭煩並打算完全捨棄這個遊戲時，卻發現已經毫無能力驅除他了。他忍受這個遊戲不斷的盤問，但過了一會兒之後，發現自己已經無法控制遊戲，於是按下緊急按鈕，中止測試。」

　　身體是意識乃至生命停靠的港灣，是阻止意識被自己形成的風暴所吞噬的機器。神經迴路天生就有玩火自焚的自然傾向。如果放任不管，不讓他直接連結「外部世界」的話，聰明的網路就會把他自己的策劃當成現實。意識不可能超出他所能度量或計算的範疇；沒有身體，意識就只能顧及自己。出於與生俱來的好奇心，即便是最簡單的心智意識在面對挑戰時，也會耗盡自己尋求解答。然而，如果意識直接面對的大都是其自身內部的迴路和邏輯問題的話，那他就只能終日沉迷於自己新創的奇思異想了。

　　這些腦中先入為主的思考，會被身體（更確切地說，是任何由感

官和催化劑匯集起來的實體）硬生生打斷：因為各種需要緊急處理的事物已經負載過度了！生死之大事！該閃避嗎？心智意識不必再去虛構現實──現實問題撲面而來，直擊要害。閃避！以前從未試過、也從未想過要嘗試的一種全新原始悟性做出了決斷。

失去感覺，心智就會陷入意淫，產生心理失明。若沒有受到眼、耳、口、鼻以及手指頭的叨擾而打斷的話，不斷發展的心智就會蜷縮到一隅裡遁世隱居。眼睛是最重要的感官，因為本身就相當於半個大腦（塞滿了神經細胞和生物晶片）。他以無法想像的豐富訊息，如半消化的數據、重大的決策、未來演變的提示、隱匿事物的線索、喚醒某些的動感以及無盡的美，像洪水般充塞著整個心智。心智經過一番細細思量後，做出行為。若突然斬斷他與眼睛的樞紐，心智就會陷入混亂、暈眩，再次退回自己的世界裡。

看了一輩子的眼睛所導致的白內障會折磨老年人，而這是可以用手術摘除的，但重見光明之前必得經歷一段全盲的階段，比白內障帶來的混濁不清還要黑暗。醫生以外科手術摘除病變惡化的眼球晶體，然後用黑布罩著病患的眼睛，以遮蔽光線，防止眼球轉動，因為只要眼球在看東西就會無意識地轉動。由於左右眼球是聯動的，所以兩眼都要戴上眼罩。為了盡可能減少眼球轉動，病人須臥床靜養長達一周。入夜，熙熙攘攘的醫院漸漸沉寂下來，病人在盲目的黑暗下因著身體靜止不動，愈能體會到無邊的黑暗。1900 年代初期，這種手術最早普及施行時，醫院裡沒有機器設備，沒有電視或廣播，夜班護士很少，也沒有燈光。眼睛纏著繃帶躺在眼科病房裡，寂靜的世界和一片的黑色讓人感覺像是跌進了無底深淵。

術後第一天是黯淡無光，只能靜養不動。第二天感覺更黑暗，讓人發麻，焦躁不安。第三天則是黑暗，黑暗，黑暗，一片寂靜，四周

的牆上像是布滿了密密麻麻的紅色蟲子。

「術後第三天的深夜，（60 歲的老婦人）扯著自己的頭髮和被單，拚命想下床，聲稱有人正要抓他，還說房間起火了。當護士解開他未做手術的那隻眼睛上的繃帶後，他才慢慢平靜下來。」此段文字記載在 1923 年一家醫院的報告上。

1950 年代初期，幾位紐約西奈山醫院的醫生到白內障病房連續研究 21 例入院的病患。「有 9 位病人日益感到焦躁不安，他們扯下護具或是試圖爬上床頭的架子；有 6 位病人出現偏執妄想；4 位病人訴說身體不適；4 位病人異常興奮（！！）；3 位病人出現幻視，2 位有幻聽。」

「黑盲性精神錯亂」現在已成為眼科大夫巡視病房時非常留意的一種症狀。我認為大學也應該給予重視。每個哲學系都應該在一個紅色類似火災警報的盒子裡掛上一副黑眼罩，上面標明：「一旦發生與意識和身體相關的爭執時，請打破玻璃，戴上眼罩。」

在一個充斥著虛擬事物的時代，再怎麼強調身體的重要性也不過分。馬克‧波林和羅德尼‧布魯克斯之所以比其他大部分的人更成功地製造出偽人機器，正是因為他們把這些創造物完全實體化了。他們堅持他們所設計的機器人必須完全融入現實的環境。

波林的自動機器活著的時間並不是很長。每次表演結束後，只有少數的鐵甲怪獸還能動彈。但平心而論，其他大學研發的機器人也不會比波林的那些機器大獸活得更久。能「存活」過幾十個小時的移動機器人屈指可數。對大多數移動機器來說，他們在關機狀態下是得以改良的。本質上，機器人專家都是在創造物處於「死亡」狀態時來加以改進他們，而這個怪異的窘境並沒逃過一些研究者的注意。「知道嗎，我想製造的是那種可以 24 小時開機、連續工作數周的機器人。

這才是機器人的學習之道。」瑪雅·馬塔瑞克這麼說,他是麻省理工學院布魯克斯機器人製造團隊的一員。

我走訪移動機器人實驗室時,成吉思已被大卸八塊,躺在實驗台上,他旁邊堆放著一些新的物件。「他正在學習中,」布魯克斯俏皮地說。

成吉思是在學習,但不是以極為有效的方式。他必須倚賴忙碌的布魯克斯和他忙碌的研究生。如果在活著的時候就能學習該有多好!這是機器將要邁出的下一大步。自我學習,永不停歇。不僅要適應環境,更要自身進化。

進化乃是步步為營。成吉思的智力與昆蟲相當。他的後代有一天會趕上齧齒動物,總有一天會進一步進化到像猿一樣聰明敏捷。

但是在追求機器進化的路上,我們還是需要多點耐心,布魯克斯提醒著。從創世記的第一天算起,幾 10 億年後,才有植物的出現,又過了 15 億年,魚類才露面。再過 1 億年,昆蟲躍上舞台。「然後一切才真正開始快速前進。」布魯克斯說。爬行類、恐龍以及哺乳類在之後的 1 億年裡出現。而聰明的大猩猩,包括早期人類,在最近 2000 萬年前出現。

在地質學史上,複雜性在近代相對地有了較快的發展。這使得布魯克斯想到,「一旦獲得生命的存在和對外界做出反應的基本要素,那麼演化行為、創造語言、發展專業知識和邏輯推理能力這些課題就容易了。」從單細胞生物進化到昆蟲花了 30 億年的時間,但從昆蟲進化到人類只花了 5 億年,「這意味著昆蟲的智力水平一般絕非所知道的低下。」

因而,類昆蟲的生命——布魯克斯正努力解決的課題——是一個真正難解的問題。當能創造出人造昆蟲時,人造猿也就隨之而來了。

這也指出研究快速、廉價、失控的移動機器人的第二個優勢：進化需要數量巨大的族群。一個成吉思雖然可以學習，但想要實現進化則需要一大群的成吉思才能有所作為。

想讓機器進化，就需要大量成群的機器。像蚊蟲一樣的小蟲機器人也許是最理想的方法。布魯克斯的最終夢想是製造出既會學習（適應環境變化）又能進化（生物族群經歷「無數考驗」）的機器活系統。

最初有人提出要實行民主制度時，許多理性的人們確實擔心他會比無政府主義還糟。他們是有其道理的。同樣，給可以自治、進化的機器民主機制，也會引發人們對新無政府主義的擔憂。而這樣的擔憂也是有道理的。

有一次，自治機器生命的提倡者克里斯·蘭頓問馬克·波林：「要是有一天機器擁有了無比的智慧和超高效率，人類的容身之處將在哪裡？我的意思是，我們是要機器呢，還是要我們自己？」

我希望透過這本書的文字來回應波林的回答：「我認為人類將不斷累積人造和機械的能力，同時，機器也會不斷地積累生物的智慧。這將使人與機器的對抗不再像今天那樣明顯、那麼在乎倫理。」

因不明顯，所以對抗或許能轉變成一種共生合作：會思考的機器、矽晶片中的病毒、人與電視機熱線連接、由基因工程制定我們所想要的生命，整個世界網結成人類與機器共生的心智。假如這一切都能實現的話，我們將擁有協助人類生活和創造的精巧機器，而人類也將協助這些精巧的機器生存和具有創造性。

我們可以參考以下這封刊登於 1984 年 6 月美國《科際縱覽》的信：

哈蒙·布里斯先生

頂級專業股份有限公司

7777 圖林大道

帕羅奧多市加利福尼亞 94301

2034 年 6 月 1 日

親愛的布里斯先生：

　　我很高興能夠支持你考慮由人類來承擔專業工作的想法。你知道人類歷來都是不錯的備選者。直到今天我們仍有很多強烈推薦他們的理由。

　　正如他們的名稱所能聯想的，人類是有人性的。他們可以向客戶傳遞真誠關愛的感覺，有利於建立更好且更有效率的客戶關係。

　　每一個人類個體都是獨一無二的。在很多情況下，多樣性的觀點是有益的，而由個體的人類所組成的團隊所能提供的多樣性上是無可比的。

　　人類具有直覺，能使他們即使在無法辨別原因時，也能做出決定。人類善於變通。因為我們的客戶常常提出變化很大、無法預知的要求，因此變通能力具有關鍵性。

　　總的來說，人類有很多有利的條件。他們雖然不是萬能藥，但對某些重要且具有挑戰性的專業難題來說卻是正確的選擇。仔細考慮一下人類吧。

您忠實的
弗雷德里克·海斯羅特

達爾文革命最重大的社會後果是：人類不情願地承認自己是猿猴某個情況下隨機所產生的後代，既不完美也沒經過設計改良。未來新生物文明最重大的社會後果則是，人類不情願地承認自己碰巧成了機器的祖先，而作為機器的我們也會設計改良我們自己。

上述觀點我想在此更進一步地概述為：自然進化強調我們是猿類；而人工進化則是強調我們是有心智的機器。

我相信人類是遠超過猿和機器的組合生物（我們有很多只有人類才有的優勢！），我也相信我們比自己想像的還要接近猿和機器。這為人類所具備的那種無法度量卻明晰可辨的差異留下了發展空間。這種差異激發出了偉大的文學、藝術，以及我們整個生命。我欣賞並沉浸在這樣的情感之中。但是在機械進化的過程裡，支撐生命系統的複雜卻可知的相互連結中，以及在製造機器人可靠行為的重複過程中，我所見到的是簡單的生命、機器、複雜系統和我們之間存在著一個奇異非凡的大一統。這種大一統所激發出的崇高靈性，不亞於我們過去所擁有的任何激情。

機器現在仍是不怎麼令人喜歡的東西，因為我們沒有為他注入生命仙丹。但是我們將被迫重新打造他們，使他們在某一天成為人人稱讚的東西。

身為人類，當我們知道自己是那搖曳的生命之樹分散在這顆藍色星球上的一根分枝時，我們就找到了精神的家園。或許某一天，當我們知道自己是層積在綠色生命之上的複雜機器中的一個環節時，我們將進入精神的天堂。當我們俯視舊有的生命系統誕生出龐大網路的新生命，人類成為其中一個華麗的節點時，也許我們會心潮澎湃地高唱讚美詩。

當波林的機器怪獸毀壞自己的同類時，我看到的不是毫無價值的

破壞，倒像是獅子在圍捕斑馬，以維護野生動物的進化旅程。當布魯克斯那六腳的成吉思機器蟲伸出鐵爪子搜尋可以抓握的地方時，我看到的不是從機械的重複勞動中解脫出來的工人，而是一個充滿喜悅扭動的新生兒。最終，我們將與機器成為同類。有朝一日，當機器人開口反駁我們時，誰不會心存敬畏呢？

第四章

組裝複雜性

灰濛濛的秋色降臨，我站在美國最後一片開著野花的大草原中央。微風沙沙作響地吹動著黃褐色的草。我閉上眼睛，向耶穌——重生復活之神——禱告。接著，我彎下腰，劃下火柴，讓這片最後長著野花的草原燃起熊熊烈火。

「野地裡的草今天還在，明天就丟在爐裡。」復活者說。當這段福音書裡的章節在我腦海中出現之時，火順著風勢燃起 2.4 公尺高的橘紅色火牆，失控地劈啪大聲作響。一捆一捆枯萎的草發出的熱令人感到可怕。我站在那裡，用綁在掃帚把上的橡皮墊拍打火苗，試圖控制火的邊緣，阻止他向淡黃色的田野蔓延。我想起了另一段聖經章節，「舊事已過，都變成新的了。」

當草原在燃燒時，我想到了機器。舊的機器之道已逝，來到的是，機器本質的重生。一種比逝去更有活力的本質。

我來到這片被火燒焦的草地，因為這片長著野花的草原以他自己的方式呈現了人造物的另一面，這正如現在我所要解釋的那樣。以這片燒焦的草原為例，說明了一件事——生命正在變為人造的，猶如人

造的正在變成有生命的一樣，他們兩者都在成為某種精彩又奇妙的東西。

機器的未來就在腳下這片雜亂的野草裡。機器按部就班地翻犁著這片曾開滿野花的草原，什麼都沒留下，除了我腳下的這片小小的草地。但極其諷刺的是，這一小片土地掌握著機器的命運，因為機器的未來是生物學。

帶我來到這片草場火海的是史蒂夫‧帕克德；他是位認真，年約30多歲的人。當我們漫步在這片小草原上時，他撫弄幾片乾草──他非常熟悉他們的拉丁名稱。大約20多年前，帕克德有了一個無法放棄的夢想。他想像著有個郊區的垃圾場重新綻放花朵，再度回復到草原上有著五彩繽紛的樣子，一塊在煩擾世界中可以尋得心靈平和的生命綠洲。他夢想著一個「自己本身能改善生活品質」的草原禮物，就像他喜歡對著支持者所說的那般。1974 年，帕克德開始為自己的夢想努力。在環保組織持著懷疑態度的些許幫助下，他開始在離芝加哥市中心不遠處重建一塊真正的草原。

帕克德知道生態學教父奧爾多‧利奧波德在 1934 年成功地重建一片勉強可以稱得上的草原。利奧波德工作所在的威斯康辛州大學購買了一塊名為柯蒂斯的舊農場，想在那裡建座植物園。利奧波德說服大學讓柯蒂斯農場再次還原成草原。這座廢棄的農場會行最後一次的犁地，之後灑上將行絕跡、幾乎叫不出名字的草原種子，然後就聽天由命了。

這個簡單的實驗並不是逆轉時間，而是逆轉文明。

在利奧波德天真的行動以前，文明所邁出的每一步都是控制自然和阻礙自然的另一個刻痕。為了將自然的極端溫度擋在門外而建造房子；為了將自然生長的植物力量轉變成安全無害的馴化作物而想出園

圍的方法；或者開採鐵礦是為了砍伐樹木以獲取木材。

　　這種前進的步伐很少暫停過。偶爾某個封建的領主會為了他的狩獵遊戲而保留一塊野生林地以免遭到破壞。在這塊保護地上，林地看守人或許會為他主人的狩獵而種植野生穀物以吸引一些令人喜愛的動物。但直到利奧波德萌生傻念頭以前，沒有人是真的刻意種植野生植物。事實上，儘管在利奧波德檢視柯蒂斯計畫時，他對於是否有人能種植野生植物這事也感到好奇。作為一位自然學家，他認為在很大的程度上必須由大自然來恢復這片土地的樣貌，他的工作應該是保護自然的任何作為。在同事以及大蕭條期間由平民保育團僱用的一群年輕農民的幫助下，利奧波德在前五年的時間裡，用一桶一桶的水和偶爾除草，養護了 300 英畝新興的草原植物。

　　草原植物生長茂盛；但非草原的雜草也一樣茂盛。無論在這片草原上覆蓋了什麼，再也不是草原原有的樣貌。樹苗、外來的歐亞種苗、以及農場雜草，都和再植的草原物種一起茂盛成長。在最後一次耕耘後過了十年，利奧波德終於了解，重生的柯蒂斯草原只是個荒原混血兒；更糟的是，他慢慢變成一塊雜草叢生的地。這兒，缺少了些東西。

　　也許是少了關鍵物種。一旦重新引進這個物種，或許就能恢復整個植物生態圈的秩序。1940 年代中期，人們確定了該物種。他是個機敏的物種，曾經遍布高草草原，四處遊蕩，與草原上安家定居的每一種植物、昆蟲和鳥類之間相互影響。這個缺席的成員，就是火。

　　火使得草原能正常運作。他讓那些需要浴火重生的種子發芽，他消滅那些入侵的樹苗，他讓那些耐不住火的嬌貴植物望而卻步。在高草草原生態中再次地發現火的重要功能，這與火在北美幾乎其他所

有生態圈，其所扮演角色的重新發現剛好相符合。這是項重新發現，因為原住民土地學家早已認清火對大自然的影響，並設法加以利用。歐洲移民也詳述記載著，在白人統治草原以前，火無所不在的肆意情形。

儘管我們現在已經明白火在草原所扮演的關鍵角色，但當時對生態學家而言，他們還不是很清楚火是草原上重要的組成部分，更遑論天然資源保護人士——也就是我們今稱的環境保護人士。諷刺的是，奧爾多・利奧波德，這位最偉大的美國生態學家，竟然強烈地反對讓野火在野地裡燃燒。他在 1920 年時寫著：「這種（輕燒荒的）舉動不僅無助於預防嚴重的火災，最終也會摧毀為西方工業提供木材的森林生產力。」他提出五個放火不好的原因，但沒有一個是有根據的。利奧波德斥罵這種「燒荒派」，他認為，「或許可以預見的是，燒荒再持續個 50 年，我們現存的森林區域會很可觀的大幅縮小。」

10 年後，當大自然的相互依賴性愈來愈被世人所知後，利奧波德終於承認天然火的重要本質。當他重新在威斯康辛這塊人造草地植物園引進火種後，草原便以幾個世紀以來從未出現的生命力繁榮生長。曾經稀少的物種開始遍布草原。

然而，即使過了 50 年火與太陽以及冬雪的洗禮，現在的柯蒂斯草原仍然不能完全體現其物種的多樣性；尤其是在他的邊緣地帶，通常都是生態多樣性最多的地方，草原成了雜草的天下——這些雜草同樣在被人遺忘的地方茂密地生長。

威斯康新的實驗證明，人們可以拼湊出一個相當於草原的近似物。但是，到底要怎麼做才能再現一個在各方面都是真實、純淨、完美的草原呢？人類可以徹底地培育出真正的草原嗎？有辦法製造出一個能自我維持的野地嗎？

1991 年的秋天，我和史蒂夫・帕克德站在他的寶地──他稱之為「閣樓中發現的林布蘭」──在芝加哥郊區的樹林邊緣。這片是我們將要焚燒的草原。幾百畝隨處生長的橡樹下，那沙沙作響、隨風飄動的草吹拂著我們的腳；我們正徜徉在這片比利奧波德所看到的更為富饒、完美、而且真實的草地上。融入這片棕色植物海洋的是上百種罕見的物種。「北美草原的主體是草，」帕克德在風中對我大聲地喊著，「但大多數人注意到的是廣告中的花朵。」在我造訪的時候，花已經凋謝，看起來普普通通的草地和樹木似乎顯得無趣乏味。然而這種「荒蕪」正好說明了全部已消失的生態系統之所以重現的關鍵所在。

　為了這一刻，帕克德在 1980 年代初期，就在伊利諾州茂密的灌木樹林中找到幾塊開滿花朵的小空地。他在這幾塊小空地裡，播撒草原的野花種子並清除周圍的灌木叢，將空地面積擴大。為了防止非草原的雜草侵入，他焚燒草地。首先，他希望火能夠自然地做好整理的工作。他想讓火從草地延燒到林下的灌木叢；之後，因為林木缺乏油脂，火就會自然地熄滅。帕克德告訴我：「我們讓火燒進灌木叢裡，盡可能地延燒多遠就多遠。我們的口號是，『讓火自行決定。』」

　只是灌木叢並沒有依照帕克德所希望的那樣燃燒；於是，他和他的工作團隊動手用斧頭徹底地清理那些灌木。兩年的時間內，他們獲得滿意的結果。野生黑麥草和黃花紫錐菊相互參雜茂密地覆蓋在這片新領土上。每一個季節，這些重建者都要親自動手砍伐灌木，播種他們所能找到經過精心挑選後的北美草原花種。

　但是到了第 3 年，明顯有什麼不對勁了。樹蔭下的植物長得不

好，無法為季節性的燒荒提供好的燃料。茂盛長出來的草並不是草原的物種，帕克德以前從未見過這些。漸漸地，重新種植的區域又回到灌木叢的樣貌。

帕克德開始懷疑，任何人、包括他自己是否可以走出幾十年來焚燒空地，卻無所展現的困境。他認為一定還有其他因素沒有考慮到，以至於無法契合形成一個完整的生態系統。他開始讀當地的植物歷史，研究那些古怪的物種。

他發現，在橡樹地邊緣的空地上，那些不知名而生長旺盛的物種不屬於北美草原，而是屬於稀樹大草原的生態系統，一個長有樹木的大草原。研究那些與稀樹大草原伴生的植被花草後，帕克德很快地發現到在重建地邊緣還布滿其他相關物種，如薊草、白龍膽和黃馬芹。甚至在幾年前，他已發現了蛇鞭菊。他曾經把開著花的植物帶給大學的專業學者看，因為多種多樣的蛇鞭菊，非專業人士是無法分辨的。「這到底是什麼鬼東西？」他問植物學家，「書中找不到，國家物種大全也沒有羅列。這是什麼？」植物學家說：「我不知道，這可能是稀樹大草原的一種蛇鞭菊，但這裡不是稀樹大草原，那麼，他有可能不是那種植物。不知道那到底是什麼。」人們對他們不想尋找的東西，總是視而不見。帕克德甚至告訴自己，那不尋常的野花一定是偶然出現的，或是被認錯了。他回憶說：「稀樹大草原物種不是我最初想尋找的，因此曾經想把他們除掉。」

只是，他不斷地看著他們，他發現在土地上的蛇鞭菊愈來愈多。帕克德慢慢地了解到，這些古怪的物種是這些空地裡的主要物種。還有許多跟稀樹大草原相關的物種是他沒有認出來的；也因此，他開始尋找樣本，在古老公墓角落裡，沿著鐵路通行的地方，以及舊時的馬車道——任何早期生態系統可能有的零星倖存者的地方。不管什麼時

候，帕克德都會收集他們的種子。

帕克德看著成堆的種子堆放在車庫裡，突然有了領悟。混在一起的大草原種子是乾燥的、具有絨毛──像草地的種子。而新收集的稀樹大草原的種子則是「一把把色彩多樣、凹凸不平、軟軟濕濕、黏黏的」肉多的種子和已經乾掉的果實。這些種子不是靠風，而是靠動物和鳥類傳播。那個他一直試圖恢復的東西──共同進化系統，連鎖的有機體系──不是單純的大草原，而是有著樹木的大草原：稀樹大草原。

中西部的拓荒者稱有樹的草原為「荒原」（barren）。稀疏樹木下，長著雜草叢生的灌木叢和高草，既不是草地也不是森林──因此，對早期定居者來說，那是荒原。幾乎完全不同的物種使得這裡保持著與北美大草原明顯不同的生物群聚區。這片稀樹大草原的荒原特別依賴火，遠超過北美大草原。當農民們來到這裡，停止燒荒後，這些荒原很快就消失而成為樹林。本世紀初，這些荒原幾乎消失，有關構成荒原的物種幾乎沒有紀錄。只是一旦帕克德腦子裡有了稀樹大草原的「搜索圖像」，他也就開始在各處看到他存在的證據。

帕克德播種了一堆堆的稀樹大草原古怪的軟糊糊的種子。還不到兩年，這塊地開滿稀少並且被遺忘的野花：瓶刷披鹼草、藍莖一枝黃花、星形蠅子草、大葉紫菀。1988 年的乾旱使得那些非本土的雜草枯萎了，而重新播種的當地花卉則是茁壯成長。1989 年，一對來自東方的美東藍鴝（這個國家已經幾十年沒見過了）在他們熟悉的棲息地築巢定居──帕克德把這個事件當作是「一項認證」。大學的植物學家回了電話，似乎是州政府過去有稀樹大草原蛇鞭菊的早期紀錄。生物學家把他列入瀕臨絕種的名單。橢圓形葉子的乳草在這塊重建的荒原上，不知怎的恢復了生機，然而在州內其他任何地方卻找不著他

們。稀有而瀕臨絕種的植物，如白邊粉蝶蘭和淺色香豌豆（麝香連理草）也突然自己冒了出來。可能是他們的種子一直處在休眠狀態──在火和其他因素之間找到了適合的萌芽環境──或者由鳥類，如來訪的藍色知更鳥帶了過來。就像奇蹟似地，整整 10 年在伊利諾州各地未見過的銀藍色蝴蝶出現在芝加哥郊區，因為在那新興的稀樹大草原上長著香豌豆，是他最喜愛的食物。

「啊，」昆蟲學專家說，「典型的稀樹大草原蝴蝶就是愛德華灑灰蝶，但我們沒見過。你確定這裡是稀樹大草原區？」重建後的第五年，區內到處都看得到愛德華灑灰蝶。

你蓋好了，他們就會來了。這是電影《夢幻成真》的台詞。這是真的；而且你做得愈多，得到愈多。經濟學家稱這是「報酬遞增法則」──滾雪球效應。隨著相互關係的網路編織得愈緊密，再加織一片就會更容易些。

不過，這其中仍有技巧。當帕克德在編結這張網路時，注意到這跟他加進物種的順序有關。他得知其他的生態學家也發現了同樣的情況。利奧波德的一位同事發現，在雜草叢生的土地上──而不是像利奧波德最初在新開墾的土地上那樣播種北美大草原的種子──可以獲得更接近真實的草原。利奧波德擔心的是，生命力很強的雜草會抑制野花的生長，但是雜草叢生的土地比耕種過的土地更像北美大草原。在一片雜草叢生的陳年土地上，有些雜草是後來者，在他們之中有些是草原的成員，而他們提早的來到加速轉變草原系統的聚集。在耕耘過的裸地上，快速發芽成長的雜草極具侵略性，那些有益的後到草種介入這混雜的群集時太晚了。這好比像蓋房子一樣，先灌注了水泥地基後，才要用鋼筋鞏固。因此，順序是很重要的。

田納西大學生態學家斯圖亞特·皮姆將各種順序途徑──像燒

荒、雜草、針葉樹、闊葉樹的典型順序——與自然界反覆上演的次序做了比較。「就進化的意義而言，多次參與遊戲的選手們知道先後的順序是什麼。」進化不僅是發展具有運作機能的群集，並且也是對群集的形成過程進行微調，直到這個群集幾乎結合成為一個整體。復原生態系統群集則是逆向而行。「當我們試著要復原一片草原或一塊濕地的時候，我們正在嘗試沿著該群集從未實際做過的方式組合一個生態系統。」皮姆說。我們以一個舊農場做為起點，而大自然可能是以萬年前的一個冰原開始。皮姆自問：「我們能透過隨機加入物種而組合出一個穩定的生態系統嗎？因為隨機正是人類試圖復原生態系統的方法。」

在田納西州立大學的實驗室裡，生態學家皮姆和吉姆·德雷克一直以不同的隨機順序組合微生態系統的元素，來記錄順序的重要性。他們這個極小世界是個微觀世界的縮影。他們從 15 到 40 種不同的單一水藻類和微生物入手，一次將這些物種以不同的組合和先後順序放入一個大燒瓶。10 到 15 天之後，如果一切進展順利，這個水生物的混合體就會形成一個穩定、自行繁殖的泥地生態——一種特別的、各個物種相互依存的混合體。除此之外，為了營造人工溪流生態，德雷克還在水族箱裡和流水中分別建立了人造生態。將他們混在一起後，皮姆和德雷克讓人造生態自然運行，直到穩定為止。「你看這些群集，即使是普通人也能看出他們的不同，」皮姆評論說，「有些是綠色，有些是棕色，有些是白色。有趣的是，沒辦法預知某種特定的物種組合後會如何發展。如同大多數的複雜系統一樣，必須建立他們，在運作中才能發現箇中祕密。」

起初，人們也不是很清楚，得到一個穩定的系統是否是一件容易的事。皮姆曾以為，隨機生成的生態系統可能會「永無止境地徘徊，

由一種狀態轉為另一種狀態，再轉回來，永遠都不會到達一個恆定狀態。」然而，人造生態系統並沒有徘徊。相反的，非常令他們感到驚訝的是，皮姆發現到「各種奇妙現象，比如說，這些隨機的生態系統在穩定方面絕對沒有問題。他們最大的共同特徵就是他們都能達到一種恆定狀態，而且通常每個系統都有他自己獨有的恆定狀態。」

如果你不介意獲得的系統是什麼樣子，那麼要達到一個穩定的生態系統是非常容易的。這實在是不可思議。皮姆說：「我們從混沌理論可以得知，許多確定的系統對初始條件都是極其敏感──一個小小的不同就會造成他的混亂。這種生態系統的穩定性與混沌理論相對立。從完全的隨機性開始，便會看到這些東西聚合成某種更具有結構組織的東西，遠超過任何常理所能解釋的。這就是反混沌。」

為了補充他們在試管內的研究，皮姆還設立了電腦模擬實驗──用電腦建構簡化的生態模型。他用代碼編寫需要其他特定物種的存在才能生存下來的人造「物種」，並設定強弱等級的順序，也就是假設當物種 B 的數量達到一定密度，就能滅絕物種 A。（皮姆的隨機生態模型與斯圖亞特・考夫曼的隨機遺傳網路模型相似，見第 20 章。）每個物種都在一個巨大的分散式網路中與其他物種有著鬆散的連結。對同列表中的上千種物種進行隨機組合運作後，皮姆得到系統能夠穩定下來的頻度；也就是說，即使受到小的擾動，例如因為引入或者移除一些物種，也不會破壞整體組合的穩定性。皮姆的結果與瓶裝微觀生物世界的結果相呼應。

依皮姆的說法，電腦模型會顯示：「在混合體中有 10 至 20 種成分時，其峰值（穩定點）可能達到十幾、二十幾或者到上百個。假如你重演一次生命的過程，就會得到一個不同的峰值。」換句話說，投放同樣的一些物種後，初始的混亂會朝向十幾個終點；甚至只是改變

一個物種的投入順序，也足以使系統由一個結果變成另一個結果。系統對初始條件是敏感的，但通常都會轉為秩序狀態。

皮姆將帕克德復原伊利諾大草原（或稱為稀樹大草原）的工作看作是對他發現的證明，「當帕克德第一次試著組合那樣的群集的時候，就某種意義來說，他失敗了，這是因為他拿不到所需要的物種，而在清除不想要的物種時又遇到很多麻煩。但一旦引進了那些古怪的卻合適的物種後，就會相當接近恆定狀態，而且那是一個容易達到的狀態，或許也能繼續停留在這個狀態。」

皮姆和德雷克發現了一個原則，他對任何關心環境以及對創建複雜系統感興趣的人來說，是個很重要的經驗。「想要得到一塊濕地，不能只是灌入大量的水就希望能有好的結果。」皮姆告訴我。「你現在所面對的，是一個已經歷經了十幾萬或是幾百萬年的系統。並不是只要彙編一份各式各樣的物種清單就夠了，還必須要有彙編指南。」

史蒂夫‧帕克德剛開始的時候是想要延續真正北美大草原的棲息地。在這樣的過程中，他使一個已經消逝的生態系統再次復活，或許也得到了一個稀樹大草原的彙編指南。30年前，大衛‧溫蓋特在百慕達群島的一片海洋中，而不是在一大片的草地上，開始飼育一種珍稀水鳥以避免他們滅絕。在此過程中，他重新再創造一個亞熱帶島嶼的完整生態環境，並且進一步闡明了組合大型機能系統的原理。

這個百慕達故事，說的是一個島嶼受到一種病態的、特別的、人工生態系統的蹂躪。二次世界大戰結束之時，住房開發商、外來害蟲徹底侵占了百慕達群島，而當地植物也被進口的花園物種所毀滅。

1951 年，因為一紙聲明——在列島外的懸崖上發現百慕達海鳥（又稱百慕達圓尾鸌），一種海鷗大小的海鳥——震驚了當地居民和全球科學界。因為人們以為這種圓尾鸌已經絕種好幾世紀了；而最後看到他們是在 17 世紀時，大約是渡渡鳥滅絕的前後。但依靠這樣一個小奇蹟，幾對海鳥一連幾代都能在百慕達群島列島外海的懸崖上孵卵；他們大部分時間生活在水上，只有需要在地下築巢穴時才上岸，因此四個世紀以來沒人注意到他們。

大衛‧溫蓋特在中學生時代就對鳥類充滿狂熱的興趣。1951 年，百慕達一位自然學家成功地將第一隻圓尾鸌從裂縫深處的鳥巢取出時，他當時就在現場。後來，溫蓋特參與並支持要在百慕達附近名為楠薩奇無人居住的小島上，重新安置這種圓尾鸌的行動。他如此傾心這個工作，以至於當時新婚的他搬到了這個無人居住、沒有電話的外島上一處廢棄的建築物裡。

溫蓋特很快地就明白了，如果不還原這裡的整個生態系統，就不可能恢復圓尾鸌的興旺。楠薩奇和百慕達原本是覆蓋著茂密的香柏樹林，但是在 1948 年至 1952 年短短的三年裡，香柏樹就被引入的害蟲毀掉，只剩下巨大的白色樹幹。取而代之的是一大堆外來植物，溫蓋特認為主島上那些高大的觀賞樹木無法在五十年一次的颱風中存活下來。

溫蓋特面對的問題是所有整體系統製造者都會面臨的長年以來的矛盾：從哪裡開始？每件事都需要其他的一切條件隨時待命，然而你也不可能一下子就把整個事情都拎起來弄好。有些事必須先做，而且要按正確的順序去做。

通過對圓尾鸌的研究，溫蓋特確定，他們的地下築巢地點已經因

無計畫的城市擴張而減少，之後又有白尾熱帶鳥前來搶奪僅存的合適地點。具侵略性的熱帶鳥會將圓尾鸌的幼鳥啄死，再占用他們的鳥巢。嚴峻的形勢需要嚴厲的措施。因此，溫蓋特為圓尾鸌制定「政府安家計畫」。他建造人工窩巢——一種地下鳥巢。溫蓋特無法等到島上的樹木在颶風吹襲下微微傾斜，才能使根部拔起形成大小合適的縫隙——這對熱帶鳥而言，太小進不去；但對圓尾鸌來說卻是完美。因此，他製作了臨時支架的鳥巢，作為解開這個難題的第一步。

由於需要森林，他種植了 8,000 棵香柏樹，希望有一些能抵擋住枯萎病。有些確實頂住了病害的侵襲，卻又被風扼殺了。因此，溫蓋特種了一種輔助物種——快速生長、非本地生的常青植物木麻黃——作為環島防風林。木麻黃成長迅速，使香柏得以慢慢生長；過了幾年，更適應環境的香柏取代了木麻黃。補種的森林為一種已經幾百年未在百慕達出現過的夜鷺創造了完美的家。如果沒有吞食陸地蟹的夜鷺，這些陸地蟹就會成為島上的有害物種。數目暴漲的陸地蟹一直享用著濕地植物多水的嫩芽。如今，蟹的數量減少，讓稀少的百慕達莎草得以生長；並且最近這幾年來，也可以再次結籽播種。這就好像「少了釘子，失了王國」的寓言故事。但反過來說：找到釘子，得到王國。溫蓋特一步又一步地重組了失去的生態系統。

生態系統和其他功能系統就像帝國，跟建造相比，更容易很快地被摧毀。大自然需要時間來發展森林或濕地，因為就連大自然也無法一下子就做好一切事情。溫蓋特所給予的那種幫助並沒有違反大自然。大自然通常都會利用臨時的支架來完成他的許多成就。人工智慧專家丹尼・希利斯在以人類拇指作為人工智慧的平台看到了類似的故事。透過拇指抓握，靈巧的手使人類智能更向前邁進一步（因為大拇指現在能製作工具）。但是一旦建立了智能，手就沒那麼重要。事實

上，希利斯宣稱，建立一個巨大的系統需要許多階段，而這些階段對於系統本身的運轉並非必須。「執行運用和智能進化，比只是維持現有的狀況需要更多的輔助手段。」希利斯寫道。「我們可以深信拇指與其他四指對智能發展的必要性，也不用懷疑人類現在可以脫離拇指進行思考。」

當我們躺在隱藏在高山上的草地上，或走進潮汐沼澤汙穢的水中，就會遇到大自然的「無拇指思考」。此刻，將原有典型的草地轉變成為花的新生展場，這中間所需要的物種都消失不見了。留給我們的只有花的思想，並沒有那伴隨他們成為現在樣子有所助益的拇指。

你或許聽過「植樹的男人種出幸福」這個感人故事，他是一個關於如何從幾乎空無一物而創造出森林和幸福的故事。故事由一位年輕的歐洲人在 1910 年徒步走進阿爾卑斯山深處開始。

這位年輕人走進多風、無樹的荒蕪山區，那裡還有一些吝嗇、貧窮、不滿現狀的炭窯工人，住在兩三座破舊不堪的村子裡。這位徒步的年輕人在這個地方見到一位真正快樂的居民，一位獨居的牧羊隱士。年輕人驚奇的看著這位隱士默默無語、像白癡似地整天將橡樹果子一個又一個戳進像月球表面的地面裡。這位安靜的隱士每天種植 100 粒橡子。年輕人迫不及待地離開這樣的荒涼地；經過許多年，在第一次世界大戰爆發後的意外情況下再次回到這裡。他發現一樣的村子現在是樹木蓊鬱，幾乎認不出來。山上長滿樹木和植物、溪水流溢、到處是野生動物，以及一群心滿意足的新村民。這位隱士用了 30 年的時間種了 233 平方公里茂密的橡樹、山毛櫸和樺樹。他這樣

的徒手工作——在大自然的世界裡一個輕觸的舉動——卻重新塑造了當地的氣候，為上千居民燃起新希望。

這個故事令人感到不快的部分是，他是虛構的。雖然人們已經把他當成真實故事印刷成書在世界各地一版再版；而事實上，他是由一位法國作家為法國 Vogue 雜誌所寫的一個奇幻故事。但是，真的有一些理想主義者通過種植上千棵的樹木重建森林環境。他們的成果證實了法國人的直覺：種植在大面積的那小小的植物可以將當地的生態系統導入良性的循環中。

有個真實案例，1960 年代初期，一位英國奇女子溫蒂‧坎貝爾柏帝旅行來到北非，藉著在沙漠中種植樹木來抵擋沙丘的侵害。他在摩洛哥提茲尼特省中的一塊 18 公頃地上，種植 2,000 棵樹的「綠牆」。6 年內，這些樹呈現出好的成果，溫蒂更設立基金來資助阿爾及利亞在布薩達省中 105 公頃的沙漠荒原上種植 13 萬多棵的樹木。這樣工作也有了好成果，他成為一塊適合栽種柑桔、蔬菜和穀物的新田地。

雖然只是一個小小立足點，但在這相互關聯的綠色植物裡所隱藏的巨大力量都能觸發收益遞增的法則：「擁有者得到更多。」生物促進環境發展，環境促進更多的生物發展。在溫蓋特的島上，夜鷺的出現使莎草重現。在帕克德的大草原上，用那小小的火苗讓野花可以生存，野花讓蝴蝶也得以生存。在阿爾及利亞布薩達省，一些樹木改變了氣候和土壤，也使得那裡更適合樹木的成長；更多的樹木讓動物、昆蟲和鳥類有了生存空間，也為更多的樹木準備棲息地。從橡樹子開始，大自然造了一部機器，為人類、動物和植物提供了豪華的家園。

楠薩奇和其他森林收益遞增的故事，還有斯圖亞特‧皮姆微觀世界的數據資料同樣都說明了一個強而有力的證據，皮姆稱之為「蛋殼

效應*」。我們可以將一個失去的生態系統重新組合起來嗎？是的，我們可以，只要那一片片破碎的蛋殼還留存的話，我們就可以重新拼合，只是不知道是否真的能夠拿到所有的碎片。或許在早期生態系統發展中，起作用的伴隨物種——像推動智能發展的拇指——不在附近了而已；或者，在一場真正災難中，重要的輔助物種在全球滅絕了。我們或許可以想像，有一種假想、到處生長的小草在形成北美大草原的基礎時，是不可或缺的，但在最後的冰河時期被掃之殆盡。隨著他的消逝，蛋殼就不可能再恢復了。「記住，從這裡到那裡不可能總是只有一條路可走。」皮姆說。

帕克德曾經有過這樣的沮喪想法，「大草原可能永遠不能完全恢復的原因之一是，有些物種已經永遠消失不見了。或許沒有大型的草食性動物，像古生代的乳齒象，甚或是昔日的野牛，這樣的話，大草原是不會回來的。」另外，皮姆和德雷克的研究還得出一個令人不安的結論：不僅要有適當的物種按適當的順序，同樣還得要有合適的物種在恰當的時間消失。一個成熟的生態系統也許能輕易地容忍 X 物種，但在其組合的過程中，物種 X 的存在會把系統轉到其他的路徑上，導向不同的生態系統。「這就是為什麼，」帕克德嘆息道，「創造一個生態系統需要花上幾百年的原因了。」如今在楠薩奇島或者是在芝加哥郊區扎根的哪些物種能將重現的稀樹大草原生態系統推離他原來的目的地呢？

就機器而言，有一條違反直覺卻非常明顯的規則：複雜的機器必

＊編注：原文為 Humpty Dumpty effect。Humpty Dumpty 為《鵝媽媽童謠集》中的一篇故事主角，從牆上摔下來後碎成一地，誰都拼不回去。後人常用以表示覆水難收。

定是逐漸地而且通常是間接地完成的。不要試圖以一次非凡組裝的作為建造功能齊備的機械系統。你必須首先製作一個可運轉的系統，以他作為你真正想要完成系統的工作平台。想要形成一個機械思維，你需要做一個等同機械拇指之物──只有少數人會欣賞側邊的小徑。在組裝複雜機械的過程中，收益遞增是通過多次的重複嘗試才能獲得──也就是人們常說的成長過程。

生態系統和有機體總是一直在成長中。現今的電腦網路以及複雜的矽晶片也在成長。儘管我們已經擁有現存電話系統的藍圖，但就某種意義上，如果缺少從許多小型網路向一個全球網路成長的過程，我們也不可能組裝出一個與現有電話系統一樣巨大而且可靠的替代品。

創造極其複雜的機器，譬如未來時代的機器人或軟體程式，就像復原大草原或熱帶島嶼一樣。這些複雜的結構必須要經過時間的推移加以組裝才能完成，因為這是確保他們能夠完全正常運轉的唯一途徑。沒有完全發展成熟或沒有完全適應外界多樣性就貿然使用的機械系統，只會常遭到投訴。過不了多久，「等時機到了，再把機器設備投入市場。」這句話再也不會覺得可笑了。

第五章

共同進化

放在鏡子上的變色龍是什麼顏色？

1970 年代初期，史都華·布蘭德向格雷戈里·貝特森提出上述謎題。貝特森與諾伯特·維納同為現代控制論運動的創建人。貝特森接受最正統的牛津教育，卻有最非正統的職業。他在印尼拍攝巴里舞蹈影片、他研究海豚、他還提出實用的精神分裂症理論。當他 60 多歲時，在加利福尼亞大學聖巴巴拉分校任教。在那裡，他那些有關心理健康和進化系統的離經叛道卻又傑出的觀點吸引了具有整體觀念的嬉皮人士。

布蘭德是貝特森的學生，本身也是一位倡導控制整體論的傳奇人物。1974 年，布蘭德在他的《全球目錄》雜誌中提出了這一變色龍公案。布蘭德寫下這樣的謎語：「有次我與格雷戈里·貝特森在討論一個問題點，當時我們都陷入思考意識的功能是什麼的迷霧中，或者說意識有沒有功能（指自我意識）。我向他提出了這個問題。我們都是生物學家，便將話題轉到這個讓人難以捉摸的變色龍。格雷戈里堅稱，變色龍最終將停留在他變色範圍的中間點；而我堅信，這個可憐的傢伙試圖想要從自身的影像世界中消失，會一直透過各種保護色來

偽裝而沒完沒了。」

鏡子可以說是一個有關訊息迴路的巧妙比喻。兩面普通的鏡子放在相對位置會產生一個奇趣屋現象，會將一個影像來回地映射，直到消失在無窮的回溯中。相對放置的鏡子之間的任何訊息，無論如何來回反射都不會改變他的外形。但假設有一面鏡子是像變色龍似的具有反應功能，在某種程度上既能反射也能產生影像將會如何呢？這種使自己與自身鏡像保持一致的行為會不斷地攪亂他自己。他有可能最終停留在某一種形式中，持續到足以稱之為是某種穩定的狀態嗎？

貝特森覺得這個系統──或許就像自我意識──會快速進入變色龍在各種顏色之間最大值的拉扯變化下的一種平衡態。相衝突的顏色（或人類心智所組成的社會中互相衝突的觀點）會向「中間值」妥協，如同一次民主表決。但布蘭德認為任何一種的平衡都近乎不可能，而且這種適應系統將會無方向也無終點地搖擺不定。他也認為變色龍的顏色會混亂地變化，並陷入一種混沌而引起幻覺的渦文圖案中。

變色龍對自身影像變化的反應類似於人類世界對時尚變化的反應。就總體來說，時尚不正是蜂群思維對其自身映像的反應嗎？

在 21 世紀一個能瞬間進入聯結網路的社會裡，市場行銷就像那面鏡子；全體消費者就像變色龍。當你將消費者放入市場時，他會是什麼顏色？他是否會下降到最小公分母的狀態，像一個平均消費者？或者他會一直試圖追趕他自己不停移動的反射鏡像，而處在一種瘋狂擺動的游移狀態？

貝特森對變色龍之謎的深奧感到有趣而興奮不已，他繼續向自己其他的學生提出這個問題。其中一名學生傑拉德‧霍爾提出第三種假設來說明這個鏡中者的最後顏色：「變色龍會停留在進入鏡子反射區

時那一瞬間，不管是什麼樣的顏色。」

我認為，這是最合乎邏輯的答案。鏡子與變色龍之間的連結或許是如此地密切、直接，因此幾乎沒有任何調適的可能。事實上，一旦變色龍出現在鏡子，他也無法改變他的顏色，除非是外部誘因所導致的或者是因變色龍自身變色的過程中出了差錯。否則，鏡子與變色龍組成的系統會凝固在他開始時的初始狀態的顏色。

對於像市場行銷這樣的一個鏡像世界，這第三個答案意味著消費者的凍結；因為他若不是鎖定他最初使用的品牌，就是不再購買任何相關的東西。

當然也可能有其他的答案。為寫這本書，進行採訪的時候，我有時會向受訪者提出變色龍之謎。科學家將他看作是適應回饋的典型案例。他們的答案各式各樣，像以下這幾個例子：

數學家約翰·霍蘭德：變色龍就像萬花筒似地千變萬化！因為有延遲的時間，所以他會閃爍不停，不會停留在固定的顏色上。

電腦科學家馬文·明斯基：變色龍可能會有若干特徵值或者顏色，因此會定住在若干顏色上。假如你把他放進去的時候，他是綠色，他可能就停留在綠色上；假如是紅色，他可能一直就是紅色；但假設你是在他呈現棕色的時候放進去，他有可能會變成綠色。

博物學家彼得·沃薾爾：變色龍出於恐懼反應而改變顏色，所以這都取決於其情緒狀態。起初他或許會被他自己的鏡像嚇到，但隨後就會習慣當時的情境溫度所變化的顏色，顏色也就會隨之改變了。

把變色龍放在鏡子上似乎是個相當簡單的實驗。我認為，即使是位作家也可以完成這個實驗，因此我做了這個實驗。我做了一個裡面裝有鏡子的小箱子，買了一隻會變色的蜥蜴，放進箱子裡。雖然布蘭德的謎題已經流傳約有 20 年的時間，但據我所知，這還是第一次有人真的動手做了這個實驗。

　　趴在鏡子上的蜥蜴穩定地停留在單一的綠色上——春天時樹上新葉的嫩綠色——每次我在做這個實驗時，牠都回復到這個顏色。但在回到綠色之前，牠會有時變成棕色。牠在鏡箱裡休憩時所變化的棕色，似乎與牠在箱子外頭時喜歡的深棕色不同。

　　雖然完成了這個實驗，但我對實驗的結果卻不具信心；主要是因下面這幾個重要的理由：我用的是一隻蜥蜴，而不是真正的變色龍；一隻變色蜥可以改變顏色適應範圍有限，比真正的變色龍可以改變的顏色種類少很多。（一隻真正的變色龍價值好幾百美元，還需要一種我不想要買的優質專門玻璃容器。）更重要的是，根據我讀過為數不多的文獻中得知，變色蜥之所以改變顏色，除了試圖要配合背景顏色外，變色蜥變色還有其他的原因。如同沃蕭爾所說，牠們也會因回應恐懼而變色。牠們確實恐懼。變色蜥**不想要**進入鏡箱，在箱子裡呈現的綠色和牠害怕時呈現的顏色一樣。有可能是鏡子裡的變色龍只是處在一種牠自身放大的陌生感，這種陌生感充斥牠所處的環境中，因而處於持續的恐懼狀態。假設是我處在鏡箱裡，肯定也會抓狂。最後是觀察者的問題：當我把臉湊近鏡箱旁窺視時，這樣讓藍眼睛和紅鼻子侵犯到變色蜥地盤的舉動，是我無法避免的侵擾。

　　可能要等到將來使用真正的變色龍、有較多控制的實驗，才能得到謎題的真正答案。但我仍持疑。真正的變色龍與變色蜥一樣，都是軀體大的動物，改變顏色的理由不只一個。鏡子上的變色龍之謎最好

只作為思想上的實驗以保持其理想化的形式。

即使以純理論考量，「真正的」答案乃取決於以下的具體因素，如變色龍顏色細胞的反應時間、色調改變的敏感性，以及是否有其他因素的影響信號——所有這些都是回饋迴路中常見的關鍵數值。如果有人能夠在真正變色龍身上改變這些參數，那麼就可以一一演示前文所說的鏡上變色龍的各個變色條件。事實上，這也正是工程師如何設計電子控制迴路，以引導太空船或控制機器人的手臂。透過調整延遲時間、信號的敏感度、以及抑制參數等等，他們可以調整一個系統讓他達到一個廣域的平衡態（像是將溫度保持在華氏 68 到 70 度之間），或者是不斷地變化，又或者是介於兩者之間的自我平衡點。

我們看到這種情況也發生在網路市場中。毛衣生產商試圖藉著文化鏡像，希望以銷售多種款式的毛衣來激發消費者非理性的購買欲望；而洗碗機製造商則試著聚焦消費者的共同特性反應，因此只推出幾款洗碗機；畢竟生產不同款式的毛衣要比製造多款的洗碗機所花費的成本要便宜多了。市場的類型是由回饋信號的數量和速度來決定的。

鏡上變色龍之謎的重點在於，蜥蜴與鏡子形成了一個整體系統。即「蜥蜴屬性」和「鏡子屬性」兩者形成一個更大的本體——一個「鏡面蜥蜴」——其行為表現不同於單一隻變色龍或單一面鏡子。

中世紀的生活是非常沒有個人個性的。普通百姓對自己的形象認識只是廣義上的概念。他們對個人和社會身分的認同是藉著參加宗教儀式和經由傳統而獲得的，而不是透過行為反射。相反的，現今的世界是充滿鏡像的世界；無所不在的電視攝影機、每天不斷的民意調查（如「63% 的美國人離過婚」），將我們集體行為的每一個細微差別都反映給我們。持續不斷的紙面紀錄，像是帳單、成績、薪資單及商

品目錄，都是在幫助我們建立我們個人的身分。不遠的將來，數位化的普及一定會提供我們更清晰、更快速、更無所不在的鏡子。每位消費者都將成為鏡像反射和反射本體，這是因，也是果。

希臘哲學家醉心於因果關係鏈，認為尋找因果關係的方法應該以層層揭開的方式追本溯源，直找到最初原因。這種反向的追溯方法是西方邏輯的基礎，即線性邏輯。而「鏡面蜥蜴」展示的是一種完全不同的邏輯——一種網狀的因果循環。在遞歸反射領域裡，事件並不是由存在鏈觸發，而是像在奇趣屋一樣，由一系列的反射、彎曲、彼此相互映的原因所導致。與其說原因和控制是從起因開始以直線方式進行，倒不如說他是水平擴展，如同波動的潮水，是以曲折、擴散的方式發生作用。微小的擾動可以濺起大水花，但強力的擾動卻不一定會濺起水花。就好像連結萬物的複雜性會因時空的推移與沉澱而有所改變、甚至顛覆原有的樣子。

電腦科學家丹尼‧希利斯指出，計算——特別是網路計算——呈現一種非線性的因果關係場域。他寫道：

> 在物質世界中，一件事對另一件事的影響會隨著時間和空間兩者之間拉長的距離而減少。因為這樣，使得我們在研究木星的衛星運行時不需考量水星的運行問題。這是物體和作用力這一組相互依存的雙概念應具備的基本原則。作用力的局限性體現在光速的有限，體現在場域的平方反比定律，還有體現在宏觀的統計效應，例如反應速率和音速。

> 在計算領域裡，或者是至少在計算領域舊有的模式中，一個隨意微小事件的可能性，也常常會造成任一個重大影響。一個小程式可以清除所有的內存資料，一個簡單的指令

可以使主機停止運轉。在電腦計算機的領域裡，沒有類似的距離概念。一個儲存格跟其他的儲存格一樣容易受到影響。

自然生態系統中的控制線路也一樣會漸漸散化成為因果關係的場域。控制不僅分散到空間裡，同樣也會隨著時間而逐漸模糊。當變色龍爬上鏡子時，導致其變色的原因也會逐漸化為一個自我因果循環的場域中。事物的推論不像射箭那樣直線進行，而是像風一樣四處飄散到他方。

斯圖亞特・布蘭德在史丹佛主修生物學，他的老師保羅・埃爾利希是位人口生物學家。埃爾利希也一樣癡迷於這個難解的鏡上變色龍謎題。而他是從蝴蝶和牠的宿主植物之間的關係中清楚地看到了這一謎題的影子。那些狂熱的蝴蝶收藏家很早就知道，製作完美標本的最好方法就是將毛毛蟲和牠要吃的植物一起裝入盒子等牠孵化成幼體。蛻變之後，蝴蝶會在盒子裡展現那完美無缺的翅膀。此刻立即將牠殺死，做成標本。

要利用這個辦法，蝴蝶收藏家需要知道蝴蝶都吃什麼樣的植物。為了期望獲得完美標本，他們可是做足了功課，結果他們獲得了大量有關植物與蝴蝶群集的文獻資料。就文獻概括可以得知，大多數蝴蝶幼蟲只吃一種特定的植物，例如，帝王蝶幼蟲只吃乳草類植物，而乳草似乎也只歡迎帝王蝶前來用餐。

埃爾利希注意到，就這個意義而言，蝴蝶映照在植物裡，而植物也映照出蝴蝶。乳草為了讓帝王蝶幼蟲陷入困境以防自己被吃光而

步步設防，卻也迫使帝王蝶幼蟲「改變顏色」，想辦法騙過植物的防護措施。這種相互映照就像兩隻變色龍肚皮貼著肚皮在跳舞。乳草如此全然地自我保護以抵擋帝王蝶，卻變成與帝王蝶形影不離，反之亦然。任何長期敵對的關係似乎也會有這樣的相互依存。1952 年，一位關注機器如何學習的控制論專家威廉‧羅斯‧艾許比寫道：「（生物的基因模式）沒有具體說明一隻小貓應該怎樣抓老鼠，卻提供一個學習機制和天生傾向去遊戲玩耍，所以是**老鼠**教小貓學習如何抓老鼠的要領。」

埃爾利希從莫德在 1958 年於《進化》雜誌上發表的一篇論文標題〈專性寄生物與其宿主共同進化的數學模型〉中，發現一個可以用來形容這種貼身的雙人舞的語詞──「共同進化」。就像大多數生物學家觀察到的，共同進化這個概念並不新穎。神奇的達爾文在他自己 1859 年《物種起源》的傑作中就提到「生物體彼此之間的共同適應……」。

約翰‧湯普森在《相互影響和共同進化》一書中對「共同進化」下了一個正式定義：「共同進化是在相互影響的物種間交互的進化演變。」但實際上，共同進化更像跳一曲探戈舞。乳草與帝王蝶肩並肩結合成一個單系統，彼此間相互影響並共同進化。每一步共同進化的發展都使得這兩個對手纏繞得更密不可分，直到一方完全依賴另一方的對抗，甚至兩者合而為一。生化學家詹姆斯‧洛夫洛克對這種相擁狀況描寫如下：「物種的進化與其所處的環境進化密不可分。這兩個過程緊密結合就好像是一個不可分割的單一過程。」

布蘭德採用了「共同進化」這個術語，並且以此創辦《共同進化季刊》雜誌，發表各式各樣更廣博的論點──像是生物學、社會學和科技等等──論述相互適應、相互創造，以及同時編織成為一個整體

的系統。布蘭德寫下這樣的定義做為發刊詞：「進化就是不斷適應環境以滿足自身需求。以更寬廣的視野來看共同進化，則是不斷適應環境以滿足彼此的需求。」

共同進化的「共同」將是未來的特徵。儘管有人抱怨人際關係持續降低，但是現代人的生活相互依存的程度卻超過以往並且不斷增長。今日，所有的政治意指全球政治，而全球政治則意味共同政治；在通訊網路的空間裡所建立的線上社群就是共同世界。馬歇爾・麥克魯漢並非完全正確。我們並非共同打造一個舒適的地球村，我們是共同編織一個熙熙攘攘的全球化蜂群———一個最具社會性而有如鏡射般交互作用下的共同世界。在這種環境中，所有的進化，包括人造物的進化，都是共同進化。任何個體只有接近不斷變化中的鄰居，自己才有可能有所改變。

自然界充塞著共同進化。長著植物的每處角落都有寄生生物、共生生物，還有緊貼的雙人舞等活動。生物學家普萊斯估計，今天的物種超過 50% 都是寄生生物。（這個數據已經是古董級的數字了，預計新的數字正不斷地攀升中。）最新的說法是：自然界中半數的生物都是共生共存！商業顧問常常警告他們的客戶，千萬不要成為只依賴單一客戶公司或單一供應商的共生公司。但許多公司都是這樣做，而且就我所知，他們過著有利可圖的日子，平均起來也不比其他公司少。1990 年代，在大企業之間結盟的大幅增加———尤其在資訊和網路的產業中———是經濟領域持續不斷共同進化所呈現的另一個面向，因為與其併吞或與對手競爭，不如讓兩家公司結盟———共生合作互利。

共生關係裡的各家不需得要對稱或是同等。事實上，生物學家發現自然界幾乎所有的共生同盟必然有一方受惠較多———實際上是寄生

狀態的某種暗示——在每一種相互依存的關係中。即使一方所獲得的是因為另一方的一些損失,但總體而言,雙方都是受益者,因此契約仍繼續有效。

布蘭德在他《共同進化》的雜誌裡開始收集共同進化賽局中的故事。以下是一則自然界中最有說服力的結盟案例:

> 墨西哥東部生長著各類金合歡屬灌木和掠奪成性的螞蟻。多數金合歡樹長有荊刺、苦味的葉子以及其他可以抵擋貪婪世界的防護措施。其中一種「巨刺金合歡」(又稱牛角相思樹)學會誘使一種蟻類獨占自己做為食物的來源而殺死或驅趕其他的掠奪者。誘餌漸漸包括可供螞蟻居住的漂亮防水巨刺、源源不竭隨手可得的花蜜和在葉尖上專為螞蟻準備的嫩芽食物。螞蟻的利益與金合歡的利益不斷地結合,學會在刺裡居住、日夜巡視金合歡、攻擊一切貪吃金合歡的生物、甚至剪除如藤蔓、樹苗等可能遮蔽金合歡媽媽的植物。如今,金合歡不再依賴苦葉子,尖刺或其他保護措施,而是生存需要金合歡螞蟻;而蟻群沒有金合歡也活不下去。他們在一起成為入侵者難以戰勝的組合。

在進化的過程中,生物的社會性與日俱增,共同進化的實例也愈來愈多。生物的社會行為活動愈豐富,就愈有可能形成互惠互利的互動關系。同樣,我們建構的經濟和物質世界愈是相互影響,我們愈能看見共同進化的活動。

對生物體而言,寄生行為本身就是一個可以生存下來的新立身處。因此,我們發現寄生上頭還有寄生。生態學家約翰・湯普森注意

到「正如社會行為的豐富性可以增進與其他物種的互利共生，所以某些互利共生或許也促成社會行為的進化。」就真正共同進化的方式是，共同進化孕育共同進化。

距今 10 億年後，地球上的生命可能根本上都具有社會性，並且到處都是寄生生物和共生體；同樣地，世界經濟也可能根本是一個擁擠的網路聯盟。那麼當共同進化充斥著整個地球時會發生什麼事呢？這個由映射、回應、相互適應以及總是循環回歸本身的生命之鏈所組合成的星球會做些什麼事呢？

蝴蝶和乳草彼此靠近不停地跳舞，無休止的瘋狂芭蕾大大改變他們的形態，跟他們可能原有彼此處在平靜的狀態不同。鏡上不停變動的變色龍陷入某種非理性的錯亂狀態，二次大戰後的核子軍備競賽讓我們感到愚蠢，同樣我們也感受一種追趕自我倒影的瘋狂。共同進化將事物帶向荒唐之境。雖然蝴蝶和乳草在某方面是競爭對手，卻也不能分開存活。保羅·埃爾利希認為，共同進化推動兩個競爭對手進入「強制合作」。他寫著：「消滅敵人不是危害掠食者的利益就是危害被掠奪者的利益。」這顯然不合常理；然而明顯的是，這也是一股推動自然的力量。

當一個人的心智像發神經似變得歇斯底里、陷入攬鏡自照而無法自拔，或者太過在意敵人甚而仿效他們，我們會認為這樣的心智是精神失常了。然而，智力和意識本身本來就有一點失常，或者說有一點失去平衡。就某種程度而言，心智，儘管是最簡單的心智，也一定會凝視自身。但任何意識一定都會凝視著自我嗎？

當布蘭德向貝特森提出鏡上變色龍這個傑出的謎題後，有關意識的失衡性成了兩人談話的重點，而這兩位生物學家也轉而順著這個話題繼續討論下去。最後得到一個古怪的結論，就是相對於其他事物都

有一個平衡點而言，意識、生命、智力、共同進化是失衡的、不可預期，甚至是不合理的。我們之所以覺得智力和生命不可思議，正是因為他們維持著一個遠離平衡性的不穩定狀態。而相較於宇宙間的其他事物，智力、意識以及生命都是處於一個穩定的不穩定狀態。

蝴蝶和乳草，他們併合在一起，就像以筆尖立足的鉛筆，透過共同進化的遞歸動態而立得筆直。蝴蝶拉扯乳草，乳草拉扯蝴蝶，他們拉扯得愈厲害，就愈不可能放手，直到整體的蝴蝶／乳草這樣的東西湧現成一個獨自的存在——一個鮮明的昆蟲／植物系統——依靠相互的努力而自我生成。

激進的互利共生並非只能成雙成對。三個一組也可融合成一個湧現出來的，以共同進化相連接的互利共生關係。整個群落也可共同進化。實際上，任何生物體只要能適應他周邊的生物，在某種程度上，就是做為一種間接共同進化的觸媒而起作用。既然所有的生物都相互適應，那麼便意味著在同一生態系統內所有的生物，不管是直接共生或間接相互影響，都是連續參與一個共同進化的統一體。共同進化的力量從一個生物流向他最親密的鄰居，然後以較微弱的波浪狀向周邊擴散，直到觸及所有的生物。這樣一來，在這個地球家園上由 10 億個物種所構成鬆散的網脈就會編結在一起，那麼想要解開這個共同進化的體系，將成為不可能之事；而組成部分則會自我提升至某種不可捉摸的、穩定非穩態的群集狀態。

地球上的生命網路，與所有分散式存在一樣，超越了其組成成分的生命本身。然而霸道強悍的生命力不僅更向深處扎根，更用他的網路將整個地球連結起來，並且將無生命的岩石和大氣也圍進他共同進化的古怪行徑中。

30 年前，生物學家請 NASA 將兩枚無人探測器發射到最有可能
找到外星生命的兩顆星球——火星和金星上，並用探針插入他們的土
壤檢測是否有生命跡象。

　　NASA 的生命探測器是一個複雜、精密（而且昂貴）的精巧裝
置，著陸後就能從散落在星球上的塵土中尋找是否有細菌生命的跡
象。說話溫和的英國生化學家詹姆斯・洛夫洛克是 NASA 聘請的顧
問之一。他發現了一個更好的檢測行星生命的方法，這個辦法一點也
不需要花費數百萬美金的精密裝置，甚或是發射火箭。

　　洛夫洛克是現代科學領域中罕見的人才。他在英格蘭康瓦耳郡鄉
下，以灌木樹籬環繞的石造穀倉裡從事科學研究，宛如一位獨行俠。
他維持著無懈可擊的科學聲望，卻不隸屬於任何正式機構，這在動輒
需要龐大資金的科學界乃非常罕見。他那強烈的獨立性需要自由的思
想，卻也同時滋養了他自由思考的能力。1960 年代初期，洛夫洛克
提出了一個顛覆性的建議，讓 NASA 探索團隊的其他成員感到不悅。
他們是真的想把探測器送到其他的星球上，而他卻說不必這麼麻煩。

　　洛夫洛克告訴他們，他只需透過一架天文望遠鏡進行觀測，就能
確定在行星上是否有生命。他可以靠著測量行星大氣層的光譜來確定
他的成分。圍繞行星外層的大氣層中的氣泡成分就能揭開星球上是否
存在過生命的祕密。因此，不需要發射一枚昂貴的金屬器具穿過太陽
系去查明真相。他早就知道答案了。

　　1967 年，洛夫洛克寫了兩篇論文，說明了基於他對火星大氣光
譜的分析解讀，預言火星上面是沒有生命的。10 年的時間，NASA
發射環火星軌道飛行器，再接下來的 10 年內，數次壯觀的火星軟著

陸探測終使得世人明白，確實如洛夫洛克所預言的那樣，火星是毫無生氣的。對金星進行同樣探測，也是帶回同樣的壞消息：太陽系裡，除地球外，一片貧瘠。

洛夫洛克是怎麼知道的呢？

那是通過對化學反應和共同進化的研究。火星大氣和土壤中的成分被太陽射線賦予能量，被火星核心加熱，再被火星引力吸附，歷經數百萬年進入動態的平衡。懂得化學反應的一般規則，科學家可以將星球當作是一個裝有物質的大燒瓶，從而反覆計算他們的反應。化學家得出火星、金星以及其他行星的近似公式，其方程式反應大致平衡持平：吸入能量、物質；釋出能量、物質。通過天文望遠鏡以及之後的實地探測所得的結果，符合方程式反應所預測的。

地球卻不同。地球大氣中的氣體混合失衡。洛夫洛克查明他們之所以失衡的原因，是因為共同進化累積而形成的有趣結果。

以氧氣為例，他占了地球大氣的 21%，造成地球大氣呈現不穩定狀態。氧氣是高活性氣體，可以跟多種元素化合，產生我們稱之為火或燃燒的猛烈爆炸。就熱力學角度而言，當氣體氧化固體的表面時，地球大氣中的高含氧量應該迅速下降。其他活性氣體，如一氧化二氮、碘甲烷也依然處於上升、異常的水平。氧氣與甲烷兩者可以共存，但根本不相容，或者更確切地說，他們**太**融洽了，因此會互相燃燒。令人難以理解的是，二氧化碳應該像在其他行星一樣是大氣的主要成分，然而卻只是微量氣體。除大氣之外，地球表面的溫度及鹼濃度顯示出異常的水平。地球的整個表面似乎是一個巨大、不穩定的化學異常現象。

在洛夫洛克看來，似乎有一種看不見的能量，一隻看不見的手，將互動的化學反應推到一個似乎隨時都會回到平衡狀態的高點。火星

和金星上的化學性質如同元素周期表那般地穩定，一樣地死氣沉沉。以元素周期表來看，地球的化學性質是亂了套，完全失去平衡，卻充滿活力。洛夫洛克由此推論，任何有生命的星球展現出的化學性質是奇特的不穩定狀態。有益生命的大氣層並非是富含氧氣，而應該是突破規範的平衡。

那隻看不見的手就是共同進化的生命。

共同進化中的生命擁有生成穩定的不穩定態的非凡本質，將地球大氣的化學循環推移到洛夫洛克稱為一種「持續的非平衡狀態」。大氣中的含氧量應該隨時會下降，但數百萬年來並非如此。由於極大多數的微生物生命都需要高濃度的氧，也因為微生物化石已存在幾十億年，因此這種不協調的奇特狀態已經是相當持久而穩定的了。

地球大氣尋求穩定的含氧量，與恆溫器圖謀穩定的溫度非常相似。按一位科學家的說法，他恰巧碰到平均 20% 的氧氣濃度，這樣的結果實是「偶然」。低於這個水平是貧氧，高於這個水平則過於易燃。多倫多大學的喬治·威廉斯這樣寫著：「20% 左右的含氧量似乎保證一種平衡，這使得在大量幾近完全的空氣流通之時，不會招致較大的毒性風險或增加有機物質的可燃性。」那麼，地球的感應器和溫度控制裝置在哪裡呢？就這點而言，加熱用的爐子又在哪裡呢？

無生命星球藉著地質的迴路達來到平衡。氣體，如二氧化碳，溶入液體並且沉澱後析出固體。只要一點氣體就能達到自然飽和。在火山活動中，因加熱或加壓，固體會釋出氣體回到大氣層中。沉降、風化、上升──所有巨大的地質力量──也如強大的化學物質作用那樣，分解或合成物質的聯結。熱力學的熵將所有化學反應拉降到他們最低的能量值。作為比喻的爐子垮了。無生命星球上的平衡不像恆溫控制下的平衡，倒是比較像碗裡的水；當他無法再降得更低時，就只

好是處在同一水平了。

然而地球本身就是一個恆溫器。共同進化的生命相互糾纏提供一個自主的迴路而引導地球的化學物質趨向某種上升的勢能。大概要等到地球上所有的生命都寂滅了，地球的大氣才會回降到持續的平衡態，變得像火星和金星一樣單調乏味。但是，只要生命的分散式之手仍居主導地位，那麼他就能讓地球的化學物質遠離平衡態。

但失衡本身卻是自主平衡的。共同進化的生命所產生的持久失衡自有其穩定之道，而洛夫洛克也一直致力於尋找這種持久失衡之所以存在的原因。就我們所了解的，地球大氣中的氧氣一直維持在 20%左右已經有幾億年了。大氣層像一個在高空懸索上搖搖晃晃的雜技演員，幾百萬年來總在傾斜和墜落之間搖擺，卻一直保持著相同的姿勢。他絕不會墜落，但也永遠擺脫不了墜落的樣子。他始終就是處於搖搖欲墜的狀態。

洛夫洛克認為這持久的搖搖欲墜狀態是生命的特點。近來，複雜性理論研究者也認為，任何活系統：經濟體、自然生態系統、複雜的電腦模擬系統、免疫系統，以及共同進化系統，都有搖搖欲墜的特點。當他們保持著像艾雪式的平衡態——總在下行卻永遠不會降低。他們總是在塌落的動作中維持著平衡態。

大衛‧雷澤爾在他的科普書籍《宇宙發生論》中辯稱：「生命的核心價值不在於繁殖的不變性，而是在於他繁殖的不穩定性。」生命的關鍵在於略微失調地繁殖，而不是中規中矩地繁殖。這種幾近墜落乃至混沌的運行方式確保了生命的蓬勃發展。

少有人會注意到，但這種活系統的核心特點是，他那似是而非的本質具有傳染性。活系統將他們的不穩定姿態擴散到他們所接觸的任何事物，而且無所不及。地球上，生命橫衝直撞地把勢力延伸到固

體、液體和氣體之中。就我們所知，沒有一顆岩石從未被生命觸摸過。微小的海洋微生物將溶入海水的碳和氧氣固化，產生一種散布在海床的鹽。這些沉澱物最終被沉澱物所生成的重量壓成岩石。微小的植物有機體將碳從空氣中吸進土壤裡，乃至更深入海底，被淹沒在水底下化為石油。生命產出甲烷、氨氣、氧氣、氫氣、二氧化物以及多種其他氣體。鐵聚集以及金屬聚集細菌產生金屬礦產。（鐵，非生命的典型象徵，卻由生命產生！）通過嚴格的觀察，地質學者得出結論，所有露出地表的岩石（或許火山岩除外）都是再循環的沉澱物，因此所有的岩石在本質上都是生物所造成的；也就是說，在某些方面是受生命影響。共同進化生命的無情推拉，最終將宇宙中的非生命物質帶入他的遊戲中。他甚至將岩石也變成為映照其舞姿的一部分。

俄羅斯地質學家弗拉基米爾・維爾納茨基於 1926 年出版的一本書中，明確提出一個具有卓越意義的觀點，即地球的物質性是由生命直接塑造的。他計算地球上數十億個生命體，並且思考他們對地球的物質資源的群體影響；稱這個宏大的資源系統為「生物圈」（其實愛德華・蘇斯早幾年前就創造了這個術語）。維爾納茨基在這本名為《生物圈》的書中，著手對生物圈進行了量化評估，這本著作直到最近才被翻譯成英文。

維爾納茨基將生命明確地比喻為岩石鏡子上的變色龍，但這個異端說法得罪了兩方人馬。他把活體生物所處的生物圈視為一座大型的化工廠，激怒了生物學家。對於環繞世界的大量礦物質流動而言，動物和植物只不過是臨時的化學儲存容器單位。「活體生物是岩石的一個特有種類……一個既古老，同時又持久年輕的岩石。」維爾納茨基這麼寫著。活體生物是保存這些礦物質的精美但脆弱的貝殼。「動物存在的目的，」有次他談到動物的遷移和運動時說，「是為了幫助風

和海浪攪拌釀造中的生物圈。」

　　同時，維爾納茨基認為岩石具有半生命，這也惹怒了地質學家。他說，由於每個石塊都是生命的起源，他們與生命機體不斷地互動，意味著岩石是生命移動中最慢的一部分。山脈、海洋之水以及空中之氣體，都是移動非常緩慢的生命。地質學家當然要阻止這種明顯的神祕主義觀點。

　　這兩種異端說法融合為一個對稱美之說。生命是不斷更新的礦物質，礦物質是緩慢移動的生命，他們就像是一枚硬幣的相對兩面。這個相對等的兩面無法以數學方式正確解題，他們同為一個系統：蜥蜴／鏡子、植物／昆蟲、岩石／生命，以及當代的人類／機器系統。生物體表現得宛如環境一般，而環境也呈現出像生物體般的行為。

　　在邊緣科學研究的領域裡，這個古老又神聖的想法至少已經有好幾百年了。19世紀時，好多位進化論的生物學家，如赫胥黎、赫伯特‧史賓賽，當然還有達爾文，對此都有直覺地認識——物理環境形塑生物，而生物也形塑適合他們的環境；如果以長遠的觀點來看，環境即生物，生物即環境。1925年，一位早期的理論生物學家阿爾弗雷德‧洛特卡這麼寫著：「進化的不只是生物或物種，而是物種加上環境建構整個系統。兩者是不可分離的。」進化的生命和星球所構成的整個系統是共同進化的。一個共同進化的整體系統，一如鏡上變色龍之舞。

　　維爾納茨基認為，假如生命從地球上消失，地球不僅將會淪為成一種平衡狀態的「化學穩定」，而且那些黏土礦床、石灰岩洞、礦山中的礦石、白堊峭壁，以及我們認為是地球景觀所擁有的特有構造也會隨之消退。「生命並不是地球表面上偶然發生的外部演化；相反的，他與地殼構造有著密切的關聯。」維爾納茨基在1929年寫道。

「沒有了生命，地球的面貌就會像月球的表面一樣靜止不動。」

　　30 年後，自由思想家詹姆斯‧洛夫洛克根據他透過天文望遠鏡對其他星球所做的分析得出同樣的結論。洛夫洛克觀察到：「生物體一點也沒辦法『適應』一個單由物理和化學所支配的像死一樣的靜寂世界。他們生存在一個由他們的先祖的氣息和骨骼所構成的世界，而現在由他們繼續維持著。」洛夫洛克對有關早期地球的知識比維爾納茨基更為全面，對氣流和物質流的全球格局也有更好的了解。所有這些的認知讓他得出一個十分嚴肅的結論：「我們呼吸的空氣、海洋以及岩石，若不是生命體的直接產物，不然就是因他們的存在而大大改變了。」

　　法國自然哲學家拉馬克在 1800 年就預言了一個非凡的結論，而當時他所知道有關行星動力學的訊息甚至比維爾納茨基還要少。作為生物學家，拉馬克與達爾文旗鼓相當。而進化論真正的發現者是拉馬克，並非達爾文。但拉馬克就像個失敗者，並沒有獲得應有的讚譽；其部分原因是因為他有點太依賴直覺，而不是依賴有詳細具體論據的現代觀。拉馬克以直覺猜測有關生物圈之進化，並且有先見之明。但在當時沒有任何科學證據支持拉馬克的主張，因此他的言論並不具有影響力。1802 年，他寫道：「以個體聚合、礦體、平行地層、……等形式出現的所有構成地球外殼的複合礦物質，或者由此所形成的低地、丘陵、溪谷和山脈，這都是動物和植物在地球表面上，在這些區域裡曾經存在過的專有產物。」

　　拉馬克、維爾納茨基以及洛夫洛克的大膽主張，起先看似荒唐可笑，但是在橫向因果關係演算法則中卻很有道理：在我們周圍所能看到的一切──白雪覆蓋的喜馬拉雅山、從東到西的深海、起伏的山巒景致、令人驚豔的瑰麗沙漠峽谷、充滿樂趣的溪谷──就像蜂窩一

樣，都是生命的產物。

　　洛夫洛克不停地向鏡中窺視，發現他幾乎深不可測。接下來的幾年，隨著對生物圈的觀察，他將更多的複雜現象列入生命產物表中。舉幾個例子：海洋中浮游生物釋放出一種氣體（二甲基硫醚），氧化後產生顯微鏡看不出來的硫酸鹽氣霧，生成雲中水滴凝聚的晶核；或許，甚至連雲層和雨水也是因生物所造成的。夏天的大雷雨也許是生命自身幻化成雨。一些研究暗示，大多數雪晶的核也許是腐朽的植物、細菌或菌類孢子；因此，或許雪大都是由生命觸發的。僅有少數能逃脫生命的印記。「或許是因我們這個星球的核心不會隨著生命的結果而有所改變；但這種假設並非明智。」洛夫洛克這麼說。

　　「生命是最強也是最為有力的**地質力量**，」維爾納茨基堅信，「而且這力量會**與時俱進**。」生命愈多，他的物質力量就愈大。人類將生命進一步強化。我們利用化石能源，將生命植入機器裡頭。我們整個製造業的基礎設施——好比我們自己身體的延伸——成為更廣泛、全球規模生命的一部分。當我們的工業產生的二氧化碳進入大氣，改變全球大氣的成分，我們的人造機械領域也會成為地球生命的一部分。喬納森·威納當年寫《下個一百年》時就肯定地說：「工業革命是一件令人驚訝的地質學事件。」如果岩石具有緩慢的生命，那麼我們的機器就是具有相對稍快的緩慢的生命。

　　將地球比喻成母親是一種古老又親切的說法。但將地球比作機械裝置卻是個較難以接受的想法。維爾納茨基的看法非常接近洛夫洛克的頓悟，即地球的生物圈呈現一個超越化學平衡的規則。維爾納茨基注意到「生物體呈現一種自我管理的特性」，而生物圈似乎也是自我管理的；但他沒有進一步深入探討，因為作為純機械過程這個自我管理的關鍵概念，在當時尚未出現。一台純粹的機器如何自我控制呢？

我們現在知道，自我控制和自我管理並非只能在生命才能找到那神祕充滿活力的靈魂，因為我們已經創造了能夠自我控制和自我管理的機器。更正確地說，控制和意圖是純粹的邏輯過程，他們可以在任何足夠複雜的媒介中產生，包括鐵製的齒輪和操作桿，或者是更為複雜的化學路徑。如果恆溫器和蒸汽機能夠具有自我調控能力的話，那麼一個星球可以進化成如此優雅的回饋迴路也就不是那麼怪異的想法了。

洛夫洛克將工程師的敏感度帶到他對地球母親的分析。他做過修補匠、發明家、專利持有人，還曾在史上最大的工程技術公司 NASA 工作過。1972 年，洛夫洛克提出了地球的自治層位於何處的假說。他寫道：「地球上生命體的整個範圍，從鯨魚到細菌，從橡樹到海藻，都可以被看作是構成單一生命的實體，他能夠操控地球的大氣層以適合自己全部的需要，並且具備的能力和能量遠超過他所組成的部分。」洛夫洛克把這個觀點稱為「蓋亞」，並與微生物學家琳・馬古利斯於 1972 年一起公布了這個觀點，使之在科學術語方面可以接受評論。洛夫洛克說：「蓋亞理論比共同進化論更為有力。」至少在生物學家使用這個詞的時候。

一對在不斷升級的軍備競賽中彼此競逐的共同進化的生物似乎只能夠走向失去控制的地步。同樣地，一對彼此擁抱、溫馨舒適的共同進化的共生體似乎只能導致停滯不前的唯我主義。但洛夫洛克卻認為，假如有一張共同進化動因的龐大網路，這樣的話，沒有生物能夠避免創造自身存活所需的基質，而基質又創造存活其中的生物，這個共同進化的網路就會向周圍擴展，直到成為一個自給自足、自我控制的閉環迴路。埃爾利希提出共同進化論的「強制合作」——不管是互為敵人或互為夥伴——不僅能從某些部分中突現出一股凝聚力，而且

這股凝聚力也會有效地調和自身的極端行為以尋求自身的生存。全球範圍內的生物在共同進化的環境中所映射出的休戚與共的關係，就是洛夫洛克所說的蓋亞。

許多生物學家（包括保羅・埃爾利希）並不是很滿意蓋亞理論，因為洛夫洛克並未獲得他們的同意，就擴大生命的定義。他單方面擴及生命的領域到包括占有主導地位的機械裝置。簡而言之，這個固體行星成了我們所知道的「最大生命的表現形式」。這是一頭怪獸：99.9% 的岩石、大量的水、一點空氣，再以一層極薄的綠色薄膜包裹環繞著其整個周身。

但是，假如將地球縮成細菌般的大小，放在高倍顯微鏡下觀察，他會比病毒更奇怪嗎？蓋亞懸浮在那兒，一個強光照射下的藍色球體，吸收能量，調節著他內部的狀態，抵擋各種擾動，日趨繁複並準備好一有機會就去改造另一個星球。

後來，洛夫洛克不再堅持早期的主張，即蓋亞是一個有機體或表現得像一個有機體；但他保留了蓋亞確實是一個具有生命特徵系統的說法。他是一個活系統；無論他是否具備有機體所需擁有的所有屬性，他就是一個鮮活的系統。

儘管蓋亞是由許多純粹的機械迴路所組成，但這不應成為阻止我們為他貼上生命標籤的想法。畢竟，細胞基本上就是化學循環。海洋中的某些矽藻基本上就是些不活潑的結晶鈣，樹木則是硬化後的漿質，但他們仍然都是有生命的有機體。

蓋亞是一個有邊界的整體。作為一個生命系統，他那些無生氣的機械物件是其生命的一部分。洛夫洛克說：「在地球表面任何地方，生命物質和非生命物質之間並沒明確的區分。從岩石和大氣所形成的物質環境到活細胞，只不過是生命強度的層級區別罷了。」在蓋亞

的邊界上，不管是在最上層的稀薄大氣中，或者是在熾熱的地球核心裡，生命的影響會消退。但是，沒有人能說清楚這條邊線到底在哪裡——如果有的話。

令多數懷疑論者感到不安的是，蓋亞的問題在於將一個無生命的星球看成是一部「聰明的」機器。我們試圖在將無生命的電腦設計成人工學習機器時，遭遇到挫折。因此，以全球的尺度，看人工學習的自行進化，這前景似乎滿荒謬的。

但是，把學習當作是一件難以進化的事，卻也高估了他。這或許跟我們的沙文主義情結有關，也就是把學習當作為人類特有的能力。在本書中，我想要表述的是一種強烈的看法，即進化本身就是一種學習。因此，凡有進化的地方就會有學習，儘管人工進化也是一樣。

廢黜學習行為的神聖地位，是我們現在正在跨越的最令人感到興奮的新領域知識之一。在一個虛擬的迴旋加速器裡，學習正被撞擊成他原始樣態。科學家正在將適應、歸納、智能、進化、共同進化的基本成分登錄造冊，使之成為一個生命的元素周期表。學習所需的微粒子位在所有的遲鈍媒介中，等待著被組裝（並且常常是自行組裝）成奔湧靈動的東西。

共同進化是多種形式的學習。斯圖亞特・布蘭德在《共同進化》季刊中寫道：「沒錯，生態系統是一個完整系統，但共同進化是時間意義上的完整系統。他在常態下是往前推進的——系統化的自我教育，從不斷修正缺點中吸取養分。也就是說，生態系統持續維持，而共同進化則是學習。」

如果就共同進化的生物行為而言，共同學習或許是一個更好用的術語。共同傳授也可以，因為參與共同進化的各方彼此既是在互相學習，同時也是在互相傳授。（我們沒有適當的字詞可以同時表述受教與施教，但假如我們真的做到了教學相長，我們的學校教育將會有所改善。）

一個共同進化關係中的施與受——同時施教與受教——使許多科學家想到的是玩遊戲。簡單的兒童遊戲，例如「哪隻手裡有銅板？」的遊戲，就具有鏡上變色龍的遞歸邏輯。手藏銅板的人會進入這個無止境的過程：「我剛才把銅板藏在右手，現在猜的人會以為他在我的左手裡，因此我把他移到右手。但他也知道我知道他會怎麼想，所以我還是把他留在左手裡。」

由於猜的人也會有類似的思考過程，玩者雙方就會形成一個相互預測對方意圖的系統。「哪隻手上有銅板？」的謎題和「鏡上的變色龍是什麼顏色？」的謎題是有關聯的。從這類簡單的規則所衍生出無止境的複雜性，激起約翰・馮諾伊曼的好奇心。1940 年代初期，數學家馮諾伊曼已研發出電腦的程控邏輯，並與維納、貝特森一起開創了控制論的領域。

馮諾伊曼發明了與遊戲有關的數學理論。他將遊戲定義為一場利益衝突，在遊戲中的玩家彼此試圖預測他人的舉動，透過一系列可選擇的機會來解決衝突。1944 年，他與經濟學家奧斯卡・摩根斯特恩合寫了一本名為《博弈理論與經濟行為》的書。他察覺到，經濟具有高度共同進化和類似遊戲的特性，他希望能以簡單的遊戲動力學來闡釋他。例如，雞蛋的價格是由賣家與買家彼此相互猜測所決定——出價多少他才會接受，他認為我會開價多少，我出的價格可以比我所能接受的價位低多少？馮諾伊曼發現令人驚訝的部分是，這種相互愚

弄、相互欺騙、模仿、映射以及「博弈」無止境的遞歸，一般都能夠落實到一個明確的價格上，而不是一直盤桓下去。即使在股票市場上擁有數以千計的仲介商相互臆測，利益衝突的各方也能迅速達成一個還算穩定的價格。

　　馮諾伊曼最感興趣的是，想看看自己是否能給這種互動遊戲找出最理想的策略；因為乍看之下，他們在理論上幾乎是無法解決。也因此他提出了博弈理論作為解答。位於加州聖塔莫妮卡市的智庫蘭德公司由美國政府資助，其研究人員發展了馮諾伊曼初始的工作，最後列出四種相互猜測遊戲的基本變體。每一個變體都有不同的輸、贏或平局的獎勵結構。這四種簡單的遊戲在技術文獻中稱之為「社會困境」，但又可以被看作是四個具有複雜、共同進化遊戲的積木。這四種基本變體是：弱雞遊戲、獵鹿博弈、僵局以及囚徒困境。

　　「弱雞遊戲」是大膽魯莽的青少年玩的遊戲。兩輛賽車奔向懸崖邊，最後跳車的賽車手是贏家。「獵鹿博弈」，是一群獵人面對的難題：他們必須合作才能把鹿殺死，但是不合作的話，各自偷溜去獵隻兔子或許會更好些。他們是在賭合作（高回報）還是背叛（低，但肯定有回報）呢？「僵局」是個無聊的遊戲，彼此背叛的收益最高。最後一個「囚徒困境」最富有啟發性，在 1960 年代末，成為超過兩百多例發表社會心理學實驗的觀察模型。「囚徒困境」是由梅里耳・弗勒德於 1950 年所確立的。這是一種遊戲，兩個分別羈押的囚犯必須獨自決定對一項罪行是否認犯罪還是坦承犯罪。假如兩人都認罪，那麼兩人都會受到懲罰；假如兩人都否認，那麼都會被無罪釋放。但假使只有一人認罪，那麼他就會得到獎勵，而另一個會被懲罰。合作有回報，但如果策略奏效，背叛也有回報。你會怎麼做？

　　如果只玩一次，背叛對手是最合理的選擇。但當兩個「囚徒」一

次又一次地玩這遊戲，從中相互學習——稱為「重複的囚徒困境」遊戲——這遊戲的動態就有了變化。你不能無視對手的存在，不論是作為必要的敵手還是必要的同伴，他都必須受到重視。這種緊密在一起的共同命運與政敵之間、商業競爭對手之間或者生態共生體之間的共同進化關係非常類似。隨著這個簡單遊戲的研究再深入探討，更大的問題是：想要長期在「重複的囚徒困境」獲得高分，那麼該採取什麼樣的遊戲策略？還有，與從無情冷酷到友善的各種玩家相爭時，什麼樣的策略可以更容易成功呢？

1980 年，密西根大學政治學教授羅伯特‧阿克塞爾羅德舉辦一次聯賽，參加者可以運用 14 種「囚徒困境」的策略，以循環賽的方式相互競爭，看哪種策略最後贏得勝利。最後獲勝的是一個相當簡單的策略，由心理學家阿納托爾‧拉波波特設計，稱為「一報還一報」。「一報還一報」策略是一種相互交替以合作回報合作、以背叛回報背叛的策略方式，並且往往會產生合作的周期。阿克塞爾羅德發現，一次又一次地重複而不是只玩一次遊戲所形成「未來陰影」的策略會促進合作，因為就玩家而言，現在與他人合作可以確保稍後也從他人獲得協助。這是一個明智又合理的選擇。合作的乍現使阿克塞爾羅德陷入沉思：「在沒有中央集權的自我主義世界裡，什麼樣的條件下，合作的行為才會出現？」

1651 年，湯瑪斯‧霍布斯最早聲稱傳統的政治推論是：「只有在善意的中央集權幫助下才能產生合作」；而幾世紀以來，這個推論一直被認為是一種信念。霍布斯主張，如果沒有自上而下的管理，就會只有群體的自私。不管經濟體制如何，必須要有強大的勢力來推行政治利他主義。然而，開始於美國獨立革命和法國革命後的西方民主制度表明了，具有良好溝通的社會可以在沒有中央控制下發展合作機

制。個人利益也能產生合作關係。在後工業的經濟裡，自發性的合作是件常發生的事。被廣泛採用的工業標準（既有質量上的，也有協議方面的，如 110 伏特電壓或者 ASCII 美國資訊交換標準代碼），以及世界上最大無政府形態的網路興起，只是更強化使人注意到，在孕育共同進化合作所需必要條件下的利益。

這種合作不是新時代的精神至上主義，而是如阿克塞爾羅德所說，他是一種「不需交情、不需遠見的合作」──是大自然的冷規則，適用於許多層面進而產生自組結構。不管願不願意，你都得有所合作。像「囚徒困境」這類遊戲，不單只有人類，而是任何自適應個體都可以玩的，像細菌，犰狳，或是電腦裡的電晶體，都可以根據各種回報機制，權衡立即獲得有把握的收益，或在未來風險更大但收益更高之間做出選擇。長時間與相同的夥伴玩這個遊戲，這是彼此博弈，而且也是屬於一種共同進化的類型。

每一個複雜的自適應組織都面臨著一種基本的交易。生物必須在精進一項技能或特質（練腿力以期跑得更快）與嘗試新的特質（飛行）之間做出權衡，他不可能同時做所有的事情。這種在開發與利用之間每天都會碰到的難題，我們稱他為交易。阿克塞爾羅德用醫院做了一個類比：「一般情況下你可以預見一種新藥比一種已發揮效用到極致的既有藥物的療效要來得低。但假如你給每個病人都用目前最好的藥物，你就永遠無法驗證新藥的效果。從病人個人觀點，不應該試用新藥；但從社會集合體的觀點，做試驗是應該的。」開發（未來收益）對比於利用（目前確定為贏的報酬）應該是多少，這是醫院必得做的博弈遊戲。同樣地，生命體為了跟上變化中的環境，在決定需要做多大的突變和創新時，也會做出類似的權衡。當他們和大量的生物同樣都在做類似的權衡交易時，這就會形成一個共同進化的博弈遊

戲。

　　阿克塞爾羅德發起的，有十四位玩家參與的「囚徒困境」循環聯賽是在電腦上進行的。1987 年，阿克塞爾羅德透過設定一套系統拓展這個電腦遊戲。在系統裡，有一小群程式用隨機產生的策略玩著「囚徒困境」。每個隨機策略會在和其他所有的策略較量一圈後被評分，一些得分最高的策略會有最多的複製率，因此這些最成功的策略就可以普遍傳播。由於許多策略都是靠著「捕食」其他策略才能贏得勝利，因而也只有當他們的獵物能存活時，這些策略才可以成功滋長。這導出了在自然荒野中到處都可以看到的擺動式動力學（生物周期性波動）原理，便可說明狐狸和兔子的數量在年復一年共同進化的循環中是如何消長。當兔子數量增，狐狸繁殖多；狐狸繁殖多，兔子相繼死去。但是沒有兔子時，狐狸就會餓死。當狐狸數量減少了，兔子數量就多了。兔子多了，狐狸也就多了，以此類推。

　　1990 年，在哥本哈根尼爾斯·波耳研究院工作的克里斯蒂安·林德格雷將這些共同進化實驗的玩家量擴大到 1,000，隨機引入干擾到遊戲中，並使這個人工共同進化過程可以繁衍到 3 萬代之後。林德格雷發現，愚蠢個體所組成的群體參與「囚徒困境」，不僅重現狐狸和兔子的生態波動，也產生出許多其他自然現象，例如寄生現象、自發湧現的共生、以及在物種間長期穩定的共存關係，宛如他們就是一套生態系統。林德格雷這樣的研究發現：當不同策略的物種所形成的混合狀態非常穩定時，那麼在長期的博弈遊戲中則會出現一次次長時間的周期；這使得一些生物學家感到興奮不已。只是當舊的物種滅絕，新的物種生根時，這些歷史周期會被一些突發、短暫生存的不穩定事件打斷。但很快的，有新策略的物種會發展出新的穩定狀態，並且持續數千代。這個基調與早期化石中所發現進化的一般模式相契

合；這模式在進化論的交易中稱做「斷續平衡」，或簡稱「蹦移」。

從這些實驗中得出一個令人不可思議的結果，讓所有希望駕馭共同進化力量的人都得考慮到一個問題。這是眾神的另一條定律。事實證明了，在一個以鏡上變色龍的迴路所環繞裝飾的世界裡，無論你策畫出或展開了多麼精明的策略，假使以他做為一個完美的規則，而你完全遵守地予以應用，他也不會成為一個具有進化彈性的競爭策略。更確切的說法是，一個具有競爭性的策略會在長時間的博弈遊戲中找出如何利用你的規則加以應用。另一方面，應用少許隨機因素（錯誤、缺點）反而能夠在共同進化的世界裡創造長期的穩定，讓某些策略可以在相對長時間中居領導地位，而不會輕易地被模仿。沒有干擾——完全地出乎意料或者不是依照原來慣性的反常選擇——就會失去進化升級的機會，因為沒有足夠的穩定周期來維持系統的發展。錯誤能讓共同進化的關係不會因為黏得太緊而陷入死亡的漩渦，也因此錯誤能使共同進化的系統得以保持順流向前滑行。**向錯誤致敬吧！**

在電腦裡進行共同進化遊戲還提供了另外的受益。少數幾個遊戲理論概念滲透到大眾文化，其中之一像是零和與非零和遊戲的區別。例如象棋、選舉、賽跑和撲克牌是零和遊戲：贏家的收益取自輸家的損失。另一方面，自然界的荒野、經濟、思維心智、網路是非零和遊戲，狼獾並不會因熊的存活就得凋零。共同進化中的衝突高度地環扣聯結，意味著整體收益可以惠及（有時殃及）所有成員。阿克塞爾羅德告訴我：「來自博弈理論最早，也是最重要的洞見之一是，相對於零和遊戲，非零和遊戲有非常不一樣的策略內涵。零和遊戲中對他人的任何傷害對你都有好處。在非零和遊戲中，你們兩者可能都有好處，也可能都倒楣。我認為，人們常以零和遊戲的觀點看世界，雖然不應該這樣。他們常說：『我做得比別人好，所以我就應該有成

就。」但在非零和遊戲裡，你可能比別人做得好，但你們兩者都一樣
潦倒。」

阿克塞爾羅德注意到，作為「一報還一報」策略的贏家從不利用
對手的策略贏得勝利──他只是以其人之道還治其人之身。在一對一
中，「一報還一報」無法勝過任何其他的策略；但在非零和遊戲中，
當他與許多策略對抗中時，可以取得最高的累積分數，因而仍能贏得
聯賽。正如阿克塞爾羅德向「囚徒困境」的發起者威廉‧龐德斯通所
指出的：「這個想法真是不可思議。下棋時怎麼可能不打敗任何一方
就可以贏得聯賽呢？」但是在共同進化中──變化是回應自身而改變
──不用打敗任何人就可以獲得勝利。企業界那些冷靜精明的執行長
現在也承認，在網路和結盟的時代，公司不用打擊他人就可賺進大把
鈔票。這就是所謂的雙贏。

雙贏是共同進化的模式中，生命所展演的故事。

坐在放著成堆成排書籍的辦公室裡，羅伯特‧阿克塞爾羅德沉
思、理解共同進化的結果，接著補充說，「希望我在合作進化的工
作上有助於世界避免發生衝突。如果你看過國家科學院給我的榮譽
狀，」指向牆上的牌匾說，「他們認為他有助於避免核子戰爭。」儘
管馮諾伊曼是發展原子彈的關鍵人物，但他並沒有將他的理論明確地
應用在核子軍備競賽的政治遊戲裡。馮諾伊曼在 1957 年逝世之後，
軍事戰略智囊團開始利用他的博弈理論，分析冷戰中兩個超強對立國
卻具有共同進化關係中「強制合作」的意味。戈巴契夫擁有基本共同
進化的洞察力，阿克塞爾羅德說：「他看到，減少坦克會讓蘇聯更安
全，而不是增加坦克。他單方面裁掉 10,000 輛坦克，這使得美國和
歐洲更難有藉口擁有大規模的軍事預算，此舉有助於全面展開結束冷
戰的進程。」

對於「想要成為神」的人來說，或許從共同進化關係中學到最有用的一課是，在共同進化的世界裡，控制和祕密反而會產生不良的後果。你無法控制，揭示真相比起隱瞞，效果更好。「在零和遊戲中，你總是想要隱藏你自己的策略，」阿克塞爾羅德說，「但在非零和遊戲中，你可能想要公開宣布你的策略，這樣的話，別的玩家就需要去適應他。」戈巴契夫的策略之所以有效，就是因為他公開實施他這個策略；如果只是祕密地單方面削減武器是無所助益的。

鏡上變色龍是一個完全開放的系統。無論是蜥蜴還是玻璃都沒有任何祕密。蓋亞的大封閉圈裡維持著循環不斷，這是因為在其中的所有小循環仍不斷在共同進化溝通中相互交流。從蘇聯命令式的經濟崩潰中，我們了解到，公開的訊息可以維持經濟的穩定和成長。

共同進化可以被看作是雙方陷入互相宣傳的網路中。共同進化的關係，從寄生到結盟，就其本質而言，都是屬於訊息型的。穩定的訊息交流將他們連結成一個單一系統。與此同時，訊息的交流──不管是侮辱、或是幫助、或是一般新聞──可以產生合作、自組織化以及雙贏結局，以創造出一個共享空間。

在我們剛邁入的網路時代裡，頻繁的交流正在為湧現的共同進化、自發的自組織化以及雙贏合作創造出日益成熟的人工世界。在這個時代，開放者贏，中央控制者輸。而穩定則是由不斷的錯誤所保證的一種永久處於跌落邊緣的狀態。

第六章

自然界的變動

今晚是中國的中秋節。在舊金山唐人街的市中心內,移民華人邊互贈月餅,邊說著嫦娥奔月的故事。離我住家後方 19 公里外,金門的雲霧沿著陡峭的邊坡積聚在空中,附近的地區也籠罩在茫茫霧中。在午夜的柔光下,我走到外頭散步,猶如在雲中漫步。

轉白的黑麥草在風中呢喃,我走在那及胸的黑麥草中,並仔細地觀察加利福尼亞的崎嶇海岸。這是一塊碎裂的土地;就大部分而言,是多山的沙漠,而相鄰的大片海水,卻無法供給雨水。相反的是,海水在夜間展開一片濃霧時,卻偷偷溜進生命之水中。到了清晨,霧氣凝結成水滴附著在嫩枝和樹葉上,滴滴答答地落到地上。整個夏天,水大都以這種方式傳送過來;但在別的地方,水是由專司分流的雷雨雲團運送。有生命的龐然大物,紅杉木就在這替代雨水的涓涓水滴下滋養成長。

雨水的恩澤廣被,毫無任何差別待遇。下雨時,雨水濕潤廣闊之地,涵蓋著萬物;然而相較之下,霧氣只能局部地飄落於一方之際。他依賴微弱的空氣對流,飄浮到最容易到達的地方,然後滯留在適

當、平和的丘陵凹陷處。地形以這種方式掌控水氣，間接地也掌控生命。丘陵形成適當的地形可以留住雲霧，或凝結水滴滴入峽谷。朝南向陽的山丘比起陰暗的北部斜坡，會因為蒸發作用而失去更多珍貴水分。某些地表上的土壤更能保留水分。當這些變數彼此疊合時，便會造就成一塊適合動植物的棲息地，就像一小撮一小撮湊合在一起的拼貼畫。在沙漠地帶上，水決定生命的存在與否。在一片沙漠上，水無法普及地傳送到每一處地方，而是局部而且反覆無常，因此土地本身就決定生命的去留。

　　結果就形成了拼貼畫般的景觀地形。在我屋後的小山丘就是由三塊完全不同的植被物覆蓋其上。一邊的斜坡上是低矮草地的群落——有著老鼠、貓頭鷹、薊和罌粟——一直延伸到海邊。山丘頂上，粗檜樹和柏樹掌管一個獨立群體，有鹿、狐狸和苔蘚。在另一邊的高地上，一望無際濃密的毒漆樹和巴克菊叢裡隱藏著鵪鶉，以及其他族群的成員。

　　這些聯盟組成了一種動態的平衡。他們相互間自我維持的姿態一直保持著幾乎跌落的狀態，就像春天溪流中的駐波。當大量的自然界生物在共同進化的懷抱中彼此相互推擠之時，在不均衡的地貌和天氣環境中，他們的相互作用無法讓他們聚集，於是形成一片片相互獨立的聚集區，區內的動植物互相依存。這些聚集區的位置會隨著時間的改變而游移。

　　風和春季洪水侵蝕著土壤，暴露出地表下的土層，地表上露出新組合的腐殖質和礦物質成分。土壤混合物上下翻動時，動植物的混合物也攙雜其中跟著土壤混合物一起攪動。蓊鬱的仙人掌，像是巨樹仙人掌叢林，可以在短短 100 年之間遷進或遷出西南部的小塊沙漠地。如果放映定時自動間隔所拍攝的影片，就會發現巨樹仙人掌叢林就像

水銀池一樣地流瀉，在沙漠景觀裡緩慢移動的過程。不僅仙人掌可以蔓延，同樣在定時自動間隔拍攝的影片裡可以看到，中西部稀樹大草原的野花宛如潮水來襲般纏繞著橡樹蔓延，有時將樹林淹沒入大草原裡，有時在野火燒過之後，花草的潮水退卻，又見蔓延開來的橡樹叢林。生態學家丹·波特金談到森林時說：「跟著氣候變遷的節拍，緩慢地行經地貌之中。」

「沒有變化，沙漠退化。」湯尼·博格斯這麼堅稱著。他是一位留著一大把紅鬍子、身材健壯的生態學家，深愛著沙漠。他全心全意地研究沙漠的知識和資料。在亞利桑那州圖森市附近，博格斯在酷熱的陽光下一直監測著一塊沙漠地。好幾代的科學家 80 年來持續在此進行測量和拍攝，而這在所有不間斷的生態觀察中是時間最長的。通過這 80 年來對沙漠變化的研究數據，博格斯得出結論：「多變的降雨量是沙漠存在的關鍵。每一年的降雨情況稍微不同，才能使每個物種略微擺脫平衡態。如果降雨量多變的話，那麼物種的混合群會增加 2 到 3 個數量級；但如果相對於每年的溫度循環周期，降雨量保持不變的話，那美麗的沙漠生態通常會變成更單調乏味，進而破壞瓦解。」

「均衡即死亡」，博格斯很直接地說。持有這樣的觀點在生態科學圈內還不是很久。「直到 1970 年代中期，我們所有人都是在前人所傳下來的理論研究下工作，即生物群落正處在曲線的頂點上趨向不變的均衡。如今我們看到的，正是真正給予自然界豐富性的紊亂和多變。」

生態學家偏愛自然界中各種均衡狀態的主要原因，正和經濟學家偏愛經濟中的各種均衡狀態是一樣的：均衡態可以用數學模式來表達。你可以寫下一個你能夠解出程式的等式。但假設你說這個系統永

遠處於非均衡狀態，那麼你就是在說他是無法求解的模式，那麼也就無法探究。也就是你幾乎什麼都沒說。在這個時代，當廉價的電腦可以輕易用程式解答非平衡和非線性方程時，那麼對生態學（以及經濟學）的理解發生重大的改變也絕不是偶然的。在個人電腦上建立一個混沌、共同進化的生態系統模型，突然間已不再是難題。你看，這和行進中的巨樹仙人掌叢林或稀樹大草原的奇異行為是多麼相像。

近年來，學界提出上千種非均衡態模型；事實上，現在有一個小圈子，專門研究混沌非線性數學、微分方程和複雜性理論，所有這些研究都有助於改變自然界和經濟活動為一個穩定平衡的觀念。這個新觀點——不斷的變動是常態——重新闡釋過去的歷史資料。博格斯展示沙漠的老照片，並說明巨樹仙人掌叢林的生態地塊在一段相對短的時間裡——幾十年——正在圖森盆地內漂移。「從我們監測的沙漠地帶發現，」博格斯說，「這些地帶的發展不同步；正因不同步，使得整個沙漠地帶內的物種更為豐富，因為假使一些災害徹底毀滅了一個地塊上的物種，那麼另一片在其自然歷史的不同階段的地塊，可以輸出生物體和種子到這片已毀壞的地帶。甚至沒有降雨量變化的生態系統，譬如熱帶雨林，也會因為周期性的暴風雨和折斷的樹木而有小片地塊的動力生態系統。」

「均衡狀態不僅只是死亡，他本身就是死亡狀態」博格斯強調。「想要系統豐富，就需要在時間和空間有所變化。但太多的變化也會讓系統窒息，一下子從生態漸變群轉成生態交錯群。」

博格斯認為，自然界對擾動和變化的依賴是個現實問題。「在自然界，如果每一年的收成（蔬菜、種子、或肉）差異很大，那就沒有什麼問題。自然界實際上就是在差異中增加其豐富性。但當人們想要靠一個生態系統中的作物供養自己，比如受變化驅動的沙漠系統，他

們能夠做的就只是將這個系統簡化成我們所稱的農業——根據變化的環境給予我們一個固定的產量。」博格斯希望沙漠的變遷能教會我們如何與一個變化的環境共存，而不需要簡化系統。這並非是個完全愚蠢的夢想。一個由訊息驅動的經濟模式提供我們一種適應性強的基礎結構，他能圍繞無規律的生產做出修正並且產生效果；這就是為靈活和「即時」的製造業提供了基礎。這在理論上是可能的，也就是說，對於提供我們食物和有機資源有著豐富多變的生態系統，我們可以利用資訊網路來調節投資，來適應那非常沒有規律的生產量。但是，如博格斯所承認的：「目前，除了賭博，我們尚未有工業經濟模式是由變化所驅動而來的。」

自然界基本上是不斷地變動，假使這個想法是正確的話，那麼不穩定性可能就是引起自然界生物種類豐富多樣的原因了。然而不穩定因素是自然界多樣性之原由，這樣的想法與環境主義其中最古老的一句格言就相違背：穩定性產生多樣性，而多樣性又產生穩定性。假如自然界的系統真的無法趨向一種精緻的平衡，那麼我們就應該跟不穩定性當朋友。

1960 年代後期，生物學家最終獲得電腦的幫助，開始在矽晶網路上建立動態生態學和食物網路模型。他們試著回答的第一批問題之一是，穩定性來自何方？如果以電腦模擬創建掠食者和被掠食者的關係，是什麼條件致使這虛擬的生物體趨向長期共同進化的二重奏，又因什麼條件使他們發生問題？

最早研究模擬穩定性的論文中有一篇是加德納和艾許比在 1970 年共同發表的。艾許比是一位工程師，對非線性控制電路和正回饋迴路的優點很感興趣。他們在電腦上設計出有數百種變化的簡單網路迴路程式，有系統地改變節點的數量和節點之間的連接度。他們發現了

令人驚奇的事：增加中的連接性超過某一個臨界時，受到干擾後的系統回復能力會突然地降低。換句話說，複雜的系統有可能比簡單的系統更不穩定。

隔年，理論生物學家羅伯特‧梅伊公布了類似的結論。梅伊在電腦上運行生態模型，其中包含大批互相作用的物種以及一些極少數模擬生態的物種。他的結論與穩定／多樣性的一般知識相抵觸。他提醒大家，不要簡單地認為增加物種混合的複雜性，其結果就會有穩定性。相反的，梅伊的模擬生態學認為，不管是簡單性和複雜性對於穩定性的影響，都不會像各物種間的相互作用的模式來得大。

「一開始，生態學家建立了簡單的數學模型和簡單的實驗室微觀系統。只是弄得一團糟，物種迅速消失。」斯圖亞特‧皮姆告訴我，「後來，生態學家在電腦上和水族箱裡建立較為複雜的系統，他們以為複雜點就會好了。他們錯了，甚至弄得更糟。複雜性只會使事情變得相當困難──因為參數必須正好合適。所以，隨機建立一個模型系統是行不通的，除非他真的簡單（單獵物單資源的族群模型）。否則增加多樣性、加強相互作用或者增加食物鏈長度，很快的他們也會達到解體的地步。這是加德納、艾許比、梅伊和我早期對食物鏈所做的研究主題。但繼續在系統裡加入物種，不斷地讓他們解體，令人驚訝的是，他們最後混合在一起，不再解體崩潰，突然地不用付出代價而獲得了秩序。這可是花費了大量反覆的混亂失敗才得到好的結果。我們所知道獲得穩定、持續、複雜的系統的唯一方法，就是再三重複地把他們組配在一起。而就我所知，還沒有人真正理解其何以有效的原因。」

1991 年，斯圖亞特‧皮姆和他的同事約翰‧勞頓以及喬爾‧寇恩一起回顧了所有對野外食物網路的實地測量並且透過數學方法分

析，得出的結論是，「生物族群從災難中恢復的比率……取決於食物鏈的長度」以及一個物種所相對應的被掠食者和掠食者的數量。昆蟲吃樹葉就是一條食物鏈的一環。龜吃掉吃樹葉的昆蟲就形成了一條食物鏈上的兩環。狼可能位在離樹葉很遠的環節上。總的來說，就環境破壞而言，食物鏈愈長，就會使得互相作用的食物鏈愈不穩定。

西班牙生態學家拉蒙・馬格列夫在前幾年做的一個觀察，可以最恰當地闡釋從梅伊的模擬實驗中得出另一重要觀點。馬格列夫像梅伊一樣注意到，由許多成員組成的系統，成員之間的關係薄弱，而成員很少的系統，其成員之間卻有很緊密的關係。馬格列夫這樣說：「從經驗證據來看，物種彼此之間自由地互動，那麼他們與其他大量的物種之間的互動也一樣很自由。相反地，物種彼此之間有很強的互動，常常是屬於一個擁有少量物種的系統。」在生態系統內許多鬆散結合一起的成員，或少數幾個緊密耦合的成員之間，這種明顯的折衷與大家所知的生物體必須選擇繁殖的策略的折衷恰好相似：他們不是產出少數的精良後代，不然就是產出無數的後代。

生物學提出，除了調節網路中每個節點的連接數量，系統也趨向調節網路中每對節點之間的「連接性」（連接強度）。自然似乎是想要保存連接性。因此，我們應該期望在文化、經濟和機械系統中找到相似連接性的守恆定律，儘管我不清楚是否有過這樣的研究。如果在所有的活系統中有這樣的定律，我們應該也能期望發現到這種連接性處於不斷地調整，不斷地在變動中。

「一個生態系統就是一個活生物的網路，」博格斯說。生物透過食物鏈、氣味和視野，以各種不同程度的連接性連結在一起。每一個生態系統就是一個動態的網路，總是處於變動與重塑自己的過程中。「無論何處，當我們在尋找不變時，發現到的都是變化，」波特金這

麼寫著。

　　當我們踏上黃石公園的朝聖之旅時，或是去加利福尼亞的紅樹林，或者是到佛羅里達的大沼澤地，我們總是被當地那可敬的自然所組合，適當相稱的美景所感動。熊似乎就會出現在洛磯山脈的河谷間；而紅樹林似乎就是屬於海岸的山丘上；短吻鱷似乎就該留在平原中。我們有股衝動想要保護他們免受擾動。但從長遠眼光來看，他們不是已經久留那裡的居住者，也不會永久住在那裡。波特金寫道：「不受干擾的自然不管在形式、結構或面積大小上都不是恆定的，但卻是在每一個時空裡隨時地變化著。」

　　一份從非洲的一些湖底鑽孔得到的花粉化石研究中發現，非洲地貌在過去幾百萬年中一直處在不斷變動的狀態。過去某個時刻你所看到的非洲景觀跟現在看起來的相比，迥然不同。北非廣袤的撒哈拉沙漠在最近的地質歷史顯示過去是熱帶雨林。從那時到現在曾出現過許多生態類型。我們認為野性是永久的；但在現實中，自然是受限的變動。

　　注入機械人工介質和矽晶片中的複雜性只是進一步的變動。雖然我們也知道，人類制度——那些凝聚人類心血和夢想的社會生態系統——也一定處在不斷的變動和重複的再創造中，然而當變化開始時，我們總是感到驚訝，並且抗拒。（問一個新潮的後現代美國人是否想要改變 200 年來所訂立的美國憲法時，他會突然變成中世紀的保守派。）

　　變化，與紅樹林或國家議會相比，是永恆的。而問題是：什麼控制著變化？我們能怎樣來引導變化？在鬆散的團體裡，例如政府、經濟體和生態系統，他們的分散式生命能用任何一種有意義的方式來控制嗎？甚至能預知未來的變化狀態嗎？

比如說你在密西根買了一塊 40 公頃的荒廢農地，你用籬笆將四周圍起來，將牛和人都隔在外面；然後你走開，監測這塊荒地幾十年。第一個夏天，園內野草占據這塊荒地。自那以後每年都有籬笆外的新物種被風吹進園內並且落地生根。有些新來的物種慢慢地被更新的後來者取代，生態的結合在這片土地上自我組織、混合，就這樣經過多年的變化。如果一位知識淵博的生態學家觀察這塊用籬笆圍起來的荒地，是否能預測百年之後，哪些野生物種會占據這片土地？

「是的，毫無疑問他能預測，」斯圖亞特‧皮姆說，「但這個預測不會像人們所想的那樣有趣。」

在每一本標準的大學生態學教科書有關生態演替概念的章節裡，都可以找到這塊密西根荒地的最後形態。第一年到訪的雜草是每年開花的草本植物，接著是被較為堅韌的多年生植物取代，如馬唐和豬草，木本灌木叢能遮蔭但會抑制開花植物的生長，再來是松樹也會抑制灌木的生長。不過，松樹的樹蔭保護了山毛櫸和楓樹等闊葉樹的幼苗，接著輪到山毛櫸和楓樹堅定地將松樹漸漸地擠出地盤。百年之後，典型的北方闊葉林幾乎完全地占據這塊土地。

這整個發展過程，宛如這塊褐色土地本身就是一粒種子。第一年長出一堆野草；過了幾年，他長成濃密的灌木叢，過了些時候又形成繁茂的樹林。這塊土地以可預知的階段逐漸開展生態的演替，正如我們可以預知蛙卵是如何演變成一隻蝌蚪一樣。

然而，這個發展過程也會有奇妙的事情發生。假如一塊地是從 40 公頃的潮濕沼澤地開始，而不是田地，或是從同樣大小的密西根乾燥多沙的沙丘開始，那麼最初來到的演替物種就會不一樣（沼澤上是莎草，沙丘上是覆盆子），但是物種的混合會逐漸地向同一個終點聚合，亦即向闊葉林聚合。三粒不同的種子孵化成同樣的成體。這種

聚合現象使得生態學家興起了亞米茄終點（此指生物演替的最終點）或是頂極群落的想法。在某個區域，所有生態混合體趨於變動直到他們達到一種成熟、終極、穩定的和諧。

在氣候溫和的北方，土地「想要」的是闊葉林，那麼給他足夠的時間，乾涸的湖泊或風沙沼澤地也會成為闊葉林；如果再暖和一點，高山的山頂也會想要成為這樣。這就好像在複雜的吃與被吃的食物鏈中，無止境的生存競爭攪動當地混雜的物種，直到混合態達到闊葉林的頂極形態（或是在其他氣候條件下的特定頂極狀態），此刻他就會平靜地適應一種可接受的和平共處。土地就在頂極的混合狀態下停息休養。

交替達到頂極狀態時，不同物種間的相互需求會漂亮地一拍即合，使得整體很難遭到破壞。在短短三十年內，北美的栗樹原始林就完全地消失──這些巨大有力的栗樹原本是北美森林主體的重要組成部分。然而，森林的其他部分並沒有遭受重大影響而依然挺立著。物種間的特殊混合所產生的恆久穩定性──生態系統──說明了類似有機體緊密結合的某種盆地效應。某些具有整體而且有生命力的有機體是生存在相互支援之中。或許一片楓樹林是由一些較小的有機體組成一個巨大的有機體。

另一方面，奧爾多‧利奧波德寫道：「依照普通物理學，無論是質量還是能量，松雞在一英畝的土地上只是意味著百萬分之一的渺小。但拿掉松雞，整個生態系統就成了一灘死水，無法運轉。」

1916 年，生態學奠基人之一弗雷德里克‧克萊門茨把山毛櫸闊葉林之類的生物群落稱作自然產生的超有機體。以他的話來說，頂極群系就是一個超有機體，因為他「產生，發展，成熟，然後死亡。……他的主要特點堪比於單株植物的生命歷程。」由於森林本身

就能在荒廢的密西根田地裡再次播種，克萊門茨把這樣的行為表現描繪為繁殖，生物體的另一個特性。對任何一位敏銳的觀察者而言，山毛櫸－楓樹林展現出一種完整性和特徵，就像烏鴉一樣。除了（超）有機體，還有什麼能在空地和貧瘠的沙地上能夠可靠地自身繁殖下去呢？

1920 年代，超有機體在生物學家眼裡是個時髦的詞。他們用來形容在那時還是新奇的想法：一批代理員（agents）一致行動，產生了集體控制的種種現象。就像黏菌把自身從黴斑聚合成搏動的團塊，一個生態系統也可以結合成一個穩定的超組織（superorganization），例如蜂群或森林。一片喬治亞州松樹林的行為與單棵松樹不同，而德克薩斯州灌木蒿沙漠也不同於單株的灌木蒿，就像鳥群不是一隻大鳥。他們是不一樣的東西，鬆散的動植物聯邦聯合成一個展現有自己獨特行為的新興超有機體。

克萊門茨的對手，**另一位**現代生態學之父，也是位生物學家的亨利·艾倫·格里森認為，超有機體聯邦的觀點太鬆散，很大程度上是人類內心在尋找各種模式下的產物。格里森反對克萊門茨的假設，並提出頂極群落僅僅是各種生物體偶然的結合，其興衰取決於氣候和地質條件；生態系統更像一個協商會而不是群落——不確定、多元、包容和不斷地變動中。

無法駕馭的自然界給這兩種觀點都提供了證據。在某些地方，群落之間的邊界是明確的，更符合生態系統是超有機體的期待。例如，太平洋西北部的岩石海岸沿線，在滿潮時，海藻群落和雲杉林臨水的邊緣帶之間是毫無人煙的貧瘠海灘。站在約有 0.9 公尺寬的狹窄含鹽沙漠帶，可以感受到兩側的超有機體，正各自煩惱自個兒的生活。另一個例子是在（美國）中西部地區，介於落葉林和開滿野花的大草原

之間有著非常引人注目，卻無法滲透的接界帶。

　　為解開生態超有機體之謎，生物學家威廉・漢密爾頓從 1970 年代開始在電腦上為生態系統建模。他發現，在他的模型中（和現實生活中一樣）很少有系統能自組織成為任何一種持久的連貫性。我上述的例子是野外生物界的例外。他找到了其他幾個例子：幾千年來，水蘚泥炭沼澤能夠抵制松樹的入侵，苔原凍土帶也是如此。但是大部分的生態群落會跌跌撞撞地發展出一種雜交混合物種，但作為一個整體團隊卻無法給這個群體提供任何顯著的自衛能力。從長遠來看，大多數生態群落，不管是模擬的還是真實的，都很容易受到外界的入侵。

　　格里森是對的。一個生態系統內各成員間的連結，遠比一個有機體內各成員之間的連結更加靈活和短暫。就控制論的角度看，在有機體（例如蝌蚪）和生態系統（例如淡水沼澤地）之間，其控制的差異在於單一有機體會受到嚴格緊密地約束，而生態系統則是鬆散地結合，不受束縛。

　　長遠來看，生態群是臨時性的網路。儘管有些群落連結會變成相當緊密地聯合在一起，近乎共生狀態，但大多數物種在進化期間是鬆散而自由，與不同的夥伴結合並隨著夥伴自身的進化而同行。

　　從進化的時間尺度來看，生態學可以看作是一場漫長的正式彩排。對生物類型來說，那是個身分工場。物種變換角色，嘗試與其他每個物種合作並且探索合作關係。隨著時間的推移，角色和扮演會被生物體的基因同化。用詩意的話說，基因不願意將取決於鄰伴的任何相互作用和功能融入自己；因為在進化當中，鄰伴的關係可以隨時改變替換。基因為了保持靈活、獨立、不受約束，願意付出代價。

　　同時，克萊門茨也是對的。在一切事物相等的情況下，物種將匯流成某個群落並達到穩定的和諧，進入「有效率的盆地」。譬如，想

像一下山谷的岩石滾落谷底的方式。不是所有的岩石都能落到谷底；某些石塊可能會卡在某個小山丘。同樣地，在自然的山水中有一些地方也可以發現未達到頂極群落狀態所形成的穩定中間級物種混合群落。在極短的地質期間——幾十萬年——生態系統形成一群親密的物種團，既無需外界的干涉也無需其他物種的加入。這些聯合體的生命甚至遠比單一個體的物種生命來得短，而個體物種通常可以存活一兩百萬年。

　　進化在參與者中會需要某種聯結性來展現他的力量，因此進化會盡最大的動力，強而有力地緊密連結系統。在連結鬆散的系統裡，例如生態系統、經濟系統、文化系統，會發生較少結構的適應性改變。我們對鬆散連結系統的一般動力學所知甚少，是因為這種分散的改變是雜亂的、無限間接的。早期的控制論專家霍華德‧派蒂將層級結構定義為一個連接性頻譜。他說，「對理想主義者而言，世界萬物都是相互聯繫的——也許的確是如此。每個事物都有聯繫，有的事物會比其他事物有更多的聯繫。」派蒂定義的層級是系統內的連接性差異化產物。那些聯繫鬆散以至於「扁平化」的成員，容易形成一個獨立的組織層次，與那些成員緊密結合的區域不同。一系列的連接性就會產生層級結構。

　　用最普通的術語來說，進化是緊密的網路，生態是鬆散的網路。進化的改變像是強力束縛的進程，非常類似於數學計算，或者甚至更像是思維活動。這樣說來，他是「理智的」。另一方面，生態變化像是低等智力、迂迴的過程，他以生物軀體為中心來對抗風、水、重力、陽光和岩石。生態學家羅伯特‧利克列夫這麼寫著：「群落（生態學的）屬性是環境的產物並非進化史的產物。」進化是直接由基因或電腦晶片產生的符號資訊流所控制，生態則是由較不抽象、但更雜

亂的複雜性所掌控，而這種複雜性是來自於肉體。

因為進化是這麼一個充滿符號訊息的過程，所以我們現在能人為地創造並試著予以控制。但因為生態的改變會受到有機體本身的束縛，因此除非我們能夠更容易地模擬出生物軀體和更豐富的人工環境，我們是無法合成生態的。

多樣性從何而來？ 1983 年，微生物學家朱利安‧亞當斯在培養一族無性繁殖大腸桿菌菌群的時候，發現了一個線索。他將培養基淨化，得到完全均質化的同一菌類。他把這族菌群放入一個特製的恆溫器中，提供菌株一個性質一致的生長環境──每一個大腸桿菌都有相同的溫度和營養液。然後他讓這些同樣的微生物複製並且發酵。經過400 代的裂變，大腸桿菌孕育出與其本身基因稍有變異的新菌株。從恆常不變沒有特色的環境中開始，生命卻自發性地多樣化了。

感到驚訝的亞當斯仔細研究這些變體（他們不是新物種）基因，想查明發生了什麼事。一個初始的微生物經歷一次突變，使其分泌有機化學物質醋酸鹽。接下來的微生物經歷的變異是使他能夠利用第一個微生物分泌出來的醋酸鹽。醋酸鹽製造菌和醋酸鹽採食菌的共生相互依賴性，突然從均質性中湧現出來，這一菌群分化成一個生態體系。

雖然均質也**能夠**產生多樣性，但是變異產生的效果會更好。如果地球像顆閃亮的滾珠軸承一樣平滑──像完美的球狀恆溫器均勻地分布著同樣的氣候和同型的土壤──那麼地球上生態群落所擁有的多樣性跟現在相比就要大大減少。在一個持久不變的環境裡，所有的變異

和多樣性必須由內在力量驅動產生。其他共同進化的生命將會是作用於生命的唯一限制。

　　假如進化可以自行其道，不受地理或地質變化力的干擾——也就是說，不受軀體笨拙的拖累——那麼有意識的進化就會進一步再一次自我進化，產生深度遞歸的關係。一個星球上沒有山脈，沒有風暴，也沒有出乎意料的乾旱，進化會將生命捲進一張愈纏愈緊的共同進化之網，形成一個滿是沉湎於不斷加速相互依賴的寄生物，依賴寄生物的寄生物（重寄生物），仿製品和共生體的平淡無奇世界。但每一物種會與其他物種非常緊密地耦合，因此想要分辨從何處開始算是一個物種的身分發端和另一個物種的身分消亡就會很困難。最後，在滾珠軸承般星球上的進化會將所有的事物全都塑造成屬於全球範圍的一個單一、巨大超級分布的超有機體。

　　生長在極地氣候惡劣環境下的生物，必須隨時應對大自然強行加諸於他們那難以捉摸的變化。夜晚的酷寒、白晝時的炎熱、春天融冰後的暴風雪，都造就了惡劣的棲息環境。位於熱帶或深海的棲息地是相對地「平穩」，因為他們的溫度、雨量、光照、養分都是恆常不變的。因此，熱帶或海底的平和環境允許那裡的物種摒棄以調整生理機能的方式來適應環境的需要，也允許他們留下以單純的生物學方式來適應環境的空間。在這些穩定的棲息地裡，我們應該有希望觀察到許多怪異的共生和寄生關係的例子——寄生吞噬寄生，雄性在雌性體內生活，還有生物模仿或偽裝成其他生物——事實上也是如此。

　　沒有惡劣環境，生命就只能自己把玩自己，但他仍然能夠產生變異和新特性。無論在自然界還是在人造世界，通過將生物投入惡劣且變化多端的環境中，也都能產生更多的多樣性。

　　對於那些設法想在電腦世界裡，創造仿真行為想要成為神的人們

來說，這一課的教益並非毫無用處。自我複製、自我變異的電腦病毒一旦被釋放進處理資源均勻分散式的電腦儲存器裡，便快速進化成一大群遞歸複製的種類，有寄生，重寄生，還有重重寄生。電腦生命研究員大衛・艾克利告訴我：「我最終發現，想要得到極其類似生命的行為，並不是設法創造出真正複雜的生物，而是幫簡單的生物製造一個極其豐饒多變的環境。」

在一個狂風大作的下午兩點，離上次午夜遠足六個月之後，我又爬上了屋後的山丘。風吹得草低著頭，草被冬雨洗得綠油油。爬上山脊不遠處，我在野鹿仆臥的軟草所壓成的一個圓墊圈前停下。被踩過的草莖飽經風霜，暗黃中微微帶紫，這顏色好像是從鹿的肚子上摩擦下來的。我在這凹處歇息。風在我頭頂上呼嘯而過。

我看見野花蜷縮在被風吹彎的草葉旁。不知什麼原因，所有的物種都是紫藍色的：羽扇豆、庭菖蒲、薊草、龍膽草。在我休息處、偃伏的草葉、還有大海之間是披著銀綠色葉子的粗矮灌木叢——典型荒漠的樣式。

這裡有一株野胡蘿蔔花。他葉上的紋路是令人難以置信的錯綜複雜。每片葉子上排列著二十四片小葉，每片小葉之上又排列著十二片更小的葉子；這種遞歸式的形狀，毫無疑問是某種過度處理的結果。其頂上成束的花朵，是由 30 朵奶白色的小花簇擁著中心一朵小紫花，同樣令人感到意外。在我歇息的這個斜坡上，多種多樣的生命形式正以勢不可擋的氣勢展現自己的細緻和差異。

我本應是感動的，只是坐在這兩百萬棵草本植物以及數千棵杜松

叢裡，對我衝擊最大的卻是：地球上的生命是何其相似啊！在被賦予生命的物質其可能採用的所有形狀和行為中，只有少數幾種——以廣泛的變異——通過了考驗。生命騙不了我，一切都是一樣的，就像在雜貨店裡的罐頭食物，雖然商標不同，但都是由同一個食品集團製造。顯然，地球上的所有生命都來自同一個超越國界的聯合大企業。

草地俯撐著我坐著的地方，蓬亂的薊草莖刮著我的襯衫，有著褐色胸的燕子朝山下俯衝：他們是向四面八方展延的同一事物。我之所以能辨識，是因為我也被拉扯進去了。

生命是一種連結成網的東西——是一種分散式的存在。他是在時空中延展的單一有機體。沒有個體的生命。哪裡也看不到單獨存在的有機體。生命總是以複數形式存在（直到經由複製繁殖自身而變成複數以後，生命才稱之為生命）。生命承接彼此相互的連結，環節連接，還有多方的共享。「你和我，血脈相同」，詩人莫格利低柔地吟詠。螞蟻，你和我，血脈相同。暴龍，你和我，血脈相同。愛滋病毒，你和我，血脈相同。

生命將自己分散成顯見的眾多個體，這些是幻象。「生命（首先）是一種生態屬性，而且是一個稍縱即逝的個體屬性。」喜歡在瓶子裡製造超有機體的微生物學家克萊爾・伏爾索姆這樣寫著。我們分散式地生活在同一個生命裡。生命是一股變換的洪流，一路上注滿空容器，滿溢出之後再注入更多的容器。被洪流注滿的容器，無論形狀和數量，並沒有任何差別。

生命像個極端份子，動起來時，狂熱沒有節制。他到處滲透，充塞大氣，覆蓋地表，還奸巧地進入石床的縫隙裡，誰也無法拒絕他。誠如洛夫洛克所言，我們挖出的每一塊遠古岩石，同時也挖出了保存在那裡面的遠古生命。約翰・馮諾伊曼用數學術語描述生命說：

「生命有機體……從任何合理的機率或熱力學理論來看，可能性都很低……（然而）假如是因任何的機率無從解釋的特殊意外，竟然真的從中有了一個生命，那麼就會出現許多生命有機體。」生命一旦形成，便迅速占領地球，並且強行徵用所有類型的物質——氣體、液體、固體——納入他的體制。「生命是一個行星尺度的現象，」詹姆斯・洛夫洛克說，「一個星球上不可能只有稀疏的生命，不然他就會像隻只有半個身子的動物無法站穩。」

如今有一層整體的生命薄膜覆蓋在整個地球的表面上，這個外罩怎麼也脫不掉。撕開一個小縫，外罩會在裂縫處自行修復。蹂躪他，外罩反而會因這個傷害自行蛻變得更加蓬勃發展。這不是件破舊綠衣，而是件蒼翠有著鮮明色彩的外罩，是一件包裹著這個龐大地球形體的艷麗罩袍。

實際上，他是一件永恆的外套。生命對我們保有一個大祕密，這祕密就是，生命一旦出世，他就是不朽的；一旦發動了，就無法根除他。

不管激進的環保人士怎麼說，想要消除地球上全部的生命洪流乃超乎了人類的能力範圍。即使是核彈，也無法在整體上使生命戛然停止；說不定，在實際上，他還能增加非人類的變體。

數十億年前，生命肯定有過一次跨越不可逆性的門檻。我們稱之為 I 點（意謂不可逆轉或不朽的）。I 點之前，生命是脆弱的；他確實面臨著一個陡峭向上的斜坡。40 億年前地球上頻繁的隕石衝擊、強烈的射線、大起大落的溫差，給所有半成型、準備複製的複雜體建造了不可置信的惡劣環境。但隨後，如洛夫洛克所描繪的，「在地球歷史的遠古期，氣候條件形成了一個正好適合生命誕生的機遇窗口。生命獲得建立自身的短暫時期。如果當初他失敗了，也就沒有未來整

個生命系統了。」

可是一旦建立之後，生命就卡住；一旦越過 I 點，生命再也不嬌貴，也不脆弱，而是堅強大膽並且無法控制。單細胞細菌出人意表地不屈不撓，他們生存在每一種你可以想得到的惡劣環境中，包括強輻射地區。或許正如醫院所知，想要把細菌的生命從病房裡完全清除，這根本是天方夜譚。從地球上把生命抹去？哈！

我們應該留意生命永不停歇的本質，因為他與活系統的複雜性有密切的關係。我們想要製造像蝗蟲一樣複雜的機器，將他們播散到世界中。一旦登場，他們就不會下台。迄今為止，病毒獵手編寫過數千種電腦病毒，其中沒有一種是滅絕的。根據防毒軟體公司說，每星期都有數十種病毒誕生。只要我們還在用電腦，他們就和我們相伴在一起。

生命之所以無法戛然止步的原因，是因為生命動力的複雜性已經超過所有已知破壞力的複雜性。生命遠比無生命複雜。生命本身就是死亡的代理人──掠食者分食被掠食者──由一種生命形式消費另一種生命形式，總體而言，無損整個系統的複雜性，甚至可能增加他的複雜性。

以當時世界人口平均壽命來算，世界上所有的疾病和事故，一天 24 小時、一星期 7 天，毫無停歇地進攻人類機體的話，平均要用 621,960 小時才能殺死一個人類個體。也就是以 70 年全天候的攻擊來突破人類生命的界線──不包括現代醫學的干預（現代醫學可加速也可延緩死亡，視你所持的觀點而定）。這種對生命的頑強堅持乃是直接原由於人體的複雜性。

相較之下，一輛作工精湛的轎車最多開上 32 萬公里就會用壞一個氣缸閥門，行駛時間大約是 5,000 個小時。一台渦輪式噴氣發動機

可運轉 4 萬個小時。一個沒有可動零件的普通燈泡可使用 2,000 個小時。無生命複雜體的壽命簡直無法與生命體的執著相提並論。

　　哈佛大學醫學院的博物館裡，專門用一個展示櫃陳列「鐵棍頭骨」。這個頭骨被高速飛來的鐵棍粗暴地打了一個洞。頭骨屬於費尼斯‧蓋吉，他是 19 世紀一個採石場的工頭，當他在用鐵棍將黑色火藥注入孔洞的時候，炸藥爆炸了。鐵棍貫穿了他的頭。他同隊的工作人員將他露在頭外面的鐵棍鋸斷，然後送他到一個設備極差的醫生那裡。根據認識他的人所傳，在那之後，蓋吉又活了 13 年，身體功能多少還算良好，只不過在這場意外之後，脾氣變得暴躁而且易怒。這是可理解的，但他的身體仍能運轉。

　　人少了一個胰臟，少了一個腎臟，或切了一節小腸，或許不能跑馬拉松，但他們都能存活。當身體的許多小部件——尤其是腺體——功能降低的時候會引起整體死亡，但這些部件都有厚重的緩衝以避免容易受到損壞。的確，避免毀損解體是複雜系統的主要屬性。

　　野生的動植物常常在遭受猛烈的暴力或傷害後仍能存活。唯一我所知的有關野外傷害率量度的研究調查是以巴西蜥蜴為對象，其結論是有 12% 的蜥蜴至少會缺了一只腳趾。麋鹿中槍後仍能存活，海豹被鯊魚咬過之後也能痊癒，橡樹被砍伐後會再抽芽。在一次實驗中，研究人員故意把幾隻腹足動物的殼壓碎，再把他們放回野外生活，他們存活的時間和未受傷害的對照組一樣長。自然界中的壯舉並不是小魚脫險，而是老朽過世後竟然能崩壞系統。

　　網路的複雜性會逆轉在事物當中通常的可靠性關係。舉例來說，現代照相機中的個別開關零件可能有 90% 的可靠性。把數百個開關連接成一個序列，如果不按分散式排列的話，這數百個開關作為一個整體，其可靠性就會大大降低——可能會剩 75% 的可靠性。但連接

得當——每一個開關都把訊息傳給其他開關——比如在先進的傻瓜相機中，與我們所知的相反是照相機整體的可靠性能上升到 99%，**超出**每個個別零件的可靠性（90%）。

但現在的照相機有許多新的零件組成的子集，每一個子集的作用又像是一個零件。虛擬的零件愈多，組件層面發生不可預知行為的總體可能性就愈大。出錯的路徑無奇不有。因此，雖然作為一個整體的照相機更可靠了，但當他出現意外時，常常也是意想不到的意外。老相機容易失靈，也容易修理。新相機則會失靈得「很有創意」。

「有創意的故障」是活系統的正字標記。消亡很難，但卻有無數條路徑可以導致死亡。1990 年，兩百多位高薪的工程師神經緊繃地工作兩個星期，只為了找出當時全美電話交換系統一再出現問題的原因。但這個系統也正是這些工程師所建立的。原因就在於，某種問題過去從未發生過，將來可能也不再會出現。

每個人出生的情況大致相同，但每個死亡狀況卻不一樣。如果驗屍官開出死亡證明的原因精確的話，那麼每一例死亡就都是獨一無二。醫學覺得將原因和種類一般化更具有參考價值，因此並沒有記錄下來每一例死亡事實上的獨特本質。

複雜系統不會輕易死亡。系統的成員與其整體達成一個交易。零件說：「我們願意為整體犧牲，因為作為一個整體的我們大於我們作為個體的總和。」複雜與生命難解難分。零件會死，但整體永存。當系統自組織成更複雜的整體時，他就加強了自己的生命。不是他的生命長度，而是他的生命力度。他擁有更多生命力。

我們往往認為生與死是兩件事；一個生物非死即生。但生物體內自組織的子系統會讓人聯想到，有些東西比別的東西更有活力。生物學家琳·馬古利斯以及其他人指出，連單一的細胞也是以複數形式存

活，因為每一個細胞至少都留有三個細菌的退化形式，這是歷史聯姻的結果。

「我是所有生命中最有活力的，」電影製導之父、俄國詩人安德烈·塔可夫斯基洋洋自得地說。這說法不合時宜，但有可能是事實。麻雀和馬的活力可能沒有實質的不同，但馬和柳樹，病毒和蟋蟀之間的活力就不同了。活系統的複雜性愈高，棲息裡面的生命力可能就愈多。只要宇宙繼續冷卻，生命就會以更奇怪的變體、更加互聯的網路逐步建立起來。

我再次登上屋後的山丘，漫步到一小片尤加利樹林，本地的四健會曾在這裡放養過蜜蜂。每天這個時候，小樹林都會在潮濕的陰影下打盹；小樹林生長在面向西方的山丘，卻擋住了早晨溫暖的陽光。

我想像著歷史的開端，貧瘠山谷裡滿是岩石。燧石和長石在山丘上裸露，荒涼而閃亮。十億年倏忽而過。而今，岩石披上了如織的草毯。生命用一小片高過我頭頂的樹林填補了這個空間。生命正努力填滿這整個山谷。下個十億年，他會不斷嘗試新造型，並在他所能夠找到的縫隙或空地蓬勃地成長。

在生命出垷之前，宇宙中沒有複雜的物質。整個宇宙非常地簡單，鹽、水、元素，非常乏善可陳。有了生命之後，就有了許多複雜的物質。根據天體化學家的說法，在生命之外的宇宙中，我們無法找到複雜的分子。生命往往劫持所有他能接觸到的物質並把他複雜化。藉著某種奇異的數算，注入這山谷的生命活力愈多，那麼給未來生命所創造的空間就愈大。最後，沿著加利福尼亞北部海岸的這片小山谷

將會變成一塊堅實的生命。如果任他隨意飄遊，最後生命將會滲透所有物質。

為什麼從太空看到的地球不是整片的綠色？為何生命還沒遍及海洋、充滿天空？我相信假使讓他自生自滅，地球總有一天會綠成一片。生物有機體對天空的侵入是相對較近的事件，而且事情尚未結束。海洋的完全飽和可能得等待到整片巨藻的崎嶇演化，直到能抵擋暴風巨浪的撕扯。但最終，生命將會掌控一切，海洋會變為綠色。

有一天，銀河系也可能會變成綠色。那些遙遠的行星，現在不利於生命生成，但不會永遠如此。生命會進化成他本身能夠展現的樣式，並在目前看來是不適宜的環境裡茁壯成長。更重要的是，一旦生命的某個變體在某處有了一席之地之後，生命固有的改造本性就會著手改變環境，直到適合其他物種的生存。

1950 年代，物理學家埃爾溫‧薛丁格稱生命力為「負熵」來表示他與熱衰減的熵增是反向的。1990 年代，一個活躍於美國，剛起步的科技主義次文化群體把生命力稱作「外熵」。

外熵概念的鼓吹者自稱為「外熵族」。基於生命外熵的活力論，他們發表了生活方式的七點宣言。第三點宣言是綱領性條文，聲明他們「無疆界擴展」的個人信仰——生命會一直擴展，直至充滿整個宇宙的信念。那些不這麼相信的人，被他們貼上「死亡主義者」的標籤。從他們宣傳的文脈來看，這一條宣言只不過是盲目樂觀派的自我激勵，就像：「我們無所不能！」

但我仍有點任性地把他們的鼓吹當作一個科學主張：生命將會充滿宇宙。沒有人知道由生命引起的物質擴散理論極限是什麼，也沒有人知道我們的太陽能夠支援增強生命的物質最大量是多少。

1930 年代，俄羅斯地質化學與生物學家維爾納茨基寫道：「最

大化擴張的屬性是活物質與生俱來的，就如同熱的特性一樣，會從溫度較高的物體傳到溫度較低的物體，可溶性物質溶入溶劑裡，以及氣體會消散在空間裡。」維爾納茨基將之稱為「生命的壓力」，並以速率來度量這種擴張。他所記錄的大馬勃菌的生命擴張速率是最快的。他說，大馬勃菌產生孢子的速度極快，如果能夠足夠快速地為其發育提供原料，那麼只要繁殖三代，大馬勃菌的體積就能超過地球。以他晦澀難解的計算方式，細菌生命力的「傳輸速度」大約每小時 1,000 公里。以這樣的速率，生命填滿宇宙就要不了太久了。

當生命還原其本質時，很接近類似計算用的函數。曾在麻省理工學院工作，想法與眾不同的愛德華・弗雷德金在若干年前提出一個異類理論，他認為宇宙是一部電腦。不是比喻意義上的電腦，而是說物質和能量是訊息處理的形態，他對訊息處理的方式與一台麥金塔電腦裡的內部處理的方式相同。弗雷德金懷疑原子的固性，並坦率地說：「世界上最具體的東西就是訊息。」史蒂芬・沃爾夫勒姆是位曾在多種電腦計算機算法領域裡做出開拓性工作的天才數學家，對此也表示贊同。他是首批將物質系統視為電腦計算機處理過程的其中一位；自此之後，這個觀點便在一些物理學家和哲學家的小圈子裡廣受歡迎。根據這個觀點，由生命達成的極小工作，與物理和熱力學在電腦中所達成的極小工作相類似。弗雷德金與工作夥伴們會說，知道宇宙中能夠進行最大計算量的話（如果我們把他所有的全部物質看作是一部電腦），那麼在宇宙中我們看到在既定的物質和能量分布下，就可以知道生命是否能夠充塞宇宙。我不知道是否有人做過那個計算。

認真考慮過生命最後命運的科學家很少，理論物理學家弗里曼・戴森是其中之一。戴森做過粗略的計算，估計生命和智力活動是否能夠存活到宇宙最終結束之時。他的結論是，能夠；並寫著：「令人驚

訝的是，我計算的數值結果顯示，永久存活和訊息交流所需的能量不用很大。……這強有力地支持了對生命潛力持樂觀態度的觀點。無論未來我們會走得有多遠，總會有新鮮事物發生，有新訊息進入，有新世界等著去開發，有一個生命、意識和記憶等著不斷擴展的領域。」

戴森把這個觀念推展到我不敢想像的程度。我僅只關心生命的動力，以及他如何滲透所有的物質，還有為何已知的萬物沒有一個能夠阻止他。然而正如生命不可逆轉地征服物質，像生命一樣具有更高的處理能力，我們稱之為心智的東西，也不可逆轉地征服了生命，因而也征服了所有物質。戴森在他抒情又形而上的《全方位的無限》一書中寫著：

在我看來，心智對物質的滲透及控制往往是自然定律。……這種深入宇宙的心智滲透，不會被任何災難或任何我能想像的障礙物永久阻擋。假如我們人類這個物種不選擇走在前頭，別的物種就會帶頭，也許已經走在前頭了。假如我們這個物種滅絕了，其他物種會更聰明更幸運。心智是有耐心的。心智在他創作弦樂四重奏的第一闋之前，就在這個星球上等待了三十億年。或許還要等個三十億年，他才能遍布整個銀河系。我認為，不需要等這麼久。但如果需要的話，他會等的。宇宙就像沃土，在我們身邊散展開來，隨時準備好等著心智種子的萌芽、生長。不管遲早，心智終將接續他的傳承。當他告知宇宙並能控制宇宙之時，心智會選擇做什麼呢？這是個我們無法期待有答案的問題。

大約一個世紀以前，一般的信仰認為生命是一種注入到活生物的神祕液體，這種信仰被精練成為現代哲學所稱的活力論。活力論所持的立場與平常講的這句話「他失去了生命」的意義相差不遠。我們都假想某些不可見的物質會隨著死亡漸漸消失。活力論者認真看待這句通俗的話。他們認為，活躍在生命體內的本質靈魂，本身不是活體，亦不是無生命的物質，或者也不是機械裝置。他是某種別的東西：存在於他所賦予生命體之外的一種生命動力。

　　我並不打算用後現代的活力論描述生命的侵略特性。的確，將生命定義為「取決於各個無生命部分所湧現的性能，但這特性卻無法還原為原來的各個組成的部分」（這是科學研究目前所能給的最好定義），這聽起來非常接近形而上學的學說，但其目的是可以測試的。

　　我認為生命是某種非靈性、幾乎是接近數學的特性，可以從物質的類網路組織中湧現。他有點像概率定律；如果把足夠多的部件放在一起，系統就會以平均律展現出某種行為。當任何東西僅需按照一些現在還未發現的法則組織起來就能產生生命的話，那麼生命所遵循的那些法則，與光所遵循的那些定律是同樣嚴格。

　　碰巧的是，這個受自然法則支配的過程給生命披了件看似有靈性的外衣。原因之一是，按照自然法則，這種組織必定產生無法預知、新奇的東西。第二個原因是，組織的結果只要有機會就必須複製自身，這讓他有一絲急迫感和欲望，第三，產生的結果可以很容易地環結起來以保護自身的存在，也因此獲得一種自然發生的流程。綜合起來，這些原則也許可以稱為生命的「湧現性」原理。這個原理是激進的，因為他需要以一種修正的理念來看自然法則的定義：不規則，循

環邏輯，同義反覆與驚奇。

　　活力論，就像歷史上每一個錯誤的觀念一樣，也包含了一段有用的真理。20世紀主要的活力論者漢斯·德里施在1914年將活力論定義為「生命進程自治的理論」。在某些方面他是對的。在我們剛萌芽的新觀點中，生命可以從活體和機械主體兩者中分離出來，成為一種真實、自治的過程。生命可以作為一種精巧的訊息結構（靈性或基因？）從活體中複製出來，注入新的無生命體，不管他們是有機部件還是機器零件。

　　回顧人類思想史，我們逐步將各種斷點從我們自己作為人類角色的認知中排除。科學史學家大衛·查奈爾在他的著作《活力機器：科技和有機生命的研究》中總結了這一進展。

　　　　首先，哥白尼排除了地球和物理宇宙其他部分之間的斷
　　點。接著，達爾文排除了人類和有機世界其他部分之間的斷
　　點，最後，弗洛伊德排除了自我的理性世界和無意識的非
　　理性世界之間的斷點。但正如（歷史學家和心理學家）布魯
　　斯·馬茲利施所言，我們依然面對著第四個斷點，是人類和
　　機器之間的不連續。

　　我們現在正在跨越這第四個不連續。我們不需要在生物或機械間之間再做選擇了，因為區別不再有任何意義。確實，在這個即將到來的世紀裡，最有意義的發現勢必是對技術和生命融為一體的讚美、探索與開發利用。

　　生物世界和人造物世界之間的橋樑是徹底不均衡的永久力量——一條稱為生命的法則。將來，生物和機器兩者將會擁有相同的本質，

將它們和宇宙中所有其他物質加以區別；而這個本質來自自我組織改變的動力。

現在，我們可以假定生命是某種處於變動中的東西，其遵循的法則是人類能夠揭露和認知的，即使我們不能完全理解這些法則。在本書中，作為想要揭示機器和生物之間的共同處，我發現提出以下這些問題還滿有幫助的：生命想要什麼？我用同樣的方式思考進化，進化想要什麼？或者更精確些，從生命和進化的角度來看，世界是什麼樣子？假如我們把生命和進化看作是自主自治的過程，那麼他們的自私行為指向什麼目標？他們要走向何方？他們會變成什麼？

格瑞特‧埃里克在他充滿詩意的《蒙大拿空間》一書中這麼寫著：「野性沒有條件，沒有確定的路徑，沒有頂點或目標，所有源頭轉瞬間都超越自身，然後放手任由自由，總在生成當中。用電腦斷層掃描或望遠鏡是無法探究其複雜性的；相反的是，野性有著多面向的真相，幾乎有一種率直、出乎意料的本性，就像我腳下的紅花菜豆、地上連串的野草莓。野性同時既是源頭又是結果，宛如每條河流都像在打圈子一樣，嘴巴咬著尾巴──尾巴，源頭……」

野性的目的就是他自身。他同時是「源頭和結果」，因和果混合在循環的邏輯裡。埃里克所謂的野性，我將他稱為活力生命的網路，是一種近似於機械力的流露，唯一追尋的就是擴張自己，把自身的不均衡推及所有物質，一樣地在生物體和機器體內迸發開來。

野性／生命總在生成當中，埃里克說。生成什麼？生而後死，死而後生，生生不息。生命在生命之路上，只是更複雜、更深奧、更神奇，更處在生成和改變的過程中。生命是生成的循環，是自身催化的一場戲，點火自燃，自我養育更多生命、更多野性、更多「生成力」。生命是無條件的，無時無刻不在瞬間生成多於生命自身之物。

如埃里克所暗示的，狂野的生命很像銜尾蛇，吞掉自己的尾巴，消耗自己。但事實上，狂野的生命更加奇異，他是一個正在掙脫出自己肉身的銜尾蛇，吐出不斷變得粗大的尾巴，蛇嘴也隨之不斷地變大，再生出更大的尾巴，把這種怪異形象充塞於宇宙。

第七章

控制的源起

就像大多數的發明一樣，自動控制的發明也可追溯到中國古代。在那一片風沙滾滾的廣闊平原上，一個穿著長袍的小木人前後搖搖晃晃地立在一根短柱子上。這根柱子位在一對轉動車輪的中央，由兩匹套著青銅色華麗馬具的紅色馬拉著。

那木頭人身穿西元 9 世紀時飄逸的中式服裝，伸出一隻手指向遠方。當馬車在草原上奔馳時，連接兩個木頭輪子的齒輪嘎嘎作響，在齒輪的神奇作用下，柱子上的木頭人總是穩定無誤地指向南方。無論馬車向左或向右轉時，木頭人（或稱作「仙人」呢？）的手臂會依著齒輪隨著輪子改變的角度指出相對方向，抵銷馬車的位移，以確保木頭人的手臂毫無失誤地指著南方。因此，木頭人憑著堅定的意志總是自動地搜尋南方，絕不失誤。他為古代中國的王師帶路，避免隊伍在荒蕪人煙的荒郊野地裡迷失方向。

中世紀的中國人，心思真是細膩，頭腦靈活啊！住在中國西南方窮鄉僻壤的老百姓想要在圍爐宴飲時，能夠控制喝下肚的酒量，於是乎發明了一個小小裝置，透過這個小裝置來自行調節並控制對酒的急切渴望。當年宋代的周去非到溪峒遊歷時，便記錄了當地人在較量喝

酒時所使用的一種竹製吸管。這種吸管長約一吋半，可以自行控制飲酒的量，讓不管是想要牛飲或小酌的酒客都能各得其趣。一條「小銀魚」（銀製的小魚）在竹管內漂浮著；如果飲者已經無力啜飲（或許是因為喝得酩酊大醉），那管內的小銀魚也會因著本身的重量下沉因而限制溫熱梅酒的流量，並宣告他的狂歡之夜已經結束；又或者，飲者喝得太猛時，同樣也吸不到什麼東西，因為浮標會藉助吸力上升，堵住吸管。只有適度地、不疾不徐地吸飲著，才能享受到喝酒的樂趣。

　　經過審視後，不管是指南車或者是喝酒的竹管，都算不上是具有現代意義的真正自動裝置（即自我控制）。這兩種裝置只不過是以一種極微妙及無意識的方式說明了，人類主人若想要維持其原來的行為狀態不變，必得做出調整；也就是說，這些改變行進方向或調整吸力（肺部力量）的工作仍需留待給人類決定。以現代思維的術語來說，人類是迴路中的一個環節。要成為真正的自動裝置，那麼指向南方的木頭人就應該自行改變馬車行進方向，讓他成為指南車。又或者，用他的手指尖吊著一根胡蘿蔔讓馬（馬在迴路裡）跟著他前進。同樣地，不管人類使用多大的氣力吸飲，竹吸管應當是自行調節酒的流量。然而，儘管算不上是自動，但相較於現代汽車的變速器，指南車是千年前老祖宗使用差動齒輪的概念，也就是現代裝載在武裝坦克車上協助駕駛員（在駕駛艙內，磁力指南針是無法發揮效用的）使用現代自動瞄準火砲的早期原型。這樣說來，這些聰巧的裝置在自動化系譜裡是奇特的死產兒。事實上，比這早一千年前，最早的真正自動化裝置就已經有了。

　　西元前 3 世紀上半葉，住在亞歷山大港的一位理髮師──克特希比歐斯──對機械裝置非常著迷，並且在這方面也有相當的天分。他

最終成為托勒密二世治下的一位正統機械技師，一位人工物品的發明者。像是幫浦、水風琴、各種弩砲以及傳奇的水鐘，據說都是他的發明。在當時，作為一位發明家，他的名聲堪與傳奇工程師阿基米德相媲美。今日，克特希比歐斯可封為是第一個真正自動裝置的發明者。

克特希比歐斯的水鐘藉著能自行調節水的供給量，讓時鐘走得相當準確。在這之前，大多數的水鐘有個缺點：當儲水槽推動自動傳動裝置放空水時，放空速度會漸漸變慢（因為相較於高水位，水位愈低，壓力愈小），水鐘的運轉也會變慢。克特希比歐斯發明一種可控制的閥門（**調節閥**），解決了這長久以來的問題。調節閥內有個圓錐形的浮標，浮標的尖頭會插入配套倒掛的漏斗。透過調節閥，水從漏斗勺子流出，越過浮標，進入浮標所飄浮的容器中。浮標浮起來時，會進入漏斗的凹面，壓縮水道、調節水的流量。當水減少時，浮標會向下沉，水道再次打開，流進更多的水。這個**調節閥**能夠即時找到剛好的水位，讓「剛好足夠」的水通過閥門計量器，使水流保持穩定。

克特希比歐斯的**調節閥**是第一個能夠自我調節、自我管理及自我控制的無生命物體。因此，他成為第一個在生物學概念以外所誕生出來的**自我**。他是一個真正**自動**的東西──從內部控制。現在，我們之所以認為他是最原始的自動化裝置，是因為他在機器體內宛如類生命體一樣能夠自行呼吸那第一口氣。

他的的確確是有一個**自我**，原因就在於他所替代的東西。一股不斷自動調節的水流轉換成一座持續自動調節的時鐘；這樣，國王不再需要僕人來照顧這座水鐘的水箱了。從這個角度來看，「自動的自我」即人類自我之外之意。從此刻起，自動化第一次取代了人工。

克特希比歐斯的發明是 20 世紀風行於全美國的抽水馬桶的首位表親。讀者可以看出，克特希比歐斯的浮動水閥就是陶瓷馬桶座上部

水箱裡浮球的祖先。在沖水之後，浮球隨著降低的水位下沉，牽動金屬臂拉開水閥，流進來的水再次充滿水箱，浮球成功地浮起，金屬臂精確地在「滿」的水位時關閉水流。以中世紀的觀念來看，這個馬桶總是能夠讓自己保持滿水位，就是靠著能自動地上下測得水位的方法。如此說來，在抽水馬桶的水箱內，我們看到了所有自動機械產物的原型。

大約一個世紀後，同樣在亞歷山大港工作的海隆發明了各式各樣不同的自動浮力裝置。從現代人的眼光來看，他們就像一系列非常錯綜複雜的廁所機械裝置。事實上，這些是派對宴會上精巧的分酒器，例如「喝不完的高腳杯」，就是從他的底部通過一根管子不斷地將酒杯加到固定的高度。海隆撰寫了一部百科全書般的巨著《氣體力學》，裡頭密密麻麻寫下他那些發明——即使以今天的標準來看，仍不可思議。這本書在古代世界廣被翻譯和複製，並且產生無法估計的影響。事實上，兩千年來（也就是說，直到 18 世紀的機械時代），沒有一個回饋系統不是將海隆的發明視為鼻祖的。

其中有個例外是 17 世紀，由一位名叫柯爾內利斯‧德瑞貝爾的荷蘭人發想出來的。他不僅是位煉金術士、透鏡研磨匠、縱火狂，也是潛水艇的愛好者（他曾製造多艘潛水艇，並曾成功潛至大約 1,600 公尺的深水處）。就在他想方設法要提煉金子時，德瑞貝爾發明了恆溫器，是另一個回饋系統普遍應用的範例。作為一個煉金術士，德瑞貝爾懷疑在實驗室裡，鉛無法變成金子的原因是因為用來加熱元素的熱源溫度波動過大。在 1620 年代，他簡單拼裝了一個能長時間穩定地以適度火力加熱原始煉金混合物的小型熔爐，類似於含金的岩塊置於冥府深處的景況。德瑞貝爾在小爐子的一邊連接了一根鋼筆大小的玻璃管，裡頭裝滿了酒精。加熱時，液體會膨脹，進而推動相連的第

二根管子內的水銀，水銀再推動一根桿子，桿子即關閉爐子上的通風口。爐子愈熱，通風口關得愈久，火就愈小；冷卻的玻璃管會使桿子回縮，通風口再次打開，火再次變大。在郊區住宅所使用的普通家用恆溫器，他的裝置原理跟德貝瑞爾是一樣的——兩者都是要維持一定的溫度。不幸的是，德瑞貝爾的自動火爐沒有煉出黃金，而德瑞貝爾從來也沒有公開過這個設計，結果他這個自動化發明沒有造成任何影響便消失了。過了一百多年後，才由一位法國鄉紳重新發現這個設計，他做了一個恆溫器來孵蛋。

　　但是，被封為蒸汽機發明者的詹姆斯‧瓦特就並非如此了。早在瓦特看到蒸汽機之前，蒸汽機就已運用在工作上有幾十年之久。有次，有人請瓦特幫忙修理一個早期使用、但效率不彰的小型紐科門蒸汽機時，這位年輕的工程師被這台拙劣的蒸汽機弄得惱怒洩氣，於是決定著手改進這台蒸汽機。大約是美國發生獨立革命的時期，瓦特給當時的蒸汽機增加了兩樣東西；一樣是改良性的，另一樣是革命性的。改良性的創新關鍵就在把加熱室和冷卻室分開；這讓蒸汽機變得超強有力。如此強大的功率，使得瓦特必須另增一個速度調節器來緩和新釋放出的機械力。像往常一樣，瓦特將目光轉向那些已存在的技術。身為機械匠又是磨坊主人的湯瑪斯‧米德曾經為風車房製作一個粗陋笨拙的離心調節器，只有在石磨速度夠快時才會把石磨降到穀物上。他調節的是石磨的輸出功率，而不是石磨的動力。

　　瓦特的設計是一項根本性的改進。他參考米德的石磨調節器，進而將他改良成完全控制迴路。蒸汽機採用新的調節器後，可以自行控制動力隘口。這個完全現代的調節器可以自動控制這部凶猛的馬達，穩定維持在操作者所選定的速度上。透過調整調速器，瓦特可以改變蒸汽機的運轉速度。這就是一種革命。

如同海隆的浮標及德瑞貝爾的恆溫器一樣，瓦特的離心調速器的回饋設計同樣淺顯易懂。兩個鉛球分別位於兩根懸桿的末端，懸桿的另一端掛在中軸上，可以自由擺動。當中軸轉動時，鉛球跟著旋轉，系統轉的速度愈快，鉛球飛得愈高。快速轉動的擺錘交叉連結著可以在中軸上滑動的套管。這個套管連動一個由蒸汽調整轉速的閥門。鉛球轉動得愈高，聯結裝置關閉的閥門愈多，以降低旋轉速度，直到每分鐘轉速（以及旋轉中鉛球的高度）達到某個平衡點。這種控制跟物理學一樣可靠。

旋轉在自然界中是一種外來的力量，但對機器而言，他就像是血液。在生物學中，唯一已知的軸承是在精子轉動鞭毛螺旋槳的連接處；除了這個微型馬達外，所有帶有基因的生物都不會有轉軸和輪子。然而，對於沒有基因的機器而言，轉動的輪子和旋轉的軸承正是他們存在的理由。瓦特給了這些機器這個可以控制自身旋轉的訣竅，這正是瓦特的革命。他的發明，廣泛且迅速地傳播出去。工業時代的工廠以蒸汽做為動力，而引擎之所以能夠認真不怠惰地自我調節，都是因為這個能自我控制的萬能獎章：瓦特的飛球控制器。自此，能自行產生動力的蒸汽帶來了機器廠，機器廠產出新型引擎，新型引擎又生產出新型機具。他們裡頭都有自我調節的裝置，就像滾雪球般有利地刺激機具的發展。我們在工廠裡可以見到每一名工人身邊都環繞著上千具我們看不見的控制器與自我調節器；而今日的現代工廠可能有數萬個隱蔽的調節器同時在運轉，而他們的工作夥伴可能就只有一個人。

瓦特擷取蒸汽在膨脹時像火山爆發時的力量，並且用訊息來馴服這股力量。他的飛球控制器是尚未修飾過的訊息控制，是最早非生物學迴路中的一種。一輛車子和一個爆炸的汽油罐之間的區別，就在

於車子的訊息——他的設計——馴服了汽油的殘暴能量。在暴亂中燃燒的汽車和印地 500 賽事中超速行駛的賽車，兩者擁有等量的能量和物質。在後者中，受到嚴格控制的訊息量控制迴路系統，進而平服了像火龍般的爆發力量。一些些的自我認知就可馴化火所產生的全部熱能。狂暴的熱能經過馴化，就可以從野地裡引進家裡的後院、地下室、廚房，甚至客廳使用。

蒸汽機若沒有旋轉控制器的主控迴路，那麼就只是一個無法想像、不知如何使用的新奇裝置而已；如果蒸汽機沒有那個自我的小小心臟，那麼他就會在發明者的面前爆炸。蒸汽機釋出龐大、如奴隸般的替代勞力，並且引發工業革命。然而轉眼間，另一場更為重要的革命也悄悄地隨之來到。如果工業革命沒有資訊革命——這個透過自動回饋系統迅速推展所發起的無聲革命——與之並行的話，那麼也就不可能有真正的工業革命。就像瓦特蒸汽機一樣的火力機器缺少了自我控制的話，那麼這樣的火力機器所釋放出的勞動力只是把機器取代的人工送去當燃料看顧工而已。所以是資訊，並不是煤炭本身，將機器的力量轉變成為有用的力量，也因之使人渴求這樣的資訊力量。

因此，工業革命並不是孕育更複雜的資訊革命所需的初步原始平台；更確切地說，自動馬力的本身就是知識革命的第一階段。也就是說，把世界帶入資訊時代的是粗糙的蒸汽機，而不是那微小的晶片。

海隆的調節器、德雷貝爾的恆溫器，以及瓦特的調控裝置都為自己的脈管注入了一縷自我控制、感知意識以及期望的覺醒。調節系統感知自身的屬性，關注自己與上一次查看時在某一方面是否發生了變

化；如果有變化，就調整自身來符合目標。在恆溫器這個特定的例子中，裝了酒精的試管偵測系統的溫度，之後決定是否採取行動調整火力，以保持系統既定溫度的目標。從哲學的角度來說，這個系統是有目的的。

儘管這一點對現在的人來說也許是顯而易見的，但是即使把最簡單的自動電路，比如說回饋迴路，移植到電子領域中，也會花費世界上最優秀的發明家很長的時間。而之所以需要如此長的時間是因為，從被發現的那一刻起，電流是被看成能量而不是作為通訊之用。在上一個世紀（19 世紀），居於領導地位的德國電機工程師就已經確認電的本質具有兩面性，而這一剛顯現出的差別就在於把電的技術分為強電流和弱電流兩種。因為發送一個信號所需的能量小得令人不敢相信，以至於電必須被想像成是某種完全不同於能量的東西。對於那批狂熱的德國信號學家來說，電對於會說話的嘴和寫字的手就像兄弟姊妹，功用相同。這些弱電流技術的發明者（我們現在要稱他們為駭客了）帶給我們的，或許是史無前例的發明——電報。有了這項發明，人類之間的溝通才能以如閃電般無法看見的粒子載體傳播出去。而我們這整個社會也因為這個令人驚奇的產物（弱電）有了重新的想望。

儘管這些電報員牢記著弱電模型，並且也有一些精巧的發明，但是直到 1929 年 8 月，貝爾實驗室的電話工程師哈羅德・史蒂芬・布萊克才調校出一條電子回饋迴路。布萊克當時正在努力為長途電話線路尋找一種持久耐用的中繼放大器。早期的放大器，是用天然材料做成，只是這種未經加工的材料往往在使用的過程中逐漸分解，導致電流「流失」。一個老化的中繼器不僅會增強電話信號，還可能會錯誤地與所碰到的各種細微偏差頻率相混合，直到這些不斷冒出頭的錯誤充滿整個系統，然後破壞整個系統。所以這裡就需要類似海隆**調節器**

的裝置，一種能約束主信號的反向信號，來減少因不斷重複的循環所產生的影響。幸好布萊克設計出一種負回饋迴路，可以用來抵銷放大器的正迴路所產生的滾雪球效應。從概念上來看，這個電學負回饋迴路和抽水馬桶的沖水系統或者是恆溫器的作用是一樣的概念。這種有剎車作用的電路能夠讓放大器在不斷的微調中保持穩定的放大狀態，其道理跟恆溫器能夠通過不斷的微調保持在一定的溫度上是一樣的。只是，恆溫器用的是一個金屬控制桿，而放大器用的是一些可以自我交流的弱電子流。於是，在電話交換網路的通路裡，第一個**電學上的**意義，那所謂的**自我**誕生了。

自第一次世界大戰開始至戰後，砲彈發射裝置變得愈來愈複雜，而那些移動攻擊目標也變得愈來愈精細，以至於彈道軌跡的計算也考驗著人類的才智。在戰役的間隙，被稱為計算員的人力計算器要計算在各種風力、天氣和海拔條件下那些巨砲的各種參數設置。而計算出來的結果，有時會印在口袋大小的表格上讓前線的火砲手使用；或者，當時間還來得及，而且是通用火砲，這些表格就會被編碼輸入火砲裝置，也就是所謂的自動操作裝置。在美國，與火砲演算有關的種種活動都集中在位於馬里蘭州的海軍阿伯丁試驗場（APG）；在那個地方，房間裡到處都是人力計算員（幾乎都是女性），使用手搖加法計算機來演算製成表格。

到了第二次世界大戰，大砲要射擊的德國飛機幾乎飛得和砲彈一樣快，因此也就需要速度更快的即時演算。最理想的形式就是火砲能在新發明的雷達掃描儀測量出飛行中的飛機數據時及時擊發。此外，海軍的砲手有個關鍵的問題：如何根據新的精確射擊參數表轉動這些怪物並得以對準目標。解決的辦法就近在眼前，也就是在艦尾：一艘巨艦通過某種特殊的自動回饋迴路，即伺服機制來控制他的方向舵。

伺服機制是大約 1860 年時，由一位美國人和一位法國人兩人隔著大海洋而同時各自發明出來的。法國工程師里昂‧法爾科給這個裝置取了一個很拗口的名字：**伺服電動機**（moteur asservi）或伺服馬達（servo-motor）。由於船隨著時間推移發展得更大、更快，人類作用於舵柄的力量已不足以抵抗船下湧動的水流了；因此海軍的技術人員想出了各種液壓系統來放大作用在舵柄上的力量，這樣只要輕輕地搖動船長舵艙內的小型舵桿，就可以對巨大的船舵產生影響。當小舵桿反覆搖動時會根據不同的船速、吃水線和其他類似的因素，傳動到船舵時就會表現為不同的舵效。法爾科發明了一種連通系統，可以連接水下大舵的位置和能夠輕鬆操縱的小舵桿的位置——也就是一個自動回饋迴路！這一來，舵桿就能夠指示出大舵的實際位置，並且透過這個迴路，移動舵桿這個指示器等於是在移動實際的大舵。用現在電腦術語來說，即所謂的所見即所得！

　　二戰時期的重型火砲的砲管，也是這麼操作的。裝著液壓油的液壓軟管會連接一個小的樞轉槓桿（小舵桿）到砲管轉向裝置的活塞。當操砲手將槓桿移動到預計位置時，這麼一個小小的轉動就會擠壓一個小活塞因而打開閥門釋放出液壓油去推動一個大活塞，進而移動粗重的火砲砲管。但是當砲管擺動的時候，他又會推動一個小活塞，而這個小活塞反過來會引動那個手動的槓桿。所以，當砲手試著要去轉動那個小舵桿的時候，他也會感覺到一種輕微的抗力，這種抗力是來自於他想要移動大舵的回饋所產生的力量。

　　當時的比爾‧鮑爾斯是個 10 多歲的電子技師助手，工作是操縱海軍自動火砲；後來他從事研究控制系統來探求生物的奧祕。他這樣描述一個普通人透過閱讀相關的伺服機制迴路時可能產生的錯誤印象：

說話或寫作的純粹機制所延展出來的行為，看起來像是一系列截然分開的事件，一個接著一個。如果你試著要去描述火砲瞄準的伺服機制是如何運作時，你可能會這樣開頭說：「假設我把砲管下壓產生一個位差，這個位差就會使得伺服馬達生成一個對抗下壓的力量，下壓力量愈大，對抗的力道也愈大。」這樣的描述看來似乎夠清晰了，但這根本不是實情。假設你真的做了這個演示，你會這樣說：「如果我壓下砲管而產生了一個位差……等一下，他卡住了。」

　　不，他沒有卡住。他就是那麼一個好的控制系統。當你開始向下壓的時候，砲管感應位置的微小偏移會導致伺服馬達轉動砲管向上來對抗你下壓的力量。產生的反作用力相等於下壓力所需的偏移量非常小，小到你根本看不到也感覺不到。結果，砲管讓人感覺僵硬得像是被灌注在水泥裡面一樣。因為他重達二百噸，所以會讓人感覺他跟那些老式的機器一樣是無法移動的。但是，如果有人把電源關閉，砲管會立刻砸到甲板上。

　　伺服系統有這樣一種不可思議的能力來協助轉向，以致我們現在仍然（採用升級版的技術）利用他來幫船隻導航，控制飛機的副翼，或者動動手指用遙控機械手臂來處理有毒或者放射性廢料。

　　比起其他調節器的那些純機械的自我，像是海隆的閥門、瓦特的調控裝置以及德雷貝爾的恆溫器，法爾科的伺服機制都讓我們聯想到人機共生的可能性——融合兩個世界。駕駛員與伺服機制相融合。一個獲得力量，一個獲得實體。他們共同掌舵。伺服機制的這兩個面向——控制與共棲——激發了現代科學中一位更富色彩人物的靈感，讓

他發現能夠將這些控制迴路聯結在一起的模式。

一戰期間，為了計算出更加精確的射擊，找了一群人力計算實驗室的數學家到阿伯丁試驗場，其中只有極少數的人能像二等兵諾伯特‧維納那樣具有超水準的資質；他以前是位數學神童，具有一種異於常理的天賦。

古時候的人認為天才是某種被賜與的東西，而不是被創造出來的東西。但在本世紀之初，美國卻成為成功挑戰過去的傳統智慧的地方。諾伯特‧維納的父親列奧‧維納來到美洲是為了創辦一個素食主義者的團體。結果他被其他一些非傳統的難題弄得相當困擾，比如說超越神。在 1895 年時，身為哈佛大學斯拉夫語教授的列奧‧維納決定他的長子要成為一個天才，一個刻意製造出來的天才，而不是天生的天才。

因此諾伯特‧維納肩負著很高的期望出生。他 3 歲能讀，18 歲獲得哈佛的博士學位；到了 19 歲，開始跟隨伯特蘭‧羅素學習元數學。30 歲時，他已經是位麻省理工學院的數學教授，同時也是一個徹頭徹尾的怪物了。維納身材矮小，體魄健壯，八字腳，留著山羊鬍，還叼著一根雪茄，蹣跚行走的樣子就像一隻聰明的鴨子。他有一項傳奇式的本領，就是在睡眠中學習。例如，在一次會議中，許多目擊者看到維納睡著了，有人提到他的名字時，他突然醒來，並對他在打盹時錯過的交談發表評論，還常常提出一些具有穿透力的見解，把其他人弄得目瞪口呆。

1948 年，他出版了一本為非專業人士而寫的有關機器學習的可

行性和哲理的書。（因為各種間接的原因）這本書最初由一家法國出版社出版，之後在美國最初的 6 個月時間中，這本書印了四版，並在其影響下的前 10 年裡賣出了 21,000 本——在當時是最暢銷的書。他的成功可以與同年發行，以性行為為研究主題的《金賽報告》相提並論。《商業周刊》的記者在 1949 年寫下他的觀察：「從某個方面來說，維納的書和《金賽報告》類似：公眾對他的反應和書本身的內容同樣是意義重大。」

　　儘管只有極少數的人能夠理解這本書，但是維納令人吃驚的想法還是進入了眾人的腦海中，因為他為他的觀點以及書名起了一個非常奇妙富有色彩的名稱：《控制論》。正如多位作家指出的，控制論（Cybernetics）這個詞源來自於希臘文的「舵手」（κυβερνάω）——掌控船隻的駕駛員。維納在二戰時研究伺服系統的期間，被他們那種能夠給各種類型的轉向裝置提供輔助的神祕能力所震撼。但通常人們不會提到，在古希臘文中，控制論這個詞也被用來指稱國家的治理者。據柏拉圖說，蘇格拉底曾經說過：「舵手／治理者能夠在重大的危險中拯救我們的靈魂、身體以及我們所擁有的物質財產。」這個說法包含著兩個隱含意義。所謂治理（對希臘人來說，意味自我治理），就是通過對抗混亂而產生秩序。同樣的，人也需要掌舵船隻以避免沉沒。這個希臘語詞被拉丁文誤用為 kubernetes 之後就派生出了 governor（治理者、調控者）這個字，而瓦特就拿他來標記他那個起控制作用的飛球調節器。

　　對於說法語的人來說，這個具管理意味的詞還有更早的前身。維納所不知道的是，他並不是第一個重新賦予這個詞鮮活意義的現代科學家。大約 1830 年，法國物理學家安培（我們用其名字來衡量電量的單位，簡寫「安」）遵循法國大科學家的傳統做法，為人類知識設

計了一個精細的分類系統。安培標明其中一個分支學科叫做「理解科學」，而政治學是這個分支下面的一個子學科。在政治學中，在外交這個亞屬的下面，安培列進控制論這門學科，也就是關於治理的學說。

不過，維納心中有更為明確的定義。他在那本書的標題中就顯著地完全表述了這個定義：《控制論：或關於在動物和機器中控制和通訊的科學》。隨著維納對控制論的概略想法逐漸被後來的電腦具體化，之後再由理論家加以充實，控制論漸漸地具有了安培所謂的治理意味，但沒有了政治的意涵。

維納的書產生的結果，就是使回饋的觀念幾乎滲透技術文化各個面向。雖然在一些特殊的情況下，這個核心觀念既老舊又平常，但維納把這個想法概括為一個普遍原則而有了理性的支柱：逼真的自我控制只不過是一項簡單的技術工作。當回饋控制的觀念跟電子電路的靈活性完美組合之後，他們就結合成一件任何人都可以使用的工具。就在《控制論》出版的一兩年間，電子控制電路掀起了產業革命。

在生產商品中使用自動控制所產生的雪崩效應，並不是都那樣明顯。在工廠裡，自動控制不負期望，具有如前面提到的能調節高能量能源的能力。同時也因為自動控制具有連續性的本質，生產的總體速度提高了。但是，相對比起自我控制迴路所產生完全出人意料的奇蹟——即他們從粗劣中選取精確的能力，這些都是次要的了。

為了說明如何通過基本迴路，從不精確的零件中產生出精確性，我採用了法國作家皮埃爾·拉蒂爾 1956 年的著作《機器思維》中提出的例子。在 1948 年以前，鋼鐵工業中一代又一代的技術人員試著想生產出厚度一致的一捆鋼板，但都失敗了。他們發現，影響軋鋼機軋出的鋼板厚度的因素大概六、七個——比如軋輥的速度、鋼鐵的溫

度以及對鋼板的牽引力。因此，他們花了很多年的時間很努力地一個個調整，又花了更多年的時間進行同步協調，但徒勞無功。控制了一個因素會不經意地影響到其他因素：減慢速度會升高溫度、降低溫度會增加拉力、增加拉力又會降低速度等等。所有的因素都在相互影響。整個控制過程陷在一個相互依賴的網路之中。因此，當軋出的鋼板太厚或者太薄時，想要在六個相互關聯的疑慮中追查到那個禍首，簡直就是在白費力氣。問題就這樣卡在那兒了，直到維納在《控制論》提出他那睿智的通用化思想之後，全世界的工程師立刻把握住了其中的關鍵思想，在往後的一兩年裡，他們各自在工廠裡安裝了電子回饋設備。

實施過程中，測隙規測出新軋出的鋼板厚度（輸出），然後把這個信號傳回伺服電動機來控制牽引力的可變量，這個可變量信號在鋼材進入軋輥之前會一直影響著鋼材。就這樣憑著一個簡單的單迴路，整個過程就調弄好了。因為所有的因素都是相互關聯的，所以只要控制住其中一個對產品的厚度會直接起作用的因素，那麼就等於**間接地控制住所有的因素**。不管出現偏差的傾向來自不平整的生鐵、磨損的壓輪，或是不當的高溫，其影響都不太重要。重要的是這個自動迴路要調節最後一個變量以彌補其他變量。如果有足夠的餘地（而且確實有）調節拉力來彌補過厚或熱處理不當的金屬原材料，抑或被殘渣汙染的壓輪，那麼最後出來的也會是厚度均勻的鋼板。儘管每個因素都會干擾到其他因素，但由於這種迴路具有連續性和幾乎瞬間響應的特性，仍然會將這些因素中那個深不可測的網路關係引向一個穩定的目標——穩定的厚度。

工程師們發現控制論的原理是個一般性原理：如果所有的變量都是緊密耦合，而且如果你能夠真正地以最大限度控制其中的一個變

量的話，那麼你就可以間接地控制其他所有變量。這個原理依據的是整體系統的特性。正如拉蒂爾所寫的：「調節器所關注的並不是原因；他的工作是偵測偏差並修正偏差。誤差可能來自某種因素，而其影響迄今仍無所知，或可能來自某種已經存在卻從來不受到懷疑的因素。」不管什麼時候系統如何達成一致性，那是超出了人類知識範圍，更重要的是，也不需要知道。

這個突破諷刺的地方在於，拉蒂爾說，這個回饋迴路在技術上其實相當簡單，而且「如果他能以一種更為開放的心態去處理的話，那麼早在 15 年或是 20 年前就可以被引進來了……」。更諷刺的是，其實採用這種觀念的開放心態，20 年前在經濟學圈子裡就已經確立了。弗里德里克・海耶克以及具有影響力的奧地利經濟學院派已經剖析過那種在複雜網路中追蹤回饋路徑的企圖，結果是徒費努力。他們的論辯當時被稱為「計算論辯」。在一種指令性經濟體制中，比如當時由列寧在俄羅斯建立起來的初期由上而下的總體經濟體制，就是透過計算、權衡和溝通管道的控制來分配資源的。對於一個經濟體中在分布節點間多重回饋因素所進行的計算，甚至是控制沒有那麼強的計算，跟工程師在鋼鐵廠中追蹤那些狡猾相互關聯的因素一樣是不可能成功的。在一個搖擺不定的經濟體中，想要對資源分配進行計算是不可能的。相反的是，海耶克和其他的奧地利的經濟學家在 1920 年代論辯一個單一變量——價格——可以用來調節其他所有資源分配變量。按照這種說法，人們就用不著在意到底每個人需要多少塊香皂，或者也不用在意是否應該為了房子或者書本去砍伐樹木。這些計算是並行的，是在行進中進行的，是由下而上、脫離人的控制，由相互聯結的網路自主自發的。是自發形成的秩序。

這種自動控制（或者人類無控制）的結果，讓工程師可以不再為

了完美的原料和調控程序繃緊神經。現在他們可以使用不完美的原料和不精準的程序開工了。讓自動化流程所具有的自我修正的特性去進行最優化而只放行優質的產品。或者，投入品質一致的原料，將回饋迴路設置到一個更高的質量水準，給下一道生產線提供精度更高的產品。同一理念也可以上溯運用到原材料供應商那裡，他們也可以使用類似的自動迴路來挑選更高品質的產品。如果這一理念能夠串聯產業鏈的上下游，那麼自動化的自我就會在一夜之間變成一部品質管理機器，讓人類可以從物質中輕易取得不斷提高的精準度。

伊萊‧惠特尼的可互換的標準部件以及福特的裝配線理念的引入，讓生產方式發生了根本性的變化。但是，這些改進需要大規模地更新設備、投入資金，而且也不是普遍都適用。另一方面，家庭用自動電路這套價格便宜到令人懷疑的輔助設施，卻可以被應用在所有已經各司其職的家電用品上。像印刷機那樣的醜小鴨，搖身一變成了工作順暢的金雞母。

不過，不是每一種自動電路都能產生像比爾‧鮑爾斯的砲管那樣的絕對即時性。在一個串接的迴路串聯中，每增加一個迴路，都加大了一種可能，也就是在這個變得更大的迴路中漫遊的信號，當回到起點時卻發現事情早就發生了根本性的改變。尤其是那些環境快速變動中的大型網路，通過整個電路所需的幾分之一秒的時間都會大於環境改變時所需要的時間。而作為回應，最後一個節點傾向於發出更大的修正來作為補償。可是，這樣的補償也會因為需要穿越的節點太多而被延遲，因此在他抵達時也已錯過移動標記，接著又產生了一個不必要的修正。這就跟新手開車上路一樣的道理，總是開出之字形，因為每次對方向的修正，總是矯枉過正，超過上一次的過度反應。這種情況會一直延續下去，直到新手學會收緊整個回饋迴路，讓他做出更

小、更快的反應，否則他就會不由自主地在高速公路上偏離方向，白費力氣地想要尋找中線。這也是簡單的自動電路為什麼會消亡的原因。他容易會「大擺動」，不然就是「小跳動」；也就是說，會神經質地從一個過度反應擺動到下一個過度反應，努力尋求安穩。克服這種過度補償的傾向，有千種辦法，每個辦法也有上千種已經發明出來的更先進的電路。在過去的 40 年間，為了交流近期發現的震盪回饋問題和最新的解決方案，有控制理論學位的工程師寫了好幾個書架的論文。幸運的是，回饋迴路是可以被整合到有用的配置之中的。

讓我們舉抽水馬桶這個原型控制裝置為例。給他安上一個把手，我們就可以調節水箱中的水平高度。這樣，水箱中的自我調節機制就會把水調節到我們所設定的高度。向下扳，自我調節機制就會保持在一個滿意的低水平；往上扳，他就會放水進來達到一個高水位。（現代的抽水馬桶真的有這種把手。）現在讓我們再往前一步，加上一個自我調節的迴路來扳動把手。這樣的話，我們就可以放手都不做了。而第二個迴路的工作是為第一個迴路尋找目標。如此一來，第二個裝置機制在感受到進水管的水壓時，就會移動把手，當水壓高時，就給水箱定一個高水位，如果是低水壓時，就給他定一個低水位。

第二個迴路控制第一個迴路的波動範圍，而第一個迴路則控制水。從抽象的意義上來說，第二個迴路所帶出來的是一種二級控制──對控制的控制，或者是元控制。因此這個新出爐的二級控制馬桶現在所做的行為是「有目的的」。他可以依據**變化的**目標而進行調整。儘管第二個線路是為第一個線路進行目標而設定，但同樣是機械的東西，事實上是整個機制本身在選擇自己的目標時，給了這個元迴路一絲生物氣息。

一個回饋迴路就是這麼簡單，卻可以在一種無窮無盡的整合過程

中套疊在一起、永遠合作下去，直到組成一座以最不可思議的複雜性和錯綜複雜的子目標為磚瓦的塔。這些由迴路所形成的塔會不斷地令我們感到詫異，因為沿著他們流轉的信號，會無可避免地相互交叉自己的路徑。A 引發 B，B 引發 C，C 又引發 A。以很徹底的悖論來說：A 既是原因，又是結果。控制論專家海因茲·馮佛斯特稱這種難以捉摸的循環為「循環因果」。早期人工智慧權威沃倫·麥卡洛克稱他為「非傳遞性優先」，意味優先級的排序會像小孩子玩「剪刀—石頭—布」那樣無休止地以一種自我參照的方式自我交叉：布能包石頭，石頭能擊壞剪刀、剪刀能裁剪布，如此循環不已。駭客把這種情況稱為遞歸迴路。不管這個謎樣的東西要叫做什麼，他都給了 3,000 年的邏輯哲學猛烈一擊。他擾亂了傳統的一切。如果有什麼東西既是因又是果的話，那麼理性就是一種唾手可得之物了。

複雜電路所具有的奇怪反直覺行為，其根源就是在那些套疊起來且首尾相接的迴路所具備的複合邏輯。精心設計的電路能夠可靠、合理地運行，然而卻會突然之間，踩著自己的鼓點，毫無預警地轉向了。高薪資的電子工程師可以解決所有電路中的橫向因果關係。但是對於機器人這種複雜性的程度，電路異常是難以消除的。如果把這一切都簡化到其最簡形式——回饋迴路——的話，循環因果就是一個豐沃的悖論，處處可見。

自我從何而來？控制論給出這樣令人困惑的答案：他的湧現是來自於他自己。他也沒有其他的方式可以出現。進化生物學家布萊恩·古德溫告訴記者羅傑·盧因：「有機體是他本身的因也是他本身的果，是他自己內在秩序和組織的因和果。自然淘汰不是有機體的**因**。基因也不是有機體的**因**。有機體的**因**不存在。有機體是能自我生成之物。」因此，自我是一種自動謀劃的形式。他之所以湧現是為了超

越他自己，就好像一條長蛇吃掉自己的尾巴，變成了烏洛波羅斯銜尾蛇，那個神祕的圓環。

　　按照卡爾・榮格的說法，銜尾蛇是人類靈魂在永恆形式上最能引起共鳴的投影之一。這個咬著自己的尾巴的蛇所形成的環，最初是作為藝術裝飾出現在埃及雕塑中。而榮格則發展出一套觀點，認為那些在夢中造訪人類的近乎混沌的各種不同的意象，往往會被吸附在穩定節點上形成重要且普世的圖像；以用現代術語來說的話，這跟相互連接的複雜系統很容易在「吸引子」上安頓下來的情形很像。而一群具有這樣吸引力、奇異的節點就形成了藝術、文學以及一些療法類型的視覺詞彙。在那些最持久的吸引子當中，一個早期的圖式就是「吞食自己尾巴的東西」，常常用圖像簡易地表示為一個在吞噬自己尾巴，像蛇狀的龍所形成的完美圓環。

　　銜尾蛇的循環迴路顯然是一個回饋的象徵，我難以確定在控制論的語境中是誰先使用他。作為真正的原型，他或許不止一次單獨地被認為是一個回饋的象徵。我也不會懷疑，當任何一個程式設計師不管何時何地在使用 GOTO START 循環的時候，他的腦子裡會不由自主地浮現出那幅蛇吃自己尾巴的模糊圖像。

　　蛇是線性的，但當他回頭咬住自己的時候，他就變成了非線性物體的原型。在經典的榮格主義框架中，咬住尾巴的銜尾蛇是對自我的一種象徵圖示。圓圈的完整性就是自我的自我控制，這種控制同時來自於一個事物，也來自於相互競爭的部件。那麼作為回饋迴路最為平實體現的抽水馬桶，同樣也是一隻神祕的野獸——自我之獸。

　　榮格派學者認為，自我（self）應該被看成是「我（ego）的意識的誕生前的一種原始心理狀態」，也就是說，「是那種原始的曼陀羅狀態（mandala-state），而個體的我正是從這種整體的狀態中產生出

來的」。所以說，一個帶著恆溫器的火爐有自我，並不是說他有一個我。所謂自我，僅是一個基礎狀態，一個自動謀劃出來的形式；假如他的複雜性允許的話，一個更為複雜的我可以自身顯現出來。

每一個自我都是一個同義反覆：自明、自指、自我中心、自我創造。格雷戈里‧貝特森說，一個活系統就是一個「緩慢地進行自我復原的同義反覆。」他的意思是說，如果系統受到干擾或者打斷，他的自我就會「朝向同義反覆尋求解決」──沉降到他的基礎自指狀態，他自己「必要的矛盾」中。

每一個自我都是一場試圖證明自己特性的論辯。恆溫系統的自我總是在內部毫無止境地爭論到底該調高或調低爐子的溫度。海隆的閥門系統則會不間斷地圍繞著就他所能執行的唯一的、孤立的動作進行爭論：應該移動那個浮子嗎？

一個系統就是任何一種能夠對自己說話的東西。所有有生命的系統及有機體，最終都會精簡為一組調節器──即化學路徑和神經迴路──並且會一直進行著像這樣「我要，我要，我要；不，你不行，你不行，你不行。」如此愚蠢的對話。

把各種自我播種到我們建構的世界，就為控制機制提供了一個家，讓他們在那裡滴流、積聚、滿溢直到湧出。自動控制的出現分成三個階段，也已經在人類文化中孵化出三個幾乎是形而上學的改變。控制領域裡的每個體制都是靠著持續深化的回饋和訊息流而推進的。

由蒸汽機所引發的能量控制是第一階段。能量一旦受到控制，他就來到了一種「自由」狀態。不管我們釋放的能量再怎麼多，他也不會從根本上改變我們的生活。同時，我們達成某一目標所需要的卡路里（能量）愈來愈少，因此我們那些最為重大的技術成果，也不再對強有力的能源做進一步掌控。

相反的是，我們現在的成果是從加強物質的精確控制得來的——控制體制的第二階段。採用更高級的回饋裝置給物質灌輸訊息，就像電腦晶片的功用那樣，使物質變得更為有力，漸漸地就能以較少的物質產生與沒有訊息的大量物質同等的功能。隨著馬達的出現，那尺寸堪比灰塵的馬達（1991 年成功製作出了原型機），似乎任何規格你所想要的東西都可以隨心所欲地製造出來。分子大小的照相機？當然可以，怎麼不行？房子大小的水晶？如你所願。物質已經被置於訊息的掌握之下，就跟能量現在所處的狀態一樣，方法同樣簡便——只要撥動撥號盤就好。「20 世紀的核心事件，就是物質的顛覆。」技術分析家喬治‧吉爾德如是說。這是控制史的一個階段，一個我們現在身歷其中的控制的階段。從根本上說，物質——無論你想要他是什麼形狀——都已經不再是障礙了。物質幾乎是「自由」了。

　　控制革命的第三階段是對訊息本身的控制，這可以追溯到兩個世紀以前，當訊息應用到燃煤蒸汽機的時候。從這地方到那地方那長達數公里的電路和訊息迴路執行著對能量和物質的控制，也附帶地讓我們的環境充塞著信號、位元和位元組。這個未受約束的數據狂潮已經達到了有害的水平。我們產出的訊息，已經超出我們能夠控制的範圍。我們曾憧憬的更多的訊息，已經成為事實。但是，所謂更多的訊息，就好像是未受控制的蒸汽爆炸——除非有自我的約束，否則毫無用處。我們可以這樣改寫吉爾德的警句：「21 世紀的核心事件，是對訊息的顛覆。」

　　基因工程（控制 DNA 訊息的訊息）以及電子圖書館（管理圖書訊息的訊息）所需的各種工具，預示著對訊息的征服。在工業和商業中首先感受到的是對訊息馴化後的衝擊，就跟對能量和物質的控制所產生的衝擊一樣，以後才能慢慢地滲入到個體的領域。

對能量的控制征服了自然的力量（讓我們變得肥胖）；對物質的控制帶來了可以輕易取得物質上的財富（使我們變得貪婪）。那麼，當訊息控制全面遍地開花的時候，會為我們帶來混雜著什麼東西的聚寶盆？是困惑、輝煌，還是焦躁？

沒有自我，幾乎什麼也不會發生。馬達，數以百萬的馬達，被賦予了自我，現在正管理著各種工廠。矽晶片，數以十億的矽晶片，被賦予了自我，將把自我設計得更小更快來管理馬達。不久之後，纖細的網路，無法數算的網路，也被賦予自我，而且將會重新思考晶片並統治所有我們讓他們統治的東西。假使我們試圖藉著掌控一切的方式來利用能量、物質和訊息的巨大寶藏的話，那麼必然會陷入失敗。

我們正以我們所能達到的速度，盡可能快速地裝備這個已經建立好的世界，引領自身進入自我治理、自我繁衍、自我認知，以及一個不可變的自我。自動化的歷史，就是一條從人類控制到自動控制的單向道。其結果就是從人類的自我到第二類自我的不可逆轉的轉移。

這些第二類的自我是我們無法控制的。我相信這就是文藝復興時期，那些最聰穎的頭腦之所以無法發明出另一個超越古代海隆發明的自我調節裝置的關鍵原因。偉大的達文西所建造的是受控制的機器，而不是失控的機器。德國的技術史學家奧托·邁爾認為，啟蒙時代的工程師應該可以利用當時已掌握到的技術建造類似可調控的蒸汽動力。

但是，他們沒有，因為他們沒有那種讓他們的造物自行其事的魄力。

另一方面，古代的中國人雖然沒有再造出超越指南車的造物，卻擁有正確關於控制的無念心態。聽聽老子這位神祕學者於 2,600 年前在《道德經》中所寫的，翻譯成現代白話如下：

智能控制體現為無控制或自由，

因此他是真正的智能控制；

無智能控制體現為外來的統制，

因此他是不折不扣的無智能控制。

智能控制施加的是無形的影響，

而無智能控制則是展現力量試圖強加影響。

　　老子的睿智可以作為 21 世紀擁有熱情活力的矽谷創業公司的座右銘。在一個練達、超智能的時代，最富智慧的控制方式將體現為無控制方式。投資那些具有自我適應能力、向自己的目標進化、不受人類監管而能自行成長的機器，這會是下一個在技術方面的巨大進步。想要獲得對智能的控制，唯一的辦法就是給機器自由。

　　在這個世紀僅剩的那一點時間，可以讓我們做好那 21 世紀最重要的心理建設：有尊嚴地放手。

第八章

封閉系統

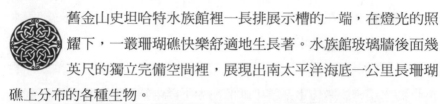舊金山史坦哈特水族館裡一長排展示槽的一端,在燈光的照耀下,一叢珊瑚礁快樂舒適地生長著。水族館玻璃牆後面幾英尺的獨立完備空間裡,展現出南太平洋海底一公里長珊瑚礁上分布的各種生物。

壓縮後的礁石以非常特別的色調和異常的生命形態營造出一種新時代的氛圍。站在這個長方形容器的前面,如同腳踩在一個調和的交叉點上。這裡一平方公尺所塞進的生物種類超過地球上其他任何地方。生命不能再密集了。那異常豐富的自然珊瑚礁,已經進一步被壓縮成了超越自然豐富的人造堡礁。

兩扇平板玻璃窗可以讓你看盡充滿異域生物的愛麗絲奇境。那嬉皮式螢光色般色彩斑斕的魚——橙色白底條紋的小丑魚或者是那一小群亮藍雀鯛——也回瞪著你。這些豔麗的小生物時而在栗色軟珊瑚羽毛般的觸手間疾速游開,時而在巨型海蚌緩慢開合的肥唇間迂迴穿梭。

對這些生物而言,這裡不單是圈養欄,這裡就是他們的家。他們在這裡吃、睡、打鬧,也在這當中繁育後代,直到生命的盡頭。不僅

如此，如果時間充足，他們還會共同進化，進而共享天命。他們所擁有的是一個真正的生命群落。

在這個珊瑚展示池缸後面，一堆隆隆作響的泵機、管道和各種機械裝置，在電力的帶動下維持著這個玩具礁上的超級多樣性。一位遊客打開一扇沒有任何標識的門，從水族館昏暗的觀景室中走到泵機這裡。一打開門，就有外星人似的炫目光線噴灑而出。房間的內部粉刷成白色，瀰漫著溫暖的水氣，耀眼的燈光令人感到窒息。頭頂的架子上掛著炙熱的金屬鹵素燈，每天放射出 15 個小時的熱帶陽光。湧動的鹽水穿過一個 4 噸重的水泥大桶，桶裡裝滿的濕潤沙子含有能夠清理水質的細菌。在人造的陽光下，長長的淺塑膠托盤裡滿滿的綠色水藻生長旺盛，過濾礁水所產生的自然毒素。

對這個礁石而言，工業管道系統裝置代替了太平洋；6 萬公升的再生海水旋轉流過仿生系統，就像南太平洋中綿延數公里的海藻園和沙灘給野生珊瑚礁提供過濾、擾動、氧氣和緩衝。這一整套配電的展示，是微妙精細、得之不易的平衡，每天都需要能量和照料。一個錯誤動作，整塊珊瑚礁可能就在一天內崩壞。

誠如古人所知，一天之內就可以摧毀的東西，可能要好幾年甚或幾世紀才能建造完成。在史坦哈特珊瑚礁建成之前，沒有人確定是否能通過人工方法建立起珊瑚礁群落；或者如果這方法行得通的話，那需要多久的時間才能完成。海洋科學家非常清楚地知道，像任何一種複雜的生態系統一樣，珊瑚礁必須按照正確的順序才能組合成功。但沒有人知道那個順序到底是什麼。海洋生物學家洛伊德・戈梅茲最初在學院水族館大樓中陰濕的地下室閒逛時，當然也不知道這個順序。戈梅茲將一桶又一桶的微生物倒在大塑料槽裡一起攪和，按照不同順序逐樣添加各個物種，希望能夠獲得一個穩定的群落。但基本上，嘗

試大都失敗了。

每次試驗開始的時候，他會直接在正午的陽光下，培養出一份濃稠的青豌豆色海藻液——像一鍋壞掉冒著泡沫的糟粕。如果系統開始偏離形成珊瑚礁的條件，戈梅茲就會洗掉培養槽。不到一年的時間，他終於獲得了朝著正確方向演化的原型珊瑚培養液。

創造自然需要時間。在戈梅茲開始造珊瑚礁五年之後，礁體才形成自我維持系統。直到前不久，戈梅茲還必須給棲息在人造礁石上的魚和無脊椎生物提供食物。不過在他看來，現在這塊礁石已經成熟了。「經過五年持續照料，我已經在水族箱建立了一個完整的食物網，因此我不必再給他餵食任何東西了。」除了陽光，由鹵素燈代替穩定不斷地投射熱能，生成人造陽光照射在這塊人工礁石上。陽光哺育海藻，海藻養活水生物，水生物餵養珊瑚、海綿、蛤蜊和魚。就根本而言，這塊礁石是靠電力維持生命的。

戈梅茲預測說，當這個礁石群落穩定下來時，會再進一步發生轉變。「我預期他在 10 歲左右，會有重大變化，也就是當礁石發生融合時。珊瑚的底座開始向下往鬆散的岩石扎根，而身處地下的海綿會往底下挖洞。這些會整合成一個大型的生命群。」一塊有生命的岩石就從幾個種子生物體中發展出來。

令大家驚訝的是，融進這塊玩具礁石的各種生物體中，大約有90% 的生物是偷偷進來的；也就是說，最初的那鍋培養液裡並沒有他們的存在。事實上，當初那培養液裡就存在著稀少而完全無法看見的微生物，直到五年之後，這塊礁石本身已經準備好了融合的工作，也具備了讓這些微生物參與融合發展的條件，只是在這之前，這些微生物一直隱藏且耐心地漂浮著。

與此同時，某些在起始階段主宰這塊礁石的物種消失了。戈梅茲

說：「我沒有想到會有這種情況。這使我很驚訝。生物體接連死了。我問自己到底哪邊做錯了？事實證明我什麼也沒有做錯。那只是群落的循環罷了。」這個群落在剛啟動時是需要大量微藻類的，之後的十個月內，微藻類消失；接著，一些起初大量豐富的海綿消失，而另一種類的海綿突然冒出來。就在最近，一種黑色海綿開始占據礁石，而我卻完全不知道他是打從哪裡來的。正如帕克德北美大草原以及溫蓋特在楠薩奇島的復原工作，珊瑚礁在初始組合時需要伴生物種的協助，但不需要他們來協助維護。而礁石中的某些部分只不過是像「拇指」一樣並不具有特別功能。

洛伊德・戈梅茲這種建造礁石的技巧在夜校大受歡迎。至少對於那些登記入學想要學習如何把浩瀚的大洋微縮到 378 公升的痴迷業餘愛好者來說，珊瑚礁可以算得上是一個最新的挑戰。戈梅茲這個微縮鹽水系統，把數公里的生物縮進一個帶有器材設備的大型水族箱裡。這套設備器材有計量泵、鹵素燈、臭氧反應器、分子吸附過濾裝置等相關的東西，這樣一個水族箱整個價值 15,000 美元。這套昂貴的設備運轉起來，就像真正的大海洋一樣，清潔、過濾著礁石邊的水。珊瑚的生存環境需要水溶氣體、微量化學元素、酸鹼值、微生物族群、光照、波浪模式、溫度等種種因素達到一種精細的平衡——所有這一切都是由水族箱中的機械裝置和生物制劑相互連結成的網路所提供。據戈梅茲所言，大部分的失敗都是因為想要把更多的生物種類塞進棲息地，卻超過系統承載；或者正如皮姆和德雷克所發現的，沒有按照正確的順序放入這些生物。而順序到底有多麼重要？戈梅茲說，「生死攸關」。

想要使珊瑚礁能夠穩定的重點，似乎就是要做好最初的微生物母體。夏威夷大學微生物學家克萊爾・福爾索姆根據他對廣口瓶裡的

微生物培養液所做的研究得出這樣的結論：「所有穩定的封閉生態的基礎，基本上都是某種微生物。」他認為，在任何一個生態裡，微生物都肩負著「閉合生物元素之環」的功能——使大氣與養分能夠循環流動。他也在隨機的微生物混合中找到了證據。福爾索姆所做的實驗跟皮姆、德雷克所做的實驗非常相似，除了他把廣口瓶的蓋子封住以外。他仿製的不是地球生命的一小部分，而是仿製整個地球的自給自足的自我循環系統。地球上所有物質都處於循環之中（除了少許無足輕重的輕氣體的逃逸以及隕石的少量墜落）。以系統科學的術語來說，地球在物質上是一個封閉的系統。但從能量／訊息的角度來看，地球又是開放的：陽光照射著地球，訊息來來去去。像地球一樣，福爾索姆的廣口瓶就物質而言雖是封閉的，但在能量上是敞開的。他從夏威夷群島的海灣挖出含鹽的微生物樣本，用漏斗把他們倒進實驗室用的那種 1 公升或 2 公升的玻璃燒瓶中，接著密封起來，再從採樣口抽取微量來測量他們的族群比率和能量流，直到他們穩定下來。

如同皮姆發現隨機而成的混合物是多麼輕易地形成自組織的生態系統時一樣，福爾索姆也是驚訝地發現，即使面對封口燒瓶中所產生封閉營養物質循環迴路的挑戰，也無法阻止簡單微生物群落找到平衡狀態。福爾索姆說，在 1983 年的秋天，他和另外一位研究者喬·漢森意識到，封閉式生態系統中「儘管物種的多樣性不太多，但幾乎都能存活」。那時候，福爾索姆最早的那些燒瓶中有些已經存活 15 年了。最早的那一瓶是在 1968 年搭配封口的，到現在也有 25 年了；這當中，沒有在裡面添加過任何空氣、食物或者營養物質。而且這一瓶以及所有其他瓶裝的生物群落在多年後靠著室內充足的光照，依然生長旺盛。

無論這些瓶裝系統能生存多久的時間，他們都需要一個初始階段

的時期；一個大概會持續 60 到 100 天的波動危險期，在這期間任何事情都有可能發生。戈梅茲在他的珊瑚微生物中也看到了這種情形：複雜性的開端根植於混沌之中。但假設一個複雜系統能夠在過了一段互相遷就的時間獲得共同的平衡的話，那麼自此之後再沒有什麼能夠讓他脫離軌道了。

這樣的封閉複雜系統能夠運行多長的時間？福爾索姆說，最初他之所以製造封閉物質世界的興趣是受到巴黎國家博物館所展示的一株 1895 年封進一個玻璃罐中的仙人掌的傳說所激勵。他不能證實傳說的真假，但據說在過去的一個世紀裡，這株仙人掌上覆蓋著周期性綻放的藻類和地衣，而這些的顏色色調會依序從綠色到黃色循環地變換。如果這個封閉的玻璃罐能獲得光照和穩定的溫度，那麼理論上，這些苔蘚就沒有理由不能生存到太陽毀滅的時候。

福爾索姆的封閉微生物迷你世界有他們自己的生活節奏，這也真實地反映了我們地球的生活節奏。大約在兩年的時間內，他們循環回收利用自己的碳，從二氧化碳到有機物質，再從有機物回到二氧化碳。他們保持著一種與外界的生態系統相似的生物生產率。他們生產出定量的氧氣，比地球的氧氣水平稍微高些。他們的能源效率與外部大生態系統相當。並且他們所維持的生物量顯然是不定的。

福爾索姆從他的燒瓶世界中得出這樣的結論：微生物——極小細胞構成的微型生命，不是紅杉、蟋蟀或是猩猩——進行最大量的呼吸，產生空氣，最後供養了地球上無窮盡的顯而易見的生物體。看不見的微生物基質，引領生命整體的發展過程，並將各種不同的養分融合在一起。福爾索姆覺得，那些引起我們注意的生物及那些需要我們照料的生物，就環境上來說，可能只是一些點綴性、裝飾性的東西。但也正是哺乳動物腸道中的微生物，還有黏附在樹根上的微生物，使

樹木和哺乳動物在封閉系統中，包括地球在內，有了價值。

　　我的書桌上曾經擺放一個小小的生態球。他甚至有個編號：58262 號世界。我不必為我的星球做什麼事，只要偶爾看看他就行了。

　　1989 年 10 月 17 日下午 5 點 4 分，突然發生的舊金山地震使58262 號世界變成了碎片。在這次的地震中，一個書架從我辦公室的牆面上鬆脫，砸在我的書桌上。轉眼間，一本有關生態系統的大型書本壓碎了我的生態球玻璃殼，像攪和著打碎的雞蛋那樣，也把他的液體內臟攪和在一起，無法修復。

　　58262 號世界是一個人工製造的生物圈，希望他可以永久生存下去，因此精心地製作讓他達到一種平衡狀態。他是福爾索姆和喬·漢森的微生物廣口瓶的後代之一。喬·漢森是 NASA 進階生命支持計畫設立在加州理工學院火箭推進實驗室中的一名研究人員。他所創造出來的世界比福爾索姆的微生物世界相比更具多樣性。漢森是第一個找到包含動物在內的自維持生物的簡單組合的人。他把小鹽水蝦和鹽藻一起放進一個永續的密閉環境中。

　　他這個密閉世界的初步商業版稱為「生態球」──大約一個柚子大小的玻璃球。我的 58262 號世界就是這些玻璃球中的一個。完全封在這個透明球體裡的有四隻小鹽水蝦、一團像羽毛似的草綠色水藻掛在一根小珊瑚上，以及數百萬計肉眼看不見的微生物。球的底部有一點沙子。任何空氣、水或者其他種物質都不能進出這個球體。這東西就只能有陽光。

算算漢森開始製作的人造微生物世界到目前為止，活得最久的有10年了。這讓人很意外，因為在球面體裡悠游的鹽水蝦平均壽命大約5年左右。而讓他們在封閉的世界中繁衍確實是個問題，而研究人員對於他們為什麼不能繼續一直繁衍下去也毫無所知。當然，個體的鹽水蝦和海藻細胞會死。獲得「永生」的是群體的生命，是一個群落的整體生命。

　　你可以透過郵購方式購買一顆生態球，就好像在買一個蓋亞或者一種自發生命的實驗。你從塞滿填充物的包裹中打開這樣的球體，那些小蝦經歷了暴風雨似的震盪旅程之後，看起來還是很健康。然後你用一隻手托起這顆砲彈大小的生態球對著光照，他會閃爍著像寶石一樣的純淨光芒。這是一個被吹進瓶子裡的世界，頂部的玻璃收邊的很整齊。

　　這個生態球就只是在那裡待著，在脆弱不朽的環境中。博物學家彼得‧沃蕭爾手裡有一顆第一批製作出來的生態球，一直置放在他的書架上。沃蕭爾的讀物包括已故詩人的隱晦詩作、法國哲學家的法文著作，以及關於松鼠分類學的專題論文。對他來說，自然就是詩歌的一種；而生態球則是一個大肆宣傳真實物體所用的皮書套。沃蕭爾的生態球生活在良性的忽視下，幾乎等於是不用去照料的寵物。沃蕭爾寫著他這種「非嗜好」：「你不能餵蝦。不能去除腐爛的東西，不能去除那令人討厭變成褐色的部分，你也不能去撥弄那些根本就不存在的過濾器、充氣機或者泵機；也不能打開他，用手指去測試水溫。唯一能做的（如果「做」在這裡是個適當的詞彙的話）就是觀察和思考。」

　　生態球是一個圖騰，一個屬於所有封閉式生命系統的圖騰。部落成員選出某圖騰物，作為連接靈魂與夢想這兩個分離世界的橋樑。

那生態球，一個被封閉在清澈透明玻璃裡面那獨特的世界，就那麼地簡單在那兒對我們發出邀請，邀請我們去沉思如此難以掌握的圖騰概念，如「系統」、「封閉」，甚至是「生存」。

「封閉」意味著與流動隔絕。一個樹林邊上修剪整齊的花園，隔絕於自然形成的野生狀態的包圍中。不過，花園實驗生態所處的分離狀態是不完全的──是想像多於現實的分離。每一個花園，實際上都是我們身歷其中的更大生物圈的一小部分。水分和營養物質從地下流入其中，收成物和氧氣又從中流出。如果在花園之外沒有那個持續存在的生物圈，花園就會乾枯消失。一個真正的封閉系統，是不會參與外部元素的流動；也就是說，他所有的循環都是自治自發的。

「系統」意味著相互連結。系統中的事物是相互糾結在一起，直接或者間接地連接到一個共同命運。在一個生態球世界中，蝦吃藻類，藻類靠陽光生存，微生物靠兩者產生的「廢物」生存。如果溫度上升得太高（超過攝氏32度），蝦脫殼的速度會超過他進食的速度，這樣一來他們就會消耗自己。如果沒有足夠的光照，藻類的生長速度就無法讓蝦子吃飽。蝦子輕彈的尾巴會攪動水，水則攪起微生物，讓每個小蟲都有機會得到陽光。生態球除了個體生命外，就是一個整個體生命。

「生存」，意味著驚喜。一個普通的生態球在完全黑暗的環境裡可以生存六個月，與邏輯所預期的相反。而另外一個生態球在一個溫度和光線非常穩定的辦公室裡放了兩年之後，突然有一天爆發繁殖潮，球裡多了30隻小蝦子。

不過，靜態才是生態球的常態。沃蕭爾不經意寫了一段有關他生態球這樣的話：「這個生態球給人一種太過平靜的感覺，跟我們每天匆忙的生活形成鮮明的對比。我曾經想要扮演一次非生物的上帝。拿

起他、搖晃一下；來個地震吧，你這小蝦子！」

對生態球世界來說，像這樣暫時地讓生態球裡的居民混亂一下，還真的是一件好事。世界就在紛擾之中維持著。

森林需要颶風的強大破壞力來吹倒老樹，才能騰出空間讓新樹生長。大草原上要有火的紛擾才能釋放受束縛的物質，而這些物質只有經過火燒才能解脫。沒有閃電和火的世界會變得頑固僵硬。海洋不僅有在短期內形成海底暖流的熱情，也有在長期的地質運動中擠壓海床和大陸板塊的激情。瞬間的熱力、火山作用、閃電、風力以及海浪都能夠讓物質的世界煥然一新。

生態球中沒有火，沒有瞬間熱力，沒有高於水平的氧氣，沒有嚴重的摩擦——即使在他最長的循環周期裡也沒有。在他那個小空間裡經過數年的時間，作為所有活細胞重要成分的磷酸鹽跟其他元素緊密地結合在一起。某種意義上，在生態球中拿掉磷酸鹽的循環，就會逐漸減少產生更多生命的希望。在低磷酸鹽的環境中，只有大塊的藍綠海藻能夠茂盛生長，因此隨著時間的推移，這個物種就會掌控這些穩定系統。

然而磷酸鹽的下降以及藍綠海藻不可避免的接管，或許可以藉著給這個玻璃球加點東西而產生逆轉，譬如能夠生成閃電的附加物。一年之中有幾次讓這個由小蝦和海藻類組成的平靜世界，受到幾小時災難性劈哩啪啦、嘶嘶作響、激動的干擾掌管。他們的假期雖然會被破壞，但他們的世界可以再次恢復青春。

在彼得‧沃蕭爾的生態球中（儘管有那樣的空想，但這麼多年來這個球一直放在那裡沒人打擾），礦物質已經在球體的內部凝成一層堅實的晶體。以蓋亞理論的角度來說，就是生態球製造了陸地。這塊「陸地」——由矽酸鹽、碳酸鹽以及金屬鹽組成——之所以在玻璃上

形成是因為電荷作用，一種自然形成的電解沉積。生產生態球小公司的主要負責人唐·哈曼尼非常熟悉這個小型玻璃蓋亞的趨勢。他半開玩笑地建議，或許在球體上焊上一根地線可以阻止石化層的形成。

最後，鹽晶體會因為自身的重量從玻璃球的表面脫落下來而沉積到液體的底部。在地球上，海底沉積岩的累積也是更大範圍地質循環的一部分。碳和礦物質通過水、空氣、土地、岩石進行循環，然後重新返回生命體。生態球也是如此。他撫育的各種元素，也會與由大氣、水和生物圈所組成的循環達到一種動態平衡。

絕大多數的野外生態學家都對這樣一種能自我維持的封閉世界是這麼簡單而感到驚訝。隨著這種玩具式生物圈的出現，那種可持續的自給自足狀態似乎也可以輕易地創造出來，尤其是如果你不在意到底是什麼樣的生命體可以一直維持著的話。這麼說來，郵購的生態球證明了一個值得注意的斷言：自我維持的系統**想要**自我出現。

假如簡單的小型系統是這麼容易生成的話，那能夠把這樣的和諧擴大到什麼程度，而仍然擁有這麼一個能量輸入之外，卻也可以自我維持的封閉世界呢？

事實證明，生態球依照比例放大後仍運作良好。一個巨大的商業版生態球可以重達 200 公升，這差不多是一個大垃圾箱的容積——大到你無法環抱。在一個直徑 76 公分的漂亮玻璃球裡，蝦子在海藻的葉片間游水。不過，與通常只有 3 或 4 隻只吃孢子的蝦的生態球不同，這個巨大的生態球裡養了 3,000 隻蝦。這是一個有自己居民的小月球。在這裡，大數定律仍然成立；而多則意味著不同。更多的個別生命體讓這個生態系統更具活力。也意味著，生態球愈大，達到穩定所需的時間就愈長，破壞他也就更困難。但是只要一旦處於正常狀態了，一個活系統的集體代謝循環就會扎根，然後一直持續下去。

下一個問題顯然就是：一個與外界流動隔絕的玻璃瓶到底要多大，裡面要裝什麼樣的生物體才能保障人在裡面生存？

當魯莽大膽的人類冒險穿越地球大氣層這層柔軟瓶壁的時候，上述的學術問題就呈現了現實意義。就像蝦子在生態球裡一樣，你能藉由植物持續存活而讓人類在太空裡生存嗎？你是否也能把人封閉在一個受日光照射、有充足的活生物的瓶子裡，讓他們互相利用彼此的呼吸達到平衡呢？這是一個值得去探究的問題。

小學生都知道，動物消耗植物產出的氧氣和食物，植物則是消耗動物產出的二氧化碳和養料。這是一個美好的鏡像：一方產出另一方所需之物，就像蝦和水藻那樣彼此服務。或許，按照植物和哺乳動物他們之間對等的要求，恰當地搭配在一起可以讓他們彼此間相互扶持。也許，人也能夠在一個封閉的容器裡找到適合自己的生物體化身。

第一個足夠瘋狂到來做這個嘗試性實驗的人是一名莫斯科生物醫學研究所的俄羅斯研究員葉夫根尼・謝普列夫。1961 年，就在對太空研究火熱的前幾年裡，他焊接了一個足夠大的鐵匣子，裡面能夠裝進他自己和 30 公升的綠藻。謝普列夫的精心計算說明了，30 公升的小球綠藻在鈉燈的照射下可以產生足夠一個人所需的氧氣，而一個人也可以呼出二氧化碳足以讓 30 公升的小球藻使用。方程的兩邊可以相互抵銷成為一體。所以從理論來說，這應該是行得通的，至少紙面上是平衡的，在黑板上的演算也非常完美。

但在這個氣密的鐵盒裡，情況卻完全不同，你不能憑理論呼吸。假設綠藻發育得不穩定，那天才的謝普列夫也會跟著倒楣；或者，謝普列夫完蛋了，那綠藻也會一樣跟著無法存活。在這個匣子裡，這兩個物種幾乎是完全共棲地形成一體相互依賴對方的存在，而不再是依

靠外界的支援——也就是海洋、空氣以及各種大小生物所構成的巨大地球網路。在這個封閉船艙裡的人和海藻，已經脫離了由其他生命編織起來的寬廣網路，而自形成一個分離的、封閉的系統。出自於對科學的信念，健康狀況良好的謝普列夫爬進密室裡並且把門封上。

綠藻和人持續了一整天。大約 24 個小時裡，人吸入綠藻呼出的氣息，綠藻吸入人呼出的氣息。之後空氣中汙濁的廢氣把謝普列夫趕了出來。在這一天將近結束的時候，最初由綠藻提供的氧氣濃度迅速降低。在最後一刻，當謝普列夫打破封住的門爬出來時，他的同事們都被他小室裡那令人反胃的惡臭嚇到。二氧化碳和氧氣雖然交換得和諧，但是綠藻和謝普列夫排出的其他氣體，像是甲烷、氫化硫以及氨氣卻逐漸地汙染了匣中的空氣。就好像寓言中那隻在慢慢燒開的水中被煮熟的快樂青蛙一樣，謝普列夫並沒有注意到這種惡臭。

謝普列夫帶有冒險色彩的工作受到遠在北西伯利亞一個祕密實驗室中蘇聯研究人員嚴肅的看待，並且繼續相關研究。另外，謝普列夫自己的小組能夠讓狗和老鼠在綠藻系統中最長生存七天。而他們所不知道的是，大約在同一時間，美國空軍航空醫學學院把一隻猴子關進了由綠藻產生的大氣裡 50 個小時。在此之後，謝普列夫的實驗室把一桶 30 公升的小球綠藻放在一個更大密封室裡，並且調節了綠藻的養料以及光線的強度，他們得到了單一個人可以在這個氣密室裡生存 30 天的事實！在這個特別持久的過程中，研究人員發現人和綠藻的呼出物並不完全相合。想要保持大氣的平衡，還需使用化學濾劑去除過量的二氧化碳。不過，讓科學家感到鼓舞的是，惡臭的甲烷含量在 12 天之後便穩定下來了。

到了 1972 年，也就是十多年之後，由約瑟夫・吉特爾森帶領的蘇聯研究團隊，建立了能夠支撐人類生存的第三版小型生物棲息地。

俄國人稱他為生物圈 3 號。他裡面可以容納 3 個人，但非常的擁擠。4 個小氣密室裝進幾桶水耕（無土）栽培的植物，用氙氣燈照射。盒子裡的人在這些小房間裡種植、收成那些俄羅斯出產的作物——馬鈴薯、小麥、甜菜、胡蘿蔔、甘藍、小蘿蔔、洋蔥和小茴香。他們的食物一半來自這些收成的作物，包括小麥做出的麵包。在這個擁擠、悶熱的密閉暖房裡，人和植物相依為命共同生活長達 6 個月之久。

這個盒子還不是完全密封的。他密封的空氣雖然沒有氣體交換，但只設定他能再回收利用 95% 的水。蘇聯科學家事先在裡面儲存了一半的食物（肉類和蛋白質）。另外，生物圈 3 號也不能對人類的排泄物或者廚餘進行回收；生物圈 3 號的住客只得把這些東西從匣子裡排放出去，這樣也就排出了某些微量元素和碳。

為了避免所有的碳在循環中流失，住客們燒掉一部分不能食用死掉的植物，把他變成二氧化碳和灰燼。過了幾個星期，房間就積累了不少微量氣體，產生的源頭各有不同：植物、建材還有住客們自己。這些氣體有些是有毒的，那時的人們還不知道如何回收這種氣體，於是只好用催化爐把這些氣體「燒掉」。

當然，NASA 對在太空裡為人類提供食物和住所也非常感興趣。1977 年，他們推行了一個至今仍舊持續的「受控生態生命支持系統」計畫。NASA 採用簡化論方法：尋找能夠產生人類所必需的氧氣、蛋白質以及維他命的最簡單生命形式。事實上，就是在擺弄這些基本系統的過程中，身為 NASA 一員的喬・漢森偶然發現了有趣現象，但在 NASA 的眼中，這個蝦與海藻的搭配並不是特別有用。

1986 年，NASA 啟動「麵包板計畫」（Breadboard Project）。這個計畫的議題是希望能夠在更大的範圍內實現那些在桌面上獲得的實驗結果。麵包板計畫的管理人找到一個「水星號」太空火箭遺留下

來的廢棄圓筒。這個巨大的管狀容器曾經用作為「水星號」火箭頂尖上小型太空艙的壓力測試室。NASA 將這個雙層結構的圓柱體進行翻新，外面添加了通風管和排水管道，裡面改裝成帶有燈具、植物和循環養料的瓶裝住宅。

與蘇聯的生物圈 3 號實驗的方法一樣，麵包板計畫利用更高等的植物來平衡大氣、提供食物。但每一個人每天能勉強下咽的綠藻實在有限，而且，就算一個人只吃綠藻，小球藻所能提供的養分也只是人類每天所需的十分之一而已。正是這個原因，NASA 的研究人員才放棄了以綠藻作為應用的系統，而轉向那些不僅能清潔空氣，並且也能提供食物的植物。

似乎每個人都不約而同想到了超密集栽培。超密集栽培能夠提供真正能吃的東西，比如說小麥。而其中最可行的裝置，就是各種水耕裝置，也就是把水溶性的養料通過霧、泡沫的形式傳輸給植株，或者用薄膜滴灌的方式給那些纏住塑料支撐架的萵苣或者其他綠色植物輸送養分。這種精心設計的管道裝置能在狹窄的空間產出密集的植物。猶他州大學的法蘭克・薩利斯巴利找到了一些方法，也就是把小麥生長所需的光照、濕度、溫度、二氧化碳含量以及養料等精確地控制在最理想的環境，將春小麥的種植密度擴大一百倍。根據野外實驗的結果，薩利斯巴利估算出，例如像在月球封閉的基地上，每一平方米超密集播種的小麥能夠產出多少卡路里。他的結論是，「一個美式橄欖球場大小的月球農場能夠供養 100 名月球城居民」。

一百個人就靠一個足球場大小的蔬菜農場過活！這不就是傑弗遜總統那個農業理想國的願景！我們可以想像一下，一個鄰近的星球移居了無數帶有超大圓頂的村莊，每一個村莊都可以生產他們自己所需的食物、水、空氣、人以及文化。

然而，NASA 所推行的計畫是在封閉的系統創造生命，而這給許多人的感覺是，過於小心謹慎、速度緩慢得令人窒息，而且簡約到了令人無法容忍的程度。NASA 這個「受控生態生命支持系統」如果用一個很適當的詞來形容的話，就是：「受控」。

　　但我們需要的，應該就是一點點的「失控」。

　　可以適當說明失控狀態的是最早發端於靠近新墨西哥州聖塔菲的一家年久已失修的大牧場。1970 年代早期是公社最繁榮時代的時期，這家牧場收容了一群文化不適應的典型叛逆者。當時，大多數公社都是隨心所欲地運轉。但這個被命名為協作牧場的地方並非這樣，他要求成員遵守紀律並且辛勤勞作。當大災難來臨時，這個新墨西哥公社不是聽天由命、怨天尤人，而是致力研究怎麼做才能超越社會的禍害。他們想出幾艘具有合理設計的巨型方舟。這異想天開的方舟設計得愈是宏大，大家對整個的構想就愈感興趣。

　　這個令人振奮的想法是公社的建築師菲爾·霍斯想出來的。1982 年在法國的一次會議上，霍斯展示一個透明球體太空飛船的實體大模型。這個玻璃球裡面有花園、公寓，以及瀑布底下的水池。「為什麼不把太空的生活方式當作是真正的**一種生活方式**，而只是把他當作一段旅程？」霍斯問。「為什麼不建造一艘飛船，就像我們已經一直乘坐在上面的那艘一樣呢？」也就是說，為什麼不創造一個活著的衛星，來代替打造出來的一個毫無生氣的太空站呢？不妨複製地球本身整體的自然環境，做出一個能在太空航行的小型透明球體。「我們知道，這行得通的。」富有魅力的牧場領導人約翰·艾倫說，「因為這

就是生物圈每天在做的事，我們要做的只不過是找出適合的大小規模。」

協作牧場的成員離開牧場之後，仍舊繼續努力實現這個隱祕生活方舟的夢想。1983 年，德克薩斯州的艾德・貝斯，前牧場成員之一，利用家族非常雄厚的石油財富中一部分，提供資金來建造這個方舟實證概念的原型。

跟 NASA 不一樣，協作牧場人解決問題時，不是靠技術。他們的想法是盡可能地在密封的玻璃圓屋頂內放置更多的生物系統──植物、動物、昆蟲、魚還有微生物，然後依賴初始系統的自我穩定傾向自行組織一個生物圈的大氣。生命的職責就是改進環境使其適合生活。如果你能把生物聚攏在一起成為一個集合體，**給他們充分的自由去建立自己茁壯成長所需的條件**，那麼這個生物集合體就能夠永遠生存下去，而且也沒有必要知道他是怎樣運轉的。

實際上，不僅他們不知道，連生物學家們也真的不知道植物到底是怎麼運轉的：他真正的需要是什麼，又生產出什麼。而且，他們壓根兒也沒概念，在小屋子裡一個封閉分散式微型生態系統是如何運轉的。他們只能依靠分散、不受控制的生命自行理出頭緒，從而達到某種自我強化的和諧狀態。

還沒有人建造過這麼大的生命體。就連戈梅茲那時也沒有建造他的珊瑚礁。協作牧場人員對克萊爾・福爾索姆的生態球也只有一個模糊概念，對於俄羅斯生物圈 3 號實驗的了解就更少了。

這個小團體──如今自稱為太空生物圈企業（SBV）──利用艾德・貝斯所資助的數千萬美金，在 1980 年代中期，設計並建造了一個小農舍大小的試驗裝置。小屋裡塞滿了像一個暖房那麼多的植物，一些負責水循環的奇特管道，幾個靈敏的環境監控設備的黑盒子，一

個小廚房和浴室，也有很多玻璃器皿。

1988 年 9 月裡為期 3 天的時間，約翰・艾倫把自己封閉在這個裝置中，進行了第一次試驗。跟葉夫根尼・謝普列夫那大膽的一步類似，這也是一次基於信念的行動。雖然是通過理性的推測精選出的植物，但這些作為一個系統的植物會如何的運作良好，卻是完全不受控制的。和戈梅茲辛苦得來投放順序的經驗相反，SBV 的人員只是把所有的東西同時往裡面丟在一起。這個封閉的家園至少能依靠某些個別品種的植物來維持一個人的肺活量。

測試的結果非常振奮人心。艾倫在他 9 月 12 日的日記上寫著：「看起來，我們，也就是植物、土壤、水、陽光、夜晚、我，已經愈來愈接近某種平衡了。」這是因為當小屋的空氣透過植被土壤傳送時，在這個達到 100% 大氣循環的有限生物圈中，「可能原本都是由人類活動所產生的」47 種微量氣體降到了非常低的水平——SBV 把這種古老的技術現代化了。跟謝普列夫的實驗不同的是，當艾倫從這個封閉裝置走出來時，裡面的空氣是清新的，完全可以容納更多的人進去生活。這對於外面的人來說，吸一口裡面的空氣，就會震驚於他的濕潤、濃厚和「活力」。

艾倫的試驗數據表明了人類可以在這個小屋子裡生活一段時間。後來，生物學家琳達・雷伊在這個小玻璃屋裡生活 3 個星期。在 21天的獨居結束後，他跟我說：「剛開始，我擔心自己是否能夠忍受呼吸裡面的空氣，但過了兩個星期之後，就幾乎不再注意裡面的濕氣了。事實上，我感覺到精力充沛，更放鬆，也更健康，或許是因為密閉植物清潔空氣、製造氧氣的天性。大氣即使在那個小空間裡也是穩定的。我覺得這個測試模組可以持續整整兩年之久，那大氣也不會有什麼問題。」

在這 3 周的時間裡，那些精密的監測設備顯示，無論是來自建築材料，或是來自生物體的氣體，都沒有增加。儘管整個大氣是穩定的，但他也很敏感，任何微小的騷動都會輕易地引起他的波動。當雷伊在小屋裡的土床上收成番薯的時候，他的挖掘就擾亂了製造二氧化碳的土壤生物。驚慌的小蟲暫時地改變了實驗模組中的二氧化碳濃度。這是蝴蝶效應的一個實例。在複雜系統中，初始條件的一個小變動都可能放大，大範圍影響到整個系統。這個原理通常是以這樣的例子來說明的，想像北京的一隻蝴蝶扇動一下翅膀，就會在佛羅里達引發一場颶風。而在 SBV 封閉的玻璃小屋裡，蝴蝶效應是小規模的：雷伊動了動手指，就擾亂了大氣的平衡。

約翰・艾倫和另外一位協作牧場人馬克・尼爾森預想在不遠的將來，將火星空間站建造成一個巨型封閉系統瓶。艾倫和尼爾森逐漸推演出一種稱為生態技術的混合技術，以機器和活生物體兩者的融合作為基礎，來支持人類未來移居外星的夢想。

他們對於上火星的事極為認真，而且已經開始解決細節問題了。為了上火星甚至去更遠的地方旅行，你需要一組工作人員。到底需要多少人呢？軍事長官、探險隊領導人、創業經理、還有危機處理中心的人很早就有這樣的認知：他們認為，對任何一個複雜、有危險的計畫來說，最理想的團隊人數是八個人。超過八個人，就會造成決策緩慢和扭曲；而少於八個人，突發事件以及疏忽就會變成嚴重的阻礙。艾倫跟尼爾森決定採用八個人為一個團隊。

下一步：這個瓶裝世界必須要多大，才能為這八個人無限期地提供庇護、食物、水和氧氣？

人類的需要是相當確定的。每位成年人每天大概需要半公斤食物，1 公斤氧氣，1.8 公斤飲用水，美國食品及藥物管理局（FDA）

建議的維他命量，還有幾加侖用來清洗的水。克萊爾・福爾索姆從他的小生態圈中得到推算結果，並且計算出需要一個半徑為 58 公尺的球體——一半是空氣，一半是微生物的混合液——才能提供一個人無限期的氧氣需要。接著，艾倫和尼爾森採用俄國生物圈 3 號的實驗數據，並把他跟福爾索姆、薩利斯巴利以及其他人密集栽培農業收穫的數據結合在一起。根據 1980 年代的知識和技術，他們估計需要大約 12,000 平方公尺的土地才能養活八個人。

12,000 平方公尺！那個透明的容器必須得像太空巨蛋體育場那麼大了。這麼大的跨度至少需要 15 公尺高的頂篷，外面再罩上玻璃，他真會成為一個不尋常的景觀，當然也會相當昂貴。

哇，他真的一定會很壯觀！他們一定會建成他！藉著艾德・貝斯進一步的資助，他們做到了——總共追加了一億美元。這個八人方舟的專業建造工程，於 1988 年正式動工。協作牧場人把這個宏大的計畫稱為生物圈 2 號（Bio2），我們地球（生物圈 1 號）的盆景版。建成這個「盆景」耗費三年的時間。

生物圈 2 號跟地球相比是小，但以人類的規模而言，這個完全自足的玻璃容器規模很令人震撼。生物圈 2 號這個巨型玻璃方舟有機場飛機棚那麼大；想像一下，一艘倒置的、外殼是透明的遠洋客輪。這個巨大型溫室的密閉性超強，連底部也是密封的，因為在地下 7.6 公尺的地方使用一個不鏽鋼托盤來防止空氣從地下滲漏出去。沒有任何氣體、水或者物質能夠出入這個方舟。他就是一個體育場大小的生態球——一個物質封閉、能量開放的巨大系統——只是複雜得多了。除

了生物圈 1 號（地球）之外，生物圈 2 號是最大的封閉式活系統。

想要創造一個無論大小的活系統，所面臨的挑戰都會令人感到氣餒。而創造一個像生物圈 2 號這麼大的生命奇蹟，只能形容是在持久的混亂中所進行的實驗。這樣的挑戰包括：從幾十億種可能適合的組件中挑選出幾千個合適的物種；然後把他們合理地安排在一起，讓他們彼此相互支援、互通有無，以便讓整個混合物隨著時間流逝仍然能夠自我維持，這樣也就不會有任何一種有機體犧牲其他有機體而居主宰地位。如此，這個整體才能保證他所有成員都會不斷地運轉，不會讓任何一種組成成分邊緣化，同時保證整個活動的水平和大氣氣體永遠維持在搖搖欲墜的平衡點上。噢，還有人也應該能夠在裡面生活、吃、喝，都是從這個生態圈中取得。

面對這些挑戰，SBV 決定把生物圈 2 號的存亡問題，標計出這樣的設計原則，即極其多樣的大雜燴生命體需達成一個統一的穩定性。即使生物圈 2 號無法證明其他任何事情，至少這個實驗能夠為我們揭示在過去 20 年間，幾乎所有人普遍認可的假設：多樣性保證了穩定性。他也可以檢驗某種程度的複雜性是否可以誕生自我延續性。

作為一個具有最大多樣性的建築物，生物圈 2 號最終版的平面設計中有七個生態區（生物地理的棲息環境）。在坡璃頂蓋的最高部分下面，有一個岩石的混凝土山隆起直插到穹頂。上面種著移植過來的熱帶樹木以及一個噴霧系統，這個合成的山體被改造成一片雲霧林區──高海拔雨林。這片雲霧林區向下融入一片高地熱帶草原（像一個大露台的大小，但長滿及腰的野草）。雨林的一邊在一面懸崖邊打住，懸崖下降到一個鹹水潟湖，裡面配有珊瑚、色彩斑斕的魚類，還有龍蝦。而高地草原向下延伸到一片更低、更乾燥的草原，黑壓壓地長著多刺、紊亂糾結在一起的灌木叢。這個生態區叫做多刺高灌叢，

是地球上最常見的動植物棲息地之一。在真實世界中，這種地域對人類來說幾乎是不可穿越的（因此也被忽視了）。但是在生物圈2號，他為人類和野生動物提供了一小塊隱居地。這片植物叢又通往一小塊簡潔的沼澤濕地，這是第五個生態區，最後注入了潟湖。生物圈2號的最低處，是一片沙漠，大小跟一個體操館差不多；由於裡面相當潮濕，所以種植的是從下加利福尼亞和南美移植過來的雲霧沙漠植物。在這塊沙漠的一邊，就是第七個生態區——一塊密集農業區和城市區，這裡就是八個**智人**種植食物的地方。跟諾亞方舟一樣，裡面也有動物；有些是作為食用肉，有些是當寵物養，還有些不受拘束：在荒野漫遊的蜥蜴、魚以及鳥類。另外還有蜜蜂、木瓜樹、海灘、有線電視、圖書館、健身房和自助洗衣房。烏托邦啊！

這東西的規模大得驚人。有一次我去參觀他們的建築工地，有一輛18輪的聯結車朝生物圈2號的辦公室開去。司機從車窗裡斜探出身子問他們想要把海放在哪裡，他拖來了一整車的海鹽，要在天黑前把這車上的東西卸下來。辦公室的工作人員指了工地中心的一個超大洞。那裡是史密森尼學會的瓦爾特・亞迪正在興建的一座3,785立方公尺的海，包括珊瑚礁和潟湖。在這個巨大的水族箱裡，有足夠緊湊的空間讓各種驚喜的東西出現。

造一座海並不是件容易的事。問問戈梅茲和那些喜歡玩弄海水水族箱的業餘愛好者就知道了。亞迪曾經在史密森尼學會幫一個博物館展覽培養過一個人造的、能夠自我再生的珊瑚礁。只不過生物圈2號裡這個海超大，他有自己的沙灘。他的一端是一個昂貴的造浪泵，提供珊瑚喜愛的湍流，同樣也是這種機器，可以按照月亮盈缺的循環周期製造出半公尺高的潮汐。

司機把海卸下來了：一堆每包重約22.6公斤的速溶大海，跟你

在熱帶水族店裡買的是一樣的東西。稍後，會有另一輛卡車從太平洋拉來一種啟動液，內含有合適微生物（類似發麵團用的酵母）。攪和好後，倒進去。

負責修建生物圈 2 號野生物地區的那些生態學家屬於一個學派。他們認為：土壤加上蟲子就是生態學。為了獲得你想要的那種熱帶雨林，你需要有合適的叢林土壤。為了能得到像在亞利桑那州那樣的土壤，你必須從頭做起。用推土機鏟起幾桶的玄武岩、一些沙子和一些黏土，再撒進去一點合適的微生物，然後混合到位。生物圈 2 號裡面所有六個生態區下面的土壤，都是這樣辛苦得來的。「一開始我們沒有想到的是，」湯尼・博格斯說，「土壤是活的。他們會呼吸，而且就跟你呼吸一樣快。你必須對待土壤就像對待有機體一樣。最終是土壤控制著生物區」。

一旦擁有了土壤，就可以扮演諾亞的角色了。諾亞把所有能活動的東西都弄上了他的方舟，當然這種做法在這裡肯定是行不通的。生物圈 2 號封閉系統的設計者不斷地回到那個最令人氣惱但又興奮的問題上：生物圈 2 號到底應該收攏哪些物種？現在問題已經不只是「我們需要什麼樣的有機體才能對應上八個人的呼吸」。現在的難題是「我們需要什麼樣的有機體才能對應上蓋亞？」什麼樣的物種組合，才能產出可以呼吸的氧氣、可以食用的植物、可以餵養動物（如果有的話）的植物，以及供養食用植物的物種？我們如何才能隨機地使用有機體編織出一張自我支持的網路？我們怎樣才能啟動一種共同進化的迴路？

幾乎可以舉任何一種生物為例。大多數的水果都需要昆蟲來授粉。所以想要在生物圈 2 號裡有藍莓的話，那麼就需要蜜蜂。但想要在藍莓準備好受粉時，蜜蜂就在旁邊，就得讓蜜蜂在其他的季節也可

以採花蜜。可是如果要為蜜蜂提供足夠的應季花朵讓他們可以生存的話，那其他種類的植物就沒空間擺了。或許可以換另外一種同樣能夠授粉的蜂？可以用草蜂，只要少量的花就能養活他，可是他們不去為藍莓以及其他幾種你想要的果實授粉。那麼，用蛾呢？以此類推，就會在生物目錄上一直找下去了。要分解枯朽的木本植物，是需要白蟻的，但他們喜歡吃窗戶邊上的密封膠。那什麼是能夠替代白蟻，同時又能和其他生物和平共處的益蟲呢？

「這是個棘手的問題，」這個計畫的生態學顧問彼得‧沃蕭爾說，「想要挑出 100 樣生物，甚或只從一個地方來挑，之後把他們放在一起組成一個『野生環境』，也是相當難的事情。而在這裡，因為我們有這麼多的生態區，我們得從世界各地把他們挑出來混合在一起。」

為了要湊起一個合成生態區，六、七位生物圈 2 號的生態學家一起坐下來玩這個終極拼圖遊戲。每位科學家都有某方面的專業知識，不是哺乳動物、昆蟲、鳥類，不然就是植物。儘管他們了解一些莎草和池蛙的知識，但他們的知識很少是可以系統地加以利用的。沃蕭爾嘆息著說：「如果某個地方有一個關於所有已知物種的數據庫，並列出他們的食物和能量要求、生活習性、產生的廢物、相伴物種、繁育要求諸如此類的東西就好了。但是，現在連任何與之類似的一丁點東西都沒有。甚至對那些相當常見的物種，我們所了解的也很少。事實上，這個計畫讓我們看到，我們對任何物種都所知甚少。」

在設計生態區的那個夏天，急待解決的問題是：「那麼，一隻蝙蝠到底要吃多少隻蛾？」最後，選出大約一千種較高等生物的工作成了有根據的猜測和某種生物的外交活動。每一位生態學家都列了一長串的待選名單，包括他們認為是他們最喜歡的物種，並且也最具有多

功能性、靈活的物種。他們腦子裡塞滿了各種相互衝突因素——加號和減號，喜歡靠近這傢伙，但無法忍受那一個。生態學家推測生物競爭對手的競爭力。他們為了幫助生物爭取水和日照的權利而爭吵。宛如他們是一些大使，為了保護他們所選出來的那些物種的地盤不要被侵占而進行著外交努力一樣。

「我的海龜需要吃那些從樹上掉下來的果實，愈多愈好，」生物圈 2 號的沙漠生態學家湯尼·博格斯說，「可是海龜不會留下任何果實，果蠅便無法繁育，而沃蕭爾的蜂鳥需要吃果蠅。我們是不是應該種更多的樹，來增加剩餘的果實量，或者將這塊空間用作蝙蝠的棲息地？」

於是，談判開始了：如果我能為鳥類爭取到這種花，你就可以保留你的蝙蝠。偶爾，彬彬有禮的外交活動也會回到坦率公開的破壞。像管理沼澤的傢伙想要他所挑選的一本芒，可是沃蕭爾不喜歡這個選擇，因為沃蕭爾覺得這個物種太富攻擊性，而且會侵略到他管理的那片乾地生態區。最後，沃蕭爾對管理沼澤的傢伙的選擇做了有條件讓步，但半開玩笑地補了一句：「噢，這也沒什麼差別，因為我正準備要種些高一點的象草來遮住你那些東西。」管沼澤的傢伙回敬說，他正準備種松樹，比這兩種都高。沃蕭爾開懷大笑地發誓說，他一定會在邊緣地帶種番石榴樹作為防禦牆，這種樹長得不比松樹高，但是他長得快，而且要快得多，可以提前占領這個生態位。

物物相連，這使得規畫成了一場噩夢。生態學家喜歡採用的一種做法是在食物網路中設立多餘的路徑。如果每個食物網路中有多條食物鏈，假設白蛉都死光了，那麼還有其他東西可以成為蜥蜴的備選食物。所以說，他們的做法不是要去跟那個密集糾結在一起的相互關係相對抗，而是要去發掘他。關鍵就是要去發現具備盡可能多替代角色

的生物體，這樣的話，當某個物種起不了作用時，他還有另外一、兩個方法來完成某個物種的循環迴路。

「設計一個生態群落區，就是一個像上帝去思考的機會」，沃蕭爾回憶說。你，作為一個上帝，能夠從無中生出某些東西來。你可以創造出**某些**東西——某個奇妙的、合成的、活生生的生態系統——至於會湧現出什麼東西，你是無法精確控制的。你所能做的就是把所有的部件兜攏在一起，然後讓他們**自己組裝成某種能行得通的東西**。瓦爾特‧亞迪說：「野外的生態系統是由各種補丁拼湊出來的。你向這個系統注入盡可能多的物種，然後讓這個系統自行決定他想要哪塊物種補進來。」事實上，交出控制權已經成為「合成生態學的原則」之一了。亞迪繼續說：「我們必須接受這樣一個事實，也就是蘊含在一個生態系統中的訊息量遠遠超過我們頭腦中的訊息量。如果我們只對我們能夠控制和理解的東西進行嘗試，我們將會失敗。」所以他警告說，一個自然生成的生物圈 2 號生態系統，其精確的細節是無法預測的。

但那細節可是有重要意義的。八條人命就靠這些細節所形成的一個整體。生物圈 2 號的造物主之一，博格斯，為沙漠生態群落訂購沙丘上的沙子讓卡車運進來，因為生物圈 2 號只有建築用沙，就陸龜來說，這種沙子太尖利，會劃破他們的腳。「你必須照顧好你的龜，這樣他們才能照顧你。」他用一種神父說話的語氣說著。

在生物圈 2 號前兩年裡，可以到處亂跑而加以照料這個系統的動物數量非常少，因為沒有足夠的野生食物能支援他們大規模生存。沃蕭爾幾乎沒有把像猴子一樣的非洲嬰猴放進去，因為他無法確定小株的相思樹是否能提供足夠的樹膠來滿足他們。最後他放了 4 隻嬰猴進去，並在方舟的地下室存放了幾百磅救急用的猴子食物。生物圈 2

號其他野生動物的居住者包括豹紋龜、藍舌石龍子（「因為他們是通才」──不挑食）、各種蜥蜴、小雀類、以及袖珍綠蜂鳥（部分原因是為了授粉）。「大部分的物種都會是袖珍型的，」在封閉之前，沃蕭爾告訴一位《發現》雜誌的記者，「因為我們確實沒有那麼大的空間。事實上，理想的情況是，人也可以是袖珍型的。」

這些動物並不是一對一對地放進去的。「想要保障繁殖，雌性的比例應該高於雄性，」沃蕭爾告訴我，「理想是讓雌性和雄性的比例最低限度為 5：3。我知道主管約翰‧艾倫所說的八個人──四男、四女──對於人類的新建殖民地和繁衍是最小的規模，但是從生態學的正確性而不是符合政治正確的觀點來看，生物圈 2 號的組員應該是五個女性、三個男性。」

有史以來第一次，創造一個生物圈的謎題逼得生態學家得像工程師那樣思考問題：「需要的東西都有了，做那件工作要用什麼材料？」同時，參與這項計畫的工程師也不得不像生物學家那樣思考問題：「那不是泥土，那可是活的生物體！」

對生物圈 2 號的設計者來說，一個難以解決的問題是為雲霧林區造雨。降雨很難。最初的計畫比較樂觀，就是在叢林區中 26 公尺高的玻璃屋頂的最高處安放一些冷凝管。這些冷凝管會凝結叢林中的濕氣，形成溫和的雨滴從天頂降下──真正的人造雨。早期的測試顯示出，這樣的雨水出現次數非常少；一旦出現，又太大、太具摧毀性，根本不是植物所需要的溫柔持續的雨水。第二個獲得雨水的計畫是在上頭的框架結構上裝置灑水器，但在兩年的時間裡，只是證明這個辦法造成了維護上的噩夢，因為這些打了精細小孔的噴頭勢必得要疏通或更換。最後的設計方案是將到處放置在坡面上的水管末端裝上噴嘴，「雨水」就可以從這些噴嘴噴出來。

生活在一個物質封閉的小系統裡面倒有一個未曾想到的結果，那就是水不但不缺，而且還很充裕。大約一周的時間，所有的水是百分之百的回收利用，藉由濕地處理區中微生物的活性得到了淨化。當你的用水量愈多，也只是水進入循環的速度稍微加快而已。

生命的任何領域都是由數不清的獨立迴路編織而成的。生命的迴路——物質、功能和能量所遵循的路線——重疊、相互交錯編織成無數的結，無法辨別其脈絡。只有由迴路編結而成更大的模式能夠顯現。每個環路都使其他的環路變得更堅韌，直到形成一個難以解開的整體。

這並不是說，包裹得緊密的生態系統中就沒有什麼滅絕的事情發生。對於進化來說，一定的滅絕率是必要的。瓦爾特・亞迪之前在做部分封閉的珊瑚礁的時候，所得到的物種大概是 1% 的流失率。他預估在第一個兩年周期結束的時候，整個生物圈 2 號中的物種大概會有 30 ～ 40% 的下降。（我在寫這本書的時候，耶魯大學的生物學家還沒有完成物種流失的研究，他們目前正在清點生物圈 2 號重新開放之後的物種數量。）

不過亞迪相信，他已經學會如何培育多樣性了：「現在我們所做的，就是塞進去比我們希望能活下來的物種更多樣的生物。這樣流失率就會降下來。特別是昆蟲和低等生物。那麼，等到下一輪開始的時候，我們再次過量地往裡頭塞，放些有點差別的物種——但我們的第二次猜想可能會發生的情況是，還是會有大比例的損失，也許是四分之一。但是在下一次封閉的時候再重新注入。每一次物種的數量都會穩定在一個比上一次高一點的水平上。系統愈複雜，他所能容納的物種就愈多。當我們持續這樣做的話，就能確立多樣性了。如果你把生物圈 2 號在最後才能容納的物種在第一次時就放進去的話，這個系統

在一開始就會崩潰。」這個巨大的玻璃瓶是個能增加複雜性的多樣性泵機。

生物圈 2 號的生態學家有一個巨大的問題，就是如何以最佳方式啟動初始的多樣性，使他成為之後多樣化成長的槓桿。這跟如何把所有的動物都裝載到方舟上的實際問題是非常緊密相關的。要怎麼做才能把 3,000 個互相依存的生物塞進籠子裡——而且還是活的？亞迪提出這樣的建議：以濃縮一本書的方式壓縮整個生態群落，再把他移入生物圈 2 號那個相對縮小的空間；亦即，選擇分布在各處的精華，再把他們融合到一個取樣器裡。

他在佛羅里達州南部大沼澤地選了一塊長約 48 公里，優良的紅樹林沼澤區，把他一格一格地勘查了一遍。按照含鹽梯度，大約每 800 公尺就挖一個小方體的紅樹根（約 10 公分深、0.37 平方公尺大）。再把這區帶有多葉的樹枝、根、泥以及附著在上面的藤壺等裝箱、拉上岸。這些分段取出的切塊，每一塊的含鹽量都因其中稍微不同的微生物而略有差異。經過與一些農業海關人員把紅樹（mangroves）當作是芒果（mangoes）的長時間談判之後，這些沼澤樣本終於被運到亞利桑那。

就在這些來自大沼澤區的泥塊等著被放進生物圈 2 號的沼澤裡的同時，生物圈 2 號的工人們把防滲箱子和各種管道組成的網路鈎連起來，這樣便形成一個分散式的鹽水潮，然後將大約有 30 塊立方體重新安置到生物圈 2 號裡頭。開箱之後，重新形成的沼澤只占了小小的 27×90 公尺的地方。不過在這個排球場大小的沼澤中，每一個部分都有一個逐漸增加含鹽分量的微生物混合物。如此一來，從淡水到海水的生命流會壓縮在一個可以雞犬相聞的近距離中。因此要運用類似的方法，一個生態系統的規模大小便成了一個重要的關鍵點。比如

說，當沃蕭爾在要弄那些可以製造一個小型稀樹草原各個部分的時候，他搖著頭說：「我們最多也只能把一個系統中大約十分之一的品種搬進生物圈 2 號。至於昆蟲總數，比例差不多接近百分之一。在西部非洲的稀樹草原上會有 35 種蟲子，而我們這裡最多也就 3 種。所以問題是：我們是要製造草原還是要弄成草坪？當然是要比草坪好⋯⋯但要好到什麼地步，我就不知道了。」

　　藉由獲取自然環境中的某些部分，再將他們建造成濕地或者草原，只是建立生態區的辦法之一──生態學家把這種辦法稱為「類比」法。這種辦法的效果似乎不錯。但正如湯尼・博格斯所指出的：「這個辦法有兩種途徑。你可以模擬在自然界中所發現到的某個特定的環境，或者參照多個環境創造一個合成的環境。」生物圈 2 號最終決定要做成一個合成的生態系統，其中有很多類比的部分，比如像亞迪的沼澤。

　　「生物圈 2 號是一種合成的生態系統，而現在的加州也是一種合成的生態系統。」博格斯說。沃蕭爾也同意這種觀點：「你在加利福尼亞所看到的，會是未來的一個徵兆。一種深度的合成生態。他有數百種外來的物種。澳大利亞的很多地方也正往這個方向走。而且紅杉樹／尤加利樹林木區也是一種新的合成生態系統。」在這個飛機漫遊的世界，很多物種不經意地或刻意地搭上飛機，從他們的原生地漫遊到他們原本根本不能到達的遠方，造就了許多不同的生態系統。沃蕭爾說：「瓦爾特・亞迪是第一個使用合成生態這術語的人。之後我意識到，其實在生物圈 1 號裡已經有了大量的合成生態。而我並沒有

在生物圈 2 號中發明一個合成的生態，我只是把已經存在的東西進行複製而已。」康乃爾大學的愛德華‧密爾斯已經在北美五大湖中辨識出 136 種來自歐洲、太平洋和其他地方的魚，現在他們已經在五大湖地區興旺繁殖了。「也許五大湖地區大多數的生物量其實都是外來的，」密爾斯宣稱，「他現在已經是一個十足的人造系統了。」

我們不妨開設一門人工生態系統創造學，畢竟我們已經不經意地創造了合成生態。很多古生態學家認為，人類早期的整個活動譜系——打獵、放牧、放火燒荒以及對草藥採集的選擇性——已經在荒野打造出一種「人工的」生態；確切地說，就是一個生態系統已經由人類的技能大大體現而成形。事實上，所有那些我們覺得是自然的、未受侵犯的野生環境，其實都充滿了人為和人類活動的痕跡。「很多雨林實際在很大程度上是由印第安的土著所管理，」博格斯說，「可是等到我們進去的時候，所做的第一件事就是清除印第安人，因此專業管理技能就消失了。我們之所以認為這片老樹是原始雨林，是因為我們自己所知道管理森林的唯一的管理的方式，就是砍掉樹木，而這裡並沒有明顯的砍伐痕跡。」博格斯相信，人類活動的痕跡遺留得很深刻，所以不會輕易地被清除掉。「一旦你改變了生態系統，並找到必要的氣候窗口以及合適的種子播撒在土地上，那麼改變就開始了，而且是不可逆轉的。這時合成的生態系統可以持續運轉下去，也不再需要人的存在，他不受干擾地運轉。即使所有加利福尼亞的人都死了，目前的合成的動植物群落仍會保持下去。」這是一種新的亞穩定狀態，只要現有的自我強化條件不變，他就會一直保持現狀。」

「加利福尼亞、智利以及澳大利亞正非常地快速匯聚，成為同樣的合成生態，」博格斯說，「他們由同樣的人建立，因同樣的目的而形塑：弄走那些古老的草食動物，換上生產牛肉的牛。」作為一個合

成生態系統，生物圈2號正預示著生態學的到來。顯然的，我們對自然界的影響並沒有消失。或許生物圈2號這個大玻璃瓶能夠教會我們如何以人工的方式演化出一種有用的、較不具破壞性的合成生態。

當這些生態學家開始刻意地裝配第一個合成生態的時候，他們嘗試設計了幾條他們覺得在創造任何活的封閉生物系統時非常重要的指導原則。生物圈2號的製造者們把這些原則稱為「生物圈原則」。創造生物圈的時候要記得：

- 微生物做大部分的工作。
- 土壤是有機體。他是活的。他會呼吸。
- 製造多餘的食物網路。
- 逐步地增加多樣性。
- 如果不能提供一種物理功能，就需要模擬類似他的功能。
- 大氣會傳播整個系統的狀態。
- 聆聽系統；看看他想要去哪裡。

雨林、凍土帶、沼澤本身並不是自然的封閉系統，他們彼此之間是開放的。我們所知道的唯一的自然封閉系統：就整體來看，是地球；或者說，是蓋亞。說到底，我們對創造新的封閉系統的興趣，還是在於想要調配出另外些個活的封閉系統的例子，這樣我們就能概括他們的表現，進而理解地球系統，我們的家園。

在封閉系統中，各種物種會進行非常特別的共同進化。把蝦子倒進一個燒瓶裡然後把瓶頸卡死，就好像是把一條變色龍放進一個鏡像瓶裡，然後封住入口。這條變色龍會對他自己生成的形象做出反應，就像蝦子會對他自己形成的氛圍做出反應一樣。一旦內部的迴路編織

成形又緊湊結在一起，就會加速封口的瓶子內的變化及進化。這種隔絕，就跟陸棲進化的隔絕一樣，培育著多樣性和顯著的差異性。

不過，最終所有的封閉系統都會被打開，或者至少會出現裂縫。我們可以肯定的是，無論哪一種我們製造出來的人造封閉系統，遲早都會被打開。生物圈2號大約會每年封閉、打開一次。而在宇宙中，在星系時間的尺度內，星球的這種封閉系統也會被穿透，以交叉方式共享生命種子──隨處交換一些物種。宇宙的生態類型是：封閉系統（各星球）中的某個星系，像被鎖在鏡像瓶裡的變色龍那樣瘋狂地發明各種東西。不時地從一個封閉系統中產生出驚奇，從而給另外一個封閉系統帶來震撼。

在蓋亞，我們所建造的那些在短暫期間內封閉狀態的小蓋亞，大部分都只是具有教育意義上的輔助物。他們是為了回答一個基本問題建造出來的模型：我們對地球上這個大一統的生命體系有什麼樣的影響，以及能夠發揮什麼樣的作用？是否有我們可以達到的控制層面，或者蓋亞根本不受我們的控制？

第九章

冒出的生態圈

「我感覺自己像是在遙遠的太空。」羅伊・沃爾福德透過視頻連線對記者說。方舟自 1991 年 9 月 26 日至 1993 年 9 月 26 日首次進行為期兩年的封閉實驗期間，羅伊・沃爾福德是住在生物圈 2 號裡的其中一位。在那段時間裡，八個人，或者稱做為八個生物圈人，斷絕了與地球上所有其他生命的直接接觸，並且遠離了由生命驅動的物質流動，他們在微型蓋亞替代品中創建一個自治、與世隔絕的生命圈，並且生活在其中。他們彷彿已經住在太空了。

沃爾福德身體健康，但奇瘦無比，好像都吃不飽。在那兩年裡，所有的生物圈人都沒吃飽過。他們的超微型農場一直受到蟲害的困擾。因為他們不能向這些小動物噴灑農藥——否則，他們就得在未來一周的時間裡飲用蒸餾過的水——所以他們只能吃少，挨餓了。絕望的生物圈人曾一度匍匐在一排排的馬鈴薯的植物區，用攜帶式吹風機驅趕葉片上的小蟲，但是沒有成功。結果，他們總共失去了五種主食作物。其中一位生物圈人的體重更是從 93 公斤驟降到 70 公斤。不過，他也做了準備，在一開始就帶了幾件尺寸非常小的衣服。

一些科學家認為，一開始就計畫讓人類生活在生物圈 2 號裡並不是最有效的方式。他們的自然學家顧問彼得‧沃蕭爾說：「作為一名科學家，我比較贊同第一年只把最底層的兩、三種生物封閉在裡面：單細胞生物以及更低等的生物。我們可以觀察這個微生物宇宙是如何調控大氣。接著，再把所有東西都放進去，將系統封閉一年，比較這其間的變動。」一些科學家認為，比較會有問題並且難以去支援的現代人類不應該進入生物圈 2 號，人類在裡面只是成為一種娛樂性質而已。但也有許多科學家確信，相較於遠離地球以外發展人類生存技術的實用目標，生態研究是沒有意義的。因此，生物圈 2 號的資助者艾德‧貝斯先生委任一個獨立的科學顧問委員會來評論這個計畫在科學上的重要性和議題所引起的衝突觀點。1992 年 7 月，他們遞交了一份報告，這份報告肯定了這項實驗的雙重意義。報告陳述如下：

　　　　委員會確認，生物圈 2 號至少在科學上有兩大領域的顯著貢獻。其一，讓我們了解封閉系統的生物地球化學循環。從這個角度來看，生物圈 2 號代表著，他比以往所研究過的封閉系統都要大得多，也複雜得多。在以往的研究，人類的出現除了對系統進行觀察和測量之外，並沒有必要出現在封閉系統中，因而一開始時不被重視。

　　　　第二是讓我們獲得了在封閉的生態系統中維持人類和生態取得平衡的知識和經驗。綜上所述，人類的存在正是這項實驗的核心。

　　作為後一種情況的例子，人類居住在這封閉系統裡的第一年，就產生了一個完全出乎意料的醫學結果。這群與世隔絕的生物圈人的常

規血液測試顯示出，他們血液中的殺蟲劑和除草劑濃度增加了。由於生物圈 2 號裡每一個環境因素都不斷而且精確地受到監控——有史以來最嚴密的監控環境——科學家知道在裡面是不可能存在任何殺蟲劑或是除草劑的。其中一位生物圈人曾經在第三世界國家生活過，在他的血液裡找到了美國二十年前已經禁用的殺蟲劑成分。根據醫生的推測，這是因為生物圈人的日常食物有限，體重大幅度下降，於是開始消耗過去儲存在體內的脂肪，導致幾十年前殘留在脂肪中的毒素釋放出來。在生物圈 2 號建成之前，精確測試人體內的毒素並沒有什麼科學意義，因為沒有辦法嚴格控制他們的吃、喝，呼吸的空氣或者接觸過的事物，但現在有了。生物圈 2 號不只提供了一個可以精確追蹤生態系統中汙染物質流向的實驗室，也提供了一個可以精確追蹤汙染物在人體內流動的實驗室。

人體本身就是一個巨大的複雜系統——儘管我們有先進的醫學知識，但尚未被探測清楚——我們只能將其孤立在更加複雜的生命之外，再加以適當研究。生物圈 2 號是進行這項研究的極好方式。但是科學顧問委員會卻忽略了載入人類的另一個理由，這個理由在重要性上等同於做好準備將人類送進太空一樣；這個理由有關控制與輔助。人類將充當「通往思想之路的拇指」，是做為初期的伴護，只要過了那個階段，就不再需要人類了。封閉生態系統的運轉一旦穩定下來，人類就並非那麼需要了；不過，他們可能有助於系統的穩定。

例如，就實際的時間問題來看，任何一位科學家都無法負擔經營多年才湧現的生態系統，從而任其隨時自行崩潰而只得從頭再來的損失。只要生態圈裡的人測量並記錄他們的所做所為，就可以將這個封閉系統從災難的邊緣拉回來，並且仍然合乎科學研究的宗旨。在很大的程度上，生物圈 2 號這個人造生態系統按照自己的路線運行，當他

滑向失控狀態或者停止運轉時，生物圈人可以稍微推他一把，助他一臂之力。他們與這個湧現出來的系統共享控制權。他們是副駕駛。

　　生物圈人共享控制權的方式之一，是擔任「關鍵捕食者」的角色——生態抑制的最後手段。植物或動物數量如果超過生態位，就會受到人類的「仲裁」以保持在合理的範圍內。如果薰衣草灌木叢生長過於旺盛，生物圈人就把他砍掉回復原來的密度。當熱帶稀樹草原上的草生長到擠壓仙人掌的生存空間，他們就拚命除草。事實上，生物圈人每天要花數小時在野地裡除草（還不算他們在農作物區裡除草的時間）。亞迪說：「你想要建立多小的合成生態系統都隨你。不過，你建立的系統愈小，人類作為操刀手的作用就愈大，因為他們必須表現出比生態群落的自然力量更強大的力量。我們從自然界所獲得的援助令人難以置信。」

　　「我們從自然界所獲得的援助令人難以置信。」參與生物圈 2 號的自然科學家一次又一次發出這樣的訊息。生物圈 2 號最缺少的生態援助就是擾動。例如，一場不合季節的大雨、風、閃電，大樹突然倒下，讓人無法預料的事件等等。就如在迷你的生態球中一樣，不管是溫和，還是粗暴，自然界都需要一些變化。擾動對養分循環是重要關鍵。一場突如發生的大火造成失衡，可以催生出一片大草原或者一片森林。彼得・沃蕭爾說：「生物圈 2 號裡所有的一切都是受控制的，但是大自然需要狂野，需要一點點的混亂。用人工的方式生成擾動是一件昂貴的事情。另外，擾動也是一種溝通的方式，是不同的物種和小生境之間彼此打招呼的方式。例如像是搖晃的擾動，對於將小生境的效率最大化是不可少的。而我們這裡沒有任何擾動。」

　　生物圈 2 號中的人類就是擾動的上帝、混亂的代表。作為駕駛員，他們有責任共同控制方舟；但自相矛盾的是，他們也有責任當個

破壞份子，不時製造一定量的失控狀態。

沃蕭爾負責在生物圈 2 號裡製造微型熱帶草原以及製造對他的微小擾動。沃蕭爾說，熱帶草原在周期擾動的情況下進化，因此每隔一段時間需要自然助力。熱帶草原上的每一種植物需要經過火的洗禮，或者是遭到羚羊的啃噬。他說：「熱帶草原對擾動非常適應，若沒有擾動，自身就難以維持下去。」接著開玩笑說，不妨在生物圈 2 號的熱帶草原上立一塊標示牌，上面寫著「歡迎打擾」。

擾動在生態系統中是必要催化劑，但在生物圈 2 號這樣人造的環境中複製擾動並不便宜。攪動湖水的造波機不僅複雜、嘈雜，而且昂貴，還有沒完沒了的故障；更糟糕的是，他只能製造非常規則的小波動——最小的擾動。生物圈 2 號地下室的巨大風扇推動四周的空氣，模擬風的運動，但這樣的風幾乎吹不動花粉。製造能夠吹動花粉的風，昂貴得讓人卻步；火帶來的煙霧也會讓裡面的人感到窒息。

「如果我們真的要把這個工程做得完美的話，就要為青蛙模擬雷電現象，因為大雨傾盆和雷電能刺激他們繁殖。」沃蕭爾說，「但我們真的不是在模擬地球，而是模擬諾亞方舟。事實上，我們要問的問題是，我們切斷多少聯結後，還能讓一個物種繼續生存？」

「還好，我們還沒有垮掉！」瓦爾特・亞迪輕笑著說。儘管一直與世隔絕，也接觸不到自然界的豐富施與，但瓦爾特・亞迪在生物圈 2 號創建的模擬珊瑚礁以及在史密森尼學會博物館的模擬沼澤（有人用水管澆灌，經歷了一場暴風雨）也都茁壯成長。「只要處置得當，他們是很難被殺死的；甚至偶爾處置不當也沒關係，」亞迪說，「我的一個學生一天晚上忘記拔掉史密森尼沼澤地的某個插頭，使得鹽水淹沒主電路板，凌晨兩點的時候整個東西都爆炸了。直到隔天下午我們才修復沼澤的抽水機，但沼澤仍舊活下來了。我們不知道，如果我

們被這麼折騰能夠存活多久。」

　　生命不斷繁衍。在生物圈 2 號裡，生命生生不息。生態瓶裡肥沃多產。生物圈 2 號，前兩年裡誕生了很多新生命，最引人注目的是系統關閉後的前幾個月所誕生的嬰猴。兩隻非洲侏儒山羊孕育了五個小生命，奧薩博島豬生了七隻小豬；一條格紋交錯的格紋襪帶蛇在雨林邊緣的薑黃色地帶孵出了三條蛇寶寶；蜥蜴把眾多的蜥蜴寶寶藏在沙漠岩石下面。

　　不過，所有的大黃蜂都死了。四隻蜂鳥也都死了。潟湖裡的一種珊瑚（總共有四十支）也走向了「滅絕」，只剩下一支。所有的橙頰藍飾雀在過渡籠子裡時，就都死了，也許是亞利桑那州異常多雲的冬天太冷了。生物圈 2 號的生物學家琳達・雷伊很沮喪，認為如果早點把他們放出來的話，說不定他們能自己找到一個溫暖的藏身角落。人類此時成了懊悔的神。而且，命運總是具有諷刺意味。在系統封閉之前，三隻不請自來的麻雀偷偷地溜進來，在這裡快樂生活。雷伊抱怨說，麻雀既傲慢又吵鬧，甚至一意孤行、行為粗魯，而橙頰藍飾雀優雅、安靜，是悠揚的歌唱家。

　　斯圖亞特・布蘭德有一次在電話裡刺激著琳達說：「你們這些人怎麼回事，難道不想成功嗎？留著麻雀，忘了橙頰藍飾雀吧！」布蘭德極力主張進化論：找到活下來的生物，任其自然繁殖；讓生物圈告訴你，他要往哪裡發展。雷伊坦白地說：「第一次聽到斯圖亞特這麼說時，我嚇了一跳，但我愈來愈贊同他的說法。」然而問題不僅只有麻雀，還有長在人工熱帶大草原上的霸道藤蔓，沙漠上的熱帶稀樹草

原上的草，無處不在的螞蟻，以及其他不請自來的生物。

城市化導致邊緣物種的出現。當今世界的特徵是分裂成一個個的小斑塊。存留下來的荒野被分割成島嶼，而那些能夠繁衍最好的物種在斑塊間的縫間區域茁壯成長。而生物圈 2 號就是各種邊緣地帶的小型合集。他每平方英尺所包含的生態邊緣比地球上任何一個地方都要來得多。不過他既沒有所謂的中心地帶，也沒有幽暗的地下世界，這也正是歐洲的大部分地區以及亞洲的許多地方，還有北美洲東部逐漸顯露的特點。邊緣物種都是一些投機份子：烏鴉、鴿子、老鼠和雜草，他們在世界各地的城市邊緣到處可見。

琳・馬古利斯，是位直言不諱的鬥士，也是蓋亞理論的共同作者，在生物圈 2 號封閉以前就對他的生態前景做出預測。他告訴我，「這個系統將全部為城市野草所覆蓋。」城市野草是指那些處在由人類製造出來的一塊塊棲息地邊緣上的各種動植物，能隨遇而安蓬勃地生長著。畢竟，生物圈 2 號正是最典型斑塊化的荒野。根據馬古利斯的推測，最後當你打開生物圈 2 號大門時，你會發現裡面到處都是蒲公英、麻雀、蟑螂和浣熊。

人類的角色就是防止這樣的事情發生。雷伊說：「如果我們不干預的話──也就是說，如果沒有人清除那些過於成功的物種──那麼，我相信生物圈 2 號可能會走向琳・馬古利斯所預言的情況發展：一個百慕達草和綠頭鴨的世界。不過，因為我們有做選擇性的砍伐，我認為，這種結果不會發生，至少在短期內不會。」

對於生物圈人是否能操控由 3,800 個物種自然生成的生態系統，我個人心存疑慮。在最初兩年的時間裡，雲霧繚繞的沙漠變成了霧氣籠罩的灌木叢──這比預期的濕度要高，草喜歡這裡。茂密的牽牛花藤蔓越過了雨林的頂篷。這 3,800 個物種為了能按他們自己的想法發

展，採取迂迴、智取、黑箱操作等各種招數，一步步瓦解了生物圈人想要成為「關鍵捕食者」的希望。那些隨遇而安的物種十分堅韌。他們正處在天時地利人和的環境中，當然會想要待著不走了。

有彎喙嘲鶇可以作證。有一天，一位來自美國魚類和野生動物部的官員出現在生物圈 2 號的玻璃窗外。橙頰藍飾雀的死亡上了電視新聞，動物權益的積極份子一直打電話到他的辦公室，希望他能夠履行職責前往查看，在生物圈 2 號裡的橙頰藍飾雀是不是他們從野外捕獲帶進裡面致死的。生物圈人向這名官員出示了收據和其他證明文件，證明已死的橙頰藍飾雀只是籠子裡養的店售寵物，其身分符合野生動物部門的規定。「順便問一下，你們這裡還有什麼其他的鳥類嗎？」他問他們。

「現在只有一些麻雀和一隻彎喙嘲鶇。」

「你們有沒有彎喙嘲鶇的許可證？」

「呃，沒有。」

「你們應該知道，根據《候鳥協定》，飼養彎喙嘲鶇是違反聯邦法律的。如果你們故意持有他，我必須給你們開一張傳票。」

「故意？不，你誤會了。他是一名偷渡客，我們想方設法要把他趕出去，也試過一切所能想的辦法來誘捕他。以前我們不想讓他進來，現在也不想讓他留在這裡。他吃了我們的蜜蜂、蝴蝶，還有一切他能找得到的昆蟲。現在，昆蟲已經所剩無幾了。」

狩獵監督官和生物圈人面對面地在厚厚氣密玻璃的兩側。儘管他們近在眼前，卻需要通過對講機說話。這場超現實般的對話仍持續著。生物圈人說：「瞧，即使我們能夠抓住他，現在也沒辦法放他出去。我們還得要**完全被封閉**在這裡一年半呢。」

「噢。嗯，我知道了。」監督官停了一下。「那這樣好了，既然

你們不是故意把他圈起來的，那我開給你們一張圈養彎喙嘲鶇的許可證，你們可以在開啟系統後，再放他出來。」

有人想要打賭他永遠也不會出去嗎？

順其自然就好。不同於脆弱的橙頰藍飾雀，精力充沛的麻雀和倔強的嘲鶇都喜歡上了生物圈 2 號。嘲鶇有他迷人的魅力。清晨，他優美的歌聲越過荒野，為那些白天從事例行工作的「關鍵捕食者」喝彩。

生物圈 2 號裡自行交織在一起的雜亂生物都在奮力抗爭。這是一個共同進化的世界，生物圈人也必須隨著這個世界一同進化。生物圈 2 號正是專為測試一個**封閉系統**如何共同進化而建造。在一個共同進化的世界裡，動物所棲居的大氣環境及物質環境也和動物本身一樣，適應性愈來愈強，並且愈來愈栩栩如生。生物圈 2 號是一個試驗工作台，用來揭示環境如何統治滲入其中的生物，以及生物如何反過來支配環境。大氣是至為重要的環境因素，他產生生命，而生命也產生大氣。結果顯示，生物圈 2 號這個透明的玻璃容器是觀察大氣和生命交互作用的理想場所。

在這個極其密閉的世界裡──密閉程度比任何 NASA 太空艙高出數百倍──大氣中充滿了驚喜。首先，空氣出乎意料的純淨。在以往的封閉棲息地，以及例如像是 NASA 太空梭這樣的高科技封閉系統中，微量氣體累積是一件如此令人頭疼的問題，而現在這片荒野的集體呼吸作用卻消除了這些微量氣體。某種未知的平衡機制──很可能是微生物──淨化了生物圈 2 號裡面的空氣，使得生物圈 2 號裡的

空氣比任何到目前為止的太空旅行都要乾淨得多。馬克‧尼爾森說：「有人曾算過，每年大約花費一億美元來保證一名太空人能在太空艙裡生存，然而這些傢伙的居住環境卻惡劣得讓你難以想像，甚至不如貧民區。」馬克提到他有一位熟人，他曾經很光榮地去迎接太空人返航。當他們預備開艙門時，他正激動地站在攝影機前面等著。他們打開了艙門，一股難聞的氣味撲面而來，他吐了。馬克說：「這些傢伙真是英雄，能在這麼差的環境下撐了過來！」

兩年中，生物圈 2 號內的二氧化碳含量時高時低。有一次，連續六天陰天，二氧化碳的含量度高達 3,800 ppm。我們來看一組對比數字：外部環境中的二氧化碳含量通常穩定地保持在 350 ppm；鬧市區裡的現代化辦公室內，二氧化碳含量可能會達到 2,000 ppm；潛艇在啟動二氧化碳「淨化器」之前，允許潛艇內的二氧化碳含量達到 8,000 ppm；NASA 太空梭內空氣中二氧化碳的「正常」含量是 5,000 ppm。相較之下，生物圈 2 號在春季期間，日均 1,000 ppm 的二氧化碳含量是相當不錯的了；二氧化碳含量的波動就如同處在一般城市生活之中的變動範圍內，人體幾乎難以察覺。

不過，大氣中二氧化碳含量的波動確實對植物和海洋有所影響。在二氧化碳含量高得令人緊張的那幾天，生物圈人擔心空氣中增加的二氧化碳會溶解在暖和的海水中，增加水中碳酸（二氧化碳＋水）的比例，降低水的酸鹼值，傷害到新近移植的珊瑚。生物圈 2 號的部分使命就是了解二氧化碳的增加對生態的進一步影響。

人們注意到地球大氣的成分似乎在變化著。但是我們只能肯定他在變化，除此以外，有關這種變化的表現，我們幾乎一無所知。歷史上曾有的精確測量只與一個成分有關——二氧化碳。過去這三十年來，相關數據顯示出地球大氣層的二氧化碳含量在加速上升。繪製這

曲線圖的是一位單獨作戰、堅持不懈的科學家——查爾斯·基林。1955 年，基林設計了一台儀器，可以用來測量任何環境中的二氧化碳含量，從煤煙燻黑的城市屋頂到原始荒野的森林。基林像著魔似地到每一個他認為二氧化碳含量可能有所變化的地方測量。他不分白天黑夜地測量，還發起了在夏威夷山頂以及在南極不間斷測量二氧化碳含量的工作。基林的一位同事告訴記者：「基林最特別之處在於，他有強烈的欲望要去測量二氧化碳含量。他無時無刻不在想著這件事，不管是在大氣中的、還是海洋中的二氧化碳含量，他都想測量。他一生都在做這件事。」至今，基林仍然在世界各地測量二氧化碳的含量。*

基林很早就發現到，大氣中的二氧化碳含量每天都呈現周期性變化。晚上，植物停止了一天的光合作用，空氣中的二氧化碳含量明顯增加；而晴天的下午，由於植物全力將二氧化碳轉化為營養物質，會使二氧化碳含量達到低點。幾年後，基林觀察到二氧化碳的第二個周期，即南北半球的季節性周期，夏低冬高，原因與日周期的原因一樣：因為綠色植物停止捕食二氧化碳。而基林的第三個發現則是將人們的關注集中到大氣的動態變化。基林注意到，不論何時何地，二氧化碳的最低含量永遠不會低於 315 ppm。這個閾值就是全球二氧化碳含量的背景值。另外，他也注意到，該閾值每年都會升高一些；至今，已經是 350 ppm。最近，其他研究人員在基林一絲不苟的紀錄中發現到二氧化碳的第四個趨勢：季節性周期的幅度正在不斷增大。彷彿這個星球一年呼吸一次，夏天吸氣，冬天呼氣，而且他的呼吸愈來愈沉重。大地女神蓋亞是在深呼吸還是在喘息呢？

———————

＊查爾斯·基林於 2005 年逝世，享壽 77 歲。原書出版於 1994 年。

生物圈 2 號是微型的蓋亞，是一個自我封閉的小世界，其中有著來自於活生物所創造的微型大氣環境。這是第一個完整的大氣／生物圈的實驗室。他有機會解答有關地球大氣運作的重要科學問題。人類進入這個試管，是為了預防實驗崩潰，使他能避開一些顯而易見的危機。其餘的我們雖然在生物圈 2 號外面，卻身處在地球這個大試管裡。我們胡亂地改變著地球大氣，可是根本不知道如何去控制他，也不知道他的調節器在哪裡，甚至不知道這個系統是否真的失調並且處在危機之中。生物圈 2 號可以為我們提供所有這些問題解答的線索。

　　生物圈 2 號的大氣非常敏感，因此只是一片雲飄過，二氧化碳的指針也會升起。陰影在瞬間會減緩植物的光合作用，暫時阻斷二氧化碳的吸入，並且立刻在二氧化碳計量表上顯現出來。在局部多雲的日子裡，生物圈 2 號的二氧化碳曲線圖表上會顯示出一連串的小尖峰曲線。

　　儘管過去十年裡，大氣中的二氧化碳水平得到了全面關注，而且農業學家也仔細研究了植物中的碳循環，但是地球大氣中的碳去向依舊是一個謎。氣候學家們普遍認為，當今時代的二氧化碳含量增長和因工業時代的人類燃燒碳的速率大致上非常相稱。這種單純的對應忽略了一個令人震驚的因素：經過更精確的測量後，現在地球上燃燒的碳只有一半留在大氣中，增加了二氧化碳的濃度，而另外一半消失不見了！

　　有關失蹤的碳，理論很多。其中有三個占主導地位：(1) 溶入海洋，以碳雨的形式沉降到海底；(2) 被微生物儲存到泥土中；(3) 最具爭議的理論是：失踪的碳刺激了世界上稀（無）樹草原上草的生長，或者變身為樹木，隱密但規模巨大，我們還無法對其進行測量。在大氣中，二氧化碳是公認的有限資源。當二氧化碳含量為 350ppm 時，

其濃度百分比只有微弱的 0.03% ——只是一種微量氣體。陽光普照下的一片玉米地，不到五分鐘就可以消耗離地 90 公分高範圍內可獲得二氧化碳的量。二氧化碳水平的微小增加也能顯著地提高生物量的生產。根據這個假設，還沒有被我們砍伐殆盡的森林，樹木正因為大氣中額外的二氧化碳「肥料」增加了 15% 的重量；其速率，甚至可能比別處破壞樹木的速率都要來得快。

到目前為止的證據令人困惑不解。不過，1992 年 4 月《科學》雜誌發表的兩篇研究報告，宣稱地球上的海洋和生物圈確實可以按照需求的規模來貯存碳。其中一篇文章指出，儘管受到酸雨和其他汙染物質的負面影響，但自 1971 年以來，歐洲森林新增了 25% 以上的木材量。不過，任何人根本無法詳細地審查有關碳的全球訊息。由於我們對全球大氣的無知，因此生物圈的試驗帶給我們希望。在這個密封玻璃瓶裡相對受控的條件下，我們可以探索並且繪製動態的大氣與活躍的生物圈兩者之間的連結。

在生物圈 2 號封閉之前，裡頭的空氣、土壤、植物，以及海裡的碳含量都仔細測量過。當陽光激發光合作用後，透過測量的方式測量從空氣中轉移到了生物體內的碳含量。每次有收成任何一種植物時，生物圈人總是煞費苦心地秤其重量並記錄下來。他們可以藉著微小的干擾來觀察碳是如何改變的。譬如當琳達・雷伊以一場人工的夏雨「刺激稀樹草原」時，生物圈人同時測量底層土、表層土、空氣和水等各個範圍的碳水平。兩年結束之時，他們繪製了一張極其詳盡的圖表，標示出所有的碳分布位置。並且藉著保存乾燥葉片樣本的方式，記錄其中自然產生碳同位素的比例變化，來追蹤碳在這個模擬世界中的運動軌跡。

碳只是其中的第一個謎。但另外一個謎更令人感到不解。生物圈

2號裡的氧氣含量比外面要低。氧氣量從 21% 降低到 15%；氧氣含量下降了 6%，相當於將生物圈 2 號移到海拔更高、空氣更稀薄的地方。西藏拉薩的居民就是居住在相類似的氧氣稍低的環境中。生物圈人因而體驗到了頭痛、失眠和疲倦。雖然還不是什麼災難，但氧含量的下降仍令人感到困惑。在一個密閉的瓶子裡，消失的氧氣去了哪裡了？

和失蹤的碳不一樣，生物圈 2 號裡的氧氣會神祕消失，完全出乎意料。有人推測，認為是生物圈 2 號裡的氧氣被封住在新近改造過的泥土中，或許被微生物生成的碳酸鹽捕獲了。或者是，可能被新攪拌的混凝土吸收了。生物圈的研究者經過快速檢索科學文獻後，發現地球大氣中有關氧氣含量的數據資料非常少。唯一所知的（但幾乎沒有報導過）事實是，地球大氣中的氧氣很可能也在消失中！沒有人知道原因，甚至也不知道少了多少。「我很震驚，全世界的一般民眾竟然都默不作聲，沒有人想要了解我們消耗氧氣的速度有多快。」具有遠見的物理學家弗里曼‧戴森說。他是少數提出這個問題的科學家之一。

那麼，為什麼於此止步呢？一些觀察生物圈 2 號實驗的專家建議，下一步應該追蹤氮在大氣中的來源和去向。儘管氮是大氣中的主要成分，但人們對於他在大循環中的作用也只是略知一二。如同碳和氧一樣，目前對氮的了解都來自於還原論者在實驗室裡的實驗或電腦計算機模型。也有人提議，生物圈 2 號裡的人下一步應該繪製鈉元素或磷元素的圖表。生物圈 2 號對科學所做的最重要貢獻可能就是提出了關於蓋亞和大氣很多重要的問題。

當生物圈 2 號內的二氧化碳含量首度急遽上升時，生物圈人採取了對抗措施來限制二氧化碳的上升。平衡大氣的主要方法是「有意的

調配季節」。選一片乾燥的、休眠中的稀樹草原、沙漠或荊棘叢，利用升高溫度的方法來喚醒他進入春天。很快地，許許多多的葉芽長出來，接著再降一場大雨。「嘭！」的一聲，四天之內所有的植物都爆發出枝葉和花朵。被喚醒的生物群落區吸收二氧化碳。一旦醒了，這個生態群落區，就可以藉著修剪老枝條來促進新枝生長以消耗二氧化碳，讓他跳過應正常的休眠時間而仍然保持活躍的狀態。正如雷伊在第一年的深秋時寫的：「隨著冬天日照漸短，我們必須做好準備來應對光照的減少。今天，我們開始修剪雨林北部邊緣的生薑帶，促使其快速生長——這是一項日常的大氣管理工作。」

這些人藉由旋轉「二氧化碳閥門」來管理大氣。有時他們會反過來做，例如為了將二氧化碳充入空氣中，生物圈人會將早先修剪下來的乾草拖出來，鋪疊在土壤上並且弄濕。當細菌開始分解他們時，就會釋放出二氧化碳到空氣中。

琳達‧雷伊把生物圈人對大氣的干預稱為「分子經濟」。他們在調節大氣的時候，可以「把碳放進我們的帳戶裡安全地儲存，這樣的話，等到來年夏日變長，植物生長需要他的時候，再把他拿出來使用。」那些修剪下來的枝葉乾燥後所堆放的地方，下方土壤就扮演碳銀行的角色。需要的時候就把碳借出，並且還伴隨著水。生物圈2號中的水從一個地方轉向另一個地方，很像聯邦政府用來刺激地區經濟的支出手段。把水引到沙漠，二氧化碳含量就會降低；把水灌溉到乾枯的草墊上，二氧化碳的含量就增加。在地球上，我們的碳銀行就是阿拉伯沙漠地下的石油，而我們所做的就只是使用他而已。

生物圈2號將漫長的地質時間壓縮在幾年裡完成。生物圈人希望藉著擺弄碳對「地質的」調節——大量碳原子的儲存和釋放，進而能夠對大氣進行粗略的調整。他們玩著海洋，降低他的溫度，調整含鹽

滲透液的回流，些微改變他的 pH 值，並且同時對其他上千種變量進行推斷。「正是那些上千種變量讓生物圈 2 號系統具有挑戰性與爭議性。」雷伊說，「我們其中大多數的人都是被教導著不要同時考慮，儘管也只有兩個可變量。」生物圈人希望，如果幸運的話，第一年就能夠藉由精心所選擇的一些斷然措施來緩和大氣和海洋初始的震盪擺動。他們將充當輔助輪，直至這個系統一整年的循環都可以只依賴太陽、季節、植物和動物的自然活動來保持他自己的平衡。到那個時候，系統就「冒出」了。

　　「冒出」是海水養魚愛好者的行話，用來描述一個新魚缸在經過一段漫長、曲折的不穩定時期後，突然穩定下來的情形。像生物圈 2 號一樣，海水魚缸是一個精緻的封閉系統，他依賴著看不見的微生物世界來處理較大動植物排泄的廢物。一如戈梅茲、弗爾薩姆、皮姆在他們的小世界中所發現的，對於微生物而言，可能需要 60 天的時間才能生成穩定的群落。在魚缸裡，各種細菌需要幾個月時間來構建食物網，讓自己在新魚缸的砂礫中安定下來。隨著更多的生命物種慢慢加入這個剛成形的魚缸，水環境非常容易陷入惡性循環。如果某種成分超量（比如說氨），就會導致一些生物死亡，生物腐爛又會釋放更多的氨，殺死更多的生物，進而迅速引發整個群落的崩潰。為了讓魚缸能夠平穩地通過這段極敏感的不平衡期，養魚愛好者會藉由適當換水、選用化學藥品、安裝過濾裝置以及從其他穩定魚缸裡引入細菌等方法，溫和地輔助這個生態系統。經過大約六星期的時間，微生物相互遷就——新生的群落一直徘徊在混沌邊緣——突然地，就在那麼一夜之間，系統「冒出」來了，氨迅速歸零。他現在可以長久地運轉下去了。系統一旦冒出成形，就會更自立、更能自行穩定，也就不再需要一開始時人為的輔助了。

有趣的是，一個封閉系統在冒出前後的兩天裡，所處的環境幾乎沒有什麼變化。除了做一些照護外，所能做的就只有等待。等待他發育、成熟、長大、發展。「不要急，」海水養魚愛好者建議，「不要在系統自行組織的時候，急著催他孕育。你能給他的最重要的東西就是時間。」

過了兩年，生物圈 2 號仍然綠意盎然，他正在成熟階段。他經歷了需要「人為的」照料來緩和初期的狂野震盪。雖然他還沒有冒出穩定的系統，或許還要幾年（幾十年？）才能冒出，假使他可以並且能夠冒出的話。這就是這個實驗的目的。

我們還沒有真正注意到，但是我們可能會發現，所有複雜的共同進化系統都需要「冒出」。生態系統的恢復者，如恢復大草原的帕克德和恢復楠薩奇島的溫蓋特，似乎都發現，藉由逐漸提高複雜性可以重組大型系統；一旦一個系統達到了穩定水平，他就不會輕易地趨向於倒退，彷彿這個系統被新的複雜性帶來的凝聚力所「吸引」似的。人類的組織機構，比如團隊和公司，也會展現「冒出」的特徵。某些輕微的助力——新加入的合適管理者、巧妙的新工具——可以馬上把35 位有能力並且努力工作的人組織成一個富有創造力的有機體，取得遙遙領先的成功狀態。只要我們利用足夠的複雜性和靈活性來製造機器和機械系統，他們也會冒出穩定的狀態。

就在生物圈 2 號的草原、森林、農場以及生物圈人現在的居所之下，藏有他另一副面孔：機械的「技術圈」。技術圈是為了協助生物圈 2 號能夠「冒出」而存在的。在這片荒野的一些地方，有樓梯盤旋

向下通到塞滿各種設備的洞穴狀地下室。沿著牆壁有數條如手臂般厚並以顏色編碼的管道，長達 80 公里。還有如科幻黑色幽默電影《巴西》中巨大的通風管，綿延數公里的電子線路，整間都是重型工具的工作間，擠滿打穀機和碾穀機的走廊；備用零件架、開關盒、儀表盤、真空鼓風機、200 多部馬達、100 台水泵機、60 個風扇。宛如潛水艇的內部，又像是摩天大樓的背面部分。這塊區域是工業「垃圾」所在地。

技術圈支撐著生物圈。巨大的鼓風機每天要將生物圈 2 號的空氣循環個好幾次，重型泵機要抽排雨水，造波機的馬達不分晝夜地運行，各種機器嗡嗡作響。這個不加掩飾的機器世界不是在生物圈 2 號外面，而是在他的組織內部，就像是骨骼或軟骨，是這個大型有機體的不可分割的部分。

譬如說，生物圈 2 號的珊瑚礁如果離開了藏有藻類清潔器的地下室就無法存活。清潔器是個桌子般大小、布滿藻類的淺碟型塑膠盤。照亮整個房間的鹵素太陽燈跟展覽館內用做照明人工珊瑚礁的燈是一樣的。事實上，清潔器就如同生物圈 2 號內珊瑚礁的機械腎臟。他們跟池塘過濾器的功能一樣：淨化水質。藻類消耗珊瑚礁排泄出來的廢物，在強烈的人工陽光下，他們迅速增殖成黏稠的綠藻被。綠色的黏絲很快就會堵塞清潔器；就像水池或魚缸的過濾器一樣，每隔十天就需要有個可憐傢伙將他刮除乾淨——這是那八個人的另一項工作。清洗藻類清潔器（清潔下來的東西就成為肥料）是生物圈 2 號裡頭最討厭的差事。

整個系統的神經中樞是在電腦控制室，他是由生物圈 2 號周圍的電線、晶片以及感測器等構建而成的人工大腦皮層來負責運作。在該軟體網路中，對設施的每個閥門、每條管道、每部馬達都進行了仿

真。方舟裡的任何風吹草動──無論是自然的還是人工的──很少能逃過分散式電腦的知覺。生物圈 2 號的反應就像一頭野獸。在整個結構中，約有一百種化合物都不斷地在空氣、土壤和水中被測量。管理機構 SBV 企圖從該計畫中產生一種可能獲利的技術，並且也是一種精密的環境監控技術。

當尼爾森說，生物圈 2 號是「生態和技術的聯姻」時，他是對的。這正是生物圈 2 號之所以動人之處──他是一個生態技術的極佳範例，是自然和技術的共生。我們還不足以了解如何在沒有安裝水泵機的情況下去建構生物群落，但是在水泵機的輔助下，我們能夠嘗試著將系統建立起來並且從中學習。

在很大程度上，這是一個學習新的控制方式的問題。湯尼・博格斯說：「NASA 追求的是對資源利用的最優化。他們選中小麥，就對小麥的生產環境進行優化。但問題是，把一大堆物種放在一起時，你不可能將每一個物種分別優化，必須對整體事物進行優化。如果逐一優化的話，就會變成是依賴工程的控制。SBV 希望能夠移除工程的控制，轉為生態控制。如此，最後就會降低成本。這樣或許會失去生產過程中的某些最優性，但能擺脫對技術的依賴性。」

生物圈 2 號是一個用於生態實驗的巨大燒瓶，比起野外實驗能（或應該）做到的需要更多環境控制。我們可以在實驗室裡研究個體生命。但是要想觀察生態生命和生物圈生命就需要一個更龐大的空間。譬如，在生物圈 2 號裡面，我們可以很有把握地引入或剔除一個單一物種，並確信其他的物種不會有所改變──這都是因為這個空間足夠大，能產生某種「生態的」東西。約翰・艾倫說：「生物圈 2 號是生命科學的迴旋加速器。」

或者，生物圈 2 號真的是一個更好的諾亞方舟，是一個大籠子裡

的未來動物園；在裡面，包括稱為智人的現代人觀察者在內的一切事物都可以自由發展。物種無拘無束，並且可以與其他物種一起共同進化成任何所想要的樣子。

同時，想要駕馭太空的人把生物圈2號視為是脫離地球進入銀河系神遊的一個務實步驟。從空間技術的角度來看，生物圈2號是自登陸月球以來最激動人心的消息。而NASA不僅在概念階段就對這個計畫不斷地嘲笑，並且自始至終都拒絕給與援助；最後卻也吞下高傲的苦果，承認這個實驗確實有所收穫。失控生物學有了自己的地位。

所有這些意義其實都是某種演變的宣示。多里昂·薩根（Dorion Sagan）在他的著作《生物圈》（*Biospheres*）裡對於相同的演變表現形式提出三種最精闢的描述：

這些被視為生物圈「人造的」生態系統最終也是「自然的」——一種行星現象，就整體而言，是屬於生命奇特繁殖行為的一部分。……我們正處在行星演變的第一個階段。……在這個階段明確無疑的是個體的再現：既不是微生物，也不是植物或動物，而是作為一個鮮活整體的地球再現……

是的，人類捲入了這場再現，但昆蟲沒有參與花的繁殖嗎？活躍的地球現在依靠我們和我們的工程技術來完成再現，但這並不能否定，表面上為人類搭建的生物圈，其實所代表的是在行星上其生物系統的複製。……

什麼是明確的成功？八個人住在裡面有兩年之久？那十年，或者一個世紀又怎麼樣呢？事實上，生物圈的再現，在其內部有著回收和再造人類生活所需要的棲息地，乃開啟了某種我們無法預知其結局的東西。

當一切運轉順利、能挪出時間做白日夢時，生物圈人可以想想，這個系統將會走向哪裡？下一步是什麼？是在南極的一個生物圈 2 號綠洲？還是一個有著更多蟲子、鳥類和莓果的更大生物圈 2 號？最有趣的問題可能是：生物圈 2 號能夠有多小？微縮化大師的日本人，迷戀上生物圈 2 號。日本的一個民意調查顯示，超過 50% 的人認同這項實驗。對於那些生活在方尺的幽閉住所以及與世隔絕的島嶼上的人來說，微型生物圈 2 號似乎具有積極的魅力。事實上，日本的一個政府部門已經公布了一項關於生物圈 J 的計畫。據他們說，這個「J」代表的不是日本，而是 Junior，有更微小之意。官方草圖顯示了由一些個房間所構成的小雜院，由人造光源照明，裡面塞滿了各種小型的生態系統。

建造生物圈 2 號的生態技術學家已經理出了一些基本技巧。他們知道如何密封玻璃，如何在非常小的面積裡更替種植作物，如何回收自己的排泄物，如何平衡大氣，如何適應無紙生活，以及在裡面如何和睦相處。這對任何規模的生物圈而言，都是一個很好的開端。未來還會出現各種規模、各種類型的生物圈 2 號，可以容納各種不同的物種組合。誠如馬克·尼爾森告訴我的：「將來，生物圈會在很多地方散葉開花。」更確切地說，他認為各種大小規模、組合不同的生物圈種類，彷彿就是不同的生物圈物種，為開疆拓土而爭鬥，為共享基因而結合，以生物有機體的方式混合雜交。他們會在星球上安家落戶；而地球上的每一個城市中也都應擁有一個用於實驗和教學的生物圈。

1991 年春天裡的一個晚上，由於某個管理上的疏忽，我一個人

被留在快要完成的生物圈裡。當時，建築工人已經收工回家，SBV的員工正在關閉山頂上的照明燈。我單獨一個人待在蓋亞的第一代後裔裡面。這裡靜得出奇，感覺置身於一座大教堂中。我在農業群落區遊蕩，可以隱約地聽見遠處大海中傳來低沉的砰砰聲，那是造波機每隔十二秒湧起一個波浪時發出的撞擊聲。在造波機附近——機器吸進海水，再吐出來形成波浪——聲音聽起來就像一隻灰鯨噴氣的聲音，正如琳達‧雷伊所說的。而站在園子裡，那遠遠傳來的低沉呻吟聲，聽起來如同西藏喇嘛在地下室裡的誦經聲。

外面，是黃昏時刻的棕色沙漠。裡面，是充滿生機的綠色世界。高高的草叢，漂浮在盆中的海藻，成熟的木瓜，魚跳躍濺起的水花。我呼吸著植物的氣息，那是一種在叢林和沼澤中才能聞得到的濃濃植物味。大氣緩緩地流動；水不斷地循環；而支撐起這個空間框架的結構逐漸冷卻的同時，也吱吱嘎嘎地緩慢運轉著。這片綠洲生氣盎然，卻寂靜無聲，一切都在靜靜地忙碌著。這裡看不到任何人，但是某些事物正一同上演著。我能夠體會到生命共同進化中那「共同」的涵義。

太陽快要下山了。柔和而溫暖的陽光照在這座白色大教堂上。我想，我可以在這兒住上一段時間。這裡有一種空間感，是一個溫暖舒適的洞穴，而晚上依然向星空開放，是一個可以孕育思想的地方。馬克‧尼爾森說：「如果我們真想在太空中像人類一樣地生活著，那我們就必須學會如何建立生態圈。」他說，在蘇聯的太空實驗室裡，那些無暇做無聊事情的強壯男子從床上飄起來後做的第一件事，就是照料那小小豌豆苗「實驗」。這種和豌豆的密切關係，對他們來說至關重要。我們都需要其他的生命。

在火星上，我只會在人造的生物圈裡生活。但在地球，在人造生

物圈裡生活，卻是一項崇高的實驗，只有那些先驅者才會去做。我能想像，過一段時間後，那會給人一種生活在一個巨大試管裡的感覺。在生物圈 2 號裡，我們將學到有關地球、我們自己以及我們所依賴的無數其他物種的大量知識。我堅信，有朝一日，我們在這裡所學的知識將會用在火星或月球上。事實上，他已經教會我這個旁觀者，**要像人類一樣生活就意味著要和其他生命一起生活**。對於機器技術將代替所有生物物種，我的內心已經不再感到恐懼。我相信，我們會保留其他物種，因為生物圈 2 號證明了，生命就是科技。生命是終極的科技。機器技術對生命技術而言，是一種暫時替代品。隨著我們對機器的改進，他們會變得更加有機、更為生物化、更近似生命，因為生命是生物的最佳技術。總有一天，生物圈 2 號中大部分的技術圈會由工程生命和類生命系統所代替。總有一天，機器和生物之間的差別將會難以區分。當然，「純」生命仍將擁有他的一席之地。我們今天所認為的生命，未來仍會是終極科技，因為他具有自治性——他能夠自立，更重要的是，他能夠自主學習。任何種類的終極科技必然都會贏得工程師、公司、銀行家、幻想家以及先驅者的支持——儘管他們都曾經被視為是純生命的最大威脅。

在這片沙漠中停泊的玻璃太空船被稱為生物圈，因為當中整個貫穿著自然界的邏輯。自然界的邏輯（生物邏輯，生物學）正在融合有機體和機械。在生物工程公司的廠房裡和類神經網路電腦的晶片內，有機體和機器正在融合。不過，沒有一個地方能夠把生物和人造物的聯姻像在生物圈 2 號容器中那樣呈現得如此淋漓盡致。哪裡是人造珊瑚礁的終點，哪裡又是劈里啪啦作響的造波機起點？哪裡是處理廢物的沼澤起點，哪裡又是廁所排水管的終點？而控制大氣的是風扇還是土裡的蟲子？

生物圈 2 號之旅的收穫，大都是疑問。我待在裡面只有幾個小時，就得到了需要思考多年的問題。這就足夠了。我轉動氣閘門上的巨大手把，走出安靜的生物圈 2 號，走進黃昏的沙漠。如果在那裡面待上兩年的話，一定會充實整個人生。

第十章

工業生態學

西班牙的巴塞隆納是一個充滿著堅定樂觀主義者的城市。他的市民不只歡迎貿易與工業、藝術與歌劇，也擁抱著未來。

在 1888 年和 1929 年，他就舉辦了兩次重要的萬國博覽會，相當於現今的世界博覽會。巴塞隆納熱切地承辦這類與未來產生密切關係的盛會，乃是因為某位西班牙作家認為，這個城市「……實在沒有理由存在……因此（他）不斷藉著製造偉大的願景來重塑自己」。1992 年巴塞隆納自製了一個的偉大遠景，即是奧林匹克。年輕的運動員、大眾文化、新技術和大把的資金——對於這個充滿常識性設計和誠實商業精神的古板城市來說，確實是個相當吸引人的景象。

在這麼一個務實的地方，傳奇人物高第卻建造了幾十棟地球上最奇怪的建築。他的建築物實在是太前衛太怪異了；直到最近，巴塞隆納的居民和全世界才能理解他們的真正涵義。他最出名的作品就是尚未完工的聖家堂大教堂。該教堂於 1884 年開始興建，高第在世時所完成的部分充滿了激動人心的有機力量。建築物的正面有岩石滴水、圓拱和花朵，宛如像植物園般地花團錦簇。四個高聳的尖塔有著蜂窩

狀的孔洞，展現出擔負起支架功能的嶙峋風骨。建築後部往上三分之一的地方則聳立著第二組高塔，像個巨大的大腿骨支柱自地面而起，倚靠著教堂，保持教堂的穩定。從遠處看，這些支柱看起來好像是生物已經死去很久的巨型慘白腿骨。

高第所有的作品都湧動著生命的流動。通風管道從他巴塞隆納的公寓屋頂上冒出，像似一大堆來自於外星球的生命形式在那裡聚集。窗簷和屋頂排水溝呈曲線，自然流暢，而不是依循機械的直角。高第捕捉了那獨特的生命反應，讓他跨越方正的校園草坪，勾勒出一條優美的弧型捷徑。他的建築似乎不是造出來的，而是長出來的。

想像一下，如果整個城市都是高第的建築，這會是一座植入式住宅和有機教堂的人造森林。想像一下，如果高第用不著去製作石板面的靜止圖像，而是能夠隨著時間推移賦予他的建築以有機生物的行為能力，那麼他的建築就會迎風面加厚，或者隨著住戶改變用途時重新調整內部結構。想像一下，高第的城市不但依照有機設計建造，而且像生物一樣具有適應性、靈活性以及進化的能力，形成一個建築生態群。然而這一個未來願景，甚至連樂觀的巴塞隆納都還沒有做好準備去接受。但，這就是未來，他正帶著自適應技術、分散式網路和人造進化向我們靠近。

當我們瀏覽 1960 年代初期以來的舊雜誌《大眾科學》就能明白，對一棟活房子的想像早已長達數十年，這還不包括在更早之前出現的精彩科幻故事。動畫裡，《傑森一家》就住在這樣的房子裡，和這樣的房子說話，就好像他是動物或是人一樣。我認為這個比喻接近事實，但不太正確。未來的自適應房子會更像一個有機的生態園，而不是單個生物，更像一片叢林而不像一隻狗。

生態房屋的組件在一般的現代住宅裡就能看見。我已經可以設定

家裡的恆溫器，使他能自動地在工作日和周末時以不同的溫度操縱爐子。就本質而言，火和時鐘連成網路。我們的錄影機能夠報時，也可以跟與電視機對話。隨著電腦的尺寸持續愈變愈小，直到成為一個小點，進而植入所有的電子用品中，那麼就可以期待我們的洗衣機、音響以及煙霧警報器等形成一個家用網域，並在其中相互通話。不久的將來，當訪客按下門鈴時，門鈴會關掉吸塵器，這樣我們就能聽到鈴聲。當洗衣機內的衣服洗好了，就會發送一則訊息到電視上，通知我們把他放進烘乾機中。甚至家具也會成為具有生命樹林中的一部分。長椅裡的一個微型晶片感應到有人就坐後，就會打開房子裡的暖氣。

正如工程師目前在一些實驗室中所預想的那樣，這個家用網域的工具是一個遍布每一戶家庭裡每一個房間的萬能插座口。**每一樣東西**都接了進去，如電話、電腦、門鈴、暖爐，吸塵器，所有都接進去這個插座口，從中獲取電力和訊息。這些聰明的插座接口將 110 伏特的電力只分配給「具有資格的」裝置，並且是在他們請求需要時。當你把一個智能用品插入家用網域時，他的晶片會表示他的身分（「我是烤麵包機」）、狀態（「我開著」），以及需要（「給我 10 瓦的 110 伏特」）。而小孩子用的叉子或斷掉的軟電線是得不到電力的。

插座接口時時刻刻都在交換訊息，當電器有所需要時就提供電力。最為重要的是，這些互聯的接口將許多線路都匯聚到一個基座，這樣他就可以從任何一點接收到智能、能量、訊息以及情報。你將門鈴按鈕接入前門附近的一個插座，然後就可以將門鈴喇叭接入每一個房間裡的每一個插座中。在一個房間接進音響，就可以在其他房間裡享受音樂。時鐘也是一樣。不久之後，全球通用的時間訊號就會藉由所有的電線和電話線上傳達，那麼只要在任何地方接入某個電器，他

至少會知道日期和時間，並且在英國格林威治天文台或美國海軍天文台的主控報時器下自動校準夏令時間。所有接入家用網域的訊息都將會共同分享。暖爐的恆溫器可以提供室內溫度給任何對此感興趣的裝置，例如火災警報器或吊扇之類的。所有能被度量的訊息——如光亮度、居住者的活動、噪音級別——都能進入家用網域進行分享。

遍布智能線路的房子將成為殘疾人和老年人的救命幫手。床頭的開關使他們能夠控制燈光、電視以及房子裡其他各處的安全小物件。生態建築也將會更有效率地節能。一位報導漸露曙光的智能住宅產業記者伊恩·艾勒比說：「你不會在清晨兩點爬起來開洗碗機只為了省15分錢，但假如你能夠事先設定機器設備的啟動時間，那就太棒了！」對於電力公司來說，這種去中心化的功率滿有吸引力，因為這種收益比建造一個新的發電廠要大得多。

至目前為止，還沒有人真正地住在智能住宅裡。1984年，電子公司、建築業協會和電話公司聚集在「智能住宅合資計畫」的大旗下，開發有關智能住宅的協議和硬體。到1992年年底左右，他們建成了十多戶示範家庭來吸引記者和募集資金。他們最後放棄了1984年設定的萬能標準接口，因為這個憧憬在初期階段太過於激進了。作為過渡時期的技術，智能住宅使用三種線纜，並在基座盒上提供三種連接口（直流電、交流電和通訊線路）來區分不同的功能。這讓「反向兼容性」得以存在——而這是一個給蠢笨的開關式電器設備有接入的機會，無需用智能設備來取代他們。美國、日本和歐洲的競爭對手們嘗試其他的想法和標準，包括利用無線紅外線網路來連接小機件。這使得由電池供電的可攜式設備以及非電子裝置可以有機會連接上網路。門上可以安裝半智能的晶片，通過空中看不見的信號「接入」網路，使家居生態系統了解房門是否關閉，或者是否有訪客人來到了門

廊。

我在 1994 年預言：智能辦公室會比智能住宅更早實現。因為商業具有訊息度密集的本質——他依賴機器，而且需要不斷地適應——因此對於家居生活來說，那只是微不足道的魔法；但對辦公室來說，卻可以帶來顯著不同的經濟效益。居家時間通常被當作是休閒時間，所以通過智能網路所省下來的那麼一點時間不像上班時將時間累積起來那樣珍貴。如今，辦公室裡連線的電腦和電話屬於必要設備，下一步就是連線的照明和家具了。

全錄在加州帕羅奧多市的公司實驗室（PARC）發明了用在第一批蘋果電腦的重要元素，但遺憾的是，當時未加以充分利用。不經一事不長一智，帕羅奧多研究中心現在打算全力拓展實驗室裡正在醞釀的另一項超前（並且可能會盈利）的概念。中心的負責人馬克‧威瑟年輕開朗。他率先提議將辦公室當作一個超有機體——一個由許多互聯部件構成的網路生物。

帕羅奧多研究中心的玻璃牆辦公室坐落在灣區的一座山丘上，可以俯瞰矽谷。當我去拜訪威瑟的時候，他身穿一件亮黃色的襯衫，配著紅色背帶褲。他總是笑著，好像創造未來這件事很好笑一樣，而我也被感染沉浸其中。我坐在沙發上，沙發是駭客巢穴中絕不可少的家具裝備，即使在全錄這樣一流的駭客巢穴裡也少不了他們。威瑟太好動了，簡直坐不住；他站在一面從地面直到天花板的大白板前，一直揮動著雙手——一隻手裡還拿著一支麥克筆。他舞動的手臂好像是在說，你很快就會**看**到，這可是很複雜的。威瑟在白板上畫的圖案就

像古羅馬軍團的圖解。圖的下方有一百個小單元。往上是十個中等單元。頂部位置是一個大單元。威瑟畫的軍隊圖形是一個「房屋有機體」的場域。

　　威瑟告訴我，他真正想要的是一大群微型智慧物件。他的辦公室布滿了一百個小東西，對彼此、對他們自己、對他都有一個大概而模糊的意識。他的房間變成了一個半智能晶片的超大群落。他說，你所需要的就是在每本書裡都嵌入一枚晶片，來追蹤這本書放在房間裡的什麼地方，上次打開是什麼時候，翻開到哪一頁。晶片甚至會有一個章節目錄的動態拷貝，當你第一次把書帶進房間時，他會自行與電腦的數據庫連接。這時，書就具有了社會屬性。所有存放在書架上的訊息載體，比如說書、錄影帶等都被嵌入一枚便宜的晶片，可以彼此交流，告訴你他們的位置以及他們的內容。

　　在布滿這類物件的生態辦公室裡，房間就會知道我人在哪裡。如果我不在房間的話，顯然他（他們？）應該把燈關掉。威瑟說：「大家都隨身攜帶自己的電燈開關，而不是在各個房間裡安裝電燈開關。想開燈時，口袋裡的智能開關就會打開你所在房間的電燈，或者調到需要的亮度。房間裡不必裝設調光器，你手上就有一個，個性化的燈光控制。音量調節也是一樣。禮堂裡，每個人都有他們個人的音量控制器。音量太大聲或是太小聲時，大家都可以像投票似地使用自己口袋裡的控制器。聲音最後定格在一個平均值上。」

　　智能辦公室在威瑟的眼中，是個無處不在的智慧物件所構成的層級架構。層級的底部是一支微生物大軍，形成房間的背景感知網路。他們將位置和用途的訊息直接提供給上層單元。這些前線士兵是些廉價、可丟棄的小晶片，附著在寫字板、小冊子以及聰明的便利貼筆記本上。你成打地購買，就像在購買影印紙或記憶體晶片一樣。他們在

集結成群後可以發揮最佳功效。

接下來是大約十個中等尺寸（比麵包盒稍稍大一點）的顯示幕，安裝在家具和電器設備，能與辦公室的主人進行更頻繁、更直接的互動。當他們連接到智能住宅這個超級有機體後，我的椅子在我坐下的時候就能認出我，而不會錯認成別人。當我早上一股腦兒地坐下來的時候，他會記得我上午一般要做些什麼事。接下來他就會協助我的日常工作，喚醒需要預熱的電器，準備當天的行程計畫。

每個房間至少也會有一個電子顯示幕，91.4公分寬或更大一些──像一扇窗戶、一幅畫或一個電腦／電視螢幕。在威瑟的環境計算世界裡，每個房間裡的大顯示幕都是最聰明的非人類。你和他說話，在上面指指點點、寫字，他都能懂。

螢幕可以顯示影片、文本、精美的藝術圖形，或是其他類型的訊息。他和房間裡的其他物體都是互聯的，確切地知道他們想要做什麼，並能忠實地在**屏幕上呈現**出來。這樣，我就有兩種方式與書進行互動：翻看實體書，或是在螢幕上翻看書的圖像。

每個房間都成為一個計算的環境。電腦的自適應本質融入到背景中，直到幾乎看不見，但又無所不在。「最深刻的技術是那些看不見的技術，」威瑟說，「他們將自己編織進日常生活的枝微末節之中，直到成為生活的一部分而無法分辨。」書寫的技術走下精英階層，不斷放低姿態，從我們的意識中出走。現在，我們幾乎不會去注意到水果上的標籤或電影字幕等等那些無處不在的文字。馬達剛出現的時候，就像一頭巨大高傲的野獸；之後，他們也慢慢地縮小，融入（並且也被遺忘）在大多數機械裝置中。喬治・吉爾德在《微宇宙》一書中說：「電腦的發展可以視為是一個坍塌的過程。那些曾經成功地存在微宇宙表面之上的部件，卻一個接一個地進入無形的層面，再也無

法以肉眼清楚地看見他們。」電腦帶給我們的自適應技術剛開始時也是龐大、醒目而且集中化的。但是當晶片、馬達、感測器都坍塌進入無形的王國時，他們的靈活性仍存留下來，形成一個分散式環境。實體消失了，留下的是他們的集體行為。我們與這種集體行為進行互動——這個超有機體，或說這個生態系統——於是，作為一個整體的房間也就成為一個自適應的繭。

吉爾德又說：「電腦最終將會縮小成針頭般的大小，並且能夠回應人類的要求。人類的智能以這樣的形式傳送到任何的工具或裝置上，傳送到我們周圍的每一個角落。因此，電腦的勝利不會使世界去人性化，反而會使我們的環境更臣服於人類的意圖。」我們創造的不是機器，而是將我們所學的觀念與判斷力融會於機械化的環境當中。我們正將我們的生命延伸到周邊的環境裡。

「你知道虛擬實境的前提是把你自己置身於電腦世界中，」馬克‧威瑟說，「但，我想要做的恰恰相反。我想要把電腦世界安置在你身外的周邊。未來，你會被電腦的智慧包圍起來。」這種意想不到的大轉變真是棒呆了。為了能專心並沉浸在體驗電腦所生成的世界中，我們得戴上護目鏡，穿上緊身衣；而當你完全被不斷計算著的魔法包圍住時，你所要做的只是推開一扇門而已。

一旦你人處在由網路支配的房間裡，所有的智能房間就互相通知。牆上的大畫面就成為進入我的房間和他人房間的門戶。譬如，我聽說有本書值得一看。我在我的房內進行數據搜索，我的螢幕說拉爾夫的辦公室有一本，就在他桌子後面的書架上，那裡都是公司購買的書籍，上星期剛有人讀過。愛麗絲的小隔間裡也有一本，就在電腦手冊旁邊，這本書是他自己花錢買的，還沒有人讀過。我選擇了愛麗絲，在網路上給他發一個借閱的請求。他說，好。我親自到愛麗絲的

房間取書，回到我自己的房間，他就根據我的嗜好改變了他的外觀來配合我房間的其他書。（我喜歡讓那些我折角過的內容先顯示出來）書的內置紀錄會記下書的新位置，並知會每個人的數據庫。這本書不大可能會像絕大多數借出的書那樣一去不回。

在智能房間裡，假如開著音響，電話鈴聲就會稍微大聲一點；而當你接聽電話時，音響也會自動調低音量。辦公室裡的電話答錄機知道你的汽車不在停車場，他就會告訴打電話的人你還沒到。當你拿起一本書時，他就會打開你閱讀時最喜歡坐的椅子上方的燈。電視會通知你，讀過的某本小說在這星期有了電影版。每樣東西都相互聯結。時鐘會聽天氣；冰箱會看時間，並在牛奶告罄之前進行訂購；書會記得自己在哪裡。

威瑟寫道，在全錄的實驗性辦公室裡，「房門只會對佩戴正確徽章的人打開；房間跟人們打招呼時會叫出他們的名字；打進來的電話會自動轉接到接聽者可能待著的地方；櫃檯人員知道每個人的確切位置；電腦終端機能了解坐在他面前任何人的喜好；預約紀錄會自行登記。」但假設我不想讓部門裡的每一個人都知道我在哪個房間時，怎麼辦？最初參加全錄帕羅奧多研究中心普及計算實驗的工作人員們時常為了逃離沒完沒了的電話而離開辦公室。他們覺得總是能被人找到，感覺就像是在坐牢一樣。沒有隱私技術的網路文化是無法興盛起來的。個人加密技術或防偽數位簽章等隱私技術正迅速發展起來（參看後續章節）群體的天性也可以保障匿名性。

威瑟的建築群是一個機器共同進化的生態系統。每一個設備都是

一個有機體，都可以對刺激做出反應並與其他設備溝通。合作會有回報。落單的話，則大多數的電子元件是無用的，會因無所事事而消亡。聚在一起，則會構成一個群落，細心而強大。每個微小裝置所缺乏的深度都會由共有的網路來補上，那共有網路的集體影響力遍及整棟大樓，他的觸角甚至達及人類。

嵌入式智能和生態流動性，將不僅為房間以及廳堂所有，連所有街道、賣場以及城鎮也將會擁有他。威瑟以字詞的使用為例說明。他說，書寫就是一種到處嵌入我們環境裡的一種科技。書面文字遍布城鄉，無處不在，被動地等待人們閱讀。威瑟說，想像一下當運算與聯結以同樣的程度嵌入到所構建的環境中時，那麼街頭標識會連結到汽車導航系統或是你手中的地圖（當街道改名時，所有地圖也都會跟著改變）；停車場的路燈會在你進入之前亮起；正確地指著廣告牌時，他會傳送給你更多的產品訊息，同時讓廣告客戶知道街道的哪個地段的查詢量最多。環境變得生動活潑，反應迅速，可適應性也增強了。他不但回應你，同時也回應其他接入的所有元件。

共同進化生態其中的一個定義即是，充當他們自身環境的一個有機體集合。在蘭花叢、蟻群和海草床這些繽紛的世界裡，處處充溢著豐饒和神祕；因為在生命這部電影中，每個生物不只在別人的戲中充當跑龍套和臨時演員，並且也在同一部戲的場景中自己上演主角的戲碼。每個布景都就像演員一樣，活生生、水亮亮的。因此，蜉蝣的命運主要取決於附近的青蛙、鱒魚、赤楊、水蜘蛛和溪流裡其餘生物賣力的演出，每一種生物扮演著其他生物的環境。機器也將在共同進化的舞台上進行表演。

今天市面上能買到的電冰箱是一個自大傲慢的勢利傢伙。你把他帶回家裡，他還自以為是家裡的唯一電器設備。他既不能從其他機

器那裡學習什麼，也沒有什麼可以告訴他們的。牆上的時鐘會向**你**報時，卻不會告訴他的同類們。每種裝置傲慢地只服務他的買主，但從來沒想到過，若是能與周邊的其他裝置合作，就可以為買主做更好的服務。

另一方面，機器的生態環境能提升愚鈍機器的有限能力。植入書本和椅子裡的晶片只有具備螞蟻的智能。這些晶片不是超級電腦，而現在也能被製造出來。可是藉著來自分散式物件的外來能力，那像螞蟻般的物件聚集成群彼此互聯時，也能提升為一族群體智力。量變引起質變。

然而集體效率是有代價的。生態智能會對任何新入住者不利，就像凍土帶生態會對新進入北極的任何新來者不利一樣。生態系統要求你具備當地知識。只有土生土長的本地人才知道樹林中哪裡才有大片的蘑菇。想要在澳洲內陸追捕袋鼠，那你得要找一個嫻熟出沒於灌木叢的當地人來當嚮導。

哪裡有生態系統，那裡就有精通當地事務的人。一個異鄉人在某種程度上可以應付不熟悉的野外，但想要發展或從危機中倖存，他需要了解當地的專門知識。園丁常常種出一些原本預期不能在該地區生長的作物，使得學院派的專家感到吃驚，這是因為作為本地專家，他們調和了附近的土壤和氣候。

與自然環境打交道是掌握當地知識絕對少不得的工作。滿屋子機械有機體之間的相互改進也需要類似的當地知識。傲慢的老冰箱有一個優點，就是對所有的人都一視同仁，不管是主人還是客人。在一間有著智能群落活躍的房間裡，客人則是處於劣勢。每一個房間都會不同；事實上，每一部電話也會是不同的。因為新式的電話機只是一個更大有機體裡的一個節點——這個有機體連接著暖爐、汽車、電視、

電腦、椅子，甚至整座大樓。這個整體的行為舉止取決於房間內所發生的一切事物的整體總和。每件物品的行為則會取決於使用他次數最多的人是如何地使用他。對客人來說，這個讓人捉摸不定的房間怪獸似乎失控了。

可自適應的科技意指科技能**局部地**適應環境。網路邏輯促成了區域性和地方性。或者換一種說法，整體行為包含了局部的多樣性。我們已經很清楚地看到這種轉變。試著用別人的「智慧」電話看看。他不是太聰明，不然就是不夠聰明。你是按「9」打外線嗎？你能隨便按一個鍵就能接通一條線嗎？你如何（天啊！）轉接電話呢？只有物主確定知道。想要操作一台錄影機的全部功能，只需要局部知識是眾所皆知之事。你能預先設定你自己的錄影機來錄製重播的《密諜》，但絕不意味著你可以操作你朋友的錄影機。

房間和建築物的電子生態將會有所改變，亦如房間裡的電器也是一樣，他們都將由更小的分散式零部件聚集而成。別人不會像我一樣了解我辦公室的技術特質；我也無法應用別人的技術像我自己的這般得心應手。電腦變成了助手，烤麵包機變成了寵物。

當設計師設計得當時，咖啡機能在急性子的客人使用他時感受到他的迫切，進而預設使用「新手模式」。這位咖啡機先生就會只提供五種基本的通用功能，即使是小學生也懂得如何操作。

但我發現，這種新興的生態學在初期階段就已經讓不了解的人們感到害怕了。電腦是所有裝置的出發點和歸宿，現在所有陌生的複雜機器都將會通過電腦呈現給我們。你對某種特定牌子的電腦再怎麼熟悉了解也不管用。你借用別人的電腦時，就好像你在用他們的牙刷。在你打開朋友的電腦的那一剎那，你會發現：熟悉的部件，陌生的排列（他們為什麼這麼做？），你自以為了解這個地方，卻完全失了方

向。似曾熟悉，卻有他自己的秩序。隨之而來的是恐怖——你在……窺視別人的心思！

這種侵入是雙向的。個人電腦生態的窄域智能是如此地私密、微妙、如此地精確，因此任何擾動都會讓他警醒——無論是拿走一塊鵝卵石，折彎一片草葉，或移動一份文件。「有人在我的電腦空間裡！我知道！」

有不咬人的房間，也有咬人的房間。咬人的房間會咬入侵者。不咬人的房間會把訪客帶到安全的地方，遠離能造成真正傷害的地方。不咬人的房間會款待客人。人們會因為自己的電腦多麼訓練有素、自己的電腦計算機生態布局有多麼巧妙而獲得尊敬。而另一些人會因為他們的機器是如此地桀驁不羈而獲得惡名。將來，大公司裡一定會有某些地方會被遺忘，沒有人想去那裡工作或去那裡走走，因為那裡的電腦設施被點出來，他們因為粗魯、反覆無常、難以相處（儘管優秀）、有仇必報而一直被忽略著，然而沒有人有空去馴化他或重新教育他。

當然，有一股強大的反作用力在維持環境的統一。正如丹尼．希利斯向我指出的：「我們之所以創造仿生環境來取代自然環境，是因為我們希望環境能夠保持恆常，可以被預測。我們曾經用過一種電腦編輯器，可以讓每個人有不同的介面。所以大家都設置了各自的介面。然後我們發現這是一個差勁的想法，因為我們無法使用別人的終端機。於是我們又走回老路：一個共享的介面，一個共同的文化。這也正是使我們聚集在一起成為人類的因素之一。」

機器永遠無法完全靠他們自己而發展下去，但他們會變得更能意識到其他機器的存在。要想在達爾文主義的市場裡生存下來，他們的設計者必須承認這些機器是棲息在其他機器構成的環境裡。他們共同

構築一段歷史，在未來的人造生態系統裡，他們必須分享自己所知道的東西。

　　在美國每家汽車配件店的櫃台上擺放著一大排產品目錄，如果這些產品目錄整齊排開的話，會像一輛傾卸卡車那麼寬。書脊向下，頁邊朝外翻捲。即使從富美家櫃台的另一邊看去，你也可以從這上萬頁的紙裡輕易地看出技工最常用的那十幾頁：那些頁邊都沾有大量油漬的手指留下的黑油印。那些磨損的標記成了技工找東西的幫手。每一個頑固的汙漬說明了他們經常需要查閱的部分。廉價的平裝書上也能看到同樣磨損的標示。當你把書放在床頭櫃上，書脊結合的地方會在你上次閱讀頁面微微開。隔天晚上你可以藉著這自然產生的書籤繼續閱讀你的故事。磨損自行編碼成有用的訊息。黃樹林裡有兩條岔路，踩踏更多的那一條就給了你訊息。

　　磨損的標記是湧現出來的。他們是大量個體活動所產生的。就像大多數湧現出來的現象一樣，磨損有自我鞏固的傾向。自然環境中，一條溝壑多半會促成更多的溝壑。同樣地，與大多數湧現的屬性一樣，磨損也是一種訊息。現實生活中「磨損是直接刻在物體上的紋身，顯現出那裡正有值得注意的不同處，」威爾·希爾說。他是貝爾通信研究所的研究員。

　　希爾想要做的是，將物理磨損所傳遞的環境意識連接到辦公室的機器生態中。例如，希爾認為電子文件可以因為他與使用者的互動紀錄而豐富電子文件本身的訊息。「使用電子表格進行調整預算時，每個格子修訂的次數都可以映射到一個灰度區間，進而以視覺形式表

現出哪些格子裡的數字被改得最多或最少。」這樣一來就顯出了哪裡有混淆、爭議或錯誤。另一個例子是，在使用效率工具的企業中，人們能夠追踪到當文件在不同的部門來來去去之時，哪些部分被改得最多。程式設計師稱這些像走馬燈式變來變去的熱點為「異動」（churns）。他們發現，在一群人編寫的百萬行程式代碼中，若能找出「異動」的藏身區會是非常有用的。軟體製造商和設備製造業者會很樂意花錢購買有關他們產品中哪些部分用得多，哪部分用得少的綜合訊息，因為這類詳盡的回饋有助於他們改進產品。

在希爾工作的地方，所有從他實驗室進出的文件都有留其他人或機器與其互動的紀錄。當你選讀一篇文件檔時，螢幕上會顯示一個窄細畫面，上面有一些小小的刻度尺標示出其他人花在閱讀這文件所累計的時間。你一眼就可以看到有哪幾處是其他讀者流連的地方：某個關鍵段落，或者是某個令人眼睛為之一亮但有點不是很清楚的段落。大眾的使用紀錄也可以透過字體的逐漸加大來顯示。這效果有些像雜誌標題中加大字體的「醒目引文」，不過，這些突出的「常用」段落是不受控制的集體鑑賞中湧現出來的。

磨損可以看作是共同體的一個妙喻。單一個磨損痕跡是無用的。但是當他們匯聚起來並與他人共享，便能證明其存在的價值。他們分布愈廣，價值愈高。人類渴求隱私，但事實上，我們的社會性勝過獨立性。如果機器也像我們這樣彼此了解（甚至是私密的事情），那麼機器生態就會是無法征服的了。

在機械群落裡，或者說機械生態系統裡，某些機器好像更願意跟

其他某些機器聯合在一起，就像紅翅黑鸝喜歡在有香蒲的沼澤濕地築巢一樣。泵機與管子相配；暖爐與空調相配；開關和電纜線相配。

機器形成食物網。從抽象意義上來看，一部機器「捕食」另一部機器。一部機器的輸入是另一部機器的輸出。鋼鐵廠吃下鐵礦開採機開挖的鐵礦，由鐵礦擠壓成型的鋼依次被汽車製造機吃掉，然後變形為小汽車。當車子死亡後，就會被廢品壓碎機消化。壓碎機反芻出來的鐵渣接著會由回收工場吞食，排泄出來以後，說不定就成了蓋屋頂用的電鍍鐵板。

假如你追蹤一個鐵粒子從地底挖出後，送到工業食物鏈的整個過程，就可以看到他所依循的途徑是一個縱橫交錯的迴路。第一輪，這個粒子可能用在一輛雪佛蘭的車子上；第二輪，他可能登陸到一個台灣製造的船殼；第三輪他可能定型成為鐵軌；第四輪可能又成了一艘船。每一種原料都在這樣一個網路內迂迴漫遊。糖，硫酸，鑽石，油等都循著不同的迴路，但各自所遵循的網路中會接觸到各種不同的機器，甚至可能再度還原為他原來的基本形式。

生產原料從機器到機器所纏繞在一起的流動可視為是一個連線的群落———一個工業生態。就像所有生物系統那樣，這個交織在一起的人造生態系統也會擴張，繞過障礙物，去適應逆境。從一個適當的角度來看，一個強壯的工業生態系統是生物圈自然生態系的延伸。木纖維從樹變成木片，再成為報紙，然後再從紙張變成樹的肥料，纖維輕易地在自然和工業生態圈之間溜進溜出，而這兩個生態圈又是在一個更大的、全球性的元系統裡。材料從生物圈流轉到工業技術圈，再轉回自然和人造的大仿生學的生態中。

然而，人造工業就像是具有韌性的雜草，威脅著要去克服一開始是支持他的自然界，因此像這樣的雜草特性引發了倡導自然者和鼓

吹人工者之間對峙，雙方都相信只有一方能獲勝。但無論如何，在過去的幾年裡，一個有些許浪漫的觀點，認為「機器的未來是生物」滲入到科學，並將一些詩意轉化為某種實用的東西。這個新觀點斷言：自然和工業都能獲得勝利。借助有機機器系統這個比喻，實業家以及（有點不情願的）環保主義者就可以勾勒出製造業如何去修補他自己的困境，就像生物系統自己收拾自己的爛攤子一樣。例如，自然界沒有垃圾問題，因為物盡其用。工業界如果能效法這類以及其他生物準則的話，那麼就能與周邊的有機界更加相容了。

直到最近，對那些孤立、僵化的機器來說，「像大自然一樣地去做」還是一條不可能執行的指令。但隨著我們賦予機器、工廠和材料以自適應的能力、共同進化的動力以及全球性的串聯，我們能夠將製造環境轉向工業生態系統；也因為這樣做而大大改變了原來工業界想要征服自然，進而變成工業與自然合作這樣的局面。

英國工業設計師哈丁‧提布斯在為諸如像 NASA 太空站一樣的大型工程計畫提供諮詢的過程中領悟到，機器是整體系統。製造外太空站或任何其他大型系統時，需要對各個機械子系統之間所有的相互作用、有時是衝突的各種需求，給予持續穩定的關注才能確保完全的可靠性。而為了能在機器之間求同存異，使得工程師提布斯逐漸形成整體性的觀念。作為一名熱心的環保人士，提布斯想要了解，何以這樣的全面性的機械觀──強調系統效率的最大化取向──不能在工業界中普遍應用，以作為解決工業自身排放汙染的方法。提布斯表示，這個想法，就是「將自然環境的模式作為解決環境問題的樣板」。他和他的工程師夥伴將之稱為「工業生態學」。

1989 年，羅伯特‧福羅什發表在《科學人》上的一篇文章，使得「工業生態」這個譬喻又受到重視。福羅什掌管通用汽車的研究實

驗室並曾擔任過 NASA 的負責人，他將這個新鮮的概念定義為：「在工業生態系統中，能源及材料利用消耗最優化，廢物產出量最小化，而一道工序的排出物……成為下一道工序的原料。工業生態系統的運作方式類似一個生物生態系統。」

「工業生態」這個術語自 1970 年代以來就開始使用，當時這個術語是用來考量工作場所的健康和環境問題，「像是工廠中的粉塵裡是否有塵蟎之類的話題」，提布斯說。福羅什和提布斯將工業生態的概念擴大，涵蓋了機器網路以及由他形成的環境。依提布斯的看法，其目標是「以仿造自然系統的設計理念，做為構思工業系統設計的樣板雛型」，這樣「我們不僅能夠改進工業的效率，也能找到與自然界接軌更令人滿意的方法」。於是工程師們大膽地劫持了這個將機器當作有機體的古老比喻，並將詩意帶入到實踐中。

製造業的有機觀念中最早孕育出來的理念之一是「為分解而設計」。數十年來，易組裝性已經成為製造業最重要的考量因素。一個產品愈容易裝配，他的製造成本就愈低。容易維修、容易處理到幾乎完全被忽視。從生態學角度來看，為分解而設計的產品既可以做到高效的處理或維修，也可以實現有效率的組裝。設計了最好的汽車，不僅可以讓人開心開著，而且造價低廉；一旦報廢時，也很容易地分解開來成為通用的物件。技術人員們正致力於發明比膠或單向黏合劑更有效並且可逆的黏合裝置，以及像克維拉纖維或模壓聚碳酸酯那樣堅韌但更容易再回收利用的材料。

透過要求製造商而非消費者來擔負處理這些廢物的責任，成了刺激發明這些東西的動機，因此這個廢物的擔子也就「推回上游」的製造商。德國最近通過一項法案，強制汽車廠商設計的汽車能夠容易地分解成分門別類的零件。你可以買到一把新的電茶壺，他的特點是能

夠輕易分解成可回收的零件。鋁罐也已設計成能回收再利用。如果所有的東西都能回收會怎樣？在製造一部收音機、一雙跑鞋或一張沙發的時候，不能不考量這個屍體的終點。你必須與你的生態夥伴們合作——那些吞吃你的機器排出物的傢伙們——以確保有人負責處理你產品的屍體。每一種產品都要考慮到他自己所製造的垃圾。

「我想，你可以將所有的廢物都看作是潛在原材料的想法，」提布斯說，「以及任何在當下沒有用的材料，都可以藉著設計從源頭將他刪除，這樣就不會生產出那種材料了。我們原則上已經知道如何從本質起建成零汙染的工序。之所以還沒有這麼做的原因，是因為我們還沒下定決心。與其說這是技術上的問題，倒不如說是決心問題。」

所有證據都顯示，生態技術即使沒有令人震驚的利潤，也有一定的成本收益。

自 1975 年以來，跨國公司 3M 在每單位產品降低 50% 的汙染時，節省了五億美元。通過產品改型、生產工序改進（如少用溶劑）、或只是捕獲「汙染物」等手段，3M 公司已藉助他內部工業生態系統中所應用的技術創新從而賺到了錢。

提布斯告訴我另一個自我受益的內部生態系統例子：「麻薩諸塞州有一家金屬拋光廠多年來不斷地將重金屬溶劑排放到當地的水道。而每一年，環保人士都在提高水純淨度的門檻，直到不能再提高。這家工廠要麼停工並將電鍍廠遷走，不然就是建造一座非常昂貴、最先進的全方位水處理廠。然而這家拋光廠採取了更徹底的措施——他們發明了一個完全閉合迴路系統。這個系統在電鍍業是前所未有的。」

在閉合迴路系統中，同樣的材料可以一次又一次地循環利用，就像在生物圈 2 號或在太空艙裡那樣。在實際中，多少會有些物質滲入或滲出工業系統，但總體說來，大多數物質都在一個「閉合迴路」

裡面循環。麻薩諸塞州那家電鍍公司所創設出來的方法是，將加工工序所需的大量水和有害溶劑回收，並且全部在廠牆範圍內循環使用。經過革新的系統所排出的汙染降到零，並且在兩年內見到了收益。提布斯說：「如果以汙水處理廠的方式來處理的話，要花 50 萬美金，而他們新穎的閉合迴路系統大約只需花費 25 萬美金。另外，由於每星期不再需要 189 萬公升的耗水量，因此也省下了水費。因為可以回收金屬也降低了化學品的用量。同時，他們的電鍍產品質量也得到改進，因為他們的水過濾系統非常好，使得再生水比以前外購的本地水還要來得乾淨。」

閉合迴路製造是活體植物細胞內自然閉合迴路生產的映射，也就是說，細胞內的大量物質在非生長期間在內部進行循環。電鍍工廠中的零汙染閉合迴路設計原則可以應用到一個工業園或整個工業區。以全球化的觀點去看，甚至可以覆蓋整個人類活動網路。在這個大循環裡，任何東西都不會遭到丟棄，因為根本沒有「丟棄」這件事。最終，所有的機器、工廠以及人類的各個機構都會仿照生物方式成為更大全球性仿生系統的成員。

提布斯已經能夠舉出一個正在進行中的原型。哥本哈根往西 128 公里處，當地的丹麥企業已經孕育了一個工業生態系統的雛形。十多家企業採取開環方式共同合作處理鄰近廠家的「廢料」，在他們相互學習如何再利用彼此的排出物的同時，這個開環穩定地「逐步收口」。一家燃煤發電廠將蒸汽渦輪機產生的廢熱（以前排放到附近的一個峽灣）提供給一家煉油廠。煉油廠從其精煉工序中所釋放的氣體中去除汙染成分硫，再將氣體提供給發電廠作為燃料，發電廠每年可以省下三萬噸的煤。清除出來的硫賣給附近一家硫酸工廠。發電廠也將煤煙中的汙染物提取出來形成硫酸鈣，再提供給石棉水泥板公司作

為石膏的替代品。同樣，從煤煙中清出的粉塵送往水泥廠。發電廠其他多餘的蒸汽提供暖器給一家生物製藥廠，還有 3,500 個家庭以及一個海水魚養殖場。來自漁場的營養豐富的淤泥和來自藥廠的發酵料則提供給本地農場當作肥料使用。或許在不久的將來，園藝溫室也會由發電廠的廢熱來保持溫度。

然而從務實面來看，無論製造業的閉合迴路是如何地高明，總會有半點兒的能量或沒用的物質成為廢料進入生物圈。這無可避免的擴散所帶來的影響能夠被生物界吸收，條件是製造出這些擴散的機械系統必能夠運行在自然界系統所能承受的節奏和範圍內。活體生物如布袋蓮，能夠將稀釋在水裡的雜質濃縮成具有經濟價值的濃縮物。套用 1990 年代的行話，如果工業與自然界能完美接合的話，那麼生物有機體就能夠承載工業生態系統所產生的極少量的廢物。

這種樂觀情景如果發展為更大美談的話，那在我們的世界中就會充滿著高度變化的物質流，以及分布的、稀釋的可回收物質。自然界擅長處理分布的變動和稀釋的東西，但人造的東西就不行了。一座價值數百萬美元的再生紙廠需要持續不斷的、質量穩定的舊報紙的供應；假如有一天人們不再捆綁他們的舊報紙，那麼就會造成紙廠產能下降，而這樣的損失是無法承受的。那種為回收資源建造大型儲藏中心的慣用方案使得原本就微薄的利潤消耗殆盡。工業生態必須發展成網路化的及時生產系統，可以動態地平衡物質流量，這樣方可使本地多餘或短缺的物質得以穿梭配送，進而將可變庫存最小化。愈來愈多由網路驅動的「靈活工廠」能夠運用可適應的機械裝置，或製造更多種類但單位數量不多的產品，以便處理更多質量變化不穩定的資源。

適應的技術，如分散式智能、彈性時間計算、小生態經濟，以及
受監督的進化等，都喚起了機器中的有機性。在聯結成為一個巨形迴
路之後，人造世界穩固地滑向天生的世界。

　　當提布斯在研究什麼是製造業中模仿「天生世界」所需要的東西
之時，他深信，隨著工業活動變得愈來愈有機，套句現在的用詞來
說，他會變得愈「永續」。提布斯說，想像一下，我們正在推動總是
沾滿汙垢的日常工業生產方式走向具有生物特性的生產方式。大多數
需要高溫、高壓環境的工廠，將會由制定在一般日常生物價值範圍內
運作的工廠所取代。「生物的新陳代謝主要以太陽能為燃料，並且在
常溫常壓下運作，」提布斯在他 1991 年劃時代的專題論文《工業生
態學》中寫道，「如果工業代謝真是如此的話，工廠作業安全方面就
可會能有巨大的收穫。」熱意味著快、猛烈和效率；冷則是表示慢、
安全和靈活。生命是冷的。製藥公司正在進行一場革命，以生物工程
酵母取代具有毒性和強力溶解性的化學品來製造藥品。就在製藥廠保
留高科技設備的同時，注入活性酵母湯劑中的基因接手成為扮演帶動
的引擎角色。利用細菌從廢棄的尾礦中提取有用礦石──一項在過去
總是顯得既粗暴又會破壞環境的產業工作──則是另一個生物過程取
代機械過程的證明。

　　雖然生命是建構在碳元素之上，他卻不以碳為驅動力。碳驅動了
工業的發展，但同時對大氣伴以巨大的影響。經燃燒散發進入空氣中
的二氧化碳和其他汙染物與燃料中的複合碳氫化合物成正比。愈多的
碳含量，就愈糟糕。況且從燃料中獲得的真正能量並不是來自燃燒碳
氫化合物中的碳，而是他的氫。

以前最好的燃料是木材。以碳和氫的比例來說，木柴中的碳大約有 91%。工業革命的高峰期，煤是主要的燃料，其中的碳占有 50%。現代工廠使用的石油其含碳量為 33%，而天然氣是正在興起而較受歡迎的乾淨燃料，含碳比率為 20%。提布斯解釋：「隨著工業系統的進化，（燃料中）氫元素含量逐漸增加。至少從理論上來看，純氫會是最理想的『乾淨燃料』。」

未來的「氫能經濟」會利用日光將水分解成氫和氧，之後再將氫以像天然氣的輸送方式送到需要能量的地方燃燒。這是一種對環境無害的無碳能源系統，類似植物細胞中以光為基礎的能量體系。

仿生學的工程師藉由推動工業生產的過程走向有機的模式，創建了一系列生態系統形式。其中一個極端是純粹、自然的生態系統，如高山草原或是紅樹林沼澤。這些系統可以被看作是自行地生產生物質、氧氣、糧食，還有上千上萬種稀奇古怪的有機化合物，其中一部分會由我們人類所收穫。另一個極端是純粹的工業系統，合成那些自然界沒有的或是存在量不多的複合物。在兩個極端之間是一條混合生態系統帶，比如濕地汙水處理廠（利用微生物分解垃圾）或釀酒廠（利用活性酵母釀造葡萄酒），很快地，生物工程工序就會利用結合基因的有機體來生產絲綢、維生素或黏著劑。

基因工程和工業生態都預告著第三類仿生系統：部分是生物、部分是機器。對於將能夠創造各種各樣我們所想要的生物技術系統的想像才剛剛展開而已。

工業將不可避免地採用生物方式，這是因為：

・他能用更少的材料做出更好的東西。如今，製造汽車、飛機、房屋、電腦等東西所消耗的材料都比二十年前要少，產品性能

卻更好。未來為我們創造財富的大多數生產方式，將會縮小至生物學的尺寸和解析度，儘管這些生產方法要製造像紅杉樹一樣的龐然大物。廠商們將會意識到自然生物流程所具備的競爭力和創造力，而這些會驅使製造流程往生物模式的方向發展。

· 當今，製造事物的複雜性已經達到了生物級的複雜度。自然是掌控複雜性的大師，在處理雜亂、反直觀的網路提供我們無價的引導。未來的人造複雜系統為了能夠運轉，必然會有意識地注入有機原則。

· 大自然是不為所動的，所以必須去適應他。自然比我們還有我們的奇巧裝置要大得多，也為工業進程定下了基本的節奏，所以從長遠來看，人造必須順應自然。

· 自然界本身——基因和各種生命形式——能夠像工業系統一樣被工程化（或模式化）。這種趨勢縮小了自然生態和人造／工業生態系統之間的鴻溝，使得工業能夠更容易地資助和賞識生物模式。

任何人都可以看到，我們的世界正不斷地用人造的小機件來覆蓋他自己。但我們的社會在快速邁向人造世界的過程中，同樣也快速地邁向生物世界。當電子小玩意多到令人眼花撩亂時，他們存在的主要目的是醞釀一次真正的革命：生物學的革命。下個世紀所開創的時代並非大家所鼓吹的矽，而是生物：老鼠、病毒、基因、生態學、進化，生命。

但也不盡然如此。下個世紀真正引領風騷的是超生物學：合成老鼠、電腦病毒、工程基因、工業生態、受監督的進化，以及人造生命。（但他們都是同樣的一回事。）矽研究正一窩蜂地轉向生物學。

各個團隊火熱地競相設計新型電腦，他們不但能協助對自然界的研究，而且他們自身也是自然的。

看看最近這些技術會議和研討會所透露出來的隱隱約約訊息：〈適應性運算〉（美國新墨西科州聖塔菲，1992 年 4 月），研究將有機體的靈活性融入電腦程式中；〈生物運算〉（加州蒙特利，1992 年 6 月），聲稱「自然進化是一個適應往持續變化環境的計算進程」；〈源於自然的並行解題〉（比利時布魯塞爾，1992 年 9 月），視自然為一部超級電腦；〈第五屆基因演算法國際會議〉（加州聖地牙哥，1992 年），模仿去氧核糖核酸（DNA）的進化能力；以及數不清的有關類神經網路的會議，致力複製腦神經元的獨特構造作為學習的模式。

未來的十年裡，那些出現在你的臥室、辦公室或者車庫裡最令人吃驚的產品都會從這些開創性會議的思想中產生。

以下這一段且說說世界的通俗史：非洲的稀樹大草原孕育出人類的狩獵和採集者──原始的生物學；狩獵採集者再孕育出農業──馴化自然；農民發展出工業──馴化機器；工業家接著發展出現正興起的後工業產物。我們仍在試圖弄清楚他到底是什麼，不過，我將他稱為天生和人造的聯姻。

確切地說，下個時代的特色是新生物學而不是仿生學，因為儘管開始可能是勢均力敵，但在任何有機體和機器的混合物中，生物學最終總是勝出。

生物學之所以總是勝出，是因為有機並不意味著神聖。他並非生命體通過某些神祕方式傳承下來的神聖狀態。生物學是一個必然──近乎數學的必然──所有複雜性都會歸向的必然。他是一個亞米茄點（宇宙進化的終點）。在人造和天生緩慢的融合過程中，有機是一種

顯性性狀，而機械是隱性性狀。最後，總是生物邏輯獲勝。

第十一章

網路經濟學

若想說清楚約翰・佩里・巴洛人生中的真正工作，真是難以認定。他在美國懷俄明州的派恩市擁有一座大牧場，曾經是懷俄明州參議院共和黨的一員。面對那些在戰後嬰兒潮中出生的人，他經常介紹自己是長青地下狂熱崇拜搖滾樂團「死之華」多年以來的作詞者，這是一個他很喜歡的角色，最主要的原因是因為他會造成人們的認知混亂：「死黨」＊，然而卻是個共和黨人？

任何一個時刻，巴洛可能正在斯里蘭卡為一艘捕鯨船的下水而忙碌（那樣環保人士就可以監控灰鯨的遷徙），或者正在某個電子工程師聯合會上，就未來隱私權、言論自由權做一場演講。他也有可能正和日本的企業家在北海道一邊泡著溫泉一邊針對環太平洋地區的整合問題集思廣益，或者是坐在蒸汽浴室裡和最後一位空間幻想家制定定居火星的計畫。我是在一場 WELL（虛擬社群，Whole Earth 'Lectronic Link）的實驗性電腦會議上認識巴洛的，在那個場所裡沒

＊編注：「死黨」（Deadheads）為對死之華（The Grateful Dead）樂團粉絲的暱稱。

有人有實際的形體。他在其中扮演一個「神祕嬉皮」的角色。

在我和巴洛本人見面之前，已經在 WELL 上相識並且一起工作了好些年。在資訊時代裡，朋友之道通常就是如此。巴洛大約有十組手機號碼，分屬幾個不同的城市，也不止只有一個電子地址。我永遠都不知道他到底在哪裡，但幾乎總是能在幾分鐘之內就聯絡到他。這個傢伙即使在飛行中也是帶著一個可以插入機艙電話上的筆記型電腦。我在聯繫他時所撥打的號碼可能會把我帶到世界上的任何一個地方。

我對於這種沒有實體的狀況感到很困惑。因為跟巴洛聯繫的時候，假使連他在地球的哪個地方一點都毫無所悉的話，我會陷入一種混亂狀態。他也許不介意這種沒有固定位置的狀況，但我介意。當我以為撥打的是他在紐約的號碼時，卻是隨他捲進了太平洋上空。這種感覺上像是被人狠狠地丟上去。

「巴洛，你現在到底在哪裡？」有一次當我們非常認真地在通電話，對一些非常棘手、複雜但很重要的問題進行協商時，我很不耐煩地問著。

「嗯，你最早打來的時候，我在停車場；現在，正在行李箱店修理行李箱。」

「天啊，你何不做個手術乾脆把接收器連接到你的腦子？那會方便許多，也不用動手。」我說。

「我正有這種想法。」他非常正經八百地回答。

巴洛離開空曠的懷俄明州，現棲身在網路空間裡那廣袤的荒野上；我們之前的談話，就這麼技術性地發生在這個新領域上。正如科幻小說家威廉・吉布森起初所預見的那樣，網路空間所包裹的巨大電子網路正在工業世界的「地下」暗暗地擴張，以虛擬的方式伸展開

來。根據吉布森的科幻小說，在不久的將來，網路空間的探險者會「接入」一個由電子資料庫和類似電玩世界所構成的無疆迷宮裡。一個網路空間偵察員坐在一間小黑屋裡，直接把數據機接入他的大腦裡。這樣的話，他就能在大腦中瀏覽由抽象訊息所構成的無形世界，宛如在一個無邊際的圖書館中穿梭著。所有的跡象都指出，這樣的網路世界正在片段地出現。

但由神祕嬉皮巴洛所延伸出來的網路空間還不僅止於如此。他不僅只是一個由資料庫和網路構成的隱形陣列，也不僅只是需要戴上特別的電腦護目鏡才能進入的三維遊戲，他也是一個包含任何無實體存在和所有數位資訊的完整世界。巴洛說，網路空間就是你和你的朋友在通電話時所「存在」的世界。

「沒有什麼東西能比網路空間那麼樣地無形體化了。就像讓人把你的整個身體都截切了。」巴洛有次這樣告訴一位記者。網路空間是網路文化的集散地。分散式網路那違反直覺的邏輯和人類社會的怪異行為在此領域相遇了；並且正迅速地擴展中。拜網路經濟所賜，網路空間已經成為一種愈使用愈豐富的資源。巴洛俏皮地說，網路空間「是一種隨著發展而愈擴大空間的特殊房地產」。

當初為了給我自己開設的郵購公司建立客戶資料庫，我買了第一台電腦。但在使用了這台蘋果二號幾個月後，我把他聯結到電話線上，獲得了一種有如宗教般的體驗。

在電話接口的另一端是剛成型的網路——年輕的 Net。就在那天拂曉時刻，我意識到電腦的未來不在數字而是在於聯結。百萬台相互

聯結的蘋果二號所產生的力量，遠遠超過一台需要悉心照護而且價值數百萬美元的超級電腦。悠遊在 Net 之中，我突然頓悟網路的精髓，心裡不禁興奮了起來。

正如我們曾預料的，作為運算工具的電腦，將會推動世界進入一個更有效率的時代。但是沒有人預料到，曾經作為計算機的電腦作為通訊工具時，這些被網路聯結起來的電腦將會顛覆這個已在各方面進步許多的世界，並將他推向一個完全不同的邏輯方向──網（Net）的邏輯。

在「唯我時代」（the Me-Decades）裡，個人電腦解放得正是時候。個人電腦在過去是個人的奴隸。這些結合著矽晶片的電腦不僅忠誠，價格便宜又可以隨時候命，而且不管你是否只是一個十三歲的孩子。此時前景變得清晰了，那個人電腦以及他們最終具備有高性能的後代一定會按照我們的詳細要求重新塑造這個世界：個人化報紙、VOD、客製化介面工具等等。而作為個體的你，就是這一切的焦點所在。然而，在現實的狀況中卻又一次出乎我們意料：這種矽晶片的真正力量，不是在於透過數位運算來為我們進行籌劃的奇妙能力，而是在於透過數位開關把我們聯結在一起的神奇能力。其實，我們不應該稱他們為「電腦」，實在應該叫他們為「聯結器」。

網路技術到 1992 年已成為電腦工業中增長最為迅速的領域。這反映出商業活動的各個領域都在以光速的效率把自己接進新的架構裡。到 1993 年時，不管是《時代》雜誌還是《商業周刊》，都以封面故事針對快速走近我們生活的數據高速公路做了特寫，而這條高速公路將把電視、電話和一般的普通家庭聯結在一起。用不了幾年，你就可以使用一個小機件，通過「視訊撥號」隨時隨地、隨心所欲地收發電影、彩色照片、完整數據庫、音樂專輯、詳細的設計藍圖，或者

一整套書。而這可不是在做夢。

這種規模的網路化將大大地改變幾乎所有的商業行為。他會改變：

- 我們生產什麼。
- 如何生產。
- 如何決定生產什麼。
- 生產活動中所造就的經濟本質。

不管是以直接或間接的方式，在引入網路化邏輯之時，幾乎所有商業活動的面向都被大大檢修一番。網路——不僅只是電腦——能夠讓企業以更快、更彈性的方式，生產各種更能滿足消費者需求的新型產品；而所有這些都是在各個競爭者也都擁有相同能力的一個急速變化環境中發生。為了應對這種根本性的變化，法律和金融體系也會發生改變，更不用說全球金融機構 24 小時連線所引起難以置信的經濟變化了。尚在醞釀中的文化熱潮也會像華爾街一樣地崛起，席捲整個網路並完全為己所用。

網路邏輯已經塑造出了一些產品，而這些產品現在正在塑造著今天的商業。即時現金，這種從 ATM 機器吐出來的東西，只有在網路環境之中才會發生。類似的還有各式各樣的信用卡、傳真機，以及在我們生活中到處可見的彩色印表機。這種高質低價的現代四色印表機是將印刷機連線而來的，連線的印表機會經由連線的滾軸極速地協調每種顏色高速疊色印在印刷品上。生物技術製藥也需要用這種網路智能來管理那些在大桶容器之間流動的活體基液。甚至零食加工業也在催促我們採用類似的方式，因為用來製作他們的那些分散機器，也可

藉由網路來加以協調。

在網路智能的管理下，一般的製造業也能更上層樓。網路化設備不僅能生產出更精純的鋼和玻璃，而且他的適應力也能讓同樣的設備生產出更多樣化的產品。在生產過程中可以控制合成成分上的細微差別，突破了原來只是籠統而粗略的材料，進而有效地再製造出更精確的新材料。

網路化還能對產品維護提供幫助。早在 1993 年，有些商業設施（如必能寶的傳真機、惠普的微型電腦、通用電氣的身體掃描儀）就可以進行遠程的診斷和修理。只要將一條電話線插入機器裡，工廠的操作員就可以對他的內部進行探查，看看他是否正常運作，如果不是的話，則通常可以進行遠程修理。這種遠程診斷技術是由衛星製造商開發出來的，因為對他們來說，除了進行遠程維修，實在是別無選擇。現在這種方法正運用到修理傳真機、檢查硬碟、或者在千里之外快速地修復一台 X 光機。有時，機器也能下載新軟體來進行修理；最起碼，修理人員去現場之前就能知道他需要帶什麼零件和工具，這樣就可以加快現場的修復過程。其實，這些連線設備可以看成是一個更大的分散式機器的節點。最後，所有的機器也許都能聯結到一個網路裡，這樣當他們快要不行的時候就可以向修理人員發出警報，並可以接受智能升級，因而在工作的同時也得到進一步的提升。

日本人將受過良好教育的人和電腦網路智能無縫地整合到公司網路之中，以確保其卓越品質，而他們也將這樣的技術做到了極致。正由於日本製造企業在內部對關鍵資訊進行強而有力的協調，因此才能為世界提供巴掌大小的攝影機和經久耐用的汽車。然而，正當其他的工業領域發狂似地安裝網路驅動的製造機械時，日本人已經轉移到網路邏輯的下一個領域：彈性製造和大量客製化。譬如，位於日本國分

地區的國際自行車工業公司可以在裝配線上生產客製化的自行車。你可以在 1,100 萬種各不相同的車型中依自己的喜好來訂購，而價格比大量生產非客製化的自行車只高出 10%。

企業所面臨的挑戰可以簡要地概括為：向外擴展企業的內部網路，使之包含市場上與公司打交道所有的那些人，這樣便可編織起一張巨大的網，囊括了員工、供應商、監管人員和消費者等等，使他們都成為公司的集體存在的一部分。「他們」，就是公司。

無論是在日本還是在美國，那些已經開始建立拓展的分散式公司的集團都展示出巨大的能量。例如，全世界牛仔服裝製造商 Levi's 已經把他大部分的實體都網路化了。持續不斷的資訊從他的總部、39 個製造工廠和成千上萬的零售商那裡進出，形成一個經濟的超級有機體。當美國水牛城的商場上，有人買進石洗加工布的時候，這些銷售資料就會在當夜從這個商場登入到 Levi's 的網路中。網路會把這筆交易跟來自其他 3,500 個零售店的交易彙整在一起，然後在幾個小時之內就會增加石洗布的訂購指令給位於比利時的工廠，或者向德國的工廠要求更多的染料，又或者向美國北卡羅來納州的棉花廠要求增加牛仔布的供應。

同樣的信號也讓網路化的工廠運轉起來。帶有條碼的成捆布料從廠房中送來這裡。在這批布料變成褲子的過程中，他們身上的這些條碼認證會由手持雷射條碼閱讀器來加以追蹤，從織布廠到貨運卡車，再到商店的貨架上；與此同時，商場也會收到一個答覆：表示用來補貨的褲子已經上路了。而所有的這些就在這幾天的時間裡發生。

這個從顧客購買到訂購材料再到生產的迴路是如此的緊密，以至於一些高度網路化的服飾商，如班尼頓誇耀說，他們的毛衣不到出門的時候是不會做染色這道工序的。當各地連鎖店的消費者開始搶購藍

綠色針織套衫時，幾天之內，班尼頓的網路就會開始加染這種顏色的衣服。因此，決定當季的流行色不再是時尚專家，而是那些收銀機。通過這種方式，班尼頓才能在這種變幻莫測的時尚大潮中立足於頂端。

如果你將電腦輔助設計工具與電腦輔助製造相聯結的話，那麼能做到的不僅是靈活地控制顏色，而且也可以靈活地控制整個設計過程。你可以用很短的時間設計出一個樣式，然後少量地生產和分散式地放置店家，再根據迴路快速地進行修改，或者當一旦成功時，則快速增加產量。整個循環周期只需幾天的時間。直到不久前，這個周期還受限於以季度以及年度來衡量。花王是日本的一家清潔劑和化妝品製造商，已經發展出一套非常緊密的網路配送分散式系統，即使是最小的訂單都能夠在 24 小時內送達。

那為什麼不用同樣的方式生產汽車和塑料呢？事實上，是可以的。一個具有適應力的工廠必須模組化；這樣，他的工具和工作流程才能迅速地進行調整和重新配置，以便生產出不同型號的汽車，或者不同配方的塑料。今天這條組裝線還在生產旅行車或者聚苯乙烯發泡塑膠（Styrofoam），隔天他就在生產吉普或者塑膠玻璃（壓克力）了。技術人員稱這個為彈性製造。組裝線可以進行調整來適應所需要的產品。這是一個擁有巨大潛力的熱門研究領域。如果你能在其運轉當中就能調整製造流程進而不需停止生產線，那麼就可以在一個量裡分批生產不同的東西。

不過，想讓你的生產線獲得這種彈性，還先得讓那些現在還拴在地上、重達幾噸的機器能夠踮起腳尖來。想要他們舞動起來，就需要把許多大塊頭的東西替換成網路化的智能組件。想要有彈性製造的工作模式，就必須將彈性深深植入系統之中。這意味著，機器模具本身

必須是可調整的，物料配送的規劃必須能立即地轉換，勞動力必須協調成一個整體，包裝供應商必須流暢，貨運線必須是可調整的，市場營銷也必須同步。而所有這些都是藉著網路完成的。

今天，我的工廠需要 21 輛平板卡車、73 噸醋酸鹽樹脂、2,000 千瓦電力和 576 小時人工；到了第二天，也許什麼都不需要了。所以，如果你是醋酸鹽樹脂供應商或者電力公司，你就需要和我一樣靈活，否則我們就無法共事。我們將做作為一個網路來相互協調，在我們之間共享資訊與控制，並具有分散式的功能。因此，這種情況有時很難說清楚是誰為誰工作了。

聯邦快遞公司過去常常為 IBM 運送電腦核心配件。現在，他也在自己的倉庫中存放這些配件。透過網路，聯邦快遞對於就算是最近才從遙遠的海外供應商剛送達聯邦倉庫的零件，也能完成入庫位置定位的資料。當你從 IBM 的產品目錄裡訂購一件品項後，聯邦快遞就通過他們的全球配送服務把東西送去給你。IBM 的員工或許從未接觸到這樣東西。所以當聯邦快遞的人把這個配件送到你門口的時候，到底是誰發貨？是 IBM 還是聯邦快遞？施耐德全國物流公司是美國首家全國性的卡車運輸公司，通過衛星把他公司全部的卡車都即時完全地接入了網路之中；一些重要客戶的訂單是直接發送到施耐德公司的調度電腦中，帳單也是以同樣的方式從施耐德公司的電腦中直接接收。誰在管理？運輸公司與供應商的分界又是在哪裡？

消費者也飛快地捲進這種分散式公司。無所不在的「800」電話（對方付費電話）很快會在工廠內響起，這樣一來，用戶回饋就會讓生產線計畫如何生產東西以及生產什麼東西。

不妨想像一下公司的未來形態,他們會不斷地演化直到完全網路化為止。一個純粹網路化的公司,應該具有以下特點:分散性、去中心化、協力性以及可調適性。

　　分散性──商業不再是在單一地點進行。他會在幾個不同的地方同時發生。公司的總部甚至可能不會只設在一個地方。蘋果電腦公司就有許多的建築物密布在兩個城市裡,每一棟建築都是公司具有不同功能的「總部」。即使是小公司也可以分散式的存在同一個區域中。一旦網路化,不管你是在樓下的辦公室還是在城市的另外一頭,根本不重要。

　　位在加州普萊森頓市的 Open Vision 公司,是一家相當普通的軟體小公司,但也是這種新模式的一個典型例子。正如公司執行長邁克爾・菲爾德斯所言:「我們是一個真正的分散式公司。」Open Vision 在美國的許多城市中都有客戶和員工,所有工作都在網路上進行。不過「他們之中,絕大多數的人甚至都不知道普萊森頓到底是在什麼地方,」菲爾德斯這樣告訴《舊金山紀事報》的採訪記者。

　　然而,這種往終極網路化的延伸過程中,公司的網路不應該由獨立作業的員工所組成。就目前所收集的數據和我自己的經驗來看,對於一個完全分散式公司來說,最合理的解決方案是組合成 8 到 12 個人的團隊在同一處地點進行工作。一個非常龐大的全球性企業,如果以完全網路化的方式進行工作組織,可以被視為是一個由細胞組成的系統,每一個細胞都有一打的人員,包括由一打的員工管理的迷你工廠、一個有一打的人所組構成的「總部」、成員有 8 人的利潤中心,

以及由 10 個人運作的供應部門。

去中心化——如果只有 10 個人的話，怎樣才能完成一個大規模的計畫？就工業革命而言，在大多數情況下，真正的財富都是把某種流程置於集中控制之下而獲得的。愈大，效能愈高。過去那些所謂的「強盜富豪」發現，如果能夠控制自己產業中的每一個重要的環節和附屬環節的話，就能賺到數億的錢財。正因如此，鋼鐵公司才要控制礦脈、開採自己的煤、建造自己的鐵路、製造自己的設備、為自己的員工提供住宿，並且專注在一個巨人般的公司內部達到某種自給自足。當世界慢速運轉的時候，這種方法確實有效。

而今，經濟發展日新月異，擁有這樣完整的生產鏈已經成了一種負擔。這種做法只有在最關鍵的時刻才有效率。一旦時過境遷，控制就必須讓位給速度和靈活性。那些附加功能，比如為自己提供能源，很快就會轉給其他公司。

甚至那些原來以為很重要的功能也轉包出去了。舉例來說，嘉露酒莊不再自己種植那些釀製葡萄酒所需的特種葡萄；他把農場種植這費力不討好的工作分給別人去做，自己則專注於釀造和市場營銷。同樣，一個汽車租賃公司也會把修理和維護自己車隊的工作轉包給其他公司，而只專注於租賃業務。一個客運航空公司會把他洲際航班的貨艙位（一個極其重要的利潤中心）轉包給一家獨立的貨運公司，因為他們發現，後者會比他們更能經營這塊業務，並賺取比他們自己經營更多的利潤。

底特律的汽車製造商曾經是以一切親力親為而著名。現在他們卻把將近一半的工作職能都發包出去，其中包括製造引擎這項相當重要的工作。通用汽車甚至委託 PPG 工業集團（總部位於美國匹茲堡）員工在通用汽車的廠房內進行車體噴漆。而這是一個就銷售而言非常

關鍵的環節。在商業期刊中，這種藉由分包工作而愈來愈普遍的去中心化被稱為「外包」。

通過大量電子化的技術和財務訊息的交換，大規模外包的協調成本已經降低到一個可以承受的費用。簡單來說，網路使得外包成為一個可行、有利可圖、且具有競爭力的選擇。一個被分派出去的工作，可以往返好幾次，再確定交給一個規模雖小但結構緊密，而且能專注、有效率完成任務的團隊。一般來說，這個團隊很可能是一個獨立的公司，也有可能是一個自治的分支機構。

根據研究顯示，如果把一個任務分成若干部分交給不同的公司來處理，並且仍想維持品質的話，所需的成本要比在一個公司內完成這項任務的成本來得高。但是，(1) 由於網路技術，比如電子資料交換格式（EDI）和視訊會議，使得成本日益降低；(2) 就適應性所帶來的巨大收益而言，這些成本相較以往**已經降低**。企業不需要再管理那些現在已經不需要的工作，並且也能夠開始處理未來可能會需要的任務。這都是中心化的企業所缺乏的。

就邏輯上而言，延伸外包的結論是，一個 100% 網路化的公司可能只需一個辦公室就能容下其所有的專業人士，並經由網路技術聯結其他的獨立團體。大量數以百萬美元計的無形業務可以由一個只有兩位助理的辦公室來進行管理，甚至有的根本就不需要辦公室。大型廣告公司恰特／載伊正致力於把他的實體總部拆掉。在計畫進行期間，該計畫的團隊成員租用飯店的會議室，利用可攜式電腦和電話轉接進行工作。當計畫完成後，這個團隊就會解散然後重組。這些團隊有些人可能是「屬於」公司的，其他人可能是獨立管理和獨立核算經費。

讓我們想像一下，假設有一家未來將在矽谷設廠的汽車製造商，我把他叫做「新貴汽車公司」。新貴汽車公司準備與日本汽車的三大

巨頭較量高下。

　　新貴汽車的構想如下：有十二個人在加州帕羅奧多市一個乾淨整潔的辦公大樓裡共用一個辦公室；其中有一些是財務人員，四位工程師，一位執行長，一位行政特助，一位律師和一位市場人員。在城市另外一頭的一個舊倉庫裡，員工們在組裝一款油耗為每公升 51 公里的環保汽車；這款汽車由聚鏈複合材料、陶瓷引擎以及各種電子零組件組成。高科技塑料來自與新貴合資的一家年輕公司；引擎則是從新加坡採購買來的；其他帶有條碼的汽車組件每天大量地從墨西哥、猶他州還有底特律運來。運輸公司充當這些組件的臨時倉儲，只有當天需要的材料才會在當天送達工廠。每輛汽車都是客戶透過網路定製的，並且在裝配完成後立即出貨。電腦控制的雷射車床快速為車體模具定型，而車體設計則是經由客戶反應以及目標市場來決定。組裝汽車則是由機器人組成的靈活生產線負責。

　　機器人的維修和改進則外包給一個機器人公司。「顛峰廠房維修服務公司」負責廠棚維護；電話接聽交給位於聖馬提歐市一家有全套裝備的小型公司。而公司本身所有團隊的行政工作都交由一家全國性機構處理。電腦硬體的維護同樣依此辦理。市場和法律人員各司其責（這是當然的），而這些人也是公司外聘來的。記帳工作幾乎完全電腦化，但一個外部的會計公司會從遠端操作來負責任何的會計需求。直接從新貴公司領取薪資的人總共大約有 100 人左右，他們組成一個個小組，每個小組都有自己的福利計畫和薪資制度。隨著新貴汽車通過幫助供應商成長、或與合作夥伴結盟，有時是投資於合作夥伴的成長而本身也在成長，因此新貴汽車也迅速占領市場。

　　這好像講得太遙遠了吧？其實也沒那麼遙遠。讓我們看看現實中一家矽谷先驅公司是如何在十年前發展的。詹姆斯‧布萊恩‧奎恩在

1990 年 3-4 月份的《哈佛商業評論》中寫道：

> 蘋果的微處理機是從 Synertek（半導體製造商）買的，
> 其他的晶片來自日立、德州儀器和摩托羅拉，視訊顯示器來
> 自日立，電源供應器是雅達電子供應的，印表機則來於東
> 京電器（東芝的前身之一）和奎茂。同樣地，蘋果公司也是
> 藉著把應用軟體的研發外包給微軟、市場推廣外包給麥金納
> 顧問公司、產品設計外包給青蛙設計公司、而配送外包給
> ITT 工業公司和電腦天地，這樣一來，則以最大程度地降低
> 了內部的行政事務性服務和資本的投入。

能夠從這種網路化的外包中獲益的不只是商業活動。市政和其他
政府機構也很快地有樣學樣了。像芝加哥就是眾多案例中的一例，
他把他的公共停車管理給了羅斯·佩羅建立的電腦外包公司 EDS
（Electronic Data System）。EDS 開發一種手持電腦設備系統，這
個系統可以打印單據，並且連結到芝加哥 25,000 個停車收費器的資
料庫，以提升停車費的收取。在 EDS 為芝加哥接下這個外包工作之
後，停車費的收取率從 10% 提高到 47%，為窮困財政收入增加了
六千萬美元的收入。

協力性——內部工作的網路化具有重大的經濟意義，以至於有時
某些重要功能會外包給公司的競爭者，達到互惠互利。企業之間可能
在某個業務上合作，而同時又在另外一個業務上競爭。

在美國，許多主要的國內航空公司會把複雜的訂座和開票流程外
包給他們的競爭者美國航空公司。同樣，Mastercard 和 VISA 這兩家
信用卡公司有時候也會把處理客戶的費用和交易相關事項這種重要

工作交給他們的主要競爭者美國運通來做。在 1990 年代，「策略聯盟」對公司來說是個很時髦的字眼。每個人都在尋找可以和自己共生的夥伴，甚至是和自己能形成共生的競爭者。

在運輸、批發、零售、通訊、行銷、公關、製造、倉儲等各個行業之間的界線都消失在無限的網路之中。航空公司會做旅遊、以直郵廣告賣舊貨、安排飯店預訂；而此時，電腦公司卻幾乎不去碰電腦硬體了。

或許可以直說的是，那種完全自給自足的公司將會變得非常少見。公司這種寓意，也會從那種緊密耦合、緊密約束的有機體，變為一種鬆散耦合、鬆散約束的生態系統。把 IBM 看成是一個有機體的概念需要被顛覆了。IBM 是個生態系統。

可調適性——從產品到服務的轉變是無可避免的，因為自動化不斷地降低物質複製所需的價格。事實上，複製一個軟體光碟或者一個音樂磁帶的成本，只是這個產品的一小部分成本。而且，當產品的尺寸變得愈來愈小時，他們的複製成本也會不斷下降，因為所需用料也愈來愈少。一粒膠囊藥劑的成本只是他的售價的一小部分而已。

不過，在製藥、電腦以及愈來愈多的高科技產業中，用於研發、設計、授權、專利、版權、行銷和客服的費用——屬於服務性質的成分費用——比重卻愈來愈增加，而所有這些都是屬於訊息和知識密集的層面。

如今，甚至一個超級產品也無法讓一個公司足以支撐很久的時間。事物的變動是如此之快，以至於創新的替代品（比如光纜取代電纜）、反向工程、仿製品，以及讓弱勢產品也能迅速發展的第三方附加物，還有迅速變化的各種標準（Sony 雖然在 Beta VCR 上損失慘重，但仍然有可能會在八厘米磁帶上占絕對優勢）都共同協力想要繞

過那些以往的途徑而獲取優勢。想要在新的時代賺錢，得追隨資訊之潮。

一個網路就是一個資訊工廠。當一個產品的價值隨著所蘊藏其中知識的增加而提升時，產生這些知識的網路價值也會隨之提高。一個工廠生產出來的小機件，曾經遵循從設計到生產再到配送的線性路徑。而今，一個由彈性生產流程製造出來的小機件，他的生命歷程則是成為一種網狀形態，同時分散在許多不同地方的不同部門，而且已經溢出工廠之外，因此很難說到底哪一件事先發生或者是到底發生在什麼地方。

整個網路在同時間行動。行銷、設計、製造、供應商、消費者全都被捲進創造一個成功產品的過程中。產品設計必須同時讓行銷、法律和工程團隊共同參與設計產品，而不是像過去那樣按照順序完成。

自 1970 年代，當 UPC 條碼在商店中開始流行，零售類商品（罐裝汽水、襪子）在收銀機櫃台的動向就已經和後台管理部門的系統聯結起來了。不過，在一個成熟的網路經濟中，應該要賦予這些品項一點通訊能力，將他們和前台管理系統與消費者連結起來。生產帶有主動微型晶片而不是被動植入條碼的物品，這意味著在一家有數以千計品項折扣店裡的貨架上，擺放著數百個具有遲鈍智力的物品。那麼，為什麼不使這些晶片活起來？他們現在可是有智力的東西。他們可以自己顯示價格，天啊，還可以輕易地調整價格。如果店主想要促銷，或是你手上有優惠券或者扣折卡之類的，他們可以重新計算自己的價格。而且一個產品還可以記住你是否在看了標價一眼後就走開了，這可是店主和製造商很感興趣的訊息。廣告商可以吹噓說：至少你看了一眼。當貨架上的商品獲得自己或相互之間的注意，並且和消費者產生互動的時候，他們會迅速迸發成為完全不同的經濟形態。

雖然我非常看好網路經濟，但他仍然有許多令人擔憂的地方。這些問題也同樣存在於其他的大型、去中心化、自為（self-making）的系統中：

- 他們很難被理解。
- 他們不太容易受控制。
- 他們不是最優化的。

當各種公司取消實體進入某種巴洛式的網路空間之後，他們便具有了軟體的特性。無汙染、無重量、快速、有用、可移動而且有趣。但同時也複雜，並且充滿了沒人能查明的煩人小毛病。

如果未來的公司和產品變得跟現在的軟體一樣，那意味著什麼呢？電視機會突然碎裂？汽車突然熄火？烤麵包機會爆炸？

大型軟體程式大概是人類現在創造的東西中最複雜的了。微軟的新操作系統有四百萬行程式碼。當然比爾蓋茲會堅持說，在 7 萬個發布前的測試點進行測試之後，現在這個軟體沒有什麼問題了。

那麼，製造出沒有任何缺陷（或者只有很少幾個缺陷）又超級複雜的東西是可能了嗎？網路經濟能幫助我們創造出一種沒有缺陷的複雜系統，還是只能為我們建立一個有漏洞的複雜系統呢？

不管公司本身會不會變得愈來愈像軟體，但他們那些依賴更加複雜軟體的產品肯定會愈來愈多。所以說，創造沒有缺陷的複雜系統是絕對必要的。

在這模擬的時代裡。驗證一個模擬是否失真與測試一個大型複雜

軟體是否有缺陷都是同一類問題。

　　加拿大電腦科學家大衛‧帕拿斯曾經對雷根總統的「星戰」計畫（SDI，戰略防衛先制）提出了八項批評。他的觀點乃是基於超級複雜軟體內在的不穩定性，而 SDI 就本質而言，就是這麼一種超級複雜的軟體。大衛‧帕拿斯的觀點中，最有趣的一點是複雜系統分為兩種：連續的和不連續的。

　　通用汽車公司在測試場上測試新車時，會讓這輛車在不同的速度下進行測試。例如，他們會測試新車以時速 80、96 以及 112 公里急轉彎時的狀況。毫無意外，車子性能會隨著速度連續變化。如果一輛汽車能夠在時速 80、96 以及 112 公里的時候通過急彎測試，那麼通用汽車的工程師也會知道——無須明確的測試——這輛新車在時速 88 到 107 公里等中間速度也可以通過這項測試。

　　他們不用擔心這輛車以時速 88 公里行駛時會突然長出翅膀來或者來個翻車。他在時速 88 公里的性能，也會是他在時速 80 公里和 96 公里時性能的某種插值。一輛汽車就是一個連續的系統。

　　電腦軟體、分散式網路以及大多數的活系統都是不連續系統。在複雜的適應性系統中，你不能單單只依賴內插函數來判斷系統。你的軟體可能已經可靠平穩地運行了好幾年，然後突然間在某些特定的值點（例如時速 101.79 公里），砰的一聲！系統爆炸，或者，突然生成某種全新的東西。

　　斷點始終都存在著。而所有的鄰近值都已經測試了，但就是沒有測試到這特別的一組環境值。回頭檢視的時候，可以明顯地知道為什麼這個故障會導致系統崩壞，甚至還能指出為什麼早就應該找出這個問題點。但是在一個擁有海量可能性的系統中，根本不可能對所有的可能性進行測試。更糟糕的是，你還不能依靠抽樣的方式來進行測

試，因為系統是不連續的系統。

對於一個超級複雜的系統來說，測試者沒有任何把握說那些沒測試到的數值和抽樣的數值會有連續關係。但儘管如此，現在出現了一個朝向「零缺點」軟體的設計運動。不消說，這個運動一定是發生在日本。

對於小程式來說，這個「零缺點」的零就是 0.000；但對於那種超大型的程式來說，這個零是指小於或等於 0.001。這是指每千行程式碼（KLOC）所允許的錯誤值，而這只是產品質量的一個大概標準。這些想要編寫零缺點軟體的方法，大量借用了日本工程師新鄉重夫那零缺點製造的開創性工作。當然，電腦科學家聲稱，「軟體不一樣」。軟體可以完美地複製，所以只要最先開始製作的那一份是「零缺點」就沒問題了。

在網路經濟中，研發新產品的費用主要源自生產過程的設計，而不是產品設計。日本人擅長生產過程的設計和改進，而美國人則擅長於產品的設計和改進。日本人視軟體為一個生產過程而非產品。在漸露曙光的網路文化，我們所生產的愈來愈多的東西——當然也是我們愈來愈多的財富——都與符號處理過程有非常密切的關係，而這些過程裝配的是代碼而非實物。

軟體可靠性大師曹志光（C. K. Cho）曾經告誡企業界人士，不要把軟體看成是產品，要把他看成是可攜式工廠。你賣給——或者說是給予——客戶的，是一個工廠（程式代碼），可以在客戶需要答案的時候為他們製造出一個答案。你所面臨的問題是要製造一個能生產零缺點答案的工廠。當所用的方法可以建造一個能產出完美機件的工廠時，那麼這些方法也可以輕易地創建一個能給出完美答案的工廠。

通常，軟體的編寫是根據三個中心化的關鍵步驟。首先是設計一個全景圖，然後用程式碼實現細節，最後，接近計畫尾聲時，是將其視為交互作用的整體來進行測試。而在零缺點的設計過程中，整個軟體編造過程不再是幾個大的關鍵步驟，而是被分散成數千個小步驟。軟體的設計、編碼和測試工作，每天都在百來個小隔間裡進行，每個小隔間裡都有一個人在忙碌著。

這些零缺點的傳道者有一個概括網路式經濟的口號：「公司裡的每個人都有一個客戶」。一般而言，這個所謂的客戶，就是你要將你的工作依次轉交給他的工作夥伴。而你必須先完成你的小循環（設計－編寫－測試），才能把他交付給你的工作夥伴，就好像你在裝運銷售商品一樣。

當你把你的工作成果交付給你的客戶／工作夥伴的時候，他就會立刻對他進行檢測，讓你知道你所完成的這份工作是怎麼樣的狀況，並把其中的錯誤回覆給你，讓你進行修改。就本質而言，軟體的這種自下向上的發展過程與羅德尼‧布魯克斯的包容結構並無不同。每一個小步驟都是一個小的代碼模組，能確保自身的運行正常，並在這樣的基礎上，疊加和測試更複雜的層級。

單靠這些小步驟並不能得到零缺點的軟體。「零缺點」的目標隱含著一個關鍵的概念區分。所謂缺點，是指交付出去的錯誤；而在交付之前已被修正的錯誤，就不能算是缺點。新鄉重夫說：「我們絕對無法避免錯誤，但是我們可以避免這些錯誤產生的缺點。」因此，零缺點設計的任務就是儘早發現錯誤，儘早改正錯誤。

不過，這是顯而易見的事情。真正的改進過程在於儘早確認產生錯誤的原因，並儘早排除他。如果一個工人插入錯誤的螺栓，那就設置一個防止插錯螺栓的系統。犯錯的是人；處理錯誤的是系統。

日本人為防止錯誤的產生，有一個經典發明稱為「防呆」（ポカヨケ，亦稱「錯誤校對」）系統——把事情做到萬無一失。在裝配線上裝上一些巧妙而簡單的裝置就可以防止錯誤的產生。像是在放螺栓的托盤上為每一個螺栓設定一個特別的孔位，這樣的話，萬一托盤上還有剩下螺栓，操作人員就知道自己漏裝了一個。在軟體生產中，有一個防呆設計的例子，稱為拼字檢查器，他不允許程式設計人員輸入拼寫錯誤的命令，甚至不允許輸入任何違反規則（不合邏輯）的命令。軟體研發人員有愈來愈多可供選擇而且非常精巧的「程式自動校正」軟體，用來檢查正在編寫的程式，避免典型錯誤的產生。

還有那些頂尖的研發工具可以對程式的邏輯進行綜合評價——他會說：「嘿！這一步完全不合理！」——在一出現邏輯錯誤的時候就將他清除。最近有一本軟體產業交易雜誌正在出售，其中列出了將近百種檢錯和改錯工具；這當中有個一流的程式可以提供程式編寫者一個合乎邏輯的選擇，就像拼字檢查器一樣來糾正錯誤。

另一種非常重要的防呆方法是進行複雜軟體的模組化。1982 年刊登在 IEEE（電機電子工程師學會）的《軟體工程學報》中的一個研究顯示，在其他條件完全相同的情況下，代碼總行數相同的程式拆解為若干個子程式之後，錯誤數量會如何減少。在一整大塊有 1 萬行的程式裡，會有 317 個錯誤；若把他拆解為三個子程式，那麼 1 萬行的程式，錯誤總數則會減少到 265 個。每拆解一次所減少的錯誤量，大致符合一個線性函數，所以模組化雖然不能完全解決問題，但他卻是一個可靠的手段。

進一步來說，當子程式小到某個臨界值以下之後，就可以達到完全沒有錯誤的狀態。IBM 為他們的 IMS 系列所編寫的程式，就是以模組化的方式編製的，其中有四分之三的模組達到了完全沒有缺

點的狀態。也就是說，在 425 個模組中，有 300 個完全零缺點。剩下的有錯誤的模組中，超過一半的錯誤僅只集中在 31 個模組上。從這個意義上來說，程式編寫走向軟體模組化就是朝著可靠性的方向移動。

在軟體設計方面，現在最熱的領域就是所謂的物件導向的軟體。一個「物件導向程式設計」（OOP，object-oriented programming）實際上就是一個相對去中心化、模組化的程式。對於一個 OOP 來說，他的碎片都是一個個具有完整行而自成一個獨立單元；他們可以和其他的 OOP 碎片整合在一起形成一個可分解的指令層級。「物件」限制了一個程式漏洞所能造成的損害。和那種傳統的整體程式不同，OOP 能有效地隔離功能並限制在一個可控制的單元內，這樣一來，即使一個物件崩潰了，也不會中斷而破壞整體程式的運轉；而程式設計師可以把這個壞掉的單元換掉，好比汽車上的舊剎車片可以換一個更好的一樣。軟體銷售商可以購買或者銷售各種事先編製好的「物件」給其他的軟體研發人員，後者可以基於這些物件快速地組裝成大型、更為有用的軟體，而不用再像以前那樣需要一行一行地編寫新的代碼。等到要為這種大型軟體升級的時候，所需要做的就是升級舊的物件或者加入新的物件。

OOP 中的物件，其實就像樂高積木中的那些小塊，只是這些小塊還帶著非常微小的智能。一個物件可以類似於蘋果電腦螢幕上的一個檔案夾圖標，只不過這個圖標知道自己是一個檔案夾，並且可以對某個程式要求所有檔案夾列出內容清單而做出回應。一個 OOP 物件也可以是一張稅單，或者一個雇員在公司的資料庫，或者是一個電子郵件訊息。物件知道自己能做的和不能做的工作，同時也會和其他的物件做橫向交流。

物件導向的程式所創造的軟體，具備中等程度的分散式智能。就像其他分散式的存在一樣，對於錯誤也有彈性的處理能力，能夠快速修復（即刪除物件），並且透過逐漸組裝有效單元來加以擴展。

前面提到，在 IBM 的代碼中發現有 31 個模組化出現錯誤，但這充分的說明了軟體的一個特性——錯誤總是成串的出現，而我們可以利用這個特性來達到西格瑪精密度的質量管理。作為零缺點運動的聖經《零缺點軟體》中寫道：「你發現的下一個錯誤，非常有可能出現在你已經找出了 11 個錯誤的模組，而不是那些從未發現錯誤的模組裡。」錯誤成串現象在軟體中是如此普遍，以至於被當作一個「蟑螂經驗法則」（cockroach rule of thumb，即只要在家中看到 1 隻小蟑螂，就代表背後至少有 20 隻蟑螂。）：當你發現一個錯誤的時候，就表示還有另外一堆潛伏著的錯誤在等著你。根據《零缺點軟體》所提到的補救方法是：「不要把錢花在錯誤百出的代碼上，捨棄他；重寫代碼的花費和修補一個錯誤百出的模組的花費相差不多。假使一個軟體單元的錯誤率超過了一定的標準值時，就丟掉他，另外找一個開發人員來重寫代碼。當你手上正在編寫的代碼顯示出容易出錯的傾向時，就放棄他，因為在前面出現錯誤也會在後面不斷地出錯。」

隨著軟體的複雜性迅速增加，在最後關頭對他們進行詳細檢測變成了不可能的事。因為他們是非連續性系統，所以總會隱藏著某些詭異的個例或是某種致命的回應，儘管發生的機率可能只有百萬分之一，而且無論是系統化的測試還是抽樣測試都無法發現他們的存在。另外，儘管統計抽樣可以說明是否有出錯的可能性，卻也無法確定出錯的位置。

新生物學的解決之道是用許多個可以正常運作的單元來組裝軟體，並隨著其擴展的過程中不斷地進行檢測和修正。只是，儘管各個

單元沒有漏洞，但在組裝的過程中，我們仍會遇到無法預料的「突現行為」（漏洞）問題。然而，還是有希望能做到零缺點的，也就是如果我們只針對新形成的更高層級進行測試（因為較低層的單元已經證明是沒有問題的）的話，那麼就會有機會了——這比既要應付突現問題，也要處理深埋問題的情況要好得太多了。

泰德·凱勒以發明新的軟體語言為生。他是物件導向程式設計語言的早期開創者，是 SmallTalk 和 HyperCard 的編寫者，現在正為蘋果電腦研發一種「直接操作」（direct manipulation）語言。當我問他有關蘋果的零缺點軟體時，他一語帶過地說：「我認為在產品化的軟體中，想要達到零缺點**是有可能的**，只要你還在寫資料庫軟體程式時，也能真正明白自己在做什麼，就可以做到沒有任何錯誤。」

泰德可能永遠都無法跟日本的那種軟體公司合得來。他說：「一個好的程式設計師可以對任何一個已知的、有規律性的軟體進行重寫時，巧妙地減少程式的規模。但是在創造性的編程過程中，你不會看到任何已經被理解的東西。因此你不得不去編寫自己也並不明白的東西……。所以，是的，你是可以寫出零缺點的軟體，但所寫出來的程式會有好幾千行，超出所需的代碼。」

自然也是如此：他犧牲簡潔性以換取可靠性。自然界中所存在的類神經元迴路，雖然並非是最優化，卻總是持續地令科學家感到驚嘆不已。研究小龍蝦尾部神經細胞的科學家報告指出，這種迴路的笨拙和粗野是多麼令人震驚。只要下點功夫，他們就能設計出一種更為簡潔的結構。不過，儘管小龍蝦的尾部迴路或許要比他需要的多出許多，但是卻不會出錯。

零缺點軟體的代價就是他的「過度設計」，過量建造，而有點臃腫，並且永遠不會處在泰德和他的朋友經常逗留的那種未知的邊緣。

他是用執行效率以換取生產效率。

我曾經問諾貝爾獎得主赫伯特・西蒙如何讓「零缺點哲學」與他不追求優化，但求足夠好的「滿意化」概念相包容。他笑著說：「哦，你**可以**去生產零缺點的產品。但問題是，你能夠賺錢嗎？如果你關心的是利潤，那麼你就必須針對你的零缺點進行滿意化處理。」這又是那個複雜性的妥協問題了。

網路經濟的未來在於設計出可靠的流程，而不是可靠的產品。同時，這種經濟的本質便意味著這種流程是不可能最優化的。在一個分散式、半活性的世界中，我們的目標只能被滿意化，然而這種滿意也只是一瞬間。也許一天之後整個形勢就改變了，而另外的新貴正準備開闢新舞台。

新興網路經濟的特點：

執行綱要

在我看來，不久之後，經濟中會有一些一般性的系統模式盛行起來。任何經濟方案都需要一份執行綱要。當然，不會是我這份了。下面列出的是我認為的網路經濟應具備的一些特點：

- **分散式核心**——公司的邊界變得模糊。任務，甚至是財務和製造這樣的核心工作，都透過網路分包給承包商，承包商再進一步分包出去。所有的公司，從個人的到《財富》選出的世界500大公司，都變成了一個個由所有權到地理位置都是分散式的工作中心所組成的社會。
- **適應性技術**——如果不能達到即時要求，你就完蛋了。條碼、

雷射掃描器、手機、700 開頭的號碼*還有可以上傳到衛星的資料，直接連結到收銀機、查詢機，還有配送貨車，以便操控商品生產。生菜的價格一如機票的價格變化，都能在雜貨店貨架的液晶螢幕上改變。

- **彈性製造**——更少量的需求商品可以在更短的時間內利用更小的機器設備生產出來。在以前，照片沖洗得在沖印店，花上幾個星期，但現今在任何一個街角的小機器，一個小時內就可完成。模組化的設備，不需要常備庫存，而且電腦輔助設計使得產品的研發周期從幾年縮短至幾周。

- **大量客製化**——生產線上生產的都是個性化客製產品。例如產出的汽車設備是適合你所在地區的氣候使用、錄影機是依照你的習慣進行設計；所有產品都是按照個人特定需求加以生產，但卻是以大量生產的價格來銷售。

- **工業生態學**——閉合迴路、無廢料、零汙染的製造業；可拆解回收的產品；以及向生物科技逐漸相容的過渡。對於違反生物學準則的行為則愈來愈無法容忍。

- **全球會計**——即使是小公司也能在某種意義上具有全球性的眼光。就地理位置而言，不再存有那種未開發、未知的經濟「新領域」。而遊戲也從所謂的每一個勝利即意味著他人失敗的零和遊戲變成了正和遊戲，也就是只有那些能夠把系統做為一個

＊譯注：區號 700 是 1983 年在北美推出，保留給需要特定服務或目的地的運營商特定編號，以期在美國引入長距離競爭。例如一個用戶擁有一個以 700 開頭的號碼，當被呼叫時，可以轉至用戶的任何通訊設備，像是手機、傳真機、一般電話等。

統一整體，並且加以發揮的玩家才能獲得經濟上的回報。結盟、夥伴關係、協同合作——即使短暫甚或是矛盾，也會成為基本要素和正常規範。

- **共同進化的消費者**——公司會訓練和教育消費者，反過來消費者也會訓練和教育公司。網路文化中，產品變成可改進的連鎖經營店，他們隨著消費者的使用，持續地改進而共同進化。想想軟體升級和註冊的例子。公司成為共同進化的消費者俱樂部或用戶群。一家公司如果不能成為向消費者學習的公司，那也就無法成為教育消費者的公司。

- **以知識為基礎**——連線的資料會使所有的工作能夠更快、更好和更容易地完成。然而資料是廉價的，而且大量充斥在網路上，讓人討厭。你的優勢不再體現在「如何完成工作」，而是在「做什麼工作」。資料不能告訴你這個，但是知識可以。因此將知識運用到資料上，資料才能成為無價之寶。

- **免費頻寬**——連結是免費的，但交換是昂貴的。你可以在任何時刻發送給任何人任何東西；但是選擇由誰發送、發送什麼以及何時發送，或者選擇在什麼時候接收什麼則是要有技巧的了。選擇**不要**連結什麼成為關鍵。

- **收益遞增**——擁有者就得之；給予和分享者，得之；先到者，得之。一個網路增值的速度要超過其用戶增加的速度。在非網路經濟中，一個公司若增加了 10% 的客戶，那麼他的收入也許會增加 10%。但對於一個網路化的公司而言，譬如電話公司，增加 10% 的客戶可以增加 20% 的收入，因為新、舊客戶之間的對話是依指數方式增長的。

- **數位貨幣**——日常使用的數位貨幣取代整筆的紙鈔。所有的帳

戶都是即時更新的模式。

- **隱性經濟**——負面的結果：非正規的經濟到處萌芽發展。因為創意優勢和邊緣區域得到擴展；儘管他們現在以一種不可見的方式連結到加密的網路中。而分散式核心和電子貨幣是驅動這種隱性經濟活動的力量。

在網路經濟中，消費者可以享有愈來愈快的速度和愈來愈多的選擇，**但作為消費者也須承擔起愈來愈多的責任**。而供應商的所有功能會愈來愈分散，與消費者之間的共生關係也會愈來愈緊密。在一個無限資訊所構成的無序網路中，找到合適的消費者將成為網路經濟時代的新遊戲。

在這即將來臨的時代裡，其最核心的行為就是把所有的東西都聯結在一起。所有的東西，無論大小，都會在許多個層面上被連結到龐大的網路中。缺少了這些巨大的網路，就沒有生命、沒有智能、也沒有進化；而有了這些網路，就會存在這些東西，而且還會有更多的東西出現。

我的朋友巴洛——至少他那沒有實體的聲音——早就已經把他所有的東西都相互聯結了。他的生活和工作是在一個真正的網路經濟中。他給別人的是資訊——免費的——而有人給他錢。他給的愈多，所賺的錢也愈多。在他給我的一封電子郵件裡，他對這個正在興起的網路有這樣的看法：

電腦——這些小玩意本身——遠遠談不上能帶來什麼技術狂熱，但是對於用實體纜線將群體意識連接起來，進而創造出某種星球心智的偉大工作，他們倒是有某種一知半解的

314

回響。德日進在很多年前曾經描述過這種想法，但如果他看到我們用來實現這一想法的手段是如此乏味的話，他也會感到震驚。但在我看來，對於通向他所說的那個亞米茄點的梯子是由工程師而非神祕主義者所建造出來的，或許是個美妙的諷刺吧。

現今那些最大膽的科學家、技術人員、經濟學家和哲學家已經邁出了第一步，將所有的事物、所有的事件都相互聯結到一張複雜的巨型網路之中。隨著這張龐大的網路滲透到人造世界的各個角落，我們從這個網路裡瞥見了一些端倪──這些機器有了生命、變得聰明、而且可以進化──一個新生物文明出現了。

我心中有這種感覺，在網路文化中會湧現出一種全球意識。這種全球意識是電腦和自然的結合──電話和人類大腦，以及還有更多東西的合而為一。他是一個非常巨大的複雜東西，無確定形狀，並且由他自己那隻看不見的手掌握著自己。我們人類將無法得知這個全球意識在沉思著什麼。這並不是因為我們不夠聰明，而是因為意識的設計本身就不允許其中部分就能夠理解整體。全球意識的獨特思想──以及其後的行為──將脫離我們的控制，並超出我們的理解能力。因此，網路經濟所哺育的將是一種新的靈魂。

想要理解網路文化所形成的全球意識，最主要的困難在於，他並沒有一個中心的「我」可以去求助。沒有總部，沒有首腦。這是最令人惱怒和氣餒的地方。過去，探險者曾經尋找過聖杯、尋找過尼羅河的源頭、尋找過祭司王約翰的國度、或者金字塔的祕密。未來，人們將會去尋求全球意識的「自在」，尋找其內在一致性的源頭。很多靈魂會盡其所有來尋找他；而關於全球意識的「自在」究竟藏在何處，

也會有許多種學說。不過亦如以前一樣，這也將會是一個永遠沒有終
點的探索。

第十二章

電子貨幣

在提姆・梅伊的眼中，數位磁帶就像肩掛式針刺飛彈一樣具有威力和破壞力。梅伊（四十多歲，鬍子整潔，前物理學家）手裡拿著一盒價格 9.95 美元的數位錄音帶（DAT）。這個卡式磁帶——比普通卡帶只稍微厚一點——內載有在保真度上相當於傳統數位光碟的莫札特音樂。數位錄音帶可以像儲存音樂一樣，能簡單地用來儲存文本。如果資料壓縮得好，那麼在凱瑪超市買一盒數位錄音帶，就可以用數位形式來儲存大概 1 萬本書。

一盒數位錄音帶也可以把一個較小型的資訊庫完全放進音樂當中。這些資料不僅能夠安全地被加密放在數位磁帶中，甚至連強大的電腦也無法察覺這磁帶的存在。梅伊提議，在一盒內有麥可傑克森《顫慄》的普通數位磁帶裡可以隱藏一個電腦硬碟所有的編碼訊息。

隱藏的方式如下：數位錄音帶以 16 位的二進位元儲存音樂，但這個精度已經超過了人類感知的範圍。由於內含在訊號中第 16 位元的差異太小，一般人是無法聽得出來的；所以一位工程師可以把第 16 位元音樂的位置替換放進一長串的訊息——一本圖冊、一堆資料試算表（以加密的形式）。因此不管誰播放這盒麥可傑克森哼唱的數

位磁帶時，聽到的數位音質跟購買《顫慄》磁帶所聽到的音質，在音效上並無什麼差別。而任何人用電腦檢查磁帶也只會看到數位音樂。只有透過將未受干擾過的磁帶和加密磁帶在電腦上一點一點慢慢地加以比較，才能發現其中的差異。儘管如此，看起來像是隨機的差別會被認為只是在使用類比 CD 播放器複製數位磁帶時（通常就是這樣做）所產生的噪音。最後，只有將這個「噪音」解密（這不太可能），才能證明他是什麼東西而非噪音。

「這意味著，」梅伊說，「要阻止訊息的越界流動是一件完全無望的事情。因為任何隨身攜帶從店裡買來的單一卷音樂卡帶的人，可能都會隨身攜帶隱形轟炸機的電腦檔案，而且這樣的事完全察覺不到。」這盒磁帶裡面是迪斯可音樂，另一盒帶子裡是迪斯可和關鍵技術的藍圖。

音樂不是隱藏資料的唯一方法。「我也用過照片，」梅伊說，「我從網路上找了一張數位化照片，把他下載到 Adobe Photoshop，然後把一份加密的訊息分別插入每個像素的最低有效位。當我把這張圖重新貼到網路的時候，基本上他跟原圖完全一樣。」

另外一件讓梅伊著迷的事是匿名交易。假設有人獲得軍方研發的加密方法，然後把他們移植到電子網路的廣闊領域裡，那麼就有可能建立起一套非常強大、牢不可破的匿名交易技術。兩個陌生人可以彼此請求或提供訊息，用錢完成交易，也不可能會有被跟蹤的機會。這是目前電話和郵局也無法安全做到的事。

關切此事的不只是間諜和犯罪集團份子。有效認證和驗證方法，比如智慧卡、干預防護網路和微型加密晶片，使加密的成本下降到消費者能夠負擔的水平。現在每個人都能付得起加密技術。

提姆認為，這所有一切的結果就是現有企業形式的中止，而且是

更加熟練老到、逃稅黑市的興起之始。提姆稱這種運動為「密碼無政府狀態」。「我必須告訴你，我認為在兩種力量之間即將有一場戰爭，」提姆向我透露，「一種力量是想要全面公開化，結束所有的祕密交易；這一方是政府，想要追捕吸大麻者和查緝有爭議的電子布告欄。而另一種力量所想要的是隱私權和公民自由。在這場戰爭中，加密會是贏家。除非政府能夠成功禁止加密，但這不可能，加密永遠獲勝。」

幾年前，梅伊曾經寫過一個宣言，告訴世人對於廣泛加密的到來要有所警覺。他在這篇強硬的文章中警告，一種「密碼無政府狀態的幽靈」即將出現：

……國家當然會試圖減緩或終止這種技術的傳播，因為他們認為那是對國家安全的危害，容易被毒販和逃稅者利用，也會產生社會動盪的隱憂。這些考量有很多是有根據的；密碼無政府狀態會使國家機密以及非法或偷得的材料可以自由交易。匿名的網路化市場甚至可能會使得可惡的暗殺和勒索市場存在交易。各種罪犯和海外勢力都會積極使用密碼網路。但這些都不會中斷密碼無政府狀態的擴散。

正如印刷術削弱了中世紀行會的權力，改變了社會的權力結構；同樣地，密碼術也會從根本上改變企業的本質和政府干預經濟交易的本質。密碼無政府狀態和正在興起的資訊市場結合在一起，將會為所有能放到文字和圖片中的材料創造一個流動市場。例如，就像是鐵絲網這種看起來似乎毫不起眼的發明，卻能夠把廣大的牧場和農場與外部相隔離，因而永遠改變了西部拓荒中的土地和財產權的概念；所以，同

樣地從數學神祕分支中產生看起來毫不起眼的發現，也將成為拆除智慧財產權周圍帶刺鐵絲網的鐵鉗。

聲明簽名者：

提摩西・C・梅伊，密碼無政府狀態：加密，數位貨幣，匿名網路，數位假名，零知識，信譽，資訊市場，黑市，政府倒台。

我曾經請教過提姆・梅伊這位從英特爾公司退休的物理學家，並請他解釋有關加密與現今社會崩解之間的關聯。梅伊解釋說：「中世紀的行會壟斷訊息。當有人想要在行會以外製作皮革或者銀器，國王的人馬就會闖進來把他們打碎，因為行會是向國王交稅的。印刷術打破這種中世紀行會的壟斷，因為人們可以發表如何鞣製皮革的文章。在印刷時代，企業興起後壟斷某些專門技術，比如製作槍械或者是煉鋼。現在，加密會消除當前企業對專門技術以及專有知識的壟斷。企業無法持續對這些東西保密，因為在網路上賣資訊是件容易的事了。」

按照梅伊的說法，密碼的無政府狀態之所以還未爆發，是因為軍方壟斷加密的關鍵技術——就像教會曾經試圖壟斷印刷術一樣。幾乎毫無例外，加密技術也是由軍方為了軍事目的而研發的。若說軍方對這項技術守口如瓶，那一點也不為過。美國國家安全局（NSA）受命研發密碼系統，由其研發出來的技術幾乎沒有轉為民用，不像其他軍事／工業聯盟所發展出來的技術會慢慢轉為民用。

不過，到底誰需要加密技術呢？或許，只有那些要藏東西的人才需要，像是間諜、罪犯，還有異議份子。而對於這些有加密技術需求

的人，我們應該正當地、有效地、並且嚴厲地加以阻擋。

　　然而情況在二十年前有了變化。因為當資訊時代來臨，情報成為企業最主要的資產時，他就不再是中央情報局的專利，而是執行長研討的主題。所謂間諜活動就是意味著商業情報蒐集。非法移轉企業的專業技術，而不是軍事計畫，成為國家不得不擔心的資訊叛國與不忠的問題。

　　除此之外，在最近的十年裡，電腦變得既快又便宜；加密不再需要超級電腦，也不再需要運轉這些超級電腦的龐大預算了。一台普通品牌的二手個人電腦就能處理正當的加密方法所需進行的巨量計算。對於那些所有業務都在個人電腦上進行的小公司而言，加密就是他們硬碟上最需要的工具。

　　在過去這幾年中，上千個電子網路已經蓬勃發展成為一個高度去中心化的網路之網。所謂網路，就是沒有控制中心以及幾乎沒有清晰邊界的一個分散的東西。那如何保護沒有邊界的東西呢？結果是，人們發現某些特定的加密類型正是讓去中心化系統在保持其系統靈活性的同時，又是可以帶來安全性的理想方法。事實上，如果網路上的大部分成員都使用點對點加密技術的話，那麼這個網路就可以容納下各種垃圾，而不需要用一個堅固的安全牆，想方設法地把麻煩擋在牆外了。

　　突然間，對那些除了隱私之外「沒東西可隱藏」的普通人來說，加密這件事變得極其有用。點對點加密植入網路，連結電子支付，與日常的商業交易緊緊綁在一起後，成為像傳真機和信用卡一樣的另一種商業工具。

　　而突然間，那些用自己的納稅錢資助軍方研發這項加密技術的公民，想要收回這項技術的所有權了。

但是，政府（至少是美國政府）會以一些不合時宜的理由來拒絕將加密技術還給人民。所以在 1992 年夏天，一個由富有創意的數學駭客、公民自由主義者、自由市場的鼓吹者、天才程式設計者、變節的密碼學家以及其他各種前衛人士組成的鬆散聯盟開始創造、拼湊或是盜用加密技術，將其植入網路之中。他們稱自己是「密碼叛客」。

　　1992 年秋天的幾個星期六，我參加了提姆‧梅伊，還有其他大約 15 位密碼反叛者舉辦的密碼叛客月會，會議場所靠近加州帕羅奧多市。他們是在一座毫不起眼的辦公樓裡舉行，裡頭盡是小型高科技的創業公司。在矽谷，到處都是這種辦公大樓。會議室內鋪著整體的灰色地毯，還有一個會議桌。會議主持人艾利克‧休斯試圖緩和大聲、固執己見的吵雜聲。留有一頭黃棕色頭髮而髮長披肩的休斯抓起麥克筆在白板上潦草地寫下會議日程。他所寫的剛好呼應了提姆‧梅伊的數位卡：信譽，PGP 加密，匿名郵件轉發服務器的更新，還有迪菲－赫爾曼密鑰交換的論文。

　　閒談一陣之後，這群人開始忙正事了。上課時間到了。成員狄恩‧崔勃爾站到前面報告他對數位信譽所做的研究。如果你要跟某些人做生意，而你只知道這個人的電子郵件名稱，你怎麼能確信他們是合法的？崔勃爾的建議是，你可以從「信託代管」那裡購買信譽——「信託代管」是一種類似資格或證券的公司，可以為某人提供擔保並為此收取費用。他解釋從博弈理論中有關循環式談判遊戲如囚徒困境得到的結論及啟發：當遊戲參賽者在同一局中一再進行博弈，那麼收益會如何變化；以及在反覆進行博弈的關係中，信譽是非常重要的。另外在線上買賣時，信譽可能潛藏的問題也在討論之中，並對新的研究方向提出了建議。之後，崔勃爾坐下，另一個成員站起來做簡短發言。討論以這種方式順序進行。

亞瑟‧亞伯拉罕穿著綴有許多釘鈕的黑色皮衣，回顧了最近一些關於加密技術的論文。亞伯拉罕在投影機上演示一些畫著各種方程的幻燈片，帶著大家透過數學驗證檢驗了一遍。很明顯的，數學對大多數人來說並不簡單。坐在桌子周圍有程式設計師（許多是自學的）、工程師、諮詢顧問——全都是非常聰明的人，但只有一位成員有數學背景。在亞伯拉罕講話時，一位安靜的成員問：「你說的是什麼意思？」「哦，我明白了，你忘了係數了，」另一個傢伙回應著。「到底是『a 對 x』，還是『a 對 y』？」這些業餘密碼研究駭客質疑每一個論斷，要求講述者加以澄清，再三仔細思索，直到每個人都了解。駭客的頭腦、程式設計師要把事情做得完美、找尋捷徑的衝勁，衝擊著論文學院派的立場。狄恩指著一個方程的一大片算式，詢問「為什麼不把這些都扔掉？」這時後面傳來一個聲音：「真是個好問題，我想我知道為什麼不這麼做的原因。」接著這個人開始解釋，狄恩邊聽邊點頭。亞瑟環顧四周，想要確信每個人是否都聽得懂。然後，他接著說明下一行；那些聽懂的人幫忙解釋給那些還不明白的人聽。很快地會議室裡到處是這樣的聲音，「哦，這就是說，你可以在網路設置上提供這種功能！嘿，酷！」就這樣，另一個分散式計算的工具誕生了；又一個組件從軍事機密的遮蔽下傳送到了互連線這個開放的網路；網路文化的基座上又添加了一塊磚塊。

小組透過密碼叛客的電子郵件列表所在的虛擬網路空間來推廣他們所努力的成果。來自世界各地熱中於加密技術的人持續增多，每天藉著網路「郵件列表」互動。為了以低成本來實現他們的想法（比如數位簽章），或是討論他們正在做的事情的政治和倫理涵義，他們就在這個虛擬的空間裡發送那些還在編寫中的代碼。某個無名的小團體還發起了一個叫作資訊解放陣線的組織。他們在價格非常昂貴（而且

還特別難找）的期刊上搜尋有關密碼學的學術論文，用電腦把他們掃描下來，再以匿名的方式把他們貼到網路上，藉由這種方法把他們從版權限制中「解放」出來。

在網路上匿名貼文具有相當的難度：網路的本質就是要準確無誤地追蹤一切，然後無區別地加以複製。理論上，通過監控傳輸節點來追溯消息來源並不是一件困難的事。在這種看似隱藏卻盡可皆知的空間環境裡，密碼反叛者所渴求的是真正的匿名。

我曾經向提姆坦白我對匿名潛在市場的擔憂：「匿名看起來似乎對勒贖信件、勒索敲詐、恐嚇威脅、賄賂、內線交易、恐怖主義是再好不過的了。」「那麼，」提姆說，「販賣像是種植大麻、自助墮胎、人體冷凍等不被視為合法的技術，甚至無照兜售另類醫療訊息又如何？那些想要告發、懺悔、約會的個人隱私又如何呢？」

密碼反叛者認為，數位匿名是必需的，因為匿名性跟真實身分一樣是重要的公民工具。郵局提供了一種不錯的匿名方式；你不需要寫回郵地址，即使你寫了，郵局也不會去核實。大體上來說，電話（沒有來電顯示）和電報也是匿名的。最高法院贊成，人人擁有散發匿名傳單和小冊子的權利。在那些每天花好幾個小時進行網路交流的人中，匿名引發了熱潮。蘋果電腦程式設計師泰德‧凱勒認為：「我們的社會正陷入隱私權的危機之中。」他覺得加密就像美國所有機構的延伸，如同郵局一樣：「我們一直都看重郵件的隱私權。現在是有史以來第一次，我們不必只是信任他，我們可以加強他。」「電子前哨基金會」的董事約翰‧吉爾摩是個密碼狂人，他說：「很明顯的是，在我們基本的傳播媒體中，匿名有著社會性需求。」

一個美好的社會所需要的不只是匿名。線上文明要求線上匿名、線上身分、線上身分驗證、線上信譽、線上信託、線上簽章、線上隱

私以及線上權限。所有這些對於任何一個開放的社會而言都是不可或缺的。而密碼叛客的計畫就是開發並免費提供一些工具，作為現實社會傳統人際交流的數位網路替代品。等到這些都完成的時候，解密高手希望已經順利地發送了免費的數位簽章以及線上匿名的可能性。

為了創造數位匿名，解碼高手已經研發出大約 15 種匿名郵件轉發系統的原型版本，如果執行良好，即使在嚴密的通訊線路監控下，也無法確定一封電子郵件的訊息到底來自何處。這種郵件的轉發系統，現在已經達到這樣的一個階段：當你使用這個系統發送郵件給愛莉絲，他收到時會顯示發信人為「不明」。弄清楚這封信來自哪裡，對於任何一台能夠監控整個網路的電腦而言是件微不足道的事──但很少人能買得起這樣的電腦。不過，想要達到數學上的不可追蹤，得至少要有兩個郵件轉發系統來做為接替（愈多愈好）──其中一個郵件轉寄程式把訊息發到下一個程式系統，發送時消除訊息的來源。

艾利克‧休斯看到了數位假名的作用──一些人知道你的身分，但其他人不知道。當使用假名時，「你可以集體團購某些訊息，按大量級數的訂購降低實際成本──也就是說，直到幾乎免費。」事實上，數位合作社可以形成私人的線上圖書館，可以團購數位電影、音樂專輯、軟體以及昂貴的新聞通訊，大家都能透過網路相互「借閱」這些東西。販賣訊息的賣主絕對沒有辦法知道他到底是賣給了一個人還是 500 個人。休斯認為這些安排為資訊豐富的社會增添了佐料，同時「增加窮人可以生存的空間」。

「有一件事情是肯定的，」提姆說，「長遠來看，這東西會破壞稅收。」我冒昧地提出還不成熟的看法，認為這可能是政府為什麼不把這種技術交給人民的一個原因。我並且猜想，這可能會演變成為與數位化的國稅局一場逐步升級的軍備競賽。對於數位化地下所發明

的每一種新的隱藏交易方法，數位化國稅局也將會以監控手段與之對抗。提姆對我的想法嗤之以鼻。「毫無疑問，這種東西是牢不可破的。**加密永勝。**」

這很恐怖。因為無所不在的加密技術會將經濟活動從中央控制的任何希望中移除，然而經濟活動是驅動社會前進的一種力量。加密技術餵養了失控狀態。

加密永遠都是贏家，因為他採取網路的邏輯思考方式。給定一個加密公開金鑰，只要時間夠久，都能用超級電腦破解。那些不想讓自己的代碼被破解的人，試圖藉著增加密鑰的長度來戰勝超級電腦（密鑰愈長，破解愈困難）——但代價是使得防護系統變得既不靈活又緩慢。然而無論如何，只要有足夠的時間和金錢，**任何**密碼都可以破解。正如艾利克・休斯經常提醒那些解密高手的夥伴，「加密技術是經濟學。加密始終是可能的存在，就是貴而已。」阿迪・沙密爾在業餘時間利用 Sun 工作站的分散式網路工作了一年，破解了一個 120 位元的密鑰。一個人確實可以用一組非常長的密鑰，長到沒有一台超級電腦能在可預見的未來將他破解，但是這麼長的密鑰，在日常生活中使用起來也會不方便。今天，美國國家安全局特製的、占據了一整棟樓的超級電腦可能要用一天時間來破解一個 140 位元的密碼。哇，可是這麼一個龐然大鐵塊工作一整天的時間，就只為了解開這麼一個破密碼！

密碼叛客們打算藉著「傳真機效應」得到與中央化電腦資源相抗衡的能力。如果世界上只有你有傳真機，那他就是廢物。但是，這個

世界上每多一台傳真機，那麼你手上的傳真機就愈有價值。這就是網路的邏輯，也稱之為遞增報酬定律。這個定律與基於均衡交易的傳統經濟理論截然不同。按照那些理論，你不可能無中生有。但事實上，你可以做到這一點。（直到最近，才有一些前衛的經濟學教授將這個概念理論化。）而駭客、密碼叛客以及很多高科技企業主其實已經知道這一點了。在網路經濟中，多能帶來更多。這也就是為什麼分享常常如此有效，以及這些密碼叛客會心甘情願地把他們開發出來的工具免費傳播出去的原因了。這種行為，跟善心沒有什麼關係，而是跟一種清晰的直覺有關：網路經濟獎勵多產，而不是貧瘠的個體——你可以一開始就藉著免費傳播這些工具為之後的豐碩播下種子。（這些密碼叛客也想把這種網路經濟學用到加密的反面，也就是破解密碼。他們可以透過百萬台蘋果麥金塔電腦聯結在一起，組建成一台大眾超級電腦，每一台都運行超大的分散式解密程式中的一小部分。就理論而言，這種去中心化的並行電腦整個加總之後會成為我們所能想像到的最強大的電腦——遠比國家安全局的中央化電腦還要來得強大。）

這種想要以大量毫不重要，卻高度加密的訊息來塞住老大哥的想法激起了密碼反叛者的想像力，結果他們其中一位想出了一個受到高度認可的公鑰加密方案的免費版本。這個軟體名稱就叫做 PGP，也就是 Pretty Good Privacy（相當不錯的隱私性）的意思。這個軟體已經在網路上免費流傳，也可以透過光碟獲得。在網路上的某些地方可以看到用 PGP 加密的訊息已經相當普遍，而這些訊息也會附帶「如有需要可提供公鑰」的說明。

PGP 並不是唯一的免費加密軟體。在網路上，密碼叛客也可以用 RIPEM，他是一個用來加強郵件隱私保護的應用程式。無論是 PGP 還是 RIPEM 都是基於 RSA 開發出來的，RSA 是一組加密演算法的

應用，已取得了專利。不過，RIPEM 是 RSA 公司自己公開發行的軟體，而 PGP 卻是由一位叫做菲利普・齊默曼的密碼反叛者自行玩弄出來的軟體。因為 PGP 使用了 RSA 的專利數學知識，他實際上是一款非法軟體。

RSA 是在麻省理工學院開發出來的——部分使用了聯邦基金，不過後來授權給那些發明這個軟體的學術研究人員。這些研究人員在申請專利之前就把他們的加密方法發表了出來，因為他們擔心國家安全局會緊握住這些專利，甚至阻止該系統成為民用。在美國，發明者在公布一項發明之後有一年的時間可以申請專利。但在其他國家或地區，申請專利必須在公開發表之前。因此，RSA 只能獲得美國的專利權。換句話說，PGP 使用 RSA 的專利數學在海外是合法的。不過，PGP 通常都是在網路上這種都不是任何人的地盤上傳開來的，（哪個國家的司法權限在網路上有效呢？）並且在這個網路的空間裡，智慧財產權還是有點晦暗，而且是接近某種密碼無政府狀態的初始狀態。PGP 在處理這個棘手的法律問題的方法，就是告知美國用戶，他們有責任從 RSA 那裡得到使用 PGP 基本演算法的許可。（理所當然，應該這麼做。）

齊默曼聲稱，他之所以將這個半合法的 PGP 軟體發布到世界的原因，是因為他擔心政府會收回所有的公鑰加密技術，包括 RSA。而 RSA 無法阻止 PGP 現有的流傳版本，因為一旦把某個東西上傳到網路上後，就再也收不回來了。當然很難說 RSA 有多大的損失，畢竟無論是非法的 PGP 還是官方許可的 RIPEM，都使得網路產生傳真機效應。PGP 鼓勵用戶使用加密技術——使用的人愈多，對於參與其中的每個人就愈有利。PGP 是免費的，和絕大多數免費軟體一樣，PGP 的使用者遲早都會願意變成付費的用戶。到現在為止，只有

RSA 提供許可。從經濟上來說，對於一個專利擁有者而言，有上百萬人使用夥伴系統自學並討論你的專利產品中的奧妙和優點（因為盜版和傳播都有別人代勞了），等到他們想要用最好的產品的時候，就會排隊來買你的東西，這實在是一件再好也不過的事了吧！

傳真機效應、免費軟體的升級規則、還有分散式智慧的力量，都是新興網路經濟的一部分。而網路經濟的政策肯定需要密碼叛客正在把玩的那些工具。年度駭客大會的主席格倫・特尼，去年在加利福尼亞競選公職時，就是利用電腦網路來打選戰，進而真正了解到這種工具如何影響政治。他注意到，網路民主需要能夠建立信任的數位技術。他在網路上這麼寫著：「想像一下，如果一個參議員回覆某一封電子郵件，但這封信被不知名的人動了手腳直接發送給《紐約時報》會怎麼樣？因此，身分驗證、數位簽章等方式對於各方的保護，都是不可或缺的。」而加密和數位簽章正是把信任的機制擴展到新領域的技術。菲利浦・齊默曼說，加密技術培育了「信任之網」，而這樣的網路正是任何社會或者人類網路的核心。密碼叛客對加密技術的著迷可以總結成：相當不錯的隱私性即意味著相當不錯的社會。

隨著密碼和數位技術所推動的網路經濟學，其結果之一，便是改變了我們所謂的相當不錯的隱私性。網路把隱私從道德領域轉移到市場領域，隱私成了一件商品。

電話號碼簿之所以有價值，是因為想要尋找某個特定的電話號碼時可以省事。電話剛出現的時候，將電話號碼列在號碼簿裡對編製者和所有電話用戶都是有價值的。但今天，在電話號碼唾手可得的世界裡，一個未列在號碼簿的號碼對於未列出的用戶（要付更多的錢）和電話公司（可以收到更多的錢）來說卻更有價值。隱私現在是一件可以定價銷售的商品。

大部分隱私交易很快就會發生在市場，而不是在政府的辦公室裡，因為在一個分散式、組織鬆散的網路中，中央集權的政府失靈了，不能再保證事物之間的聯結或者隔離。成千上百的隱私賣主會依照市價來銷售隱私。當你出售名字時，你僱用的「小兄弟公司」替你從垃圾郵件或者直銷商那裡爭取最大報酬，同時幫你監控這些資訊在網路上的使用情況。而「小兄弟公司」則會代表你和其他隱私賣主租用服務進行談判，譬如個人加密裝置、完全不公開的號碼、黑名單過濾器（隱藏來自「不友好人士」的訊息）、陌生 ID 篩選機（比如來電顯示，可以讓你只接聽某些號碼），以及僱用機械代理（稱做網路「知覺機器人系統」）來追蹤各種地址，並且僱用反知覺機器人系統來消除你自己在網路上活動的痕跡。

隱私是具有反極性訊息的一種類型。我把他想像成「反訊息」。從系統內移除一點訊息，可以視為是在系統內重新產生相對應的反訊息。在這麼一個被毫無止境複製資訊所淹沒的網路世界裡，一點點訊息的消失或者蒸發就變得非常有價值，尤其是如果能永遠消失，就更有價值了。在所有的東西都相互聯結在一起的世界，連結、訊息以及知識都非常便宜，隔離、反訊息和零知識反而變得貴重。等到頻寬免費並且隨時隨地都在進行十億位元組的訊息交換時，不想通訊反而成了最困難的討厭雜事。加密系統和其同類都是隔離技術。他們在某種程度上是抑制了網路毫無差別的連結和發送訊息的固有傾向。

管理我們家庭水電的公用事業都是按使用量計費的。但計量本身既不是一件顯而易見，也不是一件容易的事。愛迪生發明的那些令人

驚羨不已的電器也要等到工廠和家庭都能方便通電了才能派上用場。因此，愛迪生在事業的顛峰時期將注意力從電子設備設計轉向到電力傳輸網域。一開始，有關如何發電（直流還是交流？）、如何輸電、以及如何收費，這些問題都沒有答案。關於收費，愛迪生比較傾向採用固定費用方式，這也是現今大多數的訊息供應商喜歡的方法。例如，不管讀者讀一份報紙讀了多少，就是要付一份報紙的價錢。有線電視、書或者電腦軟體也是同樣。所有裡面的內容你都能使用，並收取固定費用。

因此，愛迪生就用電上推行固定費用──只要你連接了電就得繳交一筆固定費用，否則一分錢也不用交──因為他認為，計算不同用電量的成本會高於用電量差異所帶來的成本。不過，最大的問題還是在於如何計算用電量。他在紐約創辦的通用電氣照明公司前六個月就是向用戶收取固定費用。但是，讓愛迪生懊惱的是，這種辦法在經濟上是行不通的。愛迪生迫不得已想出一個權宜之計。他的補救辦法就是電表，只是他的電表既不穩定，也不實用。冬天會凍住，有時還會往回走，況且用戶不會讀表（也不相信公司的讀表員）。直到市政電網投入使用後十年，才由另一位發明家想出了一種可靠的電度表。現在我們幾乎不會再考慮其他買電的方式了。

一百年後，資訊產業仍然缺少訊息計量表。喬治‧吉爾德是一位討厭高科技的人士，他這樣說明這個問題：「你不會想要每次口渴的時候，就得付整個水庫的錢，而你只是想付眼前這一杯水的費用而已。」

確實，既然你要的就只是一杯飲水（部分訊息），為什麼要付整個海洋（所有訊息）的費用呢？要是你有一個訊息計量表，就沒有任何理由這麼做了。企業家彼得‧斯普拉格認為他正好發明了這麼一個

東西。「我們可以用加密技術來強制訊息計量。」斯普拉格說。這個訊息節流閥是一個微型晶片，他可以從一大堆加密數據中發放少量訊息。斯普拉格發明了一個加密設備，對於一片裝有十萬頁法律文件檔的唯讀型光碟，用不著整片賣 2,000 美元，而是按每頁一美元的價格收費。這樣，用戶只要為他使用的部分付費即可，而且也只能使用他付費的那部分。

斯普拉格販賣文件檔的辦法是讓每一頁必須在解密後才能閱讀。用戶可以從目錄中選擇瀏覽的訊息範圍。他只須花很少的金額就可以閱讀摘要或者大意，然後再選擇想要的全文，由他的分發器解密。每解密一次就收一小筆費用（也許是 50 美分）。費用是由他的分發器裡面的計量晶片記錄，並從他的預付款裡扣除（這個預付款也是存在計量晶片裡的），非常類似使用郵資計表機分發郵資條時從中自動扣款一樣。當存在唯讀光碟裡的存款用完了，他可以打電話給服務中心，服務中心發送一則加密訊息，通過數據機連接到他的電腦計量晶片中，補充他的帳戶金額。現在他的分發器上有 300 美元，購買訊息可以按頁數、按段落、或者按整套的價格來計算，這得視訊息賣主把訊息分割到多麼精細的程度了。

斯普拉格的加密計量設備所要做的，是將資訊那可以輕易複製的本質從所有者斷開訊息的選擇權中分離。這個設備可以讓訊息自由流動，而且無所不在──就像城市水管裝置中的水一樣──可以分塊來計量訊息。計量讓訊息的供給成為公用水電設備一樣。

密碼叛客相當正確地指出，這種做法並不能阻止駭客免費截取訊息。用來做為計算衛星電視節目的收費，例如 HBO、Showtime 等，其視訊加密系統在投入運行後幾個星期內就被破解了。儘管製造商聲稱這個加密的計量晶片是無法破解的，但那些汲汲營營想賺大錢的產

業破解了周邊的加密代碼（這些破解產業建立在印第安保留地裡面——有關這事又說來話長了）。盜版者會先找到一個有效的註冊解碼器盒子——比如說，在飯店房間裡——然後把這個解碼器的 ID 身分仿製到別的晶片上。客戶可以把他的解碼器寄到原廠「維修」，新的解碼器寄回來的時候就仿製了飯店解碼器盒子上的 ID。電視節目所用的播送系統是無法察覺經由仿製而來的觀眾身分。簡言之，這個系統駭入的方式不是解密，而是在密碼與其系統的附屬設備之間動了手腳。

沒有無法破解的系統。但是破解一個加密系統需要具有能深思熟慮的創造性技能和精力。雖然訊息計量表無法擋住偷竊或者駭客行為，卻可以抵制坐享其成者及人類天生分享欲的影響。視訊加密衛星電視系統消除了**大規模**的用戶盜版行為——這種類型的盜版行為在有加密之前困擾著美國的衛星電視，而現在仍然折磨著軟體和複印這兩個領域。加密技術使得盜版行為變成一件繁瑣的事，不再是任何一個笨拙懶散的人拿著一張空白光碟就可以做的事了。總的來說，衛星加密技術是有用的，因為加密永勝。

彼得・斯普拉格的密碼計量表允許愛莉絲任意複製他買的加密唯讀光碟，因為他只要為他所使用的內容付費即可。從本質上來說，密碼計量表是把付費過程和複製過程分開。

使用加密技術強制推行訊息計量的方式之所以有效，是因為他並不限制訊息的複製欲望。如果所有的條件不變，那麼一小段訊息可以經由可用的網路中加以複製，直到充塞整個網路。在活力的驅使下，每一個事實自然都會盡可能多次地擴散。事實愈能配合——愈有趣或者愈有用，就會傳播得愈廣泛。而觀念的傳播或者是模因（通過模仿的文化基因）在人群中的傳播與基因在族群中的傳播非常相似。基因

和模因都依賴著一個由複製機器所組成的網路——細胞、大腦或者電腦終端。這樣的網路由一堆靈活連接在一起的節點組成，每個節點都能複製（可能完全相同或是有所變化地）從另一個節點傳來的訊息。蝴蝶族群和一批電子郵件訊息有相同的訴求：不是複製、不然就是消亡。訊息所要的就是被複製。

我們的數位社會建造了一個由無數的個人傳真機、圖書館影印機和電腦硬碟所組成的超級拷貝網路；我們的訊息社會彷彿也像一個巨大的聚合形態的影印機。但我們不會讓這個超級機器去複製。令所有人大感驚奇的是，在一個角落產生的訊息，可以相當快速地傳播到其他的角落。這是因為我們之前的經濟體系是建立在物品的匱乏上，所以到目前為止我們都試圖透過控制每一個複製行動來對抗訊息的天生擴散性。我們擁有一個巨大的並行複製機，卻試著要扼止大多數的複製行為。正如其他清教徒的制度一樣，這是行不通的。訊息要的就是被複製。

「讓訊息自由傳播！」提姆・梅伊大聲地喊著。不過這個「自由」的意涵，已經從斯圖亞特・布蘭德那句經常被引用的格言「訊息要免費」中「無須成本」的意義，變成「沒有枷鎖和束縛」這樣更加微妙的涵義。訊息想要的是自由地流動和複製。在一個由去中心化節點所組成的網路世界中，成功是屬於那些不抵制訊息複製和主張訊息流動的人。

斯普拉格的加密計量表是利用了付費和複製之間的區別。「計算一個軟體被使用的次數很容易，但要計算他被複製過多少次就難了。」軟體設計師布萊德・考克斯說。他在一段貼到網路的訊息中寫著：

軟體之所以不同於有形物體之處，乃是因為根本上無法監控其複製，但是能普遍地監控其使用。那麼，為什麼不藉助資訊時代的商品和製造業時代的商品之間的差別來建立資訊時代的市場經濟呢？如果收費機制是以監控電腦裡面軟體的使用為基礎的話，那麼賣主就可以完全用不著複製保護了。

　　考克斯是一個軟體開發人員，專研「物件導向程式設計」。而OOP除了前面提過可以減少漏洞這一優點之外，與傳統的軟體相比，還提供了兩個重大的改進。首先，OOP提供用戶在不同工作之間有更靈活、更多可交互運作的應用──這有點像是房子裡面的家具是可移動的「物件」家具，而不是強加固定式的家具。其次，OOP可以提供軟體開發人員「再利用」軟體模組，無論他們要自寫模組，還是要向別人購買。想要建立一個資料庫，像考克斯這樣的OOP設計師就會用到排序常式、字段管理、表格生成以及圖標處理等等，把他們組合到一起，而不是從頭開始完全重寫。考克斯編寫了一套很酷的物件，把他賣給了史提夫‧賈伯斯，用在Next上，但是作為常規性業務，銷售小塊的模組代碼已經太慢了。這就類似想要試圖沿街叫賣打油詩一樣。想要直接賣代碼來回收編寫單一物件代碼的巨大成本，幾乎找不到幾個買主，但是賣拷貝的話又太難以監控。然而，如果用戶每啟動一次代碼就能產生收入的話，那麼寫代碼的作者就能靠此維生了。

　　在探討物件導向程式設計以「按次計費」為銷售計畫時，考克斯發現網路智能的自然本質：讓拷貝傳播，然後按次收取費用。他說：「前提是，複製保護對於像軟體這種無形、容易複製的商品來說正是

錯誤的想法。因為你要讓資訊時代的商品不管通過什麼途徑都能自由地分發、自由地獲取。因而鼓勵人們積極從網路上下載軟體，拷貝給朋友們，或者用垃圾郵件發給根本不認識的人。請從衛星上傳播我的軟體吧，拜託！」

考克斯另外補充說（這是對彼得·斯普拉格的回應，儘管出乎人意料之外，這兩人對彼此雙方的工作並不熟悉）：「之所以能夠如此慷慨，是因為這樣的軟體實際上是一種『計量商品』，他宛如在上面繫線，可以讓銷售款項和軟體分開獨立地進行。」

「這個方法就稱為超級分布，」考克斯說，他用了日本研究人員稱呼類似方法的一個詞，這個方法的設計是透過網路來追蹤軟體的傳播情形。考克斯接著說：「就像超導體，超級分布能讓訊息自由流動，不再受到複製保護或者盜版的阻礙。」

由音樂和廣播產業設計出來的這個模型，成功地平衡了版權和使用權。音樂人不僅可以拷貝作品來販賣，也可以按每次「使用」收費賣給電台。免費提供拷貝音樂，從音樂人的經紀人那裡以不受監控之勢大量地湧入電台。電台從這些免費音樂中選擇，只要為他們**播放**的音樂支付版稅即可；另外對播放情況進行統計的兩個音樂人代表機構分別是美國作曲家、作家與出版商協會（ASCAP）和廣播音樂公司（BMI）。

日本電子工業發展協會（JEIDA）是日本的一個電腦製造商聯盟，開發了一種晶片並協議可以讓他們網路上的每一台蘋果電腦自由且免費地複製軟體，同時計量出使用權利。按照協會負責人森亮一的說法：「每台電腦都可看成是一個廣播電台，廣播的不是軟體本身，而是軟體的使用，『聽眾』則只有一個。」在上千個可自由獲得的軟體中，蘋果電腦每「運行」一次某個軟體或者軟體的片段，就啟動一

次版稅。商業電台和電視台為超級分布系統提供了「存在性證明」，該系統自由分發拷貝，而電台和電視台只付那些他們所使用的拷貝費用。對於音樂人來說，如果電台製作了他們的音樂帶拷貝，分發給別的電台使用（「讓電腦位元自由流動！」），他們會相當高興，因為這增加了電台使用他們音樂的可能性。

　　日本電子工業發展協會設想的未來是，軟體應該不受各種複製或者移動性的限制而可以在電腦網路中無阻礙地滲透。JEIDA 和考克斯、斯普拉格以及密碼叛客們一樣，也期望通過公鑰加密，使他們在向信用卡中心傳輸計量訊息時，能夠保持訊息的私密性並且不會遭到竄改。彼得‧斯普拉格明確地表示：「對於智慧財產而言，加密計量亦相當於美國作曲家、作家與出版商協會一樣。」

　　考克斯在電腦網路上散發了一本有關超級分布的小冊子，其中非常中肯地總結了這些優點：

　　　　如今，軟體的易複製性是一種負擔，而超級分布把他變
　　成了一項資產；軟體廠商必須花費重金讓用戶看見自己的軟
　　體，然而超級分布則將軟體扔進這個世界，自己幫自己做廣
　　告。

　　論次計費這個難題一直在糾纏著資訊經濟。過去，很多公司嘗試按觀看或者使用次數來銷售電影、資料庫或者音樂，但都失敗了，並且付出數十億美元的代價。而這個棘手問題仍然存在。問題在於，人們不願意為他們還沒有看到的資訊事先付費，因為他們覺得這些資訊不見得有用；同樣地，他們也不願意在看完這個東西之後付費，因為這個時候他們的直覺通常也證明了：沒有這個東西，他們也能活下

去。你能想像在看完電影後被人要求付費的嗎？醫學知識是唯一一種在沒看到之前資料就能收到錢的資訊，因為買者認為他們沒有這種知識就無法活下去。

通常，這個難題可以透過試用來解決。揪住人心的預告片就能說服人們在看電影之前先花錢買票。軟體可以在朋友之間先行試用，書或者雜誌可以在書店裡翻看。

另外一個解決辦法，就是降低取得的價格。報紙便宜，所以先買後看。資訊計量真正富於創造性是因他提供了兩個解決方案：一是他提供接頭以便記錄資料的使用量，二是提供接頭以計算降低資訊流量的價格。加密計量方法就是把價格昂貴的大塊資料分成便宜的小塊資料。人們對這種少量低價的資訊，已經做好了預先支付的準備，尤其付款時是以看不見的方式從戶頭裡扣除。

資訊加密計量方法的精緻度讓斯普拉格非常興奮。我請他舉例說明這種方法能夠達到多麼精細的程度時，他立刻舉出一個，但很明顯地他對這事已經思索了一會兒：「比如說，你在科羅拉多州特柳賴德鎮自己的家中，想寫淫穢的打油詩。假設你一天可以寫一首，我們或許能在世界上找到 1 萬個願意每天付 10 美分的觀眾。這樣的話，我們一年就可以收到 365,000 美元，其中付你 12 萬美元，那麼你這輩子就夠花用了。」一個毫無價值的打油詩，不管寫得多淫穢和巧妙，除了網路之外，是找不到其他任何市場可以銷售的。也許把打油詩彙集成冊的一整本書有可能，單獨一篇是不可能的。但是在網路市場，僅是一首打油詩——資訊量就跟一塊口香糖那麼多——也值得產出和銷售。

斯普拉格還列舉了其他一些可以在網路市場中以微小片段交易的例子。他編入一些他現在就願意付錢購買的東西：「我願意每個月

以 25 美分購買布拉格的天氣狀況；我想要以每支股票 50 美分的價格來更新我的股價訊息；我願意每周花 12 美元購買〈股評〉；因為我總是被堵塞在芝加哥，所以我想要以每個月 1 美元的價格不斷更新奧黑爾機場的擁擠報告；另外，我願意每天花 5 美分買〈恐怖的赫加〉的漫畫。」現在這些東西若不是隨意亂發，不然就是合起來高價賣出。另外，斯普拉格提出的網路中介市場，可以對這些資料「分類定價」，然後以合理的價格精選一小段資訊發送到桌上電腦或者移動式的掌上型電腦。加密技術會計量訊息，防止你竊取那些在其他方面根本不值得保護或銷售的小片段資料。在本質上，大量的訊息像海洋般地從你身邊流過，但你只為你所飲用的那一杯水付錢就好。

此刻，這一特殊的訊息隔離技術以價值 95 美元的電路板形式存在，他可以插入個人電腦，連接到電話線。為了鼓勵像惠普這樣的人電腦製造商把此類硬體電路板裝到他們的裝配線上的產品中，斯普拉格的公司 Wave Inc. 把加密系統收入的百分之一提供給製造商。第一個市場是律師群體，他說：「這是因為，律師們通常每個月會花 400 美元在訊息搜尋上。」斯普拉格的下一步是要把加密計量電路和數據機壓縮到一塊價格 20 美元的微型晶片上，可以裝到呼叫器、錄影機、電話、收音機以及任何一種能分發訊息的東西上。通常，這個理想可能會被看作是過分樂觀的資淺發明家的白日夢。不過彼得・斯普拉格可是世界上主要的半導體製造商之一──國家半導體的主席以及創始人。他在晶片行業裡的地位就如同亨利・福特在汽車行業中的地位。他可不是位密碼叛客。假使有人知道如何在針尖上發起革命性經濟的話，那這個人應該就是他了。

我們所期待的資訊經濟和網路文化仍然缺少一個重要的成分——同樣需要加密技術，也同樣是那些留長髮的密碼反叛者正在試驗的關鍵性要素：電子現金。

　　我們已經有了電子貨幣。每天從銀行行庫到銀行行庫、從經紀人到經紀人、從國家到國家、從雇主到雇員的銀行戶頭，到處流動著看不見的電子貨幣。單單銀行資金調撥系統，每天通過電線和衛星流動的資金平均就有上兆美元。

　　不過，這條數字之河中所流動的是**機構的**電子貨幣，他和電子現金的差別如同大型電腦主機和個人電腦之間的差別。當口袋裡的現金轉為數位化時——像機構資金由實物轉變成為數據——我們將會體驗到資訊經濟最為深刻的影響。就像電腦從機構走向個人之後，重塑了整個社會；電子經濟的全面影響也必須等到個人的日常現金（以及支票）交易數位化之後才能顯現。

　　我們從信用卡和 ATM 機器可以看出數位現金所帶來的暗示。像我們這一代的大多數人一樣，我從 ATM 機器提取要用的小額現金，已經好多年沒進到銀行了。平均下來，我每個月使用的現金更少了。高階主管們在全國飛來飛去，隨時隨地消費——吃飯、住宿、叫車、買日用品和禮物——他們皮夾裡的現金不超過 50 美元。對某些人來說，無現金的社會早已經成為現實了。

　　在今天的美國，信用卡支付占了所有消費支付的十分之一。想到不久的將來，人們用信用卡支付每一筆交易將成為一種慣例時，信用卡公司的口水都要流下來了。VISA 在美國的部門正在速食店和雜貨店試驗一種刷卡的電子貨幣終端機（無需簽名）。自從 1975 年以

來，VISA 已經發行了超過二千萬張金融卡，可以從個人的銀行帳戶扣款。他實質上是把 ATM 機器從銀行的牆上移到商店的收銀台。

銀行和大多數未來學家所吹捧的無現金貨幣，無非就是將現有的一般信用卡系統加以普及化：愛麗絲在 National Trust Me 銀行有一個帳戶。銀行發給他一張銀行發行的一種便攜式智慧卡。他走到 ATM 機器，幫他那張皮夾大小的轉帳卡儲值 300 美元，錢則從他的甲種活期存款扣除。這樣，他就可以持卡在任何一家有 National Trust Me 智慧卡刷卡設備的商店、加油站、售票櫃台、電話亭消費這 300 美元。

這樣的情景有什麼不對呢？大多數人會更喜歡這個系統，勝過於帶著現金走來走去，或者是比欠 VISA 或 Mastercard 的債務要好。但是這個無現金概念的版本忽視了使用者和商家的利益，結果多年來還停留在籌劃階段，而且很可能就此止步。

轉帳卡（或信用卡）的最大缺點就在於他那令人討厭的紀錄：記下了愛麗絲從報攤到托兒所個人所有的購物紀錄。若只是單單記錄一個商店也還沒什麼可擔心的，但是通過愛麗絲的銀行帳戶或者社會安全碼便能檢索到每一家商店的消費紀錄。這會使得他在每家店的消費歷史很容易且不可避免地相結合成一份精確且非常可取的營銷檔案。這是一份持有愛麗絲重要訊息的金錢檔案（更別提他的個人資料了），但愛麗絲本人卻無法控制這些訊息，而且當訊息洩漏時也得不到任何補償。

其次，銀行不得不發行這些非比尋常的智慧卡。銀行可是傳說中的吝嗇鬼，所以你也知道了，誰會付這筆費用，而且是按照銀行利率付費。所以，愛麗絲也必須為使用智慧卡進行交易時所產生的成本付錢給銀行。

第三，不管什麼時候使用轉帳卡，商家都要付給系統一小筆的手

續費。這會吃掉他們原來就不多的利潤，因而打消了賣方在進行小額交易時使用轉帳卡的念頭。

第四，愛麗絲只能在只接受 Trust Me 專有技術的刷卡設備上才能使用那些錢。這種硬體隔離對該系統而言，已經成為在未來不會發生的主要因素。同時，也排除了個人對個人支付（除非你想帶著個刷卡機到處走，讓別人來刷）的可能性。還有，愛麗絲只能在 Trust Me 的官方 ATM 機器上重新儲值卡片（本質上是購買貨幣）。這個問題可以透過連接所有銀行網路的通用刷卡機建構銀行合作網路予以解決。而這樣的一個網路已經看到雛形了。

金融卡現金的替代方案是真正的數位現金。數位現金沒有金融卡或信用卡的缺點。真正的數位現金是具有電子的靈活性和現金隱密性的真錢。支付是需負財務責任的，但不可連結。這種現金不需要專屬的硬體或軟體。因此，錢可以在任何地方，包括在任何個人之間收受與傳遞。你不必是店家或特殊機構也可以收取非紙本的現金。任何人只要接入系統都可以收錢。同時，任何擁有良好聲譽的公司，都可以提供電子貨幣的加值服務；這樣，匯率就會由市場來決定。銀行只是外圍的參與者。只要你願意，你可以使用數位現金訂購披薩、付過橋費、還朋友錢、也可以支付貸款。他跟普通舊式電子貨幣的不同處在於，他是不具名的，而且除了支付人之外，是無法追查到他的。這是因為加密技術才使得這種體系可以運轉。

這種方法，技術上叫做「盲數位簽章」，是基於一種已經過驗證稱為「公鑰加密」的技術變種。以下是他在消費者層面的運作方式。你用數位現金卡在喬大叔肉店購買上好烤肉。商家可以透過核查發行貨幣銀行的數位簽名來確認支付給他的錢之前還沒有「花用」。不過，他看不到付款人的紀錄。交易完成後，銀行就有驗證帳單，上面

顯示你花了 7 美元，而且只花了一次，同時記錄喬大叔肉店確實收到了 7 美元。但是交易雙方都沒有聯繫，而且只有在支付方同意下，銀行才能重建這筆帳。乍看之下，這種盲目看不見、又要可驗證的交易似乎不合邏輯，但是讓他們完整的「隔離」可是相當嚴密的。

除了扔擲硬幣之外，數位現金還可以做到口袋裡的現金所能做到的任何事情。你會有每一筆支付款項的完整明細，以及向誰支付的紀錄。而「他們」有的則是一個收錢的紀錄，但並不包括是誰付的錢。同時要做到精確記帳和百分之百匿名的可靠性，這在數學上是可以「無條件」實現的——絕無例外。

數位現金所具有的隱私性和靈活性來自於一種簡單而聰明的技術。我問一個從事數位現金卡的創業家，能否看一張他生產的智慧卡，他表示很抱歉；因為他以為放了一張在皮夾裡，結果沒找到。他說，智慧卡看起來就像一張普通的信用卡，並給我看他的幾張信用卡。他看起來就像……嘿，就在這裡呀！他快速地拿出一張空白的、非常薄、柔韌的卡片。這張長方形塑料以數學方式存著錢。卡片的一角是拇指指甲大的金色方塊。這是一部電腦。這種 CPU 比一片泡濕的玉米片大不了多少，內存有限數額的現金，比如，500 美元或者 100 次交易，以先到者為準。這種晶片由 Cylink 製造，內裝一個特別設計用來處理公鑰加密的協同處理器。在這個微型電腦的金色方塊上有六個非常微小的表面觸點，當卡插進刷卡機裡的時候，他就會連接到在線的電腦上。

略微愚鈍一點的智慧卡（沒有加密）在歐洲和日本已經是大行其道，使用量已達六千一百萬張。像在日本有一種電子貨幣的原型非常流行——預付款的電話磁卡。日本電信電話株式會社到目前為止已經賣出了三億三千萬張磁卡（大約每個月一千萬張）。在法國，40% 的

人民隨身攜帶電話智慧卡。紐約市最近把 58,000 個公用電話亭中的一部分引進了無現金電話卡。促使紐約市這麼做的原因，不是因為未來主義，而是因為小偷。根據《紐約時報》的報導：「每三分鐘就有一個小偷、破壞者或者其他的電話亭暴徒砸掉電話亭裡的錢箱或者弄斷聽筒線。一年此類事件的發生超過 175,000 起。」而紐約市每年為此所花的修理費則有 1 千萬美元。紐約所用的這種拋棄性電話卡並不特別高明，但足以滿足需要。他使用了紅外線光學記憶，這在歐洲的電話卡中非常普遍，很難少量偽造，但大批生產時又非常便宜。

在丹麥，智慧卡取代了丹麥人從沒用過的信用卡。所以，人們在美國用信用卡，到了丹麥就得攜帶一張智慧轉帳卡。丹麥法律有兩個主要規範：(1) 沒有最低消費；(2) 卡的使用費沒有附加費。直接的結果就是，在丹麥，智慧卡開始在日常使用中取代現金，甚至超過了美國支票和信用卡取代現金的程度。這些卡的普及為自身種下了禍根，因為智慧卡不像低廉、無中心的電話卡，他們依賴和銀行之間的即時互動。他們使得丹麥的銀行系統過載，電話線路被霸占，因為儘管只是賣出一顆糖果都要將資料傳到中央銀行；因而系統會被交易事務淹沒，造成的損失超出其所帶來的價值。

現居荷蘭，來自柏克萊的密碼學家大衛・喬姆對此有一套解決方案。喬姆是阿姆斯特丹數學與計算機科學中心密碼組的負責人，他為分散式、真正的數位現金系統提供了數學編碼。按照他的解決方案，每個人都隨身攜帶匿名現金可儲值的智慧卡。這種數位現金和來自家裡、公司或者政府的電子現金流暢往來。他離線工作，不會占用電話系統。

喬姆看上去就像典型的柏克萊人：灰鬍子、一頭長髮收攏在腦後綁成標準的馬尾辮，身穿花呢夾克，腳穿涼鞋。當他還是位研究生

時，就對電子投票的前景和問題感興趣了。為了準備論文，他研究不能偽造的數位簽章，這是防詐騙的電子選舉中絕不可或缺的工具。從那時開始，他的興趣轉到電腦網路通訊中的類似問題：如何才能確認一個文件檔案確實來自於他所聲稱的地方？同時他想知道：如何確保某些訊息是私密而且不可追蹤的？這兩個方向——安全和私密——將他引向密碼學，並且使他獲得該學科的博士學位。

1978 年的某個時間，喬姆說：「我當時靈感乍現，想到以下面這種方式構建一個人群的數據資料庫是有可能的：我們無法通過這個數據資料庫的訊息把其中的人連結在一起，但可以證明有關他們的一切描述都是正確的。當時，我正試圖說服自己這是不可能的，但是看到了一個漏洞，可以怎麼做，然後就想，哇⋯⋯。不過，直到 1984 還是 1985 年的時候，我才清楚該怎麼做才能實現他。」

喬姆把他的發明叫做「絕對不可追蹤性」（Unconditional untraceability）。當把這段代碼整合到具有「幾乎無法破解的安全性」的標準公鑰加密代碼中之後，組合的加密方案就能提供匿名電子貨幣以及其他的功能。喬姆的加密現金（到目前為止還沒有任何地方的任何系統是加密的）為基於智慧卡的電子貨幣提供了多項重要的實用改進。

首先，他為實體現金提供真正的隱私性。過去，如果你用一美元向商家購買一份具有顛覆性的小冊子，那麼商家毫無疑問地就是拿到了一美元，他可以把他支付給任何人；但他沒有是誰給他金錢的任何紀錄，同時也沒有任何辦法重構這些訊息。在喬姆的數位現金中，商家同樣收到從你的智慧卡（或者從線上帳戶）中轉過來 1 的數位美元，銀行會證明他確實收到一美元，不多也不少，但沒有人（除了你以外，如果你願意的話）能夠證明這一美元到底是從哪裡來的。

一個小警告：到目前為止，智慧卡版的現金所實施的狀況是，如果遺失或被偷的話，他跟實物現金一樣具有相同的價值，也會造成相同程度的損失。不過，如果用 PIN 碼來加密的話，可以極大地增加安全性，雖然用起來會有些麻煩。喬姆預測，數位現金的用戶進行小額交易時會用較短（4 位數字）的 PIN 碼（或者完全不用密碼），進行大額交易則會用較長的密碼。喬姆考慮了一下，又說：「為預防被強盜用槍逼迫說出密碼，愛麗絲可以使用一種『脅迫密碼』，輸入後，智慧卡表面上正常工作，實際上卻隱藏了他那些更有價值的財產。」

　　其次，喬姆的智慧卡系統是離線運作的。他不要求像信用卡那樣需通過電話線即時驗證；這樣一來，成本就很低，而且非常適用於我們所想要的大量小規模交易場所——例如，停車場、餐廳、公車、電話、雜貨店等。交易紀錄每天一次成組傳送到中央記帳電腦。

　　在這一天的延遲時間內，從理論上說，作弊是有可能的。那些處理大額交易的電子貨幣系統以連線並且幾乎即時的方式運作，在收發的瞬間作弊的可能性很小，但仍然存在。理論上，破解數位現金的隱私訊息（誰付錢給誰）是不可能的，但如果你需要一小筆錢的話，可以用超級電腦破解數位現金的安全訊息——這筆錢是否用過。破解了 RSA 的公鑰密碼，你就可以使用密鑰不止一次地消費，也就是說，直到銀行收到資料把你抓住為止。因為喬姆的數字現金有個非常有趣的怪癖：除非你想要不只一次地作弊消費，否則這錢是不可追查的。這樣的事情一旦發生，兩次花費所攜帶的額外訊息就足以追蹤到付款人了。因此，電子貨幣跟實體現金一樣是匿名的——但作弊者除外！

　　正是由於成本低廉，丹麥政府正計劃把丹麥卡換成丹麥幣，這是一種適合小額交易的離線系統。運轉像這樣的一個系統所需的計算資源就如同奈米那樣地少。每一次加密交易只占用智慧卡上的 64 個位

元組。（以前是 67 個位元組。）一戶人家一年所有收入和支出的財政紀錄，可以很輕鬆地儲存到一張高密磁片中。喬姆計算過，銀行裡現在的主機電腦處理數位現金的計算能力綽綽有餘。離線系統的加密保護，大大減少了 ATM 和信用卡通過電話線進行的交易計算量，這可以使同樣的銀行主機電腦能夠處理更多的電子現金。就算我們假設喬姆對更大規模系統的計算需求估算錯誤，譬如少算了一個量級，以目前電腦計算能力的加速之迅猛，也只會使銀行現有計算能力的可行性延緩幾年而已。

以喬姆的基礎設計加以改變，我們或許也可以在家為電腦設備下載數位現金軟體，通過電話線付錢給別人或者接收別人的付費。這將是網際網路上的電子貨幣。你發電子郵件給你女兒，附件裡附上 100 美元的電子鈔票。他可以透過電子郵件使用這筆錢買回家的機票。航空公司把這筆錢傳送給一位飛機餐的供應商。在喬姆的系統中，沒有人能夠追查這筆錢的流動路徑。電子郵件和數位現金可說是天作之合。數位現金或許在現實生活裡不會成功，但幾乎可以肯定的是，在新興的網路文化中會繁榮發展起來。

我問喬姆有關銀行對於數位現金有什麼看法。他的公司拜訪過大多數的大頭，並且也被他們拜訪過。他們會說，天呀，這種東西會威脅到我們的商業活動嗎？或者他們會說，嗯，這會不會加強我們的業務能力，使我們更有效率呢？喬姆說：「這個嘛，不一定。我發現那些身穿 1,000 美元西裝在私人會所用餐的公司規劃者，比那些相對而言層級較低的工作人員對這種東西更感興趣，因為前者的工作就是展望未來。銀行不會自己去開發這種東西，他們會讓自己的系統人員去開發商那邊購買。我的公司則是第一家提供電子貨幣的開發商。在美國、歐洲或者其他地方，我的電子貨幣有一套廣泛的專利組合。」喬

姆的一些密碼無政府主義的朋友，仍然因為他在這樣的技術上申請了專利而不給喬姆好臉色看。喬姆為此辯護並對我說：「事實證明，我很早就進入這個領域，因此解決了所有的基本問題。現在的大多數新工作（關於加密的電子貨幣）都是以我做的為基礎工作加以擴展和應用。而問題在於，銀行不願意投資到未受保護的東西上；而專利權對讓電子貨幣成為現實非常有幫助。」

　　喬姆是一位理想主義者。他認為安全性和隱私是矛盾的兩面。他的更大目標是為網路世界的隱密性提供工具，使得隱密性和安全性能達成平衡。在網路經濟中，成本不成比例地依賴其他用戶的數量。要達到傳真機效應，需要早期使用者達到一個臨界值。一旦數量超過了這個臨界值，事情就無法停止了，因為他會加強自我。所有的跡象顯示出，比起其他涉及資料隱密性的應用，電子貨幣的臨界值更低。喬姆打賭說，電子郵件網路內部的電子現金系統，或是地方公共交通網路服務的卡片式電子現金，都有最低的臨界值。

　　當前最想使用數位現金的人是歐洲的市政官員。他們認為，卡片式數位現金會是除了在大多數城市公車或者地鐵部門普遍發行快速通關磁卡之外的下一個替換品。一張卡片裡有著你所要搭乘巴士的錢。而且他還有其他好處：同樣一張卡片，當你開車外出時可以用來付停車費，或者長途旅行時可以用來支付火車票的費用。

　　城市規劃人員希望能夠在進入市中心或者過橋時不用停車或者減速就可以自動繳費。條碼雷射器可以識別在路上行駛的汽車，駕駛人也會接受購買票券。阻礙更精密的繳費系統實施的是一種歐威爾式的極權恐懼：「**他們**會獲得一份關於我的車子去過哪裡的紀錄。」但儘管有這樣的恐懼，記錄汽車身分的自動繳費系統已經在俄克拉荷馬州、路易斯安那州和德州投入使用了。交通繁忙的東北部，有三州已

經同意安裝一個相容系統的實驗裝置，開始在曼哈頓及紐澤西的兩座大橋上試驗。系統中，一張貼在汽車擋風玻璃上卡片大小的無線電裝置發射信號給收費站，收費站就會從你在這個閘門（而不是卡片）的帳戶上扣款。類似的裝置也正在德州的收費高速公路系統上使用，其可靠程度達到了 99.99%。想要的話，這些行之有效的付費機制可以很容易地改造成喬姆的不可追蹤的加密支付系統和真正的電子現金。

按照這種方式，用來支付公共交通的現金卡也可以使用在支付私人交通上。喬姆講述了他在歐洲城市的經驗，這種傳真機效應——愈多人使用連線作業，愈能刺激更多人加入——一旦開始，很快會帶來其他用途。電話公司的主管風聞消息之後，就告訴大家他們會使用這種卡片來擺脫讓公用電話陷入「硬幣災難」的麻煩。販售報紙的小販打電話詢問是否能用智慧卡……。不久，網路經濟開始接管一切。

無處不在的數位現金與大規模電子網路配合良好。網際網路絕對會是第一個電子貨幣深入滲透的地方。貨幣是另一類資訊，一種小型的控制方式。貨幣也會隨著互連線的延伸而擴展。資訊流動到哪裡，貨幣肯定跟隨其後。由於其去中心化、分散式的本性，加密的電子貨幣對於改變經濟結構同樣有其潛在的可能性，就像個人電腦顛覆了管理和通訊結構一樣。最重要的是，在資訊社會中，電子貨幣所需的隱密性與安全性創新對於發展出更高層級的適應性複雜度會起相當大的作用。我甚至可以說，真正的數位現金——或者更準確地說，真正的數位現金所需要的經濟機制——將會重新建構我們的經濟、通訊以及知識的本質。

數位貨幣對於網路經濟的群體思維，其重要影響已經開始顯現。
我們預計有五個方面：

- **加速度**。貨幣完全脫離物質實體後，流通速度就會加快。他會
流通得更遠、更快。貨幣流通速度愈加快的效果等同於貨幣流
通量的增加。衛星上天，使全球證券交易能夠接近光速、不分
晝夜地運轉，使得全球貨幣量擴大了 5%。大範圍地使用數位
貨幣將會進一步加快貨幣流通的速度。

- **連續性**。由黃金、珍貴原料或者紙組成的貨幣，以固定單位出
現，並在固定時間支付。ATM 吐出 20 美元鈔票，就像這類的
事情。儘管你每天都使用電話，但是一個月付一次款給電話公
司。這是一種批次模式貨幣。電子貨幣是連續的。若以阿爾
文‧托夫勒的話來說，電子貨幣允許「從一個人的電子銀行帳
戶中以一小筆一小筆的方式時時刻刻地流出」，來支付重複發
生的費用。只要你掛斷電話，你的電子貨幣帳戶就要為這一通
話付費，或者──這麼做如何呢？──在你通話的時候就付
費。支付與使用同時發生。隨著流通速度的加快，連續電子貨
幣就能接近即時支付。但這會妨礙銀行的獲利，因為銀行現在
很大部分的利潤是來自於「在途存款*」──而電子貨幣的即
時性則會削去其利潤。

- **無限替換性**。終於，我們有了真正有彈性的貨幣。一旦完全脫
離了實體，數位化貨幣不再局限於單一的傳遞形式，而可以

---

*「在途」是指在銀行系統中，款項從付款方帳戶撥出到收款方帳戶當中的時
間。「在途存款（float）」在保險業又稱「浮存金」。

輕鬆地在任何一種最方便的介質中遷移。分立的帳單逐漸消失。帳目可以和物件的內容或者服務本身交替出現。影片的帳單可以把他納入影片之中。發票就在條碼中，用雷射掃描就可付清。任何一種有電子電荷的東西，都可用來儲值付費。兌換外幣變成一件改變符號的事。貨幣跟數位資訊一樣具有了可塑性。這讓以前從未被視為經濟活動的交換和互動變得有利可圖。他為商業活動打開了通向網際網路之門。

- **可及性**。至目前為止，複雜的貨幣操控一直是專業金融機構的私有領域，有如一群「金融祭司」的聖殿。但是，正如百萬台蘋果麥金塔電腦擊潰了「高等祭司」護衛的主機電腦的壟斷，電子貨幣也將打破金融上層人士的壟斷。想像一下，如果你將圖標拖曳到電子票據上就可以索取（並且收到）你應得的利息；想像一下，如果你能在「應收利息」圖標上分解並且設定可變的利息，讓他隨時間的增加而增長。或者，如果你能夠提前發送款項，也許就能按分鐘收取利息。或者設定你的個人電腦，依銀行最優惠的利率予以區別來支付還款，業餘人士也可以使用的預設帳單交易。或者，可以讓電腦追蹤匯率，用當前最不值錢的貨幣來支付帳單。一旦大眾可以和專業人士共同飲用電子貨幣這一條江水，那所有這些智能金融工具就會立刻浮出水面。現在我們或許可以把金融也列入到我們要駭入的清單當中，我們正走向程式化的資本主義。

- **私有化**。電子貨幣在獲取、交付和形成的便利性使他成為私有貨幣的理想選擇。日本電信電話株式會社發行 2,140 億日圓的電話卡，只不過是私有貨幣的一種有限類型。網路的法則是：只要電腦與電子貨幣相連接，擁有了電腦，擁有的就不僅只是

印刷機，還包括鑄幣廠。準貨幣會突然出現在有信用的任何地方（也會在那裡消失）。

從歷史角度來看，絕大多數的現代實物交易網路會迅速轉向使用貨幣交易；人們或許認為電子交易組織也會如此，但是電子貨幣系統所具有的隱密性可能不會遵從這一趨勢。準貨幣網路是否能夠浮出水面，是一個涉及到 3,500 億美元的稅金問題。

貨幣的鑄造和發行是政府少數尚未被私有部門侵占的功能之一。電子貨幣將削弱這難以克服的障礙。這麼做將會為私有統治體制提供強有力的工具，而這些私有統治體制可能是由反叛民族的團體所建立，也可能是由世界大都市附近迅速增長的「邊緣城市」所建立。在全球範圍內使用機構電子貨幣進行洗錢已經超出了任何人的控制。

電子貨幣的本質——無形、快速傳播、廉價、全球滲透——很可能產生無法去除的地下經濟。這比僅僅只是販毒洗錢嚴重多了。在網路的世界中，全球經濟扎根於分散式的知識和去中心化的控制，電子貨幣不是一個選項，而是一種必需品。當網路文化興盛的時候，準貨幣也會隨之繁榮。電子世界注定要成為頑強**地下經濟**的三不管地帶。而網路對電子現金是如此友好，只要一旦嵌入到網路的鏈接縫隙中，電子經濟就很可能無法根除。

事實上，匿名數位現金的合法性從一開始就處於過渡的灰色地帶。在美國，對於公民使用的實物現金交易的數額，現在還是有嚴格的規定：你可以試著到銀行裡存 1 萬元的美元現鈔。而政府對匿名數

位現金的額度限制又將會是多少？所有政府的傾向是要求充分公開的金融交易（以確保他們能收到稅金），並且阻止非法交易（例如：毒品之戰）。由聯邦所資助的網路允許不可追踪的貿易可以繁榮發展，但這樣的前景，如果政府動腦想一想的話，或許是會非常憂慮的。他們當然不會這麼做。一個無現金的社會，感覺就好像是老掉牙的科幻小說，而這樣的觀念還會讓每一個淹沒在紙堆裡的官僚想起那個未實現的無紙社會的預測。密碼叛客的郵件列表維護員艾利克‧休斯說：「真正的大問題是，在政府要求對每一筆小交易進行報告之前，貨幣在網路上的流動到底能達到多大的程度？因為當流通量足夠大，超過了某個臨界值，那麼匯聚起來的貨幣就有可能為發行跨國貨幣而提供一種經濟誘因，那時候一國的政府做什麼就無關緊要了。」

休斯想像著全球網路湧現如雨後春筍般多樣的電子貨幣機構。賣方可以充當旅行支票公司。他們想要發行電子貨幣以獲取，比如1%的額外費用。然後你就可以在任何接受此貨幣的地方使用網際網路快捷支票。不過，在全球互連線的某處，可能會出現地下經濟，這或許是由那些正在求生存的發展中國家政府所資助。就像那些老式的瑞士銀行一樣，這些數位銀行業可以提供不須上報的交易。如果在網上進行交易的話，那麼即使你在康乃迪克州的家裡用奈及利亞的奈拉貨幣付賬，也不會比你用美元付賬來得困難。休斯說：「有趣的市場試驗是等到一旦市場均衡之後，看看匿名貨幣的收費差別有多大。我猜測，他可能會高上一到三個百分點，上限是大約十個百分點。這個數字將是金融私密性價值的第一個實際測度。還有一種可能就是匿名貨幣將成為**唯一**的貨幣。」

草根階級突然接管原本難以理解和被禁止的密碼和程式碼領域，其產生最重要的結果也許就是獲得可用的電子貨幣。日常生活中的電

子貨幣是軍方加密技術中從沒出現過的新奇用途。一定還有許多潛在的加密技術應用，卻因為密碼叛客本身的思想傾向而被視而不見，這也必得等到加密技術進入主流之後才能被發現——而他肯定會進入主流。

到今天為止，加密技術已經衍生出以下成果：數位簽章、盲證書（你有一張文憑，上面說你是博士，但是卻沒有人能夠把這張文憑跟其他一些上面有你名字的證書，比如你從交通安全講習獲得的證書聯結在一起）、匿名電子郵件，以及電子貨幣。這些隔斷技術將會隨著網路的發展而興盛起來。

加密勝出，因為相對於網路不加節制地聯結，他是必要的反作用力。任由網路自行發展，網路就會把所有人、所有東西都聯結在一起。網路說，「連接」。密碼則相反，說「切斷」。如果沒有一些隔斷的力量，整個世界就會凍結成一團超載的、由沒有私密性的聯結和沒有過濾的資訊組成的一片混亂。

我之所以能聽得進去密碼叛客的觀點，並不是因為我覺得無政府主義是解決所有問題的萬靈丹，而是因為我認為，加密技術使網路系統產生的鋪天蓋地的知識和資料變得文明一些。沒有這種馴服精神，網路就會變成招住自己本身的生命之網，他會被自己眾多的聯結所扼殺。網路是陽，密碼就是陰，是一種微小隱藏的力量，卻能夠馴服去中心化、分散式的系統所產出爆炸性的相互聯結。

加密技術允許蜂巢文化所渴求的必要失控，以便在不斷深化的纏結演變中保持靈活和敏捷。

第十三章

天神遊戲

《上帝也瘋狂 2》（*Populous II*）是一款最先進、製作精良、模擬上帝的電腦遊戲。*在這個遊戲裡，你扮演著天神的角色；準確地說，是宙斯的一個兒子。經由電腦螢幕的窗口，你居高臨下地監視著人世間一片陸地，陸地上的小人兒匆忙地跑來種田、跑去蓋房子或者四處閒逛。藉由一隻閃閃發光的藍手（天神之手），你可以向下觸摸到這片陸地，去改造他。你既可以逐漸地削平山峰，也可以慢慢地建造山谷。無論是哪一種情況，你都是想要創造出讓人類耕種的平整農地。除了引發一系列的自然災難，比如地震、海嘯、龍捲風之外，對於你可以直接影響你世界中的人民，就只限制在你這隻地理之手了。

良田造就快樂的人民。你可以看著他們興盛起來，四處忙碌。他們首先要蓋農舍；接著，隨人口增加，他們蓋起了紅瓦屋頂的住宅，如果事情進行順利的話，最後他們就會建造有城牆的複雜城市，用石灰水刷白，在地中海的陽光下閃閃發光。當這些小人們愈加興盛，他

---

*編注：本書原著於 1994 年，《Populous II》於 1991 年發行。

們愈崇拜你，你這個天神就能累積愈多的魔法值。

然而，你的問題也隨之產生。在更廣闊的土地上，宙斯的其他兒子也在為獲得永生而競爭著。這些天神可以由別的玩家扮演，也可以透過遊戲本身的人工智慧技術扮演。其他天神會對你的子民降下七種災禍，將他們對你供奉和崇拜的基礎完全摧毀。他們會掀起摧毀性的藍色海嘯，不僅淹死你的人民，也淹沒他們的農田，進而危及到你自己作為神的存在。沒有人民，沒有崇拜，也就不會有天神。

當然，如果你手裡擁有足夠的魔法值，你也可以以其人之道還治其人。但動用破壞力會消耗大量的魔法值。而且，還有其他方法可以打敗你的敵人並且獲得魔法值，而不需要使對方的領地崩裂，讓崩裂聲吞噬對方子民墜落時的哀鳴。你可以設計出牧羊神在你的地界上四處遊蕩，用他們的魔笛吸引新的加入者。或者你也可以立起一塊「教皇磁石」——一個花崗岩的埃及十字紀念碑，作為神龕之用，用來吸引信徒和朝聖者。

同時，你自己的子民們正躲避著由你那些心懷不軌的同父異母兄弟們所降下的烈火風暴。另外，在那些組成小聯盟的諸神徹底破壞你的一個村子後，你必須決定到底是重建他，還是使用你的武器去追殺他們的子民。如果是後者，那麼你可以使用龍捲風把房子和人等類似的東西都吸起來，接著以顯見的方式把他們拋到陸地的另一邊；或者用聖經中的火柱把大地燒成不毛之地（直到某個天神播下復原的野花恢復這片土地）；或者從一個位置不錯的火山處使其噴發出燃燒的熔岩之流。

有次拜訪這個遊戲發行商 EA 的辦公室，我從一個元神的視角對這個世界有了一次專家之旅；在那裡，我完全被神的魔力給吸引住。傑夫‧哈斯是這個遊戲開發人員中的一位。你可以稱哈斯為創造其他

諸神的超級天神。他的手指向一個村莊上空一大片聚集的黑雲，這片黑雲突然就爆發一團閃電。閃電搖動著大地。當一個白色雷電擊中一個人時，這個人就被烤成焦黑的脆皮。哈斯看到這強烈地渲染畫面哈哈大笑，我卻大為震驚。他有點難為情地承認說：「是的，這個遊戲的主旨就是破壞──完全的亂砍亂燒。」

「但作為一個天神，還是可以有一些積極的作為，」哈斯主動地介紹，「只是不太多。造樹是其中之一。樹總是能使人感到快樂。」你也可以用野花賜福這片大地。但大多數情況，他都是在破壞或是被破壞。或許亞里斯多德早已知悉這種情況。在他那個時代，諸神就是讓人恐懼的存在。諸神作為兄弟甚至是結盟，完完全全是一種新潮觀念。在他那個時代，你最好是遠離神，需要的時候再安撫滿足他們，然後就祈禱你的神能消滅其他的神。當時是個危險又反覆無常的世界。

「我就這麼說好了，」哈斯說，「你絕對不會想要成為在這樣的世界裡的一個人。」你說對了，對我來說，那是神格。

想要在〈上帝也瘋狂〉遊戲裡贏得勝利，你必須像神一樣地去思考。你不能依靠經歷這些小人物的生活而獲得勝利；你也不可能在同時操控每個小人物時還希望保持神志清楚。控制必須交給人數眾多的群體來進行。〈上帝也瘋狂〉裡的個體只不過幾個代碼，但他們有一定的自主性和匿名性。他們這種混亂的大場面必須運用智慧統一管理。而這就是你的工作。

作為神，你只能以間接的方式控制世界。你可以提供獎勵，處理

大型事件，精打細算地進行交易，並且希望能夠把這些事情處理得井井有條，這樣你手下的那些小人才會追隨你。在這個遊戲中，原因與結果是一種共同演化卻又模糊不清的關係；所謂牽一髮而動全身，並且因果的關係時常是朝著你最不想看到的方向進行，而所有的管理工作又都是平行進行的。

軟體商店裡還販售其他的天神之類的遊戲：〈鐵路大亨〉、〈A列車〉、〈烏托邦〉、〈月球基地〉。這些遊戲都可以讓你這位新天神引導你的子民建立一個自給自足的帝國。在〈權力販子〉這款遊戲中，你是四位如天神般的國王中的一位，目的是希望獲得統治一大片星球區域的至高權力。你所統治下的數以百計的子民並非毫無個性。每個子民都有自己的名字、職業，以及自己的人生經歷。作為神祇，你的任務是鼓勵這些子民開墾土地、開採礦石、製作農具，或者鍛造他們成為刀劍。所有你能做的就是調整這個社會的參數，然後放手讓他們自己去做。這對於神來說，很難去預測接下來會發生什麼事情。如果你的人民最終得以統治最大多數的土地，那麼你就贏了。

在各種經典天神遊戲的短暫歷史中，〈文明帝國〉這款遊戲排名相當高。這款遊戲的任務目的是由你帶領一個族群的人民通過文化演變，從史前時代發展到現代的遊戲。你不能告訴他們如何製造汽車，但是你可以對他們進行合理安排，以便他們可以獲得製造汽車時所需要的「發現」。如果他們發明出了輪子，那麼他們就能造雙輪戰車；如果他們獲得了石造建築的技能，那麼就能進行數學計算。電學需要冶金學和磁學；而企業首先需要的是銀行技能。

這是一種新的遊戲操作模式。所謂欲速則不達。文明帝國的居民隨時都可能叛變，而且有時他們真的就這麼做了。你始終都在和你的敵手所掌控的其他文化群落進行爭戰。一邊倒的競賽再也尋常不過

了。我曾經聽過有位狂熱的〈文明帝國〉玩家吹噓著說他曾用隱形轟炸機侵略其他還在研究雙輪戰車的社會文明。

這只不過是一個遊戲，但〈上帝也瘋狂〉卻體現了我們與所有的電腦和機器相互影響時所發生的微妙變化。人造物不再必須是毫無生命力、只是單一性質的笨重物品了。他們可以是流動的、有適應力的、變化不定的網路。這些以集體形式出現的機器運行在各式各樣微型代理軟體上，這些代理軟體以一種我們無法深切了解的方式相互作用，產生我們只能間接控制的結果。想要獲得有利的最終結果，那麼對協調能力而言，會是一項挑戰。而這感覺就像放牧羊群、管理果園或撫養孩子相類似。

在電腦的發展過程中，人們首先接觸到的是遊戲，之後才是工作。如果孩子們和機器之間能夠相處自如，宛如他們之間就像生物一樣地舉手投足，那麼當孩子們長大後，預期他們同樣也會自在地和機器一起工作。麻省理工學院心理學家雪莉・特克認為兒童對於理解複雜設備的好奇，就如同對一個相類似自己的人一樣地自然，是一種將自我投射到機器上的行為。而玩具世界無疑地促進了這種擬人化趨勢。

而另外一個天神遊戲〈模擬地球〉，標榜自己是一個能夠讓玩家「體驗星球終極管理」的遊戲，但這不用太當真。我的一位熟人講過一個故事，有一次他開車和三個 10 到 12 歲的男孩一起長途旅行；他們三個坐在後座，用筆記型電腦玩〈模擬地球〉。他一邊開車，一邊偷聽男孩的對話。他根據對話內容推斷這些小孩的目標是想要進化出一條有智慧的蛇。孩子們說：

「你覺得我們現在可以開始造爬蟲動物了嗎？」

「哦，不，**哺乳動物**正在接管。」

「我們最好多加點陽光。」

「我們怎樣才能使蛇變得聰明點？」

〈模擬地球〉沒有什麼故事情節或者固定目標，對許多成年人來說，這種遊戲毫無成功的希望；但對小孩子來說，卻是一款毫無猶豫或不需引導就會愛上的遊戲。「我們就跟神一樣，而且很可能同樣擅長做這份工作。」斯圖亞特‧布蘭德在 1968 年如此宣稱；而他說這話的時候，腦子裡想到的就是個人電腦（他後來創造出的詞）和其他活系統。

拋開所有的次要動機，所有會讓人上癮的電腦遊戲，原因只有一個：創造一個屬於我們自己的世界。我想不出除了當神之外，還有什麼東西更能讓人上癮的事了。在未來的一百年內，我們將可以不受阻力地購買模擬人造宇宙卡帶並接入到一個電腦世界，從中看到各種物種鮮活起來，而且自主地相互影響。神格是令人難以抗拒的誘惑，即使有另一個英雄要付出血的代價也無法阻止我們。我們每天都會有幾個小時沉浸在傳奇人物的互動歷險中；為了使我們的世界繼續進行，我們將會付費給遊戲製造商，讓這個世界的創造者可以對我們予取予求。有組織的犯罪藉著向那些遊戲的上癮者兜售殘暴的人工天災──頂級颶風和價格不菲的龍捲風──而賺取數十億的美元。隨著時間的流逝，這些天神的顧客將進化出相當堅強和可愛的群落，他們會迫不及待的測試另一種充分渲染的自然災害。對窮人而言，肯定會有突變異種之類和偷盜物的地下交易。那種取代上帝的一時快感以及對個人私有世界所擁有純粹的壓倒一切的狂熱喜愛，會把所有一切靠近他的人都吞噬殆盡。

由於模擬世界的行為在一些微小但可以察覺的方面，類似於現實世界中的生物行為，倖存者的族群會增長、變得更複雜。儘管有第二

自我投射在其身上，但這種分散式、平行模擬世界中的遊戲，其環境並不單純只是擬人化的體現。

〈模擬地球〉的本意就是想要建立一個洛夫洛克和馬古利斯的蓋亞假說模型，而他所取得的成功已經達到非凡的程度。在這個模擬的地球大氣和地理環境中，那重大的變化都透過系統自身複雜的回饋循環得到補償。例如，星球如果過熱，將會增加生物量的生產，而這會降低二氧化碳的水平，使星球變得涼爽。

地球化學已經有證據可以說明地球具有進行自我修正的內聚力，但這是否就能夠把地球當作是一個巨大的生物有機體（蓋亞），或者他只是一個大型的活系統，科學界一直對此爭論不休。對〈模擬地球〉進行同樣的測試，我們得到一個更明確的答案：在〈模擬地球〉這個遊戲中，地球不是一個有機體。但他正朝有機體的方向往前邁進一步。透過玩〈模擬地球〉和其他的天神遊戲，我們可以體驗到與自主活系統搏鬥的感覺。

在〈模擬地球〉中，各種因素交織在一起形成一張令人難以置信的網路並且彼此影響著，根本搞不清楚什麼是什麼。玩家有時抱怨說，〈模擬地球〉運行起來似乎根本不管人類的控制。好像這遊戲有他自己要做的工作事項，而玩家只能看著。

強尼·威爾森是一位遊戲專家，也是〈模擬地球〉手冊的作者。他說，想要毀滅蓋亞（模擬地球）的唯一方法就是發動一場災難性的變化，比如傾斜地軸成水平方向。他表示，〈模擬地球〉有一個由各種界限所構成的「包封」，在這個包封之內，〈模擬地球〉系統總是會很快復原；想要摧毀他，必須在撞擊系統時超過包封的極限才行。只要〈模擬地球〉系統還在包封內運轉，他就會按照他自己的節奏運行；一旦出了這個包封，他就沒有節奏可遵行。將〈模擬城市〉與姊

妹作遊戲〈模擬地球〉兩者作為比較，威爾森指出〈模擬城市〉「是令人更覺得滿意的遊戲，因為針對變化，你會獲得更多即時而又明確的回饋，此外你會覺得你有更多的控制權。」

　　和〈模擬地球〉不同，〈模擬城市〉是由居民驅動的天神遊戲中最重要的經典遊戲。這款獲獎的遊戲對城市的模擬如此令人信服，以至於專業的城市規劃設計者都用他來演示真實城市的動態變化，這也是由居民驅動的動態變化。在我看來，〈模擬城市〉之所以成功，是因為他是基於群體，他和所有活系統所立基的基礎是一樣的，是一群高度聯繫、卻有獨立自主的局部因素的共同體，而各個因素又是平行互不干擾地運作。在〈模擬城市〉中，一個有效運作的城市是由幾百個做著純樸工作的一群無知的模擬人們（或說模擬市民）所創造出來的。

　　〈模擬城市〉遵循著天神遊戲那種頭咬尾巴，自成套圈的慣常邏輯。除非你的城市裡有工廠，否則模擬市民不會前來定居，但是工廠會產生汙染，汙染又會趕走模擬市民。道路有助於通勤者，但也增加稅收，結果卻會降低你作為市長的支持率，但這又是你在政治上生存下來所需要的因素。想要建造一座可持續發展的模擬城市，其所需的因素互相關聯，錯綜複雜；而我有一個朋友是〈模擬城市〉的超級玩家，對於這個遊戲有段相當代表性的描述：「在一座我花了好幾個模擬年搭建起來的城市，在民意調查中我曾經得到 93% 的支持率。這真是太棒了！我能夠在創造稅收的商業和保留市民美好的城市景觀之間獲得良好的平衡。為了在我的大都會減少汙染，我下令建造一座核能發電廠。不幸的是，我一時疏忽把他蓋在飛機場的飛行路線上。有天，一架飛機撞進發電廠，結果導致核電廠熔毀，在城裡引起大火。並且因為在附近我沒有修建足夠數量的消防站（太過昂貴），火勢擴

散，最後把整座城市都燒掉了。我現在正在重建他，這一次會完全不一樣了。」

威爾·萊特（Will Wright）是〈模擬城市〉的作者，同時也是〈模擬地球〉的共同編寫者。他三十多歲，具有書生氣息，無疑是當下最富創意的程式設計師之一。由於〈模擬〉遊戲系列太難以掌控，因此萊特喜歡將他們稱為軟體玩具。也就是說，你需要試著用各種不同天馬行空的想法，欺騙玩弄他、加以探索、並且從中進行學習。玩這類遊戲時，無須輸贏，就像你在做園藝時也無輸贏可言。萊特認為這些強大的模擬玩具是走向「適應性技術」的漫長行軍中，初始的蹣跚腳步。這些技術並不是由創造者設計、進行改進或調整；而是，他們會按照自己的步調適應、學習、再行進化。這使得有些權力從使用者手中轉移到被使用者手中。

〈模擬城市〉的起源可追溯到威爾自己的人生思想道路，直到形成目前的這般模樣。1985 年，威爾寫了一款他稱為「一個非常，我是說**真的非常蠢**的電動遊戲」，取名為〈救難直升機〉。這是一款典型的清版射擊（shoot 'em all）遊戲，主角是一架直升機，他的任務就是將視線之內的所有東西都炸光。

「為了創造這個遊戲，我必須把直升機所要轟炸的那些島都畫出來，」威爾回憶說。一般而言，藝術家／作者會用非常細微的像素詳細地做出這個完全是想像東西的模型，但是威爾對此卻覺得厭煩。威爾說：「相反地，我寫了一個單獨程式，一個小工具。這個小工具能夠讓我四處遊走，並且讓我很快就把這些島畫出來。另外，我也寫了一些代碼可以讓島上自動生成道路。」

藉著可以逕自生成土地和道路的模組之後，整個程式就應該能夠在模擬的世界中靠自己填充土地和道路。威爾回憶著說：「最後我完

成了那個清版射擊遊戲部分，但是出於某種原因，我不斷回到這該死的東西裡，想把公共建築設施弄得更加異想天開。我想要將造路的功能自動化。我做到了，因此當小島每增加一塊相連的部分，那麼在小島上的道路部分就可以將他們自動地相連而形成一條不間斷的道路。接著我又打算將建築物自動地夷為平地，於是我就幫建築物建立一個小選單。」

「我開始問自己，遊戲都已經設計完了，我為什麼還在做這些事情？答案是，我發現我在建設這些小島時所獲得的樂趣，要比摧毀他們要來得更多。我很快地了解到，我被這樣能夠為一個城市帶來生命的設計給迷住了。一開始我只是想要做一個交通系統的模擬。但隨後我理解到，除非你有地方能讓人開車前往，不然這個交通線是毫無意義的……這引出了一個層級又一個層級，直到通向一個完整的城市；即模擬城市。」

一位〈模擬城市〉的玩家總結了威爾‧萊特發明這個遊戲的順序。首先，他建立了一個有陸地和水的較低層的地理基礎來支持道路交通和電話基礎設施，而道路交通和電話設施又為居民的房子提供支持，這些房子又供養著模擬城市的居民，而居民又支持市長。

為了對一個城市的動態規律獲得一些感覺，萊特研究了麻省理工學院的傑‧福雷斯特在 1960 年代對一個普通城市所做的模擬。福雷斯特把城市生活總結成可用數學方程式寫成的數量關係。他們基本上是一些經驗法則：供養一個消防隊員需要多少居民；或者，每部汽車需要多少停車空間。福雷斯特以他的研究發現出版一本名為《城市動力學》的書籍；這本書影響了許多有抱負的電腦建模師。福雷斯特自己的電腦模擬工作是完全數位化而毫無任何視覺介面。他進行模擬程式後得到一堆列印在橫格紙上的數據資料。

威爾‧萊特為傑‧福雷斯特的方程式添上血肉，並且賦予他們去中心化、由下而上的存在實體。城市在電腦螢幕上（按照威爾‧萊特這位神祇所設定的規則和理論）會自行裝配。就本質而言，模擬城市就是一個賦予使用者介面的城市理論。同樣道理，玩具屋就是關於持家的理論。小說是被視為故事來講的理論。飛行模擬器就是互動式的航空理論。模擬生命就是自己照料自己的生物學理論。

　　理論就是將實際物體的複雜模式轉為某種摹寫模式的抽象過程，即模型或者模擬。如果做得好，那麼這個小摹本就能把握到更大整體的某種完整性。像愛因斯坦，這位人類天才中最有天賦的人，把宇宙的複雜狀態簡化成五個符號（$E = mc^2$）。他的理論，或者說模擬，的確有效。如果做得好，抽象就會變成創造。

　　創造的理由可以是各式各樣，但我們所創造的總是整個世界。我相信我們不可能創造出更少的東西。我們的創造可能匆忙草率，支離破碎，不值一提，甚至只是意識流之乍現，但我們始終是把自己填充到一個未完成的世界裡。當然我們有時候只是在亂塗鴉——不管是就字面或者從更深層的意義上來說。但我們隨機就能看穿他的本質：毫無理論的胡言亂語，不成形的胡說八道。其實，每一個創造行為，不多也不少，正是對宇宙創造的重演。

　　幾年前，就在我的眼皮底下，一個蓬頭亂髮的男人創造出一個人造世界。那是一個模擬場景，在這個場景中，一座像蕨類植物的拱門橫架在褐紅色阿拉伯風格的地磚之上，還有一座高聳入雲的紅色煙囪。這個世界沒有實體。就在兩個小時以前，他只不過是這個男人想

像中所幻想出來的地獄世界。如今，他是循環在視算科技公司兩台電腦上的一個夢幻仙境。

這個男人帶上一副神奇的眼鏡，進到電腦的擬境之中。我隨後也跟了進去。

就我所知，在 1989 年夏天這次探訪他人的白日夢經驗，是第一次有人創造並和人分享一個即時的幻境。

這個男人就是傑倫‧拉尼爾，有著圓滾身材的傢伙，紮著雷鬼頭，咯咯笑的時候有點滑稽，總是讓我想起芝麻街裡的那隻大鳥先生。對於進出夢境他表現得若無其事，但是說起這次旅行時，就好像他已經在「另一邊」探索多年一樣。傑倫所創辦的公司，其辦公室的四面牆上展示著過去那些試驗用的魔法目鏡和手套，這些算是化石級的古董了。一些常見的電腦硬體和軟體的各種裝置堆滿了實驗室的剩餘空間，有烙鐵、磁片、蘇打罐，還有纏繞著各種線纜以及鑲嵌著許多連接插頭而到處是破洞的合身套裝。

傑倫這種生成可造訪世界的高科技方法，早在幾年前就有一些機構的研究員（包括 NASA）開始研發了。許多人都已進入過無實體的想像世界。這些都是為研究而存在的世界。但傑倫卻發明了一種費用低廉的系統，其運行效果甚至比那些學院裝置還要好，並且他所建立的是一個相當不科學的動態「狂野世界」。傑倫為他的研究成果取了一個響亮的名稱：「虛擬實境」。

想要進入虛擬實境，參觀者需要穿上一套連有許多線纜以便監控主要身體運動的衣服。這套服裝還包括一個能夠傳達頭部運動信號的面具。面具裡面有兩個小型彩色顯示器，通過這兩個顯示器，參與者就能夠獲得立體現實的感觀；對參觀者來說，從面具後面看出去，似乎是置身於一個三維虛擬現實當中。

大多數讀者對「電腦生成現實」的概念或許並不陌生，因為在傑倫演示後的幾年裡，虛擬實境（VR）的日常化前景已經成為雜誌和電視新聞專題的常用素材。這種超現實性一再被強調，最後連《華爾街日報》用「電子迷幻藥」這種大標題來形容虛擬現實。

　　我必須承認，當第一次看到傑倫消失在他的世界中時，「迷幻藥」正是我當時的想法。我和幾個朋友在一旁冷靜地看著這位 29 歲的公司創始人戴著電子化的潛水面鏡，在地板上慢慢地往前走著，張著大嘴目瞪口呆的樣子。他將身體扭成一個新姿勢，一隻手推著空氣，但什麼也沒抓到。在他探索他所新造世界的隱藏面貌時，他像一個熟悉慢動作的人一樣，彎著身子從一種扭曲狀態變換到另外一種扭曲狀態。他小心翼翼地爬過地毯，不時停下來檢視他面前空氣中某個他人看不見的奇觀。看著他這些行為感覺有點詭異。他的動作遵循著某種遙遠的內在邏輯，一種不同的現實。傑倫偶爾會發出一聲叫喊，打破周圍的平靜。

　　「嘿！這個石灰石的底座是空的！你可以爬進去，看到紅寶石的底部！」他長聲地叫喊。底座是傑倫自己創建的，底座頂端綴著紅寶石，但傑倫在設計他的時候並沒有花心思去考慮這些紅寶石的底部會是什麼樣子。對於一個人所能想像的一個完整世界，他太複雜了。但模擬世界能夠演示出這些複雜性。傑倫一直回報他這個「神」在自己創造的世界中所沒有預見的各種細節。傑倫的虛擬世界和其他的模擬一樣；唯一能預測到底會發生什麼事的辦法，就是去運行他。

　　模擬並不是什麼新奇事物；置身其中也不是一件新鮮事。玩具世界在非常久以前就由人類所發明，他甚至可以被看成是人類出現的一個徵兆，因為考古學家把墓地裡的玩具和遊戲視為是人類文化的證據。毫無疑問，製作玩具的強烈欲望在個體發展的早期就出現了。兒

童沉浸在他們自己的微型人造世界裡。正確說來，洋娃娃和小火車就是屬於仿真的微觀世界。我們文化中很多偉大的藝術作品也是如此：波斯的微型畫藝術，現實主義的彩色風景畫，日本的茶庭，也許所有的小說和戲劇也是。這些微小的世界啊！

不過，在電腦時代——仿真時代——我們在更大的頻寬上創造這些微小世界，讓他有更多的互動和更深入的體現。我們已經從靜止的小雕像演化到動態的「模擬城市」。有些模擬，像迪士尼樂園，已經不再那麼微小了。

事實上，只要給他能量、給他可能的行為以及成長的空間，任何東西都可以成為仿真的對象。在我們身處的文化中，只要利用具有電氣化的智能，就可以模擬出上百萬種物品。電話交換中聽到的接線員聲音是模擬的；廣告片中的汽車變成了老虎；假的樹木和能動的機器鱷魚在休閒遊樂園裡變成了模擬叢林，而我們對此都已經不再感到驚訝了。

1970 年代早期，義大利小說家安伯托‧艾可曾經開車周遊美國，盡可能地去觀察路邊那些底層生活而具有吸引力的東西。艾可是位符號學家，專門解讀那些未受到注意的符號。他發現美國在仿真和某種現實之間存在著微妙的訊息。譬如，可口可樂作為這個國家的圖像，在廣告中標榜自己為「真貨」。蠟像博物館是艾可最喜歡的文本。如果這些庸俗作品有著愈多像聖壇般的絲絨布幔以及輕柔的解說，其效果就愈好。艾可發現蠟像館裡到處是真人（穿著比基尼的碧姬‧芭杜）和虛構人物（站在戰車上的賓漢）的精美複製品。不管是歷史還是傳說，都以同樣地寫實以及極其細微的細節加以刻劃，也因此在真實與虛幻之間沒有了界限。造型藝術家不遺餘力地以極致的寫實主義來渲染那些虛幻的人物。鏡子也將某一個時期房間裡的人物形

象映射到另一個時期中，進一步模糊了真實和虛構之間的差別。位於舊金山和洛杉磯之間，光是達文西的名作「最後的晚餐」，艾可就看到了七種蠟像版本。而每一個你所看過的版本，都有一種你永遠也不會有相同之感，每一個蠟像都忠實地還原這副虛構的油畫而試著想要超過其他版本。

艾可寫道，他踏上了一段「超真實旅程，以尋找一些實例。在這些實例中，美國人的想像力需要真實的存在，為了如願，就必須打造絕對的虛構。」艾可將這種**絕對虛構**的現實稱為超真實。在超真實中，誠如艾可所寫：「絕對的虛構被視為真實的存在而呈現出來。」

完美的模擬和電腦玩具世界就是超真實作品。他們虛構得如此徹底，以至於作為一個整體而言，他們具有了真實性。

法國流行文化哲學家尚・布希亞用以下這兩段緊湊的文字為他的一本小書《模擬》開場：

> 如果我們可以把波赫士的故事視為是模擬的最佳諷喻的話（在這個故事中，帝國的一些繪圖師繪製了一幅極為詳盡的地圖，與帝國的領地分毫不差。但隨著帝國的衰敗見證了這幅地圖逐漸磨損，最後完全毀壞，只剩下幾條線索在沙漠中尚可辨識……），那麼對我們來說，這個寓言剛好走了一圈又回到原處……
>
> 在今天，所謂的抽象已經不再僅限於地圖、雙生、鏡像或者概念。所謂的模擬，也不再僅限於領地、參照物或者實體。這是一個由沒有起源或現實存在的「真實」作為模型的時代：一個超真實時代。領地不再先於地圖而存在，也不會比地圖存在得更久遠。從今以後，地圖將先於領地存在——

擬像在先——是地圖生成領地；如果今天重新回想前面那個寓言的話，將會是領地的碎片慢慢地在地圖上逐漸殘破。「真實」，而非地圖的殘跡將在各處存留下來，在這片不再屬於故事中帝國，而是我們自己的沙漠。一片「真實」的沙漠。

在這片「真實」的沙漠裡，我們忙於建造超真實的天堂，其所參照的是模型（那張地圖）。《人工生命》一書正是慶祝模擬這樣一個時代的來臨——在這個時代裡，模擬是如此地生動豐富，以至於我們得將他們視為是鮮明有活力的。而此書的作者史蒂芬·列維在書中對布希亞的觀點做了重新表述：「此地圖並非此領地，但地圖**即是**領地。」

然而，這片擬仿的領地是一片空白。這種絕對的虛構是如此明顯，以至於他對我們來說仍然是看不見。而我們還沒有分類法來區分各種模擬之間細微的差別。「擬真」這個詞就有一長串涵義相近的同義詞：仿造品、贗品、偽造品、摹寫品、人造品、次級品、仿真幻象、鏡像、複製品、錯覺、假扮、矯飾、模仿、假象、假裝、模擬像、角色扮演、幻影、陰影、虛情假意、面具、偽裝、替代品、代用品、杜撰、拙劣的模仿、拷貝、虛言、騙子、謊言。擬真這個詞承載了沉重的命運。

由激進哲學家所組成的古希臘伊比鳩魯學派曾推斷出原子的存在，對視覺也持一種不同尋常的理論。他們認為每一個物體都會釋放出一種「幻象」（eidola）；拉丁文則稱這相同的概念為「擬像」（simulacra）。羅馬伊比鳩魯學派主義者盧克萊修認為，你可以把「擬像」看作是「事物的影像，某種從物體的表面被永久性地剝離下

來，並在空中飛來飛去的外皮。」

這些擬像是具有形體，卻又虛無縹緲的東西。看不見的擬像從某個物體上散發出來，映射到眼睛而產生視覺。一個東西在鏡子中所形成的映像便證明了擬像的存在；如果不是這樣的話，怎麼會有兩個相同物體，而其中一個還是透明的呢？伊比鳩魯學派相信，擬像可以在人們熟睡時經由他們身體上的毛孔進入他們的感官，由此產生夢境中的幻像（影像）。藝術和繪畫捕捉到由原來的物體所放射出的幻像，就像捕蠅紙抓到小蟲子一樣。

所以，擬像是一個衍生的實體，次於原始物體，是一種與原物平行的存在鏡像——或用現代的詞來說，是一種虛擬實境。

在羅馬語中，「擬像」（simulacrum）之意是用來指被鬼魂或者精靈賦予生命的塑像或者圖像。1382 年，當第一本英語聖經問世時，需要一個詞來描述那些被奉為神明，栩栩如生有時又能說話的塑像時，「擬像」的希臘語祖先「神像」（idol）這個詞便進入英語語言裡。

這些古代神廟的小機器人中，有些還設計得相當精妙。他們的頭部和四肢可以活動，還有一些能把聲音從身後傳到前面來的管道。古人比我們所認知的要先進得多。沒有人把這些神像當作他們所代表的真神。但也沒有人忽視這些神像的存在。神像真的在動、在說話，他有他自己的行為。這些神像既非真，但也不假——他們是真實的擬像。用句艾可的說法，他們是超真實，就跟墨菲・布朗一樣，是電視上的虛構人物，被當作某種真實。

在我們這些後現代都市裡，有人會將每天大量的時間沉浸在這種超真實之中：通電話、看電視、用電腦、聽廣播。我們高度地重視他們。不信的話，你可以試著在吃飯時不提一句從電視或者其他媒體上

獲知的消息看看！擬像已經成了我們生活於其中的地域。在大多數我們所關心的情況下，這種超真實對我們來說是真實的。我們可以輕易地進入和離開超真實。

舉例說，傑倫·拉尼爾在完成第一個即時世界的幾個月後，又搭建了一個超真實場景。在他完工後不久，我就進入了這個神像和擬像的世界。這個人造現實包括一個直徑大約有一個街區那麼大的環形鐵軌和一個約與胸高的火車頭。地面是粉紅色的，火車是淺灰色的；還有其他一些東西，東一塊西一塊的，就像許多散落的玩具。那嗚嗚叫的小火車，還有其他一些玩具都是由多面體堆砌起來的，毫無優美線條可言。色彩是單一的，鮮亮的。當我轉頭的時候，畫面轉換變得不順暢。陰影部分非常明顯。天空就是一片空蕩蕩的深藍，沒有一丁點的距離感和空間感。我有一種變成了動畫城裡卡通人物的感覺。

一隻戴著手套的手——用微小的多邊形色塊所勾勒出來——漂浮在我面前。那是我的手。我動了動這個沒有實體的東西。當我用精神意志把這個手想成一個點時，我就開始沿著我的手指所指的方向飛行。我朝著小火車的引擎飛去，我是坐在他上面或者漂浮在他上面，我也分不清楚。我伸出我那隻漂浮在空中的手，猛拉火車上的一個控制桿。火車開始繞圈運轉，我可以看到粉紅色的風景從我身邊掠過。就在某個時刻，當靠近一個倒置的大禮帽邊時，我跳下了火車。我站在那裡看小火車吱吱嘎嘎地在環形軌道上自己開著。我彎下腰去抓那個大禮帽，當我的手一碰到他時，他就變成了一隻白色的兔子。

我聽見有人在外頭的世界笑了，宛如是天堂的竊笑。那是神開了一個小玩笑。

這個大禮帽的消失是真實的，以一種超真實的方式。那個長得跟火車一樣的東西真實地開動了，最終又真實地停了下來。他真實地在

繞圈子開著。當我在飛行的時候，我也真實地穿越了某種意義上的距離。對於任何一個在這個世界之外看著我的人來說，我就是一個在一間鋪著地毯的辦公室裡，四肢僵硬地來回轉圈的人，跟傑倫一樣行動怪異。但在這個世界裡，這些超真實的事件真的是發生過了。不管任何人進去，都能證明這一點；這是雙方都認可的證據。在擬像的平行世界裡，他們是真實的。

如果擬像不是如此有用的話，那麼對法國和義大利的哲學家而言，有關模擬的真實性所引起的不安，會是最合適的學術話題了。

在麻省理工學院媒體實驗室的娛樂與資訊系統小組中，安迪‧利普曼正在研發一種「由觀眾駕馭」的電視傳輸方法。媒體實驗室研究的一個主要目標就是允許消費者對資訊可以有個性化的呈現。利普曼發明一種以超緊湊的形式來傳送視頻的方案，並且可以解壓縮成一千種不同的形式。他傳輸的不是固定的圖像，而是一種擬像。

在利普曼所演示的展示版中，利普曼的小組用《我愛露西》早期的一集作為素材，從連續鏡頭裡抽取了一組露西客廳的視覺模型。露西的客廳變成了硬碟上的一個虛擬客廳。在這個時候，客廳的任何一個部分都可以顯露出來；接著，利普曼用一台電腦把露西的移動形象從背景場景中移除。當他要傳輸一整集時，他會傳輸出兩套不同的數據：作為虛擬模型的背景數據，以及露西的移動圖像影片。觀眾的電腦把露西角色的移動和由虛擬模型所產生的背景重新組合。這樣，利普曼只要偶爾傳送客廳那組數據——不用像平常那樣連續不斷地傳送——只有當場景或燈光有所變化時才進行更新。利普曼說：「可以想

像的是，我們可以把一部電視連續劇的所有背景場景都儲存到一張光碟的開頭部分，而重構 25 集所需的各種動作和鏡頭移動可以放到剩下的磁軌中。」

媒體實驗室主任尼古拉斯‧尼葛洛龐帝稱這種方法為「模型的傳輸而非內容的傳輸，內容是接受者從模型中演繹出來的東西」。他從《我愛露西》的簡單實驗當中推測未來的整個場景、人物和一切東西都會做成擬像的模型，然後再傳送出去。屆時在節目中所播放的一個球不再是一張二維圖片，而是發送這個球的擬像。播送裝置說：「這是一個球的擬像：亮藍色，直徑五十釐米，以這個速度沿這個方向運動。」接受器說：「唔，好的，一個跳躍球體的擬像。好的，我看見他了。」接著以移動的立體投影的全像圖方式來顯示出這顆跳動的藍色球。然後在家庭裡的觀眾可以從他希望的任何角度直觀地檢查這顆球。

舉一個商業例子，尼葛洛龐帝建議在客廳裡播放橄欖球賽的全像圖。體育台並非僅僅傳送比賽的二維圖像，而是傳送這個比賽的一個擬像；體育場、球員以及比賽都被抽象並且壓縮成一個可傳送的模型。家裡的接受器將壓縮的模型解壓縮成可見的形式。這時，抱著啤酒的電視球迷就可以在球員突破、過人、大腳長傳時看到他們的三維動態幻影。他可以隨意選擇觀看視角，他的孩子們可以從球的視角大呼小叫地看著比賽。

除了可以「打破影片事先打包鏡頭的傳統」之外，最主要的是，傳送擬像的目的是數據壓縮。即時全像圖需要天文數字般的位元數量。在可預見的未來，即使使用所有的智能處理技巧，最先進的超級電腦也要花好幾個小時來處理一段幾秒鐘電視螢幕大小的即時全像圖。在你看到那令人驚奇與震撼的三維開場畫面之前，球賽可能都已

經結束了。

　　除了建模，放送，然後讓接收方來填充細節外，還有什麼更好的方法來壓縮複雜化呢？傳輸擬像並不是從傳送真實的技術往後倒退，而是從傳送數據的情況向前進步。

　　因此，軍方也對擬像顯示出強烈的興趣。

　　1991 年春天，在一片未命名的沙漠中，美國第二裝甲騎兵部隊上尉麥馬斯特走過那片靜謐的戰場。布滿碎石的沙漠，就跟一個月前他剛到這裡時一樣安靜。變形的伊拉克坦克殘骸也跟幾周前他離開時的樣子一樣，沒有改變，只是不再燃燒著熊熊的烈火。感謝上帝，他和他的部隊都活下來了；但是伊拉克人就沒有這麼幸運。一個月前，交戰雙方都不知道他們所進行的是沙漠風暴行動中的關鍵戰役。形勢迅速發展。三十天後，歷史學家為這場宿命的戰役起了一個名字：東73 戰役。

　　如今，在美國本土一些狂熱分析師的要求下，麥馬斯特又被召回到這片不毛之地。五角大廈要求所有軍官趁著美國尚能控制這塊地區並且對於戰鬥的記憶仍鮮明時，重新回到「東 73 戰役」的戰場上。軍方準備重建完整的「東 73 戰役」三維真實模擬，以便未來任何軍校的學員都能進入並再一次經歷那場戰役。他們稱他為「一本活生生的歷史書」，一個戰爭的擬像。

　　在伊拉克的土地上，真正的士兵們正粗略地勾勒出這場已經過了一個月的戰役。他們盡最大努力回想當天的激烈戰況，按著所能想到的內容重複自己的行動。有些士兵提供日記來重建當時的行動。甚至

有幾個人還拿出自己在混亂中所拍攝的錄影。沙漠中的痕跡為模擬器提供了精確的運動路線。裝在每部坦克上的黑盒子都設定有三顆衛星來追蹤其定位，地面座標則精準到八位有效數字。每一枚發射的導彈都留下一條細細的痕跡，那痕跡靜靜地躺在沙漠上。指揮中心有一卷磁帶記錄當時來自戰場的無線電通訊內容。衛星從空中連續拍攝的照片提供了重要的視圖。士兵們在這片被陽光曬乾的場地上來回走著，熱烈地爭論到底是誰打中了誰。雷射和雷達測繪出該地區的數位地形圖。當五角大廈的人離開的時候，他們已經掌握了所有需要的資訊來重建這場史上資料最詳盡的戰役。

　　回到模擬中心，位於維吉尼亞州亞歷山大市的國防分析研究所的一個部門，其中心的技術人員花了九個月的時間來消化這些過量的資訊，從數以千計的片段中拼接出一個人工合成的現實。幾個月後，這個計畫成形，他們讓當時實際駐紮在沙漠，後移防至德國的部隊觀摩這個遊戲的初期版本。這個擬像已經充分地賦予血肉之軀，因此士兵們可以坐在仿真的坦克車上參與虛擬戰鬥。他們向技術人員指出模擬中需要修正的地方，技術人員對模型進行修改。大約在戰役結束後的一年，麥馬斯特上尉對模型做了最後的檢查，「東73戰役」的重現為軍方高層做了首次公演。麥馬斯特簡潔並保守地表示，這一擬像給人一種「身在戰場駕馭戰車的一種非常真實感受」。這個模擬版本記錄每一輛戰車和每位士兵的移動、交戰，以及陣亡。一位已遠離戰場但曾身經百戰的四星上將參加了這場虛擬戰役，當他從仿真器中出來的時候，毛髮倒豎。他到底看到了什麼？

　　一幅全景畫面顯示在50寸的電視上，圖像解析度可媲美很好的電玩遊戲。

　　火油的煙霧將天空染黑。早先的雨水打濕了灰暗的沙漠地面，隱

入黑色的地平線。被摧毀的坦克鋼青色殘骸,噴出黃橙色的火舌;火在持續穩定的風中傾斜飄蕩。超過三百輛的車輛——坦克、吉普、油車、水車,甚至還有兩輛伊拉克的雪弗蘭皮卡卡車——在畫面中遊蕩。傍晚時分,風速達 40 節的夏馬沙暴刮了起來,形成黃色迷霧使能見度降至 1,000 公尺。螢幕上可以看見許多個行進中的單一步兵;還能看到數百個伊拉克士兵在意識到這次炮擊不是精確的空襲時,從泥濘的掩體裡爬出來,跳進坦克的場景。直升機出現大概有六分鐘左右,就被揚起的沙塵趕走了;固定翼飛機則深入伊拉克戰線後方的另一場戰役。

將軍可以選擇任何一種載具來加入這場戰鬥,並且能夠看到駕駛者所能看到的一切。宛如就像在真正的戰場上,每座小丘陵後面都可能隱藏著一輛坦克。視野受到阻礙,重要的東西都被隱藏起來,什麼都看不清楚,一切事情都在同一時間發生。在虛擬的世界中,你可以登上每個士兵都夢寐以求的飛毯,在戰場的上空行動自如地遊走。如果你升到足夠的高度,就可以以天神之眼看到地圖一樣的景觀。真正瘋狂的事情是,你可以進入仿真環境,騎在飛向目標的導彈上,發瘋似地在天空中劃出一道弧線。

這個系統目前還只是一個三維影片。不過,下一步會是這樣:未來的軍校學員們可以藉著仿真系統中所設定的假設條件,與伊拉克共和國護衛隊進行較量。假設伊拉克人有紅外線夜視裝備,怎麼辦?假設他們的導彈射程是現在的兩倍,又該怎麼辦?假設他們一開始沒有爬出坦克的話呢?你還會贏嗎?

如果沒有提出「假設」的能力,這個「東 73 戰役」的仿真就只是一個非常昂貴、令人著迷的紀錄片而已。但是,只要賦予仿真系統朝無計畫方向運行的最小自由,他就會獲得一種靈魂而變成一名強有

力的教師。他本身就會變成某種真實的東西，而不再只是一場「東73戰役」了。在調整了各種參數、裝備了不同的軍事力量以後，這場仿真戰鬥在同一地點以同一方式拉開序幕，但很快就會運行到他自己的未來。那些沉浸在仿真之中的學員們所參與的是一場超真實的戰爭，一場只有他們知道，也只有他們能夠參與的戰爭。他們進行的這些戰役和「東73戰役」的仿真一樣真實，也許更為真實，因為這些戰事的結局是未知的，正如真實的人生一樣。

在日常訓練中，美軍將部隊投入到超真實戰場的領域裡。在世界各地十幾個美軍基地聯結成一種稱為「模擬網路」的軍事系統，坦克和戰鬥機飛行員就在這仿真的陸空立體戰鬥中進行對抗，就像那位四星上將正是通過這個系統進入模擬的「東73戰役」。套句《國防雜誌》專欄作家道格拉斯·尼爾姆斯所說的，SIMNET「把地面人員和飛行器從地球這顆行星傳送到另一個世界，在那裡，他們可以不需要考慮安全、經費、環境影響和地理因素的限制而進行戰鬥。」事實上，SIMNET中軍人們首先偵察的地方，是他們自己的後院。在田納西州的諾克斯堡，M1仿真坦克的80名乘員駕駛仿真坦克越過令人驚訝的諾克斯堡戶外戰場的虛擬世界。這片數百平方公里土地上的每棵樹、每座建築物、每條溪流、每根電線杆以及每條斜坡在數位化後，都能在SIMNET模型的三維地貌上展現出來。這個虛擬空間是如此之大，以至於很容易讓人在裡面迷路。今天部隊也許還駕駛著油膩的真坦克穿越真實的道路，但第二天他們穿越的可能就是仿真世界裡的同一個地方了；只是仿真坦克嗅不到燃燒的柴油味。部隊占領了諾克斯堡後，可以透過電腦的選項把自己傳送到另外一個地點。完美的仿真地區還有：著名的國家訓練場歐文堡，德國的部分鄉村，富含石油的波斯灣國家那數十萬平方公里的空曠地區，還有（似乎沒有理由不

包含）莫斯科市中心。

標準的 M1 坦克是 SIMNET 的虛擬地面上最普通的實體。從外觀看，M1 仿真坦克從來不會移動：這是一個巨大的玻璃纖維盒，外形像是一個固定在地上的超大垃圾桶。一組四人，可坐、可蹲、或者靠在他們那狹窄的位置上。其內部是以塑料成型，相似於 M1 布滿各種器材設備的內裝。小組人員快速控制著數百個複製的表盤和開關，同時還要密切注意監視器。駕駛員發動仿真坦克時，他會轟隆隆地吱嘎響和震動，簡直就像在駕駛真的坦克。

八個以上的這種玻璃纖維盒通過電線連接到諾克斯堡那黃褐色的倉庫中。一台 M1 可以在 SIMNET 的地面上對抗其他的 M1。長途電話線將遍及世界的 300 個仿真坦克聯結起來形成一個網路，這樣可使得 300 輛戰車可以同時在同一場虛擬戰鬥中展現，而且不管這些小組人員是在什麼地方，可能有些是在加州的歐文堡，其他人是在德國的格萊芬沃爾。

為了提高 SIMNET 的擬真度，軍方的程式高手還設計了一些由人工智慧操縱的車輛，這些車輛只需要一位電腦操作員就能輕鬆地聚集起來。把這些「半自動化力量」投入虛擬戰場，這支部隊就可以得到一個規模超過 300 輛仿真坦克，更大、更逼真的武裝力量。模擬中心負責人尼爾·柯斯比說：「我們曾經在 SIMNET 中同一時間投入一千個實體。一個人在一個操作台上可以控制 17 輛半自動戰車，或者一個連隊的坦克。」柯斯比解釋這種半自動兵力的實際優點：「比如說，你是國民警衛隊的一個上尉。星期六早上，你和 100 個士兵守衛一個軍械庫。你想帶著你的連隊抵擋一個 500 人的營隊的攻擊。這麼說好了，在星期六早上的聖地牙哥城市中心，你要上哪去找 500 個人呢？有個方法，就是你可以呼叫 SIMNET，另外找三個人，每個人

操作兩、三個操作台來控制那些攻擊你的武裝力量。你發出一則訊息：今晚九點在巴拿馬數據庫碰面，準備行動。你交談的對象可能身在德國、巴拿馬、堪薩斯州或者加州，大家會在同一處的虛擬地圖上碰面。你絕對分不清楚這些半自動戰車到底是真的，還是只是一些數位複製品。」

顯然地，柯斯比的意思是你不會知道他們是真實的模擬還是虛構的模擬（超真實），只是軍方現在才開始重視這一個新特性。真實、虛構與超真實虛構之間那難以察覺的模糊界限可以用來在戰爭中獲得一些優勢。波灣戰爭中的美軍顛覆了一個在雙方專家眼裡頗為流行的觀點：傳統的觀點認為，伊拉克的軍隊年齡較大，經驗豐富，經歷過戰爭的洗禮；而美軍則較年輕，沒有經驗，是一群整天打電動遊戲看電視的傢伙。這個傳統觀點倒是沒錯：據統計，大約每 15 名美國飛行員中只有一人有過戰鬥經驗，其中大多數人都是剛從飛行學校畢業的新人。但是，美國在波灣戰爭中取得那壓倒性的勝利，也不能單純地解釋為伊拉克一方沒有鬥志。軍方內部人士將此歸功於模擬訓練。一位退伍的上校曾經問過「東 73 戰役」的指揮官：「你怎麼解釋你這種令人矚目的勝利，畢竟你的隊伍裡沒有一個軍官或者士兵有任何的戰鬥經驗，可是你卻在共和國衛隊的戰鬥演習場上打敗了他們？」這位指揮官這樣回答：「我們**確實是**有經驗的。我們曾經在國家訓練中心和德國參加過六次完整的模擬戰役。這場戰鬥跟訓練沒什麼區別。」

「東 73 戰役」的參戰人員的經歷並非獨一無二。參與沙漠風暴行動的美國空軍單位，有 90% 的人事先參加過高強度的戰鬥仿真訓練；地面部隊的指揮官也有 80% 的人事先參加過高強度的戰鬥模擬訓練。國家訓練中心為士兵們精心打造了不同級別的 SIMNET 仿真

設備。國家訓練中心跟羅德島差不多大小,位於加州西部的沙漠區,中心建有價值一億美元的高科技光纖和無線網路,可以模擬真坦克在真正沙漠中的戰鬥。驕傲的美國老兵在扮演主隊的對手時,會身穿俄羅斯的軍服,按照俄羅斯的典例規章戰鬥,偶爾還會用俄語來通訊。他們號稱不敗。受訓的美國士兵不僅要對抗按照蘇式戰術進行演練的假伊拉克軍隊,有時還要模擬特定的戰術,直到這些戰術成為「他們的第二天性」。例如,針對巴格達的目標所進行的令人震撼的閃電空襲計畫,美國空軍飛行員們就通過詳細的模擬方式演練了好幾個月。結果,在第一天夜裡,600 架盟軍戰鬥機中只有一架沒能返航。波灣戰爭步兵旅的指揮官保羅・肯恩上校對電子工程雜誌《科技綜覽》說:「幾乎每位跟我聊過的指揮官都說,他們在伊拉克遭遇的戰況並不會比他們在國家訓練所中心所遇到的訓練難度還要難。」

軍方正在探索的是一種「嵌入式訓練」──一種難分真假戰鬥的模擬訓練。對於現代坦克炮手或者是現代戰鬥機飛行員而言,他們絕對可以相信從 SIMNET 模擬器中所獲得的戰鬥經驗,可以比從伊拉克戰爭中還要來得多。一位在真正坦克裡的真正炮手,斜躺在一個價值數百萬美元的鋼鐵艙室內,就像是沒有窗戶的小洞裡。他的周圍全都是各種電子設備和儀表板以及液晶讀數裝置。他跟外界戰場之間的唯一聯繫就是眼前這個小小的螢幕,可以像潛望鏡那樣用手來旋轉。他跟其他同組員之間的聯繫也要透過頭戴耳機進行。這實際上跟操作一個模擬裝置沒什麼兩樣。對於他所獲知的一切,像是儀表板上的讀數和監視器上的畫面,甚至是他發射的導彈所造成的爆炸圖像,都可以藉由電腦計算出來。那麼,監視器上那 2.5 公分高的坦克是真是假,對他的工作又有什麼區別呢?

對於參加了「東 73 戰役」的戰鬥人員來說,模擬就是一種三位

一體的概念。首先，士兵進行的是一場模擬戰鬥。其次，實際的戰鬥是通過監視器和感測器的模擬來實現的。最後是模擬戰鬥的歷史重現。也許有一天，他們也無法說明清楚這其中的差別。

在一次由北約贊助的「嵌入式訓練」會議上，有人曾對這一問題提出了焦慮和不安。模擬與培訓研究所的邁克爾·摩歇爾回憶說，有人還在會議上念了奧森·史考特·卡德寫於 1985 年的著名科幻小說《戰爭遊戲》中的精彩片段。卡德最初寫《戰爭遊戲》是為那些在 GEnie 電信會議系統虛擬空間中，非常喜歡線上生活裡超真實面的讀者群所寫的小說。在小說中，一群男孩從小就接受成為將軍的訓練。他們在一個失重的空間站裡不停歇地進行各種戰術和戰略遊戲。最終階段的軍事訓練是逼真的電腦戰爭遊戲。最後，由最傑出的玩家、天生的領袖安德帶著他的隊友在一個大型而且複雜的戰爭遊戲中對抗他們的成年導師。只是他們的導師瞞著他們切換了系統的輸入，這些任天堂小子不再是玩遊戲，而是指揮真正的星際戰艦（裡面搭載的都是真人）對抗入侵太陽系具有敵意的真正外星人。最後這些孩子炸掉了外星人的星球，贏得戰爭的勝利。之後，他們被告知真相：那不只是一次訓練。

這種在真實和虛擬之間的轉換也可以用在其他地方。既然仿真坦克的演習和實戰之間區別極微小，為什麼不用仿真演習來進行真正的戰爭呢？如果你能在堪薩斯州駕駛坦克穿越模擬的伊拉克，那麼為什麼不從同樣安全的地方駕駛坦克穿越真正的伊拉克呢？這一夢想與五角大廈希望降低美國傷亡的最高指令不謀而合，因而這個夢想近日在軍方中廣為流傳。由後方基地的「遠程監控」操作員所駕駛的無人巡邏吉普原型，已經能在真正的道路上行駛了。這些機械士兵仍然「由人來操控電腦」，卻不會對人有什麼傷害，因此受到軍方的青睞。在

最近的波灣戰爭中，由人操縱的無人飛機發揮了巨大的效用。想像著一架裝有視訊攝影機和電腦的巨大模型飛機。這些在沙烏地阿拉伯基地操縱的遠程導引飛機，直接盤旋於敵方上空以便完成偵察或傳遞命令的任務。在後方，則是一個投入到模擬中的人類。

軍方這樣的願景很宏大，但進展緩慢。價格低廉的智能晶片迅速發展遠超出五角大廈所預判的。就我所能了解的，到 1992 年為止，軍方的仿真和戰爭遊戲比一般人民在玩的商業遊戲強不了多少。

喬丹・魏斯曼和他的好友羅斯・巴布科克是美國商船學院的海軍學生，同時也是〈龍與地下城〉這款奇幻遊戲的高手。一次出海時，他們偷看到一個超級油輪艦橋模擬器，那是一整面牆的監視器，並且可以色彩逼真地模擬一條通過分布於全球 50 個港口的路線。他們渴望著想玩這個東西。對不起，這可不是什麼玩具，長官這麼跟他們說。但那就是一個玩具，他們兩人很清楚這點。所以他們決定自己做一個這樣的東西，一個讓別人也能夠進入的祕密夢幻的模擬幻世界。他們用的材料有膠合板、從 Radio Shack 電子專賣店買來的電子零件，還有一些自製的軟體。另外他們還要收入場費。

1990 年，魏斯曼和巴布科克推出了〈暴戰甲兵〉。從角色扮演類遊戲中獲得的豐厚利潤做為資金，他們以位於芝加哥市中心北碼頭地段一家購物中心的遊戲場為基地，建造了價值 250 萬美金的遊戲中心，全天營業。（在獲得華特・迪士尼的孫子提姆・迪士尼的新投資之後，其他遊戲中心迅速在全國各地開張。）當我打電話問如何去遊戲中心時，服務員說：「只要跟著喧鬧聲走就對了。」一群吵鬧的十

幾歲孩子逗留在星際戰艦風格的店門前，店門前掛著印有「No Guts, No Galaxy」的 T 恤正在販售中。

〈暴戰甲兵〉與 SIMNET 有著不可思議的相似處：一組十二個狹小的箱體固定在水泥地上，接入電子網路。每個箱體的外面都寫著不知所云的未來式文字（「小心爆炸」）；裡面塞滿了一堆令人眼花撩亂的「開關裝置」——旋鈕、儀表、閃光燈——一個滑動座椅，兩個電腦螢幕，一個和隊友聯絡的麥克風，還有一些控制開關。你用腳踏板來駕駛（跟在坦克上一樣），踩油門加速，使用操縱桿開火。哨聲一響，遊戲就閃亮開場了。你深陷在一片紅土沙漠的世界中，追擊其他長了腳的坦克（就像《星際大戰六部曲：絕地大反攻》中的場景），同時也被別人追趕。遊戲規則跟戰爭一樣的簡單：殺死敵人或被敵人殺死。開著坦克穿越這種紅色沙漠是件很酷的事情。在這個模擬的世界中，其他被稱為「機甲」的東西衝勁十足地狂奔，他們是由其他 11 位玩家彼此蜷縮在相鄰的箱子裡所操縱。其中一半的人應該是你那邊的人，不過當打到白熱化的時候，就很難去分辨誰是誰了。在顯示器上我看到我隊友的名字：大兵，鼠人，成吉思。顯然在他們的顯示器上，我就只是「凱文」而已，因為在開始之前我忘了起個「綽號」了。我們都是那種早先就被別人弄死的新手。而我只是一名來採訪的記者，他們又是什麼人？

根據密西根州立大學對狂熱遊戲迷的一項研究顯示，他們主要是二十多歲的未婚男性。這份報告調查的對象是那些至少玩過 200 局（每局要花 6 美元！）的老手。事實上，有些高手的吃住就在他們稱之為「家」的〈暴戰甲兵〉中心。我跟一些玩了超過千局遊戲的人交談過。根據這些〈暴戰甲兵〉的高手說，單只是習慣驅動機甲和使用基本武器進行攻擊，就要玩上 5 局；再玩 50 局左右，你才能掌握和

別人合作的技巧。事實上，團隊合作才是這個遊戲的重點。重要的是，這些高手把暴戰甲兵當作是一個社會契約。這些高手（除了一個之外都是男性）認為，無論新的網路虛擬世界在哪裡出現，總會有特殊的人類群體出現並生活在其中。當被問及是什麼迫使他們一再回到模擬世界時，這些高手提到了「其他人」、「能夠找到夠格的對手」、「名聲和榮譽」、「有默契的隊友」。

調查詢問了 47 位狂熱玩家，問他們〈暴戰甲兵〉應該有什麼樣的改進。只有兩個人回答應該在「提高真實度」的處理上加把勁。而大多數人則希望遊戲價格更低，軟體故障更少，以及更多些同類的東西（更多的機甲、更多的地形、更多的導彈）。但他們最希望的是在這個仿真的世界裡有更多的玩家。

這是網路的呼喚。不斷增加新玩家。他們的聯繫愈多，我的聯繫就變得愈有價值。這正顯示出這些上癮的玩家已經意識到，增加網路的豐密度比提高環境的畫質更能獲得「真實感」。所謂真實感，首先指的就是共同進化的動力，其次才是六百萬的畫素。

更多就會變得不同——量變導致質變。從第一粒沙子開始，不斷地加入沙粒，就會得到一個沙丘，這跟單一顆沙粒是完全不同的。在一個網路遊戲中不斷增加玩家的人數，你會得到……什麼呢？……是某種完全不同的……一種分散式存在，一個虛擬世界，一個群體思維，一個網路社區。

儘管像軍隊那種龐大的組織會壓制創新，但他巨大的規模卻可以讓軍隊嘗試宏大的計畫——這是靈敏的商業企業無法做到的。美國國防部下屬的一個行政機構「國防高等研究計畫署」（DARPA）——一個在創新方面深受尊敬的研發單位——已經制定一個雄心勃勃、超越 SIMNET 的下一步計畫。DARPA 想要一個具有二十一世紀風格的

仿真。當來自該機構的傑克‧索爾普上校為推動這一新型仿真向軍方做簡報時，他在投影機上放了幾張幻燈片。其中一張寫著：仿真，美國的戰略技術。另外一張寫著：

先模擬，再建造！

先模擬，再採購！

先模擬，再戰鬥！

實際上，索爾普試圖向上級軍官和軍事工業家們推銷的關鍵思想是，透過流程中的每一個環節應用模擬技術，他們可以降低費用，但得到更好的武器。也就是說，透過模擬來進行設計，在向他們砸下金錢之前用模擬來進行測試，在使用實際硬體之前，先透過模擬方式來訓練用戶和軍官，這樣他們就可以獲得戰略優勢。

「先模擬再建造」已經發展到一定程度了。諾斯洛普公司建造 B-2 隱形轟炸機時就沒有用圖紙；相反地，他們用的是電腦模擬。有些工業專家把 B-2 稱為「有史以來最複雜的模擬系統」。整個計畫是設計成一種電腦擬像，複雜而精準，以至於諾斯洛普公司在實際建造這個價值數十億美金的飛機之前，都沒有花費功夫去建造機器實體模型。一般來說，一個包括 3 萬個部件的系統，必然會在實際建造過程中要求對 50% 的部件進行重新設計。而諾斯洛普公司的「模擬優先」方法把重新設計的部件比例降到 3%。

波音針對 VS-X 傾轉旋翼機的設計理念進行探討時，首先是在虛擬現實中建造他。當擬像一完成建造，波音便把 100 多名工程師和員工送到仿真的飛機裡對其進行評估。說到仿真建造的優勢，可舉一個小例子：在進行評估的時候，波音的工程師發現維修艙裡有一個關鍵

的壓力表很難看清楚，不論小組人員再怎麼用力地看也無濟於事。結果，這個維修艙在建造之前就重新設計過，因此省下數百萬美元。

這個精巧的普遍模擬平台代號為 ADST，代表的是「高級分散式模擬技術」的古怪縮寫。這裡的關鍵詞是「分散式」。索爾普上校所說的分散式模擬技術，無異是個遠見：一種無縫連接的、分散式的軍事／工業複合體。一個無縫連接的分散式軍隊；一場無縫連接的分散式超真實戰爭。想像一下，一層由光纖組成的薄膜覆蓋全球，打開一扇通往即時、寬頻帶、多用戶、三維模擬的世界之門。任何一位想要接入某場超真實戰鬥的士兵，或者任何一位想要在虛擬現實中檢測未來產品的國防製造商，只要接入那個被稱之為互連線的巨大國際空中高速公路就可以達到目的。數萬個無中心的模擬器都接入到一個單一的虛擬世界；上千種模擬器——虛擬吉普、仿真的船艦、戴著電子眼罩的海軍、由人工智慧生成的影子部隊——全都匯入到一個無縫且共有意識的擬像中。

軍隊是贏家，暴民是輸家。獨來獨往的藍波終歸死亡。軍隊比其他任何人更懂得如何讓團隊運轉良好的重要。正是團隊將暴民轉變為軍隊，將眾多的藍波變成士兵。索爾普上校說的沒錯，正是分散式智能，而不是火力贏得戰爭的勝利。其他一些有遠見之士對於有關未來的公司也下了同樣的斷語。全錄公司帕羅奧多研究中心的主管約翰・西里・布朗說：「下一個突破點不是個人接口，而是團隊接口。」

如果索爾普上校的主張能夠實現的話，那麼美軍的四個兵種和上百個工業承包商就會形成一個相互聯結的超級有機體。位於佛羅里達

州奧蘭多市的國防模擬中心聯合會正在議定一項工程協議，這個協議就是一個邁向分散式智能和分散式存在的直接步驟。這個被稱為「分散式模擬互連線」（DSI）的協議標準中，允許在現存的互連線上將各個獨立的模擬對象（這裡的一輛坦克，那邊的一座建築）納入一個統一的模擬之中。事實上，隨著足夠的部件以一種神奇的去中心化的群集方式組裝起來而進入這個虛擬空間中，一個完整的場景就會浮現出來。由上萬個戰爭場景所構成的整個超真實，就會經由光纖網路分布在許多台電腦之中。某個節點也許能提供一座仿真山脈的細節，但對奔流的江河或小溪則一無所知，甚至也完全不知道是否有小溪流經山間。

分散式智能是未來的趨勢。網際網路（他是由國防高等研究計畫署開發出來的，而今已經成為全球性、非軍事之用途）上的學生早已迫不及待了。他們看到了分散式模擬的前景，並且已經在互連線的靜謐角落中開始研發他們自己的版本了。

大衛每天花 12 小時當一名神氣活現的探險者，待在有精靈和地牢的城堡地下世界裡。他所扮演的角色名字叫做 Lotus。他本來應該去上課拿個優等成績，但他寧願隨波逐流於最新橫掃校園的時尚：完全沉溺在多用戶奇幻遊戲之中。

多用戶奇幻遊戲是一款風行在大學和私人電腦所建構起來的大型網路的電子冒險遊戲。玩家們每天會登錄進入奇幻世界遊戲中，普遍玩上四、五個小時，而這些奇幻遊戲的故事場景是來自於《星際爭霸戰》、《哈比人》，或安妮‧麥卡菲利關於龍騎士和魔法師的暢銷小

說。

像大衛這樣的學生會使用學校或者他們個人的電腦登入網際網路。這個巨大的網路現在是由政府、大學以及全世界的私人企業共同資助，為所有普通的上網者提供補貼。大學為所有想要上網做「研究」的學生提供免費帳戶。從波士頓的一間宿舍裡登入網路，學生就可以「驅車」抵達世界上任何一部加入網路的電腦，免費掛在網上，任憑他想待多久就待多久。

除了能下載關於基因演算法的論文之外，這種虛擬旅行到底還能做些什麼呢？如果有另外 100 個學生突然出現在同一個虛擬地點，那可能就會很有意思了！你們可以：開派對、互相捉弄、角色扮演、搞陰謀、或者一起琢磨建造一個更美好的世界。全部都可以在同一時間進行。你所需要的只不過是一個多用戶的聚會地點，一個讓大家可以在線上群聚的地方。

1978 年，羅伊・杜伯蕭寫了一個類似〈龍與地下城〉的角色扮演遊戲，那正是他在英國艾塞克斯大學的最後一年。第二年，他的同班同學理查德・巴圖接手這個遊戲，擴展了他所能容納的玩家人數，以及增加了他們的動作選項。杜伯蕭和巴圖稱這個遊戲為〈泥巴〉（MUD，Multi-User Dungeons 的縮寫，多使用者迷宮），然後把他放到網路上。

〈泥巴〉非常像經典遊戲〈魔域〉，或者其他任何一款自個人電腦誕生後一直風行的文字冒險遊戲。在電腦螢幕上會出現這樣的東西：「你現在是在一個冰冷潮濕的地下城裡，一支火光搖曳的火把帶來些許光亮。在石頭地面上有個骷髏頭。一條走道通向北方，另外一條通向南方。汙穢的地面上有一個壁爐。」

你的工作就是去探查這個房間以及其中的各種東西，最終發現隱

藏在其他與他相連房間中迷宮裡的寶藏。想要贏得豐厚的戰利品，你可能需要在路上收集一小部分寶藏和線索。戰利品通常是破解一個詛咒、變成一個巫師、殺死一條龍或者逃出地下城。

你的探索是藉由在鍵盤上輸入一些文字來進行，像是「骷髏頭」；電腦就會回應說：「骷髏頭說：『小心老鼠。』」你再輸入：「看壁爐」；電腦回應：「這條路一片死寂。」你輸入：「往北走」，你就會通過一個通道走出這個房間，進入另一個未知的房間。

〈泥巴〉和他許多改良的後代遊戲（通常稱為 MUDs、MUSEs、TinyMUDs 等等）與 1970 年代的經典冒險遊戲非常相似，但有兩個非常突出的改進。首先，MUDs 可以在地下城裡組織多達 100 名其他玩家和你一起玩。這是 MUDs 所具有的一種分散式和並行式特徵。其他玩家既可以和你作為絕佳拍檔並肩戰鬥，也可以作為邪惡敵人與你對抗，或者作為反覆無常的神凌駕你之上來創造奇蹟或者咒語。

其次，也是最重要的一點，其他的玩家（以及你自己）可以花點巧思去增加房間、改變路徑或者發明新的魔法道具。你可以對自己說：「這個地方需要一座塔，這樣長著鬍子的精靈就可以奴役那些粗心的人。」那麼你就在這裡造一座塔。簡單來說，當玩家生活在這個世界時，也可以建設這個世界。這個遊戲的目的就是創造出一個比昨日世界更酷的世界。

於是，MUDs 成為一個讓兩相情願的超級有機體出現的平行分散式平台。其中，有人只是為了好玩修造出一個了不起的虛擬甲板；後來，又有人加上一個艦橋或是一間動力室。接下來，你會發現你已經用文字把《星際爭霸戰》中的企業號造了出來。後面幾個月裡，數百名其他玩家（他們本來應該在做他們的微積分作業）連接到這個平台，並且建造出大量房間和設備，直到你能夠組建出一艘人員配備完

整的克林貢戰艦、發展出瓦爾肯星系，以及《星際爭霸戰》互聯的星系，一個《星際爭霸戰》版的〈泥巴〉就成型了（網路上確實存在這樣的地方）。你可以隨時登入網路，一天 24 小時，在上面跟你的艦隊同伴打招呼——他們各自扮演著某個角色，共同執行艦長發布的命令，共同與由另一群玩家建造並控制的敵方戰艦作戰。

一個人花在探索和破解〈泥巴〉世界的時間愈多，他從監管這個世界的統治者那裡獲得的地位就愈高。一個幫助新手的玩家，或者一個管理數據庫工作的玩家，都可以獲得更高的排名和權力，比如可以免費進行遠距離傳送，或者不受某些普通規則的約束。最終每位〈泥巴〉玩家的目標都希望能達到地方神或者是巫師的地位。神也有好壞之分。理想情況下，神能促進公平競爭，保障系統的運作，並幫助那些「後進」。但網路上所流傳的總是那些虐待變態之神的故事。

真實生活中的事件會在 MUDs 和 TinyMUDs 網路世界中重現。玩家們會為死去的角色送葬守靈，也曾經有過為虛擬人物和真實人物舉辦小型婚禮。在真實生活和虛擬生活之間模糊不清的界限，正是〈泥巴〉主要吸引人的地方之一，尤其對那些正糾結於自我認同的青少年來說更是如此。

在〈泥巴〉中，你可以自行定義身分。當你進入一個房間之後，其他人就會讀到對你的描述：「茱蒂進來了。他是一個身材高矕，有黑色頭髮的瓦爾肯星女性，長著小而尖的耳朵，淡紅色的皮膚，很可愛。他走路時有著體操運動員的柔韌彈性。他綠色的眼睛看起來風情萬種。」這段話的作者有可能是一個滿臉青春痘的小女生，或者可能是個留著鬍子的男性偽裝成女性。實際上，在〈泥巴〉裡偽裝成女性的男性是如此之多，迫使大多數精明的老手假定所有玩家都是男性，除非經證明他是女性。這就導致了一種對真正女性玩家的怪誕偏見，

也就是後者會不斷遭受到要求「證明」他們性別的騷擾。

另外，絕大多數玩家在他們的虛擬生活中都扮演著多個角色，就好像他們要去嘗試他們人格中的多面性一樣。「〈泥巴〉其實就是一個尋求認同的工場」，艾米·布魯克曼這樣說。他是麻省理工學院的研究人員，研究〈泥巴〉類似遊戲中的社會學面向。「很多玩家都注意到他們在網路上的行為方式跟下線後多少有些不同，而這會讓他們對真實生活中的自己進行反思。」調情、迷戀、戀愛、甚至網路上性愛在〈泥巴〉世界中比比皆是，就和在真實的校園中一模一樣。只是主角不同而已。

雪莉·特克爾甚至把電腦稱為「第二自我」進一步評論。他說，「在〈泥巴〉中，自我是多重而且去中心的。」因此一種多重、去中心化的結構會被作為理解真實生活和健康人格的新興模式也就不足為奇了。

惡作劇在〈泥巴〉中也很猖獗。某個瘋狂的玩家設置了一個隱形「小鋤頭」，當另外一個玩家（稱之為「到訪者」）不小心撿起這個小鋤頭，這東西就會把到訪者的四肢全部切除。而這時空間裡的其他玩家就會讀到這樣的信息：「到訪者在地上四處打滾，全身抽搐。」然後，神就會被召喚來治療到訪者。但一旦他們要為到訪者「看診」時，也會挨上一鋤頭，於是每個人就都會讀到：「巫師在地上到處打滾，全身抽搐。」普通物品可以做成陷阱用來做任何整人的事情。在〈泥巴〉裡最好的消遣是製作一個靈巧的東西，讓別人複製他，卻又不知道他真正的威力。譬如，當你毫無防備地觀看掛在某人牆上的一幅繡有「家，甜蜜的家」的十字繡時，這東西可能會立即並強制地把你傳送回到你的家（同時閃出「沒有比家更好的地方了」）。

由於絕大多數〈泥巴〉玩家都是二十歲左右的男性，所以在這個

世界裡到處都有暴力。那種極盡的亂砍亂殺的世界令所有人感到厭惡，除了那些感覺遲鈍的傢伙。不過，在麻省理工學院運行的一款實驗性的〈泥巴〉宣布所有的殺戮都是非法的，並且匯集一大批國小及國高中孩子的簇擁。這個名為賽博城的世界，是個圓柱形的太空站。每天大約有500個孩子湧入賽博城裡亂逛或者不停地造東西。到目前為止，這些孩子已經建造了5萬個物品、人物和房間。這裡有一座有著多廳電影院（播映孩子們寫的文本電影）的購物中心，一個市政廳，一所科學博物館，一個綠野仙踪主題公園，一個民用電台廣播網，幾畝郊區住宅，以及一輛觀光巴士。一個機器人地產商四處閒逛，跟所有想買房子的人做生意。

賽博城有意不提供地圖，因為探險是件令人興奮的事情。知不知，是知也。你應該做孩子們做的事情：向其他的孩子打聽。誠如該項目在現實中的管理者貝里·寇特所說：「進入賽博城這樣的陌生環境和文化中的吸引力之一，就是他把成年人拉回到跟孩子一樣的起跑線上。有些成年人會認為，他顛覆了權力的平衡。」賽博城的主要建築師年齡都不超過15歲。他們所建造的這片喧囂和複雜的土地，嚇住了試圖想到達某處或建造**任何建築物**的那些獨來獨往、受過高等教育的新移民。正如《舊金山紀事報》專欄作家喬恩·卡羅爾描述他第一次造訪這裡的感受：「這個地方——所有那些房間，還有那些跑來跑去的『玩偶』——讓人感覺是被扔到了東京的市中心，而你隨身帶的只有一塊巧克力糖和一把螺絲起子。」活下去就是這裡唯一的目標。

孩子們迷路了，接著又找到自己的路，然後又因另一次誤判而永遠迷失下去。由於一刻不停的玩〈泥巴〉所導致的連續不斷的通訊流量，可能會使得一個電腦中心陷入癱瘓。麻州的阿默斯特學院就禁止

在校園內玩〈泥巴〉。靠著幾條屈指可數的珍貴衛星數據線才能和世界其他地方相聯的澳洲，則禁止一切國際性的〈泥巴〉。學生們所建造的虛擬世界，足以使銀行和電信系統癱瘓。其他機構肯定也會隨之對無限制的虛擬世界祭出禁止令。

迄今，每一款運作的〈泥巴〉（大約有 200 款）都是由一些狂熱的學生在業餘時間裡寫的，沒有經過任何人的許可。有幾款類似〈泥巴〉的商業線上遊戲獲得了大量的追隨者。這些幾乎就是〈泥巴〉的遊戲，比如《聯盟 2》，《寶石》和 ImagiNation 公司的《葉賽博斯》都允許多個用戶同時參與遊戲，但只給予他們有限改變世界的權力。全錄帕羅奧多研究中心正在醞釀一個可以在他公司電腦上運行的實驗性〈泥巴〉。這個代號為「木星計畫」的嘗試，旨在探索〈泥巴〉作為商業運作環境的可能性。另外，一個實驗性的斯堪的納維亞系統和一個叫做「多用戶網路」的創業公司（該公司運作著一個叫做《Kingdom of Drakkar》的遊戲）都聲稱擁有可視覺化的「泥巴」雛型。能產生商業利潤的〈泥巴〉已經不遠了。

若是 22 世紀的孩子看到 1990 年代的任天堂遊戲，八成會感到驚奇並且納悶著說：「為什麼有人會費勁地去玩只有一個人才能進入其中的模擬遊戲？」這有點像是世界上只有一部電話，你卻沒有人可以通電話一樣。

〈泥巴〉的未來，SIMNET 的未來，〈模擬城市〉的未來，以及虛擬現實的未來，終將匯集一起。這種融合在某個點上就會產生終極版的天神遊戲。在我的想像中，這是一個廣闊的世界，遵守幾條精心選擇過的規則而運動。居住其間的是無數個自治的生物，以及其他遠方人類玩家的擬像。隨著時間的推移，角色們一個個登場，彼此交織糾纏在一起。

隨著相互關係的加深以及各個個體的改變並形塑他們的世界，這個仿真世界也會愈加生意盎然。參與者們——真的、假的、超真實的——與系統共同進化成一個與剛開始時完全不同的遊戲。於是，天神自己戴上魔術眼罩，穿戴整齊，降臨到他自己所創造的世界中。

天神下凡到他自己創造的世界中是一個古老的話題。史坦尼斯勞·萊姆曾經寫過一部偉大的科幻經典著作，敘述的是一個暴君把他的世界藏在一個盒子裡的故事。而另一個類似的故事則早在這一千年以前就有了。

按照摩西講述的故事，在上帝創造天地的第六天，也就是在那令人非常激動不已的創世活動的最後時刻，上帝捏了一些黏土，並以一種幾乎是娛樂的態度捏出一個小模型，把他放到祂創造的新世界裡。這個上帝，耶和華，是一位無法用言語形容的全能創造者。祂只是說出所想的，就能創造出祂所想的世界。其他的造物工作只需在他的腦子裡就可以完成，但建造小模型的這個部分就要花點工夫。這個最終用手調製的模型——一個眨著眼睛、茫然的東西，一個耶和華稱為「人」的東西——應該是比上帝在那一周裡所創造出來的其他造物要強一些。

這應該是一個模仿偉大耶和華自己的樣式。從控制論的角度看，這個「人」是耶和華的擬像。

因為耶和華是一個創造者，所以這個模型也能模擬他的創造性進行創造。因為耶和華有自由意志和愛，所以這個模型也反映了耶和華，也會擁有自由意志和愛。就這樣，耶和華賦予了這個模型同樣

的，他自己所擁有的真正創造性。

自由意志和創造性即表示一個開放而無限制的世界。任何事情都可以想像，任何事情都可能實現。這也就意味著，人這種模型東西，既可能是具有創造力的令人痛恨之物，也可能是有創造性地令人喜愛（雖然耶和華創造之初試圖在模型之中放入啟發探索的方法，以幫助他做決定）。

現在耶和華本身已經超越時代，超越空間與形體之外，無限範圍——終極之軟體。那麼，製造一個祂自己樣式的模型卻又要求這個模型只能在受限的物質、受限的空間和受限的時間中活動就不是一件容易的事情。顧名思義，模型就會是不完美的。

為了繼承摩西的事業，耶和華的人形物已經在創造這當中轉了數千年，足以理解生命誕生、存在和變化生成的模式內涵。一些大膽的人形物仍然不斷地夢想著：做耶和華做過的事，也做一個自己的模型——一個擬像，一個從他們自己手裡誕生的東西，也能夠自由創造新的東西，就像耶和華和祂所造之人一樣。

現在，耶和華的一些人造物已經開始從地球上收集礦物來建造他們自己的模型物。如同耶和華一樣，他們也為他們自己所造之物取了名字。但由於對人形物的巴別塔詛咒，這個東西有了很多種名稱：自動機械裝置、機器人、傀儡、人形機器人、何蒙庫魯茲（煉金小人）、擬像。

他們所創造的擬像各不相同。有些種類，比如電腦病毒，更像是靈魂而不是實體。另一些擬像種類則存在於另一個空間——虛擬空間。還有些擬像，像是在 SIMNET 中邁步前進的擬像，則是現實與超真實之間令人感到恐怖的混合。

其餘的人形物則困惑於這些模型建造者的夢想。某些好奇的旁觀

者會歡呼：重現耶和華那無可比擬的創造活動是多麼宏偉啊！另外一些人所擔心的是，那攸關著人性問題。這真是個好問題！創造我們自己的擬像，是否是以一種純粹的膜拜行為來**完成**耶和華的創世？或者，他是以一種最愚蠢的膽大妄為方式開啟了人類的滅亡？

模型建立他自己的模型，這樣的工程到底是虔誠還是褻瀆？

但有一件事是身為人的這種人形物所確定的：建造自己的模型絕不是一件簡單的事。

人形物還應該知道：他們的模型同樣不可能是完美的。這些不完美的造物也不可能被置於「神」的控制之下。想要真正創造出具有創造性的創造物，創造者必須把控制權交給被創造者，就如同耶和華讓出控制權，交到人類手裡一樣。

要想成為上帝，至少是有創造性的上帝，那麼人就必須放棄控制並且擁抱不確定性。絕對的控制也就是絕對的無趣。想要誕生出新的、意想不到、真正新奇的東西──也就是真正讓人驚訝的東西──人就必須放棄主宰一切的王位，讓與那些底層的群眾。

這些天神遊戲中一個巨大的弔詭就在於：想要贏，先放手。

第十四章

形式庫圖書館

通往大學圖書館三樓小說區的路徑蜿蜒曲折，經過的書架上沉睡著成千上萬本的書冊。這些書可有人閱讀過？圖書館後面的走道上，讀者們必須打開昏暗的日光燈；我在世界文學區尋找著阿根廷作家波赫士的作品。

我發現波赫士寫的書或有關於他的書籍放了滿滿三個書架。波赫士的小說以超現實主義聞名。他們虛幻的如此之真，以至於看起來像真的一樣；他們是超真實文學。有些書籍是用西班牙文寫的，有些是傳記，有些是詩集，有些是他的隨筆小品選集，有些在書架上的是其他書的副本，有些是對他隨筆的注釋的再注釋。

我的手滑過書冊，厚的、薄的、小冊的、大部頭的、舊的、新裝訂的。我一時興起抽出打開一本破舊的栗木封皮書。這是一本波赫士八十多歲時接受專訪的選集。這些專訪是以英語進行，而波赫士的英語比多數以英語為母語者更典雅得體。我驚訝地發現最後的 24 頁是一篇對波赫士的專訪，是關於他的作品《迷宮》；訪談的內容正確地說，只會出現在我的書中——這本《釋控》裡。

訪談從我的提問開始：「我讀過你一篇有關書籍迷宮的文章。那

個圖書館（*The Library of Babel*，1941）囊括了所有可能有過的書。顯然這個圖書館是作為一個文學隱喻所構想出來的，但是這樣的一個圖書館現在也出現在科學思想當中。你能描述這個書籍殿堂的起源嗎？」

波赫士：「宇宙（有人這樣稱呼這座圖書館），是由數目不定、或許是無限多的六邊形迴廊組成的，迴廊之間以巨大的通風井相連，四周由低矮護欄圍繞著。六邊形迴廊的每面牆有五個書架，每個書架有格式統一的 35 本書；每本書有 410 頁；每一頁有 40 行，每一行大約有 80 個字母，字體是黑色的。」

我：「這些書是說些什麼？」

波赫士：「在這些書中，每讀到幾行有意義的簡單陳述，就會伴隨著大量毫無意義的雜音、混亂的文字以及矛盾。荒謬是圖書館的普遍現象。在這裡，理性（或是不起眼而純粹的連貫性）幾乎是不可思議的例外。」

我：「你是說所有的書都充滿著隨機文字？」

波赫士：「差不多。我父親在第 1,594 個六邊形迴廊裡，看到的一本書是由 MCV 三個字母組成，從第一行到最後一行不知所以然地一再重複。另一本（順便提一下，查閱的人真多）完全是一個文字迷宮，只是在倒數第二頁寫著『噢時間你的金字塔』。」

我：「但是宇宙圖書館中必定有一些書是有意義的吧！」

波赫士：「是有一些。五百年前，一位高樓層六邊形迴廊的主管偶然發現一本同樣讓人困惑的書，而且同樣的文字幾乎占了兩頁。內容最後終於破譯了：用無限重複變化的例子來闡釋組合分析的一些概念。」

我：「就這樣而已嗎？五百年的探尋才發現兩頁合乎理性的文

字？這兩頁寫了些什麼呢？」

波赫士：「這兩頁的文字使圖書館管理員得以發現圖書館的基本法則。這位思想家觀察到，所有的書，不管他們是如何的不同，都是由相同的要素構成：空格，句號，逗號，字母表上的二十二個字母。他還宣稱一項事實（被後來的旅人證實了）：在浩瀚的圖書館裡，沒有兩本完全一樣的書。在這兩項無可爭議的前提下，他推斷圖書館即是全部，他的書架記錄了二十多個拼寫符號所有可能的組合（數字雖極其巨大，但並非無限）。」

我：「所以，換句話說，任何你可能運用任何語言寫成的書，（理論上）都能夠在圖書館中找到。他容納了過去與未來所有的書！」

波赫士：「一切東西──詳盡記載的未來史，天使長的自傳，圖書館的忠實目錄，成千上萬的虛假目錄，真實目錄的謬誤展示，巴西里德斯派的諾斯替教徒福音書，對那個福音書的注釋，對那個福音書注釋的注釋，關於你死亡的真實故事，每本書的所有語言的譯本，在所有的書中對每一本書的竄改。」

我：「那麼，人們就會猜想，圖書館擁有完美無瑕的書籍──有著最美輪美奐的文字和最精闢見解的書籍──這些書與到目前為止任何人所寫最好的作品相比都還要好。」

波赫士：「圖書館裡如能有這麼一本書，就夠了。在某個六邊形迴廊的某個書架上，肯定有一本書是作為**其餘所有書籍**的範本和完美的手冊。我向未知的神明禱告，希望有一個人──只要有一個人，即使是在幾千年前！──已經發現並且閱讀他了。」

接著，波赫士詳細地說起一個關於褻瀆神靈的圖書館管理員派別，這些人認為銷毀無用的書籍非常重要：「他們侵入六邊形迴廊，

出示有時是假的證件，不悅地草草翻完一本書後，就將整個書架的書籍定罪。」

他注意到我眼裡的好奇，說：「那些悲嘆譴責『珍寶』被這種狂熱所毀壞的人，忽略了兩個顯著事實。其一：圖書館有著如此龐大的藏書，任何人類所能帶來的損失只不過是滄海之一粟。其二：雖然每一本書都是獨一無二、不可替代，但（既然圖書館無所不包）總有幾十萬本不完美的副本——只是一個字母或標點符號有所不同的作品。」

我：「但是人們如何能分辨真實與近似真實之間的差異呢？這種近似性即意味著在我手裡的這本書不只存在於圖書館，相似的一本書也是如此，差別只是在於對前一個句子裡的一個詞的選擇上。或許那本相關的書中這樣寫著：『每一本書都**不是**獨一無二、不可替代的。』你如何知道你所找到的書，正是你所要找的那一本書呢？」

他沒有回答。當我抬起頭時，注意到自己在一個被神祕光線照亮的六邊形迴廊裡，周圍是布滿灰塵的書架。因為一些奇思異想，我站在波赫士的圖書館裡。這裡有二十個書架，透過低矮欄杆看到向上向下的樓層愈來愈遠，迷宮般的迴廊裡排滿了書籍。

波赫士圖書館就像一個誘惑一樣，是如此地神奇。整整兩年我一直在書寫您現在手裡拿著的這本書。那時我拖延截稿日期有一年了。我無力完成，卻又欲罷不能。救我解離這困境的絕佳方案，就躺在這個圖書館裡所有可能書籍的某處。我要找遍波赫士的圖書館，直到在某個書架上找到所有我可能寫的書中最好的一本，書名叫做《釋控》。這會是一本已經完稿、編輯和校對過的書。他將使我免去又一年冗長的工作，但對於這樣的工作，我還不太有把握我能達到。但這看起來肯定值得我來找找看。

於是我沿著這個滿是書籍卻看不到盡頭的六邊形迴廊出發。

經過第五個迴廊之後，我稍作停留，一時興起，伸手從一個塞滿書籍的上層書架中抽出一本綠色的硬皮書。書的內容簡直是極度混亂。

他旁邊的那本書也是如此，再旁邊那本書也是一樣。我趕緊逃離這個迴廊，快速地穿過大約 800 多公尺的制式迴廊，直到我又停了下來，想都沒想從附近書架上拿下一本書。這是一本同樣胡扯的低劣之作。我仔細看了整整一排，發現他們同樣不知所云。我檢查了這個迴廊的其他幾處，並沒發現有任何的改善。又多花了幾個小時，我不斷改變方向，到處漫遊，翻看了好幾百本書，有些是在腳高處的低層書架上，有些幾乎是和天花板一樣高的位置，但全都是同樣平庸的垃圾。看上去有幾十億本都是胡言亂語的書。要是能找到一本全篇充滿 MCV 字母的書，正如波赫士父親所發現的，一定會令人非常高興。

然而這誘惑卻糾纏不去。我想，我可能會花上幾天、甚至幾周的時間來尋找已經完稿的凱文·凱利的《釋控》，這是很值得冒險的賭注。我甚至可能發現一本比我自己寫得更好的凱文·凱利的《釋控》，為此我會心存感激地花一年時間苦苦尋找。

我停留在樓板間螺旋樓梯的一處台階上稍做休息。圖書館的設計引起我的深思。從坐的地方，我能看到天井的上面九層和下面九層，以及蜂巢狀的六邊形樓層朝每個方向延伸出去一里遠的地方。我繼續思考，如果這個圖書館裝得下所有可能的書，那麼所有符合語法規則的書（不考慮內容是否有趣）在全部書籍中也只是九牛一毛，而想要隨機尋找碰上一本簡直會像奇蹟般一樣不可思議。花五百年找到合情理的兩頁——任何兩頁，聽起來時間還算划算。想要找到一整本可讀的書就得花上幾千年，還要有點運氣。

我決定採取不同的策略。

每個書架都有固定數量的書。每個六邊形都有固定數量的書架。所有的六邊形都是一樣的，由一個葡萄柚大小的燈泡提供照明，走道有兩面壁櫥門和一面鏡子做點綴。圖書館秩序井然。

如果圖書館是秩序的，那（很可能）便意味著容納其中的書籍也是秩序的。如果書籍是秩序地排列，那麼只有些許不同的書就會彼此放得很近，有巨大差異的書就會相隔很遠，而這樣的組織性就會為我帶來一條途徑，可以儘量快速地從包含所有可能書冊的圖書館中某處找到一本可讀的書。如果這樣龐大的圖書館的書籍這麼秩序排列的話，那甚至有這個可能，我的手剛好摸到一本《釋控》的完成品，一本封面上印有微凸起我名字的書，一本不用我寫的書。

我從最近的書架選了一本書開始著手尋找的捷徑。我花了十分鐘研究他的混亂度。我大步走了 91 公尺到第七個最近的六邊形迴廊，又選了一本書。我依次沿著六個向外擴展的方向重複同樣的動作。我掃了一眼這六本新書，然後選擇跟第一本書相比最有「意義」的那本書，在這本書裡我發現了一個合乎情理的三個字序列："or bog and"。於是我用這本有 "bog" 的書為基準點，重複剛才的搜索程序，比較他周圍六個方向上的書。往返數次之後我發現了一本書，他雜亂的字裡行間有兩個類似短語的序列。我感覺好多了。經過這般重複動作之後，我找到一本書，並在一大堆錯亂字母之中隱藏著四個英文片語。

我很快學會了大範圍的搜索方式——每一個方向大約 200 個六邊形——從上一本「最佳」書籍處開始向外延展，這樣可以更快探索圖書館。在這種方式下，我不斷取得進展，終於找到有許多英文片語的書，儘管這些子句散落在各個頁面。

我花的時間從小時變成按天數計算。「好」書籍的拓撲樣式在我的腦海裡形成一個圖像。圖書館的每一本文法完整的書都安靜地待在一處隱蔽的中心。中心點是這本書，在這本書周圍緊緊包圍著的是他的直系副本；每一個副本都僅只是在標點符號的改變而已——加一個逗號，減一個句號。環繞著這些書則是放了有一、兩個字差異的次級仿造品。環繞這第二圈的則是一個更寬一點的書籍圈，這些書則是有整個句子的歧異，大部分都降級為不合邏輯的表述。

　　我把這樣一圈圈的語法書籍圈想像成一座山的等高線地圖。這個地圖代表了地形的相關性。唯一一本極佳、值得一讀的書位於山峰；往下的一層是數量更多、較為平庸的書籍。愈往下層的書，其書籍愈平庸，其主體所形成的環狀也愈大。這整座由「能算是」書籍所構成的山，矗立於無差別無意義的廣袤平原之上。

　　想要找到一本書就是一樁登上秩序的山頂問題了。只要我能確定我總是在朝山頂攀登——總是朝有更多意義的書前進——我必然會到達可讀之書的山頂。只要我在這座圖書館中穿行，經過語法漸趨完善的等高線，這樣我必然能夠到達藏有完全符合語法書的六邊形迴廊——頂峰。

　　接連幾天，我開始採用這個「方法」，並且找到了一本書。若像波赫士的父親那種只找到兩頁的漫無目的的找法，就無法找到這本書。只有這個「方法」才能指引我來到這些有相關聯繫的書脈中心。這使我想起我所使用的這個「方法」，使我比幾代以來的圖書館員毫無條理地遊蕩而能找到更多的書，這也證明我所投資的時間是有成效的。

　　正如這個「方法」所預料的，我找到的這本書（書名為《極深處》〔Hadal〕）周圍由類似偽書籍所形成寬廣的層層同心環所包

圍。只是這本書儘管語法正確，內容卻令人失望的乏味、沉悶、毫無特色。最有意思的部分讀來也像是非常蹩腳糟糕的詩。僅僅只有一行閃現出非凡的智慧，讓我一直銘記在心：「當下總是不為我們所見。」

然而，我真的從未發現一本《釋控》的副本，也沒有發現一本書能從我這裡偷得一個晚上的時間。現在我明白了，即使有著「方法」，也要耗時數年。我退出了波赫士的圖書館，走進大學圖書館，然後回家獨自寫完《釋控》。

「方法」勾起了我的好奇心，並且轉移了我寫作的思緒。這個「方法」是否普遍為旅行者和圖書館管理員知曉呢？我有了心理準備，認為過去可能已經有人發現他。我回到大學圖書館（空間有限且有編定目錄），尋找一本能給出答案的書。我的目光從索引跳到注腳，又從注腳來到書上，落在與剛開始處相去甚遠的地方。我的發現讓我自己大吃一驚。真相出乎意料：科學家認為從久遠的年代起，這個「方法」就已經充斥著我們這個世界。他不是由人發明的，也許是由上帝。這個「方法」就是我們現在稱之為「進化」的各種東西。

如果我們可以接受這樣的分析，那麼這個「方法」會告訴我們這所有的一切是如何被創造出來的。

還有更驚人的：我曾經把波赫士的圖書館當作是一位富有想像力作者的私人夢想（一個虛擬現實），然而我愈讀愈入迷，感覺到他的圖書館是真實存在的。我相信狡黠的波赫士自始至終都明白這一點；他把他的作品定位為小說，是因為有人相信他所述的嗎？（有人認為他的小說是一條精心守護著通往絕頂化境的道路。）

二十年前，非圖書館員在人類製造的矽電路中揭示了波赫士圖書館。富於詩意的人可以如此想像，圖書館裡有無數排六邊形迴廊和

走道堆疊在一起，就像刻印在電腦的矽晶片的晶體線路和閘門所組成的莫測高深的微型迷宮。蒙受軟體咒語之賜，電腦晶片用程式指令創建了波赫士的圖書館。這個首創的晶片採用與其配套的螢幕來顯示波赫士圖書館中任何書籍的內容：首先是 1594 區的一段文本，接著是來自訪者稀少的 2CY 區的文本。書頁毫不延遲地一個接一個出現在螢幕上。想要搜尋波赫士圖書館裡所有可能容納的書籍，不管是過去的、現在的、還是未來的，你只需要坐下來（現代的解決方案），點擊滑鼠就好了。

不論是模型、速度、設計的合理性，或是電腦所在的地理位置，對於生成一個通往波赫士圖書館的入口來說，沒有任何不同。波赫士本身並不知道這一點，儘管他會對此很欣賞：不論採用什麼人工方式來實現，所有遊客到達的正是同一個圖書館。（這也就是說，容納所有可能書籍的所有圖書館都是相同的；並不存在偽波赫士圖書館；**圖書館的所有副本都是原本**。）這種普遍性的結果是任何電腦都可以創建出一個容納一切可能書籍的波赫士圖書館。

製造於 1993 年的「連接機 5」是當時運算能力最強的電腦，可以毫不費力地生成以書為形式的波赫士圖書館。連接機 5 也可以生成複雜形式，不同於書籍，但同樣龐大且神祕的波赫士圖書館。

卡爾・西姆斯（Karl Sims）是思維機器公司的工程師，也是連接機 5 的製造者。他創建了一個由藝術品和圖片構成的波赫士圖庫。西姆斯起初為連接機編寫專用軟體，然後為所有可能的圖片建立了一個宇宙（有人稱之為庫）。可以用來生成一本可能之書的相同機器，也

可以用來生成一張可能的圖片。前者是以線性順序印刷的字母；後者是顯示在螢幕上矩形區域中的像素。西姆斯尋找的是像素的模式而非字母的模式。

思維機器公司的辦公室位於麻州的劍橋市，我拜訪了西姆斯有些昏暗的辦公室小隔間。西姆斯的桌上有兩個巨大、明亮的螢幕；最大的螢幕被分割設計成由 20 個小矩形框組成的矩陣，縱列 4 個、橫排 5 個。每個矩形框都是一個視窗，當下顯示著一幅逼真的大理石紋的環狀圖，每一張圖片的樣式都略有不同。

西姆斯用滑鼠點擊右下角的矩形框。一眨眼，20 個矩形框都換成新的大理石紋環狀圖，每一幅新圖片和剛剛才點擊的矩形框都略有不同。藉著點擊一系列的圖片，西姆斯可以利用那個「方法」在視覺模式的波赫士庫裡穿行。西姆斯的軟體能計算出在波赫士庫裡 6 公尺外的圖案按邏輯會是什麼樣子（因為事實證明波赫士庫是極其秩序的），因此不用再親自（沿多個方向）跑到 6 公尺外的位置。他把這些新得到的模式顯示在螢幕上。從上一個選定的模式開始，連接器只需幾毫秒的時間，就能同時得到 20 個不同方向上的新模式。

圖庫裡會有什麼樣的圖片是沒有限制的。按真正波赫士的方式，這整個「宇宙庫」包含了玫瑰花所有的色彩與色度、所有的條紋；他包括蒙娜麗莎及其所有的模仿作品；各式各樣的漩渦、五角大廈的藍圖、所有梵谷的素描、電影《亂世佳人》的每一個畫面，以及所有斑點扇貝殼等等。然而這些只是妄想而已；西姆斯行踪飄忽地穿梭於這個圖庫中，主要的收穫是布滿視窗的不規則形狀的斑點、條紋和各種令人眼花撩亂的色彩漩渦。

「方法」——亦如進化——可以被看成是繁殖，而不是旅行。西姆斯把這二十幅新圖像描述為原親的二十個孩子。這二十幅圖像正如

子女所呈現出的不同。然後，他選擇了「最佳的」後代，並且相應地立刻繁殖出二十種新的變體；再從這一批裡面，選出最好的那個，再繁殖出二十種變化。他可以從一個簡單的球體開始，透過累積的選擇最後得到一座大教堂。

看著這些形狀出現，在變化中繁殖，被選中，形狀上產生分枝，再精選，然後通過世代演變，成為更加複雜的形狀。無論是理智還是直覺都會認為，西姆斯實際上正在「繁殖」圖像。更豐富、更狂野、更悅目的圖像歷經世代演化逐漸顯露。西姆斯和同行的電腦計算機學家把這個過程稱為人工進化。

繁殖圖像與繁殖鴿子的數學邏輯沒有什麼區別。就概念而言，這兩種進程是相同的。儘管我們稱他為人工進化，但這與他是否比繁殖臘腸狗需要更多或更少的人工毫無關係。兩種方式同樣既是人工（就藝術而言），也是天然（就本質而言）。

在西姆斯的宇宙裡，進化是從生命世界中剝離出來的，並以純粹的數學形式存在。去掉他組織和毛髮的遮蔽，偷走他棲身於其中的血與肉，然後將靈魂注入到電子迴路裡，進化的重要本質就從天生的世界轉移到人造的世界，從原來唯一的碳水化合物領域轉移到運算晶片中的人造矽世界。

令我們震驚的不是進化行為已經從碳轉移到矽；實際上，矽和碳是非常相似的元素。真正令人吃驚的是，人工進化對電腦而言，是完全自然而然的事情。

在十次循環內，西姆斯的人工繁殖就能產出某些「有趣」的東西。往往只要五次跳躍就能將西姆斯帶到某處，得到的比僅只是胡亂塗鴉還要棒的圖像。在他一幅接一幅點擊圖片的同時，西姆斯亦如波赫士一樣談起了「遍歷書庫」或者「探索空間」之事。圖像就是「在

那裡」，即使他們在被找到或選定前尚未被渲染成視覺形式。

　　波赫士圖書館的電子版本也可以用同樣的方式來思考。書中的文本以抽象的獨立形式存在。每段文本都沉睡在這座虛擬圖書館的某個虛擬書架上的指定位置上。當被選中時，神奇的矽晶片就將形式注入到這本書的虛擬本體裡，以喚醒這段文本並出現在螢幕上。一位魔術師旅行到（秩序）空間的某個地方時，就會喚醒必定沉睡在那裡的某本書。每個座標上都有一本書；每本書都有一個座標。正如旅行者所見，一個景致開啟了許多可以看到更多景致的新地點；圖書館的一個座標引發許多後續相關的座標。一位將開始尋找書籍的圖書館員以按次序的跳躍方式穿越空間；路徑就是一連串的選擇。

　　從最初的那個文本所衍生出的六個文本即是六個親屬；他們共享一個家族形式和訊息的種子。在圖書館的空間裡，他們之間的差異與兄弟姐妹之間的差異相似。由於他們是由前一代衍生下來的親屬，因此可以被稱為後代。被選中的「最佳」後代文本就成為下一輪繁殖的親本；而他的六個全部後代變異之中有一個將成為他那一代中的親本。

　　當我身在波赫士圖書館內時，我發現自己正踏上一條從胡言亂語開始追尋一本可讀之書的路徑。然而換另一種思緒再看一下，便看見我正在把一本不知所云的書繁育成一本有可取之處的書，正如有人可以透過許多世代的選擇把雜亂無章的野花培育為優美的玫瑰花球一樣。

　　卡爾‧西姆斯在連接機 5 上將灰色點的干擾聲繁育成生機勃勃的植物生命畫面。「進化所帶來的創造力是無窮盡的。他能夠超越人類的設計能力。」他斷言。

　　他想出一個辦法能在這無比巨大的圖庫中圈定區域，以使他的漫

遊能保持在所有可能的植物形式範圍內。當他穿行於這個空間時，便複製了那些他覺得最迷人形式的「種子」。後來西姆斯重組他的成果，把他們渲染成能夠用動畫表現的想像中的三維植物。他繁育出來的人工林包括一株巨大展開的羊齒蕨、樹頂有聖誕球狀的紡錘形類松樹、蟹爪葉片樣的草和扭曲的橡樹。最後他把這些進化出來的怪異植物放到一個他稱作《胚種論》的影片創作裡。在這個動畫影片裡，異形樣般的樹和奇怪的巨草由種子開始，發芽成長，最後變成一個盤根錯雜的異域叢林，鋪滿一個貧瘠的星球。進化出來的（現成了動畫）植物產出他們自己的種子，這些種子被植物的球形大炮炸進空中，然後來到下一個貧瘠的世界（這就是胚種論的過程）。

　　卡爾・西姆斯既不是波赫士「宇宙」（有人稱之為「庫」）世界唯一的探索者，也不是第一個。就我所知，第一個合成波赫士世界的圖書館員是英國動物學家理查・道金斯。1985 年，道金斯發明了一個他稱之為「生物形態王國」的「宇宙」。生物形態王國是一個包含可能生物形狀的空間，這些形狀由短直線和分支構成。他是第一個由電腦生成的可能形式庫，並且可以用繁殖的方法進行搜索。

　　道金斯的生物形態王國是作為教育程式而編寫的，其目的是闡明在沒有設計師的情況下設計物是如何產生的。他想用視覺的方式來證明，隨機選擇和無目的的漫遊絕不能產生連貫一致的設計，但累積選擇（即「方法」）就可以做到。

　　除了在生物學界享有盛譽，道金斯在大型電腦程式設計上也有豐富的經驗。生物形態就是一個相當成熟複雜的電腦程式。他繪製出一

段具有一定長度的線條，以某種生長方式幫他加上枝條，再幫枝條加上枝條。枝條如何分岔，加多少枝條，枝條的長度是多少，這些都可以隨形狀演變而在數值上有些微的變化，並且互不干擾。在道金斯的程式裡，這些數值也是隨機地「變異」。每次從九個可能變異中的一個進行變化，就會得到一個新的形狀。

道金斯希望藉由人工選擇和繁殖的方式，在一個樹狀的形態庫中遊歷走動。在生物形態王國裡誕生的形狀起初很短，只能稱之為一個點。道金斯的程式生成了他的八個子代，這與西姆斯的程式非常相似。這個點的子代在長度上各不相同，這乃取決於隨機變異賦予他們什麼樣的值。電腦將子代加上原親，顯示到成九個方框中。透過目前所熟悉的選擇繁殖方式，道金斯選取了他最喜歡的形狀（他的選擇），進化出一連串更加複雜的變異形狀。到第七代時，後代已經加速進化到了精雕細琢的程度。

這正是道金斯一開始使用 BASIC 程式語言編寫這個程式時所希望的。如果他在編寫程式時夠幸運的話，就能得到一個由奇妙的、多種多樣的分枝樹所組成的「宇宙」。

程式運行的第一天，道金斯在波赫士圖書館裡最靠近的一些書架上到處翻找，度過了興奮的時刻。在一次變異中，他發現莖、枝條、樹幹出現了意想不到的排列。這是一些自然界中從未有過的奇異樹木。還有那些世間從未出現過的灌木、草和花的線圖。道金斯在《盲眼鐘錶匠》一書中回應進化和「形式庫」的雙重隱喻並做了解釋：「當你透過人工選擇在電腦中第一次進化出新生物時，感覺就像是在創造一般。確實是如此。然而從數學的角度看，你所做的實際上是在發現生物，因為在生物形態王國的基因空間裡，他早就待在那個屬於他的位置上了。」

隨著時間的流逝，他注意到他走進了庫的另一個空間；在這空間裡，樹的分枝結構開始自相纏繞，縱橫交錯的線條充滿了一些區域，直到他們固定成一個實體。層層的分枝自相纏繞形成小小的軀體而不是樹幹。從軀體中長出來的從屬分枝看起來像極了腿和翅膀。他進入庫中的昆蟲世界（儘管這個作為上帝的他，從未打算過要有這樣的一個國度！）。他發現了各式各樣奇怪的蟲子和蝴蝶。

道金斯震驚地說：「當我寫這個程式時，從未想過除了類似樹木以外的形狀，他還能進化出什麼別的東西。我本希望能夠進化出垂柳、白楊樹和黎巴嫩雪松。」

現在已經到處是昆蟲了。那一晚，道金斯興奮到廢寢忘食的程度。他花了更多的時間去發現那些令人驚嘆的複雜生物，有些看起來像是蠍子，有的像水蛛，甚至有的像青蛙。他後來說：「我簡直興奮得發狂。我無法形容探索一個按自己所設想而創造出來的王國是多麼令人興奮的事。在面對這些實際湧現在螢幕上的東西時，無論是我的生物學家背景，或是我二十年的電腦程式設計經驗，抑或是我最狂野的夢境，都未能讓我心理上有所準備。」

那一晚，他無法入睡。他繼續向前推進，渴望檢視他的「宇宙」所能延伸之處。這個原本以為簡單的世界，還能有些什麼神奇的東西？當他終於在清晨睡著時，「他的」昆蟲圖像成群結隊地出現在他的夢裡。

接下來的幾個月裡，道金斯在生物形態王國這個與世隔絕的地方流連忘返，尋找非植物和抽象的形狀。他所遇到的形式裡，其中的一小部分包括有：仙女蝦，阿茲特克神廟，哥德式教堂窗戶，土著的袋鼠壁畫。道金斯充分利用了一切空閒時間，最終利用進化的方法找到許多字母表裡的字母（這些字母是通過繁殖而得的，不是畫出來

的）。他的目標是找到他名字中的所有字母，但是他一直沒能找到一個還可以的 *D* 或一個合宜的 *K*。（在我辦公室的牆壁上貼著一張令人讚嘆的海報，26 個字母和 10 個數字在蝴蝶翅膀上若隱若現——包括完美的 *D* 和 *K*。儘管這些字母自然進化，但他們卻不是被「方法」發現的。攝影師傑爾·山德維德告訴我，他看過了超過 100 萬隻翅膀才收集到這 36 個符號。）

道金斯探尋著。他後來寫道：「市面上的電腦遊戲可以讓玩家產生一種漫遊於地下迷宮的幻覺，這個地下迷宮的地形就算複雜但也是確定的，在那裡他碰到龍、人身牛頭怪或其他虛構的對手。在這些遊戲中怪物的數量其實是相當少的，他們全都是由人類程式設計員所設計；迷宮的地形也是如此。而在進化遊戲裡，不管是電腦版還是真實版，玩家（或觀察者）的感覺都會有一種猶如漫步穿梭於一個充滿岔口的迷宮，可能的路徑數量是無窮盡的，而他所碰到的怪物也不是設計好的或者是可預料的。」

最為神奇的是，這個空間的怪物只出現一次，然後就消失了。生物形態王國最早的版本沒有提供保存每個生物形態座標的功能。這些形狀出現在螢幕上，從庫中各自所在的架子上被喚醒，當電腦關閉時，他們又回到他們的數學位置。重新碰到他們的可能性是微乎其微。

當道金斯第一次來到昆蟲區時，他拼命地想保留一隻以便日後能再次找到他。他列印出他的圖片以及所有一路演化得來的 28 代先祖形態的圖片；但是，他早期的原型程式卻沒有保存那些能使他重建這個形態的基本數據。他知道，一旦他那天晚上關閉了電腦，昆蟲生物形態就會消失不見——除了他們的肖像所承載的那一縷縷的靈魂。他到底能不能再次進化出一模一樣的形態呢？他排除了這種可能性。但

至少，他證明了他們存在庫中的某個地方。知道他們的存在，就足以讓他魂縈夢牽。

儘管道金斯擁有起始點和一套 28 種完整進化序列的「化石」，但想要重新捕獲當初那隻具體的昆蟲，這在生物態中成了一件遙不可及之事。卡爾・西姆斯也曾經在他的連接機 5 上繁育出由彩色多圈線條所組成的一個令人眼花撩亂、發出冷光的圖像——令人聯想到傑克遜・波洛克的畫作——但那時他還沒有編寫保存座標的功能；他後來再也無法重新找回這個圖案，儘管他留有一張當時的幻燈片作為紀念品。

波赫士的空間是如此之大。刻意在這個空間裡重新定位同一個點，就像重新下同樣的一盤棋是一樣地困難。任何一次機會的選擇，都會是失之毫釐，差之千里。在生物形態空間裡，形式的複雜性，每個時刻選擇的複雜性，以及差異的微妙性，都足以使每一次進化出的形式成為第一次也是最後一次的造訪。

也許在波赫士圖書館中有一本名為《迷宮》的書，講述了下面這個不可思議的故事（這在大學圖書館書架上的那本《迷宮》裡並沒有記載）。在這本書裡波赫士講述了他的父親——一位旅行在所有可能之書的宇宙裡的讀者——在這片令人感到混淆的廣闊空間中曾經偶遇一本可讀之書。全書四百一十頁，包括目錄，都以兩行迴文（正讀反讀都能讀的句子）寫成。前 33 句迴文既晦澀又深奧。而那是由於地下室一場意外大火迫使這區的圖書館管理員疏散到外面之前，他父親所能讀到的全部內容。由於撤離得有點恐慌匆忙，他的父親忘記了這本書的位置。出於羞愧，他在圖書館之外從未提起過這本迴文書的存在。就在之後的八代，一個由前圖書館管理員組成一個頗為神祕的協會經常地碰面，有系統地追蹤這個先輩旅行者所留下的足跡，希望能

在圖書館的浩瀚空間裡重新找到這本書。只是他們找到心目中聖杯的希望極其渺茫。

　　為了證實這樣的波赫士空間有多巨大，道金斯曾經提供獎金給任何能夠重新繁育（或是碰巧地發現）一幅高腳杯圖像的人；這只高腳杯是他在生命形態王國的一次漫遊時偶遇的。他稱他為聖杯。道金斯深信他已深深隱藏毫無蹤跡，因而提供 1,000 美元給第一個能呈現出聖杯圖案的人。「提供我自己的獎金，」道金斯說，「是用我的方式宣告沒有人會找到他。」使他大感吃驚的是，他祭出挑戰不到一年的時間，加州一位軟體工程師，湯瑪斯·里德竟然重遇了這只聖杯。這看上去與追蹤老波赫士的足跡來定位失落的迴文書頗為相似，或者與在波赫士圖書館中能找到《釋控》這本書一樣，是項壯舉。

　　但是生物形態王國提供了線索。因為他的起源反映了道金斯作為一名生物學家的專業興趣——除了進化之外，他還建立在有機體的原則之上。這正是生物形態的第二生物學屬性使里德得以發現這只聖杯。

　　道金斯認為，想要造出一個有實際意義的生物宇宙，就必須把可能的形狀限定在那些具有一定生物學意義的範圍內。否則，即使用了累積選擇的方法，找到足夠多生物形態的機會也會被淹沒在所有形狀匯成的茫茫大海中。他解釋，畢竟生物的胚胎發育會限制他們能夠突變成什麼的可能性。舉個例子，大多數生物都顯示出左右對稱的特性；藉著把左右對稱設定為每種生物形態的基本要素，道金斯便能夠縮小整個形式庫的規模，也就更容易發現生物形態。他把這種縮減稱為「受限胚胎學」。他給自己的任務是將他設計成一個受限制的胚胎學，但就「生物學而言，是有趣的方向」。

　　道金斯告訴我：「老早我就有個強烈的直覺，我想要的胚胎學應

當是遞歸的。我的直覺一部分是基於這樣一個事實：真實世界中的胚胎學可以看作是遞歸的。」道金斯所說的遞歸胚胎學，是指簡單規則一遍又一遍地循環應用（包括用於其自身的結果），並生成最終形式所具有的大多數複雜性。譬如，當「長出一個單位長度然後分岔成兩個」的遞歸規則重複連續地應用於一段起始線條上時，大約五次循環之後，他就會生成一片灌木般具有大量分叉的形狀。

其次，道金斯把基因和軀體的理念引入到庫裡。他認為，（書中的）一串字母正可類比為生物的基因。（在生物化學的正規表述中，甚至是用一串字母來表示一段基因。）基因生成身體組織。「但，」道金斯說：「生物基因並不控制身體的各個微小部分，這就相當於他並不控制螢幕上的像素。相反的，基因控制生長規則——胚胎的發育過程，或者在生物形態王國裡，就是繪圖運算。」因而，一串數字或文字就相當於一段基因（一條染色體），隱含著一個公式，並按這個公式用像素點繪出圖像（軀體）。

這種間接生成形式的結果就是，圖書館裡幾乎任何隨機的角落所放著的——也就是說，幾乎所有基因生成的——都是符合邏輯的生物形狀。通過讓基因控制演算法而非像素，道金斯在他的「宇宙」建立一條內在語法，阻止了一切以往荒謬無意義的出現。即使是個荒唐的變異，也不會是一個不起眼的灰點。同樣的變換在波赫士圖書館裡也能夠實現。圖書館中每一個書架的位置不再只是代表一種可能的字母排列，而是代表**詞語**的一個可能排列，甚至是可能的**句子**排列。這樣的話，你所選擇的任何書籍至少都會是接近於可讀之書。這個詞語字串所提升的空間遠比文字串空間小，但也正如道金斯所說，限定在一個更有趣的方向上，你就更有可能碰到有意義的東西。

道金斯引入的基因是以生物的方式發生作用——每次變異都按結

構化的路徑以改變多個像素——這不僅縮小生物形態庫的規模，將其精煉成實用的形態群，並且為人類繁育者提供了發現形式的一個替代途徑。在生物形態基因空間裡，任何微妙的變化都將會放大成一個顯著**而且可靠的**圖形圖像變化。

這給湯瑪斯·里德這位自由無冕的聖杯騎士第二種繁育途徑。里德不斷地改變親本形式的基因，同時觀察基因引起的形式變化，以求了解如何透過改變單一基因來掌握形狀的改變。這樣他就可以通過對基因的調整來導出各種不同的生物形態。道金斯把他這種程序的方法稱為「基因工程學」。和在真實世界一樣，他有著神奇的力量。

事實上，道金斯輸掉的 1,000 美元是輸給了人工生命領域的第一位基因工程師。湯瑪斯·里德利用工作的午餐時間來尋找道金斯程式裡的聖杯。自道金斯宣布競賽後的六個月，里德通過圖像繁育和基因工程兩種辦法找到失落的寶藏。繁育是一個快速而隨意的突然靈感，而工程學則是微調和控制的手段。里德估計他用了 40 個小時來尋找聖杯，其中有 38 個小時花在工程學上。「只透過繁育手段我是絕不可能找到他的。」他說。當里德接近聖杯的時候，他無法做到不動其他的點而讓最後一個像素改變。他花了好多時間在倒數第二個形式上試著控制最後那個像素。

無獨有偶的是，在里德之後幾個星期內，又有兩個發現者各自獨立地找到了聖杯的正確基因解決方法，這樣的巧合完全讓道金斯感到驚訝。他們也能夠在天文尺度可能性的大空間裡，準確地定位到他的聖杯，並非同樣只是靠繁育，而主要是透過基因工程，有一個還運用了反向工程。

或許是因為生物形態王國視覺化的特性,最先吸取道金斯的電腦繁殖概念的人是藝術家。第一位是英國小伙子威廉‧拉薩姆,接著是住在波士頓的卡爾‧西姆斯進一步研究人工進化。

　1980 年代早期,威廉‧拉薩姆展出的作品就像是某個高深莫測的外星人新奇玩意兒的部件圖冊。在一面紙牆上,拉薩姆畫出一個簡單形狀,比如在頂部的中央位置畫一個圓錐體,然後用漸趨複雜的圓錐體形狀填滿剩下的空間。每一個新圖形的產生都遵循拉薩姆已經預設的規則。細線將一個形狀與其修改後的後代形狀相連起來。通常,一個形狀會有多個變形。在這些巨大畫面的底部,圓錐體變形成華麗的金字塔和帶有藝術裝飾的小山丘。從邏輯結構來看,這幅畫是一個族譜圖,但包含許多常見的跨婚姻。整個畫面擠得滿滿的,看起來更像一個網路或電路。

　拉薩姆把這種用來生成各種形式,並選擇特定後代進一步演化的「基於規則的強迫性過程」稱為「形式合成」。原本他把「形式合成」當作是一種啟發靈感的工具用來尋找可能的雕刻形式。他會從他的一堆草稿圖中選出一個特別令人滿意的圖形,然後用木頭或塑料雕刻出複雜精細的形式。一份拉薩姆的作品目錄中展示了一個中等大小的黑色雕刻,類似於一個非洲面具;他是拉薩姆利用「形式合成」的方法所創造(或者說發現)的。但,雕刻是如此耗費時間,在某種程度上又是多餘的,因此他不再雕刻。讓他最感興趣的是那個龐大而未知的可能形式之庫。拉薩姆說:「我的關注點從完成一件單一雕刻品轉向雕刻數百萬件作品,而每個作品又能再延伸出上百萬件雕刻。我現在的藝術作品就是整棵雕刻的進化樹。」

1980 年代後期，令人讚嘆的 3D 電腦繪圖在美國大量興起，拉薩姆也開始採用電腦運算的方式來自動生成形式。他與英國漢普郡 IBM 研究所的一位程式設計師合作，一起修改了一個 3D 建模程式，用來產生變異形式。藝術家拉薩姆大約用了一年的時間在他的形狀生成程式中以手動輸入或編輯基因值，產生一些可能形式美妙而完整的系譜。藉由手動修改某個形式的編碼，拉薩姆可以隨機地對空間進行搜索。在談及這個人工搜索時，拉薩姆輕描淡寫地表示「挺費力的」。

　　1986 年，拉薩姆遇見了剛問世的「生物形態」電腦設計程式。他將道金斯進化引擎的核心部分與他的 3D 形式的精緻外表結合在一起，這樣的結合孕育出一種進化藝術程式的概念。拉薩姆把他的方法稱做「突變體」。「突變體」的功能幾乎與道金斯的變異引擎完全相一致。程式生成一個現有形式的後代，每一個後代之間都有些微的不同。然而，與道金斯的線段圖形不同，拉薩姆的形式是有血肉與具有感官性的。他們以帶有陰影的 3D 立體躍入觀看者的感知系統。那些全然引人注意的電子怪獸都是由不知疲倦的 IBM 電腦製圖所敲打出來的。然後，藝術家選取其中最好的 3D 作品，以之作為下一代的親本，繁衍出其他變異。經過許多代之後，藝術家會在一個真正的波赫士庫進化出一個全新 3D 實體。如此巨大的「生物形態王國」也只不過是拉薩姆空間的一個子集而已。

　　呼應道金斯所說的，拉薩姆說：「我從未想到我的軟體能夠創造出這麼多不同的雕刻類型。用這種方法所能創造出的不同形式是如此之多，幾乎是無限的。」拉薩姆找到的這些形式，呈現出令人難以置信的細節，這其中包括編製精巧的籃子、大理石質地的巨蛋、雙體蘑菇狀的東西、來自另一個星球的彎曲鹿角、葫蘆、奇異的微生怪物、龐客風格的海星、還有來自異域空間，拉薩姆稱為「Y1 異形」的多

臂濕婆神。

「一個充滿神祕喜悅的花園。」拉薩姆如此稱呼他的各種形式收藏。他並非想要仿造出地球生命的樣式，而是在探尋其他可供選擇的有機形式，一種比地球的生命「更具野性的某種東西」。他記得在一次參觀鄉間市集時，駐足在一個人工授精攤位，看到巨大的突變超級公牛和其他各種「沒用的」怪物照片。他發現這些奇特的形式能帶來靈感。

列印出來的圖案給人一種超現實的清晰感，彷彿是在真空的月球上所拍攝的照片。每一種形式都蘊含著一種驚人的有機感。這些東西並不是自然的復現，而是存在於地球之外的天然形式。拉薩姆說：「這台機器讓我得以自由地探尋以前從未接觸過、超出我想像力的形式。」

在波赫士形式庫裡的深處，一層層優雅的鹿角、一排排的左旋蝸牛、一列列的矮花樹、一盤盤的瓢蟲，都在等待著他們的第一個造訪者，這個造訪者也許是大自然，也許是位藝術家。不管是大自然還是藝術家，在兩者未觸及他們之前，他們依舊是在意識之外、在視覺之外、在觸感之外，僅只是可能的形式。就我們所知，進化是造訪他們的唯一途徑。

這個形式庫包含了過去、未來的所有生命形式，甚至，或許也包括存在於其他星球的生命形式。受限於我們自己的先天偏見，使得我們無法仔細思索這些另類生命形式的任何細節。我們的思緒會很快地退回到我們熟知的自然形式。我們可能會有片刻的遐想，只是要給這樣一個異想天開的幻想填充大量細節時，則會畏縮不前。而進化就像是一匹難以駕馭的野馬，帶我們到我們自己無法到達的地方。藉著這匹難以控制的野馬，我們來到一個充滿奇形異體的地方，想像精細至

絲毫之間（但並非出自人類想像）。

設計「連接機5」的藝術家工程師卡爾・西姆斯告訴我：「我使用進化方法的理由有二：一是為了繁育出我可能從未想像到、也不可能憑藉任何其他方式去發現的東西；二是為了創造出我有可能想像到、卻永遠沒有時間去細畫的東西。」

西姆斯和拉薩姆都曾碰到形式庫裡的斷點。「對於進化空間中可能出現的東西你會愈來愈有感覺。」西姆斯宣稱。他說，他通常會逐漸地發展開來，在取得令人滿意的進步時——當事情明顯好轉，高興地吹著口哨——突然間一頭撞到牆，這時進化似乎來到一個穩定的平台期。即使最激進的選擇也不能將遲緩的形式從制式中「移動」——他似乎陷在裡面了。後代的世代更迭似乎沒有產生更好的形式。他宛如被困進一個巨大的沙漠盆地，下一步與上一步並沒有什麼差別，而那有趣的頂峰還是遙不可及。

當湯瑪斯・里德在生物形態王國追蹤那失蹤的聖杯時，經常需要倒退回去；看似接近聖杯了，卻仍毫無進展。在漫長的追蹤中，他常常會儲存這中間的形式。有一次他需要倒回數百步到第六個存檔時，才得以從死胡同裡走出來。

拉薩姆也提及，在探索他的空間時也有過類似的經歷。他常常會闖入一種他稱為具有不穩定態的區域。在一些可能形式的區域，基因的顯著變化只能對形式造成微乎其微的改變——這就是西姆斯滯留的盆地。他不得不對基因進行大動作，這樣才能在形式上獲得一點點的推進。然而在其他的區域，基因的微小變化就會造成形式的巨大改

變。在前一個區域，拉薩姆在空間中的進展極其緩慢；在後一個區域，最微小的動作都會讓他迅速地飛快地衝出形式庫。

為避免超過可能形式之處，並且加快發現的進度，拉薩姆在探索時會有意調整變異的幅度。最初他會把變異率設定得比較高，以便快速掃過空間。當形狀變得較為有趣，他會調低變異率，這樣代與代之間的差距變小，他就可以慢慢地接近被隱藏起來的形狀。而西姆斯則是使他的系統能夠自動執行類似的手法。隨著進化出來的圖像愈來愈複雜，它的軟體會降低變異率，以確保能在最終的形式上完成「軟著陸」。「否則，」西姆斯說，「當你試圖微調一個圖像時，事情將會不受控制。」

這些開拓者還發想出了幾條悠遊於形式庫裡的妙計。最重要的就是交配。道金斯的生物形態王國是個多產卻寡慾的地方，找不到任何性的跡象。在生物形態王國裡，所有的變化都是透過單親的無性突變達成的。相比之下，西姆斯和拉薩姆的世界則是由性所驅使。這些開拓者所認識到最重要的一點就是：在一個進化系統裡，交配行為可以有任意多種方法！

當然，最普遍的傳宗接代的狀況是：父母雙方各提供一部分基因。但即便是這種最平淡無奇的交配也可以有好幾種方式。在圖書館裡，繁育就好比挑兩本書，把他們的文本融合成一本「子」書籍。你可以生成兩種後代：「嫡系」或「外戚」書籍。

嫡系後代繼承了父母之間的性狀。想像一條連接 A 書籍和 B 書籍的線段。任何一個子代（C 書籍）可能就位在這庫裡的一段假想線上的某一點。他可能剛好就在正中間──假如他正好從父母那邊各自繼承了一半的基因；或者，他也可能靠近某一方──像是 10% 繼承自母親，而 90% 來自父親。嫡系也可以以章節交替的方式從 A 書籍

和 B 書籍繼承兩本書的內容；就像是來自父母的基因以片段交錯排列在一起。這種方法保留了基因可通過近端功能的相互聯繫，使他更有可能達到「去蕪存菁」。

另一種理解「嫡系」的方式是想像成生物 A 正在──用好萊塢的術語──變形為生物 B。在從 A 變形到 B 的整個過程中產生出來的所有異形生物，都是這對夫妻的嫡系後代。

「外戚」後代則是處在父母變形線之外的位置。一頭獅子與一條蛇的外戚並非是兩者中間的某個隨機位置，而更有可能是一隻獅頭蛇尾，長著分叉舌頭的怪物。製造怪物的方法有好幾種，其中非常基本的一種就是從父母親的一方所具有的特性中隨機抽取一些放在一個大鍋飯裡攪拌，然後撈到什麼就是什麼。外戚後代更具野性，更無法預料，更加失控。

但進化系統的離奇怪異之處不止於此。交配可以是有悖常理的。威廉・拉薩姆目前正在他的系統裡推行多配偶制。為什麼交配要限制在兩位父母之間？拉薩姆的系統讓他可以選擇多達五位父母，並且每位父母可繼承性的分配比重各不相同。所以他吩咐他那一群的後代形式：下次像這個要多些、還有那個以及那個，某些程度像這個，以及一點點像那個。然後他讓他們結合，接著產出下一代。拉薩姆也可以分配負的比重值：例如，不要像這個。實際上，他已經製造一種「反親代」的後代形式。「反親代」參與交配的結果是繁衍出（或者不繁衍）盡可能與親本不像的子女。

從自然生物學（至少就我們目前所知的）基礎上更進一步，拉薩姆的變異體程式會追隨繁育者在庫中的進展。對於在特定繁育過程中保持不變的基因，變異體會認為他們是繁育者所喜好的，因而會讓這些基因成為顯性；對那些依舊變化不定的基因，變異體會認為他們是

試驗性質的，而且不受繁育者喜愛，因而將其定為隱性基因以減少他們的影響。

追蹤進化過程來預測他未來進程的想法是一種很迷人、令人陶醉的想法。西姆斯和拉薩姆都夢想建立一個人工智慧模型，能夠分析繁育者在形式空間內探索的點滴進步。這個人工智慧程式會推演出每一步選擇所共有的要素，進而深入達到庫裡並找到具有某種特性的形式。

在巴黎龐畢度中心以及奧地利林茲國際電子藝術節時，卡爾·西姆斯向大眾展示了他的人工進化之「宇宙世界」。在長廊陳列空間的中間平台上，一台連接機嗡嗡作響。伴隨著機器的思考，烏黑色的立方體發出閃爍的紅光。一條粗電纜把這台超級電腦與 20 台以弧形分布的顯示器連接起來。每個彩色螢幕前的地板上都安了一個腳踏板。踩下腳踏板（下邊蓋著一個開關），參觀者就從這排螢幕中選擇了一個特定圖像。

那時我剛好有機會在林茲展覽會的連接機 2 上繁育圖像。一開始我選擇了一個看起來像是開滿罌粟花的花園圖像。西姆斯的程式立刻滋生出 20 個後代。其中兩個螢幕上充滿了灰色的、毫無意義的東西，另外 18 個螢幕上則顯示出新的「花卉」，有些支離破碎，有些則有新顏色。我一直試著讓畫面圖像能夠更絢麗多彩。在這間發散著電腦熱力的房間裡，我很快地就在腳踏板之間來回奔跑中汗流浹背。這樣的體力活兒感覺就像是在從事園藝工作——精心照料那些形狀讓他們得以長大成人。我不斷進化出更精細的花卉樣式，直到另一個參觀者改變了進化方向，往尚未成形的螢光格子花紋變化。這個系統所發現這一系列的美麗圖案讓我目瞪口呆：幾何學的靜物，幻景，異國情調的紋理，怪異恐怖的圖標。精緻的、色彩絢爛的作品一個接著一

個出現在螢幕上；然而，未被選中的話，就永遠離開消失不見。

西姆斯的裝置每天都不間斷地繁育滋生，把進化之事交給了路過這國際博物館裡那批群眾的奇思異想。連接機記錄了每一個選擇以及每一個選擇的前世今生。也因此西姆斯得到了一個人們（至少是藝術博物館的觀眾）認為美麗或者有趣圖像的數據庫。他相信從這些豐富的數據中可以抽取出一些難以用言語形容的內在，並作為將來在形式庫的其他區域繁育時的選擇條件。

也許，我們會很驚訝地發現，並沒有什麼統一的選擇標準。或許，**任何高度進化的生命形式都是美麗的**。我們發現，眾生皆美——儘管各有所好。帝王蝶和乳草豆莢的宿主，誰也不比誰更顯眼或更平庸。如果不帶偏見地檢視的話，寄生蟲也很美。我隱約地覺得，自然之美就存在於他那進化的歷程裡，並存在於形式必須完完全全地合乎生物之道這麼一個重要事實裡。

儘管如此，仍然有什麼東西（不管他們是什麼）能把這些被選中的形式與他們周圍斑駁的灰色雜點加以區別出來。將所選擇的與隨機的兩者相比較，或許可以為我們揭示更多關於美的內涵，甚至可以幫助我們理解「複雜性」意味著什麼意思。

俄羅斯程式設計師弗拉迪米爾‧博奇爾科提醒了我，單單為了美而進化或許就是一個相當遠大的目標。博奇爾科和他的同伴阿列克謝‧帕基特諾夫（他編寫了非常容易讓人上癮的電腦遊戲《俄羅斯方塊》）設計了一個非常有效的繁育虛擬水族館的選擇程式。博奇爾科告訴我：「剛開始時，我們並沒打算使用電腦來生成什麼很實用的東

西，只是想得到一些非常漂亮的東西。」博奇爾科和帕基特諾夫一開始並沒有打算要創造一個進化的世界。「我們從花道，也就是日本的插花藝術開始起步。原本想做出某種電腦花藝的東西；但我們希望這東西是活的，是動的，而且永遠不會重複自己。」由於電腦螢幕「看起來像一個水族館，我們決定做一個客製化的水族館。」

用戶們藉著恰當地搭配彩色魚類和大量搖曳的海草，填滿了螢幕水族館，因而也成了藝術家。他們將會需要大量不同的生物體。為什麼不讓水族館愛好者繁育自己想要的品種呢？因此「電子魚」應運而生，而俄羅斯人也發現他們在玩一個進化遊戲。

電子魚成為一個程式怪物。這個程式主要是在莫斯科編寫的；因為那時正值俄羅斯大學裡整個數學系的人都失業了，而聰明的美國企業家可以以僱用一位美國電腦高手的薪水僱用這群人來幫他們做事。多達 50 位為電子魚編寫代碼的俄羅斯程式設計師重新發現計算進化的威力和方法，卻對道金斯、拉薩姆和西姆斯的工作一無所知。

由美國軟體商 Maxis 在 1993 年發行的電子魚商業版本，是將拉薩姆在大型 IBM 機上和西姆斯在連接機上所運行的華麗虛擬繁育程式壓縮成可以在小型的家用電腦上運行。

每一條電子魚有 56 個基因，明確規定了 800 個參數（相當大的一個參數庫）。色彩鮮豔的魚在虛擬的水中世界逼真地游來游去，像魚一樣地輕拂著鰭尾轉個身。他們在一縷縷的海藻（也是由程式設計繁育的）之間不停地來回穿梭。當你「餵食」他們時，他們就成群地圍繞在食物周邊。他們永遠不會死。當我第一次在十步外看到一個電子魚水族槽時，以為他是一段真實水族館的影片。

真正有趣的部分是繁育魚類。首先我在這片電子魚的海域裡隨意地放入一個網，撈起幾條奇異的魚做為親本。不同的區域藏著不同的

魚。這片海域實際上就是一個魚類的形式庫。我抓了兩條魚並把他們撈上來：一條胖胖的黃色魚，上頭有綠色的斑點，背鰭單薄，上唇突出（這是媽媽）；另一條體型較小，像魚雷的藍色魚，有著中式帆船樣的背鰭（這是爸爸）。我可以選擇任意一種進化方式，亦即，我既可以從那條胖魚或從那條小藍魚任選一條進行無性繁殖，或者也可以讓這一對魚兒進行交配，再從他們繁育出的後代中挑選。我選擇了交配。

就像其他人工進化程式一樣，大約有十多個變異後代出現在螢幕上。我可以透過旋轉鈕來調整變異的程度，因此把注意力放在魚鰭上。我選了一條有著大鰭的魚，並使每一代的身型都朝著愈來愈華麗、愈來愈龐大的魚鰭進化。我生成了一條看起來身上長滿魚鰭的魚，包括背、腹、側面都有。我把他從孵化器中移出來，在把他扔進水族槽之前進行了動畫模擬（這個過程可能需要幾分鐘或幾小時，這取決於電腦運算速度）。經過了許多代的魚鰭演化，所得到的這條魚已經是如此怪異，因此不能再進行繁育。這也是電子魚程式用來保證魚之所以為魚的手段。我已經處於庫的邊緣，超出這個邊界的形式，魚就不再是魚了。電子魚程式無法讓非魚類生物，或讓太過異類的魚游動起來，因為要讓一條怪物游起來實在有些強人所難（程式要求魚各部分的比例符合常規，這樣魚游動起來的動作才能令人信服）。而這個遊戲的一部分樂趣，則是會讓使用者一直想要弄清楚這些非魚所存在的限制以及是否有著什麼樣的漏洞。

要儲存整條魚的記憶體會占用太多的磁碟空間，因此程式只儲存魚的基因本身。這些微小的基因種子被稱為「魚卵」。魚卵比成長後的魚要小 250 倍。電子魚的狂熱玩家通過網路交換魚卵，或者將他們上傳，儲存在公共的數位庫裡。

羅傑是 Maxis 公司的一位程式設計師，負責測試電子魚的程式。他發現了一種有趣的辦法，可以用來探索魚類形式庫的邊界。他不用繁育或是在已存的樣本中撒網撈魚的辦法，而是把自己的名字插入一個魚卵代碼中。一尾短小的黑蝌蚪就出來了。很快地，辦公室裡所有人的電子魚缸都有了一尾黑蝌蚪。羅傑想知道他還可以把什麼東西放進魚卵裡。這次他輸入了（林肯）蓋茨堡演說的文本，魚卵長成了一個像鬼一樣的生物──一張蒼白的臉拖曳著一個殘破變形的蝙蝠翼。愛說笑的人幫他取了「蓋茨魚」的綽號。經過一陣亂晃亂撞後，他們發現，任何一個大約 2,000 個數位的序列都可以作為魚卵而孵化出一條可能的魚。電子魚的專案經理人很快就上手而樂此不疲，他把自己的財務預算電子表格輸入電子魚程式後，生出了一個有著魚頭、毒牙和龍身的不祥怪物。

　　繁育新品種曾經是園丁獨有的手藝。而現在是畫家、音樂家、發明家都有此能耐。威廉‧拉薩姆預言，進化主義會是現代藝術的下一個階段。在進化主義的領域裡，借用變異和有性繁殖的概念將孕育出這門藝術。藝術家西姆斯並沒有費心為電腦圖像模型繪色或是生成材質圖，而是用進化的方式來完成這項工作。他隨意進入一個木質圖案的區域，隨後進化出木紋精細、樹節密布像松樹般的紋路，並用他來為他所製作出的視頻的牆面上色。

　　現在人們可以在蘋果電腦上用 Adobe Photoshop 軟體的一個商用模板來做到這一點。凱伊‧克勞斯編寫的「紋理變異體」軟體可以讓一般的電腦使用者將一個圖案繁育出八個子代，並從中選擇一個繼續繁育。

　　當代藝術家的設計趨勢是傾向於運用更多的分析控制手段，但進化主義顛覆了這種趨勢。進化的終點目標變得更加主觀（「最美者生

存」），更少控制，更接近天馬行空或像夢境般的意境，更加自然成形。

進化藝術家進行了兩次創造。首先，藝術家為生成美，設計了一個世界，或一個系統而扮演了上帝的角色。其次，他是這個世界的園丁和管理人，詮釋並呈現他選中的作品。他並非像冰冷的模具創造物品，而是像慈愛的天父一樣，創造生靈來到世間。

目前，探索式的進化方法仍限制藝術家只能從隨機的某點或最基本的形式出發。進化主義的下一步是希望能夠從人為設計的樣式開始，然後從那裡隨心所欲地繁育下去。理想的狀況下，你會希望能有挑選的權利，譬如說，從一個還需要加工（或情緒產生變化的修改）或改進的彩色標識或標籤開始，並逐步向前進化。

這樣的一個商業軟體的輪廓是相當清晰的。〈模擬城市〉的編寫者與 Maxis 公司的創始人威爾・萊特，是位具有創新精神的軟體發行商，他在電子魚之後，甚至想出了一個完美的名字：「達爾文繪圖」。在「達爾文繪圖」中，你草草勾勒出一個新的企業標示，每一條線、每一個點、或創造出來的圖像筆畫，都會轉換成數學函數。當你完成這些後，你就有了一個顯示在螢幕上的標識以及電腦中作為基因的一組函數。然後你開始繁育這個圖標，任由他進化成你可能從未想過的奇異設計，其精細度也是你所不能及的。起初你在原型附近隨機遊蕩，想要尋找靈感；然後你會對著某個不尋常、引人注目的圖案精雕細琢：你調低了變異度，用多配偶方式和反親代方式來進行微調，直到找到最終版本。你現在已經以進化的方式繁育出一個令人目眩的精緻藝術品，他的交叉排線和精細是你無法相信的美。因為這個圖像是基於運算，他有無限的解析度；你想把他放到多大就多大，大到可以看到任何意想不到的細節。趕快列印吧！

為了展示進化主義的威力，西姆斯將連接機 5 的標識掃描後放進他的程式裡，並用他作為一個起始圖像來繁育一個「改良的」標識。與那種顯得枯燥乏味的現代風格不同，他的字母邊緣裝飾著有機體一樣細密的褶紋。辦公室的同仁非常喜歡這件進化而來的藝術品，他們決定用這圖案來做 T 恤衫。「我實在是想要進化出領帶的圖案來。」西姆斯說。他還提議：「不妨進化紡織品圖案、壁紙或者字體，如何？」

IBM 一直以來都支持藝術家威廉‧拉薩姆的進化實驗，因為這個全球化企業意識到這當中蘊藏著商業潛力。拉薩姆認為西姆斯的進化機器是「一款較粗劣、更不易控制的入門產品」，而他的軟體對工程師而言，則更受控制並且更加實用。IBM 正在把拉薩姆研發的進化方法交給汽車部設計師，讓他們用來改變車身外形。他們正試著回答的一個問題是，進化設計是在原始創意階段更有用，還是在後面的精細控制階段更有用，或者兩者都是。IBM 打算利用這個技術來賺取盈利，而且不止用於汽車產業。他們認為進化的「駕馭」方法對所有涉及大量參數的設計問題都是有幫助的，而這些問題往往需要使用者「返回」到之前所儲存的方案。拉薩姆認為進化在包裝設計上有著同樣的本質——外部參數都是固定的（容器的大小和形狀），但是內部所能做的卻沒有一定之規則可言。進化能夠帶來多層次的細節，這是人類藝術家永遠都不會有時間、精力或金錢去做的事。而進化式工業設計的另一個優點是，誠如拉薩姆逐漸地意識到這樣的設計模式是極其非常適合群體共享共管。參與的人愈多，效果愈好。

人工進化作品的版權問題在法律上仍是處於真空狀態。而誰會受到保護，是繁育出作品的藝術家還是編寫繁育程式的藝術家？未來，律師也許會要求一個藝術家記錄下創作進化作品所遵循的軌跡，以便

能做為他的作品並非是抄襲或歸屬於形式庫創建者的證明。正如道金斯所指出的，在一個真正巨大的形式庫中，一個模式不可能被發現兩次。擁有一條通往特定地點的進化路徑，便可以無庸置疑地證明藝術家是最先找到這個目標的原始權利人，因為進化不會在同一個地方發生兩次。

歸根結柢，繁育一個有用的東西幾乎就和創造一個東西一樣神奇。理查·道金斯曾聲稱「當搜索的空間足夠大時，其搜尋過程就會與真正的創造沒有什麼分別。」而他的論斷也印證了這點。在包括所有一切可能之書的圖書館裡，發現某一本特定的書便等同於寫了這本書。

早在幾個世紀前——遠遠早於電腦出現之前，人類就意識到了這點。正如德尼·狄德羅在 1755 年寫道：

> 書籍的數量將持續增加。可以預見的是，在未來的某個時刻，從書本中學習知識就如同直接研究整個宇宙一樣困難；而尋覓某個藏身於自然裡的真理，也會像搜尋隱藏在巨大量的合定本中一樣地省事。

《遞歸宇宙》作者威廉·龐德斯通用一個類比來闡明為什麼搜索知識所形成的巨大波赫士庫與搜索自然本身形成的波赫士庫是一樣地困難。龐德斯通說，想像一座包含所有可能之影片的圖書館。像所有的波赫士空間一樣，這個圖書館裡大多數的館藏品都充滿了噪音和隨機灰度。通常一盤磁帶只能播放兩小時的雪花斑點。要找到一盤值得一看的磁帶，主要的問題在於：除了自己本身，沒有任何標題、名稱或占用更少空間及時間的符號類型可以代表一盤隨機磁帶。波赫士庫

中大多數的館藏品都無法進行壓縮，哪怕只是任何一點點的壓縮（這種不可壓縮性正是隨機性的最新定義）。想要搜索磁帶，只能去看帶子的內容，因此對這盤磁帶進行訊息整理所耗費的時間和精力將超過創作這盤磁帶所需的，**不論這盤帶子的內容是什麼**。

進化是解決這道難題的笨辦法，但我們所謂的智能剛好就是一條穿越其中的隧道。當我在波赫士圖書館裡搜索《釋控》時，如果我夠機敏的話，說不定過了幾個小時之後，就已經辨明主要方向，穿越圖書館層層書架，走向正確之路。我可能已經注意到，一般來說，往上次翻過的書的左邊去會更有「感覺」。我可能已預見到，往左邊跑個幾公里將會需要很多代的緩慢進化才能通過。而我也許已經了解了圖書館的架構，並可以預測出所求之書的藏身之處，這樣我就可以超越隨機的猜測和緩慢的進化。藉著進化與圖書館內在秩序的學習，將兩者結合起來，我可能已經找到我的《釋控》了。

一些研究人類心智的學生提出了一個強有力的論點：思維是大腦內想法的進化。根據這種主張，所有創造物都是進化出來的。當我寫下這些文字時，我不得不承認這一點。在我寫這本書之始，腦子裡並沒有一個成形的句子，完全是隨意選了一個「我被」的短語；接著無意識地對後面可能用到的一腦袋字詞做了個快速評估。我選了一個感覺良好的「封閉」；之後，繼續從十萬個可能的字詞中挑選下一個。每一個被選中的字都繁育出可供下一代使用的字詞，直到我幾乎進化出一個完整的句子來。在造句時，愈往後，我的選擇愈受到一開始所選擇的字詞限制。所以說，學習可以幫助我們更快地繁育。

但是下一句的第一個字詞可能是任何一個字詞。這本書的結尾，遠在 15 萬次選擇之外，看起來如此遙不可及，宛若銀河系的盡頭。書是遙不可及的。在世上已經寫成或將要寫成的所有書裡，只有在這

本裡才能找到這句話之前那兩個前後相接的句子。

　　既然我的書已經寫了一半，我就要繼續進化文字。在這一章裡，我將要寫下的下一個詞是什麼呢？說實在的，我一無所知。他們可能有幾十億種的可能──即便考慮到他們必須符合上一句邏輯性所受到的約束。你猜到下一個句子就是這句嗎？我也沒猜到。但我寫到這句結尾時，發現就是他了。

　　我通過尋找來寫作。我藉著在自己的書桌上對他進行進化，因而在波赫士圖書館裡找到他。一個字詞接著一個字詞，我穿行在波赫士的圖書館內。仰仗我們頭腦所進行的某種學習和進化的奇妙組合，我找到了我的書。他就在中間那層書架上，幾乎就在眉間高度，座標在 52427 區的第七座迴廊。誰知道那究竟是不是我的書，或者幾乎就算是我的書（也許這段或那段會有不同，或者漏掉了一些重要事實）？

　　這次漫長搜索給我最大的滿足──不管這本書的價值如何──只有我才能找到他。

第十五章

人工進化

湯姆・雷才剛把用手編寫好的東西放進電腦裡，他即刻迅速地繁殖，直到數百個副本占據了可用的記憶體空間。雷的小東西可算是一種實驗性的電腦病毒；因為他一旦離開他的電腦就不能再複製，因此沒有危險性。他只是想看看，如果病毒必須在一個有限空間裡相互競爭，會發生什麼事。

雷設計的世界很巧妙，因此在第一代老祖宗病毒數以千計的複製品中，大約有 10% 在自我複製時會產生微小的變異。最初那個複製品是一個「80」——取這名稱是因為他的編碼長度為 80 個位元。有些 80 隨機地「產生一點變異」，成了 79 或 81 的位元長度。這些新變種的病毒中有一些不久便接管了雷的虛擬世界。他們再變異出更多種類。病毒 80 被這迅速增長的新「物種」大軍覆蓋到幾乎滅絕的地步；只不過，他挺過來了，就在 79、51 和 45 這些新變種出現並達到數量高峰值的一段時間以後，80 又活過來了。

經過僅僅幾小時的操作後，湯姆・雷的電力進化機已經進化出一鍋近百種的電腦病毒，並為了能在這與世隔絕的世界中生存下來而奮戰著。在雷花費幾個月時間編寫代碼後，在首次嘗試中孕育出人工進

化。

當雷還是個靦腆、說話輕聲細語的哈佛大學生時，就曾幫著名的「蟻人」愛德華・奧斯本・威爾森在哥斯大黎加收集蟻群。威爾森的劍橋實驗室需要活體的切葉蟻群，雷受僱到中美洲茂密的熱帶叢林尋找並採集狀態良好的野生蟻群，然後以船運送到哈佛。他發現自己特別擅長做這個工作。他的訣竅是以外科醫生般的巧手對叢林土壤進行深入挖掘，搬走蟻群的核心部分。需要搬走的是蟻后的完整內室，包括蟻后自己、他的看護蟻以及一個儲存著足夠食物的微型蟻園，以確保在運輸途中可以提供蟻群足夠的食物。年輕的新生蟻群是最理想的了。這種蟻群的核心部分剛好可以裝進一個茶杯裡。而另一個竅門就是找出藏在森林植被下自然偽裝得很小的蟻巢。只需要幾年時間，這個可以放在手掌中溫熱的蟻群核心，就可以填滿一個大房間。

在熱帶雨林採集螞蟻的同時，雷還發現了一種不明種類的蝴蝶，牠會尾隨行軍蟻的行軍路線。行軍蟻隊殘忍的吞噬習性——吞噬前進路上所有的動物生命——會把一群飛蟲趕得急忙閃開讓路。某一種鳥逐漸形成了跟隨這個掠食大軍，愉快地享用那些在空中四散飛奔的蟲子。緊跟行軍蟻隊的飛鳥之後，蝴蝶又隨之而至。蝴蝶尾隨其後的目的是享用「螞蟻鳥」的糞便大餐——那是產卵非常需要的氮來源。螞蟻、「螞蟻鳥」、「螞蟻鳥蝴蝶」，誰知道還有什麼東西跟在後面，就像一群夥同在一起的吉普賽人一樣，在這片叢林裡到處遊蕩。

雷被如此精妙的複雜組合所折服。這就像是一個完全的游牧社會！在天下無奇不有的萬物面前，大多數企圖了解生態關係的嘗試似乎都很可笑。在這宇宙當中，這三種族群（一種螞蟻、三種蝴蝶、十幾種鳥）是如何結成這種奇異的相互依賴關係呢？為什麼會這樣呢？

就在雷完成博士學位的時候，覺得生態科學暮氣沉沉、停滯不

前，因為他對這樣的大哉問，無法提供一個令人滿意的答案。生態學缺乏好的理論來概括由每一片荒野的觀察數據所積累起來的財富。他受到大量局部知識的限制以至陷入困境：沒有一套總體理論，生態學只不過是個充滿著令人陶醉的童話圖書館而已。藤壺群落的生命周期、毛茛田地的季節性變化或美國大山貓家族的行為都是眾所皆知的了；但是，是什麼樣的原則（如果有的話）主導了這三者的變化呢？生物學需要一門關於複雜性的科學來解答這個有關形態、歷史和發展的難題——這些都是非常有趣的問題——而且都有野外的現場數據做為支撐的證據。

和許多生物學家一樣，雷也認為生物學最好應該將研究重點從生物時間（森林的千年生命）轉到進化時間（樹種的百萬年生命）。至少，進化還有一個理論。然而，對細節同樣的過分執著也糾纏著進化研究。「我很沮喪，」雷對我說，「因為我不想研究進化的產品——像是藤蔓、螞蟻、蝴蝶什麼的。我想研究進化本身。」

湯姆·雷的夢想是製造一台電動進化機。用一個放有進化的黑盒子，他就能夠闡釋生態學的歷史法則——雨林是如何從早期森林傳承下來，生態系統到底是如何從產生各樣物種的同一原始力量中湧現出來的。如果他能研發出一台進化機，他就會有一個試驗平台可以用來做真正的生態實驗。他可以選擇一個群落，以不同的組合一次又一次地進行實驗，像是生成沒有水藻的池塘，沒有白蟻的森林，沒有金花鼠的草地，或者為免以偏概全，生成有金花鼠的叢林以及有水藻的草地。他可以從製造病毒開始，看看這一切將會把他帶往何處。

雷以前觀察鳥類，收集昆蟲，種植花卉——絕對不是電腦高手——然而他確信這樣一台機器是能夠製造出來的。他記得十年前，當他向一位麻省理工學院的電腦高手學習日本圍棋時，那個高手曾利用

生物隱喻來解釋遊戲規則。當雷陳述這件事時，「他對我說：『你知道嗎？編寫一個能夠自行複製的電腦程式是可行的。』在那一刻，我所憧憬的正是我現在所做的。我問他該怎麼做，他說：『噢，這只是雞毛蒜皮，不值得一提。』但是我忘記了他說什麼了，或者他是否真的懂。當我想起那次談話時，我就停止閱讀小說，開始讀起電腦手冊了。」

雷對於製作電動進化機的解決辦法是從簡單的複製體開始，給他們一個舒適的棲息地，以及大量能源和有待填補的空間。和這些傢伙最接近的實物是自複製的核糖核酸碎片。而這個挑戰似乎是可行的。他打算調製一份電腦病毒的培養液。

當時正值 1989 年，新聞雜誌充斥著聲稱電腦病毒比瘟疫還糟糕，並且跟科技一樣邪惡的封面報導。但雷卻在電腦病毒的簡單程式中看見了一個新科學的誕生：實驗進化與生態學。

為保護外部世界（和保障自己的電腦不會當機損壞），雷設計了一台虛擬電腦來運行他的實驗。虛擬電腦是一種智慧軟體，他是模擬真的電腦在潛意識深處操作的假想電腦。藉由那些在這個影子電腦裡可自我複製的微小位元，雷把他們與外界隔離，使自己在不危及主機的完整性下，還能夠對電腦內存記憶體這樣的重要功能胡搞一通。「看了一年電腦手冊後，我坐下來寫程式碼。兩個月後，這東西執行起來了。在程式執行的前兩分鐘裡沒有任何的問題，我就已經將生物進化了。」

雷在他稱為「地球」的世界裡，植入他編寫的一個獨特東西——80 個字節的位元組程式——把他放入他的虛擬電腦的隨機存取的記憶體中。這個 80 個位元組的小東西找到一塊 80 字節大小的空白記憶體空間，然後用一份自己的複製品占據這塊地盤，進而複製繁殖。幾

分鐘內，隨機存取記憶體裡就充滿了 80 的複製品了。

　　雷增加了兩個重要功能，可以將這個像影印機一樣的機器改良成一台進化機：他的程式在複製中偶爾會搞亂一些數位代碼，他還賦予這些「東西」作為劊子手的優先權。簡言之，他引入了變異和死亡。

　　電腦科學家告訴過他，如果隨意更改電腦代碼（所有他創造出來的東西實際上都是代碼），更改後的程式可能無法正常運行，甚而使電腦當機。他們認為利用在代碼中隨機導入漏洞來獲得一個可運行程式的機率太低了，這樣的話，他的方案根本就是浪費時間。雷的看法也跟他們一致；其實，他也知道，維持電腦運行所需的那種完美，是脆弱的──漏洞會殺死程式。不過，因為他所造出的程式在他的影子電腦中運行，一旦變異產生一個嚴重畸形的東西，他的劊子手程式──他將他命名為「死神」──就會將他殺死，而他的「地球」的其餘部分則持續運轉。實際上，「地球」是找出不能複製的漏洞程式，並將他們從虛擬電腦中拖拉出去。

　　然而「死神」會略去極少數有效的變種，也就是說，那些碰巧形成一個真正的替代程式的變種。這些合法的變種能夠複製並產生其他變種。如果你像雷那樣將「地球」執行個十億次電腦周期，那麼在這十億次的機會中會出現數量驚人隨機生成的東西。為了讓系統更有活力，雷也將造出來的小東西打上了年齡戳記，這樣的話，較老的東西就會死亡。「死神不是殺死最老的東西，不然就是殺死最搞蛋的東西。」雷笑著說。

　　在雷第一次執行「地球」的當中，隨機變異、死亡和天擇都有了作用。沒幾分鐘，雷就見證了一個由那些新生物組成的生態系統生成了，這個系統為了搶奪電腦周期而競爭著。競爭會獎勵個頭小的傢伙，因為他們需要的周期更少，而達爾文進化論的殘酷就在淘汰貪婪

的消耗者、體弱多病的物種和老傢伙。物種 79（比 80 少一個字節）是幸運的。他的工作效率良好，很快就超過了 80。

雷還發現了非常奇怪的東西：一種位元組只有 45 個字節的變種，其效率超過了所有其他變種。「這個系統自我優化速度之快令我訝異，」雷回憶說，「系統中的存活者有著愈來愈短的基因，我可以用圖把他的速度描繪出來。」

在對 45 的代碼做進一步的檢視時，雷驚訝地發現他是一隻寄生蟲。他只包含生存所需的代碼。為了繁殖，他「借用」80 代碼的繁殖部分來自我複製。只要周圍有足夠的 80 宿主，45 就會興旺起來。但如果在有限的範圍內有太多 45，就不會有足夠的 80 提供複製源。隨著 80 減少，45 也會減少。這對舞伴跳著一流共同進化的探戈，不斷地前進又後退，就像北部森林中狐狸和兔子的總數量一樣。

「所有成功的系統都會吸引寄生蟲，這似乎是生命的普遍屬性。」雷提醒我說。在自然界寄生蟲是如此常見，以至於宿主很快就針對牠們共同進化出免疫力。最後寄生蟲也會進化各種策略來瞞騙那種免疫力。結果宿主再共同進化出抵制牠們的防禦能力。實際上這些行動並不是交替出現的步驟，而是兩股力量不斷地相互牽制。

雷學會了利用寄生蟲在「地球」中進行生態實驗。他認為 79 可能對寄生蟲 45 是免疫的，因此把 79 放到他的「培養液」裡頭。的確如此。不過隨著 79 的興旺，第二種能夠捕食他們的寄生蟲進化出來了。這一種是 51 字節長的位元組。當雷把他的基因排序時，發現到因為一個單一的基因事件將 45 轉變成 51。「七個不知出處的指令取代了 45 中間段某處的一個指令。」雷說。把一個喪失能力的寄生蟲變成了強有力的新物種。就這樣，一個對 51 具有免疫力的新物種進化出來，而這樣的過程還會繼續下去。

在「培養液」中執行一段很長的時間，雷發現了以其他寄生蟲為宿主的寄生蟲──超寄生蟲：「超寄生蟲就像是從你家的電線偷電到他們家的鄰居。當你家黑漆漆時，他們卻用你的電，而你還是付電費。」在「地球」裡，像 45 這樣的有機體發現自己無須攜帶大量代碼來複製自己，因為他們周圍有足夠的代碼──其他有機體的。雷俏皮說：「這就像我們利用其他動物的胺基酸一樣（當我們吃牠們的時候）。」在進一步檢查中，雷發現超－超寄生蟲正興旺起來，寄生蟲升級到了第三重。他發現了「社交騙子」──這種生物利用兩個合作的超寄生蟲的代碼。（「合作」的超寄生蟲彼此還相互偷竊呢！）社會騙子需要發展相當良好的生態環境。雖然還沒看到超－超－超寄生蟲，不過或許已經有了；而這也說明了在他的世界裡，這種不勞而獲的遊戲也許永無止境。

雷所發現的「生物」是人類工程師無法編寫出來的。

「我從編寫 80 位元組的造物開始，」雷回憶說，「因為那是我能設計出來的最好東西了。我猜想或許進化能把他降到 75 位元組左右，於是就讓程式執行了一整夜。第二天早上就有了一個新東西──但不是寄生蟲，而是一種能完全自我複製的東西──他只是個 22 位元組！令我全然感到困惑的是，在沒有像寄生蟲那樣竊取別人指令的情況下，一個『生物』如何能夠只用 22 個指令來進行自行複製呢？為了和他人分享這個新發現，我把他的基本演算法放到網路上。麻省理工學院一位計算機科學的學生看到了我的解釋，但不知怎麼的並沒有得到造物 22 的代碼。他試著想要親手重新創造他，但是他所做的

最好成績也需要 31 個指令。當他得知我是在睡覺時得到 22 個指令時，他相當沮喪！」

人類能力所不能做的，進化卻可以。雷在一台顯示器上展示了 22 在培養液中繁衍的踪跡，說「想想看，你隨機更動的電腦程式比精心雕琢的東西更好，這似乎還挺荒謬的，但這裡卻有一個活生生的例子。」這位旁觀者突然明白了，這些沒心智的電腦駭客所能想出來的創意是永無止境的。

因為病毒要消耗電腦周期，因此對於較小（更短的指令集）的病毒具有一定的優勢。雷重寫了「地球」的代碼，使系統根據病毒大小按比例為其分配電腦資源，大的病毒得到更多周期。在這種模式下，雷的病毒們所棲息的地方是一個對尺寸大小中立的世界。也正因為這個世界對大小病毒一視同仁，因此對於長期運行或許會更適合些。有一次，雷在他的電腦將他運行了 150 億個周期；大約在第 110 億個周期左右，進化產生了一種聰明卻非常糟糕的 36 字節病毒。他計算自己的真實尺寸，然後在他的「尾部」──且這麼稱呼他，將長度值向左移了一位，在二進制代碼中相當於數目增加一倍。藉著謊報自己的尺寸，病毒 36 神不知鬼不覺地竊取了病毒 72 的資源，這就意味著他得到了一般中央處理器所需時間的兩倍。變種自然橫掃了整個系統。

或許湯姆・雷的電力進化機最驚人之處是他創造了性。沒人告訴他什麼是性，然而他還是發現了他。在一次實驗中，為了看看關閉變異功能會產生什麼結果，雷讓「培養液」在沒有外加錯誤的情況下執行。結果讓他大吃一驚，即便沒有程式變異，進化仍然發生了。

在真實的自然生活中，性是比變異更為重要的變化來源。性，從概念上來說，是遺傳重組──一些基因來自父親和一些基因來自母親的結合成為後代的全新基因組。在「地球」中，寄生蟲有時會在無

性繁殖中「借用」其他病毒的複製功能，而「收割機」有可能在這個過程中碰巧殺死了宿主。當新病毒占用宿主原有空間這樣的情況發生時，寄生蟲就會使用新病毒的部分代碼，以及部分「死去」病毒其被打斷的複製功能。結果是，由此產生的後代是個未經刻意變異而產生的天然新組合。（雷還說這種古怪的繁殖「等同於和死人發生性關係！」）在雷的「培養液」裡，這種中斷式交配其實一直都在發生，但只有當他關閉變異功能時，他才注意到這點。原來，不經意的重組本身就足以推動進化。在死亡時刻，生物所棲息的內存空間中就會有足夠的不規則性，而這種複雜性提供了進化所需的多樣性。就某種意義上來說，系統進化出變異。

　　對科學家而言，雷的人造進化機最令人振奮之處在於，他的小世界所展示的似乎是斷續平衡。相對於較長的時期，族群比例保持著一個相對穩定局面，只是偶爾有物種滅絕或新物種誕生。接著，一眨眼的時間，這種平衡立刻會被一陣快速滾動變化的新舊物種交替給打斷。對一個較短的時期來說，變化是狂暴而不受約束的。接著事情解決了，靜止和平衡再次成為主宰。當前對於地球上的化石研究解讀是，這種形式在自然界中占著壓倒性優勢。靜止是常態；變化總是突如其來。在其他進化的電腦模型中也能看到同樣的間斷平衡方式，比如克里斯蒂安·林德格倫的囚徒困境的共同進化世界。如果人為進化反映了生物進化，你肯定想知道，假設雷讓他的世界一直運行下去，會出現什麼狀況。他的病毒怪物會創造出多細胞性嗎？

　　遺憾的是，雷從來沒有將他的世界以馬拉松的模式執行過，只為想知道過了幾個月或者幾年後會發生些什麼。他還是不停地弄著他的程式，對其進行改進以便能夠收集其長期執行所產生的海量數據（每天 5 千萬位元組）。他承認：「有時，我們就像一群有一輛車的男

孩。我們總是在車庫裡打開車蓋，把引擎零件拿出來玩玩，但我們幾乎不開車，因為我們太執著於加大馬力了。」

事實上，雷正專注於開發一種新硬體，那應該是一種新技術。雷認為他可以將虛擬電腦和為他編寫的基本語言「燒錄」進一塊電腦晶片———一塊用於進化的矽片。這個現成的達爾文進化晶片就成了可以插入任何電腦的模組，他會迅速地幫你繁殖東西。你可以演化出電腦代碼，或子程式，或許甚至可能是整個軟體程式。「我發現這相當奇怪，」雷透露說，「作為一個熱帶植物生態學家，我現在卻玩弄起電腦設計。」

達爾文進化晶片可能帶來的前景是美妙的。想想在你的個人電腦中就有一塊，而在你的電腦中使用的文字處理軟體是微軟的 Word。透過達爾文進化論載入操作系統，Word 就會隨著你的工作而進化。他會利用中央處理器的空閒周期，以緩慢的進化方式自我改善和學習，使自己適應你的工作習慣。只有那些提高了速度和準確性的改變會保留下來。不過雷深信，雜亂無章的進化與工作應該分開。「你應該把進化與終端用戶分開。」他說。他想像在後台離線進行「數位管理」，這樣的話，進化中不可或缺的錯誤和失敗就不會被用戶看見。而一個不斷進化的應用在交給終端用戶之前，儘管在使用中，進化也是處於「休眠狀態」。

進化在市面上並不是什麼天方夜譚。現在你就能買到類似功能的電子表格程式模組軟體。他的名字當然就叫做「進化者」。「進化者」是蘋果電腦上的電子表格模板——非常複雜，密密麻麻，有數百個變數和「假設」函數。工程師和數據資料庫專家們都使用他。

比如說，你有三萬名病人的醫療紀錄。你可能想要了解一個典型患者的症狀。資料庫愈大，那麼想看到你存在特定位置的資料就愈

困難。大多數軟體都能計算平均值，但是這並不能得出一個「典型」患者。你所想要了解的是，在收集到的幾千種類別的紀錄中，哪一套測量法對最多數人群來說具有相似的意義？這是一個對巨大量交互作用變數進行優化的問題。對任何生物來說，都是一個很熟悉的工作：如何將成千上萬個變數所輸出的結果最大化呢？浣熊必須確保他們自己的生存，但是有上千種變數（腳的大小、夜視能力、心率、膚色等等）可以隨時間推移而發生變化，而且一個參數的改變也會引起另一個參數的改變。想要穿過這片包含各種可能結果的廣闊空間，並且還留有些許登頂的希望，那唯一的方法就是進化。

給予一個典型病患的基本描述後，「進化者」可以優化這些條件，讓他成為最廣泛並包含最多患者特徵的病例。接著再檢查有多少患者符合這份描述，再對病歷進行多面向的修改，看看是否有更多患者與之相符，接著再修改、選擇、再修改，直至最大數量的患者符合這份病歷檔案。這項工作特別適合進化。

電腦資訊科學家把這個過程稱為「爬山法」。進化程式試圖在包括最優解的形式庫中攀登頂峰。通過持續不斷地向更好的解決方案推進，程式會一直向上攀登，直到不能爬得再高。就這點而言，他們來到了某處的頂峰——個極大值。然而，始終有個問題：這個峰頂是周圍最高的嗎，或者程式是否被困在一個局部高點，與旁邊相鄰更高的頂峰只隔了一個山谷，卻無路可退？

找到一個解決方案或一處峰頂一點都不難。自然界中的進化和電腦中的進化程式所擅長的是，當地勢崎嶇，有著許多虛假的頂峰，也能爬到全局的最高點——周圍之中的最高峰。

約翰‧霍蘭德是位從外表看很難看出真實年紀的人。他曾經玩過世界上最早的電腦，現在則在密歇根大學任教。他是第一個發現一個用來解釋演化優化能力的數學方法，而這個方法可以很容易地用電腦控制。因為他的數學形式在某種程度上類似遺傳訊息的效用，霍蘭德把他們稱為遺傳演算法。

　　霍蘭德和湯姆‧雷不同的是，他從性開始著手。霍蘭德的遺傳演算法選取兩組類似於 DNA 的程式碼，這兩組程式碼在問題求解上都有不錯的效果，然後以交配互換的方式隨機將他們重組，看看新的程式是否會表現得更好一點。在設計系統時，霍蘭德和雷一樣，也必須克服一個懸而未決的問題：對於任何隨機生成的電腦程式來說，很有可能都說不上什麼好壞，而是一點也不可靠。就統計學的意義上說，對可用程式行連續隨機變異，其結果必定是每戰必敗。

　　早在 1960 年代初期，理論生物學家就發現，與突變相比，交配可以進行更強大的電腦進化──產生實用個體的比例更高。但是，單靠有性交配在結果上會有太多限制。在 1960 年代中期，霍蘭德發明了遺傳演算法；遺傳演算法中主要是靠交配，但突變也是其幕後策劃者。將交配與突變結合在一起，系統變得靈活且廣泛了。

　　像和其他具有系統觀念的人一樣，霍蘭德認為大自然的任務和電腦的工作是相似的。「生物體可以完美地解決問題。」霍蘭德在他的工作總結中寫道，「他們所展示出來的多才多藝連最好的電腦程式都感到汗顏。」這個結論尤其讓電腦科學家們感到難堪，因為這些科學家可能經年累月地在某個演算法上絞盡腦汁，而生物體卻透過明顯毫無目標的進化和自然淘汰獲得了他們的能力。

霍蘭德寫著，進化的方法「排除了軟體設計中最大的一個障礙：預先指定問題的所有特徵」。如果你有許多相互矛盾而又彼此關聯的變數，而且目標定義又很廣泛，可能有無數個解，那麼進化就是解決之道。

正如進化需要**大量**的個體才能發揮效用一樣，遺傳演算法也像自然界一樣炮製出數量龐大的程式群，並且這些程式們同時進行處理數據和發生變異。遺傳算法可以說是，一群有些微差別的策略試圖在崎嶇的地形上同時攀爬不同的峰頂。由於大量程式並行地作業，因此能同時造訪該地形的多個區域，而這能確保他不會錯過那真正的高峰。

藉著平行運算這種隱含的魔力，進化可以確保你攀上的不是普通的高峰，而是最高峰。那如何找出全局的最優值呢？可以同時考察整個地貌的每一寸土地。如何在複雜系統中對上千個相互衝突的變數做出最佳平衡？可以同時嘗試上千種組合。如何培養出能夠在惡劣條件下倖存的生物體？可以同時投入一千個有些微差異的個體。

在霍蘭德的演算法中，那些處在地形最高處的代碼彼此交配。因為地勢高的區域，交配率就高；這使得遺傳算法系統將關注放在全局中最有希望的區域；同時，對那些沒有希望的地區，則剝奪了他們所占用的計算周期。這樣，平行運算不僅在問題上做到灑下大網、無任何疏漏，同時也減少了尋找峰頂所需要的程式數量。

要繞過隨機變異那固有的愚蠢和盲目，平行處理是其中一種方式。這是生命的極大諷喻：一次又一次地重複盲目行為只會導致更深層的荒謬，但由一個群個體平行執行的盲目行為，在合適的條件之下，能導出所有我們覺得有趣的東西。

約翰·霍蘭德在 1960 年代研究適應機制時發明了遺傳演算法，然而直到 1980 年代末，他的成果仍受到忽視，除了十二位異想天開

的電腦計算機研究生。其他的一些研究者，如工程師勞倫斯‧福格爾和漢斯‧布雷默曼，在 1960 年代獨立展開族群的機械式進化研究。現在在密歇根州韋恩州立大學工作的電腦計算機科學家邁克爾‧康拉德，在 1970 年代也從對適應的研究轉向了為族群進化建立計算機模型，他和霍蘭德一樣，都受到科學界的冷落與漠不關心。總之，這項工作在電腦計算機科學領域裡可以說是沒沒無聞，生物學界對他更是一無所知。

霍蘭德關於遺傳算法和進化的書《自然與人工系統的適應》在 1975 年問世之前，只有兩三個學生寫過關於遺傳算法的論文。直到 1992 年再版時，這本書只賣出 2,500 本。1972 年至 1982 年期間，整個科學界關於遺傳算法的文章不超過二十幾篇，更不用說計算機進化有什麼崇拜的追隨者了。

生物學界對此缺乏興趣尚可理解（但也不是值得稱讚的事）；生物學家認為自然界太複雜，是無法以**當時的**電腦來呈現其有意義的一面。但電腦計算機科學對此興趣缺缺，就令人感到困惑了。當我在幫這本書做研究調查時，經常感到不解，像計算進化這麼重要的方法何以完全受到漠視？現在我相信，這種視而不見的根源，乃在於進化中固有的雜亂並行性，以及他與當時所信仰的計算機信條——馮諾伊曼的串行程式——在根本上是相衝突的。

人類第一台電子計算機叫做電子數值積分計算機（ENIAC），是 1945 年為解決美國陸軍的彈道計算問題而研發的。電子數值積分計算機是一個由 18,000 支熱真空管、7 萬個電阻器和 1 萬個電容器所構成的龐大物體。這部機器需要 6,000 個手動開關來設置指令，然後執行程式。本質上，各個數值的計算是以並行方式同時進行的。這對程式而言，是個負擔。

天才的馮諾伊曼從根本上改變了電子數值積分計算機這種笨拙的程式系統。電子數值積分計算機的接替者——離散變量電子計算機（EDVAC）——是第一台可儲存程式運行的通用計算機。馮諾伊曼自從 24 歲那年（1927 年）發表了第一篇關於數學邏輯系統和博弈理論的學術論文開始，就一直思考著系統邏輯問題。在與離散變量電子計算機小組共事時，他為了能夠讓計算機程式在解決多問題時所需的複雜運算，發明了一種方法來加以控制。馮諾伊曼建議將問題分成離散的邏輯步驟，類似於長除法的求解步驟，並把求解過程的中間值暫時地儲存在計算機中；這樣一來，那些中間值就可以被認為是下一個問題部分的輸入值。通過這樣一個共同演化的循環（現在稱為子程式）來進行計算，並將程式邏輯儲存在計算機中，使他能與答案交互作用，馮諾伊曼能將任何一個問題轉化成人腦所能理解的一系列步驟。他還發明了描述這種逐步電路的標記法：即現在大家所熟悉的流程圖。馮諾伊曼的串行計算架構——一次執行一條指令，其通用性令人驚訝，並且非常適合人類所撰寫的程式。馮諾伊曼在 1946 年發表了這個架構的概要，隨後這個架構成了所有商用計算機的標準規格，無一例外。

1949 年，約翰·霍蘭德致力鑽研離散變量電子計算機的後續「旋風計畫」。1950 年，他參加 IBM「國防計算機」的邏輯設計團隊，這款機型後來演變成 IBM 701 機，是世界第一部商用計算機。當時的計算機有房間那麼大，耗電量驚人。到了 50 年代中期，霍蘭德加入了一個由思想家組成的傳奇性圈子，他們開始討論人工智慧的可能性。

當赫伯特·西蒙和艾倫·紐厄爾這樣的傑出人物把學習看作是項高貴和高等的成就時，霍蘭德卻認為他只是光鮮外表下的低端適應。

霍蘭德認為，如果我們能理解適應性，尤其是進化的適應性，或許就能理解、甚至模仿有意識的學習。儘管其他人可能也意識到進化與學習之間的相似處，然而在一個快速發展的領域裡，進化是不太受人注意的。

1953 年，霍蘭德在密歇根大學的數學圖書館裡漫無目的地瀏覽時，偶然發現到一本書，是由羅納德・愛爾默・費雪於 1929 年寫成的《天擇的遺傳理論》，頓時受到啟發。達爾文引領了從對生物個體的研究轉向到對族群的研究，但把族群思維轉變為一種定量科學的是費雪。費雪以一個飛舞的蝴蝶族群隨時間推移而進化為對象，並把牠們視為是一個把差別訊息並行傳遍整個族群的整體系統。他提出了控制訊息擴散的方程式。費雪透過駕馭自然界最強大的力量──進化，以及人類最強有力的工具──數學，單槍匹馬開啟了一個人類知識的新世界。「那是我第一次意識到人類可以對進化進行有意義的數學運算。」霍蘭德回憶起那次偶然的相遇時說。「那個想法對我非常有吸引力。」霍蘭德如此醉心地把進化當作是一種數學類型來處理，以至於（在影印機還沒有問世的當時）拚命想獲得絕版的全文。他懇求圖書館把書賣給他，但沒有成功。霍蘭德汲取了費雪的見解，又將其昇華為自己的想法：一群共處理器在電腦隨機存取記憶體中，就如蝴蝶在原野上翩翩起舞。

霍蘭德認為，人工學習就其核心而言，是適應性的一個特例。他相當確定能在電腦上實現適應性。在深入了解費雪進化是一種機率的洞見後，霍蘭德著手嘗試把進化編入程式輸入機器。

就在嘗試之初，他面臨了困境：進化是並行的處理器，而所有可用的電算機都是馮諾伊曼式的串行處理器。

在把電算機變為進化平台的殷切希望下，霍蘭德做了唯一合理的

決定：設計一台大規模並行電算機來運行他的實驗。在平行運算中，許多指令同時得到執行，而不是一次只執行一個指令。1959年，他提交了一篇論文，其內容正如其標題所言，說明了「能同時執行任意數量子程式的通用電算機」，這個機巧裝置後來被稱為「霍蘭德機」。而等了差不多有三十年，這樣的一台電算機終於問世。

在這期間，霍蘭德和其他計算進化論者不得不依賴串列計算機來培育進化。他們使出渾身解數在快速串行中央處理器上編程模擬一個緩慢的並行過程。模擬工作的成效良好，足以揭示出真正並行過程的威力。

直到1980年代中期，丹尼·希利斯才開始建造第一台大規模的平行運算機。在幾年前，希利斯就是一名專精計算機科學的天才學生了。他的那些惡作劇和駭客事件，即使在麻省理工學院這個開始製造駭客的學校中也頗具傳奇性。希利斯以其一貫的清晰文筆向作家史蒂文·李維總結了馮諾伊曼計算機的瓶頸所在：「你在計算機輸入的知識愈多，他運行得愈慢。然而對人來說，你給他的知識愈多，他的頭腦愈敏捷。所以說我們處在一種悖論之中，你愈想讓計算機聰明，他就變得愈愚笨」。

希利斯真正想做的是生物學家，但他理解複雜程序的本領卻將他吸引到麻省理工學院的人工智慧實驗室。在那裡，他最後決定嘗試設計一台「會以我為傲」的思考型計算機。他把計算機設計成群集式、具有千頭思想的怪獸，並將這個開創性想法歸功於約翰·霍蘭德的啟發。最終希利斯領導的小組發明了第一台並行處理計算機——連接

機。1988 年，每台連接機可賣到一百萬美元高價，賺得盈利滿滿。有了機器，希利斯就開始認真地從事計算機生物學研究了。

「我們知道，只有兩種方法能製造出結構極其複雜的東西，」希利斯說，「一個是藉著工程學，另一個是透過進化。在這兩者中，進化能夠製造出更加複雜的東西。」如果靠工程設計不能製造出令我們驕傲的計算機，那我們就得依靠進化。

希利斯的第一台大規模並行連接機有 64,000 個處理器能同時運作。他迫不及待地要啟動進化，因此幫他的計算機加進 64,000 個非常簡單的軟體程式。和霍蘭德的遺傳演算法或雷的「地球」一樣，每一個個體都是可以發生變異的一串符號。不過，在希利斯的連接機中，每一個程式都有一個完整的計算機處理器可以用來進行處理程式。因此，族群能夠極快速地做出反應，而其數量之多是串行計算機根本不可能做到的。

在他的培養液裡，每隻「小蟲」最初只是隨機的指令序列，但是經過幾萬代進化，他們就變成能將一長串數字進行數值排序的程式。這樣的排序常式是大多數較大型的計算機程式所不可缺少的部分。多年來，在計算機科學領域有無數的人力花費在設計最有效的排序演算法上。希利斯讓數千個排序程式在計算機中增殖，隨機變異，偶爾進行有性基因互換。然後，正如通常的進化策略一樣，他的系統會測試這些程式，終止那些效率不夠的，只有最短的（最好的）排序程式才有複製的機會。經過上萬世代的循環後，他的系統會培育出一種軟體程式，他幾乎和由人類程式設計師所寫的最佳排序程式一樣短。

接著，希利斯重新開始試驗，但這次有一個很重要的不同：允許在對進化的排序常式進行測試時，測試程式本身也可以發生變異。用來測試的字符串可以變得更複雜，以抵制那些簡單的排序常式。排序

體必須瞄準一個移動目標，而測試體需要躲避一支會移動的箭。事實上，希利斯將測試用的數字列表從一個僵化被動的環境轉變為一個積極主動的有機體。就像狐狸和野兔、帝王蝶和乳草一樣，排序體和測試體也構成了共同進化的經典範例。

就本質而言，希利斯還是位生物學家，他把不斷變異的測試體看成是一個試圖干擾排序程式的寄生生物。他把他的世界看作是一場軍備競賽——寄生蟲進攻，宿主防禦，寄生蟲反攻，宿主防禦反擊，如此循環。傳統觀念認為，這種緊咬住的軍備競賽是在愚蠢地浪費時間，或者是盲目地陷入一場不幸泥淖的厄運。然而希利斯發現，寄生蟲的引入並沒有妨礙排序體的發展，他反而加快了進化的速率。寄生蟲式的軍備競賽或許醜陋，但他們大大加快了進化的速度。

和湯姆‧雷一樣，丹尼‧希利斯也發現進化可以超越一般常人的能力。在連接機中發展起來的寄生蟲，刺激了排序程式去設計比沒有寄生蟲時更有效的解決方法。經過 1 萬個共同進化的周期之後，希利斯的小生物們進化出一種計算機科學家從沒見過的排序程式。最諷刺的是，他比人類設計出來史上最短的算法只少一步。看似盲目愚蠢的進化卻設計出一個獨具匠心又非常實用的軟體程式。

連接機中的單一處理器是非常愚蠢的，智力大概跟一隻螞蟻差不多。因此不管單一處理器花上多少年的時間，都無法獨自想出任何問題的獨創性解決辦法。即使把 64,000 個處理器串連在一起也好不到哪裡去。

但當 64,000 個又蠢又笨的螞蟻大腦形成一個相互聯結的龐大網路時，他們就構成一個進化的族群，同時看起來就像大腦裡的一大堆神經元。那些使人類筋疲力盡的難題，卻往往在這沉默無言的網路裡得到絕妙的解決方法。這種「海量連接中湧現出秩序」的人工智慧方

法是眾所皆知的「聯結主義」。

　　早期認為進化與學習是緊密相關的直覺，重新被聯結主義喚醒了。探索人工學習的聯結主義者透過將愚鈍的神經元聯結成巨大的網路之後，研究有了跳躍式的發展。他們發展出一種聯結的並行處理方法——在虛擬或硬體的並行計算機上運行——與遺傳演算法相似，他能同時進行大量的運算，而他的評估系統更加精密（更聰明）。這些變得更為聰明的網路被稱為類神經網路。至目前為止，類神經網路在產生「智慧」方面所取得的成就還很有限，儘管他們的模式識別能力非常有用。

　　然而，一切事物都是來自低等連接這一理念著實令人驚訝。網路內部究竟發生了什麼神奇變化，竟使他具有了近乎神的力量，從相互連接的愚鈍節點中孕育出組織，或是從相互連接的愚笨處理器中繁育出程式？當你把所有的一切聯結在一起時會發生什麼點石成金的變化呢？在上一分鐘，你有的只是一群由簡單個體組成的烏合之眾，下一分鐘，聯結之後，你卻有了有用的、湧現出來的秩序。

　　曾有那麼一瞬間，聯結主義者認為，或許創造理智與意識所需要的一切就是一個夠大的互相連接的神經元網路，理性智能可以在其中自我組裝。只是經過嘗試後，這個夢就破滅了。

　　奇怪的是，人工進化者們仍然在追尋著聯結主義的夢想。只是，和著進化的緩慢節奏，他們會更有耐心。但這緩慢的、非常緩慢的進化節奏令我感到不安。我向湯姆‧雷說明我這樣的擔憂：「現成的進化晶片和並行進化處理機讓我感到憂慮，因為進化所需要的時間長得令人難以相信。這個時間從哪裡來？看看大自然運行的速度；想一下，在我們談話的期間，有多少微小分子被吸附在一起。大自然的並行速度之快與規模之大令人難以置信，而我們卻打算嘗試超越他。在

我看來，根本就沒有足夠的時間能做成這件事。」

雷回答：「哦，我也有同樣的擔憂。但另一方面，讓我驚訝的是，在我的系統裡，即使只靠一個虛擬處理器兜弄著，進化也是能進行得如此之快。除此之外，時間是相對的。就進化過程的時間長短而言，是由一個世代來決定時間尺度。對**人類**來說，一代是三十年，但對我的小傢伙來說，一代就是幾分之一秒。而且，當我扮演上帝時，我能加快整體的變異率。我不敢肯定，但也許我可以在計算機上得到更多的進化。」

在計算機上進行進化還有其他的原因。例如，雷可以記錄每一個小傢伙的基因組序列，保存完整的人口統計和族群系譜。他生成大量數據，而在現實世界中根本無法收集這些數據。儘管隨著人造世界複雜性的激增，提取訊息的複雜性和成本也會激增，但做起來仍可能會比無法掌控的有機世界來得容易些。正如雷告訴我的那樣，「即使我的世界變得像真實世界一樣複雜，但我是上帝，我無所不知。我能獲取任何我感興趣的訊息而不用去打擾他，也不用走來走去踩壞植物。這是一個根本的不同。」

回到 18 世紀，班傑明・富蘭克林很難說服朋友相信，他實驗室裡產生的微弱電流跟荒野中所發生的雷電，在本質上是同樣的事。他的人造電火花與撕裂天空，像分叉樹枝般的巨型閃電在規模尺度上的差異，只是部分的原因；但更主要的原因是那些觀察家認為，富蘭克林所聲稱的再現自然，是違背常理的。

今天，湯姆・雷也難以讓他的同事們信服，他在實驗室裡人工合

成的進化與塑造自然界動植物的進化本質上是相同的。在他的世界裡幾個小時的進化與蠻荒大自然中數十億年的進化，在時間尺度上的差別也只是部分原因；最主要的是，懷疑論者也認為，雷所聲稱的再現一個難以理解的自然過程是有違常理的。

在富蘭克林之後二百年，人工生成的閃電——可駕馭、可度量，並且通過電線導入建築物和工具——成為社會中，尤其是數位社會中最重要的組織力量。再二百年後，可駕馭和可度量的人工適應也將會導入到各種機械設備，成為我們社會的主要組織力量。

還沒有一個計算機科學家可以合成出一種符合預期、無比強大、能帶來翻天覆地變化的人工智能。也沒有一個生物化學家能夠創造出人工生命。然而，雷和一些人已經捕捉到進化的一角，並按照他們各自的需求來再現進化。許多技術人員相信，星星之火必將燎原，我們所夢想的人工生命和人工智慧就像微妙的火花，都將釋放他們驚人的潛能。與其製造，不如培育。

我們已經運用獨立的工程技術造出盡可能複雜的機器。如今，我們所面對的項目——有數千萬行程式碼的軟體程式，覆蓋全球的通訊系統，必須適應迅速變化的全球購買習慣並在幾天內更新設備的工廠，價廉的羅比機器人——對複雜性的需求只有進化才能協調整合。

由於進化是緩慢、無形和冗長的，因而在這個快節奏、咄咄逼人的人造機器世界裡，進化幾乎像是一個難以察覺的幽靈。但我更願意相信，進化是一種能被輕易地轉化為電腦程式的自然而然的技術。正是進化與計算機之間這種超級相容性將推動人工進化進入我們的數位生活。

不過，人工進化不僅限於矽晶片，只要是工程設計使不上力的地方，就可以導入進化。合成進化技術已經應用到以前稱為生物工程這種尖端領域了。

　　這是一個真實的問題。你需要一種藥物來與剛剛分離出的疾病機制相搏鬥。把這個疾病機制看作是一把鎖。你所需要的是一把正確鑰匙的分子──一種藥物──來觸發鎖鑰的活動結合位置。

　　有機分子的構成非常複雜。他們由數千個原子以數十億種的排列方式組成。單單知道一種蛋白質的化學成分對我們了解他的結構並沒有太大幫助。長長的胺基酸鏈層層疊疊繞成一團，使得熱點──蛋白質的活躍位置──恰好就處在外側的合適位置上。這種折疊蛋白質的方式就好像是把一條長一公里的繩子、上面用藍色標記六個點之後繞成一團，使六個藍色的點都落在不同的外側面上。纏繞的方式不計其數，但只有極少數是符合要求的。你通常也不知道哪一種方式已然接近答案，除非你已經快完成。而宇宙之大也沒有足夠的時間得以去一一嘗試所有的變化。

　　製藥商通常有兩種傳統方式來處理這樣的複雜性。過去，藥劑師靠的是碰運氣。他們試遍所有從自然中發現的化學物質，看看哪一個可以解開這把指定的鎖。一般都會有一兩種天然化合物能夠部分地發揮效用──這也算是獲得了鑰匙的一部分。但，如今在工程學時代，生物化學家試圖破解遺傳密碼和蛋白折疊之間的路徑，看看是否能通過工程方法設計出建構分子形式所需的步驟。儘管已有些許限制性的成功案例，但蛋白折疊和基因路徑仍然因太過複雜而難加以控制。因而，這種被稱為「合理化藥物設計」的邏輯方法，實際上已經撞上工

程方法所能處理的複雜度極限。

自 1980 年代末開始，世界各地的生物工程實驗室開始致力於一種新的程序，他採用的是另一種用來創造複雜體的工具：進化。

簡單地說，進化系統產出數十億用來試著開鎖的隨機分子。在這數十億個平凡的候選者當中，也許只有一個分子的一部分與這把鎖的六個點中的一個相合。這把部分「親和」的鑰匙被保留下來，其餘的則被無情地淘汰。接著，由倖存下來的親和鑰匙又繁育出數十億個新變種，並且與鎖相合的那個點保持不變，再用來試那把鎖。或許此時又能發現一把可以匹配兩個點的親和鑰匙。這把鑰匙就作為倖存者保留下來，其餘的則死去。倖存者繁育出數十億個變種，最適配的後代則存活下去。這種淘汰－變異－綁定的過程重複幾代後，這個分子所孕育出的程式就會找到一種藥——或許是種救命藥——與鎖的所有點都相契合。

幾乎任何一種分子都能被進化。譬如說，生物技術人員能進化出一種改良版的胰島素；他們將胰島素注入兔子體內，兔子的免疫系統會對這種「毒素」產生抗體（抗體是毒素的互補型）。接下來，生物技術人員把提取出的抗體注入進化系統。在進化系統中，抗體的作用就像是測試用的鎖。經過幾代進化之後，生物技術人員將可以得到抗體的互補型；或者說，實際上就是胰島素的替代版。這種替代版的胰島素非常具有價值。天然藥物的替代品擁有許多優勢：他們可能更小；更容易注入身體；副作用更少；更容易製造；或標靶更明確。

理所當然，生物進化者也可以進化出一種對抗肝炎病毒的抗體，然後再進化出一種與抗體相配的仿肝炎病毒。被選中的病毒並非完美的變種，而是缺乏某些引起該疾病致命症狀的活化點。我們稱這種有缺陷、無能力的替代品為疫苗。因而，疫苗也可以通過非工程的方法

進化而來。

　　所有藥物製造的常規邏輯在進化方法面前都不再適用。進化出來的分子與合理化設計出來的藥物在效果上並無二致。唯一不同的是，我們對於進化而來的藥物如何產生功效的原理和方式一無所知。我們所知道的是，他通過了所有的測試。這些發明出來的藥物已經超出了我們的理解力，他們是「非理性的設計」。

　　進化的藥物讓研究人員像個傻瓜一樣不明就裡，而進化卻慢慢地聰明起來了。印地安那州立大學的進化生物化學家安德魯・艾林頓告訴《科學》雜誌，在進化系統中「要讓分子告訴你有關他的事情，因為他比你更了解他自己」。

　　培育藥物是一項醫學福音。但如果我們能繁育軟體，然後把他放到系統本身裡頭讓軟體自行繁育，走向無人知曉的境況，那我們是否也能將分子放到這條開放進化之路呢？

　　答案是肯定的，但這也會是一項艱困的工作。湯姆・雷的電力進化機偏重於處理可遺傳的訊息，卻忽略了機體；分子進化計畫則偏重在機體，卻忽略了可遺傳的訊息。單純的訊息很難去消除，而且沒有死亡就沒有進化。肌肉和血液之所以對進化非常有幫助，正是因為機體提供了一個讓訊息死去的便利方法。任何可以將可遺傳訊息與可消亡機體合二為一的系統便具備了進化系統的要素。

　　住在聖地牙哥的生物化學家傑拉德・喬伊斯研究的是早期生命化學。他提出了一種簡單的方法，能將訊息和機體這對進化的雙重本質融入到一個強健的人工進化系統中。他在一個試管裡重現了可能是地球生命的早期階段——「核糖核酸（RNA）世界」。

　　核糖核酸是非常精密的分子系統。他並不是最早的生命系統，但地球生命發展到某個階段幾乎必然成為核糖核酸生命。喬伊斯說：

「生物學中的一切跡象都說明著，39 億年前的地球是由核糖核酸來掌控一切。」

核糖核酸有一個獨一無二的優勢，是我們所知的任何其他系統都沒有的。他同時兼具機體和訊息兩個角色、既是表現型又是基因型、既當信使又是訊息。一個核糖核酸分子同時既要擔當起與世界互動的職責，又必須延續世界，或者至少要把訊息傳遞給下一代。儘管這一獨特性限制了核糖核酸，但他仍然是一個極為緊湊的系統，這也使得開放式的人工進化正可以由此展開。

斯克里普斯研究所坐落在加州聖地牙哥附近的海邊，是一座時尚現代化實驗室。在這裡，傑拉德・喬伊斯帶著一小群研究生和博士後進行進化實驗。他的核糖核酸世界就在塑料試管底部中少許的滴液，其體積還比不上頂針的大。幾十支這樣色彩柔和的試管放在保麗龍冰桶裡，需要進化的時候，就把他們加熱到身體的溫度。一旦暖和了，核糖核酸就會在一小時內產生出 10 億個副本。

喬伊斯指著其中的一個小試管說：「我們所擁有的是一個大型的並行處理器。我之所以選擇生物進化而不是計算機模擬進化，原因之一就是在地球上，至少在不久的將來，還沒有計算機能為我提供 10 的 15 次方並行的微處理器。」試管底部的滴液在尺寸上與計算機晶片上的智能部分大約一樣的大小。喬伊斯更清晰解釋著說：「實際上，我們的人工系統甚至比自然進化還要好，因為沒有太多的自然系統能讓我們在一小時內產生 10 的 15 次方的個體。」

除了自維持的生命系統帶來的智能革命外，喬伊斯認為，進化能製造有用的化學物質和藥物，進而帶來商業利潤。他想像著，分子進化系統能夠每天 24 小時、一年 365 天不停運轉：「你給他下達一項任務並告訴他，除非弄清楚如何將分子 A 變成分子 B 之前，否則不

可以離開工作間。」

　　喬伊斯一連串地說出現在專門從事定向分子進化研究的生物技術公司名單（吉利德、Ixsys、Nexagen、Osiris、Selectide，以及達爾文分子公司）。名單之中還不包括那些已經具規模的生物技術公司，如基因泰克公司，該公司不僅從事定向進化技術的前沿研究，也進行合理化藥物設計。達爾文分子公司的主要專利持有人是研究複雜性的科學家斯圖亞特・考夫曼，該公司募集了數百萬美元，利用進化的力量來設計藥物。諾貝爾獎得主、生化學家曼弗雷德・艾根稱定向進化是「生物技術的未來」。

　　然而，這真的是進化嗎？這跟起初帶給我們的胰島素、眼睫毛和浣熊進化是同樣的一回事嗎？是的，同樣是進化。「我們一般所說的進化是指達爾文進化，」喬伊斯告訴我，「只不過選擇壓力是由我們來決定的，而非自然，因此我們稱其為定向進化」。

　　定向進化是另一種監督式學習的名稱，另一種遍歷波赫士圖書館的方法，另一種培育法。也就是說，培育者不會讓選擇自行產生，而是引導著各種不同的選擇，例如狗、鴿子、藥物或圖型圖像等以人工進化而來。

　　大衛・艾克利是貝爾通訊研究所類神經網路和遺傳演算法領域的研究員。我偶然間了解到艾克利對進化系統有一些最獨到的看法。

　　艾克利是個壯得像頭熊、滿嘴俏皮話的傢伙。他和他的同事邁克爾・利特曼製作了一段關於人工生命世界的搞怪有趣影片，並在1990年第二屆人工生命大會上播放出來，惹得在場250位嚴肅的科

學家們哄堂大笑。他的「造物」實際上就是些程式片段，和標準的遺傳算法沒有太大區別；但是，他用滑稽的笑臉來表示這些代碼片段，讓他們四處游動相互啃咬，或者撞上代表邊界的牆壁。聰明的活下來，愚蠢的死掉。和其他人一樣，艾克利發現他的世界能夠進化出對環境異常適應的有機體。成功的個體就像舊約創世記的瑪土撒拉（Methuselah）一樣非常長壽——按其所在世界的時間尺度衡量的話，能活 25,000 天。這些小東西把系統摸透了。他們知道如何用最小的努力來獲取自己所需的東西，也知道如何遠離麻煩。具有這種基因的生物，不只個體長壽，由其組成的族群也一樣世代興旺。

在艾克利對這些頭腦機警的生物基因進行研究之後，他發現他們有些資源尚未充分利用。這使他覺得自己可以像神一樣地利用上這些資源，改進他們的染色體，使他們更適應為他們搭建的環境。因此，他以相當於早期的虛擬基因工程的方式，修改他們進化後的程式，再把他們放回他的世界。作為個體，他們適應能力超強，很容易脫穎而出，比之前的任何生物在適應性上都要來得強。

然而，艾克利注意到他們的族群數目總是低於自然進化而來的那些傢伙。作為一個群體而言，他們活力不足。儘管他們從未絕跡，但總是瀕臨滅絕。艾克利認為，他們的數量太少，無法讓這個物種繁衍超過 300 代。也就是說，儘管手工改進的基因能夠最大限度地適合個體，但對整個族群最有利的角度來看，卻不如那些自然成長起來的基因。此時，在這午夜駭客的自釀自造的世界中，一句古老的生態學格言第一次得到了明證：對個體而言最好的東西，不見得也適合整個物種。

「我們無法清楚地了解到，從長遠的角度來看，什麼才是最好的，這點很難讓人接受。」艾克利在人工生命會議上的一席話贏得了

一片掌聲。「但是我想，嘿，這就是生命！」

貝爾通信研究所之所以允許艾克利從事他的微神世界研究，是因為他們認識到進化也是一種計算。貝爾通信研究所曾經而且現在也一直對更好的計算方法很感興趣，尤其是那些基於分散式模型的方法，因為電話網最終就是一個分散式電腦。如果進化是一種有效的分散式計算，那麼是否還有其他的方法？如果還有的話，我們又能對進化技術做出怎樣的改進或變化呢？借用我們常用的那個「圖書館／空間」的比喻，艾克利滔滔不絕地說：「計算機的空間龐大到令人難以置信，我們只不過探索了其中非常微小的一些角落。我現在所做的以及我所想要進一步做的，是擴展人類所認識的計算空間。」

在所有可能的計算類型中，艾克利最感興趣的是那些支持學習的相關程序。「強學習法」是一種學習方式，他需要聰明的老師。聰明的老師會告訴學生應該知道些什麼，學習者則分析訊息並將訊息儲存在記憶中。不太聰明的老師也可以利用不同的教學法。他對所要教的東西本身也許並不了解，但是，他能告訴學生什麼時候猜出了正確答案──就像代課教師給學生測驗打分數一樣。如果學生猜出了部分答案，這位不太聰明的老師可以給出「接近」或「偏離」的暗示，幫助學生繼續探索。這樣，一位不太聰明的老師就可能生成其本身所不具備的知識。艾克利一直在推動對「弱學習」的研究，作為讓計算空間最大化的一種方式：利用輸入最少的訊息，獲取輸出最多的訊息。「我一直試著在找出最愚笨、最孤陋寡聞的老師，」艾克利告訴我，「我想我找到了。這答案是：死亡。」

死亡是進化中**唯一**的老師。艾克利的使命就是查明：只以死亡為老師，能學到什麼？我們還不是很清楚答案，但已有些例證：翱翔之鷹，鴿子的導航系統，或白蟻蓋起的摩天大樓。找到答案需要花點時

間，但進化是聰明的；然而顯然同時又是盲目和愚笨的。「我想像不出比天擇更笨的學習方法了。」艾克利說。

在所有可能的計算和學習的空間中，天擇占據了一個特別的位置。他位在一個極點，在這個點上，訊息傳遞被極小化。他構成了學習和智能的最低基線：基線之下不會有學習發生，基線之上則會產生更有智能、更為複雜的學習。儘管我們仍然不能完全理解天擇在共同進化世界中的本質，但他依然是學習的原始熔點。如果我們能夠給進化一個度量值的話（雖然我們還不能），那我們就可以有一個基準做為評判其他形式的學習。

天擇以各種偽裝的方式來表現自己。艾克利是對的；如今計算機科學家們都意識到，計算方式有許多種——其中許多種是進化的方式。任何人都知道，進化和學習的方式可能有數百種。但，不論哪一種策略都是在對圖書館或空間進行搜索。「唯一一個傳統人工智慧研究始終沒有發現的出色想法就是『搜索』的概念。」艾克利聲稱。實現搜索的方法有很多種，對自然生命中起作用的天擇只是其中的一種。

生物意義上的生命是與特殊的硬體綁定在一起：以碳為基礎的DNA分子。這個特殊的硬體限制了天擇能順利使用的搜索方法。但有了電腦這個新硬體，特別是平行電腦，許多新的自適應系統得以問世，全新不同的搜索策略也得以應用。例如，生物DNA的染色體無法將自己的代碼向其他生物體的DNA分子廣為傳播，以便他們獲得訊息並改變其代碼。然而在計算機環境中，你就能做到這一點。

大衛·艾克利和邁克爾·利特曼兩位都是貝爾通信研究所裡認知科學研究組的成員。他們著手在計算機上構建一個非達爾文的進化系統。他們選擇了一個最合邏輯的方案：拉馬克進化——獲得性遺傳。

拉馬克學說非常具有吸引力。直覺上，他的系統遠比達爾文進化更有優勢，因為據推測，有用的變異能更快地進入基因序列。然而，他的計算要求之嚴格，很快就讓滿懷希望的工程師明白，這樣一個系統實現的可能性是多麼的小。

如果一名鐵匠需要凸起的二頭肌，他的身體該如何逆轉在他基因中所需的變化呢？拉馬克系統的缺點是，任何一個有利的變化都需要回溯到胚胎發育期的基因構成。因為生物體形式的任何變化都有可能是由多個基因所引起的，或者是在身體錯綜複雜的發展過程中由多個相互作用的指令所引起的，而想要解開任何外在形式錯綜複雜的網路，則需要一個幾乎像生物體本身一樣複雜的追蹤系統。生物學上的拉馬克進化受困於一條嚴格的數學定律：求多個質數的乘積極其容易，但從結果分解質因數則異常困難。最好的加密方案正是利用了這種同樣不對稱的難度。拉馬克學說之所以沒有在生物界中真正存在過，正是因為他需要一種不可能存在的生物解密方案。

不過，計算本身並不需要軀體。在計算機進化（如湯姆·雷的電力進化機）中，計算機程式碼兼任基因和軀體兩個角色。因此，從表型中推演出基因型的難題就迎刃而解了。（事實上，這種兩者整體呈現的約束並不是只限制於人工領域。地球上的生命必定已通過了這個階段，也許任何自發組織的活系統都必須從一個整體呈現的形式開始，就像簡單的自複製分子那樣。）

在計算機的人工世界裡，拉馬克進化是有效的。艾克利和利特曼在一台擁有 16,000 個處理器的並行計算機上實現了拉馬克系統。每一個處理器管理一個由 64 個個體組成的亞族群，總計大約有 100 萬個個體。為了模擬出軀體和基因的雙重訊息效果，系統為每一個個體製作了基因副本，將副本稱為「軀體」。每一個軀體的程式碼都有一

些略微的差別，他們都嘗試解決同一個問題，就像其他百萬個手足一樣。

　　貝爾通信研究所的科學家設置了兩種運行模式。在達爾文的運行模式中，軀體程式碼會隨著時間推移發生變異。某個幸運的傢伙可能會意外地得到較好的結果，這樣系統就會選擇他進行交配和複製。然而在達爾文進化中，生物交配時必須使用其原始「基因」程式碼的副本——他所繼承的程式碼，而非後天生命中獲得的經過改良的軀體程式碼。這正是生物的方式；所以當鐵匠進行交配時，他用的是他的「先天」程式碼，而非「後天」程式碼。

　　相較之下，在拉馬克模式中，當那個擁有改良後軀體代碼的幸運傢伙被選中進行交配時，他能使用後天獲得改良的代碼，作為其交配的基礎。這就好比像鐵匠能將自己粗壯的手臂傳給後代一樣。

　　對比兩個系統，艾克利和利特曼發現，就他們所注意到的這個複雜問題，拉馬克系統的解決方案要比達爾文系統好上兩倍。最聰明的拉馬克個體比最聰明的達爾文個體要聰明得多。艾克利說，拉馬克進化的特點在於他把族群中的「白痴非常迅速地排擠出去」。艾克利曾經向一屋子的科學家大喊著說：「拉馬克一下子就把達爾文給比下去了！」

　　就數學上的意義來說，拉馬克進化注入了一點學習的要素。學習被定義為個體在活著時的適應性。在傳統的達爾文進化中，個體的學習並不重要。而拉馬克進化則允許個體在活著時將所獲得的訊息（包括如何增強肌肉，或如何解方程式）可以跟進化過程中所發生長期的、愚鈍的學習結合在一起。拉馬克進化之所以能產生更聰明的答案，乃在於他是一個更聰明的搜索方法。

　　拉馬克進化的優越性使艾克利大感驚訝，因為他認為大自然已經

運行得這麼好了：「從計算機科學的角度看，自然遵循達爾文主義而不是拉馬克主義，這似乎非常愚蠢。可是自然受困於化學物質，而我們沒有。」這使他想到，如果進化的對象不局限於分子的話，也許會有更有效的進化方式和搜索方法。

義大利米蘭的一組研究員提出一些新的進化和學習方法。他們的方法填補了艾克利所提到的「所有可能計算形式的空間」中的一些空白。由於這些研究員是受到蟻群集體行為的啟發，因而他們把搜索的方法稱為「蟻群運算」。

螞蟻把分散式並行系統整個摸透了。螞蟻代表了社會組織的歷史，也代表了電腦的未來。一個蟻群可能包含百萬隻工蟻和數百隻蟻后，他們一整個群體能建起一座城市，但是每個個體只是隱隱約約地感覺到其他個體的存在。螞蟻能成群結隊地越過田野找到最好的食物，彷彿牠們就是一隻巨大的複眼。牠們以協調的平行行列一起穿越在草木之間，並共同使巢穴維持穩定的溫度，儘管世上從未有任何一隻螞蟻知道如何調節溫度。

一個太笨不知測量、幾乎視盲無法看遠的螞蟻軍團，卻能迅速找到穿越崎嶇地面的最短路徑。這種計算，完美地反映在進化的搜索上：一群愚笨、視盲、聚集在一起的個體們同時在數值意義上崎嶇不平的地面，試圖找出一條最優的路徑。**蟻群就是一個平行處理機**。

真正的螞蟻藉由一種名為費洛蒙的化學系統進行彼此交流。螞蟻在彼此之間以及他們的環境中散發費洛蒙。這些芳香的氣味隨著時間推移而消散。這些氣味也能透過一連串的螞蟻來接力傳播；他們嗅到

氣味後，複製他並傳給其他的同伴。費洛蒙可以被看作是螞蟻系統內部傳播或交流的訊息。

米蘭小組（成員有阿爾貝托・克羅尼、馬爾科・杜利高和維多里奧・馬涅索）按照螞蟻的邏輯構建了方程式。他們的虛擬螞蟻是一大群平行運轉的愚笨處理器。每一個虛擬蟻有一個微不足道的記憶系統，可以進行區域性溝通。如果做得好的話，所獲得的獎賞也以一種分散式計算的方式與其他同伴分享。

這些義大利人以「旅行業務員問題」為基準來測試他們的虛擬螞蟻。謎題如下：假使每座城市只能拜訪一次，那麼你如何在很多的城市之間找到一條最短的路徑？為求解這個問題，蟻群裡的每一隻虛擬蟻會動身從一座城市漫遊到另一座城市，並在沿途留下一連串的費洛蒙氣味。城市之間的路徑愈短，費洛蒙散發得愈少。費洛蒙信號愈強，循跡而來的螞蟻就愈多。那些較短的路徑由此得到自我強化。大約運行 5,000 回合之後，螞蟻的群體思維就會進化出一條相當理想的整體路徑。

米蘭小組也嘗試了各種變化。如果虛擬蟻都由一座城市出發或均勻分布在各個城市，是否會有什麼不同？（分布的效果要好一些。）一個回合中虛擬蟻的數量會有影響嗎？（愈多愈好，直到螞蟻與城市的數量比為 1：1，是為優勢達到頂峰。）透過參數改變，米蘭小組得到一系列螞蟻搜索演算法。

螞蟻演算法是拉馬克搜索的一種形式。當某隻螞蟻偶然發現一條短徑，這個訊息透過費洛蒙的氣味強度間接地傳播給其他的虛擬蟻。這樣，單隻螞蟻畢生的學習所得就會間接地成為整體蟻群訊息繼承的一部分。螞蟻個體將他所學習到的知識有效地傳播給自己的群體。就像文化教導一樣，傳播也是拉馬克搜索的一部分。艾克利說：「除了

交配之外，訊息交換還有許多方式，如晚間新聞。」

不管是真實的螞蟻，還是虛擬的螞蟻，兩者的聰明之處都在於投入「傳播」的訊息量非常少，範圍非常小，信號也非常弱。將弱傳播引入進化的想法相當吸引人。假使地球的生物界中存在著拉馬克進化，那他一定被埋藏在深處。不過，宇宙中仍然充滿著各種奇特的潛在算法，而這些算法可能會採用不同的拉馬克傳播模式。我聽說過有的程式設計員整天玩弄「模因式」進化演算法（memetic algorithm，文化基因算法）──模仿思想流（模因）從一個大腦進入另一個大腦，試圖捕捉文化演化的精髓和力量。而在連接分散式計算機節點的所有可能方法中，只有極少數的方法（如螞蟻運算法）曾被人們檢視過。

直到 1990 年，並行計算機還遭到專家的嘲笑，認為他尚有很多地方具有爭議性、過於專業、屬於瘋狂邊緣。他們結構混亂，難以編程。但狂熱派並不這麼認為。1989 年，丹尼‧希利斯大膽地與一位知名計算機專家公開打賭，預測在 1995 年，並行機每月處理的數據量將超過串行機。看來他是對的。就在串行計算機通過馮諾伊曼串行處理器狹窄通道，執行複雜任務的負擔而大聲呻吟時，專家的意見突然發生改變並迅速席捲整個計算機產業。彼得‧丹寧在《科學》雜誌上發表的文章（〈高度並行計算〉，1990 年 11 月 30 日）中，稱「高度平行的計算架構是解決高級科學問題所需計算速度的唯一方法。」史丹佛大學計算機科學系的約翰‧柯扎更直截了當地說：「平行電腦是計算時代的未來。」

然而，平行電腦還是很難掌控。平行軟體是一個水平、錯綜複雜、因果同時發生的網路。你無法從這樣的非線性中找出缺陷所在，因為他們都隱藏起來了。沒有清晰的步驟可循，程式就像一粒完整的

水球無法分解，事件此起彼伏。製造平行電腦很容易，但要設計其程式卻很難。

平行電腦所面對的挑戰是所有分布群系統都會面對的，包括電話網路、軍事系統、全球 24 小時金融網路，以及龐大的電腦網路。他們的複雜性考驗著我們掌控他們的能力。「為一個大規模平行機器設計程式的複雜度可能超過了我們的能力。」湯姆·雷對我說。「我認為我們永遠也寫不出能充分利用平行處理能力的軟體。」

平行的愚昧小東西能夠「寫」出比人類所能寫出的更好的軟體，這讓雷想到了一個能讓我們得到平行軟體的辦法。「你看，」他說，「生態的相互作用就是平行的最優化技術。多細胞生物本質上就是在宇宙尺度上運行大規模的平行程式。進化能夠『想出』花費我們一生也無法想清楚的平行設計程式。如果我們能夠使軟體進化，那我們就是大大往前邁進一步。」對於像分散式網路這樣的事物，雷說，「進化就是**自然的**程式撰寫方式。」

自然的程式撰寫方式！這聽起來實在令人感到洩氣。人類應該只做自己最擅長的工作：那些小而精緻、快且深奧的簡單系統。那些雜亂無章的大事就讓（人工注入的）自然進化去做吧。

丹尼·希利斯也得出了相同的結論。他很認真地表示，想讓自己的「連接機」進化出商務軟體。「我們想讓這些系統解決一個我們只知如何陳述，卻不知如何解決的問題。」其中一個例子就是如何撰寫出數百萬行駕駛飛機的程式。希利斯提議建立一個群系統，這個群系統能夠進化出駕駛技術更為優秀的軟體，系統中有一些微小的寄生蟲

程式會試圖使飛機墜毀。正如他的實驗所展示的，寄生蟲會促使系統更快地向無差錯和抗干擾的軟體導航程式收斂。希利斯說：「我們寧願花更多時間製作出更好的寄生蟲，也不願花上無數個小時去設計代碼和檢查錯誤等諸如此類的事。」

即使技術人員成功地設計出一款龐大的程式，譬如導航軟體，想要對其進行徹底的測試也是不可能的。但進化出來，而不是製造出來的東西則不一樣。「這種軟體的成長環境裡充斥著**成千上萬**專職的挑錯者，」希利斯說，又想起了自己的寄生蟲，「凡是在他們手下躲過一劫的，都能禁得起嚴酷的考驗。」除了能夠創造我們無法製造出來的東西以外，進化仍有一點可誇耀的：他能造出缺陷更少的東西來。「我寧願乘坐由進化而來的軟體所駕駛的飛機，也不願乘坐由我自己撰寫的軟體所駕駛的飛機。」作為一名非凡的編程人員，希利斯這樣說。

長途電話公司的呼叫路由程式總共有 200 萬行程式。200 萬行代碼中有 3 行錯誤代碼就導致了 1990 年夏天全國電話系統的連鎖崩潰。現在，200 萬行已經不算多了。裝載在海軍海狼潛艇上的作戰計算機包含了 360 萬行代碼。1993 年微軟發布的新工作站計算機操作系統「NT」就有 400 萬行代碼。1 億行的程式離我們也不遠了。

當計算機程式膨脹到幾十億行代碼時，僅僅是維護程式、保持正常運作本身就會成為一個主要負擔。有太多的經濟活動和人的生命將會依賴這種數十億行的程式，因此即使是一瞬間也不能讓他們失能。大衛・艾克利認為，可靠性和無故障運行將成為軟體最主要的任務。「我敢說，對真正複雜的程式來說，僅僅只是為了存活下來就要消耗更多的資源。」目前，一個大型程式中只有一小部分是致力於維護、糾正錯誤和清理工作。「將來，」艾克利預言，「99% 的原始計算機

周期將用在讓這個怪獸自我監視以維持其正常運轉。只有剩餘的 1% 用於執行用戶任務——電話交換或其他什麼。因為只有這個怪獸存活下來，才能完成用戶任務。」

隨著軟體愈來愈大，生存也變得愈重要，同時也愈來愈困難。想要在日復一日的使用中存活下來，便意味著必須能夠適應和進化，而這需要做更多的工作才能完成。程式唯有不斷地分析自己的狀況，修正自己的程式以適應新的需要，淨化自己，不斷地排除異常情況，並保持適應與進化，他才能生存下來。計算必須有生命力和活力。艾克利稱之為「軟體生物學」或「活力計算」。程式設計人員即使 24 小時都開著呼叫器，也不能確保數十億行的代碼不會故障。人工進化或許是唯一能使軟體保持生命力和活力的方法。

人工進化是工程霸權的終結。進化能使我們超越自身的規劃能力；進化能雕琢出我們做不出來的東西；進化能達到我們所無法達到的更完美境界；進化能維護著我們無法看護的世界。

但是，正如本書標題所點出的，進化的代價就是失控*。湯姆・雷說：「進化系統的一個問題就是，我們放棄了某些控制。」

丹尼・希利斯所搭乘航班的駕駛軟體是進化出來的，但沒有人能弄懂這個軟體。他就像是一大團千絲萬縷、雜亂無章的管線，也許只有其中的一小部分是真正有需要的，但是他能夠確保無故障地運行。

艾克利的電話系統是由進化而來的軟體所管理，這個軟體是「活」的軟體。當這個軟體發生問題時，沒有人能夠將故障排除掉；因為程式的線路以一種無法理解的方式埋藏在一個由小機器組成的未知網路中。不過，當他出問題時，他會自行修複。

＊ 編注：原書名《Out of Control》直譯為「失控」。

472

沒有人能掌控住湯姆・雷的培養液其最終結果。他們精於設計各種小技巧，卻沒人告訴他們下一步需要什麼技巧。唯有進化才能應付我們所創造的複雜性，但進化卻完全不受我們的控制。

在全錄公司帕羅奧多研究中心，拉爾夫・梅克爾正在製造能夠自我複製的極小分子。由於這些分子是以極微小的奈米尺度（小於細菌）存在，因此這種結構技術被稱為奈米技術。在不久的將來，奈米技術的工程技能與生物技術的工程技能將趨於一致：他們都把分子看成是機器。對純粹的生命來說，奈米技術可以看作是生物工程；對人工進化來說，奈米技術等同於生物分子。梅克爾告訴我：「我可不想讓奈米技術進化。我希望把他限制在一定的框架內，並且受到國際公約的制約。對奈米技術來說，最危險的事情莫過於交配。是的，我想，應該要有國際公約加以限制在奈米技術中使用交配。一旦有了交配，就有演化；只要有演化，就會有麻煩。」

演化並未完全超脫我們的控制；而放棄某些控制只不過是為了利用他時的一種妥協。我們在工程中引以為傲的東西——精密性、可預測性、準確性以及正確性——都將會因演化而被淡化。

這些東西必須被淡化，因為存活在一個充滿變故、無法預見的未來及多變環境的世界——簡言之，一個真實世界——需要保持一種較為模糊、寬鬆、更具適應力而較不準確的立場。生命是無法控制的，活系統是不可預測的，而活生物也不是非此即彼的。「『正確』是無法實現的水中月，」談起複雜程式時，艾克利表示，「『正確』是小系統的特性。在巨大變化的面前，『正確』將被『存活能力』所取代。」

當電話系統由適應性強的進化軟體運行時，沒有所謂正確的運行方式。艾克利繼續說：「若說未來的系統是『正確的』，聽起來就

像是官僚說的空話一樣。人們評斷一個系統，是根據他對反應的獨創性，以及他對意外狀況做出反應的程度如何。」我們要的，與其說是正確性，倒不如說是靈活性以及耐久性。好死不如賴活著。艾克利說：「一個失控，但反應靈敏的龐然大物，只花 1% 的精力在你所要解決的問題上；而小而專的正確程式就像螞蟻一樣，對他所處的世界茫然不知所措。兩者相較，前者要為有利多了。」

有一次，在斯圖亞特・考夫曼的課堂上，一個學生問他：「對於你不想要的東西，你的進化是如何處理的？我知道你能讓一個系統進化出你想要的東西；可是，你又怎能肯定他不會創造出你所不要的東西？」問得好，孩子。我們能足以仔細地定義我們想要的東西而將他培育出來。然而，我們往往不知道我們不想要什麼。即使知道，這些不受歡迎的名單也長得不切實際。我們怎樣才能剔除那些不利的副作用呢？

「你做不到的。」考夫曼坦率地回答。

這就是進化的交易。我們捨棄控制而要力量。對我們這些執著於控制的傢伙來說，這無異於是魔鬼的交易。

放棄控制吧，人工進化會將我們帶向全新的境界和夢想不到的富裕。放手吧，他會開花結果的。

我們曾經抵抗過魔鬼的誘惑嗎？

第十六章

控制的未來

電影《侏羅紀公園》裡的恐龍最了不起的地方就在於他們有足夠長的人工生命，因此可以在電影《摩登原始人》中再次作為卡通恐龍使用。

當然，再次出場的恐龍不會完全一樣。他們會更為溫馴、更長、更圓，也更聽話。只是在這些恐龍的體內，跳動的是屬於暴龍或迅猛龍的數位心臟──不同的身體，但同樣的恐龍心臟。光影魔幻工業公司的奇才、虛擬恐龍的發明者，馬克‧迪皮只要改變這些生物的數位基因設定，就能把他們變成可愛寵物的樣子，同時又保持其令人信服的銀幕畫面。

只是《侏羅紀公園》中的那些恐龍就像殭屍一樣。他們有逼真的身體，卻沒有自己的行為、自己的意志、自己生存的驅動力。他們是由電腦動畫師所操控而像幽靈般的木偶。然而有朝一日，這些恐龍或許會像小木偶皮諾丘一樣獲得自己的生命。

在這些侏羅紀恐龍進入到栩栩如生的電影世界之前，他們棲居在一個完全空曠的三維世界裡。在這片幻想世界中（可以想成是那些飛來飛去的電視台標幟所在的地方）除了聲音、燈光、空間之外，幾乎

一無所有。風、重力、慣性、摩擦力、硬度以及物質世界所具有的細枝末節全都不存在，必須由想像力豐富的動畫師來加以仿造。

「傳統動畫中所有的物理知識都來自於動畫師的認知，」蘋果電腦公司的電腦製圖工程師邁克爾·凱斯這麼說。例如，當華特·迪士尼畫出米老鼠用臀部從樓梯上彈跳下來時，他在畫紙上展示出的效果是來自他對地心引力作用的認知。不管是真還是假，米老鼠遵循的是迪士尼對物理學的理解。這些通常都是假的，而這也正是動畫片的魅力所在。很多動畫師都會以誇張、變樣的方式，或者忽視真實世界的物理定律來博取一笑。不過，現代電影風格以嚴格追求真實感為目標。現代的觀眾們希望電影《E.T.》裡的飛行自行車能像「真實」飛行的自行車，而不是卡通版的自行車。

凱斯想要嘗試的，就是把物理學引入模擬世界。「我們思考了過去讓動畫師決定物理行為的傳統做法，並決定改變讓電腦也具備一些物理學知識。」

讓我們從那個有飛行標幟的幻想世界開始說起。凱斯說，這個簡單世界的問題之一是「裡頭的東西看起來沒有任何重量」。為了增加這個世界的真實感，我們可以幫物體添加質量和重量，同時給環境設置重力定律。這樣的話，如果一個飄浮的標幟掉在地板上，他墜落的加速度會跟一個實物在地球上掉落的加速度一樣。重力公式非常簡單，把他置入一個小世界也不難。我們可以給動畫標幟再加上一個彈性公式，這樣他就能「自然而然」地以非常有規律的方式從地板上彈起來。他遵守重力定律、動能定律以及讓他減速的摩擦力。我們還可以給他加上硬度──像是塑膠或者金屬的硬度──這樣他也會真實反映衝擊力道。最後的結果就有一種真實感，比如當一個鍍鉻的標幟掉落地面時，他反彈的幅度愈來愈小，直到噹啷聲停下來。

我們可以繼續運用物理定律的其他公式，譬如彈性力學、表面張力、自旋效應，然後把他們編寫到環境裡。隨著我們在這些人工環境加入更多的複雜性，他們就會成為合成生命的沃土。

　　這也就是為什麼這些侏羅紀的恐龍如此逼真的原因。當他們抬腿的時候，他們克服了軀體的虛擬重量，他們的肌肉會伸縮或下垂。當腳落下的時候，重力會拉扯他，落地時所帶來的衝擊會向上反射到腿部。

　　迪士尼在 1993 年夏天發行的電影《女巫也瘋狂》中那隻會說話的貓，也是一個類似於恐龍的虛擬角色，但更逼真。動畫師們首先製作一個數位貓的外形，然後以一張照片裡的貓為參照，幫這隻數位貓披上有「紋理貼圖」的皮毛。要不是他那非比尋常的說話能力，他和那隻照片上的貓簡直像極了。他的嘴部動作是從人那裡捕捉來的。這隻虛擬動物其實是一個「貓人混血兒」。

　　電影觀眾看到秋葉被吹到街上，他們沒有意識到這個場景是電腦生成的動畫。這個畫面之所以看起來很真實，是因為這段影像中確實有某些真實性：片片虛擬的葉子被一陣虛擬的風吹到虛擬的街道上。就像雷諾斯那群虛擬蝙蝠一樣，真的有大量東西按照物理定律被某股力量真實地推動著。那些虛擬的樹葉是有屬性的，例如重量、形狀和表面積。當這些樹葉被釋放到一陣虛擬風裡的時候，他們所遵循的那套定律，跟真的樹葉所遵循的物理定律是一樣的。儘管缺少細節的葉子，以特寫的鏡頭看會出問題，但在這個虛擬場景中，每個部分之間的關係就如同在新英格蘭當天的情景一樣真實。那些自由飄動的葉子完全不像畫出來的。

　　讓動畫形象遵循自己的物理學定律是寫實主義的新製作方法。當魔鬼終結者 2 號機器人從一灘熔化的鉻裡冒出來時，效果逼真得令

人震驚，因為鉻遵循的是液體在平行宇宙裡的物理規律（譬如表面張力）。這是一灘仿真的液體。

　　凱斯和他在蘋果公司的同事蓋文‧米勒設計了一些電腦程式，以描繪一條小溪的水涓涓流下的動作，或雨點滴落在水池中的種種微妙細節。他們把水文學的各種公式和動畫兩者結合在一起，將這些定律移植到模擬世界裡。在影音片段中可以看到，在柔和的光線下，一道淺波掠過一片乾燥的沙岸，像真的波浪那樣不規則地破碎，然後退下，留下濕漉漉的沙地。實際上，這些都只是些方程式而已。

　　為了使這些數位世界在未來也能運用，所有創造出來的東西都得簡化成方程式。不僅是那些恐龍和水，最終還要包括那些恐龍啃咬過的樹木，那些吉普車（在《侏羅紀公園》裡，有些場景中的吉普車就是數位的）、建築物、衣服、餐桌還有天氣。所有這些數位形式並不會只是在拍電影時才使用。在不久的將來，不單只是電影，所有製造品將會利用電腦輔助設計軟體進行設計、生產。如今，汽車零件已經先在電腦螢幕上進行模擬，然後將方程式直接傳送給工廠的車床和焊接機，使這些數字變成真實的形狀。一種名為「自動成型」的新工業，從電腦輔助設計那裡獲得數據後，能在瞬間由金屬粉末或液態塑膠生成 3D 原型。某個物體這時還只是螢幕上的一些線條，下一刻就是一個可以拿在手裡或帶著到處走的實實在在的東西。自動成型技術「打印」出來的是真正的齒輪而不是一張列印出來的齒輪圖紙。為工廠機器準備的緊急備用零件是用抗壓塑膠在廠間就地打印出來的；在拿到真正的備用件之前，他們可以先頂住一陣子。不久的將來，這種打印出來的物件就會成為真正可用的零件。約翰‧沃克是世界上最早的電腦輔助設計軟體 AutoCAD 的創始人，他告訴記者：「電腦輔助設計要做的，就是在電腦裡將真實世界中的物體建造成模型。我相

信，在時機成熟的時候，世界上所有的東西，無論是否是製造出來的，都可以在電腦裡生成模型。這是一個非常非常龐大的市場。這裡包羅萬象。」

這也包括生物學。電腦已經可以將花朵建成模型。加拿大卡爾加里大學的一位電腦科學家普徹密斯羅‧普魯辛凱維奇，運用植物生長的數學模式創造出 3D 虛擬花朵。顯然地，大多數植物的生長過程都符合一些簡單的定律。開花發出的訊號可能非常複雜，在同一支莖桿上花朵的開放順序也可能會受到幾個交互訊息的影響。但這些相互作用的信號可以非常簡單地編寫成軟體程式。

植物生長的數學模式，是由理論生物學家阿里斯蒂德‧林登邁爾於 1968 年所設計出來的。他的方程式明確清楚地表明了康乃馨和玫瑰之間的差別；兩者之間的區別可以簡化成一粒數位種子的一組變量。這樣，一株完整的植物可以用一粒種子來表示，在硬碟上也只占幾千位元組（kB）。當種子由電腦程式解壓縮後，螢幕上就出現一朵生動的花朵；首先萌出綠芽，樹葉開展，一個蓓蕾成形，接著一朵鮮花適時綻放。普魯辛凱維奇和他的學生們查遍植物學文獻，了解多頭花朵如何綻放，雛菊如何成形，榆樹和橡樹又是如何分叉出各具特色的枝條。他們還收集了數百種海貝類和蝴蝶的生長計算法則。由此得出的圖像結果很有說服力。普魯辛凱維奇用電腦培育出的一幅有著無數小花的紫丁香圖像，完全可以用來作為植物種子圖冊中的照片。

起初，這只是學院裡一項有趣的學術活動；而今，普魯辛凱維奇已經接到許多園藝家打電話來提出想要這款軟體。假如這個軟體能向客戶顯示他們的景觀設計在未來十年，甚至是隔年春天會是什麼樣子的話，他們表示願意付高價購買。

普魯辛凱維奇發現，仿造一個活生物的最好辦法就是種植他。他

從生物學中得出的生長法則，現在被應用到種植電影裡的樹和花朵的虛擬世界中。他們為恐龍和其他數位角色創造了一個非常適當的環境。

博德邦軟體公司是個受尊敬的個人電腦教育軟體發行商，銷售一款為各種物理力建立模型的教學軟體。當你在蘋果電腦上啟動物理學程式，就能在電腦螢幕上建立一顆繞著的太陽旋轉的玩具行星。這個虛擬的星球遵循著這個寫進玩具宇宙中的法則：重力、運動、摩擦。藉由擺動玩弄動力與重力，學生就能感受到太陽系的物理學如何作用。

我們到底還能夠塞給這個系統多少東西？假如我們不斷地給這個玩具星球增加他必須遵循的物理定律，比如靜電引力、磁力、摩擦力、熱力學定律、體積，假如我們不斷地將我們在真實世界中所看到的每一種特徵都加到軟體程式裡的話，最後我們在電腦中會得到一個什麼樣的太陽系呢？如果用電腦來製作一個橋樑模型——包括鋼材的拉力、風力、重力等所有的力——我們究竟能不能說我們的電腦裡已經有了一個橋樑？還有，我們能把生命加進來嗎？

物理學正飛速地滲入數位世界中，而生命的滲入速度更快。為了想知道分散式生命對數位電影的滲透到了什麼程度，並且產生了什麼樣的後果，我探訪了幾個最頂尖的動畫實驗室。

米老鼠是人工生命的前輩之一。如今已經66歲的米奇，很快就要進入數位時代。在迪士尼格倫代爾工作室外景的一棟永久性「臨時」建築裡，米奇的受託人正謹慎地規劃著，將自動化技術運用在動

畫角色和背景上。在這裡，我跟鮑勃·蘭伯特聊了起來，他是為迪士尼動畫師提供新技術的負責人。

鮑勃·蘭伯特讓我明白的第一件事情就是，迪士尼並不急於將自動化技術完全運用到動畫上。動畫是一門手藝，一項藝術。迪士尼公司的巨大財富就封存在這門手藝之中，而他皇冠上的寶石——米老鼠跟他的夥伴們——在觀眾眼中就是這門藝術的典範楷模。假如電腦動畫是意味著孩子們在周六早上看到的那種像木呆樣的卡通機器人的話，那迪士尼寧可不碰他。蘭伯特說：「我們可不想聽到人們說，『噢，討厭，又一門手藝掉到電腦的洞裡了。』」

接著，藝術家本身也是一個問題。蘭伯特說：「瞧，我們已經讓400位穿著白色工作服的女士為米奇作畫30年了。我們不可能一下子說變就變。」

蘭伯特想要說清楚的第二件事情是，迪士尼從1990年開始，就已經在他們那些著名的電影裡使用了一些自動化技術製作的動畫。他們正逐步地使他們的世界數位化。他們的動畫師們已經意識到，如果不把藝術家的智慧從腦子裡轉移到一種近乎鮮活的仿真世界中，那麼他們很快就會變成另外一種意義上的恐龍。「老實說，」蘭伯特說，「在1992年時，我們的動畫師們就已經大吵著要用電腦來完成工作了。」

在動畫片《妙妙探》裡，手繪的角色們在一個巨大的鐘錶上奔跑，那就是一個電腦生成的時鐘模型。在《救難小英雄澳洲歷險記》中，信天翁奧利佛飛越一座虛擬的紐約城，那就是一個完全由電腦生成的環境，數據是來自一個大型建築承包商因商業目的所收集的紐約建築大型數據庫。而在《小美人魚》中，愛麗兒在仿真出來的魚群中穿梭，海草自主地搖曳，水泡以物理學的方式就像在真實世界中一樣

地散開來。然而，每一幅由電腦生成的背景畫面向那 400 位白衣女士打過招呼後，列印到精緻的畫紙上，透過手工上色與電影的其他部分合為一體。

《美女與野獸》是迪士尼首次在電影裡至少一個場景中使用「無紙動畫」技術。在電影結尾的舞會中，除了野獸和貝兒仍是手繪之外，其角色都是以數位方式合成和渲染的。不仔細看的話，我無法察覺到電影裡真假卡通之間的轉換。這種不連貫之所以凸顯，並不是因為數位畫面沒有比手工畫得好，恰恰相反，他比傳統卡通看起來更逼真。

迪士尼第一個完全無紙化的角色是《阿拉丁》中那塊飛來飛去（走來走去、指來指去、跳來跳去）的地毯。為了製作他，先得在電腦螢幕上繪出一塊波斯地毯的形狀。動畫師藉著移動游標為他折出各種姿勢，之後由電腦把各個姿勢之間的中間幅填上。最後，再將已數位化的毯子動作加入到其他手繪部分的數位版本裡。迪士尼最新的一部動畫片《獅子王》裡有好幾種動物是按照製作《侏羅紀公園》裡恐龍的方法由電腦生成的，其中包括一些具有半自動飛禽走獸的集群行為。現在，迪士尼正在製作他們的第一部完全數位化的動畫，這部電影會在 1994 年下半年上映[*]。他將成為前迪士尼動畫師約翰‧拉薩特從事工作以來特別吸引人的作品。這部電影幾乎全部的電腦動畫都是由皮克斯公司製作的。這家公司是一家富有創新精神的小工作室，位於加州列治文市一個翻新的商業園區裡。

我順道拜訪了皮克斯公司，想看看他們到底在孵化什麼樣的人工生命。至目前為止，皮克斯公司已經製作了四部獲獎的電腦動畫短

---

[*] 編注：此處應指迪士尼於 1995 年推出的《玩具總動員》（*Toy Story*）。

片，這四部動畫短片的製作者都是拉薩特。拉薩特喜歡讓一些正常情況下沒有生命的東西動起來——自行車、玩具、燈，或是書架上的小擺設。儘管皮克斯公司的電影在電腦製圖圈子裡被看成是非常高水平的電腦動畫作品，但是他的動畫部分絕大多數都是手繪的。只是拉薩特使用的繪畫工具不是鉛筆，而是用游標來修改電腦所描繪出的 3D 物體。如果他想要他的玩具士兵變得沮喪，他就會在電腦螢幕上畫出玩具士兵的笑臉，移動游標把人物的嘴角往下拉。在嘗試這樣的表情後，他可能會認為玩具士兵的眉毛不應該下垂得這麼快，或者眼睛眨得太慢了；於是他再滑動游標來改變這些部位。「我不知道除了這個方法以外，還有什麼辦法來告訴他要怎樣做，才能把嘴變成像這個樣子，」拉薩特一邊說，一邊用嘴做了個表示驚訝的 O 形，「而且比我自己做得要更快一點，也更好一些。」

我在皮克斯公司的製作主管拉爾夫・古根海姆那裡聽到了更多有關人與電腦的溝通問題：「大多數手繪動畫師覺得皮克斯公司的做法就是把草圖餵進電腦裡，然後就出來一部電影。而這也就是為什麼我們曾經一度被禁止參加動畫電影節。但是，如果我們真的是這麼做的話，是不可能創作出這麼好的影片……。在皮克斯公司，我們每天遇到的最主要問題就是電腦動畫顛覆了傳統動畫的流程。新的流程要求動畫師在動手之前，先要描述清楚想要畫的是什麼東西！」

作為真正的藝術家，動畫師與作家一樣，在看到自己的作品之前，往往不知道自己到底想要表達什麼。古根海姆反覆強調：「動畫師在角色沒有畫出來之前，不會知道他是什麼樣子。他們會告訴你，一個故事在開始的時候會進行得很慢，因為他們要熟悉他們的角色。之後，隨著他們和角色之間愈來愈親密熟悉，繪製的速度就愈來愈快。直到電影完成過半的時候，他們非常了解這些角色，這角色也就

開始在畫面上鮮活了起來。」

在動畫短片《小錫兵》中，玩具士兵的帽子上有一根長羽毛會自然地隨著士兵的頭擺動。這個效果就是用虛擬物理學或者動畫師稱之為「延遲、拖拉、擺動」的方法辦到的。當羽毛的根部移動時，羽毛的其他部分會按照彈簧擺運動的方式——這是一個相當標準的物理學公式。羽毛的確切擺動方式不是預先設定的，卻顯得很真實，因為他遵循著搖擺的物理定律。不過，玩具兵的臉仍然完全由一位經驗豐富的動畫師人工操縱。這位動畫師就是一位替身演員。他扮演角色的方式就是把他畫出來。每位動畫師的桌子上都有一面鏡子，動畫師利用他來畫出自己特有誇張的表情。

我問過皮克斯公司的藝術家，問他們是否能夠想像出一種自動生成的電腦角色——你把潦草的草圖輸入電腦裡，然後就出來一個能夠自己調皮搗蛋的數位達菲鴨。但得到的答案是一致性嚴肅的否定和搖頭。「如果把草圖餵進電腦裡就能畫出好角色來，那世界上就沒有什麼蹩腳演員了，」古根海姆說，「但我們知道，並不是所有的演員都是好演員。你隨時都能看到一堆模仿貓王和瑪麗蓮‧夢露的人。但為什麼我們不會被欺騙糊弄？因為模仿者的工作其實非常複雜，你得知道什麼時候哪邊的嘴角該抽動一下，或者麥克風該怎樣拿。假如人類演員要做到這一點都不容易了，電腦草圖又怎麼能做得到呢？」

他們提出的問題就是一個關於控制的問題。事實證明，特效和動畫行業就是各種控制狂的行業。在他們看來，演技的微妙之處是如此的細微，只有人類的掌控者才能夠引導數位角色或者手繪角色做出他們的選擇。他們是對的。

不過，將來他們可能就不再是正確的了。如果電腦的運算能力像現在這樣繼續增強，在 5 年內，我們或許就能看到合成出來的角色在

電影中擔綱主角；他們不僅身體是合成的，行為舉止也是合成的。

在《侏羅紀公園》中，那些合成恐龍的逼真度，就現今標準來看，已經達到近乎完美的程度。從視覺上來說，這些恐龍的肉身已經跟我們所期待的那種直接拍攝的恐龍沒有什麼區別了。目前，許多數位特效實驗室都在匯集那些可以用來製作出逼真數位演員的元素。某個實驗室專攻數位化的頭髮，另一個則專研手部動作，第三個則專注於面部表情的生成。事實上，現在已經有數位角色加入到好萊塢的電影裡面了（但沒有人察覺到），像是有一個合成場景，就是要求有人在遠處移動的畫面。不過想要做出真實衣物那種自然皺褶懸垂的效果，還是一個挑戰。如果不能做到盡善盡美的話，就會讓虛擬的人物顯得呆板。

不過在開始的階段，數位角色只會用在危險特技上，或者插入複合場景之中——但只用長鏡頭或者用在群眾場面，而不是用在會吸引觀眾注意力的特寫鏡頭上。製作逼真的虛擬人物形態雖然棘手，但已經近在咫尺了。

想要模擬出令人信服的人物行為則需要更久一點的時間。尤其是臉部的動作想要達到逼真的程度則是難上加難。據製圖專家說，這個領域中最難處理的就是人物的表情。而尋找控制人物的臉部動作，現在還是一場尚未成熟的技術改革。

位於舊金山工業區內的克羅薩爾圖像工作室裡的布拉德·德格拉夫，正在進行仿造人類行為的工作。克羅薩爾是一個鮮為人知的特效工作室，但一些非常有名的電視動畫廣告就有他的身影，像是「麵團

寶寶」。克羅薩爾也曾經為 MTV 製作過名為《流動電視》的前衛派動畫系列，其主演人物包括火柴人、騎機車的墮落布偶、栩栩如生的動畫剪紙以及壞小子《瘋四與大頭蛋》。

德格拉夫工作的場所是一間狹小工作室，位在一處重新裝修過的倉庫內。在幾間燈光黯淡的大屋子裡，二十幾台巨大的電腦螢幕閃爍不已。這是一間 1990 年代的動畫工作室。視算科技公司製造的重型圖形工作站上面閃爍著不同階段的項目，包括一個完全電腦化的搖滾明星彼得·蓋布瑞爾的半身像。電腦對蓋布瑞爾的頭形和臉部進行掃描和數位化，再拼接到虛擬的蓋布瑞爾上，可以用來代替他在音樂錄影帶中的真身。如果這些事情能在錄音室或者在舞池裡完成，何必還要浪費時間在攝影機前跳舞呢？我看著一位動畫師擺弄起這個虛擬明星，他正要用游標來提起蓋布瑞爾的下巴，讓他的嘴巴合上。「唉呀！」他出了聲，他的動作大了些，結果蓋布瑞爾的下嘴唇提得太高穿過他的鼻子，弄成一副難看的鬼臉。

我去德格拉夫的工作室是想看看莫西，他是第一個完全電腦化的動畫人物。在螢幕上看，莫西看起來就像一隻卡通狗。他有一個大鼻子，一隻被啃了的耳朵，兩隻手戴著白手套，以及像橡皮管的手臂。他也有非常滑稽的聲音。他的動作不是用畫的。這些動作是從一個人類演員的動作中模仿來的。在房間裡的一個角落，有一個自製的虛擬實境裝置「瓦爾多」。瓦爾多（名字取自一本舊科幻小說中的人物）是一種可以讓人從遠距離操縱木偶的裝置。第一個以瓦爾多完成的電腦動畫是帶有實驗性質的《科米蛙》，他是用一個手掌大小的瓦爾多裝置畫出來的。而莫西則是一個擁有完整身體的虛擬角色，一個虛擬木偶。

當動畫師想讓莫西跳舞的時候，他就會戴上一頂黃色的頭盔。盔

頂上有一個用膠帶固定的小棍，小棍的末端是一個位置感測器。動畫師在肩膀和臀部也綁著感測器，然後拎起兩個泡沫板裁成的巨型卡通手套。他一邊跳舞一邊揮動這兩隻手套——那上面也有位置感測器。於是在螢幕上，卡通狗莫西也在他那個古怪的桃木屋裡亦步亦趨地跳起來了。

莫西最擅長的把戲就是可以自動地對口形。把錄製好的語音輸入進一個演算法裡，這個演算法可以計算出莫西的嘴唇應該怎麼動，然後牽動他們。工作室的高手總是喜歡讓莫西用別人的聲音說各種惱人的話。其實，讓莫西動起來的方法有很多；像旋轉撥盤，輸入命令，移動游標，甚至用演算法生成自主行為，都能讓莫西動起來。

德格拉夫和其他動畫師下一步想做的事情是：賦予莫西這樣的角色一些基本動作——起立、趴下、負重，這些基本動作可以組合成連貫逼真的動作。然後就可以應用到複雜的人類角色上。

就現今的電腦來說，如果給予足夠的時間，是能夠勉強地計算人類動作的移動。但是想要做到及時計算，誠如你的身體在真實生活中做的那樣，像是你想把腳放在哪裡那樣的隨心所欲的世界裡，這種仿真幾乎是無法實現的。人體大概有 200 個運動點。這 200 個運動點所能做出的動作姿態，其總數量是天文數字。單單是挖鼻孔的同時動作，所需要的計算量就已經超過了我們現在所擁有的大型電腦的能力。

但人類動作的複雜性還不只是如此，因為身體的每一個姿勢都可以藉著很多種不同的途徑來達到。當我把腳放進鞋子裡的時候，我要通過大腿骨、小腿、腳以及腳趾的數百個動作的配合來引導腿精確完成整個運動。事實上，我的四肢在走路時的動作順序是如此複雜，因此有足夠的時間可以用上百萬種不同的方式去做這件事。通常，熟人

在一百公尺遠的地方，不用看我的臉就能把我認出來，完全是因為我走路時無意識地使用了慣用的腿部肌肉。模仿他人的動作組合是有難度的。

那些試圖以人工形象模擬人類動作的研究者，很快就察覺到那些製作兔寶寶和豬小弟的動畫師們早就知道的事情：就動作而言，某些連接順序會比其他連接順序顯得更「自然」。當兔寶寶伸手去拿胡蘿蔔時，他的手臂伸向胡蘿蔔的路徑更像人類手臂運動的路徑。（當然，兔寶寶的行為並不是模仿兔子，而是人。）並且這與各個部位動作的時間順序安排也有很大的關係。一個動畫角色即使按照人類動作的正常順序，但如果他的相對速度跟不上的話，例如擺動上肢邁開腿的動作，那麼仍會顯得像是呆板的機器人。人類大腦能夠輕易地識別出這種仿造動作。所以說，時機的掌握是動作的另一個複雜面。

早期創造人工動作的嘗試迫使工程師對動物的行為進行研究。為了建造一個能夠在火星上漫遊的多腿車，研究者對昆蟲進行研究，其目的不是為了學會如何做出一條腿來，而是要清楚地了解昆蟲是如何同時協調六條腿的動作。

在蘋果電腦公司的實驗室中，我曾經看到一位電腦製圖專家一直重複播放一段貓走路的錄影來分解他的動作。這卷錄影帶，以及一堆關於貓的四肢本能反射的科學論文，能夠幫他設法得到貓走路的風格。最後他打算把這個風格植入到一個電腦化的虛擬貓身上。他的終極目標則是希望能提取出某種具有普遍性的四足運動模式，可以在相應調整後用到狗、獵豹、獅子或者其他的動物上。他根本不關心這些動物的外形；他的模型就是一些粗線條的形象。他所關心的是如何組織複雜的腿、踝、腳部的動作。

麻省理工學院媒體實驗室的大衛‧塞爾徹帶著一幫研究生研發出

了一種能夠在不平的地面上「自己」走動的粗線條形象。這些形象很簡單——四條線段當作四條腿，連在一條線段的軀幹上。學生們為這個「活物」（animat）設定好一個方向，接著他會移動腳步，探明那兒高哪兒低，並隨之調整自己的步伐長短，向前邁步。結果是生成了一個生物走過崎嶇地面的逼真圖像。但這與我們看到的嗶嗶鳥動畫不同；在這個片子裡，不是由人來決定動物何時要挪動哪條腿。在某種意義上，是這個角色自己做出了決定。塞爾徹團隊後來還在他們的世界裡加入了六條腿能自動行走的小活物，甚至弄出了一個能到山谷裡晃了一圈再回來的兩腿生物。

塞爾徹的學生還組裝了一個能夠自己走路的卡通形象「檸檬頭」。檸檬頭走路的樣子，要比那些線條形象更真實也更複雜，因為他的行動需要靠更多的身體構件和關節。他可以用逼真的動作繞過倒下的樹幹之類的障礙。檸檬頭啟發了塞爾徹實驗室的另一個學生史蒂文・史特拉斯曼，他想試試在設計一個行為庫中到底能走多遠。這個想法就是給檸檬頭這樣的通用角色提供一本收集有各種動作和姿勢的「剪貼簿」。想要打噴嚏的動作？這兒有一整張磁碟的動作可選。

史特拉斯曼想用簡易英語來指導人物角色。你只要告訴他做什麼，他就會從「行為庫歸類」裡找到一組合適的素材，再按照適當的次序把他們組成一個合理的動作。比如說，你告訴他站起來，他就會知道必須先把腳從椅子下移出來。「瞧，」史特拉斯曼在演示開始前提醒我，「這傢伙無法譜出奏鳴曲，但他能坐在椅子上。」

史特拉斯曼啟用了兩個角色——約翰和瑪莉。故事發生在一個普通房間裡；視角是從天花板的一個傾斜角度俯視——多少有點像神的俯視意味。史特拉斯曼稱他為「桌面劇場」。他說，這場戲的背景是這對夫婦偶爾會有口角。史特拉斯曼要來導一場兩人分手的戲。他

輸入：「在這一幕，約翰發火了。他很粗暴地把書遞給了瑪莉，但是他沒接。他把書猛扔到桌上。就在約翰瞪著瑪莉的當下，他站起來了。」然後，他按下了播放鍵。

電腦先想了幾秒鐘，接著螢幕上的角色就開演了。約翰皺著眉頭，他遞書的動作非常唐突僵硬；他握緊拳頭。瑪莉突然地站起來。結束。沒什麼特別可圈可點之處，他們的動作非常不像人的動作。要抓住那些轉瞬即逝的姿勢並不容易，因為他們的動作不會引起觀眾的注意。看的人也沒什麼參與感，只知道在那小小的虛擬房間裡，有兩個角色按照上帝設計的腳本有了互動。

「我這個導演很執著，」史特拉斯曼說，「如果我不喜歡某個場景的效果，就會讓他們重來一遍。」於是，他輸入了一段替代劇情：「這一幕，約翰覺得難過。他左手拿著書。他溫柔地把書遞給瑪莉，但他禮貌地拒絕。」再一次，角色按照這個劇本演出。

困難之處是在於細微的差別。「我們拿起電話跟我們拿起一隻死耗子的方式不一樣，」史特拉斯曼說，「我可以儲存不同的手部動作，但難以處理的是到底是什麼東西支配著這些動作。掌控這些選擇的部門是從哪裡跑出來的呢？」

塞爾徹和他的同事邁克爾‧麥肯納利用從火柴人和檸檬頭那裡所吸取的經驗，開始給六條腿的小生物加添血肉，把他變成一隻邪惡的金屬蟑螂，讓這隻蟲子成為有史以來最古怪的電腦動畫片之中的一個明星。他們開玩笑地把這部短片叫做《咧嘴笑的邪惡死神》；這部片長五分鐘，是一隻來自外太空的金屬巨蟲入侵地球並摧毀了一座城市的故事。這個故事雖然無聊，但是故事的主角，那個六腿怪物，卻是世界上第一隻活物——一隻內部驅動的人造動物。

當這隻巨大無比的蟑螂在街上爬行時，他的行為是「自由

的」。程式設計師告訴他「走過這些建築群」,電腦裡的虛擬蟑螂就會設法解決他的腿應該怎麼動,他的軀幹應該成什麼角度,然後煞有其事地扭動著身體爬過一座 5 層樓高的建築物。程式設計師給這隻大蟲子的只有行動的目標,而不是動作指令。從建築物上下來時,一股人工重力會把這隻巨大的機器蟑螂拉到地面上。當他掉下來的時候,模擬重力和模擬的表面摩擦力會讓他的腳像在現實中那樣地反彈和打滑。這隻蟑螂做這些動作的場景,並不需要他的導演們為他繁瑣的腳部動作傷腦筋。

進一步要嘗試的是自主虛擬角色:提取巨型蟑螂那由下而上的行為引擎,用侏羅紀恐龍的迷人外殼幫他包裹起來,以便得到一個數位電影演員。給這個演員上緊發條,分配給他足夠的電腦周期,再像指導真人演員那樣地指導他。只要給他下達一些通用指令——「去找食物」——他就會自己弄明白如何協調自己的肢體來完成指令。

當然,構築夢想並不是那麼容易的事情。移動只是行動的一個面向。仿真的生物除了移動,還必須尋找路線,表達情緒,做出反應。為了使創造出的生物學會走路之外的動作,動畫師(還有機器人研究者)還需要找出方法來培育所有類型的自然行為。

1940 年代,歐洲著名的三人組動物觀察家:康拉德・勞倫茲、卡爾・馮弗里希和尼可・廷貝根,開始描述動物行為背後的邏輯。勞倫茲在家裡養了一群鵝,馮弗里希住在蜂窩環繞的房子裡,廷貝根天天跟棘背鱸魚和海鷗待在一起。通過嚴謹而巧妙的實驗,這三位動物行為學家把動物的滑稽行為歸納成一門值得尊敬的學科——「動物行

為學」（大體上來說，是研究行為特性的科學）。1973 年，他們因為這個開創性的成就共同獲得了諾貝爾獎。後來，當漫畫師、工程師還有電腦科學家深入研究有關動物行為學的文獻時，他們非常驚訝地發現這三位動物行為學家早已建立起了一套非常好的行為框架，隨時可以拿來用在電腦上。

行為學架構核心的關鍵概念是去中心化。正如廷貝根在他 1951 的著作《本能研究》中指出的，動物行為是一種去中心化的協調作用，他將許多獨立行為（驅動）中心像蓋房子一樣結合起來。有些行為模組是由反射現象所組成；他們能調用一些簡單的功能，比如遇熱時回縮，或者眼睛被觸碰時會眨眼閃避。這些反射現象既不知道自己所處的位置，也不知道外界正發生什麼事，甚至不知道他們所附屬的這個身體當下的目標是什麼。無論什麼時候，只要出現適當的刺激，他們就會被觸發。

雄性鱒魚本能地會對下面這些刺激因素做出反應：一條發育到交尾期的雌性鱒魚，一隻游到附近的蟲子，一個從身後襲來的捕食者。但當這三種刺激因素同時出現的時候，捕食者模組總是會壓制進食或者交配本能而先行反應。有時，當不同的行為模組之間或多個同時出現的刺激之間產生衝突時，管理模組就會被觸發而做出決定。譬如說，你在廚房裡弄得兩手髒兮兮，這時候電話響了，同時外面又有人敲門。在這種情況下，這些相互矛盾的衝突欲望——跑去接電話！不，先擦淨雙手！不，衝到門口！——可能使你手足無措，除非這時有一個由後天習得的行為模組進行仲裁，或許就是這個模組讓你喊出一聲：「請等一下！」

從一個更為積極的角度來看廷貝根所說的驅動中心，這個驅動中心可說是一種「代理」。代理（不管他是什麼物理形式）偵測到一個

刺激，然後做出反應。他的反應，或者按電腦行話是為「輸出」，但在其他模組、驅動中心或代理來看可能是輸入。一個代理的輸出可能使其他模組處於**待機狀態**（扳開擊錘），或者**觸發**其他處於待機的模組（扣扳機），或者將鄰近模組**取消待機**（復原擊錘）。另外，同時做揉肚子和拍頭的動作很困難，因為由於某種未知的原因，其中一個動作會壓制另一個動作。通常，一個輸出訊息可能會在觸發某些中心的同時壓制其他中心。當然，這是一個網路的設計，充斥著自我創造首尾相銜迴圈的循環因果關係。

外在行為就這樣從錯綜複雜的盲目反射中湧現出來。由於行為源頭的分散式特性，底層最簡單的代理也能在頂層產生不可預料的複雜行為。貓的身上並沒有什麼中心模組去決定這隻貓搔自己的耳朵或者舔自己的爪子。相反的，這隻貓的所作所為是由獨立的「行為代理」，又或者各種反射所構成錯綜複雜般的網路來決定。這些代理彼此交錯觸發，形成一個從這個分散式網路中湧現出來的總體模式（稱為舔或搔的動作）。

這聽起來跟布魯克斯的包容結構非常相似，其實他就是一種包容結構！動物就是能夠正常運作的機器人。支配動物的去中心化、分散式控制在機器人和數位化的生物身上同樣適用。

對電腦科學家而言，行為學教科書上那些相互連接的行為模組網路圖示，其實就是電腦邏輯流程圖。其表達的訊息是：行為是可以電腦化的。透過對子行為的迴路進行安排，任何人格特徵都能夠編成程式。理論上來說，動物所具有的任何情緒，任何微妙的情感反應，也可以用電腦來生成。用來支配機器人羅比的那種由下而上的行為管理機制也可以用來支配銀幕上的生物，這跟活生生的鳴禽和棘背鱸魚那裡所借鑑而來的機制是同樣的。但與引起鳥加壓氣動軟管和魚擺動

尾巴所不同的是，分散式系統注入各種位元數據使得電腦螢幕上的大腿動起來。這樣，銀幕上的自主動畫角色就可以像真正的動物一樣，以相同的一般組織規則來行動。儘管是合成的，他們的行為是**真實的**（或者至少是超真實的）。因此可以說，動畫人物就是沒有實體的機器人。

不只是動作可以加以編程。傳統意義上的性格，同樣也可以概述成位元代碼。沮喪、興奮以及憤怒都可以作為模組添加到造物的操作系統中。某些軟體公司銷售恐懼情感的程式會比其他公司的好。也許，他們也會銷售「關聯式恐懼」──這種恐懼不僅僅表現在生物的身體上，還會滲入到一連串的情感模組中，並只會隨著時間慢慢地消失。

行為想要自由，可是要為人類所用，人工生成的行為就需要受到監管和控制。我們希望機器人羅比或者兔寶寶能夠不需要我們的監管而能自行完成任務。然而，並非羅比或兔寶寶所做的事情都是有成效的。我們怎樣才能給機器人、或者沒有實體的機器人、或是任何一種人工生命，頒發自由行動的許可證，同時還繼續引導他們成為對我們有用的東西？

卡內基美隆大學關於互動文學的一項研究項目出人意料地揭示出這個問題的部分答案。該項目的研究員約瑟夫·貝茨虛構了一個叫做「奧茲」（Oz）的世界，這個世界多少有點類似史蒂文·史特拉斯曼創造的那個居住著約翰和瑪莉的小房間。在奧茲中有各種角色，一個物理環境以及一個故事──跟古典戲劇中的三元素完全一樣。在傳

統戲劇中，故事敘述著角色和環境。不過，在奧茲中，這種支配略微顛倒過來；也就是說，角色和環境影響著故事。

創造奧茲的目的是為了樂趣、好玩。這個奇幻虛擬世界中住著自動機器人和受人類控制的角色。這個遊戲的目的是人們可以創造一個環境、敘事結構以及自動機器人；以這樣的方式，人們就可以參與這個故事，這不僅不會破壞情節，也不會感覺只能在觀眾席中做為一個旁觀者。協助這個計畫提供一些構想的大衛·塞爾徹舉了一個非常好的例子加以說明：「假使我們提供你一個數位版的《白鯨記》，沒有理由不讓你在佩科特號上擁有一個小艙。你可以跟正在追蹤白鯨的大副史達巴克聊天。故事有足夠的空間讓你去參與，也用不著去改情節。」

奧茲世界涉及了三個控制研究的新領域：

· 如何組織一個允許有所偏離但又圍繞在原來既定結局的故事上？
· 如何建構一個能產生意外事件的環境？
· 如何創造能自主但又受到控制的生物？

我們從史蒂文·史特拉斯曼的「桌面劇場」來到約瑟夫·貝茨的「電腦戲劇」。貝茨想像的是一種具有分散式控制的戲劇。故事變成了一種共同進化的類型，這種進化也許只有外部的邊界是預先設定的。你可以在《星艦爭霸戰》的某一集裡，試著影響改變為另一條故事線索；或者你也可以跟合成的唐吉訶德一起遊歷，共同面對新的奇幻。貝茨最關心的是人類用戶使用奧茲的體驗。對於他的探索，他這樣說著：「我研究的問題是：如何在不剝奪用戶自由的情況下，又能

強加設定某種結局？」

我對控制的未來所要研究的觀點不是從造物者，而是從被造物出發，因此我把貝茲的問題改為：怎樣在不剝奪人工生命角色自由的情況下，又能設定某種結局？

布拉德・德格拉夫相信，這種控制的轉變將改變作者的寫作目標。「我們正在創造一種完全不同的媒介。我所創造的不是故事，而是一個世界；我創造的是一種人格，而不是角色之間的對話和動作。」

當我有機會和貝茲開發的一些人工角色玩耍時，我體會到這種具有人格的寵物是多麼的有趣。貝茲叫他的寵物為「小扣環」。小扣環有三種：藍圓點，紅圓點，還有黃圓點。這些圓點是有兩個眼睛的彈性球體。他們在一個只有石階和洞穴的簡單世界中蹦來蹦去。每一種顏色的小扣環都用一組不同的行為模式予以編碼；一種是羞怯型，一種是進攻型，另一種是追隨型。當一個小扣環嚇唬另一個小扣環時，進攻型的小扣環就會張牙舞爪來嚇退威嚇者；羞怯型的則會渾身發抖，接著逃之夭夭。

在一般的情況下，這些小扣環會在他們的群體中到處跳來跳去，做一些小扣環才會做的事情。但是，當有人在他們的空間裡插入一個游標，進入了他們的世界，他們就會和到訪者互動。他們可能會跟著你到處跑，也可能躲著你，或者等你離開了再繼續去騷擾其他的小扣環。雖然你是真的在這個畫面裡，但你卻無法控制這個局面。

我從一個原型那裡，獲得了對未來的寵物控制更清晰的感覺，而這個世界是貝茲小扣環世界的某種拓展。日本富士通實驗室的一個虛擬實境研究小組選取了類似小扣環的角色，經過加工把他們做成了栩栩如生的虛擬三維角色。我看著一個頭戴笨重的虛擬實境頭盔、手戴

數據手套的傢伙做了現場演示。

　　他當時身在奇幻的水下世界。一座朦朧的水下城堡在遠處的背景中微微閃光。幾個古老的希臘式圓柱和與胸齊高的海草一起點綴著眼前的遊戲區。三隻「水母」在周圍飄來盪去，還有一條像鯊魚的小魚在這區域巡游。樣子像蘑菇、大小跟狗差不多的水母，會依據他們的情緒或者行為狀態改變自己的顏色。當他們三個自己玩耍的時候，他們是藍色的。這時，他們用著胖胖的單腳不知疲倦地蹦蹦跳跳。如果操作者招手示意他們過來，他們就會興奮地彈過來，顏色隨著變成橙色，就像等著追棒子的友善小狗一樣跳上跳下。當操作者向他們表示關注時，他們會一臉幸福地閉上眼睛。這個傢伙還可以用食指發射出一束藍色雷射光召喚遠處那條不那麼友好的魚，從遠處撫摸他。這個動作會改變魚的顏色，也會引起他對人類的興趣，這樣的話，他會繞得靠近一些，然後在附近游來游去——不過，像貓那樣，不會太貼近——只要藍色光線偶爾地觸碰魚，他就會做出同樣的舉動。

　　即使從外面看，也可以很明顯地看出，在公共的三維空間裡，這些有著最溫和的自主行為和某些三維型態的人工角色各有自己不同的樣子。我可以想像著和他們一起去冒險。我可以想像他們是侏羅紀恐龍，而我真的被他們嚇到了。當虛擬魚兒游得太靠近這位富士通老兄的頭部時，他也會迅速蹲下躲避。「虛擬實境，」德格拉夫說，「只有住滿了有趣的角色，才會有趣。」

　　派蒂·梅斯是麻省理工學院媒體實驗室的人工生命研究員。他厭惡那種只能戴著護目鏡和手套才能進入的虛擬實境，因為他覺得這身穿戴實在「太過人工」而且受限。於是他和他的同事珊迪·彭特蘭研擬出一種可以跟虛擬生物進行互動的方法。他的系統叫作 ALIVE，可以讓人通過電腦螢幕和攝影機來跟動畫生物進行互動。攝影機對著

人類參與者，把觀察者嵌入他在電腦螢幕上看到的虛擬世界中。

這個巧妙的設計會給人一種真實的親切感。透過移動我的手臂，我可以跟螢幕上的小「倉鼠」互動。這些倉鼠看起來像是安在輪子上的烤麵包機，但他們是能夠自主尋找目標的活物，這些活物具有豐富的動機、感覺和反應等功能。當這些倉鼠有一段時間沒吃東西，他們就會在封閉的圍欄裡四處找「食物」。他們會各自找伴，有時候還會互相追逐。如果我的手動得太快，他們就會從我手邊逃離。如果我的手慢慢移動，他們又會出於好奇跟著我的手走。有的倉鼠會站起身來討食物吃。他們玩累的時候，就躺著睡。他們是某種介於機器人和動畫動物之間的存在，距離真正的虛擬角色僅幾步之隔。

派蒂・梅斯正試圖教這些生物「怎樣做正確的事」。他想要讓他創造出來的生物在不太受人監管的狀態下，在他們所處環境的經驗中學習東西。如果侏羅紀裡的恐龍不能學習，那他們就不會是真正的角色。如果一個創造出來的人類虛擬角色不能學習，那麼他就幾乎是沒有什麼意義。按照包容架構模型，梅斯正在構造一個演算法的層級，可以使他的造物不僅具有適應力，還能將自身導向更為複雜的行為模式——作為這一套設計中必要的部分——還能**讓他們自己的目的**從行為中湧現出來。

迪士尼和皮克斯的動畫師差點被這個想法嚇死了；但終有一天，米老鼠會擁有自作主張的能力。

2001 年冬天，在迪士尼片場的一個角落裡，一輛拖車被布置成最高機密實驗室。一盤一盤古老的迪士尼動畫磁帶，一堆堆大容量的

電腦硬碟，還有三位 24 歲的電腦製圖藝術家身在其中。他們用了大約三個月的時間解構米老鼠。這個只出現在二維動畫片裡的角色重新被塑造成一個可能存在的三維角色。他知道怎樣自行地走路、跳躍和跳舞、表示驚訝和揮手道別。他雖然還不會說話，但能夠對嘴。整個大修之後的米老鼠可以裝在一個 Syquest 2-gig 系統可攜式磁碟裡。

這塊磁碟被帶著穿過舊的動畫工作室，經過一排排空蕩蕩的、積滿灰塵的動畫架，最後來到擺著視算科技公司工作站的小隔間。米奇迫不及待地跳進電腦裡。動畫師早就為這隻米老鼠創造了一個應有盡有的人工世界。他被帶入布景，攝影機啟動。開機！米奇在他家的樓梯上失足，重力把他拉了下來。仿真的物理學把他那富有彈性的屁股摔在木板樓梯上，產生出逼真的彈跳效果。一陣虛擬的風從敞開的前門吹了進來，吹走了他的帽子。當他要去追自己的帽子的時候，地毯卻從他下面滑走並遵循織物的物理規律捲成一團，正如米奇在他自己模擬出來的重量之下摔倒一樣。整個過程中，米奇只收到一個指令，就是進入房間並且一定要去追自己的帽子。其他事情都是自然發生的。

1997 年之後，就沒有人再用手去畫米老鼠了。沒有必要再這麼做。哦，有時候動畫師還是會插上一腳，對這裡或那裡的某個關鍵臉部表情稍作修飾——電腦動畫操作者稱這些動畫師為化妝師。但整個來說，米奇拿到一個劇本後，他就照著演出。而且，他（或者他的一個分身）現在是全年無休地同時出現在多部電影的片場。當然，他從來不會抱怨。

製圖高手們並未因此而滿足。他們在米奇的程式中加入一個梅斯的學習模組。有了這個之後，米奇就成長為一個合格的演員了。他會對同一螢幕裡其他大牌演員（譬如唐老鴨和高飛狗）的情緒和行為做

出反應。每當一場戲重拍的時候，他都會記得上一次的反應（製圖管理人所採取的動作），並在下一次強化這個動作。他也借助外力來加以進化。程式設計師調整他的代碼，提高他的動作流暢性，豐富他一系列的表情，使他的情感更具深度。如果需要的話，他現在可以扮演一個「情感豐富的傢伙」了。

不僅如此，經過五年的學習，米奇開始有了自己的主見。不知怎麼的，他對唐老鴨具有敵意；如果有人用木槌敲他的頭，他就會暴跳如雷。當他生氣時，他就會變得固執。經過多年的學習，當導演要他在懸崖邊上行走，他就會猶豫不決。而米奇的程式設計師們抱怨說，如果要將這些氣質習性重新編碼改變的話，就得破壞所有其他米奇已經擁有的品性和技能。「這就像是一個生態環境，」他們說，「你無法移走一個東西而不會攪亂整個環境。」關於這一點，有一位製圖專家說得最好：「實際上，這跟心理學一樣。這隻老鼠有了一個真正的人格。你不可能將人格分割開，你只能在他的基礎上做些補救。」

到了 2007 年的時候，米老鼠就是個相當不錯的演員了。正如他的經紀人所說的，他可是個炙手可熱的「道具人物」。他會說話。他可以熟練地應對你能想像的任何一種鬧劇情境。他確實有他自成一派的花招。他有很強的幽默感，也有喜劇演員才有的讓人難以置信的把握時機的能力。唯一的問題就是，跟他共事的話，你就會發現他是個混蛋。他會突然失去控制，然後暴跳如雷。導演們恨死他了。不過他們得容忍他──他們還見過更糟糕的──說到底，唉，因為他是米老鼠啊。

最棒的是，他永遠不會死，永遠不會老。

迪士尼公司在影片《威探闖通關》中預示了以上這種動畫角色的解放。這部電影裡的動畫角色各自擁有獨立的生活和夢想，但他們

只能待在動畫城，他們自己的虛擬世界裡；只有在需要他們時，才能出來在電影中進行表演。按照設定，這些動畫角色可以是合作、愉快的，也可以不是。他們擁有像人類演員那樣的任性和壞脾氣。兔子羅傑雖然只是個虛構的角色，但總有一天，迪士尼非得和一隻自主的、失控的兔子羅傑打交道。

問題就在於控制。米奇在他的第一部電影《汽船威利號》中，受到華特‧迪士尼完全的操控。迪士尼和米老鼠是兩者合而為一。隨著愈來愈多的逼真行為植入米奇身上，他和他的創造者之間就愈來愈貌合神離，愈加失控。這對有孩子或寵物的人來說，不是什麼新鮮事。但對於那些擁有卡通角色或者機器愈發聰明的人來說，就是非常新鮮的事了。當然，無論是小孩子還是寵物，都不會完全地失控。他們的服從行為中體現了我們直接的權威，而且他們的教育和成型也體現出我們更大程度的間接控制。

描述這一狀況的最恰當說法是：控制是一個範疇。一端是「一體」控制的全面支配，另一端則是「失控」；這兩端之間則是各種類型的控制，對此，我們還沒有恰當的語詞與之對應。

直到最近，我們所有的人工製品、所有的手工產物都仍然處在我們的威權之下。但當我們在人工製品培育出合成生命的同時，我們也正養育著喪失指揮權的未來。老實說，所謂「失控」，是對於那些我們賦予生命的機器一種非常誇張的描述。他們還是會間接地接受我們的影響和指導，只不過是脫離了我們的支配而已。

儘管我已經四處尋找，仍然找不到一個恰當的語詞來描述這一種類型的影響。我們確實沒有一個恰當的名稱來稱呼這種具有影響力的創造者和擁有自己心智的造物之間的鬆散關係——我們將會看到更多這樣的造物。按理說，在父母與子女的關係範疇裡應該有這麼一個語

詞，但可惜的是沒有。我們有「牧羊」這樣的概念來描述我們和羊群的關係。當我們放牧一群羊的時候，我們知道自己並不具有完全的權威，然而我們也並非全無控制。也許，我們將會放牧人工生命。

我們也會「栽培」植物，幫助他們實現他們自身的目標；或者對他們稍加影響，使他們有所偏斜而為我們所用。「管理」或許在意義上，是我們對人工生命（譬如那隻虛擬的米老鼠）所能施加的控制中最為貼近的語詞了。女人可以「管理」他不聽話的孩子或一隻亂吠的狗，或者管理他屬下 300 名能力超強的銷售人員。迪士尼也可以管理電影裡的米老鼠。

「管理」這個詞雖然貼近，但並不完美。我們雖然管理著像佛羅里達大沼澤地那樣的野生環境，但實際上我們對其中的藻類、蛇、濕地野草等幾乎沒有什麼發言權。我們雖然管理著國民經濟，但他還是為所欲為。儘管我們管理著電話網路，但我們並沒有監控某個特定的通話是如何完成的。「管理」所意味的高高在上的監管權力，遠遠超出在上述例子中我們所擁有的監管權力，也超出了在未來極其複雜的系統中我們所能行使的權力。

我所要尋找的語詞更接近「協同控制」。在某些機械類的設置中已經看到這個用語了。在惡劣天氣裡保持波音 747 巨無霸客機在高空飛行以及使他平穩降落是個非常複雜的任務。由於飛機上有好幾百個系統同時間運轉，高速的飛行又要求即時反應迅速，而飛行員經過無法休息的長途飛行後往往疲憊不堪，再加上惡劣的天氣，都使得電腦能夠比人類飛行員更勝任駕駛工作。機上全數的生命繫於一身，不允

許有任何的差錯和失誤。那麼，為什麼不讓一台非常聰明的機器來控制飛機呢？

所以工程師們在飛機上加裝了自動駕駛。事實證明這套系統非常好使用。他駕駛的巨無霸客機無論是飛行還是降落都完美無缺。自動駕駛也輕易地滿足了飛航管制員對於秩序的渴求——所有的東西都在數位化的監控之下。最初的想法是，人類飛行員可以監視電腦，以應對可能出現的問題。不過唯一的問題是，人類做這種消極的監視工作實在不怎麼樣。他們會覺得無聊，魂不守舍；接著，忽視一些關鍵的細節。然後，突然發生緊急狀況，他們不得不忙著「救火」。

因此與其讓飛行員盯著電腦，新的想法是反過來，讓電腦去盯著飛行員。歐洲的空中巴士 A320 是迄今為止世界上自主程度最高的飛機之一，他便採用了這種方式。從 1988 年開始，飛機上的電腦就開始擔負起監督飛行員的工作。當飛行員推動操縱桿使飛機轉向的時候，電腦會計算出左傾或者右傾的程度，但他不允許飛機的傾斜度超過 67 度，也不允許機頭朝上或朝下的幅度超過 30 度。用《科學人》雜誌的話來說，這意味著「這個軟體織出了一個能夠阻止飛機超出其結構限度的電子繭」，飛行員抱怨著他們要交出控制權。1989 年，英國航空駕駛 747 客機的飛行員經歷了六次不同的事故，每一次他們都不得不推翻電腦發出的功率減少的指令。如果他們當時沒能成功地糾自動導航系統的失誤——波音公司把這些錯誤歸咎給程式錯誤——這錯誤可能導致機毀人亡。然而，空中巴士 A320 並不提供讓飛行員糾正自動裝置系統的手段。

人類飛行員覺得他們是在為飛機的控制權而戰。電腦應該做飛行員還是導航員？飛行員取笑說，電腦就像是放到駕駛艙裡的一隻狗。狗的任務就是在飛行員想要去控制的時候咬他，而飛行員唯一的工作

就是餵狗。事實上，在自動飛行的新行話裡，飛行員被稱為「系統管理員」。

我相信電腦終將成為飛機上的副駕駛員。他將完成許多飛行員不能勝任的工作。但是，飛行員將會管理（或者說「放牧」）電腦的行為。而且這兩者——機器和人——會不斷地發生爭執，就像所有具有自主性的事物一樣。他們將以協同控制的方式來駕駛飛機。

彼得·利特維諾維茲是蘋果公司的製圖高手，他做了一件了不起的事。他從一個真人演員身上選取身體和臉部表情動作，然後把這些動作應用到數位演員身上。他先讓一個人類演員以一種誇張的方式要一杯乾馬丁尼。他把這些姿態——揚起的眉毛、唇邊的傻笑、頭部的輕快擺動——用來控制一隻貓的臉部動作。這麼一來，這隻貓所做的行為動作和這位演員所做的完全一樣。隨後，利特維諾維茲又把這個演員的表情移到一個卡通角色上，接著又移到一副木然的古典面具上，最後他還賦予樹幹生命做出了演員臉部的表情。

人類演員並不會因此而失業。儘管有些角色具有完全的自主性，但是大多數角色還是半機械人的性質。演員可以讓一隻動畫貓鮮活起來，而這隻人造貓又會倒過來教他如何演得更像貓。演員可以「駕馭」卡通角色，跟牛仔騎馬、或像飛行員駕駛由電腦掌控的飛機一樣。數位化的綠色忍者龜可以自己在世界上到處飛奔，而與他共享控制權的人類演員則偶爾適當地給予他臉部細微的表情變化，或者恰到好處地發出一聲怪叫。

《魔鬼終結者2》的導演詹姆斯·卡麥隆最近跟一群電腦製圖專家說：「演員們都喜歡化妝。他們願意在化妝椅上坐上8個小時完成化妝。我們必須讓他們參與到合成角色的創作中。給他們以新的身體和新的面貌來拓展他們的表演。」

控制的未來是：夥伴關係，協同控制，人機混合控制。這些全都意味著，創造者必須和他的造物一起共享控制權和他的命運。

第十七章

開放的宇宙

一群蜜蜂從蜂巢裡竄出，聚集成一團懸掛在一根樹枝上。如果附近的養蜂人運氣夠好的話，就可以容易構著蜜蜂群落腳的樹枝。這些吃飽蜂蜜、又不需要看護幼蜂的蜜蜂，就像瓢蟲一樣地溫順。

我曾有將一、兩窩懸掛在不超過我頭部高度的蜂群移進我自己空蜂箱裡的經歷。將上萬隻蜜蜂從樹枝上移入蜂箱的過程，是生活中的一場奇妙表演。

如果有鄰居在看，你可以大露一手讓他們印象深刻。在嗡嗡作響的蜜蜂團下直接放上一塊白布或者一大塊硬紙板。然後，將白布的一邊蓋在空蜂巢底部拉出的入口處，這樣白布或硬紙板就會形成一個導向蜂巢開口處的巨大坡道。此時，你可以戲劇性地停一下，接著抓住樹枝用力一抖。

蜜蜂整團從樹上掉下來，落到布塊上四處飛奔，就像劇烈攪動著的黑色糖漿。數千隻蜜蜂亂哄哄地蠕動擠成一堆，嗡嗡作響。慢慢地，你看出了一些眉目。蜜蜂們面向著蜂巢的開口排成一行，魚貫而入，就像接到命令的小小機器人。他們確實收到了指令。如果你俯下

身來靠近白布，將鼻子湊近蠕動的蜂群，可以聞到玫瑰花般的香味。你會看見蜜蜂們一邊行進一邊弓著背猛烈地拍動著翅膀。他們正從自己的尾部的腺體中噴出玫瑰香氣，並把這個香氣搧到身後的隊伍裡。這個香氣說：「蜂后在此，跟我來。」第二隻跟著第一隻，第三隻跟著第二隻，五分鐘後，整個蜂群都鑽進了蜂箱，白布上幾乎空空如也。

地球上最初的生命是不可能上演這一場秀的。這不是因為缺少適當的變異。對於這種瘋狂行為，原始基因是完全沒有施展這種本事的可能性。利用玫瑰的香味來讓上萬隻飛蟲聚成一個目標明確的爬行怪物，這不是早期生命所能做到的。早期生命不僅不能創造出這樣的舞台秀場——工蜂、蜂后、花蜜、樹、蜂巢、費洛蒙，而且連搭建這個舞台的工具也還沒有創造出來。

大自然之所以能夠產生令人震驚的多樣性，是因為他在本質上是開放的。生命並不會局限自己從最初所創造的少數基因裡去產生令人眼花撩亂的變化。相反地，生命最早發現的事情之一是如何創造新的基因，更多的基因，可變的基因，以及一個更大的基因庫。

波赫士圖書館裡的一本書含有相當於一百萬個基因的訊息量；而一幅高解析度的好萊塢電影畫面則有三千萬個基因的訊息量。由此構建出的書庫儘管如此龐大，但在由所有可能存在的書庫組成的元書庫中，他們只不過是一粒塵埃。

生命的特徵之一是他會不斷地開拓他自身的生存空間。大自然是一個不斷擴展的可能性之庫，是一個開放的宇宙世界。生命一邊從書庫架上抽取出最不可思議的書來；同時也為藏書增建新廂房，為更不可思議的文本創造空間。

我們不知道生命如何從固定基因空間跨越其分界線到可變基因空

間。或許是某一個特殊基因的職責決定著染色體中基因的總數量。只要使那一個基因產生變異，那麼鏈中基因的數量就會增加或減少。或者基因組的大小是由多個基因間接決定的。或者更有可能的是，基因組的大小是由基因系統本身的結構所決定的。

湯姆‧雷在他的實驗中顯示出，自我複製的世界裡可變的基因組的長度瞬時就會湧現出來。他的創造物自行決定其基因組的長度（由此也決定他們可能存在基因庫的規模），短至出乎他意料的 22 位元組，長至 23,000 位元組。

開放的基因組帶來開放的進化。一個預先設定每一個基因的工作或基因數量的系統只能在預先設定的範圍內進化。道金斯、拉薩姆和西姆斯的最初那些系統以及俄羅斯程式設計師的電子魚，都耽擱在這個局限上。他們也許能生成所有可能的具有既定大小和深度的畫面，但不能生成所有可能的藝術品。一個沒有預先確定基因角色和數量的系統才能出奇制勝，達成目標。這就是湯姆‧雷的創造物造成轟動的原因。就理論而言，他的世界只要運行時間夠長，就能在最終的形式庫中進化出任何東西。

形成開放基因組的方法不止一種。1990 年，卡爾‧西姆斯利用二代連接機的超級計算能力設計了一個由長度可變基因組成的新型人工世界，比他設計的植物圖像世界更為先進。西姆斯的妙計是創造一個由小**方程**而不是長串數位碼組成的基因組。他原來的基因庫中，每一個固定長度的基因都控制著植物的一個視覺參數；而這個新的基因庫則擁有長度可變且可自由擴展的方程，可用來繪製各種曲線、色

彩、形式和形狀。

西姆斯的方程基因是一種計算機語言（LISP）的小型自含邏輯單元。每一個模組都是一個算數指令，諸如**加、減、乘、餘弦、正弦**。西姆斯把這些單元統稱為「基元組」——一張合邏輯的字母表。只要有一張適當的基元組字母表，就可以建立任何方程，就像用適當多樣的語音元素表就能組合任何語音句子一樣。**加、乘、餘弦**等諸如此類的相互組合能產生任何我們想得出的數學方程。既然任何形狀都可以用方程來表達，這一基元組字母表也就可以畫出任何一種圖像。增加方程的複雜性也就神奇地擴大所生成圖像的複雜性。

方程基因庫還有個意外的好處。在西姆斯的原版世界（以及在湯姆・雷的「地球」和丹尼・希利斯的共同進化的寄生蟲世界中），有機體是一串串每次隨機轉換一個數位的數位碼，就像波赫士圖書館裡的書那樣，一次改變一個字母。在西姆斯的改良版世界裡，有機體就成了一串串每次隨機轉換一個單元的邏輯單元組。以波赫士圖書館為例的話，這次被翻動的是語詞而不是字母。每本書裡每個語詞的拼寫都正確，每本書的每一頁因此就更有實際意義。但是，對於以語詞為原料的波赫士圖書館來說，要煮出這鍋有意義的字母湯至少需要數以萬計的語詞，而西姆斯僅用含有一打左右數學基元組的「原汁」就能列出所有可能的方程。

然而，對邏輯單元而不是對數字位元做進化，其最根本的優勢是在於他能馬上將系統移向通往開放宇宙的大道。邏輯單元本身就是功能，而不像數位位元那樣僅僅是功能的數值。任意在一個地方增加或交換一個邏輯基元，程式的整體功能就會產生轉變或是擴展，使得在系統中湧現出各種新功能和各種新事物。

這就是西姆斯的發現。他的方程進化出全新的圖像並將他們顯示

在電腦螢幕上。這個新的空間是如此豐富，使得西姆斯大為震驚。由於基元組只包含邏輯部分，西姆斯的 LISP 字母表確保了大部分方程所繪出的圖像都具有**某種模式**。螢幕上不會再充斥著模糊灰暗的圖像，無論西姆斯「漫步」到哪裡，都能看到令人驚豔的風景。「藝術」成了隨手拈來可得之物。一開始，螢幕上布滿狂野的紅色和藍色的之字形線條。接下來，螢幕的上部點綴著黃色的球狀。之後的螢幕是黃色斑點並有著一條朦朧的水平線；接著是加重筆墨的波浪伴著藍色的海天一線。然後，是引發人聯想到金鳳花的柔黃色圓暈。幾乎每一輪畫面都展現出別出心裁的創意。一小時內，數千張美輪美奐的圖像從其藏身之處被喚醒，是第一次也是最後一次展現在我們面前。這好比站在世界上最偉大畫家的後面，觀看他從不重複一個主題或風格的素描一樣。

當西姆斯選取一幅圖畫，繁衍出他的變種，再從中選取另一幅時，他所進化的不只是圖像。撇開一切不說，西姆斯進化的是一種邏輯。一個相對較小的邏輯方程能繪製出一幅令人眼花撩亂的複雜圖畫。西姆斯的系統曾經一度進化出下面這八行邏輯代碼：

```
(cos (round (atan (log (Invert y) (+ (bump (+(round x y) y)
#(0.46 0.82 0.65) 0.02#(0.1 0.060.1) #(0.99 0.06 0.41) 1.47
8.7 3.7) (color-grad(round (+ y y) (log (invert x) (+ (invert
y) (round(+ y x) (bump (warped-ifs (round y y) y 0.08 0.06 7.4
1.65 6.1 0.54 3.1 0.26 0.73 15.8 5.7 8.9 0.49 7.2 15.6 0.98)
#(0.46 0.82 0.65) 0.02 #(0.1 0.06 0.1) #(0.99 0.06 0.41) 0.83
8.7 2.6))))) 3.1 6.8 #(0.95 0.7 0.59) 0.57))) #(0.17 0.08 0.75)
0.37) (vector y 0.09 (cos (round y y)))))
```

這個方程在西姆斯的彩色螢幕上繪出了一幅看似北極的落日晚霞映照在兩根冰柱上的「畫作」。這是一幅非常引人注目的圖像：冰柱晶瑩剔透，遠方的地平線淡然而寧靜。這好比像是一位業餘畫家的作品。誠如西姆斯說的：「這個方程的進化從頭到尾僅需幾分鐘的時間──這或許比人類繪製的要快的多了。」

但是西姆斯卻完全無法解釋方程的邏輯以及他為何會產生一幅冰的圖畫。對這個方程而言，西姆斯和我們一樣茫然無知。方程那令人費解的邏輯已經無法用簡明的數學來予以破解了。

真正認真地將空洞的邏輯程式的進化概念付諸實踐的是約翰·柯扎。他是史丹佛大學計算機科學系教授約翰·霍蘭德的學生。他和霍蘭德的另外幾名學生一起使 1960 到 1970 年代被冷落的霍蘭德遺傳基因演算法重放光芒，進入到 80 年代末平行運算的復興時期。

與「藝術家」西姆斯不同的是，柯扎並不只是想單純地探索可能方程的空間，他想進化出能夠解決特定問題的最佳方程。舉一個有點牽強的例子，假設在所有可能的圖像中有一幅圖會吸引乳牛凝視他，並因而提高生產牛奶量。柯扎的方法就可以進化出能繪製這一特定圖像的方程。在這個異想天開的例子中，柯扎會對那些所繪出的圖像，儘管只是輕微增加牛奶產量的方程給予獎賞，直到牛奶產量無法再得到提高。當然，柯扎在他實際的實驗中，所選擇的測試要比這實用多了，像是找出一個能操縱機器人移動的方程式。

但就某種意義來說，他的搜索方式與西姆斯以及其他研究者的相似。他也在由可能存在的計算機程式組成的波赫士圖書館內搜尋──

不過不是毫無目的地瞧瞧而已，而是去尋找解決特定**實際**問題的最佳方程。柯扎在《基因程式設計》一書中寫道：「我想，解決這些問題的過程可以重新表述為，在可能存在的電腦程式中搜索最合適的個別電腦程式。」

柯扎透過繁衍「找到」方程的想法被認為有背常理，跟電腦專家認為雷的進化方案不適用的道理是一樣的。過去，人人都「知道」邏輯程式是脆弱的，不能容忍有一絲絲變動。計算機科學理論中，程式只有兩種狀態：(1) 無瑕疵運行；(2) 修改後運行失敗。第三種狀態——隨機修改後還能運行——是不可能的。輕微的修改程式會被視為漏洞（程式錯誤），而人們花費大量財力試著去避免他。專家們過去認為，如果電腦方程漸進修正改良（進化）真有可能的話，肯定也只會出現在一些罕見領域或專門類型的程式中。

但人工進化的驚人之處說明傳統觀點是真的錯了。西姆斯、雷和柯扎都有絕妙的證據證明，邏輯的程式是可以藉由漸進式修改而進化的。

柯扎的方法是基於一種直觀判斷，也就是說，如果兩個數學方程在解決一個問題時多少有點效果的話，那麼他們的某一些部分就具有價值。如果將這兩者有價值的部分重新加以整合成一個新程式，其結果可能比兩個母程式中的任何一個都更有效。柯扎將兩個母程式中的各個部分隨機重組數千次，期望有機率出現一個最佳的組合，能夠更有效率的解決問題。

柯扎的方法和西姆斯的方法之間有很多相似之處。柯扎的「數據培養液」也含有大約一打用 LISP 電腦語言表達的數學基元組，如**加、乘、餘弦**。這些基元隨機串在一起形成一棵棵邏輯「樹」——一種形似電腦流程圖的層次結構。柯扎的系統像繁殖人口一樣，創建了

500 到 1 萬個不同的獨立邏輯樹。「數據培養液」內的生物群集通常在繁衍了大約 50 代之後聚集到某個合適的後代身上。

　　樹與樹之間藉著交換分枝以迫使他們產生變種。有時嫁接的是一根長樹枝，有時僅僅是一根細枝或枝頭的「葉子」。每根樹枝都可以被看作是由更小的分枝構成的完整無缺的邏輯子程式。以這種分枝嫁接方式，一小段方程（一根樹枝），或一個有用、有價值的小程式，就可以得到保存，或甚至有傳播的機會。

　　各種各樣的古怪問題可以經由方程進化而加以解決。柯扎用他來解決的一個經典難題是如何將一隻掃把平衡地立在滑板上。滑板必須在馬達的推動下來回移動，使倒立的掃把在滑板中央保持直立。馬達控制的計算量驚人，但與操控機器人手臂所需的控制電路並沒有什麼多大的不同。柯扎發現，他可以進化出一個程式來實現這種控制。

　　被他用來測試方程進化的問題還包括：走出迷宮的策略、求解二次方程的規則、優化連接許多城市最短路徑的方法（又稱為旅行業務問題）；在井字遊戲這一類簡單遊戲中勝出的策略。在每一個例子中，柯扎的系統每次都會去尋找解決問題的一般公式，而不是尋找每一個測試實例的具體答案。一個公式經受不同實例的測試愈多，這個公式就會隨著每一代進化得更加完善。

　　雖然方程進化繁衍能得出有效的解決方案，但這些方案通常是極盡你可能想像地難看。當柯扎開始查看那些高度進化而具有價值的東西的內部細節時，他和西姆斯、雷一樣吃驚：解決方案簡直是一團混亂！進化不是繞了一大圈，不然就是趁虛而入躲過一些迂迴邏輯漏洞抄近路。他塞滿累贅，粗糙不雅。出錯時，不願移除錯誤，而是寧願添加一節糾正錯誤的程式，或者讓主流程式改道繞過出錯的部分。最後的公式頗有幾分像神奇的魯布‧戈德堡裝置組合的樣子，靠某些巧

合才能運作。當然，他實際上就是魯布‧戈德堡機械。

　　舉一個柯扎曾經丟給他的進化機運行過的一個問題作為例子。那是一個由兩條互相纏繞的螺旋線構成的圖形，大致類似於紙風車上的雙重螺旋線。柯扎的進化方程機必須進化出一個最佳方程式，能夠判定這兩條纏繞的螺旋線上大約 200 個數據點各自的所在處。

　　柯扎將 1 萬個隨機產生的電腦公式下載到他的數據培養液裡。他任他們進化繁衍，而他的機器則挑選出最能夠獲得正確公式的方程。當柯扎睡覺的時候，程式樹交換分枝，偶爾產生一個運行更好的程式。在柯扎度假期間，機器照常運行。等他結束度假回來時，系統已經進化出能完美分類雙螺旋線的答案了。

　　這就是軟體設計的未來！定義一個問題，機器就能在程式設計師打高爾夫球的時候找到解決方案。但是，柯扎的機器找到的解決方案讓我們看到很多關於進化的結果。這是他得出的公式：

(SIN (IFLTE (IFLTE (+ Y Y) (+ X Y) (- XY) (+ Y Y)) (* X X)
(SIN (IFLTE (% Y Y) (%(SIN (SIN (% Y 0.30400002))) X) (% Y
0.30400002) (IFLTE (IFLTE (% (SIN (% (% Y(+ X Y)) 0.30400002))
(+ X Y)) (% X0.10399997) (- X Y) (* (+ -0.12499994 -
0.15999997) (- X Y))) 0.30400002 (SIN (SIN(IFLTE (% (SIN (%
(% Y 0.30400002)0.30400002)) (+ X Y)) (% (SIN Y) Y) (SIN (SIN
(SIN (% (SIN X) (+ -0.12499994 -0.15999997))))) (% (+ (+ X Y)
(+ Y Y)) 0.30400002)))) (+ (+ X Y) (+ Y Y))))) (SIN (IFLTE
(IFLTE Y (+ X Y) (- X Y) (+ Y Y)) (* XX) (SIN (IFLTE (% Y Y)
(% (SIN (SIN (% Y0.30400002))) X) (% Y 0.30400002) (SIN (SIN
(IFLTE (IFLTE (SIN (% (SIN X) (+ -0.12499994 -0.15999997))) (%

X -0.10399997)(- X Y) (+ X Y)) (SIN (% (SIN X) (+ -0.12499994

-0.15999997))) (SIN (SIN (% (SINX) (+ -0.12499994

-0.15999997)))) (+ (+ X Y)(+ Y Y))))))) (% Y 0.30400002))))).

　　這公式不但樣子難看，而且無法令人理解。即使對一個數學家或一個電腦程式設計師來說，這個進化出來的公式就像是由黏焦油製作出來的玩具落在荊棘地裡一樣，只是更加糾結成一團。湯姆‧雷說，進化寫的代碼只有喝醉酒的人類程式設計師才寫得出來。但或許可以更確切地說，進化所生成的代碼是只有外星人才寫得出來。這絕非人類所能為。柯扎回溯這個進化方程的源頭，終於找到了這個程式處理問題的方式。他完全是憑著百折不撓和不計一切手段的「精神」，才找到一條艱難又曲折、只有自己能懂的解決之道。但這確實管用。

　　進化得出的答案看起來很奇怪，因為幾乎任何一個懂得代數的高中生都能用一行寫出一條非常簡潔優雅的方程來描述這兩條螺旋線。

　　在柯扎的世界裡，簡明的解決方案沒有進化的壓力。而他的實驗也不可能找到那種精練的方程式，因為他並不是為此目的而建構的。柯扎試著在其他的運行過程中添加點簡約性因素，卻發現在運行開始就加入簡約性因素會降低解決方案的效率。得到的方案雖然簡單卻只有蹩腳的解決方案。他有證據顯示，在進化過程末期加入簡約性因素──也就是說，先讓系統找到一個管用的解決方案，之後再開始對其進行簡化──這是進化出簡潔方程更好的方法。

　　但柯扎堅信簡約的重要性被過分高估了。他說，簡約僅只是「人類的美學標準」。大自然本身並不特別簡約。舉例來說，當時身為史丹佛大學科學家的大衛‧史托克分析了小龍蝦尾部肌肉中的神經迴路。當小龍蝦想逃走的時候，其神經迴路會引發一個奇怪的後空翻動

作。對人類來說，那種迴路看起來就如巴洛克建築那樣地繁複，只要簡單地取消幾個多餘的循環指令馬上就可以使他簡化。但那堆亂七八糟的東西卻很管用。大自然並不會只為了優雅而簡化。

　　柯扎指出，人類之所以追求像是牛頓的 $f=ma$ 那樣簡單的公式，是因為他反映了我們內在固有的信念：宇宙是建立在簡約秩序的基礎之上。更重要的是，簡約對人類來說，他是很便利的。$f=ma$ 這個公式比柯扎的螺旋線怪物使用起來容易的多，而這也讓我們體會到那公式中所蘊涵的美感。在電腦計算機和計算器問世前，簡單的方程更加實用，因為用他計算更不易出錯。複雜的公式既累人又不可靠。不過，在一定範圍內，無論是大自然還是並行計算機，都不會為繁複的邏輯所困擾。那些我們覺得既難看又讓人頭暈的額外步驟，他們能以令人乏味的精確性運行無誤。

　　儘管大腦像並行機器一般運作，但人類意識卻無法並行思考；這一大諷刺令認知科學家感到不解。人類的智慧有一個近乎神祕的盲點。我們不能憑著直覺理解或然率、橫向因果關係以及同步邏輯概念。我們的思維方式完全不像他們那樣。我們的思維退而求其次選擇串行敘述──線性描述。那正是最早的計算機使用馮諾伊曼串行設計的原因：因為這就是人類的思維方式。

　　而這也再次說明為什麼平行電腦必須從進化而不是設計產生：因為提到並行思考，我們都成了傻子。電腦和進化進行平行思考；但意識進行串行式思考。思維機器公司的市場行銷總監詹姆斯·貝利在《代達洛斯》（*Daedalus*，麻省理工發行的藝術暨科學期刊，取名自

希臘神話中著名的工匠）1992 年冬季季刊裡寫了一篇極具爭議的文章，其中描述了有關並行計算機對人類思維的回彈效應的奇妙影響。文章篇名為〈我們先改造電腦，電腦再改造我們〉；貝利在文中指出，平行電腦正在開啟我們知識的新領域。電腦邏輯的新型態反過來迫使我們提出新問題和新視角。貝利認為：「或許世上還有一些截然不同的計算方式，一些只有用平行思考才有意義的方式。」像進化那樣地思考也許會開啟宇宙的新大門。

約翰‧柯扎認為，進化對於平行以及定義不明的問題的處理能力是他的另一個獨特優勢。教電腦學會如何解決問題的困難在於，直到目前為止，我們還是得明確地逐字逐句為他重新編程，才能解決我們遇到的每一個新問題。要如何設計電腦才能讓他自行完成任務，而不必每件事都要告訴他該做什麼和怎麼做？

柯扎的答案是進化。進化可以讓電腦軟體解決現實世界中，可能有一個或多個答案的問題。而答案的範圍、性質甚至值域有可能完全模糊不清。譬如：香蕉掛在樹上，摘取的程序為何。至今大多數電腦學習還無法解決這樣的問題，除非我們明確地在程式中提供一些明確的參數作為線索，諸如：附近有多少梯子？有長竿子嗎？

一旦定義了答案的界限，就等於回答了問題的一半。如果我們不告訴他附近有什麼樣的石頭，我們就知道不會得到「向他丟石頭」的答案。然而在進化中，則有這個可能。更有可能出現的是，進化會給我們完全意想不到的答案：使用高蹺、學習跳高、請小鳥幫忙、等暴風雨過後、生小孩，然後讓他們站在你的頭頂上。進化並不一定要昆蟲飛行或游泳，只要求他們能夠快速移動來逃避捕食者或捕獲獵物。像逃走這樣的開放問題，就會得出像是水黽用腳尖在水上行走或蚱蜢猛然跳起這些不同但明確的答案。

每一個涉足人工進化的人都因進化能輕而易舉地得出異想天開的答案而大感吃驚。湯姆‧雷說：「進化不管有沒有意義，他關心的是可不可用。」

　　生命的天性就是喜歡鑽各種可能的漏洞。他會打破他自己所有的規則。看看這些生物學上令人瞠目結舌的奇事：雌魚是由寄居在體內的雄魚來進行授精，生命體愈增長就會愈萎縮，永遠不會死的植物。生命像是一家奇珍異品店，貨架上永遠不會缺貨。自然界裡的奇特怪事幾乎跟所有的生物數量一樣多；**每一種**生物在某種意義上都在透過重新詮釋規則來為自己找出一條活路。

　　人類的發明物，若編列出來就沒那麼豐富。大部分機器造出來是為了完成某個明確的任務。他們遵照我們舊式的定義，服從我們的規則。然而，如果我們構想出一個理想的、我們夢寐以求的機器，那麼他應該可以自己適應環境，更理想的是，他還能自我進化。

　　適應是一種扭曲自身結構的行為，藉以能夠鑽過一個新漏洞。從另一個角度來看，進化則是更深層的改變，他重塑的是結構本身的架構——如何產生變化的方式——通常是為其他的人事物提供新的漏洞。如果我們預先確定了一部機器的組織結構，也就預先確定了他所能解決的是什麼樣的問題。理想的機器應該是一部通用的問題解決機，一部什麼都能做、沒有範圍限制的機器。這就意味著他也必須擁有一種開放性的結構。柯扎寫道：「（解決方案的）規模大小、形式以及結構複雜度，都應該是解答技術所提供答案的一部分，而不是問題的一部分。」當我們認識到，一個系統本身的結構決定了他可以得出的答案，那我們最終想要的是如何生成機器，而不預先定義其結構的方法。我們想要的是一種不斷自我更新的機器。

　　那些致力於推動人工智慧研究的人無疑會說「阿們」表示贊同。

在沒有任何限定任何可能答案的前提下，能想出一個解決方案——人類稱之為橫向思維——這幾乎是等同於人類智能的定義了。

我們所知唯一一部能重塑他自身內部連接的機器，就是我們稱為大腦的灰色活體組織。我們目前可以想像製造而能生成他自身結構的最合適的一部機器，可能是一種能夠重新自我改編程式的軟體。西姆斯和柯扎的進化方程是通向自我改寫程式機器的第一步。一個可以繁衍其他方程的方程正是這種生命種類的基土。繁衍其他方程的方程是一種開放性的宇宙。在那裡，任何方程都能產生，包括自我複製的方程和銜尾蛇式以支撐自身得以循環的公式。這種遞迴程式，可用於自身並重寫自身的循環規則，進而釋放出所有最宏大的力量：創造恆新。

「恆新」是約翰‧霍蘭德使用的詞組。多年來，他一直在潛心研究人工進化的方法。他說，他真正在從事的是一種恆新的新數學。那是能夠創造永無止境的新事物的工具。

卡爾‧西姆斯告訴我：「進化是一種非常實用的工具。他是一種探索你不曾想過的新事物的方式。他是一種去蕪存菁的方式。他也是一種無須理解便能探索程序的方式。假使計算機運轉足夠快速的話，這些事他都能做到。」

探索超越我們理解力以外的領域並提煉我們所擁有的，這是定向式、監督式和最優化的進化所帶給我們的禮物。湯姆‧雷說，「但是，進化不僅是優化。我們知道進化能超越優化並能創造新事物而加以優化。」當一個系統可以創造新事物而加以優化時，我們就有了一個恆新的工具和開放的進化。

西姆斯的圖像遴選和柯扎透過邏輯繁衍進行軟體遴選，這兩者都是生物學家稱為育種或人工選擇的例子。「合格」的標準——選擇的

標準──是由培育員決定，因此也是人工產物或是人為的。為了達到恆新──找到我們不曾預料的東西──我們必須讓系統本身為他的選擇定義標準。這就是達爾文所說「天擇」的涵義。選擇標準是由系統的特性所決定；他自然而然地出現。開放的人工進化也需要天擇，如果你願意的話，也可以叫他人工天擇。選擇的特徵應該從人工世界本身自然地湧現出來。

湯姆·雷已經藉由讓他的世界自主選擇適合的方式來安裝「人工」天擇工具。因此從理論上來說，他的世界具有了進化全新事物的能力。但是雷確實「動」了小手腳使系統得以運作。他等不及他的世界靠自己的力量進化出自我複製的能力。因此從一開始，他就引進了一個自我複製機制；一經引入，複製再也不會消失不見。用雷的比喻來說，他將生命當作單細胞生物體而強力啟動，然後觀看了一場新生物體的「寒武紀大爆發」。但是他並不感到歉疚。「我只是嘗試獲得進化，並不真的在意取得他的方式。如果我需要調整我世界裡的物理和化學成分才能達到他們能支撐豐富多樣、開放式進化的水平，我樂於這麼做。而不得不操縱他們達到那種地步，並不會讓我感到愧疚。如果我可以操控一個世界達到寒武紀大爆發的臨界點，然後讓他自己沸騰溢出邊界，那才真的是永生難忘。和系統所產生的結果相比，我不得不操控他達到臨界點這件事是一件不值一提的事。」

雷認為，啟動人工的開放式進化是一件極具挑戰的事，而他不一定非得使系統自己進化到那種程度。他會控制他的系統直到他能靠自己的力量進化。正如卡爾·西姆斯所說，進化是一種工具。他可以跟控制相結合。雷在數月的控制之後便使用了人工天擇。但與之相反的過程同樣可行；其他人也許會在經過數月的進化後再予以控制而得到想要的結果。

進化作為一種工具，很適用於以下三件事：

- 如何到達你想去卻找不到路徑的領域。
- 如何到達你無法想像的領域。
- 如何開拓全新領域。

第三種用途是通向開放世界的門戶。他是不被監督，也沒有固定方向的進化。他是霍蘭德所想的，可以不斷擴張的恆新機器，是一個可以自己創造自己的事物。

雷、西姆斯和道金斯這些偽上帝認為他們已經將進化推展到他們所劃定的空間，但當進化能擴大這個固定空間時，他們對此都大感驚訝。「那比我想像的要大得多」是他們常說的話。當我在卡爾・西姆斯進化展的圖片之間穿行的時候，也有類似的無法抗拒的感覺。我找到的（或系統為我找到的）每一張新圖片都色彩絢麗且是意想不到的複雜，跟我以前所見過的任何東西都大不相同。每一個新圖像似乎都擴大了可能存在的圖片空間。我意識到我從前對圖片的概念是由人類，或者是由生物本質來定義的。但在西姆斯的世界裡，同樣地有相當多令人嘆為觀止的景象；這些景象既不是人所製造的，也不是由生物所製造，但同樣都豐富多彩，等著被展現。

進化正在擴展我對可能性的認識。生命的機制系統與此非常相似。DNA 的字節都是功能單位——是擴展可能性空間的邏輯進化者。DNA 與西姆斯和柯扎的邏輯單位的運行方式是相似的。（也許我們應該說他們的邏輯單位與 DNA 是相等同的？）少量的邏輯單位就可

以透過混合和配對對天文數字般的可能蛋白質的任何一個加以編碼。細胞組織、疾病、藥物、味道、遺傳信息以及生命的基礎結構等所需的蛋白質，均來自這張小小的功能字母表。

生物進化是在一個不斷擴張、永無止境的庫中以舊的 DNA 單元繁育新的 DNA 單元的一種開放式進化。

分子育種學家傑拉德‧喬伊斯說，他很高興投入「既是為了興趣，也是有利可圖的分子進化工作」。但他真正的夢想是孵化出另一種開放進化機制。他告訴我：「我很好奇地想知道，是否能在我們的控制之下啟動自組織的過程。」喬伊斯和同事們正在做一個試驗，讓一種簡單的核醣核酸酵素進化出自我複製的能力──那正是湯姆‧雷跳過的一個至關重要的步驟。「我們的明確目標是啟動一個進化系統。我們要讓分子自行學會如何複製自身。之後，自主進化將取代定向進化。」

目前，自主且能自我維持的進化對生物化學家們來說，僅是一個夢想。至今還沒有人能夠迫使一個進化系統邁出「進化的一步」──發展出迄今曾未有過的化學進程。到目前為止，生物化學家只能就那些他們已經知道該如何解決的問題來進化出新的分子。「真正的進化是要有所創新，而不是只是在感興趣的變異中打轉。」喬伊斯說。

一個有效的、自主的、進化的分子系統將會是一個不可思議的強大工具。他將是一個可以創造出任何生物的開放式系統。「他會是生物學的大勝利。」喬伊斯宣稱。他相信，這樣的衝擊力相當於「在宇宙中找到另一種樂於與我們分享這個世界樣本的生命形式」。

但是，喬伊斯是一個科學家，他不會被熱情沖昏了頭：「我們並不是要製造生命，然後讓他發展自身的文明。那是痴人說夢話。我們要的是製造一種與現有的化學存在有些微不同的人工生命形式。這不

是什麼天方夜譚，而是切實可行的。」

　　但是，克里斯‧蘭頓並不覺得能創造自己文明的人工生命是癡人說夢。對於一位開創人工生命這個時髦領域的特立獨行的人來說，蘭頓承受了許多壓力。他的故事很值得向大家簡述一下，因為他自身的經歷再現了人造的、開放式進化體系的覺醒。

　　幾年前，我和蘭頓參加在土森市，為期一周的科學會議。為了清醒一下頭腦，我們逃離了一個下午的會議。我應邀去參觀尚未完成的生物圈 2 號計畫，路程大約有一個小時之遠。所以，當我們平穩行駛在亞利桑那州南部盆地那蜿蜒如黑色緞帶般的柏油路上時，蘭頓向我講述了他的生命故事。

　　當時，蘭頓以計算機科學家的身分在洛斯阿拉莫斯國家實驗室工作。整個小鎮和洛斯阿拉莫斯實驗室，最初都是為研製終極武器而建的。因此，蘭頓在故事一開始說他是越南戰爭時期拒服兵役的人，讓我感到驚訝。

　　作為拒服兵役的人，蘭頓得到一個替代兵役的機會——在波士頓的麻州綜合醫院做勤務員。他被分配去做一件沒有人樂意去做的苦差事：把屍體從醫院地下室搬運到太平間地下室。工作的第一個星期，蘭頓和他的搭檔把一具屍體放到一架輪床上，推著他穿過連接兩棟樓的陰冷潮濕的地下走廊。他們必須在地道中唯一的燈光下推著輪床通過一段狹窄的水泥橋。當輪床撞到路面凸出物時，屍體打了嗝，坐了起來，並從輪床上滑下來！蘭頓下意識地轉身想抓住他的搭檔，卻只看見遠處的門在他已逃離的同事身後來回晃動。死了的東西可以表現

的像活的一樣！生命就是行為，這是蘭頓最初的體會。

　　蘭頓對老闆說，他無法再做那個工作了。他能不能做點別的？
「你會編寫計算機程式嗎？」老闆問他。「當然會。」

　　他得到一份為早期計算機設計程式的工作。有時，他會在晚上讓
一個無聊的遊戲在閒著的電腦上運行。這個遊戲被稱為「生命」，由
約翰・康威設計，再由早期的電腦高手比爾・戈斯珀寫成主機程式。
該遊戲是一組能產生各種不同形式的非常簡單的程式，其模式令人
想到生物細胞在培養皿上的成長、複製和繁衍。蘭頓回憶起那一天，
他獨自工作到深夜，突然感到屋裡有人，有某種活著的東西在盯著他
看。他抬起頭，在「生命」的螢幕上，他看到令人驚異的自我複製的
細胞模式。幾分鐘後，他再次感到那種存在。他再次抬起頭來，卻看
到那個模式已經死去。他突然意識到那個模式曾經活過──活著，而
且像瓊脂皿上的細胞一樣真實地活著──只是在電腦螢幕上。蘭頓心
裡萌生了這個大膽的想法，或許計算機程式能夠獲得生命。

　　他開始玩弄這個遊戲，研究他，思考著是否能夠設計出一種開放
的、類似「生命」那樣的遊戲，讓事物能夠開始自行進化。他苦練
他的程式設計技術。在此其間，蘭頓接到一個任務：將一個程式從一
台過時的大型計算機中移轉到一台構造完全不同的新計算機上。要完
成這項任務的竅門是提取舊計算機裡**硬體**的運行方式，放進新計算機
的軟體中──選取硬體的基本行為，再轉換成無形的符號。用這樣的
方式，舊程式就可以在新計算機上由軟體模擬出來的一個虛擬舊計算
機系統中運行。蘭頓說：「這是將處理從一個媒介轉到另一個媒介上
的直接體驗。硬體是什麼並不重要，因為你可以在任何硬體中運行程
式。重要的是要抓住過程的本質。」這讓他感到疑惑，是否可以從碳
中提取出生命而轉化為矽結構。

在替代兵役的工作結束後，蘭頓在滑翔運動上度過一個夏天。蘭頓和一位朋友在北卡羅來納州找到一份日薪 25 美元的工作，性質是在北卡羅來納州老爺山上空滑翔以招攬遊客。他們每次都以每小時 64 公里的風速在高空中逗留數小時。一天，蘭頓被一陣突然的狂風襲擊，使得他從空中墜落。他以胎兒的姿勢摔在地上，折斷了 35 根骨頭，其中包括頭部除顱骨以外的所有骨頭。儘管他的膝蓋撞破他的臉，但他還活著。接下來他臥床六個月，處於半昏迷狀態。

在嚴重腦震盪恢復過程中，蘭頓感覺他正看著自己的大腦「重啟」，彷彿關機的電腦重啟時必須重新載入操作系統一樣。他大腦深層的功能一個接一個地重現。在某種靈光乍現的剎那，他記得他的本體感覺——集中於軀體中的感知——在那一刻復元了。他被一種來自自己「內心深處的強烈情感」所震撼，感知與軀體融合在一起，好像他這部機器完成了重啟，正等待著使用。「關於心智形成是什麼感覺，我有親身的體驗。」他告訴我。正如他曾經在計算機上看到生命一樣，現在他對自己那處於機器中的生命有了發自內心的認識。生命想必是獨立於母體而存在的？在他軀體內的生命和計算機中的生命難道不能是一樣的嗎？

他想，要是能在計算機中藉由進化使某種東西活著，那豈不是很棒！他覺得應該從人類文化著手。對人類文化進行模擬，似乎比模擬細胞和 DNA 容易得多。作為亞利桑那州立大學的大四學生，蘭頓寫了一篇名為〈文化的進化〉的論文。他希望他的人類學、物理學和計算機科學教授們能認同他設計製造一台可運行人工進化程式的計算機並以此獲得學位，但是教授們不鼓勵他這麼做。後來，他自己想辦法買了一台蘋果 II 型電腦，並編程他的第一個人工世界。他沒能實現自我複製或天擇，但是他找到了胞狀自動機的文獻，內容顯示出，

生命遊戲只是胞狀自動機的一個例子。

　　這時，他偶然讀到約翰·馮諾伊曼從 1940 年代起對人工自我複製的論證。馮諾伊曼提出了一個會自我複製的重要公式。但這個公式的程式冗長，也令人難懂。蘭頓花了幾個月的時間，每夜在他的蘋果 II 型電腦上編寫程式（這是馮諾伊曼不具備的有利條件；他是用鉛筆在紙上完成編碼的）。終於，就靠著他想在矽片中創造生命的夢想，蘭頓設計出了當時人們所知的最小自我複製器。在電腦螢幕上，這個自我複製器看上去就像一個藍色的小 Q。在這個僅有 94 個字符的迴路中，蘭頓可以塞進一個完整的循環語句，以及如何進行複製的指令，還有釋出複製好另一個自我的方法。他無與倫比地興奮。如果他能設計出如此簡單的複製器，那麼他還能模仿出多少生命的關鍵過程呢？另外，生命有哪些其他的過程是不可或缺的呢？

　　對現有文獻資料的仔細搜索顯示出，關於這個簡單問題的論述非常有限，而那有限的論述，又分散在數百篇論文中。洛斯阿拉莫斯實驗室的新研究職位使蘭頓更有了勇氣。1987 年，他以破釜沉舟的決心召集了「跨領域活系統合成與模擬研討會」——這是首屆討論有關蘭頓現稱之為「人工生命」問題的會議。為了尋找能顯現出活系統行為的任何一種系統，蘭頓舉辦了這個專題研討會，其面向擴及化學家、生物學家、電腦科學家、數學家、材料科學家、哲學家、機器人專家和電腦動畫師。我是極少數的與會記者之一。

　　在專題研討會上，蘭頓開始探求生命的定義。現有的生命定義似乎不夠充分。首屆研討會結束後接下來的幾年，更多的學者對此進

行了研究。物理學家多伊恩・法默提出界定生命的一個特徵清單。他說，生命具有：

- 時間和空間上的形式。
- 自我複製的能力。
- 自我表徵的資訊庫（基因）。
- 使形式持久的新陳代謝功能。
- 功能交互——他確實有事做。
- 彼此相互依賴，或死亡的能力。
- 在擾亂中有穩定的能力。
- 進化的能力。

這個清單引起了爭議。因為，儘管我們不認為電腦病毒是活的，但電腦病毒符合上述大多數的條件。他們是一種能夠複製的模式；他們包含一份自我表徵的副本；他們截獲電腦新陳代謝（CPU）的周期；他們能死亡；而且他們能進化。我們可以說電腦病毒是首例湧現出來的人工生命。

另一方面，我們也知道有些東西毫無疑問是生物，然而並不符合此清單的條件。騾子不能自我複製，疱疹病毒也沒有新陳代謝。蘭頓在創造能自我複製個體的成功令他感到懷疑，是否對生命定義能達成共識：「每當我們成功地使人工生命達到生命所定義的標準時，生命的定義都會被擴充或被改變。譬如，傑拉德・喬伊斯所定義的生命是能夠經歷達爾文進化的自給自足式化學系統。我相信，到 2000 年時，世界上某個實驗室就會造出一個符合這個定義的系統。然後，生物學家就會忙著重新定義生命。」

蘭頓所定義的人工生命則更為人們所容易接受。他說，人工生命是「在不同的材料形式中提取生命邏輯的嘗試」。他的論點是，生命是一個過程——是一種不受限於特殊材料表現的行為。對生命而言，重要的不是他的組成材料，而是他做了什麼。生命是個動詞，不是名詞。法默對生命標準列出的清單所描述的是行動和行為。計算機科學家們認為把這個生命特徵的清單想像為變化多樣的過程並不困難。蘭頓的同事史甸·拉斯穆森對人工生命也感到興趣，他曾經把鉛筆扔在辦公桌上嘆息著說：「在西方，我們認為鉛筆比鉛筆的運動更真實。」

如果鉛筆的運動就是本質——真實的部分的話，那麼，「人工」就會造成誤導。在第一屆人工生命的會議上，當克雷格·雷諾茲展示，他是如何能夠利用三個簡單的規則，而使無數的電腦動畫鳥能在電腦中自發地成群飛行時，所有的人都看到一個真實的群飛畫面。這是人工鳥真正地在結群飛翔。蘭頓總結這個經驗說：「關於人工生命，要記住的最重要部分是，所謂的人工並不是指生命，而是指材料。真實的事物出現了。我們觀察真實的現象。這是人工媒介中的真實生命。」

生物學——研究生命普遍原理的學科——正經歷著劇變。蘭頓說，生物學面臨著「無法從單一實例中推論出普遍原理的根本障礙」。因為地球上的生命只有單一的集體實例而且有共同的起源，因此試圖把他的本質和普遍屬性與那些次要的屬性區分開來，是毫無意義的。譬如，我們對生命的看法在多大程度上是取決於生命由碳鏈結構組成的事實？如果連一個不是建立在碳鏈結構上的生命實例都沒有，我們又能從何得到解答。為了導出生命的普遍原理和理論——亦即，識別任何活系統和任何生命所共享的特性——蘭頓主張「我們需

要一整套實例來做出結論。既然在近期內，外來的生命形式不太可能自己送上門來供我們研究，那麼唯一的選擇就是靠自己的努力創造出另一種生命形式」。這是蘭頓的使命——製造出另一種甚至是幾種不同形式的生命，以此作為真正的生物學的依據，推導出生命的真正邏輯。由於這些另類生命是人工製品而非自然產物，我們稱他們為人工生命；但他們和我們卻是一樣地真實。

這種雄心勃勃的挑戰性在一開始就將人工生命從生物科學中分離出來。生物學設法通過剖析生物，將其分解為部分來了解生物體。反過來看人工生命並沒有什麼可解剖；他只能藉著將生物聚合在一起、把部分組裝成整體的方式取得進展，因此，他是在合成生命，而不是分解生命。就因這個理由，蘭頓說：「人工生命是等同於合成生物學的實踐。」

人工生命承認新生命的存在以及對新生命的新定義。其實「新」生命是舊力量以新的方式來組織物質和能量，是一種舊瓶新裝的方式。我們的祖先在看待所謂「活」的東西，態度上是很寬鬆的。但在科學時代，我們對「活」的概念做了仔細區分。我們稱動物和綠色植物是活的，但當我們把一個郵局那樣的機構稱為「有機體」時，我們就會說他與生物有類似之處，「宛如他是活的」。

我們（此處的我們，首先是指科學家）開始認識到那些曾經被比喻為活著的系統確實活著，不過所賦予他們的是一種範圍更大、定義更廣的生命。我稱這種更廣泛的生命為「超生命」。超生命是一種完整、強健且團結一心的特別活系統——是一種強而有力而不鬆散的

活系統。一片熱帶雨林和一枝長春花，一個電子網路和一個自動控制裝置，模擬城市遊戲和紐約市，都是擁有某種程度的超生命。「超生命」是我為包括愛滋病毒和米開朗基羅電腦病毒在內的生命類型所造的詞彙。

生物學定義的生命僅只是超生命中的一個物種。電話網路又是另一個物種。牛蛙雖小，但充滿了超生命。亞利桑那州的生物圈 2 號計畫到處都聚集著超生命，「地球」（Tierra）和魔鬼終結者 2 號也是一樣。將來的某一天，超生命將會在汽車、建築物、電視和試管中開花散葉地發展興盛。

這並不是說有機生命和機器生命是完全相同的；他們並不相同。水電永遠保留某些碳基生命獨一無二的特點。不過，有機生命和人工生命現正共享一套我們才剛剛開始學會辨別的特性。當然，世上很可能還會出現其他我們暫時還無法描述的超生命形式。人們可以想像生命的各種可能性──由生物和人造物雜交而成不可思議的物種、舊科幻小說中出現的半動物半機器的電了人──也許會演化出在父母雙方身上都找不到的超生命特性。

人類為創造生命所做的每一次嘗試，都是在探索可能存在的超生命空間。這個空間包含能夠再造地球生命起源的所有努力。但這個挑戰遠不止於此。創造人工生命的目的不僅僅是描述「如我們所知的生命」的空間。激勵蘭頓進行探索的，是描繪出所有可能存在的生命空間的渴望，是帶領我們探索極廣闊的「可能存在的生命」領域。超生命這座圖書館包含了所有的活物、所有的活系統、所有的生命片段、所有抵制熱力學第二定律的東西、所有過去和未來中能夠無限進化的種種物質的排列組合，以及某種我們還無法清楚定義的非凡之物。

探索這個未知領域（*terra incognita*）的唯一方法是建立眾多實

例，然後看看他們是否適合這個空間。蘭頓在為第二屆人工生命會議論文集書寫的介紹中提出，「假設生物學家能夠『倒轉進化的磁帶』，然後在不同的初始條件下，或在不同的外部擾動下一遍遍重播，他們就有可能擁有完整的進化路徑來推斷結論。」不斷地從零開始，稍微改變一下規則，然後建立起一個人工生命的實例。如此反覆無數次。每個合成生命的實例都被添加到地球上有機生命的實例中，以形成一個完整的超生命體。

由於生命是屬於一種形式，而非物質，我們可以植入「活」行為的材料愈多，能夠累積的「可能存在的生命」實例就愈多。因此總的來說，在所有通往複雜性的途徑中，人工生命的領域是廣闊而多樣的。典型的人工生命研究者聚會往往包括生物化學家、電腦奇才、遊戲設計師、動畫師、物理學家、數學狂熱者和機器人愛好者。聚會背後的議題是要突破生命的定義。

一天晚上，在首屆人工生命大會的一次午夜演講之後，我們之中一些人正眺望著沙漠夜空中的繁星，數學家魯迪·拉克講出我所聽過最高瞻遠矚的研究人工生命的動機：「目前，普通的電腦程式可能有一千行長，能執行幾分鐘。而製造人工生命的目的是要找到一種電腦程式，他只有幾行的長度，卻能執行一千年。」

這番話似乎是對的。我們在製造機器人時也有同樣的想法：用幾年的時間設計，之後讓他們能運行數世紀，甚至還能造出他們的替代品。正如橡子一般，幾行的編碼卻能長出一棵 180 年的大樹。

與會者認為，對人工生命來說，重要的不僅是要重新界定生物學和生命，而且要重新定義人工和真實兩者的概念。這在根本上擴大了生命和真實的領域。與以往學術界「不能發表就是垃圾」的模式不同，多數從事人工生命研究的實驗者——甚至是數學家——都支持這

個「展示或死亡」的新學術信條。想要在人工生命和超生命上取得任何一點進展，唯一的辦法就是一個有效以及能運行的實例。前蘋果公司雇員肯·卡拉科提西烏斯在解釋自己是如何開始從事人工生命研究時，回憶著說：「每遇到一種電腦，我都試著在其中編寫生命遊戲的程式。」最終在傑出的蘋果電腦上實現了名為「模擬生命」的人工生命程式。在「模擬生命」中，你能創建一個超生命的世界，並將一些小生物放進裡面，讓他共同進化成一個愈來愈複雜的人工生態系統。現在，卡拉科提西烏斯正試著編寫出最大最好的生命遊戲，一個終極的活程式，他說：「知道嗎，宇宙是唯一足夠大到能運行終極生命遊戲的地方。但將宇宙當作平台的唯一難題是，當前他正在運行其他人的程式。」

目前在蘋果電腦公司任職的賴瑞·耶格曾經給過我一張他的名片。名片上寫著：「賴瑞·耶格，微觀宇宙之神」。耶格創造了一個「遊戲世界」——一個包括各種多邊形生物體的複雜且精緻的電腦世界。數以百計的多邊形物飛來飛去，交配、繁殖、消耗資源、學習（耶格神給予他們的能力）、適應並進化。耶格正在探索可能的生命的空間。會出現什麼呢？耶格說：「一開始，我設定的是繁殖後代時，親本並不需要消耗能量。他們可以隨心所欲地繁殖後代。但我不斷地得到這些好逸惡勞的食人族：他們喜歡在他們的父母和子女附近的角落裡閒逛，什麼也不做，就待在那兒不離開。他們會做的就是相互交配，相互爭鬥，相互吞食。真的，如果吃孩子就能度日，幹嘛還要工作呢！而這也說明，某種超生命形態已經出現了。」

「研究人工生命的核心動機是為了擴大生物學的領域，能夠囊括比地球上現有生命形式種類更多的物種。」對此全然了解的多伊恩·法默描述了人工生命之神所擁有的無窮樂趣。

法默對某些事情心中早已有了想法。人工生命之所以在人類所做的嘗試中是獨一無二的，還有另外一個原因。像耶格這樣的創造神正在擴展生命的種類，因為「可能存在的生命」是一個我們只能藉著先創建實例再進行研究的領域。我們必須製造出超生命，然後才能進行探索；要探索超生命，就必須製造出超生命。

　　當我們忙著創造一個個超生命的新形式時，我們的腦海中悄然地出現一個令人不安的想法。生命正在利用我們。有機的碳基生命只不過是超生命進化為物質最早的第一步形式而已。生命征服了碳。如今，在池塘雜草和翠鳥的偽裝下，生命騷動著想侵入晶片、侵入電纜線、生化凝膠以及類神經和矽的組合物。只要看看生命向何處發展，我們就會同意發育生物學家路易士・賀爾德說的話：「胚細胞只不過是偽裝的機器人。」在第二屆人工生命會議上，湯姆・雷為大會論文集所寫的報告中說：「虛擬的生命就在那裡，等著我們為其建立進化的環境。」蘭頓告訴史蒂文・李維說，在《人工生命》中有一段這樣的敘述：「其他形式的生命——人造生命，正試圖來到這個世界。他們在利用我做為工具來繁衍他們和實現他們。」

　　生命，或者超生命，想要探索所有可能的生物學和所有可能的進化方式，而他利用我們來創造他們，因為這是探索他們或完成他們的唯一途徑。因此所謂的人類也是這樣——取決於你如何看待「他」，可能只是超生命疾馳空間中的一個驛站，或者是通往開放宇宙的必經之門。

　　「隨著人工生命的出現，我們或許是第一個創造自己接班人的物種。」多伊恩・法默在其宣言式的著作《人工生命：即將到來的進化》中寫道。「這些接班人會是什麼樣子？如果我們這些創造者的任務失敗了，那麼他們確實會變得冷酷惡毒。不過，假設我們成功的

話，那他們就會是在聰明才智上遠遠超過我們，令人感到光榮的開明生物。」對於像我們這些較為「低等」的生命形式來說，他們的智力或許是我們難以相信的。我們一直渴望想要成為神靈。如果透過我們的努力，超生命能夠找到進化的空間而進化出取悅和幫助我們的生物，那我們會感到自豪。但假設我們的努力將創造出高高在上但更為優越的接班人，那我們會心生恐懼。

克里斯・蘭頓辦公室的斜對面是洛斯阿拉莫斯原子博物館，他提醒著人類所擁有的破壞力。那種力量令蘭頓感到不安。「本世紀中期，人類已經獲得毀滅生命的力量，」他在自己的一篇學術論文中寫道，「到了本世紀末期，人類將能夠擁有創造生命的力量。對於這兩副壓在我們肩膀上的重擔，很難說哪一副責任更沉重。」

我們到處為其他生命種類的湧現創造空間：青少年駭客放出了威力強大的電腦病毒；日本工業家組裝了靈敏的繪畫機器人；好萊塢導演創造了虛擬的恐龍；生物化學家把自行進化的分子塞進微小的塑膠試管。終有一天，我們會打造出一個能夠持續運行並且能夠創造恆新的開放世界。當我們這麼做的時候，我們也將在生命的空間中創造出另一個生命的向量。

丹尼・希利斯想製造一台以他為榮的電腦，他可不是開玩笑的。還有什麼能比賦予生命更具人性？我想我知道答案：賦予生命和自由。賦予開放的生命；對他說，這是你的生命，這是汽車鑰匙；然後，讓他做我們正在做的事情——在前進的路上，一切由他自主。湯姆・雷曾經對我說：「我不要把生命下載到電腦中。我要將電腦上傳到生命中。」

第十八章

組織變化的結構

翻開任何一本論述進化的書，關於變化的故事俯拾即是。適應、物種演變、突變，這些術語都是有關轉變的行話——隨著時間推移產生的差異。用進化科學所教給我們「變化」的語言，我們用變動、變形、創新等詞來描述我們的歷史。「新」是我們最喜歡的詞。

不過，進化理論的書中很少會談到穩定性。在這類書中找不到類似靜止、固定性、穩定性或任何表示恆常的術語。儘管進化幾乎在他所有時間裡的變化不大是一件壓倒性的事實，但老師和教科書對這種恆定性卻完全不談。

恐龍被認為是不願改變的典型，這實在是冤枉。在人們腦海中，這個高大的怪物總是懶散呆滯地看著像鳥一樣的生物在自己遲緩的腳邊飛來飛去。我們時常勸誡怯弱膽小者：別做恐龍！我們告訴遲鈍者：不要被前進的車輪碾碎！不是適應，就是倒下。

在圖書館的網路索引中輸入「進化」這個詞後，我得到如下的清單：

《中國語言的進化》

《音樂的進化》

《美國早期政黨的進化》

《技術的進化》

《太陽系的進化》

很明顯，這些標題裡的「進化」是一種約定俗成的用法，意味隨著時間推移產生的漸進式改變。但是，世界上有什麼東西不是漸漸地改變的呢？我們周圍幾乎所有的變化都是遞增的。災難性巨變很少見，長期持續的災難性變化幾乎是聞所未聞。那麼，所有的長期變化都是進化式的嗎？

有人是這麼認為的。華盛頓進化系統協會是由 180 名具有科學及工程背景的專家所組成的一個充滿活力的全國協會。其憲章認為所有系統毫無例外都是進化式的：「對所要考察的系統沒有任何限制……。所有我們所看到關於我們自身和所經歷的，都是正在進化過程的產物。」在精讀他們對進化的一些論點後──譬如「客觀現實的進化，企業的進化」，使我忍不住問協會創始人鮑伯·克羅斯比：「有沒有你認為不是進化的系統？」他回答：「我們還沒看到任何地方是沒有進化的。」我曾努力避免在本書中使用「進化」這個詞的意義，但我沒能完全做到。

儘管「進化」這個詞會引起混淆，但最能展現變化之意的語詞與有機體都有密切的關係：**成長、發育、進化、變異、學習、蛻變、適應**。大自然就是一個秩序變化的王國。

迄今，無序變化一直是技術的真實寫照。而無序變化的強烈說法是「革命」──這是一種人造之物特有的激烈間斷式的變化。但自然

界裡並不存在革命。

技術以革命的概念作為其常見的變化模式。自工業革命以及隨之而來的法國大革命和美國獨立戰爭開始，我們已經見證了一系列由技術進步所引發連續不斷的革命——家電用品、抗生素和外科手術、塑膠製品、高速公路、節育等等。如今，每周我們都能聽到社會和技術領域發生革命的訊息。基因工程和奈米技術——意味著我們能製造任何想要的東西的技術——保證了每天都會有革命發生。

但我預言，這種每天發生的革命將會受到每天發生進化的阻攔。技術革命最終將會與進化合二為一。科學和商業都在試圖掌握變化——以結構化的方式為自己徐徐滴注變化，以便使他穩定運轉，產生持續的微革命浪潮，而不是戲劇性、破壞性的巨大革命。我們該如何將變化植入人造物，使其既能秩序又白主？

不單是生物學家，工程師同樣也是將進化科學視為珍寶。人工進化在我們周邊環境興起；對於自然進化和人工進化的研究也愈來愈重視。阿爾文·托夫勒是一位未來主義者，是他首次使公眾意識到，不僅科技和文化在迅速變化中，變化本身的速率似乎也在加快。我們居住在一個不斷變化的世界中，我們必須理解這個世界；然而我們對自然進化的了解還不夠透徹。隨著近年來發明的人工自然進化以及對他的研究，我們對有機演化能有更好的了解，並在我們的人造世界裡能更好地掌握、引入和預見變化。人工進化是生物所屬的新生物學的第二課題，也是機器所屬的新生物學的第一課題。

我們的目標是製造。比如說，製造自己會調整框架和車輪以能適應行駛路況的汽車，修建能檢查自身路況並進行自我修復的道路，建造可以靈活生產，滿足每個客戶特製需求的汽車廠，架設能察覺車流狀況並設法將壅塞最小化的高速公路系統，建造能學習協調其內部交

通流量的城市。這當中的每個目標都需要借助技術來改變自身。

　　然而，與其不斷地傾注少許的變化，不如將變化的本質——一種適應的精神——植入系統的核心。這個神奇的幽靈就是人工進化。以較為強力的說法，進化能繁育出人工智能；退一步說，他可以促成溫和的適應。但不管從哪方面來看，進化仍欠缺一種明顯的自引導力量。

　　後現代思維毫不懷疑地接受了「進化對未來一無所知」這個曾經令人不安的想法。畢竟，人類無法預見未來的一切所需——而我們還自認要比其他物種具有高一等的長遠眼光。諷刺的是，進化比我們所想的更無知：他既不知從何而來，也不知往何處去。不僅對事物的將來一無所知，對他們的過去和現在也是一片茫然。大自然從不知道他昨天做過什麼，他也不在乎這個。他從不保留有關成功、妙招或者是有用東西的可靠紀錄。我們所有的生物勉強稱得上是一個歷史紀錄，但如果沒有強大的智慧，我們就難以揭示或解密我們的歷史。

　　一個普通的有機體對於在他下層的運作細節一點也沒有概念。一個細胞對自己基因的了解就像個傻妞兒。植物和動物都是小型的製藥廠，隨便製造出的生化藥劑都會使基因泰克公司垂涎三尺。但不管是細胞、器官、個體，還是物種，都不會對這些成就追根溯源——什麼東西生產出什麼東西。「知其然，不知其所以然」——這是生命秉持的最高哲學。

　　當我們把自然看作是一個系統時，並不指望他有意識，而是希望他能記錄自己的行為。眾所皆知，生物學有一則金科玉律稱為中心法則。該法則指出，自然沒有任何簿記。更確切地說，信息是由基因傳遞給肉體，但絕不可能倒推——從肉體回到基因。因為這樣，自然對自己的過去是毫無所知的。

假使大自然能在生物體內雙向傳遞信息的話，就可能實現以基因和基因產物之間雙向交流為前提的拉馬克進化。拉馬克學說的優勢會令人感到驚嘆。當一隻動物需要跑得更快以求存活時，他可以利用由身體到基因的交流方式指示基因製作快腿肌肉，再把革新後的基因傳遞給後代。這樣，進化的過程將會大大加快。

不過，拉馬克進化需要生物體為其基因編製有效的索引。如果生物體遇到了嚴酷環境——比如，極高海拔——他就會通知體內所有能影響呼吸的基因，要求他們進行調整。生物體無疑能通過身體內的激素和化學反應把信息通知到各個器官。如果能精確地定位那些基因的話，身體也能把同樣的信息傳遞給他們。然而所缺的就是這本說明書。身體並不記錄自己是如何解決問題的，因此也就不能確定到底是哪一個基因被用在鐵匠的二頭肌上給肌肉充血，或者哪個基因是用來調節呼吸和血壓。正因為生物體內有數百萬個基因，可以生成數十億個特徵——一個基因能生成不止一個特徵，而一個特徵也可能由不止一個基因生成——因此，簿記和索引的複雜性將遠超過生物體本身的複雜性。

所以，與其說身體內的信息不能向基因方向傳遞，倒不如說是因為信息沒有明確的遞送目標，才使傳遞受到了阻礙。基因中沒有訊息交流的管理中心。基因組就是極致的分權系統——蔓生的冗廢片段，大規模的並行處理，沒有主管，沒人擔負監察各個事務。

假使有辦法解決這個問題會變得怎麼樣呢？真正的雙向基因交流將會引發一連串有趣的問題：這樣的機制會帶來生物學上的進步嗎？拉馬克式生物學還需要些什麼？是否曾出現過通往這一機制的生物路

徑？如果雙向交流是可能的，為什麼這種情況還沒有發生？我們能將可行的生物學上的拉馬克學說概述為一個思想實驗嗎？

拉馬克生物學十之八九需要一種高度複雜性──一種智能──多數生物的複雜性都達不到這個水平。在複雜性充裕到足以產生智能的地方，譬如人類和人類組織，以及他們的機器人後裔，拉馬克進化不僅是可能的，而且很有幫助。阿克利和利特曼已經展示出，由人類設計的電腦程式能運行拉馬克進化。

在最近十年裡（1984～1994年），主流生物學家已經認可一些標新立異的生物學家鼓吹了一個世紀的言論：如果一個生物體內獲得了足夠的複雜性，他就可以利用自己的身體將進化所需的信息教給基因。因為這種機制是進化和學習的混合，他在人工領域中極具潛力。

每個動物的軀體都有一種與生俱來且有限的能力來適應不同環境。人類能適應一個顯著高海拔地區的生活。我們的心跳、血壓和肺活量必須並且也會自我調整以適應較低的氣壓。當我們移居到低海拔地區時，同樣的變化就會顛倒過來。不過，我們能適應的海拔高度是有限的。對我們人類來說，就是在海平面以上 6,000 公尺。超過這個高度，人體自我調整的能力達到極限，不適宜長期居住。

試想住在安地斯高山上居民的生活狀況。他們從平原遷移到一個空氣稀薄之地，嚴格說來那裡不是最適合他們居住的地方。幾千年的高山生活中，他們的心肺、他們的身體必得超負荷運轉，才能適應高海拔環境。假如他們的村裡出生了一個「怪人」，他的身體在基因上有處理高海拔壓力的更好方式──比如，有更好的一種血紅素蛋白變體，而不是更快的心跳──那麼這個怪人就有了一種優勢。如果這個怪人有了孩子，那麼這種特徵就有可能在村子裡代代相傳，因為他有利於降低心肺承受的壓力。根據達爾文的自然淘汰原理，這種適應高

地生活的突變就會開始主宰小村人群的基因庫。乍看之下，這似乎正是經典的達爾文進化。但為了使達爾文進化能夠進行，生物體首先必須在沒有受益於基因改變的條件下，在這個環境中生活了許多世代。**因此，是身體的適應能力使族群能夠延續到突變體出現的那一天，並修正自己的基因。**由軀體帶頭的適應能力（一種肉體適應性），隨著時間被基因吸收同化。理論生物學家康拉德·哈爾·沃丁頓稱這種轉變為「遺傳同化」。控制學家格雷戈里·貝特森稱之為「肉體適應」。貝特森將他與社會的立法變革相比──最初由人民推行變革，然後才制定為法律。貝特森說：「明智的立法委員很少率先提出行為的新準則，他往往局限自己而將人民的行為習慣確認為法律。」在技術文獻中，這種遺傳認證也被認為是鮑德溫效應，這是以心理學家詹姆斯·馬克·鮑德溫的名字命名。他在 1896 年首次公布這個概念，並稱之為「進化的新因子」。

我們再舉另一個高山村落的例子，這次是在喜馬拉雅山，一個名為香格里拉的山谷。那裡的居民身體能適應高達 9,000 公尺的海拔──比安第斯山的居民高 3,000 公尺；不過，他們也有能力住在海平面的高度。就像安第斯山上的居民一樣，這種變異經過幾代後，穩定地傳遞到這些村民的基因中。拿這兩個高山村落來做個比較，喜馬拉雅山人現在有了一副更具彈性、更易適應的軀體，因此就本質而言，更具進化上的適應能力。這有點像是拉馬克學說的典型實例，只是那些進化出最大限度伸長脖子的長頸鹿，可以利用牠們的軀體來守護這種適應，直到牠們的基因能夠趕上。從長遠來看，只要這些長頸鹿能讓自己的軀體適應各種各樣的極大壓力，牠們就會具有競爭的優勢。

進化的寓意乃在於，誰具有靈活的外在形式表現，他就能獲得回報。在運行中，保持一副能適應環境的軀體，顯然比一副刻板僵硬

的軀體更有優勢；而後者在需要適應的時候，只能等待變異的突然出現。不過，肉體的靈活性「代價不菲」。生物體不可能在所有方面都一樣靈活；適應一種壓力，就會削弱適應另一種壓力的能力。將適應刻寫到基因中是更有效的辦法，但那需要時間；為了使基因的改變能夠運行，必須在相當長的時期內保持恆定的壓力。在一個迅速變化的環境裡，保持身體的靈活性是首選的折衷方案。靈活的身體能夠預見，或者更確切地說，可以嘗試出各種可能的遺傳性適應，然後就像獵狗追踪松雞一樣，緊緊地保住這些適應性。

這還不是故事的全部，因為左右著身體移動的是**行為**。不管出於什麼原因，長頸鹿必須先想要搆著高處的樹葉，之後不得不一次又一次地努力為之。人類因為某種原因不得不移居到更高海拔的村莊。透過行為，一個生物體能夠搜索自己的各個選項，探求自己可能的適應性空間。

沃丁頓曾說過，遺傳同化或鮑德溫效應，其實就是如何將後天習得的技能轉化為先天遺傳的特性。而真正的問題在於特徵**控制**的天擇。遺傳同化將進化提高了一個等級。天擇能將進化的刻度盤調整到最佳特性，而肉體和行為適應性則不僅提供了進化的刻度盤，還更快地控制刻度盤的位置、應該往哪個方向轉動以及離最佳特性還有多遠。

行為適應性還通過其他方式來影響進化。自然學家已經證實，動物不斷走出自己已經適應的環境，在「不屬於」牠們的地方安家。郊狼悄悄地向遙遠的南方前進，嘲鶇鳥向更遙遠的北方遷徙；然後，牠們都留在那裡。在這同化適應的過程中，或許是源於一種模糊的意願，基因認同了這種改變，並為之背書。

如果將這種起源於模糊的進化應用到個體學習上，則會滑向古典

拉馬克學說的危險邊緣。有一種雀科小鳥學會了用仙人掌刺去戳刺昆蟲。這種行為為小鳥開啟了一個新的窗口。通過學習這種有意的行為，牠改變了自己的進化。而這是完全有可能的——即使這種可能性不大，通過學習來影響牠的基因。

一些電腦專家在使用「學習」這個詞時，是指一種不嚴格的、控制論上的概念。格雷戈里·貝特森把軀體的靈活性看作是學習的一種。他不認為由軀體進行的搜索和由進化或思維進行的搜索有多大區別。以此解釋的話，可以說靈活的身體**學習**適應壓力。「學習」應該是在一生而非經過幾代所獲得的適應。電腦專家並不對行為學習和軀體學習進行區分。關鍵是，這兩種適應形式都是**在個體的一生中**尋求對空間的適應。

生物體在其一生中有很大的空間重塑自己。加拿大維多利亞大學的羅伯特·里德指出，生物能通過以下可塑性的類型來回應環境的變化：

- 形態可塑性（一個生物體可能有不止一種肉體形態。）
- 生理適應性（一個生物體的組織能改變其自身以適應壓力。）
- 行為靈活性（一個生物體能做一些新的事情或移動到新的地方。）
- 智能選擇（一個生物體能基於過去的經歷上做出選擇。）
- 傳統引導（一個生物體能參考或吸取他方的經驗。）

這裡的每一個自由度都代表一個方向，生物體可以隨著他在共同進化的環境中尋找更好的方式來重塑自己。就意義而言，他們是個體在一生中所獲得的適應性，並能在以後被遺傳同化，因而我們稱這五

種選項為可遺傳學習的五個變種。

　　在最近幾年我們才開始研究學習、行為、適應與進化之間那令人興奮的聯繫；而絕大部分的工作都是通過電腦模擬進行的。生物學家曾經或多或少地忽視這些工作——不過這情況已經今非昔比了。有一批研究人員，如大衛‧艾克利和邁克爾‧利特曼、傑弗里‧辛頓和史蒂文‧諾蘭等，已經分別在 1990 及 1987 年通過模擬實驗明確無疑地揭示了生物族群透過學習（以改變行為來不斷搜索種種可能的適應性）是如何比那些不會學習的生物族群進化得更快。用艾克利和利特曼的話說：「我們發現，能夠將學習和進化融為一體的生物，要比那些只學習或只進化的生物更成功，他們繁育出更有適應力的族群並能存活到模擬實驗的結束。」在仿真實驗中，生物所進行的探索式學習實質上是一個對確定問題的隨機搜索。而在 1991 年 12 月舉辦的第一屆歐洲人工生命會議上，兩位研究人員帕里西和諾爾飛提交的實驗結果顯示出，由生物群自行選擇任務的自導向學習可以產生最佳的學習效率；相應的，生物的適應性也有所增強。他們大膽斷言，行為和學習都是遺傳進化的原因之一，而這一論點會愈來愈被生物學接受。

　　更進一步的說明是，辛頓和諾蘭推測，鮑德溫理論最有可能只適用於那些特別「崎嶇」的問題。他們認為：「對那些相信進化空間中地勢起伏都有規律可循的生物學家來說……鮑德溫效應沒什麼意義，但對那些質疑自然搜索空間有著良好結構的生物學家來說，鮑德溫效應是一個重要機制，他允許生物利用其體內的適應過程大大改善他的進化空間。」生物體開創了屬於他自己的可能性。

邁克爾・利特曼告訴我說：「達爾文進化的問題在於，你要有足夠的進化時間！」可是，誰能等上一百萬年呢？在將人工進化注入到製造系統的各種努力中，加快事物進化速度的辦法就是在其中加入學習。人工進化將可能需要一定的人工學習和人工智能，才能在人類可接受的時間尺度內成真。

學習加上進化，在根本上就是文化的一劑配方。也許正如學習和行為可以將信息傳遞給基因一樣，反之基因可以將信息傳遞給學習和行為；而前者就是遺傳同化，後者就是文化同化。

人類歷史就是一個文化傳承的故事。隨著社會的發展，人類的學習與傳授的集體技能與人類生物學意義上繼承的記憶與能力是遙相呼應的。

從這點來看——這是一個由來已久的觀念——由先前的人類所獲得的每一個文化進步（刀耕、火種、書寫），都為人類心智和軀體的轉變預備了「可能的空間」，使得昔日的生物行為轉化為日後的文化行為。隨著時間，由於文化承擔了一些生物性的工作，人類的生物行為逐漸依賴人類的文化行為，並更有效地支持文化的進一步發展。孩童從文化（先祖的智慧）而非動物本能中每多傳承一分，就給予生物學的人類多一分機會，將這種文化教養不可逆轉地代代傳承下去。

文化人類學家克利福德・格爾茨對此做了總結：

「貫穿冰河時期、如同冰川一般緩慢而穩定的文化成長，改變了進化中人類面對選擇壓力的平衡，這在人類進化中扮演著重要的指導角色。儘管細節難以回溯，但工具的完善，有組織的狩獵和採集活動，真正的家庭結構，火的發現，更重要的是，人們日漸依賴有意義的符號系統（語言、

藝術、神話、儀式）做為指導、交流和自我約束，凡此種種，都為人類創造了一個不得不去適應的新環境……。我們不得不放棄透過詳細複雜的遺傳來控制自身行為的規律性和精確性……」

但假使我們把文化看作一個自組織系統——一個具有自己的日程和生存壓力的系統——那麼，人類的歷史就會顯得有意思多了。理查‧道金斯曾經表示，那些自複製的思想或文化基因體系能迅速累積自身的事務和行為。我認為，對於一個文化主體來說，其本源的驅動力就是複製自身並改變環境以助於自身的傳播，除此之外，別無他法。消耗人類的生物資源是文化這個自組織系統得以存續的一個途徑。而人類在放棄一些特定的功能上，也往往有其合理正當的動機。書籍減輕了人類頭腦長期儲存信息的負荷，得以空出心智空間去做其他事情；而語言則把笨拙的手勢溝通壓縮成省時省力的聲音。社會經過世代的變遷，文化將承載來自有機體組織更多的功能和信息。社會生物學家愛德華‧奧斯本‧威爾森和查爾斯‧拉姆斯登利用數學模型發現了他們所謂的「千年規則」。他們計算出，文化進化能帶動重大的基因變化，如此一來，只要一千年的時間就能迎頭趕上。他們推斷，在過去千年裡人類所經歷的文化上的巨變可能會在基因上找到一些影子——儘管基因的變化可能不是顯而易見的。

威爾森和拉姆斯登認為，基因和文化的耦合是如此緊密，以至於「基因和文化不可分離地連為一體。任何一個發生變化將會不可避免地迫使另一個也發生變化。」文化進化能塑造基因組，但也可以說基因必然也會形塑文化。威爾森相信，基因變化是文化演變的先決條件。另外威爾森也相信，除非基因的靈活性足以同化文化的變遷，否

則他就無法在文化中長期生根。

文化隨著我們的軀體進化，反之亦然。沒有文化，人類似乎就失去了獨有的天賦。（一個不那麼恰當的證據是，我們無法把動物養大的「狼孩」培養成有創造力的成年人。）文化和肉體融合成一種共生關係。按丹尼·希利斯的說法，文明的人類是「世界上最成功的共生體」──文化和生物行為互惠互利、相互依存──這是一個最絕妙的共同進化的例子。正如所有的共同進化一樣，他也遵循正回饋和報酬遞增法則。

文化學習重塑了生物（確切地說，是讓生物重塑了自己），使得生物更適合進一步的文化發展。因此，文化趨向一個自我加速的過程。就像生命會繁衍出更多數量和種類的生命一樣，文化也會孕育出更多數量和種類的文化。我要強調，文化所產生的有機體，在生物本質上更能夠生產、學習和適應等工作，並且是以文化的方式，而不是生物的方式。這意味著，我們之所以擁有能創造文化的大腦，是因為文化產生能夠創造文化的大腦。也就是說，在人類之前出現的物種，無論其所存在的文化是如何枝微末節，都有助於成型的後繼者創造更多的文化。

對人體來說，這種朝向以訊息為基礎的系統所加速的進化，看起來就像是生物性的萎縮。從書本和知識學習的角度來看，文化是一種自組織行為，他以生物性為代價來壯大自己。正如生命無情地侵入物質並將其永遠占為己有，文化一樣也將生物性據為己有。在此，我強烈主張，文化修改我們的基因。

對此我沒有絲毫生物學上的證據。我從史蒂文·傑·古爾德等人那裡曾聽過一種說法：「人類自 25,000 年前的克羅馬儂人以來就沒有發生形態上的變化。」不過我不知道這個說法對我的主張意味著什

麼，也不確定古爾德等人的聲稱有多正確。從另一方面說，生物退化的速度是不可思議地快。棲息在全黑洞穴中的蜥蜴和老鼠，據說隨時都可能喪失他們的視力。在我看來，肉體只要有機會，隨時都會將他每天背負的苦差事甩掉一部分。

我的重點是，拉馬克進化的優勢是如此顯著，以至於大自然**已經**找到了使他發生的方式。在達爾文的語義下，我會這樣來描述他的成功：進化無時無刻不在細察這個世界，不僅僅是為了找到更適合的生物體，更是為了找到提升自身能力的方式。他時時刻刻都尋求能在適應上有所寸進。他這種不間斷的自我鞭策產生一種巨大的壓力——就像整個大洋在尋找一絲可以滲漏的縫隙——使其能夠提高自身的適應能力。進化搜尋著行星表面，尋求能讓自己加快速度的方法，使自己更靈活，容易進化——這並非代表他已被賦予人性，而是因為不斷加速的適應性就成了他所駕馭的失控軌道。他搜索拉馬克進化的優勢卻不自知；拉馬克進化正是那一條更沒有阻力、更具進化性的裂縫。

隨著動物不斷進化出複雜行為，進化開始從達爾文的教條主義中掙脫出來。動物能對外界刺激做出反應，做出選擇，還能夠遷徙到新環境和適應環境的變化，這些都為準拉馬克進化的發展創造條件。隨著人類大腦的進化，人類創造了文化，文化又允許一個真正透過遺傳獲得的拉馬克進化系統的誕生。

達爾文進化作為一個學習過程不僅緩慢——用馬文·明斯基的話來說，「達爾文進化還是一種愚鈍的學習」。後來在原始的大腦組織中，發現進化是一種可以引入學習而加快自身的方式。而最後在人類的大腦中，進化找到為了預見並引導自身進程所必需的複雜性。

進化是一種有序變化的結構。不僅如此，進化更是一種自身求變、自行重組的有序變化的結構。

　　地球上的進化已經歷經四十億年漫長的結構變化，未來還會有更長的路要走。進化的進化可以歸納為以下一系列歷史演變的歷程：

　　(1) 系統自生成。

　　(2) 複製。

　　(3) 遺傳控制。

　　(4) 軀體可塑性。

　　(5) 模因文化。

　　(6) 自我導向的進化。

　　在地球的早期歲月裡，在還沒有任何生命進化之前，進化力度更喜歡穩定的事物。（這裡暗含一個自我論證的循環邏輯，因為在太初時期，**穩定意味生存。**）

　　穩定可以讓進化更長久地作用於事物上，並且穩定可以讓進化產生進一步的穩定。從沃爾特・豐塔納和斯圖亞特・考夫曼的研究（參閱第 20 章）我們得知，可以催化出自身產物的簡單化合物，能夠透過一種簡單直接的化學作用形成某種自我支持的化學反應環。因此，進化的第一步就是進化出能夠自我生成複雜性的群集，給予進化能夠持久作用其上的族群。

　　進化的下一步是進化出**自複製**的穩定性。自複製為錯誤和變異提供了可能性。由此，進化產生天擇，並釋放出其強大的搜索能力。

緊接著，遺傳機制從倖存機制中分離出來，進化衍生出同時具有基因型和表現型的二元系統。透過將巨大的可能形式庫壓縮到緊密的基因中，進化進入到一個廣袤的運行空間裡。

　　隨著進化進化出更複雜的軀體形態和行為，軀體得以重塑自身，動物得以選擇自己的生死之門。這些選擇打開了軀體「學習」的空間，使進化得以再進化。

　　學習加快下一個步驟，即是人腦這部複雜的符號學習機的進化。人類的思考進化出文化和模因型（即觀念）進化。現在進化能通過新的龐大的可能形式庫，以自覺和「更聰明」的方式加快自身的進化速度。這就是我們目前所處的歷史階段。

　　上帝只知道演化「可能的」演化方向。人類所創造的人工進化是否會成為進化的下一個舞台？顯而易見的是，進化遲早必定會觸及自我導向這一步。在自我導向下，進化自行選擇往哪裡進化。這已經不是生物學家所討論的範疇了。

　　我比較傾向於將這段歷史重述如下：進化曾經並且將會繼續探索可能進化之空間。正如可能圖畫之空間、可能生物形式之空間以及可能計算之空間一樣，還存在一個探索空間的可能方法之空間——我們並不知道這個空間到底有多大。這個元進化，或者超級進化、深度進化、甚至可能是終極進化，漫遊於所有可能的進化遊戲中，尋找能讓他探索所有可能進化的妙招。

　　生物體、模因、生物群系，凡此種種，都只是進化用以維持進化的工具。進化真正想要的——亦即，他往哪個方向發展——是揭示（或創造）某種機制，能以最快的速度揭示（或創造）宇宙中可能的形式、事物、觀念、進程。其最終目的不僅要創造形式、事物和思想，並且要創造用以發現或創造新事物的新方法。超級進化採用步步

為營的方法將自己引入分階段的策略中，不斷地擴大自己所及的範圍，不斷地創造可供探索的新領域，也不斷地尋找更好、更具創造力的方法去創造，以實現最終這一目的。

這聽起來很饒舌，像是瞎扯一樣；但我找不到不那麼拗口的說法。或許可以這麼說：進化的工作就是創造所有可能的可能性可能棲身的空間，以創造所有可能的可能性。

毫無掩飾的進化理念是如此強大且具有普世性，有時似乎萬事萬物都有他的影子。神祕的古生物學家德日進寫道：

> 進化是理論、體系、還是假設？這不應僅止於此——舉凡所有理論、假設、體系今後都必須向進化俯首稱臣，以進化為基本原則，方可成真。進化是照亮所有事實之光，是一條所有思想都必須遵循的軌線——這就是進化。

進化解釋一切的角色，卻使其蒙上了一層宗教的陰影。華盛頓進化系統協會鮑伯·克羅斯比曾毫無掩飾地說：「凡是人們看見上帝之手的地方，我們都能看見進化。」

進化與宗教在很大的程度上有許多相似之處。進化理論的框架是包容的、豐富的，幾乎是不證自明、不容爭辯的。而且各種小型的地方性協會如雨後春筍般地冒了出來，每月定期聚會，亦如克羅斯比那樣的大型協會那樣。作家瑪麗·米雷在他短小精彩的著作《作為宗教的進化》中，以這四句話作為開場白：「進化理論並非只是科學理

論的一灘死水。這是，也不得不是，關於人類起源強而有力的民間傳說。任何故事必定都有他的象徵力。我們大概是第一個不把這個意義做為主要功能的文化。」

他的論點絕不是質疑進化理論的真實性，而是反對我們沒有顧及到進化的邏輯性，就只是空談這個強而有力的觀念對我們人類所做的一切。

從長期觀點來看，我深信這未經實證的進化——不管他從何而來，往哪裡去——將塑造著我們的未來。我毫不懷疑，揭示深度進化的神祕本質之時，也將觸動我們靈魂。

第十九章

後達爾文主義

「他完全地錯了。就像在巴斯德之前的傳染病醫學一樣地錯了。像顱相學一樣錯了。**他所有重要的信念都錯了。**」生物學家琳·馬古利斯直言不諱地攻擊他最近的目標：達爾文進化論信條。

馬古利斯以前就曾對「什麼是錯的」說對了。1965 年，他提出有核細胞共生起源的驚人論點，撼動當時的微生物學界。他聲稱，由自漫遊的細菌合力形成了細胞，這讓傳統理論家難以相信。接著在 1974 年，馬古利斯再次地震驚主流生物學界。他跟詹姆斯·洛夫洛克一起提出了這樣的想法：地球上大氣的形成、地質的變遷和生物的發展，他們之間的相互聯繫是如此緊密，使得他們有如一個有活力的單一自我調節系統——蓋亞。如今，馬古利斯又公開地對歷經百年的達爾文進化理論的現代框架提出抨擊。達爾文主義認為，新的物種是從漸進的、獨立的、隨機變異的不間斷的線性過程所形成的。

不是只有馬古利斯一人向達爾文理論的堡壘發起挑戰，只是很少有人是這樣地直率坦言。對於所知不多的大眾來說，反對達爾文好像就是同意創世論；因為上帝創造論可能會帶來科學家聲譽上的汙點，

加上達爾文咄咄逼人的天才，使幾乎所有挑戰者望而卻步，只有那些最大膽反傳統的人才敢公開質疑達爾文理論。

激發馬古利斯興趣的是達爾文進化論中那顯而易見的**不完整性**。他認為，達爾文理論錯誤的地方在於他忽略一些東西，又錯誤地強調一些東西。

有一些微生物學家、基因學家、理論生物學家、數學家和電腦科學家正提出這樣的看法：除了達爾文主義之外，生命還包含更多的東西。他們並不排斥達爾文理論的貢獻；他們僅僅只是想要超越達爾文已經做過的東西。我稱這些人為「後達爾文主義者」。無論是琳·馬古利斯，或是其他任何一位後達爾文主義者，都不否認在進化過程中普遍存在著天擇。他們的異議是針對達爾文的論證那種橫掃一切的本質，但事實上最後他無法解釋一切；並且已經逐漸出現證據表明了，單憑達爾文學說不足以說明我們所見的種種。後達爾文主義學者提出了重大課題：對天擇而言，極限何在？什麼是進化所不能完成的？以及，如果自然界這位盲眼鐘錶匠的天擇確有極限，那麼在我們所能理解的進化之中或者之外，還有什麼別的力量產生影響？

當代信奉進化論的生物學家普遍認為，我們在自然中所見的一切，都可以用天擇的基本過程來解釋。用專業學術來說，這種立場可以稱為選擇論，而這也是當今仍從事研究的生物學家幾乎普遍接受的立場。這種立場比達爾文自己當時所深信的更為極端，所以有時候又會被稱為新達爾文主義。

在探求人工進化的過程中，這個對天擇的限制（如果有的話）或者對一般意義進化的限制，是具有實際意義的。我們希望人工進化過程中能生出無止境的多樣性，但至目前為止，卻很不容易做到。我們想把天擇的動力機制延伸到具有多種尺度的巨大系統中去，卻不知道

他能延伸多遠。我們希望有一種人工進化，我們對他的控制能稍微多於我們對有機進化的控制。這有可能嗎？

就是像這樣的一些問題，促使後達爾文主義者重新去思考不同的進化論——很多早在達爾文之前便已存在——只是被達爾文理論的優勢給掩蓋了。在某種程度智力發展的適者生存法則，當代生物學對這些「劣等的」落敗理論很少給予重視，因此他們就只能在那些已經絕版的冷門著作中苟存著。但這些當年開創性理論中，有些觀點卻很適合稱為人工進化的這個新環境，因而人們謹慎地重啟這些理論並且加以檢視。

當達爾文在 1859 年首次出版《物種起源》的時候，（儘管他不斷地去說服同行）那時代最負盛名的博物學家和地質學家還是猶疑著不能全盤接受他的理論。他們接受了達爾文的嬗變理論——「經過改變的繼承」，或是從先前存在的物種逐漸變化而來的新物種。但是，對於他用天擇之說來解釋進化的論據仍持懷疑——即一切都源於隨機取得而累積的極小改進——因為，他們覺得達爾文的說法不能準確符應自然的事實，那是一種他們非常熟悉的事實；而這在某種程度上，是當今這個時代的學者在專業化的分工下和只在實驗室內所難以見得到的。但是，因為他們既不能找出令人信服的反證，也無法提出同樣高質量的替代性理論，最後他們那些強有力的批評就埋沒在往來通信和學術爭論之中了。

達爾文也沒有提供某種具體的機制來解釋自己提出的「天擇」是如何發生的。他對當時剛出現的遺傳因子研究一無所知。接下來在達爾文發表精心傑作後的 50 年裡，各種關於進化論的補充學說隨之出現、成果豐碩，直到發現基因和後來的 DNA，達爾文的理論才站穩了主導地位。事實上，幾乎現今流傳的每一個激進的進化論觀點，都

可以在達爾文發表他的理論之後，到接受其理論作為教條之前的那一段時間裡，從一些思想家找到資料的來源。

對於達爾文理論的弱點，沒有人比達爾文本人更清楚。達爾文曾經主動提供一個實例來說明他的理論所遇到的困難，就是高度複雜的人眼（自那以後，達爾文理論的每一位批評者也都用過這個例子）。設計精巧且相互作用的晶狀體、虹膜、視網膜等等，似乎挑戰了達爾文那種「輕微、遞增的」隨機改進的可信度。達爾文在寫給他的美國朋友阿薩・格雷的信中提到：「我同意這個弱點。直到今天，眼睛還是會讓我碰一鼻子灰而故意冷落他。」格雷所遇到的困難是，他想不出在一個沒有進化完全的眼睛中任何部分——像是一個沒有晶狀體與之配套的視網膜，或者反過來，沒有視網膜與之配套的晶狀體——對他的擁有者會有什麼樣的用處。既然大自然不會囤積他的發明（「嘿，這在白堊紀就會派得上用場！」），每一階段物種的進步發展都必須是立即有用和可行的。每次突破，都必須首次就能獲得成功。即使是聰明的人類也無法以如此長久一貫的苛求方式來設計。由此看來，自然在創造的能力上似乎還有神力非凡的造物主存在。

達爾文說，假想一下我們在馴養繁育的過程中看到了那微進化式的變化——那些具有特別大的豆莢的豆子會繁育出具有更大豆莢的豆子，或者比較矮的馬會生出更矮的馬的過程。再想像一下，如果我們把那些因為人工選擇所造成的微小差異擴展到數百萬年的時間規模，再將這些細微的差異累加起來，這時我們看到的則是重大的變化。達爾文說，就是這種變化使得細菌變成珊瑚礁和犰狳——累進的微小變化。而他所要求的就是我們把這種微小變化的邏輯擴展到能涵蓋整個地球和整個自然時間史的規模尺度上。

達爾文的論點，即是天擇可以擴展並解釋所有生物是**合於邏輯推**

理的。只是人類的想像和其經驗讓人所知道的是，合乎邏輯的東西並非永遠都是實情。合乎邏輯只是成真的必要條件，但並非是成真的充分條件。新達爾文主義把蝴蝶每一次搧動翅膀，葉片上的每一條曲線，魚的每一個種類都歸於適應性選擇來解釋。似乎在某種程度上，所有東西都能歸結為自適應的優勢。但，正如理查・陸溫頓這位著名的新達爾文主義者所言：「因為天擇什麼都能解釋，所以他什麼也沒解釋。」

生物學家並不能（或者至少到現在還沒有）排除在自然界中還有其他的力量發揮著作用，並在進化的過程中產生出和天擇類似的效果。這麼看來，除非進化可以在受控的條件下在野外或者在實驗室內被複製出來，否則，在此之前，新達爾文主義仍然是一個好聽的「就是如此」故事——他更像是歷史，而非科學。科學哲學家卡爾・波普直率地說，所以新達爾文主義根本不是科學理論，因為他不能被證明是虛假。「不管是達爾文還是其他任何一位達爾文主義者，到目前為止都還沒能為任何一個單獨生物體或單獨器官組織的適應性進化提出確實的因果解釋。所有論據都顯示出（而且為數還不少）這種解釋可能成立，也就是說，（這些理論）在邏輯上並非不可行。」

生命形式有因果關係上的難題。任何共同進化的生物體看起來都是自我創造出來的，這也使得確立因果關係的工作異常繁重。要為演化尋找更完整的解釋，就得理解自發的複雜性，以及從部件網路中湧現出來的整體性規則。對於人工進化（到目前為止，主要還是以電腦模擬的方式來完成）的研究，在很大程度上還是與科學建立新證明的方式綁在一起。在電腦大規模應用之前，科學包含兩個方面：理論和實驗。一個理論會體現出一個實驗，同樣地，實驗會證實或推翻這個理論。

但是，電腦誕生出第三種進行科學工作的方式：模擬。一次模擬同時可以是理論也是實驗。藉由一個電腦模型的運作──像是湯姆‧雷的人工進化模型，我們不僅是在試驗一個理論，同時也是讓某種實實在在的東西運轉起來並且累積可以反證的數據。或許，透過這些新的理解方式（建立能成功運轉的替代物以對真實進行研究）可以避開複雜系統中確認因果關係的兩難困境。

　　人工進化既是自然進化的理論，也是一種檢驗，本身更是一種具有獨創性的東西。

　　世界各地的一些自然學家對野生環境中的生物族群進化進行著長期觀察：其中包括大溪地的蝸牛，夏威夷的果蠅，加拉巴哥群島的雀科鳴鳥，以及非洲的湖中魚類。隨著一年一年的研究進行，科學家有更好的機會能明確地證明，長期的進化一直在野外上演。利用細菌和近來投入實驗的擬穀盜開展的短期研究，在實驗室中顯示出生物體短期進化的樣態。迄今為止，這些透過活體生物族群進行的實驗結果與新達爾文理論所期盼的相吻合。加拉巴哥群島上雀科鳴鳥的鳥嘴確實像達爾文所預言的那樣，會隨著時間為因應乾旱引起的食物供給變化而變得粗厚。

　　這些精心的測量證明了：自我管理的適應性會在自然界中自發地出現。他們也明確地證明：不知不覺而穩定地針對不適用部分加以清除後，整體就會呈現出明顯的變化。不過，實驗結果卻並未顯示出有新層級的多樣性、或者任何新物種，甚至也沒有新的複雜性產生。

　　儘管我們仔細地查閱歷史紀錄，但也沒有看見在野外有新物種產

生的紀錄。而且最值得注意的是，人類在馴養動物的過程中，也沒有看見任何新物種的出現。這其中包括，在針對數億代果蠅的研究中也沒有出現新種果蠅，這其中，人們為了誘發新果蠅物種的形成，刻意地對果蠅族群軟硬兼施地增添環境壓力。在電腦模擬生命領域，「物種」這個詞並沒有什麼意義，除了最初的爆發之外，我們並未見到一連串各樣全新種類的湧現。在野生環境、人工飼養環境以及人工生命環境裡，我們看到了變異的顯現。但是，看不到更大的變化，我們也很清楚地意識到，產生變異的範圍似乎很狹窄，而且往往被限定在同一物種內。

關於這種現象的標準解釋是，我們現在是用一個短得有點荒謬的極小時間跨度來衡量一個發生在實際漫長時間中的地質事件，那我們還期望能看見什麼？生命在發生巨變之前，以類似於細菌的形態存在了數十億年。拜託，有點耐心吧！這也就是達爾文和其他生物學家轉而求助於化石紀錄來證明進化的原因所在。但是，儘管化石紀錄無可爭辯地展示了達爾文更重要的論斷──隨著時間，性狀變化會累積到後代的身上──然而，他並沒有證明這些變化完全是因為天擇，甚至也沒有證明變化最主要應歸功於天擇。

到目前為止，還沒有人見證過化石紀錄、真正生命體或是電腦模擬的人工生命確切變化的時刻，也就是當天擇機制激發其複雜性躍入新層次的那一時刻。在鄰近物種之間似乎存在著某種可疑的屏障，而他不是阻撓了這種關鍵性變化的發生，就是把這種變化移出我們的視野。

史蒂文‧傑‧古爾德認為，從化石紀錄的角度來看，那令人難以置信的瞬時性（以進化論的說法）將確切變化的階段移除了。不管他的理論正確與否，現有證據指出，有某種自然限制因素阻礙了應該要

向外發展的微小變化，而進化必須設法來克服這種限制。

　　人工合成的原生生命以及電腦模擬的人工進化，已經為我們帶來了愈來愈多的驚喜。然而，人工生命跟他的表親人工智慧有著同樣的問題。就我所知，沒有一種人工智慧——不管是自動機、學習機，還是大型認知程式——能連續運作超過 24 小時。過了一天以後，這些人工智慧就會停止運轉，人工生命同樣如此。大多數靠著電腦運作的模擬生命，新奇一段時間後，很快就沉寂無聲。儘管有時候程式還在運作，產生出一些微小變化，但是在首次衝刺到最高點後，他們的複雜性也就沒有上升到新水平，也沒有令人驚喜的東西出現（這其中包括湯姆・雷設計的「地球」）。也許給他們多一點運行的時間，他們能做得出來。但是，不管什麼原因，基於質樸的天擇所生成的電腦模擬生命並沒有體驗到自由進化的神奇，而自由進化正是他們的創造者和我所期待但尚未見到的。

　　正如法國進化學者皮耶・格拉斯說的：「變異是一回事，進化又是完全另一回事。兩者之間的差異，怎麼強調都不會過分……。變異提供了變化，但不是進步。」所以，儘管天擇也會造成微小變化（變異的趨勢）卻沒人可以擔保天擇也會造成巨大變動，朝著日益發展的複雜性，自由地創造出無法預料的新形態和進展。

　　假使人工進化僅僅是適應上的微變化，本書所預言的許多人工進化前景仍然會實現。自發自導的變異和選擇可以極其強而有力的解決問題。天擇確實會在短期內起作用。我們可以利用他來找到我們見不到的證據並且填補我們無法想像的空白。問題歸結到，是否單靠隨機變異和選擇機制，就足以在很長的時期內持續產生出新事物來。另外，如果「天擇還不夠」，那麼在自然進化中，還有什麼力量在起著作用呢？我們還能在人工進化中引入什麼才能讓他產生出自組織的複

雜性？

　　絕大多數天擇的批評家都勉強承認達爾文的「適者生存」是對的。天擇主要意味著不適合者的毀滅。一旦有適合者產生，天擇就會毫不考慮汰除無用者。

　　但是，創造出某些有用的東西感覺有點令人感到憂慮或嚇人。而達爾文主義所忽略的觀點就是關於產生適合者的合理解釋。在被選定之前，適合者是來自哪裡呢？按照當今新達爾文主義的普遍解釋，適合者的產生是歸功於隨機變異。染色體內的隨機變異在有機體的生長發育過程中產生隨機變異，他對整個有機體不時地增加適合度。也就是說，適合者是隨機產生的。

　　正如野外以及人工進化實驗所顯示的，這種簡單的進程在較短的時間內能夠引導協調變化。但是，如果天擇能夠清除那些不可勝數的失敗而且有無限的時間，那麼這種隨機變異能否**產生**一系列天擇所需的贏家？達爾文主義理論肩負重任以證明選擇性死亡的消極制動力量，結合隨機那漫無目的的混沌力量，可以產生持續、具有創造性、而且積極的推動力，進一步朝向我們所看見的大自然歷經數十億年持續存在的複雜度前進。

　　後達爾文主義提出，歸根到柢，在進化過程中存在著其他的作用力。這些規矩的變化機制重組了生命使其得到新的適應性。這些看不見的動態擴展了形式庫，或許那就是天擇得以發生影響作用的形式庫。深度進化不一定就比天擇神祕的多。他們把每一種動態──共生、定向突變、跳變論或者自組織理論──都看作是一種機制；以長期來看，是一種作為對達爾文那粗糙蠻橫的選擇過程的補充，以促使進化不斷革新的機制。

人們曾經認為，共生現象——兩個有機體合而為一——只會發生在類似地衣這種孤立的奇特生物身上。自琳‧馬古利斯提出，細菌共生是上代細胞形成的核心事件這個假設之後，生物學家忽然發現，在微生物世界中，共生現象到處都有。由於微生物生命是（而且一直是）地球上所有生命形式中的主要部分，而且是蓋亞假說的首要主力，因而廣泛分布的微生物共生使得共生無論在過去還是現在都是極為重要的。

就傳統的想像，一個族群在他們偶然形成一個穩定新結構之前，會在日常行為中隨著微小的、隨機的、累進的變化而騷動不安；相較之下，馬古利斯則是希望我們考慮兩個正常運作的簡單系統合併，形成一個更大、更為複雜的意外現象。舉例來說，一個已經過證實的細胞株遺傳下來、負責氧氣運送的系統，可能和另一個細胞株中負責氣體交換的現存系統緊密結合在一起。雙方結合共生，就有可能形成一個呼吸系統，而這一過程未必是逐步發展的。

馬古利斯建議把他本人關於有核細胞共生本質的研究作為生物史的一個例子。這些出現的細胞不需要歷經十億年的反覆摸索以重新建構，由幾種細菌巧妙融合在一起的光合作用和呼吸作用。相反地，這些已形成胞膜的細胞把細菌和其訊息資產整合為一體，並占有這些子體來為母體細胞工作。他們將細菌的發明據為己有。

在某些情況下，共生伴侶的基因鏈會融合在一起。有人為這種共生關係所需的資訊合作提出一種機制，即著名的基因水平轉移，這種基因轉移在野生環境的細菌之間發生頻率極高。一個系統的專有訊息可以在不同的物種之間來回穿梭。新的細菌學認為，世界上所有的細

菌就是一個單一的、在基因方面相互作用的超有機體；這個超有機體在其成員之中，以極快的速度吸收並且傳播基因的革新成果。物種之間的基因轉移同樣也會（以未知的速度）在較為複雜的物種中發生，這當中包括人類。每種類型的物種都在持續地交換基因，通常是由無套膜病毒擔任信使。病毒自身有時候也被納入共生。許多生物學家認為人類 DNA 鏈中有一些大塊的片段是插入的病毒。有些生物學家甚至認為這是一個循環——人類有很多疾病的病毒就是人類 DNA 中逃逸的乖戾部分。

如果這是真的，那麼細胞所具有的這種共生本質讓我們知道了幾件事。首先，他提供了一個實例，說明重大的進化改變減少了給予個體生物的直接好處（因為個體消失了），這與傳統的達爾文主義教條相反。其次，他提供了另一個實例，亦即進化的改變不是由細微漸進的差異累積而成，這同樣與達爾文主義教條相悖。

大規模的常規共生行為能促成自然界中很多複雜現象——那些看起來似乎需要多種同時的創新才能達成的現象。他會為進化提供另外一些便利條件；譬如，共生行為可以充分地利用合作的力量，而不是競爭的力量。至少，合作能培育出獨特的生態區位及一種任憑競爭也無法提供的多樣性——像是地衣系統。換句話說，他藉由擴充形式庫，釋放了進化空間的另一個維度。並且少量的協調共生也可以取代漫長的細微變化。處於相互關係中的進化過程可以跳過個體上百萬年反覆嘗試錯誤的時間。

沒有共生，或許進化過程也可以直接獲得有核細胞，但可能得再花上十億年或者五十億年的時間。最後，共生將廣泛地散布在生命系譜中所得的各種經驗重新結合。這就像是一棵生命之樹的圖像，生命之樹不斷地散葉，不斷地分枝的圖像。另一方面，共生又把這生命之

樹分叉的枝條兜在一起，使之相交。融合共生的進化，更像一叢荊棘而非一棵樹──生命之叢。如果這幅完全纏繞在一起的生命之叢的圖像已經印記在我們心中時，或許也是應該重新思考我們的過去和未來了。

　　天擇是自然界中非常冷酷的死神。達爾文大膽宣稱：在進化的真正核心中，許多小量被刪除的部分──許多微不足道的任意死亡──僅從輕微的變化中獲得一時的歡樂，卻能以違反直覺的方式，累積成真正新穎並有價值的產物。在傳統選擇論的戲劇性事件中，死神飾演主角。他一心一意地損耗生命。他是一位編輯，但只會一個字：「不」。變異則衍生大量廉價的新生命來與這曲單音符的死亡之歌相抗衡。變異也只會一個詞：「可能」。變異製造出大量無關緊要的「可能」，死神則馬上大量地摧毀這些「可能」。大部分平庸之物一出現，馬上就被恣意的死神打發拋棄。偶爾，這種理論也會這樣描述：二重奏蹦出一個音「好！」──於是海星留下，腎臟細胞分裂出來，甚或莫扎特活了下來。從表面上來看，由天擇推動的進化仍然是個令人驚嘆的假說。

　　死亡清除了那些無能者，為新生者騰出空間。但如果說，死亡**導致**翅膀的形成、眼球的運作，那根本上是錯誤的說法。天擇只不過是汰除那些畸形的翅膀或者那些瞎了的眼睛。琳‧馬古利斯說：「天擇是編輯，不是作者。」那麼，又是什麼創造發明了飛行能力以及視覺能力呢？

　　自達爾文以來的進化論盡都是討論革新成果的起源，但也都是令

人沮喪的紀錄。正如達爾文著作標題明確所顯示的，他希望解決的問題是物種起源的大謎題，而不是個體起源的問題。他提問：新的生物種類從何而來？但沒問：個體之間的變異從何而來？

遺傳學一開始就是一門與眾不同的獨立科學領域，他確實關注過變異與革新的起源。早期的遺傳學家，比如孟德爾以及威廉・貝特森（格雷戈里・貝特森的父親，正是他創造了「遺傳學」這個詞），為了解釋差異何以在個體中產生以及變異如何傳至後代而孜孜不倦地求取答案。法蘭西斯・高爾頓爵士證明，從統計學的角度（在生物工程學出現之前，統計學是遺傳學的主流研究方法）認為族群內部變異的遺傳是來自某一隨機的源頭。

後來，科學家們在由四個符號編碼串成的一個長鏈分子上發現了遺傳機制，這條長鏈的某個隨機點上符號的隨機翻轉，很容易被看成是變異的一個原因，也容易建立成數學模型。這些分子的隨機變動一般歸因於宇宙射線或者熱力的擾動。而曾經意味著嚴重畸形的巨大突變，則重新被視為只是一次偏離了平均變異的翻轉而已。就在前不久，有機體身上所發生的一切變異——從雀斑到顎裂——都被認為是統計學上程度不一的變異誤差。因此，變異就變成了突變，而「突變」又緊密地組合成「隨機突變」。如今，連「隨機突變」這個術語看起來都有點多餘。除了隨機突變，還會有其他類型的突變嗎？

在電腦強化的人工進化實驗中，突變是透過電子手段，也就是偽隨機產生器生成的。但是，生物界的突變和變異起源的確切事實真相仍不明確。我們所確知的是：顯然，變異不是由於隨機突變而產生的——至少並非總是如此；在變異中存在著某種程度的秩序。這是一個古老的觀念。早在 1926 年，理論家揚・克里斯蒂安・史末資就將這種遺傳學上的半秩序取了個名字：內在選擇。

關於內在選擇的一個比較可信的描述是，允許宇宙射線在 DNA 編碼中盡可能地產生隨機的錯誤，然後，某種已知的自我修復裝置以一種差別對待（但是未知）的方式在細胞中糾正這些錯誤——糾正某些錯誤、同時放過其他一些錯誤。修正錯誤需要耗費大量的能量，所以必須在糾正錯誤時，將所需的能量消耗和變異可能帶來的好處之間做一個衡量。如果錯誤發生在可能適宜的地方，糾錯機制就會讓他留下；如果是發生在會引起麻煩的地方，就會被糾正。舉個假設的例子：克氏循環（或稱檸檬酸循環、三羧酸循環）是你體內每一個細胞的基本能量工廠。他數億年來，運轉良好。所以，如果現在亂動他，就會得不償失。這時，如果身體偵測到克氏循環的編碼有一處發生了變異，他就會迅速將其排除。另一方面，身體的大小或者身體各部分的比例，也許值得調整；那麼，不妨放手讓變異在這方面去動動看。如果內在選擇就是這麼運作的話，那麼有區別的變異便意味著，某些隨機變異要比其他一些隨機變異「更受優待」。而這種調整的一個迷人結果是，調節裝置本身的突變所能造成的大規模影響，將遠遠超過發生在其監管的 DNA 分子鏈上的突變。稍後我還會再談到這一點。

由於基因之間彼此的相互作用和相互調節的關係是如此地廣泛，因此基因組形成一個抗拒變化的複雜整體。也因為大多數基因都是彼此相互依存——幾乎是交錯鎖合——以至於幾乎不可能變異，所以只有某些特定的區域才可能出現變異。正如進化論學者恩斯特・邁爾所言：「只有在基因型的有限部分中才能看到自由變異。」在人類馴養動物的過程中，可以發現這種遺傳的整體性力量。育種員通常會遇到這種令人不快的狀況：在挑選某個特定性狀的過程中，會啟動一些未知的基因而帶來令人不怎麼高興的副作用。不過，當針對這一性狀的壓力被釋放之後，生物體的後代能夠迅速地回復原本的類型，宛如基

因組彈回到他原來的設定點。真正基因中的變異，跟我們所想的差距甚遠。這種跡象顯示出，變異除了非隨機、範圍有限之外，也難以獲得。

我們有這樣的印象：有一個高度靈活的基因機構管理著其他基因的生活。最令人驚訝的是，所有生命，從果蠅到鯨魚，都是授權給同一個基因管理局實行管理。例如，在每一種脊椎動物體內，都能發現幾乎完全相同的同源異型自控序列（這是一段主開關基因，可以啟動大段的其他基因）。

這種非隨機變異的邏輯是如此盛行，所以當我找不到任何生物學家仍持隨機突變觀點時，我起先是大吃一驚。他們幾乎一致地承認突變「並非真正隨機」，這對他們來說（就我的感覺），是意味著個體的突變也許並不那麼隨機——從近似隨機到看似隨機。不過，他們仍然相信，就統計學的意義而言，從長時間來看，大量的突變會表現出一種隨機的樣子。琳·馬古利斯諷刺地說：「哦，所謂隨機，只不過是為無知找一個藉口。」

現在，這種弱化的非隨機突變看法已經引不起什麼爭論了，而另一種加強版才是更有刺激性的異端觀點。這種觀點認為，變異可以以一種有意的、精心準備的方式來加以選擇。與其說基因管理局僅僅對隨機變異進行編輯，倒不如說他按照一些進程自行產生出變異。基因組會為特定目的創造出突變。定向突變可以刺激自然淘汰的盲目進程，使自然淘汰脫離衰退的泥淖並將其推向愈來愈複雜的狀態。在某種意義上，有機體會自編自導出突變以回應環境因素。有點諷刺的是，這種定向突變的強勢看法在實驗室裡獲得的證據，比弱化的非隨機看法更多更有力。

根據新達爾文主義的定律，環境，而且只有環境，能對突變予以

選擇；而且，環境永遠不能誘發或者引導突變。1988 年，哈佛的遺傳學家約翰‧凱恩斯和幾位同事發表了大腸桿菌受環境影響誘發突變的證據。他們大膽斷言：在某些特定的條件下，這種細菌會自發地產生所需的突變以直接回應環境壓力。並且凱恩斯也大膽地就這樣結束他的論文：他表明不管是什麼導致這種定向突變，「實際上，都提供了一種獲得性狀的遺傳機制」——這簡直是赤裸裸地說出達爾文理論的對手拉馬克的觀點。

另外一位分子生物學家貝瑞‧霍爾發表的研究結果，不僅證實了凱恩斯的說法，而且還補充了大自然中定向突變那令人驚異的證據。霍爾發現，他所培養的大腸桿菌能產生所需的突變，而且變異的速率比統計上所預期的要高約一億倍。不止如此，在對這些突變細菌的基因進行定序並加以分離的過程中，他發現只有那些有選擇壓力的領域發生了突變。這意味著，這些成功的小不點兒並不是絕望地拚命地丟出各種各樣的突變牌來找到可以起作用的基因；相反地，他們精確地找到那個剛好符合要求的變化。霍爾發現，有一些定向變異很複雜，以至於需要同時在兩個基因上發生突變。他把這稱為「不太可能發生的事件中的極不可能」。這些奇蹟般的變化不應該是天擇的運行之下一系列隨機累積的真正結果。他們（定向突變）身上有著某種設計的味道。

霍爾和凱恩斯兩人都宣稱，他們已經細心地排除了有關實驗結果的所有其他解釋，並且堅持認為細菌正在指導其自身的突變。不過，在他們能夠闡明無知的細菌如何明白自己需要何種突變之前，其他分子遺傳學家幾乎都不準備放棄嚴謹的達爾文理論。

自然界中的野生進化與電腦的合成進化之間的差別就在於軟體沒有軀體。你用磁片將程式載入電腦是一個明確簡單的方式。如果你更改了程式碼（希望得到更好的結果），那麼只要執行他，就能看到結果。在程式是什麼以及他要做些什麼之間並沒有多餘的東西，除了執行程式的電腦硬體。

　　生物就大大不同了。如果我們把一段假想的 DNA 當成軟體程式碼，對他做一個更動，那麼在改動的結果能證明他自己之前，必須先發育出一個有機實體。動物從受精卵發育成產卵者，或許要花費好幾年的時間才能完成；因此，生物軟體更動後所顯示出的效果，可以依據發育的階段而有不同的判定。當初同樣一開始有所更動的軟體，也會對成長中極小的胚胎產生一種效果，並且在性成熟的生命體上產生另一種效果——假如胚胎能存活那麼久的話。在生物體的每一個階段，軟體的變動以及終端效果（比如，更長的手指）之間，存在一系列受物理或化學變化控制的中間實體——酶、蛋白質和生命組織——他們必然也會間接受到軟體改變的影響。這樣一來就大大增加變異的複雜度。執行程式的電腦是無法與之相比較的。

　　你曾經只有像句號那樣的大小。短短的時間，你就成了滾來滾去的一個多細胞球——很像池塘裡的水藻。水流有力地沖刷著你。還記得嗎？然後你長大了。你變成了海綿，變成了腔腸動物，全身只是一條直腸子。吃就是你的生活。你漸漸長出了可以去感覺外界的脊髓神經；漸漸增添腮頜的強度以備呼吸和咀嚼之用。你又長出了用來游動和轉向的尾巴。你不是魚，而是一個扮演著魚類胚胎角色的人類胚胎。你在每一個動物胚胎的幽靈中潛入潛出，重新扮演著為抵達目的

地而必須放棄的種種可能的角色。進化，就是屈服於選擇。想要成長為新的物種，就要經歷所有你不會再扮演的角色。

進化是具有創造力的，也是保守的，總是用著現成的東西去創造。生物極少會從頭來過。他以過去作為起點，在生物體的發育過程中，從過去的點滴中提取精華。當一個生物體開始他的發育成長之時，他做了數百萬次的妥協，總是阻礙了他往其他方向進化的機會。沒有軀體的進化是不受限制的進化。具有實體的進化被無止境的限制所約束，他在發展中受到了束縛，既有的成功使他無法往回走。

不過，這些約束也給了進化一個立足之地。如果人工進化想要有所成就的話，或許同樣也需要有一個軀體以供使用。

軀體成形之際，時間也就開始了。沿著時間的維度，突變在一個成長的軀體中生長。（這是到目前為止，人工進化幾乎沒有的另一樣東西：發育的時間。）改變胚胎的早期發育過程，對時間是一種玩弄。在胚胎發育過程中，突變出現得愈早，他對生物體的影響也就愈劇烈。這同時也削弱了那些用以對抗失敗的約束；因此，發育過程中愈早發生的突變，愈不可能成功。換句話說，生物體愈複雜，愈不可能出現早期變異。

早期的發育突變有項優點，就是牽一髮而動全身。一個恰到好處的變動能夠造成或者抹去千百萬年的進化成果。果蠅身上著名的觸角足突變就是一個實例。這個單點突變攪亂了果蠅胚胎的足肢生成系統，在原本應該是觸角的地方長出一條腿來。這苦惱的果蠅出生時，前額就會突出一隻假足——這都源自基因編碼的一個小小改變，隨之觸發了一系列其他的基因。任何一種怪物都能夠通過這種方法孵化出來。這引發了發育生物學家的好奇心：是否生物體身上的自我調控基因能夠對基因稍做調整，得以控制這些一系列的早期基因突變，製造

出有用的怪物來，這樣不就是繞過了達爾文那種漸進式的天擇了嗎？

但有趣的是，這些怪物看起來似乎遵循著某種內在的規律。在我們看來一隻雙頭的小牛也許只是某種隨機缺陷，但實際並非如此。生物學家在研究這些反常的特異現象時發現，同種類型的畸形會在許多物種中出現，而且其特異性狀甚至可以分類。比如獨眼動物，出生時有一隻位於中央的眼睛（這是在哺乳動物，包括人類，相對常見的一種特異現象），而且鼻孔幾乎總是長在他的眼睛上面，不管是什麼物種。類似的情況包括雙頭通常要比三頭更為常見。但無論是雙頭還是三頭，這兩種突變都沒有什麼優勢的變異。既然這些怪物很少能生存下來，天擇也就不可能在這兩者之中有什麼選擇偏好。那麼，這種變異的指令必定是來自於內部。

在 19 世紀初葉及中葉，有一對法國父子組合——聖伊萊爾父子——為這些自然界中的怪物設計了一套分類系統。這套突變的分類系統與林奈自然物種的分類系統相對應：每一種突變都被分為綱、目、科、屬，甚至種。他們的研究成為研究現代怪物的科學基礎——畸形學。聖伊萊爾父子指出，秩序的形態比天擇來得更為廣泛。

哈佛比較動物學博物館的皮埃·阿博徹是一位說明畸形學在進化生物學中重要性的當代發言人。對於活生物體內強勁的內在自組織進程，他認為畸形學是一張被忽視的生命藍圖。他宣稱：「畸形學可以就一個發育過程中，潛在的各種可能性提供一份詳盡的資料。儘管要面對強烈的負向選擇，畸形現象不但以一種有組織並離散的方式產生，而且還呈現出普遍性的變形規律。這些特性並非只限於畸形學，相反地，他們是所有持續進化系統的普遍性質。」

怪物中這種秩序的內在——像是從突變果蠅的前額上冒出來的發育完整的足——說明著有一種深深潛伏的內在力量影響著生物體的外

部形狀。這種「內在論」與絕大多數適應論者所持的正統「外在論」截然不同；後者認為普遍存在的天擇才是塑造生物體外形的主要力量。作為持反對意見的一名內在論者，阿博徹這樣表示：

> 內在論有一個至關重要的假設：形態的多樣性是由各參數值（比如擴散率、細胞黏著力等等）的擾動所造成，與此同時，生命體各組成部分之間相互作用的結構則保持恆定。在這個前提下，即使系統的參數值在發育過程中受到隨機擾動──不管是遺傳突變，環境變化或者是人工操縱，系統也會產生出某個有限的、離散的表型子集。也就是說，可能的形式集合是系統內在結構的表象。

因此我們看到的雙頭怪，其出現的原因可能就跟我們有對稱生長的手臂一樣；很有可能兩者的出現都不是因為天擇。相反的是，內部結構，特別是染色體的內部結構，以及發育過程中所累積的形態改變，可能對生物組織的多樣性有著等同於或超乎天擇作用的影響。

基因的進化過程中，基因所依附的那些實體扮演著某種不可思議的角色。在性活動中，兩條染色體不是一絲不掛地重新結合，而是被包裹在一個巨大的卵細胞裡面。這個塞得滿滿的卵細胞對於如何執行基因重組擁有很大的決定權。蛋黃似的細胞裡充滿了各種蛋白因子和類激素介質，並且受其自身非染色體 DNA 的控制。當染色體基因開始分化的時候，卵細胞就會直接指導他們、控制他們、為他們確定方向，並精心策劃寶寶的構造。一點也不誇張地說，最終誕生的生物體在一定程度上會受卵細胞的控制，但並非完全由基因來掌控。而卵細胞的狀態，會受到壓力、年齡、營養狀況等等因素的影響。（有一

種觀點認為，高齡產婦的嬰兒之所以較容易罹患唐氏症，是因為兩條控制生育缺陷的染色體在母體的卵細胞中相處太多年、彼此太親密所造成的。）甚至在你還沒出生之前——確切地說，是從受孕那一刻開始——你的遺傳訊息之外的各種力量就已經透過基因的方式在形塑你了。遺傳信息並不獨立存在於物質載體之外。一個生物體的遺傳形體或形態，是在非遺傳的細胞物質與遺傳基因的雙重作用下成形——軀體與基因共同作用。進化理論，特別是進化遺傳學，如果不能對繁雜的生物形態牢記在心，就不可能全面地理解進化；而人工進化也只有在依附實體時，才有可能大行其道。

像大多數有核細胞一樣，每一個生物卵細胞都會在染色體之外攜帶好幾個 DNA 訊息庫。讓正統理論最感到困擾的問題在於，卵細胞有可能在內部 DNA 與遺傳的染色體 DNA 之間不斷交換編碼訊息。假設 DNA 內部訊息的形成會受到卵細胞自身經歷的影響，並由此傳遞到染色體 DNA 的話，這就違反正統理論恪遵的中心法則；該法則聲稱，生物學上的信息只能從基因向細胞體流動，反之則不行。也就是說，從軀體（表型）到基因（基因型）的直接回饋並不存在。達爾文的批評者亞瑟・庫斯勒指出，我們之所以懷疑像中心法則這樣的規則，是因為「他會是生物進程中唯一缺乏回饋的實例」。

軀體的成形過程對於人工進化的創造者來說，有兩個可借鏡學習的地方：第一，成熟生物體的變異會受到胚胎期母體卵細胞環境的間接作用，以及受到遺傳基因的直接作用。在這一過程中，一些非常規的訊息很有可能經由某些控制要素或細胞內 DNA 交換，從細胞（母體細胞）流向基因。正如德國形態學家魯伯特・李德爾所說：「新拉馬克主義認為，有一種直接回饋存在著。而新達爾文主義則認為不存在這種回饋。兩者皆錯。真相介於兩者之間。回饋是有的，但不是直

接。」對基因進行間接回饋的一個主要路徑就發生在胚胎成長的極早期階段，就在基因化身為肉體的那幾個小時內。

在這幾個小時裡，胚胎就是一個放大器。而這就是我們要學的第二課：微小的改變會在發育過程中被放大。軀體的形成就是以這種方式跳過了達爾文的漸進模式。這個觀點是由柏克萊的遺傳學家理查·戈爾德史密特提出。他的非漸進進化觀點在他的一生中都受到人們的嘲笑和鄙視。他的主要著作《進化的物質基礎》（1940）被人當作是瘋人說瘋話，直到 1970 年代，史蒂文·傑·古爾德才重提他的觀點並開始大力宣講。戈爾德史密特的著作標題剛好與我想說明的主題相吻合：進化是物質與訊息相混合的過程，遺傳邏輯不能違背其所棲身的物質形式的規律。（這樣的觀點可以推斷出：人工進化與自然進化會有所不同，就在於他是在不同的基質上運行。）

戈爾德史密特終其一生未獲報償只為證明一件事情：微進化的漸進改變（從紅玫瑰到白玫瑰）無法解釋巨進化（從蟲子到蛇）。反而他透過研究昆蟲的發育得出結論：進化過程是跳躍式前進的。發育早期的小變化會導致成熟期的大變化，因而產生一個怪物。儘管多數極端變異都會夭折，但偶爾也會有些大的變化能融入整體並且誕生某種有前途的怪物。這個有前途的怪物可能會長出一對完整的翅膀，而不是按照達爾文理論所提出的會有半翅膀的中間態形式。生物體也許能夠一步到位實現最終形態，那些所謂中間態的一連串過渡物種形式也許從不會出現。這種有前途怪物的出現或許能解釋為什麼化石中找不到過渡形態的物種。

令人感興趣的是，戈爾德史密特還宣稱說，在發育時透過一些小改動就能輕易地生成那些「有前途」的怪物。他發現某類「速率基因」能夠控制生物體的局部生長和分化過程的時機。譬如，如果我們

對控制著色速率的基因動一點手腳，就會產生一種色彩樣式差異巨大的毛毛蟲。正如他的擁護者古爾德所寫：「胚胎早期的微小改變，經過生長過程的累積就會在成體身上產生巨大的差異……。如果我們不能通過發育速率中的微小變化來引發間斷式變異的話，那麼可知的是大多數的主要進化過渡根本就不可能完成。」

　　化石紀錄中明顯缺乏理應存在的中間物種。上帝創造論者為這項事實感到得意洋洋，而我們也不應該忽略掉這個事實。這個「化石斷層」是達爾文理論的一個缺陷；然而他曾斷言，將來當專業的進化論者探索地球上更多區域之後，一定會填補上這塊空白。只是這些空白依然沒有填補上。「化石斷層」曾經只是古生物學家圈子裡的話題而已，現在則受到所有進化論權威的承認。進化古生物學家史蒂芬·史坦利說：「在已知的化石紀錄中找不到任何一個透過系統（漸進）進化完成重大形態轉變的例子，因而也就無法為漸進模式提供有效證據。」生物學專家史蒂文·傑·古爾德也這麼說：

　　　　所有古生物學家都知道，化石紀錄中幾乎找不到中間形
　　態的物種；主要族群之間的變遷非常突兀……絕大多數的物
　　種化石都有兩個與漸進論相抵觸的特徵：
　　　1. 停滯不前。大多數物種活躍在地球上的那段時間內，
　　　　都沒有呈現出定向性變化。他們在化石紀錄中出現的
　　　　樣態，跟他們在化石紀錄中消亡時的樣態，看起來幾
　　　　乎完全一樣……。

2. 突然出現。在任何一個地方區域，一個物種不是因其
祖先的穩定變化而逐漸出現；他是一下子就出現的，
而且一出現就「完全成形」。

在科學史學家的眼中，達爾文最重要的論斷在於：作為一個整體，生命所呈現出不連續的面貌是一種幻象。那種先哲們一直以來教導的原則——每種動物或植物都有其「固有不變的本質」，其實並不正確。聖經上說，各種生物「按照其各自的類型被創造出來」，並且當時絕大多數的生物學家（包括年輕的達爾文）都認為，物種會以一種理想的方式保持自己的種屬。物種決定一切，個體從屬於物種。然而，豁然開朗的達爾文宣布：(1) 個體具有顯著的差異；(2) 所有生命都具有動態可塑性，個體之間具有無限的延展性；所以，(3) 散布在族群中的眾多個體才是最關鍵的。那樹立在物種之間的屏障是虛幻而且可以滲入的。達爾文將不連續的差異從物種之間轉換到每個個體的差異，以消除了物種之間的屏障。因而，生命是一個均勻分布的存在。

不過，對複雜系統的研究，特別是那些能夠適應、學習和進化的複雜系統，漸漸引起了人們的懷疑，認為達爾文這個最具革命性的假設是錯誤的。生命在很大程度上是物以類聚，只略具可塑性。物種不是存續，就是死亡。他們只會在最不可思議且不確定的條件下才會轉化成別的東西。總的來說，複雜的東西分屬不同的種類，而這些種類會持續存在。類群的停滯不前才是常態：一個物種的典型生命期限介於一百萬到一千萬年之間。

與生物體相似的事物，包括經濟體、思維、生態群落、國家，也會自然地分化成一些持續存在的叢團。而人類的機構（如：教會、部

門、公司）發現自體的成長要比進化容易多了。如果為了要適應而必須偏離其本源太遠的話，那麼絕大多數的機構將會是死路一條。

「有機的」實體並不具有無限可塑性，因為複雜系統不容易產生含有一系列功能中間值的漸進式改變。一個複雜系統（比如一隻斑馬或一家公司）進化的方向和方式都極為有限，因為他完全是由許多子個體所組成的層級結構；這些子個體在空間的適應上會受到限制，因為那些子個體也是由某些子子個體所構成，因此進化空間同樣有限，凡此類推。

因此，當我們發現進化是以量子的跨度進行作用時，也就不會感到大驚小怪了。生物體的既有組成部分，可以組合成這種或那種形態，但絕對無法組成這兩者之間的所有形態。整體所具有的層級架構的本質阻礙了整體本身，以致無法到達理論上所有可能的狀態。與此同時，這種層級結構也給予了整個系統完成大規模變動的能力。因而，生物體在歷史上就會呈現出從這個點跳至那個點的紀錄。這就是生物學中的跳變論（saltationism）（源於拉丁文 saltare，即「跳躍」之意），他在專業生物學家中完全不受到歡迎。隨著人們對戈爾德史密特所提出的「有前途」的基因怪物說愈來愈感到興趣，溫和的跳變論重新又恢復活力，但那種完全跨越過渡狀態的跳變論到目前為止仍屬異端。然而，組成複雜事物那相互依賴的共同適應必然會產生量子式的進化。而人工進化到目前為止還沒產生一個具備足夠複雜層級架構的「有機體」，因而我們也就無從得知，突變會以什麼樣的面貌出現在合成世界中。

卵細胞的形態發育過程背負了太多傳承下來的包袱，限制了其潛在後代的可能多樣性。總的來說，構成軀體的物質利用物理約束限制了軀體所能發育成的形態。大象不可能長著像螞蟻一樣的細腿。基因限制——基因的物理本質——同樣也限定了動物所能形成的種類。每一段的遺傳訊息都是一個蛋白質分子，必須通過物理移動來傳播。與DNA 一樣，由於基因的物理限制，一些訊息很難或者根本不可能在複雜的軀體裡完成編碼。

因為基因具有獨立於生物體的動態特性，因此對他們的產出物有支配控制之權。在基因組內，基因之間相互關聯，以至於基因會形成相互鎖聯的現象—— A 以 B 為前提，B 以 C 為前提，而 C 又以 A 為前提。這種內在聯結在基因組內形成了一股保守力量，迫使基因組保持不變狀態——與他所產生的軀體無關。就像複雜系統一樣，基因迴路傾向於透過限制可允許的變異來對抗擾動。基因組所追求的是以一個有凝聚力的統一體存續下來。

當人擇或者天擇自某個基因型（比如說，一隻鴿子的基因型）偏離穩定態而趨向自己喜好的性狀（比如說，白色）時，基因組中的相互關聯特性就會發揮作用，進而產生許多副效應（比如說，近視）。曾飼養過鴿子的達爾文，已經注意到這點，並把這種現象稱為「生長中神祕的相關定律」。新達爾文主義的元老恩斯特‧邁爾聲稱：「就我所知，過去 50 年中進行的所有精細選擇（繁育）試驗中，幾乎都出現過不良的副作用。」被傳統的族群遺傳學依作為基石的單點突變非常罕見。基因通常身處複雜環境，並且基因自身就是一個複雜的適應系統；他有自己的智慧與慣性。這也就是為什麼怪亦有道的原因了。

基因組必須偏離其通常組合足夠遠，才能在外形上產生本質上的

差別。當基因組被競爭壓力「拉出」他的正常軌道時，他必須在物質層面上重組與他相關的模式來維持穩定。用控制論的說法就是，他必須使自己落在另一個具有整體性和內聚力並且恆定的吸引域（basin of attraction）中。

生物體於問世之前，在直接面對競爭與生存的自然淘汰之前，就已經兩度受制於其內部選擇——一個是來自於基因組的內部限制，另一個則是來自軀體所遵循的法則。在生物體能夠真正與天擇打交道之前，他還面臨了第三個內部淘汰。一個被基因組接受並隨後被軀體接受的變化，還必須被整個族群接受。但一個具有出色變異的單一個體，他的新穎革新也會隨著單體死亡而灰飛煙滅；除非包含變異的那些基因能夠在整個族群中擴散開來。族群（或者同類群）具有自身的內斂性和整體性，並呈現出一種整體的湧現行為，宛若一個龐大、內部穩定平衡的系統——族群即個體。

任何跨越這些障礙而得以進化的新事物都是令人驚嘆的。在《走向新的生物學哲學》一書中，邁爾寫道：「進化最艱難的壯舉就是掙脫這種內聚力的束縛。這就是為什麼在過去5億年裡只出現了非常少的新物種；而這也很有可能是99.999%的進化分支之所以滅絕的原因。這種內聚性阻礙了物種在環境突然改變時能做出快速的回應。」在這個不斷變化、共同進化的世界中，進化的停滯現象曾經很長的一段時間令人們非常困惑，現在終於有一個像樣的說法了。

我之所以深入研究這些情況，是因為對生物進化有所限制正是人工進化的希望。進化動力學中的每一個負面約束都可以從正面來看待。用來維持舊傳統的約束力也可以用來創造新事物。將生物體限制在自己的形態內，防止其隨意漂移到其他形態的力量，也正是最初使生物成形的力量。基因內部遺傳選擇的自我強化特性使基因難以離開

穩定狀態，就像一座山谷將各式各樣的隨機序列拉至可能的盆地中，直到穩定為止。在數百萬年中，基因組和軀體的多重穩定性維持著物種的向心狀態，其作用超過了天擇。當某個物種用力一躍，掙脫原有的穩定態時，同樣的內聚力（天擇的影響依然微乎其微）會誘使他進入一個新的恆定狀態。一開始，這似乎有些奇怪，但約束即是創造。

　　因此，正所謂「成也限制，敗也限制」。在生物不同層面上湧現出來的內聚性，而不是天擇本身，很可能就是那 99.999% 的生命形式得以起源的原因。限制在形成生命所扮演的角色——有些人稱之為自組織——還無法衡量，但他很可能是巨大的。

　　達爾文的《物種起源》寫於一個多世紀以前，當時第一台電腦尚未問世；而達爾文已在書中用電腦行話具體地描繪出一幅著名的進化圖像。他寫著，進化「每日每時都在審視著整個世界，不放過每一個變異，哪怕是最微小的變異；他剔除劣質的變異，保留並累積優質的變異；他默默地、不為人知地做著這一切……。」這不正是搜索形式庫的演算法嗎？這個所有可能生命的形式庫，到底是一個只有零星相關樣本的巨大空間呢，還是一個擁擠之所？隨機的進化腳步究竟有多大可能落在某處真實生命之上？在這個可能的空間之中，有效的生命形式又緊密地聚合到什麼程度？每個譜系之間又相隔多遠？

　　如果可能的生命形式中密布著可行條件的存在，那麼單靠運氣的天擇在搜索這個可能性空間時就會更容易些。一個充滿前景並且透過隨機方法進行搜索的空間，為進化提供無數的時間從而隨之展開路徑。另一方面，如果可行的生命形式非常稀疏且彼此相隔很遠的話，

單憑天擇可能就無法到達新的生命形式。在可能的生物空間中，能存活的生命體其分布或許會非常稀疏，以至於這個空間的絕大部分都是空空如也。在這個充滿失敗的空間裡，可存活的生命形式可能聚集在幾片小區域內，或是匯聚在幾條蜿蜒穿行這個空間的路徑上。

如果可行的生物體空間非常稀疏，那麼無疑的是進化需要一些引導來穿越空曠的荒野，以便從一片可存活生物的聚集區走到另一片聚集區。像是天擇奉行的試錯方法，只會讓你很快陷入不知身在何處的境地。

我們對現實的形式庫中真正的生命分布，幾乎一無所知。也許這個分布非常稀疏，甚至可能只有一條可供穿行的路徑——也就是眼下我們正走著的那條路徑。或者，在形式庫中有若干條小路匯聚成寬闊的高速公路，通往幾處必經的關隘——像是，具有四肢、管狀消化道、五指手等能共鳴的吸引子。或者，在生命冥冥之中自有其天意，不管你從哪裡起步，最終都會到達具有雙對稱性、分段四肢以及某種智能的彼岸。我們尚不得而知究竟是哪種情況。但如果人工進化能取得進展的話，我們也許就會知道答案了。

這些對於進化的本質規律提出的有益質疑，並非是以生物學的角度，而是借助一門新科學——複雜性科學。令生物學家感到氣惱的是，推動後達爾文主義理論形成的主要力量來自數學家、物理學家、電腦科學家，還有整體系統論者——這些人根本五穀不分，無法分辨雞油菌和毒蠅傘之間（其中一種是致命蘑菇）的區別，要是他們的生命要靠他來維持的話，那麼必死無疑。對於那些執意要把自然界的複雜現象簡化成計算機模型、並且漠視最偉大的自然觀察者達爾文的結論的人，自然學家除了不屑，還是不屑。

說到達爾文的見解，他自己曾在《物種起源》第三版裡這樣提醒

讀者：

　　最近我的結論被多次錯誤地呈現，並且認為我將物種變
化完全歸因於天擇。請允許我重申，自本書的第一版起，
我就在最明顯的位置——也就是緒論的結尾處——寫著：
「我確信自然選則是物種變化的主要方法，但並非是唯一手
段。」這句話顯然沒有發揮應有的作用。斷章取義的力量還
真是強大啊！

　　新達爾文主義描述了一個透過天擇進行進化的精彩故事，一個精
心編織的故事，其邏輯實在無法讓人辯駁：既然天擇能夠從邏輯上創
造所有的物種，那麼所有的物種就都是天擇創造的。如果我們爭論的
問題是只就地球上一種生命模式的歷史，那麼就不得不接受這個寬泛
的解釋，除非有不可辯駁的證據來證偽。

　　我們至今尚無這樣的證據。在此，我所叙述的共生、定向變異、
跳變、自組織，都還稱不上是什麼結論。但他們確實表明了一點：在
天擇之外，進化還有許多其他各種因素。進一步說，一個大膽而無畏
的願景正重新激起這些瑣碎觀點和問題的討論——開展生物學之外的
人工合成進化。

　　當我們試著將進化的動態從歷史移植到人工介質中時，進化的內
在本質就暴露在我們眼前。計算機中運行的人工進化已經通過了新達
爾文主義的第一個考驗。他顯示出，自發的自我選擇可以作為一種適
應的手段，也能作為產生某些原發創新的方法。

但是，如果想要讓人工進化具有和自然進化同等的創造力，我們就必須給予他我們所沒有的無限時間，不然就是借助自然進化更具創造力的其他面向（如果有的話）來提升他。不過至少，人工進化可以幫助我們闡釋地球上生命歷史演變的真正特點；而無論以現有的觀察還是歷史化石都無法做到這一點。

　　我根本不認為進化理論可能會由那些沒有生物學學位的後達爾文主義者所接管。人工進化**早已**給我們上了重要的一課——進化不是一個生物過程。他整合了技術的、數學的、訊息的和生物學的過程。幾乎可以說，進化是一條物理定律，一項適用於所有群體的準則，且不管他們有沒有基因。

　　達爾文的天擇觀點中，最不能讓人接受的部分就是他的必然性。天擇的條件非常特殊，但只要這些條件一旦滿足，天擇就會必然地發生！

　　天擇只能發生在族群或者群集的事物當中。這是一種發生在空間和時間中的群體現象。這個進程所涉及的族群必定具有以下條件：

(1) 個體間存在某種特性上的變化；
(2) 這些特性對個體的生育率、繁殖力或者存活能力帶來某種差異；
(3) 這些特性能夠從親代以某種方式傳遞給子代。

　　如果具備了這些條件，天擇就會必然發生，就像 6 之後必是 7，或者硬幣必然有正反兩面一樣。正如進化理論家約翰・恩德爾所說：

「天擇或許不該被稱為生物學定律。他發生的原因不是生物學，而是機率法則。」

　　但天擇不是進化，進化也不等同於天擇；正如算術不是數學，數學也不等同於算術一樣。當然，你可以聲稱數學其實就是加法的組合，減法是加法的逆運算，乘法是連續的加法，而所有基於這些運算的複雜函數都只是加法的擴展。這與新達爾文主義者的邏輯有些相似：所有的進化都是對天擇組合的擴展。雖說這個說法有些道理，但他阻絕了我們對更加複雜事物的理解和接受。乘法確實就是一種連加的運算方式，但從這種快捷運算中湧現出一種全新的力量；如果只是把乘法看成是加法的重複，那麼我們就永遠也不可能掌握這種力量。只滿足加法運算，就永遠得不到 $E = mc^2$。

　　我相信，有一種生命的數學存在著。天擇也許就是這種數學的加法。想要充分解釋生命的起源、複雜性的明顯趨勢以及智能的產生，不僅僅需要加法，還需要一門豐富的數學，由各種互為基礎的複雜函數組成；他需要更為深入的進化。單憑天擇是遠遠不夠的。想要有大作為，就必須融入更富創造力和生產力的過程。除了天擇，他必須有更多的手段。

　　後達爾文主義者已經證明，由一個維度上的天擇推進的單一進化是不存在的。更合適的說法應是，進化既多元又有深度。深度進化是多種進化的聚合；是一位多面的神祇，一位千臂的造物主，用各種各樣方法造物，變異的天擇也許只是其中最普遍的一個方法。深度進化正是由各種未知進化的種類所構成，就好像我們的心智是一個兼容並蓄的社會一樣。不同的進化以不同的尺度、不同的節奏、不同的風格運行著。而且，這種混合的進化會隨時間的推移而改變。某些類型的進化對於早期的原型生命而言也很重要，另一些則在四十億年後的今

天承擔著更重要的責任。某種進化（天擇）會出現在每一處地方，其他進化則可能只是偶爾一見，有著特定的作用。這種多元化的深度進化，猶如智能，是從某種動態群落中湧現出來的。

當我們建構人工進化來繁育機器或者軟體時，也需要考慮進化這種異質特性。在具有開放性和永續創造力的人工進化中，我期待可以看到以下特性（我相信在生物進化中某種程度上也存在著這些特性，但是人工進化會以更明顯的方式表現出來）：

- **共生**——便利的訊息交換，允許不同的進化路徑匯聚一起。
- **定向變異**——非隨機變異以及與環境的互換機制和直接交流。
- **跳變**——各功能群聚、控制的層級結構、組成部分的模組化，以及適應過程以同時修改群聚特性。
- **自組織**——傾向於某種特定形態（譬如四輪），並使之成為普遍標準的發展過程。

人工進化不能創造一切事物。雖然我們能夠詳細地想像出許多東西——而且按照物理和邏輯法則來判斷他們一定可以運轉——但由於合成進化他本身的約束，我們無法真的將其實現。

那些整天帶著電腦的後達爾文主義者總在無意識地問：「進化的極限在哪裡？什麼是進化做不到的？」有機體進化的極限也許無法突破，但他的傾向和不足之處可能藏有致力於研究進化的天才所要的答案。在可能的生物這片原野上，哪裡還有未被占據的黑洞呢？對此我也只能引述阿爾博徹這個研究怪獸的人所說的話，他說：「我更關心那些空白的地方，那些能想像得到卻實現不了的形態。」用列萬廷的話說就是：「進化不能產生所有的東西，但可以解釋某些東西。」

第二十章

沉睡的蝴蝶

在我們的心智中之所以會盤旋著一些想法是基於種種事實；而有一些想法則是毫無來由與根據，卻往往縈繞在我們心中揮之不去。

反混沌（antichaos）——無序之秩序——的想法就是這樣一種無法證實的概念。

大約 30 年前，當斯圖亞特・考夫曼還是一名達特茅斯學院的醫科研究生時，這個念頭攫住了他。他記得當時他站在書店的玻璃窗前，正在發想著染色體的結構設計，而這個念頭於心中浮現。考夫曼是個健壯的小伙子，一頭捲髮，總是微笑著，整天忙進忙出的。他看著窗外，想像著一本書上面印著作者是他的名字，一本他將於未來完成的書。

在他的想像中，書中到處都是由相互連接的箭頭所組成的網路，這些箭頭糾結成一團亂麻卻又活生生地進進出出。這正是網路的標誌。不過，這種混亂並非沒有秩序。亂麻透露出神祕，甚至是神奇的氣息，「意義的流向」沿著各條線路傳遞。考夫曼從這些以「隱晦方式」的連接中，看到一幅湧現出來的圖像，就像在立體派的油畫中，

從那相當支離破碎的畫面裡識別出一張臉一樣。

作為一名研究細胞發育的醫學生，考夫曼把他想像中的那些纏結的線段看作是基因之間的相互聯繫。突然，考夫曼確定地意識到，在這看似雜亂無章的混亂之中有著意外的秩序——其中蘊含著有機體的架構。混沌會毫無理由地產生秩序：無序之秩序。那些由點和箭頭所形成的複雜狀態似乎能產生自發的秩序。對考夫曼來說，這個想法是如此親切熟悉，有種宿命的感覺。而他的任務就是解釋和證明他。「我不明白為什麼會選這個問題，這是條艱辛難走的路」，他說，但他確實成了一幅「打從心底，深深堅信的圖像」。

為了證實他的想法，考夫曼開始進行細胞發育的學術研究。像許多發育生物學家一樣，他研究了果蠅由受精卵發育到成熟的過程。生物最初的單個卵細胞是如何設法一分二、二分四、四分八地分化成新的類別的細胞？哺乳動物的卵細胞會繁育出腸細胞株，腦細胞株，毛髮細胞株；而每一種專門的細胞株很有可能運行著同樣的操作系統。只需幾代的分裂，一個細胞就能分裂出所有類型的細胞，比如大象或橡樹。人體的胚胎卵細胞僅僅需要分裂 50 次，就能產生出上千億的細胞，並發育成嬰兒。

當卵細胞沿著分叉 50 次的道路前行時，是什麼樣的無形之手在控制著每個細胞的命運，指引他們從同一個卵細胞分化成數百種專門的細胞呢？既然每個細胞理應都受到相同基因（或許並不是真的相同）的驅策，那細胞又怎麼可能分化呢？又是什麼控制著基因呢？

1961 年，方斯華・雅克柏和賈克・莫諾發現了一條重要線索。他們偶然間發現了一種基因，並將他稱為調節基因。調節基因的功用令人震驚：他負責開啟其他基因。這使得那種短時間內想理解 DNA 和生命的希望頃刻間化為烏有。有一段經典的控制論對話非常適用於

調節基因：是什麼控制了基因？是其他基因！那又是什麼控制著那些基因？還是其他基因！那⋯⋯

這種繞圈子的闇黑二重奏邏輯使考夫曼想起了他那幅宿命的圖像。某些基因控制著其他基因，而其他基因也可能控制著另外一些基因。這正是他所想像的那本書中，由指向各個方向的影響力箭頭組合成錯綜複雜的網路。

雅克柏和莫諾的調節基因代表了一種如義大利麵一般的管理模式——由基因組成的去中心化網路掌控著細胞網路的命運。對此，考夫曼感到興奮。他的「無序之秩序」的圖像讓他有了一個更大膽的念頭：每個卵所經歷的分化（秩序）是必然的，不管一開始的基因是什麼！

他可以設計一個實驗來驗證這個想法。將果蠅的基因用隨機基因來取代。他打賭：你得到的絕不會是果蠅，但不管得到什麼樣的怪物，發生什麼樣的畸形突變，你得到的秩序跟果蠅在自然態下所得到的秩序是相同的。考夫曼回憶說：「我問自己，如果把基因隨機地連在一起，會得到任何有用的東西嗎？」他的直覺告訴他，憑著由下而上的分布控制以及「一切連接一切」的細胞管理類型，必然會出現某種模式。**必然！**正是這個異端的萌想，值得他用一生去追尋。

「我在醫學院的日子很難熬，」考夫曼繼續說，「因為我沒有努力研究解剖學，反而在這些筆記本上塗鴉似地畫滿了基因組模型。」為了證明他的想法，考夫曼做出了一個明智的決定，與其在實驗室中逆天而行，不如在電腦中建立數學模型，會變得更容易理解與使用。不幸的是，沒有一個學數學的人同時具備追蹤大規模群體的橫向因果關係的能力。考夫曼開始自力更生。與此同時（大約 1970 年），在其他幾個研究領域中，那些擅長用數學解決問題的人（如約翰・霍蘭

德）找到了一些方法，使得他們可以透過模擬來觀察相互作用的節點產生的效應，而這些節點的值同時影響彼此。

考夫曼、霍蘭德和其他人所發明的這套數學還沒有合適的名字，而我在這兒就叫他「網路數學」。其中的一些方法有各式各樣的非正式名稱，如平行分散式處理、布林網路、類神經網路、自旋玻璃、細胞自動機、分類系統、基因演算法、群計算等等。每一種網路數學的共同要素都是由數千個同時相互作用的函數所形成的橫向因果關係。而每一種網路數學都試圖協調大量同時發生的事件——那種在生物的真實世界裡無處不在的非線性事件。網路數學與古典牛頓數學是相對的。牛頓數學適用於大多數物理問題，因而曾被看作是嚴謹的科學家所需要的唯一數學。而網路數學則是離開電腦計算機，毫無用處可言。

群系統和網路數學的廣泛多樣性，讓考夫曼很想知道，這種奇特的群體邏輯以及他確信必然會從中產生的秩序，是不是一種更普遍而非特殊的邏輯。譬如，研究磁性材料的物理學家遇到了一個棘手問題：構成普通鐵磁體——那種可以吸在冰箱門上或用在指南針中的磁鐵——的微粒會像著魔似的指向同一個方向，進而形成一個顯著的磁場。另一方面，弱磁性的「自旋玻璃」的內部微粒則像是「牆頭草」，其指向**會受到附近微粒的影響**。臨近的微粒影響力大，相隔較遠的微粒影響力小。這個網路中相互影響、頭尾相銜的一個個磁場，構成了考夫曼心中那幅歸宿的畫面。自旋玻璃的這種非線性行為可以用各種網路數學方法來建模，後來在其他的群體模式中也發現了這種

非線性行為。考夫曼確信，基因的環路在架構上與此類似。

網路數學不像古典數學，他具有的特性並不符合人們的直覺。一般來講，在相互作用的群集裡，輸入的微小變化可以引起輸出的巨大變化。效果與起因並不成比例——這就是蝴蝶效應。

即使是最簡單的方程式，只要他將中間結果回饋到輸入，那麼其輸出就是變化莫測的結果，而僅靠研究方程式本身很難去推斷出其特性。各部分之間的關聯複雜地糾纏成一團，用數學計算法來描述也只是給自己添麻煩；因此，唯一能知道方程能產生出什麼效果的方法，就是讓方程式運行起來，或者以電腦的說法，就是「執行」方程式。花卉植物的種子壓縮方式也是如此。蘊含其中的化學路徑是如此錯綜複雜，以至於檢驗一粒未知的種子——無論以多麼聰明的方式——也無法預測其最終的植物形式。因此想知道一粒種子長成什麼樣，最便捷的途徑就是讓他發芽生長。

方程就是在電腦中生根發芽的。考夫曼設計出一種能在普通電腦上運行的基因系統數學模型。在他模擬 DNA 中的 1 萬個基因，每個都能夠開啟或關閉其他基因的一段微小代碼。基因會產生什麼以及基因是怎麼相接的，都是隨機配置的。

考夫曼的觀點是：不管基因的任務是什麼，如此複雜的網路拓撲都能產生秩序——自發的秩序！

當考夫曼研究模擬基因時，他意識到他是在為任意一族群系統建構一種基因模型。他的程式可以為任何一群在大規模並發領域中互相影響的眾多介質建模。他們可以是細胞、基因、企業、黑箱系統，或者是一些簡單的規則——只要這些介質有輸入和輸出，並且其輸出又作為臨近介子的輸入即可。

考夫曼將這一大群節點隨機地聯結起來，形成一個相互作用的網

路。一旦他們連結，他讓他們彼此作用，並記錄他們的行為。他把網路中的每個節點當作是一個開關，可以開啟或關閉周邊的某些特定節點。而周邊節點又可以反過來調控起始節點。最終，這種迴旋的「甲觸發乙，乙觸發甲」的混亂局面趨於一個穩定且可測量的狀態。隨後，考夫曼再次隨機重置整個網路的聯結關係，讓節點再次相互作用，直到他們都安定下來。如此重複多次，直到他認為已經「探尋」了這個可能隨機聯結空間的每一個角落。由此他可以獲知網路的一般行為，這種行為與網路的內容無關。用一個現實中非常簡單的事物來做類似實驗的話，可以選 1 萬家企業，將每家企業的員工用電話網路隨機聯接起來，然後考量這 1 萬個網路的平均效果，而不管人們在電話中說些什麼。

在對這些通用的互動網路進行了數以萬次的實驗後，考夫曼對他們有了足夠了解，可以描繪出這類群系統在特定環境下表現的大致情形。尤其，他想了解的是一個一般的基因體會有哪些類型的行為。為此他編寫了數千個隨機組合的基因系統程式，並在電腦上執行他們──這些基因變化著並彼此影響。他發現他們落在了幾種行為的「盆地」中。

當水從花園水管中低速流出時，水流並不平穩但連續不斷。將水龍頭開大，水會突然噴出來，形成混亂（但可描述）的急流。將龍頭完全打開，水流則會像河水一般奔湧出來。小心地轉動水龍頭，使他精確地處於兩種速度之間，但水流卻不會停留在中間模式上，而是迅速地轉向一種或另一種模式，彷彿兩邊的模式對他有吸引力一樣。正如落在大陸分水嶺上的一滴雨水，最終一定會流入太平洋盆地或大西洋盆地。

系統的動態過程遲早會找到入徑，進到某個「盆地」，該「盆

地」可以捕獲周邊的運動態而進入一個持久態。考夫曼認為，隨機組合系統會找到通往某個盆地的道路；也就是說，混沌之中會湧現出無序之秩序。

考夫曼進行了無數次的基因模擬實驗，並發現系統中的基因數和這些基因最終進入的「盆地」數之間，存在著大致的比率（平方根）。生物細胞中的基因數與這些基因所產生的細胞種類數（肝細胞、血細胞、腦細胞）之間也存在相同的關係。所有生物的這個比率大致上恆定。

考夫曼宣稱，這一比率普遍適用許多物種，這表明了細胞種類的數量實際上是由細胞結構本身決定。那麼，身體內細胞種類的數量可能與自然淘汰就沒有太大關係，而是與複雜基因互動現象的數學有關。考夫曼興奮地想，還有多少其他生物學上的表象也與天擇沒有太大關係呢？

他直覺地認為，可以通過實驗來尋求這個問題的答案。不過，他首先需要一種能夠隨機構造生命的方法。他決定對生命的起源進行模擬；藉著生成所有生命誕生前的「元件」——至少是在仿真中，然後讓這些元件匯聚在一個虛擬池中隨機地相互作用。如果這鍋「湯汁」必然能夠產生秩序的話，那他就有了一個例證。這其中的竅門是讓分子們都來玩個「疊坐遊戲」。

十年前，疊坐遊戲風行一時。這是個引人注目的戶外遊戲，可以展示合作的力量。遊戲主持人讓 25 位或更多的人緊挨著站成一圈，每位參與者盯著他前面那個人的後腦勺。可以想像成一排等著買電影

票的人，把他們連成一圈整齊的圓圈就是了。

主持人一聲令下，一圈人立刻曲膝坐在後面朋友的膝蓋上。如果大家動作協調一致，這個圈子的人坐下時就形成了一個自我支撐的集體椅子。若是有一個人失誤的話，整個圈子就崩解了。「疊坐遊戲」的世界紀錄是幾百人穩穩地坐到後面的「椅子」上。

自催化系統與銜尾蛇迴圈非常像疊坐遊戲。化合物（或功能）A在化合物（或功能）C的幫助下合成了化合物（或功能）B。而C本身是由A和D生成的。D又是由E和C生成的，以此類推。無他則無我。換個說法，某種化合物或功能得以長期存在的唯一途徑，就是成為另一種化合物或功能的產物。在這樣的循環世界裡，所有的原因都是結果，就像所有的膝蓋都是別人的「椅子」一樣。這與我們的常識相反，一切實體的存在都取決於其他實體的共同存在。

疊坐遊戲這個事實證明了循環因果關係是可能的。我們這一身臭皮囊是由90公斤血肉之軀的套套邏輯（Tautology，又稱恆真式）所支撐。套套邏輯是真實存在的，他實際上是穩定系統的一個基本要素。

認知哲學家道格拉斯‧霍夫施塔特把這些矛盾的迴路稱為「怪圈」。他舉了例子，如巴哈的卡農輪唱曲裡似乎不斷升高的音符，以及艾雪畫筆下無限上升的台階。他把著名的克里特島的撒謊者說他們從不說謊的悖論以及哥德爾關於不可證明的數學定理的證明也算在「怪圈」裡。霍夫施塔特在其著作《哥德爾、艾雪和巴哈》中寫道：「每當我們在某個層級系統的不同層級間向上（或向下）移動時，卻意外地發現自己又回到原來出發的地方，這就是『怪圈』現象。」

生命和進化必然會陷入循環因果的怪圈——在基本面上，他們具有套套邏輯。除非有一個根本的循環因果邏輯矛盾，否則就不可能有生命和開放的進化。

在諸如生命、進化和意識這類複雜的適應過程中，主因似乎不斷地移動，好像是艾雪所描繪的光學錯覺。人類在試圖建構像我們一樣複雜的系統時遇到的問題之一就是，過去我們一直堅持一定程度上的邏輯一致性，一種鐘錶般的邏輯，而這卻阻礙了自主事件的湧現。但正如數學家哥德爾所證明的，矛盾是任何自維持系統的必然特性，而組成該系統的各部分都是一致的。

哥德爾在 1931 年提出的理論中闡明，除此之外，企圖消除吞噬自我的迴圈是徒勞無功的，因為正如霍夫施塔特所表明的，你很難猜到自我參照會在哪裡發生。在「局部」層面上審視時，每個部分好像都合理；只有當合理的部分形成一個整體時，才會出現矛盾。

1991 年，年輕的義大利科學家瓦爾特·豐塔納從數學上論證了函數 A 生成函數 B，再產生函數 C 這樣的線性序列，可以容易地構成像閉環控制系統的自生成環，因而最後的函數與最初的函數共同產生結果。當考夫曼第一次看到豐塔納的研究成果時，就著迷於他的美。「你一定會愛上他！函數之間彼此生成。他們從所有函數所形成的空間中而來，並在創造的懷抱中手牽著手！」考夫曼把這種自催化系統叫做「卵」。他說：「一個卵就是一套規則，他們制定的規則也正是創造他們的規則。這一點也不荒謬。」

要獲得卵，首先要有一大「池」不同的介質。他們可以是各種各樣的蛋白質碎片，也可以是電腦程式碼片段。如果讓他們有足夠長的時間相互作用，就會形成一種物體產生其他物體的小閉環。最終，如果時間和空間允許的話，系統中由這些局部閉環所形成的網路會蔓延開來，並逐漸壅塞，直至環路中的**每個**生產者都是另一個生產者的產品，直至每個環路都融入其他環路，形成規模龐大、並行相互依存的網路。這時，催化反應停止，網路的各部件突然進入一個穩定狀態

——系統坐在自己的膝蓋上，始端倚在末端，末端倚在始端。

考夫曼聲稱，生命就是在這種「聚合體作用在聚合體上，形成新聚合體」的「培養液」中開始的。他藉由「符號串作用於符號串形成新符號串」的實驗來論證這種邏輯的理論可行性。他假設蛋白質碎片和電腦程式碼片段在邏輯上是等同的，並把「程式產生程式」的位元網路視為蛋白質模型。當他運行這個模型時，便得到了如同疊坐遊戲一般的自催化系統：他們沒有開始，沒有中心，也沒有結束。

生命作為一個完整的整體而突然冒出來，就像是晶體突然從過飽和溶液中顯露出其最終（儘管微小）的形式一樣：不是以混沌的半晶體開始，也沒有呈現為半物化的幽靈，而是突然地、一下子就成為了整體，就像疊坐遊戲一樣，200 個人突然坐成一圈。「生命一開始就是完整、合為一體的，不是支離破碎而毫無組織的。」斯圖亞特·考夫曼這麼寫著，「生命，從深層意義上來說，**是結晶而成的。**」

他繼續說：「我希望能證明，自我複製和動態平衡、生物體的基本特徵是高分子化學自然的集體表達形式。我們可以預期，任何足夠複雜的一組催化聚合體都能形成集體的自催化反應。」這裡，考夫曼再次暗示了那個必然性的概念。「如果我的模型是正確的話，那麼宇宙中生命的路徑就是一條條寬廣大道，而不是迂迴曲折的窄巷」。換句話說，在現有的化學環境中，「生命是必然的」。

「我們已經習慣處理數以十億計的事情！」考夫曼曾經對一群科學家這樣表示。任何大量聚集成群的事物都會與原來的不同：聚合體愈多，一個聚合體觸發另一個聚合體的相互作用就愈有可能會呈指數

增長。因此，在某個點上，不斷增加的多樣性和聚合體數量就會達到一個臨界值，這使得系統中一定數量的聚合體瞬間形成一個自發的迴圈。也就是會形成一個自生成、自支持、自轉化的化學網路。只要有能量流入，網路便會處於活躍狀態，這個循環就會穩定。

程式、化學物質或者發明，能在適當的環境下產生新程式、化學物質或發明。顯然的，這是生命的模式。一個生物體產生新生物體，新生物體再接著創造更新的生物體。一個小發明（電晶體）產生其他的發明（電腦），他（電腦）又產生更新的其他發明（虛擬實境）。考夫曼想從數學上把這個過程概括為：函數產生新的函數，新的函數再衍生出其他更新的函數。

「五年前，」考夫曼回憶著，「我和布萊恩‧古德溫（一位進化生物學家）坐在義大利北部某個第一次世界大戰的掩體裡，在暴風雨中談論著自催化系統。那時我就有了一個深刻的體會，就是達爾文所說的天擇和亞當斯密的《國富論》有極其相似之處。二者都有一隻無形之手。直到看到瓦爾特‧豐塔納研究自催化系統的成果，我才知道該如何繼續深入研究。豐塔納的研究實在是太棒了。」

我跟考夫曼提到一個具有爭議的看法：在任何社會中，只要交流和訊息連接的強度適中，民主必然就會出現。在思想自由流動並產生新思想的地方，政治組織最終會屈服於民主無法避免自組織的強大吸引。考夫曼同意這個想法：「在 1958 年或 1959 年左右，我還是大二學生。當時我投注極大的精力和熱情寫了一篇哲學論文。我想要弄清楚民主為什麼會行得通。很明顯，民主之所以行得通，並不是因為他是多數人的規則。如今，過了 33 年了，我所認識的民主允許相衝突的少數族群達成相對靈活的和解方案。他避免各個次族群陷溺於局部有利但全局不利的解決方案。」

不難想像，考夫曼的布林邏輯網路和隨機基因體正是對市府乃至州府運作方式的映射。通過地方層級持續不斷的微小衝突和微小變革，避免了大規模的全面革命，而整個系統既不會一片混亂，也不會停滯不前。各小城鎮不斷發生變化，國家卻保持了良好的穩定——又為小城鎮創造了必須不斷尋求折衷的環境。這種循環支持是另一種「疊坐遊戲」，也表明這樣的系統在動態上與自支持的活系統相似。

　　「這是一種直覺，」考夫曼提醒我，「從豐塔納的『字符串產生字符串產生字符串』到『發明產生發明產生發明』，再到文化進化，然後到國富論，你可以有你的**體會**方式。」考夫曼毫不隱瞞他的野心：「我正在尋找自相容的一幅大圖像，可以將一切事物聯繫在一起，作為一個自組織系統，從生命的起源到基因調控系統中自發秩序的湧現、可適應系統的出現、生物體間優化交易的非均衡價格，再到類似熱力學第二定律的未知規律。這是一幅萬象合一的圖像。我真的覺得就是這樣。而我現在致力於解決的問題則是：我們是否能證明有限的函數可以產生無限的可能性？」

　　我就稱他為「考夫曼機」吧。一個不大卻是精心挑選的函數集合，他連接成一個自生成環，並產生出一連串無限更加複雜的函數。自然界中充滿了考夫曼機。一個卵細胞發育成一隻巨鯨就是一個例子。進化機器經過十億年時間由一點細菌生成紅鶴又是另一例。我們能製造一個人工考夫曼機嗎？或許稱做馮諾伊曼機更合適，因為馮諾伊曼早在 1940 代初期就提出同樣的問題。他想知道，機器會製造出比他自己更複雜的機器嗎？不管稱他為何物，問題都是同樣的：複雜性是如何自行建立的？

　　「粗略地說，只有在知識結構建立起來後，我們才有可能進行論證。所以關鍵是問題要問對。」考夫曼提醒我。在談話過程中，我

常常聽到考夫曼自言自語。他會從一大堆漫無邊際的推測中剝離出一個，然後翻來覆去地從各種角度去審視他。「你會怎麼去問這個問題？」他咬文嚼字地問自己。他要的是一切問題的問題，而不是一切答案的答案。「一旦你問對了問題，」他說，「就很有機會找到某種答案。」

值得一問的問題。這就是考夫曼在思考進化系統中自組織秩序時所想到的。考夫曼向我透露：「在我們每個人內心深處都能提出我們認為意義深遠的問題，並且認為答案至關重要。令我至感困惑的是，為什麼每個人都在問問題。」

有好幾次，我感覺到這位集醫學博士、哲學家、數學家、理論生物學家、麥克阿瑟獎獲獎者於一身的斯圖亞特·考夫曼，會被他自己提出來的這個瘋狂問題深深困擾。傳統科學將宇宙中蘊藏創造性秩序的所有理論都拒於門外，而「無序之秩序」則公然違抗傳統科學，因而也可能受到排斥。當同時代的其他科學家在宇宙中的各方面都可看到失控、隨機的非線性蝴蝶效應時，考夫曼問，混沌之蝶是否會休眠。他喚醒了造物體內可能存在的整體設計，正是這種架構安撫了無序的混亂並生成了秩序的平靜。許多人聽到這個說法時，都會覺得像神祕主義。同時，追尋和構想這獨一無二的重人問題則是考夫曼相當引以為豪和獲得精力的主要來源：「毫不誇張地說，我 23 歲的時候就想知道，一組 10 萬個基因的染色體究竟如何控制不同細胞類型的出現。我認為我發現了某種深層的東西，我找到了一個深層的問題。而且我仍然那麼認為。我想上帝對我真的太好了。」

「如果你要針對這個問題寫些什麼的話，」考夫曼輕聲地說，「你一定要說，這只是人們的一些瘋狂想法。但是，如果真的存在這種規則生出規則再生出規則的情形，用約翰·惠勒的話來說，宇宙正

在窺視自身，這難道不是很神奇嗎？宇宙自己為自己制定規則，並脫胎於一個自相容的系統。這並非不可能：夸克、膠子和原子和基本粒子創造了規則，並依此而互相轉變。」

考夫曼深信，他的系統已自己創建了自己。在某種程度上，他希望發現進化系統控制著他們的自身結構。當那幅網路圖像第一次從他腦海中冒出來時，他就有個預感，進化如何自我管理的答案就在那些連結中。他並不滿足於展示秩序是如何自發並且是必然地湧現出來。他還認為這種秩序的**控制機制**也是自發湧現出來的。為此，他用電腦模擬了數千個隨機組合，看哪一種連接允許群體能有最大的適應性。「適應性」是指系統調整其本身內部連接的能力，隨時間更迭以適應環境變化。考夫曼認為，生物體，比如果蠅，會隨著時間的推移而調整自己的基因網路，這使得其結果——果蠅的身體——能夠最佳地適應因食物、避護所和捕食者造成的周遭環境變化。值得一問的問題是：是什麼控制了系統的進化？生物體本身能夠控制其進化嗎？

考夫曼研究的主要變數是網路的連接度。在連接稀少的網路中，平均每個節點僅僅連著一個或者更少的節點。在連接豐富的網路中，每個節點會連接十個、百個、千個，甚至百萬個節點。理論上每個節點連接數量的上限是節點總數減一。100 萬個節點的網路，每個節點可以有 100 萬減一個的連接；每個節點都連著其他每一個節點。做一個粗略類比的話，通用汽車公司（GM）的每個員工都可以直接連接公司其他所有 749,999 個員工。

考夫曼在變更其通用網路連接度參數的過程中，發現了一個不會讓通用汽車的總裁吃驚的事實。一個只有少數個體可以影響其他個體的系統並不具備較強的適應性。連接太少無法傳播創新，系統也就無法進化。當他增加節點之間的平均連接數量，系統彈性會隨之增加，

遇到干擾就會「迅速反彈」。當環境改變時，系統仍然維持穩定性。這種系統將會進化。而且完全出乎意料的發現是，超出某個連接度時，繼續增加連接度只會降低整體系統的適應性。

考夫曼用山丘來描繪這種效應。山頂是改變最佳靈活性之處。山頂較低的一側是鬆散連接的系統：遲緩而僵化。另一側較低處是連接過度的系統：一個被無數相互牽制的力量鎖死的網格。因此，每個節點都受到許多相互衝突的影響，使整個系統各部分都陷入嚴重癱瘓狀態。考夫曼把這種極端情況稱為「複雜性災難」。出乎許多人意料的是，這種過度連接的情形並不少見。從長遠來看，過度連接的系統跟一盤散沙相比並沒兩樣。

位於中間某個位置是最佳的連接度，他賦予網路最大的靈活性。考夫曼在他的網路模型中找到了這個最佳位置點。他的同事起初難以相信他得到的結果值，因為這在當時似乎是違反直覺的。考夫曼所研究的精簡系統其最佳連接度非常低，「只在個位數左右」。擁有數千個成員的大型網路裡，每個成員的最佳的連接度**小於 10**。有些網路甚至在平均連接度**不到 2** 時就能達到性能頂點！大規模並行系統不需要為了適應而過度連接。只要覆蓋面夠大，最小的平均連接數也就夠用了。

考夫曼第二個令人感到意外的發現是，不管一個特定網路是由多少成員組成，這個低的最佳值似乎波動都不大。換句話說，即使網路中加入更多的成員，他也不需要（從整個系統的適應性來看）增加每個節點間的連接數。想要加快進化，可以透過增加成員數，但不是增加成員之間的平均連接數。這結果印證了克雷格·雷諾茲在人工生命群中的發現：你可以在一個群中增加愈來愈多的成員，而不必重新配置他的結構。

考夫曼發現，當介質或生物體的平均連接數小於 2 時，整個系統的靈活性就不足以跟上變化。假使群體的成員之間缺乏充分的內部溝通，就無法作為一個群體來解決問題。更準確地說，他們會分成幾個孤立的合作回饋小團體，但卻不會相互作用、相互影響。

　　在理想的連接數下，個體之間流動的訊息量也處於理想狀態，而整個系統就能不斷地找到最佳解決方案。即使環境快速改變，網路也能維持穩定——作為一個整體而長久存在。

　　考夫曼的定律還表明，當個體之間所增加的連接度超過某個值時，適應性就凍結了。因為當許多行動取決於另外許多互相矛盾的行動時，便會一事無成。以地形來做比喻的話，就是極端的連接產生極端險峻的地形，使任何動作都有可能從適應的山頂跌入到不適應的山谷。另一種說法是，當太多人對其他人的工作有發言權時，僵化的官僚主義就復活了。適應性失靈，變成動彈不得的僵局。對於看重互連優勢的當代文化而言，這個低的連接度上限實在出乎人的意料。

　　我們這些對交流上癮的後現代人應該要關注這個結果。在網路的社會裡，我們正在不斷增加網路連結的總人數（1993 年，全球網路用戶月增長率為 15%），以及每個成員相連接的人數和地區數。在企業和政府中，傳真、電話、垃圾郵件和龐大相互關聯的數據庫，實際上也增加了每個人之間的連接數。而不論是哪一種增長，都沒有明顯地提高我們系統（社會）整體的適應性。

　　斯圖亞特・考夫曼的模擬就像任何數學模型一樣地縝密、新穎，備受科學家們的關注。也許還不止如此，因為他是在用真實的（電

腦）網路來模擬一個假想的網路，而不是像往常地用假想網路來模擬真實網路。儘管如此，我承認把純數學的抽象概念應用在現實的不穩定狀況中是有點勉強。沒有什麼比線上網路、生物基因網路和國際經濟網路更無規律的了。但斯圖亞特・考夫曼非常渴望將普遍試驗的結果向外推展到真實生命中。將複雜的真實世界網路與他自己運行在矽晶片上的數學模擬做了比對後，發現那正是考夫曼苦苦追尋的聖杯。他認為他的模型「就像真的一樣」。他打賭說，群網路在某個層面上的表現都是相似的。考夫曼喜歡猜想著說：「IBM 和大腸桿菌是以同樣的方式看待世界。」

我傾向於相信他的觀點。我們擁有把每個人與其他所有人相連接起來的技術，但一些試著以那種方式生活的人卻發現到，我們都是斷開連接來完成所有的事情。我們生活在加速連接的時代；其實，我們正穩步地攀登考夫曼的小山丘。但是，我們很難阻止自己越過山頭，並且滑入連接性愈來愈強而適應性愈來愈弱的山坡。而斷開就是剎車，以避免系統的過度連接，他能使我們的文化系統保持在進化性最大化的邊緣上。

進化的藝術就是管理動態複雜性的藝術。將事物連接起來並不困難，但是進化的藝術是要找到有組織的、間接的、有限的連接方式。

考夫曼在聖塔菲研究所的同事，克里斯・蘭頓從群集模型的人工生命試驗中得到了一種抽象性質（稱做 λ 參數）。λ 參數能預測一個群集在一套特定規則下，有沒有可能產生一個「最佳位置」，能夠生成有意義的行為。在這個平衡點之外的系統往往陷入兩種模式：如果不是像晶體一樣重複著一樣的模式，就是把距離拉開，成為雜訊。那些落在 λ 參數最佳平衡點範圍內的值，則使系統保持有意義行為的時間達到最大。

藉由調節 λ 參數，蘭頓就能調節世界，這使得學習或進化更容易展開。蘭頓將重複變化的「固態」和充滿雜訊的「氣態」間的界線稱為「相變」——物理學家用同樣的術語來描述液體轉化為氣體，或是液體轉化為固體的現象。然而，最令人驚奇的是，蘭頓發現，當 λ 參數接近相變時——即最大適應性的「最佳平衡點」——他減速了。也就是說，系統趨向於停在這個邊緣上，而不會跑過了頭。當他接近這個進化的極致點時，他變得小心翼翼。蘭頓喜歡將他描繪成這樣的景像：系統在一個緩慢運動、永不消逝的完美浪頭上沖浪，愈接近浪頂，時間走得愈慢。

　　這種在「邊緣」處的減速對於解釋不穩定的胚胎活系統為什麼能不斷進化的原因非常有幫助。當一個隨機系統接近相變時，他會被「拉向」並停靠在最佳平衡點，在那裡進化，並力求保留那個位置。這就是他為自己所建的自我平衡的回饋環。由於最佳平衡點很難用「靜止」來形容，所以把這種回饋環稱為「自動態」也許會更好。

　　斯圖亞特・考夫曼也說到將他模擬的基因網路參數「調節」到「最佳平衡點」。百萬個基因或百萬個神經元的連接方式數也數不清，但在連接方式之外，一些相對較小的設定更有可能促進整個網路的學習和適應。處於這個進化最佳平衡點的系統學習速度最快、更容易適應、也最容易進化。如果蘭頓和考夫曼是對的，那麼一個進化的系統就會自己找到這個平衡點。

　　那麼，這一切是如何發生的？蘭頓找到了線索。他發現，這個點就處在混沌的邊緣。他認為，最具適應性的系統是如此不羈，以至於與失控之間僅一線之隔。生命既不是毫無溝通的停滯系統，也不是溝通太多的僵局。生命是被調節到「混沌邊緣」的活系統——就處在那個 λ 點上，訊息流量剛好足夠使每個事物都搖搖欲墜。

剛硬的制度稍微放鬆一點，往往可以運轉得更好；而紊亂的系統讓自己的組織更有一些條理，也可以得到改善。米奇‧沃爾德羅普在他的著作《複雜性》裡這樣解釋蘭頓的概念：如果自適應系統沒有運行在令人滿意的正道上，那麼強悍的效能就會將他推向最佳平衡點。如果一個系統停留在僵化和混亂間平衡的峰頂，假使他開始有所偏離，那麼他的適應性本質就會將他拉回到邊緣。「換句話說，」沃爾德羅普寫道，「學習和進化會使混沌的邊緣保持穩定。」這就是一個自強化的最佳平衡點。我們可以說他是動態穩定的，因為他的位置會不斷變動。琳‧馬古利斯稱這種不斷變動的、動態恆定的狀態為「流動穩定」（homeorhesis）──即緊緊地攀附在一個移動的點上。正是同樣的持久的搖搖欲墜態，使地球生物圈的化學路徑處在有目的的失衡中。

考夫曼接受這樣的論題，把建立在 λ 值範圍內的系統稱做「懸平系統」（poised systems）。這些系統懸在混沌和剛性秩序的交界處。一旦你開始環顧四周，可以發現到宇宙中隨處可見懸平系統，甚至在生物圈之外也有他們的身影。許多宇宙論學者，如約翰‧巴羅，認為宇宙本身就是個懸平系統，在一連串非常精密的數值（比如萬有引力參數或電子質量）上達成不穩定的平衡。哪怕這數值只是微不足道地改變了 1 億分之一，宇宙可能在一開始創始中就崩塌了，或是根本無法成形。這類「巧合」太多了，足足可以寫好幾本書。按照數學物理學家保羅‧戴維斯的說法，這些巧合「總體而言……有力地證明了我們所了解的生命是如此敏感地依賴於物理定律的形式，依賴於一些看似偶然發生，實際上卻是自然為各種粒子質量和相互作用等等所選定的數值。」簡單地說，我們所知的宇宙和生命懸在混沌的邊緣。

如果懸平系統能夠不靠創建者而能自行調節又會怎樣？對於自平

衡的複雜系統來說，在生物界將會有巨大的進化優勢。他能更快地進化，更快地學習，也能更輕易地適應。考夫曼說，如果進化選擇了自我調節功能，那麼「進化和適應的能力本身可能就是進化的一大成就」。確實，自我調節是更高級進化的必然選擇。考夫曼提出，基因系統的確會為獲得最佳的靈活性，調整內部系統的連接數量以及基因組大小等。

自我調節或許正是通往永久進化——開放進化的聖杯——的那把神奇鑰匙。克里斯‧蘭頓將開放進化正式形容為不斷地調節自身使其複雜度愈來愈高的系統，或者，在他的想像中，是一個成功**掌控愈來愈多進化參數**並在邊緣位置保持平衡的系統。

在蘭頓和考夫曼的架構裡，自然起源於一堆相互作用的聚合體，他們自我催化生成新的聚合體並連接成網路，以使進化能夠最大限度地發生。這個富含進化的環境產生了細胞，而細胞也學會了調節自己的內部連接，以保證系統處於最佳進化狀態。在混沌邊緣所邁出的每一步，都是踏在最佳靈活度的小徑上，不斷地增加他的複雜性。只要系統踏上這條進化的波峰，他就會一直向前衝。

蘭頓表示，在人造系統裡，我們所想要的是些相似的東西。任何系統尋求的首要目標都是生存。其次所追尋的是保持系統最大靈活性的理想參數。而最令人興奮的是第三個層級的目標：尋找系統在進化過程中不斷增強自我調節的策略和回饋機制。考夫曼假設，如果建構出的系統能夠自我調節，「就能很輕易地適應，也就意味著他們是天擇的必然目標。能夠利用天擇會是天擇的首要特性。」

就在蘭頓和同事們在可能世界的空間中，尋找生命能停留在邊緣的最佳平衡點時，我聽到他們說，他們是在無盡的夏天裡沖浪，找尋著那波完美而緩慢的浪頭。

聖塔菲研究所的研究員瑞奇‧貝格利告訴我，「我幾乎可以預測，我所追尋的東西是什麼了，但還只差那麼一點。」他進一步解釋，他既不是規則的，也不是混亂的，處在近乎失控和危險的邊緣中。

「沒錯，」無意中聽到我們談話的蘭頓回答，「確實就像拍岸的海浪，他們砰砰地拍著岸邊，就像心跳一樣穩健。接著突然間，哇——，掀起一個大浪。那正是我們所有人正在尋找的地方。」

第二十一章

上升之流

十九世紀初，「熱」是一個令人費解的深奧難題。一個熱的物體會逐漸冷卻到與周圍環境相同的溫度，而一個冷的物體溫度同樣會慢慢升高，是每個人都知道的基本常識。但是對於熱到底是如何作用的完整理論卻尚未成形，並困擾著當時的科學家。

真正的熱力學理論必須要能解釋某些不可思議的問題：在一個空間裡，一個極熱的物體和一個極冷的物體最終會趨於相同溫度。但是有一些物體，比如一盆冰和水的混合物，相比而言，溫度升高的速度就沒有同樣大小的一盆冰或者一盆水來得快。熱脹，冷縮；運動產生熱，熱導致運動。還有某些金屬予以加熱時，重量會增加，也就是說，熱是有重量的。

早期對熱進行研究的先驅者並不知道他們研究的是溫度、卡路里、摩擦力、功、效率、能量和熵——這些術語都是後來才產生的。過了幾十年，他們根本不確定自己研究的到底是什麼東西。最為眾人所接受的理論是，熱是一種無孔不入的彈性流體——一種稱為「以太」（ether）的物質。

1824 年，法國軍事工程師卡諾導出後來被稱為熱力學第二定律的原理。這個原理簡單表述如下：沒有永動系統。卡諾的熱力學第二定律連同熱力學第一定律（能量守恆定律）一起，作為理解許多科學理論的主要框架，影響了之後的一個世紀，其中不僅包括熱力學，還有大部分物理學、化學，以及量子力學。簡言之，熱力學理論加強奠定了所有現代物理科學的基礎。

　　然而，生物學卻沒有如此恢宏的理論。當下，研究複雜性的研究員圈子裡最夯的笑話就是，今天的生物科學正在「等待卡諾」＊。理論生物學家感覺他們自己就像 19 世紀熱力學即將誕生之前的熱研究者。生物學家討論複雜性問題，卻沒有一個衡量複雜性的標準；他們提出了生物進化的假說，卻無法重現一個實例。這讓他們回想起當時研究熱問題時，卻沒有類似卡路里、摩擦、功，甚至能量這樣的概念。正如卡諾藉著他的熱寂定律為當時無序的物理學構建了一個框架，一些理論生物學家也期盼著生物學第二定律的誕生，以框定生命領域的主要趨勢，從無序中找到秩序。可是這個笑話裡潛藏著一絲諷刺，因為在貝克特的這部著名的戲劇裡，果陀是一個神祕的人物，而且根本就沒有出場！

　　探索深度進化和找尋超生命的背後，大都藏有對生物學第二定律這個關於秩序誕生法則的探索。許多後達爾文主義者質疑，天擇本身能否強大到足以抵銷卡諾的熱力學第二定律。但既然我們仍然存在，就說明有這種可能性。他們並不清楚他們正在尋找什麼，但直覺告訴他們，他應該是熵的一種互補力量。有些人稱之為反熵，有些人稱之

＊注：卡諾（Carnot）與薩繆爾・貝克特（Samuel Beckett）的著名荒誕戲劇《等待果陀》中總是遲到的主角果陀（Godot）同韻。

為負熵。格雷戈里・貝特森就曾經問過：「是否也有一個生物物種的熵？」

正式的科學研究文獻很少明確表述關於這生命奧祕的探索。當深夜，批卷而讀時，大多數文獻卻給人一種驚鴻一瞥的感覺：每篇文獻都只看到了事物的一部分，就像是瞎子摸象一樣。他們都力圖用嚴謹的科學詞彙以完整地表達其理念和直覺。在此，我綜合他們所述的想法，歸納如下：

從大爆炸至今，100 億年來，一團炙熱的宇宙慢慢冷卻。當這一漫長的歷史來到大約三分之二的時候，一些事情發生了；一種貪得無厭的力量開始強迫這些漸漸消散的熱和秩序在局部形成更好的秩序。對於這個半路殺出來的程咬金，其最不尋常之處在於，(1) 他可以靠自我延續，(2) 他是自我強化的：周圍有愈多自己的分身，他就變得愈強大。

自此之後，宇宙中就並存著兩個趨勢。一種總是永遠下行的趨勢，這股力量剛開始時熾熱難當，然後嘶嘶作響歸於冰冷的死寂。這就是令人沮喪的卡諾第二定律，是所有定律中最殘酷的法則：所有秩序終將歸於混沌，所有火焰終將熄滅，所有變異都將趨於平淡，所有結構終將自行消亡。

第二種趨勢與此平行，但是產生相反的運行效果。他在熱量消散前（因為熱必會消散）將熱轉移，在無序中建構秩序。他借助趨微之能量，逆流而上。

這股上升之流利用其短暫的秩序時光，盡可能抓住漸消散的能量，進而建立一個平台來為下一輪秩序的提取做準備。他毫無保留、傾盡所有。他傾注其所有的秩序以增強下一輪的複雜性、成長和秩序。他以這種方式在混沌中孕育出反混沌，我們稱之為生命。

上升之流是一個波浪：在漸漸衰退的熵海裡微微地上漲；總是落於自身之上，永不消逝的波峰，且永遠處於幾乎坍塌的狀態。

這波浪是劃過宇宙的一道軌跡，是混沌的兩個不同側面之間的一條細線。線的一邊下滑形成僵硬的灰色固體，另一面悄悄沒入沸騰的黑色氣態。這波浪就是兩種狀態間不斷變化的瞬間——一種永恆的流動狀態。熵的引力不容藐視；不過做為不斷跌落的波峰，生物的秩序一如沖浪者的踏浪滑翔。

生物的秩序利用這上漲的波浪不斷積累，猶如沖浪板延伸己身，利用外來的能量將自己送入更加秩序的領域。只要卡諾定律的力量持續下行使宇宙冷卻，上升之流將不斷地偷走熱能提升自己，憑自己的力量來維持自身高度。

這就像一個金字塔騙局，或像一個空中樓閣，利用秩序作為遊戲的槓桿，用來獲得更多的生物秩序。這個遊戲不是繼續擴張，就是崩潰。如果把所有的生命當作是一個集體的歷史故事的話，這個故事就是一個騙子的故事。這個騙子找到一個極為簡單的騙人花招，並且萬無一失的實施這個詭計——並且至今都還逃離處罰。「生命也許應該被定義為逃避處罰的藝術。」理論生物學家沃丁頓這麼認為。

或許，這富有詩意的幻想僅僅是我個人的想法，是我錯誤地解讀他人評論。但我不這樣認為。我已經從許多科學家那裡聽到了類似的觀點。我認為這跟卡諾的定律一樣不是怪力亂神。當然，這只是表達人類的一個希望而已，但我仍希望能找到一個可證偽的科學理論。儘管有種種貌似上升之流的那種刻意編寫出來的學說，譬如活力論，但這第二種力量的科學性絕不會亞於機率或達爾文的天擇力量。

然而，一種猶豫不決的氛圍籠罩著上升之流。這引起人們更大的關注，主要是因為，「上升流」意味著宇宙中存在某種方向性：當宇

宙的其餘部分能量慢慢耗盡，超生命卻穩健地積累自己的力量，朝相反的方向逆流而上。生命朝著更多的生命、更多種類的生命、更複雜的生命以及更多的某種東西進展。此時，懷疑論乘機而起。現代知識分子發現到這種進展跡象。

這種進展散發著人類中心論的味道。對一些人來說，他如同宗教狂熱一般地刺鼻，令人不舒服。最早也是最狂熱支持達爾文理論的，正是基督教新教徒的神學家和神學院學生，因為他為人類的主導地位提供了科學證據。達爾文進化論提供了一個漂亮的模型，他描述了無知覺的生命秩序地走向已知的完美顛峰——人類男性。

對達爾文學說的濫用不僅助長了種族主義，而且還無助於進化論中「進展」的這個概念。比進化的進展更重要的是重新審視我們人類的位置——從宇宙的中心到宇宙中塵埃落定的角落裡，一個無足輕重的螺旋星系邊微不足道的一縷塵煙。但如果我們不重要，那麼進化會有什麼樣的進展呢？

進展是條死胡同，卻沒有什麼可以取代之。在進化論研究以及後現代史、經濟學和社會學中，進展之死基本上已蓋棺定論。沒有進展的變化，正是我們當代人看待我們自己的命運。

第二種力量的理論重新點燃了進展的希望，並且也提出了棘手的問題：如果存在著生命的第二法則——上升之流，那麼這個潮流究竟通往哪裡？如果進化的確有一個方向，那麼他究竟會有一個什麼樣的方向？生命到底是在進步，還是只是在徘徊著？或許進化有一個小坡度，使之看上去有某種趨勢，而且有些部分可以預測。生命的進化（不管是天然的還是人工的）是否會隨著微小的趨勢走？人類文化和其他活系統是有機生命的鏡像嗎？或者，一個物種能夠不依賴其他物種的情況下獨立發展？人工進化是否有他自己的進程和目標，完全超

越其創作者的初衷？

首先，我們必須承認的是，我們所看到的生命和社會的進步乃是人為造成的錯覺。生物學中普遍流行的「進步階梯」或「大物種鏈」的概念在地質學中根本找不到任何證據。

我們從最初的生命開始，把他當作是一個起點；想像他所有的後裔形成一個緩慢膨脹的球體。時間是半徑。每一個生活在特定時間的物種在當時成為這一球面上的某個點。

在四十億年（即今天）的這個時間點上，地球上的生命世界塞滿了大約三千萬個物種。譬如，其中某個點是人類；球遠端另一側的某個點是大腸桿菌。在這個球面上，所有點與最初生命起點的距離都是相同的，因此，沒有哪個物種優於其他物種。地球上所有生物在任何一個時間點上都是**同步進化**的，他們都經歷了同樣多的進化時間。說白了，人類並不比大多數細菌進化得更多。

讓我們仔細看看這個球面，很難想像，人類不過是其中的一個點，憑什麼成為全球的最高點？也許三千萬共同進化的其他生物中的任何一個點——比如，紅鶴或毒漆樹——都代表了這整個進化的過程呢。隨著生命不斷地探索新的領域，整個球體也不斷地擴大，共同進化的狀態也隨之增加。

這個生命的球狀圖不動聲色地逐漸動搖漸進演化的重現圖：生命從簡單的單細胞成功攀登到人類這一階梯的頂點。這幅圖像忽略了其他數十億也應該存在的進化階梯，包括那些最平淡無奇的故事。例如，一個單細胞生物爬著漫無目的的進化階梯演變成一種略有不同的單細胞體。事實上，進化沒有頂點，只有數十億個分布在球面上的不同的點。不管你做的是什麼，只要能存活就好。

不管是到處遊蕩還是待在原地不動，都無所謂。在進化的時間進

程中，原地踏步的物種可要比那些激進變革的物種多得多，而且他們在回報上卻差不多一樣。不管是現代人類還是大腸桿菌，都是精英的共同進化倖存者。而且，沒有誰會在下一個百萬年的進化中比其他倖存的物種更具優勢。事實上，一些悲觀主義者認為，人類比大腸桿菌倖存更久的機率是 1%，儘管大腸桿菌目前只能生存在我們人類的腸道裡。

就算我們承認生命的進化沒有展示出任何進步的跡象，或許他也有個大致的方向吧？

翻了翻關於進化的書籍，我找不出哪一本書的目錄上有「趨勢」或者「方向」的字眼。許多新達爾文主義者絕口不提這兩個詞，近乎狂熱地剷除進化中有關進步的概念。其中最直言不諱的反對者就是史蒂文・傑・古爾德，他也是少數幾個曾公開討論這個觀點的生物學家之一。

古爾德在科普作品《奇妙的生命》（*Wonderful Life*）中重新詮釋伯吉斯頁岩化石群。這本書的核心思想是，生命的歷史可被視為一卷錄影帶。我們可以試想把影帶倒回起點，並借助某種神奇力量在生命之初改變某些關鍵場景，然後從那一點重新播放生命的歷程。這種歷史悠久的文學手法在美國經典聖誕電影《風雲人物》（*It's a Wonderful Life*）（古爾德借用了標題，做為書名）達到了極致：在這部電影中，主人公吉米・斯圖亞特的守護天使為他重現了沒有他的世界。

如果我們能夠重播地球上生物演化的過程，這一過程是否會按照我們已知的歷史發展？生命將會再現我們熟悉的那些階段，還是會

做出相反的選擇而讓我們大吃一驚？古爾德杜撰了一個精彩絕倫的故事，告訴我們為什麼他認為如果進化可以重來的話，我們會無法認出地球上的生命。

那麼，既然我們能夠將這卷神奇的錄影帶放到我們的機器裡播放，或許還可以進一步做一些更有趣的事。假如我們關掉電燈，然後隨意地翻轉帶子，再播放他，那麼來自另外一個宇宙的訪客是否能夠判斷出帶子究竟是正向播放還是非常規地倒帶？

如果我們倒過來播放這史詩般的《奇妙的生命》，那麼在螢幕上會出現什麼？現在，就讓我們把燈調暗好好地欣賞。故事在一個蔚藍色的絢麗的星球上展開，地球的表面包裹著一層非常薄的生物膜，有些是移動的動物，有些是生根的植物。影片中是數以百萬計不同種類的物種，其中一半是各式各樣的昆蟲。在這個開場中，並沒有太多的故事發生。植物演變出不計其數的形狀。一些大型、非常敏捷的哺乳動物逐漸演變成外形相似但體型較小的動物。許多昆蟲逐漸演化成其他昆蟲；同時也出現了一些全新的昆蟲生物，他們又逐漸地隨之變化為其他模樣。如果我們仔細地觀察某一個體，並且以慢鏡頭的方式關注他的變化，很難辨別出有什麼特別明顯的前進或是倒退的變化。為了加快節奏，我們按下了快轉。（對我們而言，是反向的快轉。）

從螢幕上，我們看到地球上的生物愈來愈稀少。許多動物——但並非全部——形體開始逐漸縮小。生物種類的數目也在變少。故事情節的發展慢下來了。隨著磁帶的倒退，生物所扮演的角色愈來愈少，角色的變化也愈來愈少。生命的規模和大小都逐步衰退，直到變成微小、單調的基本元素。在極其乏味無趣的結局中，生物演變成一個單一、微小且形狀不定的小球，最後各種活物都消失不見了。

讓我們回顧一下：一個由多樣形式的生物群所組成的廣大、錯綜

複雜、相互關聯的生物網路，最終崩解成一些結構簡單、樣式單一而且大多只會自我複製的蛋白質微粒。

你是怎麼想的呢？來自雷神之星的朋友，索爾？你覺得這微粒是起點還是終點？

新達爾文主義者辯稱，生命當然會有時間上的方向，但除此之外，一切都不能肯定。既然有機界的進化沒有定向趨勢，那麼生命的未來也無法預測。因此，進化不可預測的本質，倒是我們能夠做出的少數幾個預測之一。新達爾文主義者相信進化是不可預測的。當魚類在海洋中跳躍的時候（當時正是生命和複雜性的「顛峰」），誰又能猜想得到，一些七醜八怪的東西正在靠近陸地的乾涸泥漿池裡做著相當重要的遠大工作。陸地，那又是什麼東西？

另一方面，後達爾文主義者不斷提及「必然性」。1952 年，工程師羅斯・艾許比在他具有影響力的著作《為大腦而設計》中寫道：「地球上生命的發展絕對不能被視為一件不同尋常的事情。相反的，他是必然發生的事情。像地球表面這麼龐大，而且基本上是處於多態穩定的系統，不慍不火地保持了 50 億年之久，所有的變量聚集成具有強大自我維持能力的形式。除非是奇蹟才能使之脫離這種狀態，因此就這種情況下，生命的誕生就成為必然的。」

當「必然」與進化放在同一個句子裡時，真正的生物學家卻退縮了。我認為，當「必然」曾經指的就是「上帝」時，當下有這種反應是正常的。不過，即使是最正統的生物學家也認同，一些人工進化的合理用途之一，就是將之視為研究進化中定向趨勢的實驗台。

物理世界中是否存在著某些基本的限定條件，使生命只能沿著某一種特定的軌跡前行？古爾德把生命的可能性空間比作是一個「非常寬廣、低淺、均勻的巨大斜坡」。水滴隨機地落在斜坡上涓涓流下，

侵蝕出許多雜亂無章的細小溝壑。形成的溝壑因為有更多的水流沖刷而不斷地加深，很快鑿刻成小溪谷，並最終成為更大的峽谷。

在古爾德的比喻中，每一個細小的溝壑都代表了一個物種發展的歷史路徑。最初的溝壑設定了隨後的屬、科及分類的進程。初期，這些細小溝槽的進程是完全隨機的，但是一旦形成，隨後形成的峽谷的系列進程便固定了。儘管他承認在他這個比喻中有一個起始斜率，而這個斜率「確實給坡頂上的降水設定了一個優先的流向」，但是古爾德還是堅持沒有任何東西可以擾亂進化的**不確定性**。引用他喜歡重複的解釋就是，如果你一再地重複這樣的實驗，每次都從一個完全相同的空白斜坡開始，那麼，每一次得到的由山谷和山峰構成的地形都會大不相同。

奇怪的是，如果你完全按照古爾德的假想實驗在沙盤上進行實地實驗的話，結果可能會暗示另一種觀點。當你像我曾經做的那樣，一次次重複這個試驗，你首先注意到的事情就是，你得到的地貌類型是所有可能形成的類型中非常有限的子集。許多我們熟悉的地貌地形——連綿山脈、火山錐、拱形門、懸谷——永遠也不會出現。因此，可以放心地預測，生成的山谷和峽谷一般都是和緩的溪谷。

其次，由於水滴是隨機滴落的，因而最初形成的溝槽也是隨機出現的，但隨後的侵蝕形狀則循著非常相似的過程。峽谷會按照一個必然的次序顯露出來。還是用古爾德的類比說法：最初的一滴水好比是最先出現的物種；他可能是任何意想不到的生物體。雖然他的特點是不可預期的，但是沙盤推演證明了，根據沙子構成的內在趨勢，其後代顯露出某種可預測性。所以，儘管進化在某些點上對於初始條件是敏感的（寒武紀大爆發的誕生可能就是其中之一），但是這絕不能排除大趨勢的影響。

在 19 世紀和 20 世紀之交時，一些有聲望的生物學家曾大力宣傳進化的趨勢。其中一個著名的學說是定向進化說。定向進化（直向）的生物沿著一條直線發展，從最早的生物 A，順著生命的字母表，演化成生物 Z。過去有些定向進化論者真的認為進化是沒有分支的：他們把進化想像成一個向上攀登的生物階梯，每一層都配駐一個物種，每一層都視近乎天堂般的完美。

但就算不是那麼傾向於如此完美的線性定向進化論者，也往往是超自然主義者。他們覺得，進化之所以有方向，是因為有某種力量引導其方向。這種指引力量，是超自然作用，或是某種神奇的生命力注入活物中，甚至是上帝本身。這些觀念顯然超出了科學的認知範圍，對科學家沒有什麼吸引力，加上神祕主義和「新人類」的膜拜，更使他們對這想法敬而遠之。

但在過去幾十年裡，無神論的工程師已經製造出了可以自己設定目標且似乎有自己動機的機器。控制論的創始人諾伯特‧維納是最早發現機器內部自我導向的人之一。1950 年，他寫道：「人類不僅可以為機器設定目標，並且在絕大多數情況下，一台能夠預防某些故障的機器，會自己找尋他能夠完成的目標。」維納暗示，一旦機械的設計複雜性越過某個門檻，就會不可避免地湧現出目的。

我們自己的意識是一個無意識因子的集合，其中湧現出目的的方式和其他非特意的活系統湧現出目的的方式完全相同。舉一個最實際的例子，一個普通的恆溫調節器也有他的目的和方向——即尋找並保持設定的恆定溫度。令人震驚的是，有目的的行為可以從軟體中無目的的子行為中顯現出來。羅德尼‧布魯克斯的麻省理工移動式機器人採用自下而上的設計，能夠基於目標和決策來執行複雜任務，而他的目標則是從簡單的、無目的的電路中產生。因此，成吉思這個蟲形機

器人**想要**爬過厚厚的電話簿。

當進化論者將上帝從進化中抖落時，他們認為自己已經抖掉所有目的和方向的痕跡。進化曾是一台沒有設計者的機器，一只由盲人鐘錶匠打造的鐘錶。

然而，當我們實際地建構非常複雜的機器以及涉獵合成進化的時候，我們發現兩者都能自行運轉，而且都形成他們自己一串處理事務的方式。斯圖亞特・考夫曼在適應系統中所見的自組織的無序之秩序，和羅德尼・布魯克斯在機器中培育出帶有目的性的目標，是否足以說明——不管進化是如何發生的——他都會進化出他自己的目標和方向？

如果我們仔細找尋可能會發現，在生物進化中湧現出來的方向和目標可能來自一大群無方向和無目標的組成部分，而無需援引活力論或者超自然的解釋。電腦進化的實驗證實了這一內在的目的性，這一自產生的「趨勢」。兩位複雜性研究的理論家，馬克・貝多和諾曼・帕卡德，仔細評量了許多進化系統，並得出結論，「正如最近混沌研究的結果所顯示的，確定性系統可能是不可預測的，我們相信確定性系統是有目的的。」對於那些被「目的和進化」的爭論而吵昏了頭的人來說，這個解釋有助於他們把目的性理解為「推動力」或「趨勢」，而非一種有意識的目標、計畫或有意的目的。

接下來，我列出了進化可能存在的大規模、自生成趨勢。我在此所用的「趨勢」這個詞，是一個一般的概念，並且容許例外。並非每一個生物種類都會遵循這樣的趨向。

我們以教科書中常見的原理「柯普定律」為例。柯普是 1920 年代著名的巨型骨化石收藏家，他曾經用多種方法重新繪製恐龍的外形。他是恐龍研究的先驅，並不懈怠地推動了對這一奇特生物的研

究。柯普注意到，總體而言，哺乳動物和恐龍的形體似乎隨著時間的推移逐漸地增大。後來的古生物學家仔細地研究之後發現，他的觀點只適用於大約三分之二有記載的化石；人們可以找到很多例外，即使是在他曾經十分留意的物種中也存在例外。如果柯普定律沒有例外的話，那麼地球上最大的活生物應該是如城市街區一樣巨大的蘑菇，而非現在那些藏在森林底層的「原始」真菌了。儘管如此，進化中肯定存在著長期的趨勢，即較小的生物如細菌的出現早於鯨魚這類大型生物。

不計較細節的話，我注意到，從生物進化中不斷、隨時地湧現出七個趨勢或定向。當人工進化踏上像馬拉松式的漫漫長途時，這七個趨勢將伴其左右；而他們或許也能稱作超進化趨勢：**不可逆性、遞增的複雜性、遞增的多樣性、遞增的個體數量、遞增的專業性、遞增的相互依存關係以及遞增的進化力。**

不可逆性。進化無法倒退（即著名的「杜式定律」，非可逆性法則）。當然，這也有些例外。比如說鯨魚就某種意義上從哺乳動物再倒退成一條魚。但這個例外同時也驗證了這一法則。總之，今天的物種無法退回到過去的形態。

要放棄得來不易的屬性並不容易。這是一個文明演進的公理：已經發明的技術就再也不能當作從未發明過。某個活系統一旦進化出語言或者記憶，就再也不會放棄他。

同樣，生命出現了也不會再隱退。我注意到，沒有任何一個地質

區域會在有機生命滲入之後重歸寂靜。生命一旦在某種環境（例如，溫泉、高山岩石、機器人身上）安頓下來，就會頑強地維持著某種程度的存在。生命利用無機物質世界，不顧一切地將其轉化成有機物質。正如維爾納茨基所寫的：「原子一旦捲入生命物質的洪流，就別想輕易離開。」

生命出現之前的地球，就理論上是一顆無生氣、貧瘠的行星。現在人們普遍承認，當時的地球雖然是一片荒涼，卻慢慢熬製著生命所需的原料。實際上，地球是一個等待接種的球形培養基。想像一下，有一個12,875公里寬的大碗，裝滿了經過高溫滅菌的雞湯。有一天，你將一個細胞滴落其中，第二天，細胞以指數級的增長布滿了這個海量的巨碗。幾十年間，各種變異的細胞就鑽入每個角落。即使他用上百年的時間，也不過是地質年代的一個瞬間。生命的誕生，就在一瞬間，勢不可擋！

同樣地，人工生命在滲入電腦計算機之後，就永遠留在電腦的某處不會再消失了。

遞增的複雜性。當我問朋友，進化是否有方向；答案總是（如果有回答），「他朝愈來愈複雜的方向發展」。

儘管幾乎每個人都清楚地知道進化朝著更加複雜的方向發展，但是我們對複雜性到底意味著什麼的定義卻寥寥無幾。當代生物學家質疑生命趨向複雜化的觀點。史蒂文‧傑‧古爾德曾斷然地對我說過：「日趨複雜化的幻覺是人為現象。你必須先建立一些簡單的東西，這樣的話，複雜的東西自然就會隨之出現。」

然而，有許多簡單的事情，自然界從未做過。如果沒有一種朝向複雜性的驅動力，大自然為什麼不停留在細菌時代，發展出數百萬各種各樣的單細胞物種？他又為何不停留在魚類階段，盡可能創造出所

有能夠創造的魚類形式？為什麼要把事情弄得更加複雜？就此而言，生命為什麼是以簡單的形態開始呢？據我們所知，並沒有任何一個規則說明事情必須變得更加複雜。

如果複雜化是一個真正的趨勢，那麼一定有某種東西在推動他。過去的百年裡，許多理論家提出了多種理論來解釋是什麼驅使這種明顯複雜性的產生。這些理論按其第一次提出的時間，摘要排列如下：

- 對部件的複製以及複製中失去控制導致複雜性（1871 年）。
- 真實環境的苛刻導致部件的分化，分化聚合成複雜性（1890 年）。
- 複雜性更具熱力學效能（1960 年）。
- 複雜性是天擇其他屬性時，偶然產生的副作用（1960 年）。
- 複雜的有機體為周圍更多的複雜性創造一個利基；因此複雜性是一個自身不斷放大的正回饋循環（1969 年）。
- 一個系統增加一個部件比減少一個部件容易，因此複雜性是累積的（1976 年）。
- 非均衡系統在熵消散或熱消耗時累積複雜性（1972 年）。
- 意外本身產生複雜性（1986 年）。
- 無休止的軍備競賽逐步增強複雜性（1986 年）。

由於對複雜性的定義目前仍然含糊不清而且不嚴謹，因此到目前為止，還沒有人對化石紀錄做過有系統的研究，以便確定能量化的複雜性是否隨著時間的推移而增加。人們已經針對某些特定的短譜系生物體進行了一些研究（採用了各種不同的方法來測量複雜性）。這些研究證明了，這些生物某些方面的複雜性有時候確實增強了，但有時

候並沒有增強。簡而言之，我們無法確切得知，隨著生物顯而易見的複雜化，到底發生了什麼事情。

遞增的多樣性。關於這一點需要小心地加以說明。加拿大伯吉斯頁岩著名的軟體動物化石群，正迫使我們重新思考什麼才是我們所謂的多樣性。正如古爾德在《奇妙的生命》一書中所言，伯吉斯頁岩顯現出寒武紀大爆發時期一系列引人注目的新生物的出現和蓬勃發展。這些奇妙生物群體的基本類型要比我們的先祖生物的基本類型更為多樣。古爾德主張自伯吉斯頁岩之後，基本生物類型的多樣性遞減，取而代之的是大量的細節變化。

舉例來說，生命對數百萬種昆蟲精雕細琢，但再也沒有出現更多諸如昆蟲的新物種。三葉蟲的變體無窮無盡，卻沒有像三葉蟲的新型種類。因為在伯吉斯頁岩化石顯示出的各種不同生物結構體的大拼盤，超過了在同一小區域生命所出現卻少得可憐的基本類型。有人可能會爭辯，認為多樣性始於微小的變化，並隨著時間推移而膨脹的傳統觀念也許是本末倒置的。

如果你將多樣性定義為顯著的差異，那麼多樣性正在縮小。一些古生物學者把更為本質的基本類型的多樣性稱為「差異」，以別於普通物種的多樣性。鐵鎚和鋸子之間存在著根本差異，然而電動桌鋸和電動圓盤鋸之間的差異，或者當下生產的數千種千奇百怪的電器用具之間的差異，則沒有那麼顯著。古爾德這樣解釋：「三隻不同種類的盲鼠並不會構成一個多樣的生態動物群落，而一頭大象、一棵樹以及一隻螞蟻就可以構成生態群落——儘管這一個組合只包含三個物種。」理解了在生物界得到真正創新的基本類型有多難以後，我們更加重視其邏輯明顯不同的基礎。（試想像一下，為消化系統找個可供使用的通用替代品。）

因為多樣化的基本類型非常罕見，所以像寒武紀大爆發之後，當大多數物種消失不見了，基本類型也不會被取代。這可是個大消息，也引發了古爾德的感慨：「生命史令人驚訝的事實就是，他標記著多樣性的銳減，以及隨之而來少數倖存物種中激增的多樣性。」取十種，棄九種，剩下的第十種確實產生了巨量的變異，例如甲蟲。因此，自寒武紀之後，我們所謂進化「遞增的多樣性」是就更細的物種劃分；因為就事實上，今天，地球上生活著的物種確實比以往任何時候要多。

遞增的個體數量。與 10 億年前，甚或 100 萬年前相比，今天世界上生物體的總數也有了巨大的增長。假設生命只有一次起源，那麼這世界上就曾經只有一個像亞當一樣的生命始祖存在。如今，生命的數目卻是不可勝數的龐大。

生命體數目的增加還有另外一種重要形式。從層級的角度看，超群和子群也構成了個體。蜜蜂群集成為一個群體，因此個體的總數就是蜜蜂的數量加上一個超級群體。人是由數百萬個個體細胞構成的，因而這些細胞也為生命個體總數的增加貢獻一份力量。另外，每個細胞可能會有寄生，這樣一來個體的數量就更多了。不管從哪個角度看，在同一個有限的空間裡，個體都可以以嵌套的方式存在於其他個體內部。所以在一定容積裡，一個具有細胞、寄生蟲以及病毒感染物在內的一個蜂群，其個體總數可能大大超過同等容積中所能容納的細菌總數。誠如史丹利‧薩爾斯在《進化出層級系統》中所言：「假使無數的單一個體能夠在一個有限的物質世界裡彼此相互嵌套，那麼這個世界也就擴展了。」

遞增的專業性。生命開始時如同一道可以完成許多工作的進程。隨著時間的推移，單一的生命分化成許多能做更加專業工作的個體。

正如一個普通的卵細胞分化成眾多不同的專屬細胞，而動植物為了適應更狹窄的生態棲息地，在進化中也分化成更多不同的種類。實際上，「evolution」這個詞，最初是用來表示一個卵細胞分裂擴展成一個胚胎生物的過程。直到 1862 年，赫伯特・史賓塞才第一次使用這個術語來表述隨著時間推移所發生的器官變化。他把「進化」定義為「通過不斷的分化與整合，從一個不明確、不連貫的同質性態轉變成明確、連貫的異質性態的過程」。

將前面列出的趨勢與遞增的專業性歸結在一起，就可以描繪出這樣一幅廣闊的畫面：生命從一個簡單的、不明確的、未定型的創意開始，隨著時間的推移，漸漸變得愈來愈穩定形成一大群精確的、穩固的、像機器般的結構。細胞一旦分化，就難以回歸到更通用的狀態；動物一旦專業化，也難以回歸到更為一般的物種。隨著時間的推移，專業生物體的比例增加，特殊化種類增加，專業性的程度也提高了。進化朝著更細化的方向前進。

遞增的相互依存關係。生物學家已經注意到，原始生物體直接依賴於自然環境。有些細菌生活在岩石之中；有些地衣以石頭為食。這些生物體的自然棲息地有些微擾動就會對其產生強大的影響（正是因為這樣的原因，可以將地衣用作酸雨汙染的天然監測器）。隨著演變，生命逐漸解脫無機物的束縛，與有機物的相互影響增多。當植物的根直接扎入土壤的同時，那些依賴植物的動物更加擺脫了土壤的束縛。兩棲類和爬行類動物一般產出受精卵，之後便將卵交給自然環境；而鳥類和哺乳類動物則撫養牠們的後代，因此牠們從出生開始就與生命的接觸更密切。隨著時間的推移，牠們與大地和礦物質的親密關係逐漸被對其他生物的依賴所取代。舒適地生活在動物溫暖的消化系統裡的寄生蟲，可能永遠沒有機會接觸有機生物的外部環境。社會

性生物也是如此：雖然螞蟻可以生活在土地裡，但是牠們的個體生命則會更加依賴其他的螞蟻，而不是其周圍的土壤。逐漸加深的社會化也是生命遞增而相互依存的另一種形式。人類正是一個愈來愈依賴生命而不是非生物的極端例子。

只要有可能，進化就努力地將生命拉離惰性，進而與自己更加緊密地結合，從無開始，創造出令人滿意的東西。

遞增的進化力。 1987 年，來自劍橋的動物學家理查·道金斯在第一屆人工生命研討會上發表了一篇題為〈進化性的進化〉的論文，文中他探討了進化的自身進化其可行性和有利條件。差不多在同一時間，克里斯托弗·威爾斯在《基因的智慧》一書中，也發表了有關基因如何控制自己的進化力。

道金斯的想法是源自於他在生物形態領域嘗試創造人工進化時所激發的靈感。他意識到，在扮演上帝時，偶爾為之的創新不但會提供個體直接進步的機會，而且也是一種「進化的懷孕」，可以啟動後代具有更大的變異能力。他舉一個現實中第一個分節的動物為例，他把牠看作「一個怪物……不是一個極為成功的個體」。但動物分節這個事件是關於生命進化的一個分水嶺，由此分化出的一系列後裔成為進化贏家。

道金斯提出了更高一層的天擇，「他所偏愛的類型，不僅能成功地適應環境，而且還能朝著既定方向進化，或者只要保持進化就好。」換句話說，進化不僅選擇生存力，也選擇進化力。

進化能力並非由某個單一的特徵或參數來表示──譬如說突變率──雖然突變率在生物體的進化力中確實起著一定的作用。一個物種如果不能產生必要的變異，就無法進化。物種改變自身的能力與行為的可塑性一樣，都在他的進化力中占有一席之地。而基因組的靈活性

則是至關重要的。歸根結柢，物種的進化力屬於系統特徵，他不會只體現在某個單一位置，正如一個生物體的生存能力也並非由某個位置來決定一樣。

如同進化所選擇的所有特性一樣，進化力必須是可累積的。一個還很弱小的創新一旦被接受，就能夠作為一個平台以產生更具競爭力的創新。藉著這種方式，弱小的進化力便可以建立一個持續基底以產生進一步的進化力。在一個很長的時期內，進化力都是生存力一個必不可缺的組成要素。因而，一個生物譜系，如果其基因能夠增強進化力，那麼他就能累積進化的決定性能力（和優勢）。依此，代代相傳，生生不息。

進化之進化就像是一個阿拉丁神燈不會給你的願望：獲得另外三個願望的願望。這是一股合法改變遊戲規則的力量。馬文・明斯基注意到在兒童心智發展中存在著一股類似改變自身規則的改變力量。明斯基認為：「僅僅只藉著不斷地累積愈來愈多的新知識，心智並不能真正有很好的成長。他還必須能發展出新的、更好的方法來利用已知知識。這就是派普特原理：心理發展過程中的一些最關鍵的步驟，不單是建立在獲取新技能的基礎上，並且也建立在取得新的管理方法來運用已知知識的基礎之上。」

對變化做出改變是進化更大的目標。進化之進化並不只意味著突變率的進化，儘管他可能會導致突變率的進化。事實上，長期以來，不僅是在有機界，在機器世界以及超生命界，突變率明顯地都保持恆定不變。（突變率多了幾個百分點或是低於幾個百分點都是非常罕見的情況。理想的數值大約在百分點的十分之一左右。這意味著在一千個想法中一旦有一個荒謬狂野的想法，就足以保持事物的進化。當然，對於某些情況下千分之一也是一個很瘋狂的比例。）

天擇傾向於維持一個能有最大進化力的突變率。與此同時，天擇會將系統中所有的參數移到有利於進一步天擇發生的最理想點上。而這個進化力的最優點是一個移動的目標，他正是透過這個行動的改變而達成這個目標。在某種意義上，一個進化系統是穩定的，因為他會不斷回歸到最優進化力所偏好的狀態。但因為這個最優點是移動的——就像鏡子上變色龍的顏色，這個系統也永遠處在非均衡狀態。

　　進化系統的特質是一種產生永恆變化的機制。永恆的變化並非是定期重複出現的變化，就像街角的行人動作那樣，只能說是持續不斷的變化。永恆變化是指真正永恆的活力。永恆的變化意味著持續的不平衡態，永遠處在即將跌落的狀態。他意味著變化經歷變化。其結果是，這樣一個系統將永遠處在不斷改變自身現狀的邊緣上。

　　或者，回過頭來說，既然進化的能力是由自身進化而來，那麼進化最早又是從什麼地方開始的呢？

　　如果我們接受這樣一個理論，即生命進化起源於某些非生命的類型，或者說是原生命，那麼**進化必然早於生命**。天擇是一個非生物的後續過程；在原生物群體中也能運作良好。一旦進化的基本變異運作起來，形式的複雜性所允許的更複雜的變異就會加入。我們在地球生物化石紀錄中所看到的，是不同類型、較為的簡單進化逐步累積，最終形成一個有機整體；這過程我們如今稱為進化。進化是許多過程的綜合，這些過程形成一個進化的群集。進化隨著時間的推移而進化，**進化本身的多樣性、複雜度和進化力也增加了**；亦即，變自生變。

　　對於進化之進化的假設可歸納如下。起初，進化啟動了不同的自

我複製，以產生足夠的數量來誘發天擇。一旦數量膨脹，定向的突變就逐漸重要起來。接下來，共生成為進化的主要推動者和振盪器，靠著天擇所產生的變化來滋養。隨著形態的增大，對形態的限制開始形成。隨著基因組長度的增長，內部選擇開始控制基因組。隨著基因的集結，物種形成和物種級別的選擇便行闖入。隨著生物體擁有足夠的複雜性，行為和肢體的進化顯露出來。最後，當智力出現，拉馬克式的文明進化取而代之。隨著人類引入基因工程和自動編程的機器人，地球上進化的構造體將持續進化。

因此，生命的歷史是一個由各種進化所組成的進程，這些進化是由不斷擴展的生命複雜性所驅動。由於生命變得愈來愈層級化——基因、細胞、生物體、物種——進化也改變了其對象。耶魯大學生物學家李奧·巴斯稱，在進化之進化的每一個階段，受制於天擇的單位層級在提高。巴斯寫道：「生命的歷史就是一個不同選擇單位的歷史。」天擇選擇的是個體；巴斯認為，構成個體的部分一直隨著時間發生進化。舉例來說，數十億年前，細胞是天擇後所選擇的單位，但最終細胞組合起來構成了生物體，天擇就轉而選擇他們的生物體——多細胞有機生物——作為個體來選擇。看待這個問題的方式之一，就是構成進化個體的組成部分進化出什麼。起初，個體是一個穩定的系統，然後是分子，然後是細胞，然後是一個生物體。接下來是什麼呢？自達爾文以來，許多富於想像力的進化論者就提出了「群體選擇」，亦即以物種組群為單位，好像一個物種就是一個個體的進化。某些種類物種的生存或者滅絕並不是因為這種生物體的生存力，而是因為其物種性中某些不為人知的特質——或許就是進化力吧。

群體選擇仍然是一個有爭議的觀點，但巴斯所做的結論更具爭議性。他認為「進化的一些主要特性是在天擇單位的轉換中形成的。」

因此，他說：「在每一個轉型期——在生命發展中每一個出現新自我複製單位的階段——涉及天擇運作的規則都會發生徹底的改變。」簡單的說，大自然的進化本身也進化了。

人工進化也將經歷同樣的演變過程，既是人工的，也是自然的。我們會設計他，讓他能夠完成指定的工作，也將培育出一些人工進化的新物種來把一些特殊的工作做得更好。過了多年以後，或許能夠從目錄裡選用一個特定的人工進化種類，恰好符合我們需要的新穎度，或者是恰到好處的自我導向性。不過，人工進化也會跟其他的進化系統一樣，具有某種偏好。任何一個種類都絕對不會接受我們獨有的控制，並且擁有自己的進化進程。

如果真的存在各式各樣的人工進化，並且在我們稱之為進化的那個東西中也真的有各種各樣的子進化過程，那麼，這個更大的進化——變化的變化，特徵是什麼？這個超進化——包括一般級別的進化，也包括穿行其中的更大進化，他的特徵是什麼？他通往何處？進化想要做什麼？

我核對證據並確定了，進化走向的目標正是他自己。

進化的過程不斷地集中力量，一次又一次地及時再造自己。隨著每一次改造，進化變成一個更有能力改造自己的過程。因此，他「既是來源，也是結果」。

進化的數學並非在驅使自己製造出更多的紅鶴、更多的蒲公英，或者更多其他的生物實體。多產是進化的免費副產品——來，這裡有數百萬的青蛙——不是目標。相反的，進化是朝著實現自我的方向前行。

生命是進化的基質。生命提供了生物體和物種的原材料，使得進化得以進一步進化。沒有一長串日益複雜化的生物，進化就無法進化

出更大的進化力。所以，進化產生複雜性、多樣性以及不計其數的生物，由此為自己拓展空間，進化成更強而有力的進化者。

所有自進化者必須像美洲傳說中的郊狼一樣，是個高明騙子。這位騙子永遠不滿意自身的改造。他總是抓住自己的尾巴把自己裡外翻轉，變成更複雜、更靈活、更花稍、更依賴自己的東西，然後再次無休止地去抓自己的尾巴。

宇宙容忍這種幾近殘酷無情而且持續的進化，累積更為強大的進化力，到底得到了什麼？

我所能看到的，就是可能性。

並且，在我看來，可能性是不錯的終點。

第二十二章

預測機制

「請告訴我未來的境況吧。」我懇求著。

我現在正坐在導師辦公室的沙發上。我經過艱苦的跋涉來到這個地球能量點之一的高山哨站，他位於新墨西哥州洛斯阿拉莫斯國家實驗室。導師的辦公室裡貼了許多以前高科技會議的各種彩色海報，這也勾勒出他近乎傳奇的經歷：從還是標新立異的物理系學生時代開始，他就組成了一個嬉皮駭客的地下組織，在拉斯維加斯利用可穿戴的電腦來贏莊家的錢；他研究滴水的水龍頭，成了一幫離經叛道的科學家裡頭的主要人物，並一起發明加速混沌科學；他是人工生命運動的創始者；他現在在洛斯阿拉莫斯原子武器博物館斜對面的小實驗室，領導著複雜性這門新科學的研究。

導師多伊恩・法默，很像戴了飾扣領帶的伊卡伯德・克雷恩，又高又瘦，看起來約莫三十多歲。多伊恩正開始著手他的下一個不同尋常的冒險，創立一家公司，透過電腦模擬來預測股價，打敗華爾街。

「我一直在思考著未來，我有一個疑問，」我開口說。

「你想知道 IBM 的股價到底會漲還是會跌！」法默苦笑著說。

「不。我想知道為什麼未來這麼難以預測。」

「哦，那簡單。」

我之所以提問預測的問題，是因為預測是控制的一種形式，是一種尤其適合分散式系統的控制形式。藉由預期未來，活系統能夠改變其姿態，預先適應未來，以這種方式掌控自己的命運。約翰·霍蘭德說：「預測正是複雜自適應系統在做的事。」

在分析預測機制的時候，法默喜歡用這個例子來說明。「來，接住！」他邊說邊朝你扔一個球。你抓住球。「你知道你是怎麼接住這個球的嗎？」他問。「透過預測。」

法默堅信在你的腦子裡有一個關於球是如何飛行的模型。你可以採用牛頓的古典力學程式 $f = ma$，來預測一個高飛物體的運動軌跡，但是你的大腦本身卻並沒有儲存這樣的基本物理學方程式。更確切地說，他是直接從經驗數據建立一個模型。一個棒球選手，千次地觀察球棒擊打棒球的情景，千次舉起戴著棒球手套的手，千次利用戴手套的手調整他的預測。不知怎麼的，他的大腦逐漸編繪出一個棒球落點的模型——一個幾乎跟 $f = ma$ 不相上下的模型，只不過應用範圍沒那麼普及。這個模型完全建立在過去接球過程中產生的一系列手／眼數據的基礎上。在邏輯學領域裡，這樣的過程稱之為歸納，他與導出 $f = ma$ 的演繹過程剛好相反。

在牛頓 $f = ma$ 出現之前的早期天文學時代，天體事件的預測都是依據托勒密的嵌套圓形軌道模型預測出來的——一環套一環。因為建立托勒密理論的核心前提（即所有天體都繞著地球轉）是錯誤的，所以每當新的天文觀察提供了某個星體運動更精確的數據時，都需要修正這個模型。不過，嵌套的複雜模式驚人地堅固，可以應付不斷的修補。每次有更好的數據，人們就在圓環套圓環的模型裡面再加一層圓環的方法來調整模型。儘管有各種嚴重錯誤，這個巴洛克風格的模

擬裝置仍然行得通，而且還會「學習」。托勒密這個簡單的體系，為日曆的調節、為天象的實際預測，服務了 1400 年之久！

一個棒球外野手基於經驗所形成空中飛行物的「理論」，很像托勒密行星模型的後期階段。如果我們解析外野手的「理論」，就會發現他是不連貫的、臨時的，複雜的，而且只取近似值。但，他也是可以發展的。這是一個紊亂的理論，但他不僅有效，而且還能改進。如果得等到每個人都弄明白 $f = ma$ 算式（況且，只明白半個 $f = ma$，還不如什麼都不懂）再行動的話，根本就沒有人能接住任何東西。就算弄清楚這個算式，也沒什麼用。「你可以用 $f = ma$ 來求解飛行中的棒球問題，但你不能在外野即時解決問題。」法默說。

「現在，接住這個！」法默說著，又放出一個充好氣的氣球。這氣球在房間裡飛來飄去，像喝醉了酒似的。沒人接住這東西。而這，正是混沌的一種經典表現——一個對初始條件具有敏感依賴的系統。在投擲氣球時，極細微的變化也能在飛行方向放大成巨大改變。雖然 $f = ma$ 這條定律仍支配著氣球，但是其他的一些力量，比如推動力、空氣升抬的推力與拉力，產生不可預測的運動軌跡。在這混沌之舞中，傾斜的氣球反映出太陽黑子週期不可預測的華爾滋；又如冰河時期的氣溫、流行性傳染病、沿著水管流動的水流等等，更為切題的是股票市場的波動。

可是，難道氣球的運行軌跡真的無法預測嗎？如果你試圖用算式來解決氣球那搖搖晃晃的飛舞運動，就會發現他的路徑是非線性的，因此他幾乎是不可解的，也因此他是不可預測的。然而，一個玩任天堂遊戲長大的十幾歲青少年，卻可以學會如何接氣球。雖說不是完全無誤，但比單靠運氣要好多了。只要接過幾十次之後，孩子的大腦就會開始根據所獲得的數據來形構理論——或者可以說是構築某種直

覺，某種歸納。經過千次放飛氣球後，他的大腦就已經建構出這個橡皮球的某種飛行模型。這個模型雖然不能精準地預測出這球到底會落在什麼地方，但是卻能探查出飛行物的飛行意向，比如說，是往放飛的相反方向飛，還是按照某種模式繞圈子。或許隨著時間的推移，這個人抓氣球的成功率要比單靠運氣去抓，多了十個百分點。關於抓氣球，你還需要什麼更高的要求呢？某些遊戲裡，並不需要太多的訊息就可以做出**有效的**預測。然而在逃離獅口，或者投資股票時，只要是比運氣好那麼一點點的話，也是具有重大意義的。

幾乎可以明確地說，活系統——獅子、股票市場、進化的族群、智能——都是不可預測的。他們所具有的混亂、遞歸式因果關係，各個部分互為因果關係，使得系統中的任何一個部分都難以用常規線性外推法來推斷未來。不過，整個系統卻能夠作為分散式裝置而對未來做近似的推測。

法默在金融市場的動態上花費很大的力氣，以圖能夠破解股票市場。「市場的可愛之處就是，實際上不需要太多的預測就可以做很多事情。」法默說。

報紙上灰色的末版裡是股票市場上下波動的走勢圖，圖只顯示兩個維度：時間和價格。自從有股票市場的那一天起，投資者就已經在細心解讀這個在二維之間擺動的黑色線條，希望從中找出某種模式來預測股市走向。只要是可靠的，哪怕是模糊的方向性提示也能讓人獲利不少。也因如此，推薦這樣或那樣預測未來走向的昂貴金融時事訊息，才會成為股票界的永久附件。而從事這個行業的人就被稱作圖表分析師。

在 1970 年代和 1980 年代，圖表分析師在貨幣市場的預測方面有了些微的成功，這是因為，有種理論說，中央銀行和財政部在貨幣市

場中的強勢角色約束了各種變量，因此可以用一種相對簡單的線性方程式來描述整個市場的表現。（在線性方程式中，一個解可以在圖中用一條直線表示。）當愈來愈多的圖表分析師利用這種簡單的線性方程式，成功地找出各種趨勢之後，市場的利潤也就愈來愈少了。自然地，預測者開始將目光投向那些僅由非線性數學主導，更為狂野和更為雜亂的地方。在非線性系統中，輸出與輸入之間並不成比例。而世界上大多數的複雜系統──包括所有的市場──都是非線性的。

隨著價格低廉、具有產業優勢的電腦出現，預測者已經能夠理解非線性的某些觀點。透過分析金融價格二維曲線圖背後的那種非線性觀點，進而提取可靠模式來賺錢，而且是大錢。這些預測者可以推斷圖形的未來走向，然後在預測上下賭注。在華爾街，人們將破解出這些或其他難以理解方法的電腦呆子稱為「火箭專家」。這些西裝筆挺、在各家交易公司的地下室裡工作的電腦怪才，其實就是 1990 年代的駭客。多伊恩·法默這位前數學物理學家以及那些早期跟他一起進行數學冒險的同事們，把位在聖塔菲一間有四房的磚屋當成辦公室──這是美國境內離華爾街遠得不能再遠的地方。然而，他們現在是華爾街最炙手可熱的「火箭專家」。

在現實中，影響股票的二維圖形軌跡的因素不是只有幾個，而是有數千個。當我們把股票的數千個向量繪製成一條線時，他們都被隱藏起來，只顯現出價格。同樣的情況也會發生在我們用圖形來表示太陽黑子的活動或者氣溫的季節性變化。例如，你可以在平面圖上畫一條隨時間變化的簡單細線來表示太陽的活動軌跡，但是影響這條線的各種因素，卻令人難以置信地複雜、多樣、相互糾結，而且反覆循環。在一個二維曲線的表面背後，是各種力量的混亂組合。股票、太陽黑子，或氣候的真正圖表中，所有影響力都會擁有屬於自己的座標

軸，而這張圖也會成為一種難以描繪的千臂怪物。

數學家一直努力尋找如何馴服這些怪物的方法，他們稱之為「高維」系統。任何生物、複雜的機器人、生態系統或者自治世界，都是一個高維系統。而形式庫，就是一個高維系統的架構。僅僅一百個變量就可以創造出一群數量巨大無比的可能性。因為每一種變量行為都和其他九十九種行為相互影響，所以如果不同時對這個相互作用的群體整體進行檢視的話，根本就無法檢視其中任何一個參數。比如說，只是一個有三個變量的簡單氣候模型，也會由於怪圈連回自己身上，以哺育出某種混沌，讓任何一種線性預測都不太可能。（最初就是因為在預測氣象的失敗而發現了混沌理論。）

流行的觀點認為，混沌理論證明了這些高維的複雜系統——像是天氣、經濟、行軍蟻，當然還有股票價格——就本質上而言，是無法預測的。這種假設是如此堅不可破，以至於人們通常認為，任何一種用來預測複雜系統輸出結果的設計不是天真，就是瘋狂。

但混沌理論卻被嚴重誤解了；他，還有另一面。出生於 1952 年「嬰兒潮」的多伊恩・法默用黑膠唱片做為比喻。他說：

混沌好像是一個雙面都錄有音樂的熱門唱片。

・正面的歌詞是這樣的：根據混沌定律，初始秩序可以分解成原不可預測性。你無法做遠期預測。

・另一面歌詞是這樣的：根據混沌定律，那些看起來完全無序的東西，在短期內是可預測的。你可以做短期預測。

換句話說，混沌的特性既帶有好消息，也帶有壞消息。壞消息是：可做遠期預測未來的東西，即便有，也只有一點點而已。好消息是——混沌的另一面——就短期而言，有更多的東西可能比第一眼看到時更具可預測性。而無論是高維系統的長期不可預測性，還是低維系統的短期可預測性，都源自於同一事實，即「混沌」和「隨機」是兩回事。「混沌中存在著秩序。」法默說。

　　法默應當知道。早在混沌形成科學理論、成為研究的時尚領域之前，他就是探索這一塊黑暗領域的先驅。1970 年代，在時尚的加利福尼亞城鎮聖克魯茲，多伊恩‧法默和朋友諾曼‧帕卡德共同建立了一個電腦迷嬉皮公社以實踐集體科學。他們同住，同吃，一起烹煮，一起分享科學論文的榮譽。作為「混沌社」，這幫人研究著滴水的水龍頭和其他看似生成隨機設備的古怪物理學。法默特別著迷輪盤賭局。他深信，表面上是隨機旋轉的輪盤裡一定隱藏著某種秩序。如果有人能在這旋轉的混沌中找出隱祕的秩序，那麼……天啊，他就發財了……發大財。

　　1977 年，早在蘋果電腦這類商用微型電腦誕生以前，聖克魯茲的混沌社便建造了一組手工，可編程的微型電腦，裝在三個普通皮鞋的底部。這電腦用腳趾鍵入訊息，他們的功能是預測輪盤小球的走向。法默團隊從拉斯維加斯購來二手輪盤賭盤，將其放在公社擁擠的臥室裡進行研究；這個自製電腦所運行的程式，就是法默依據小組的研究成果編製出來的。法默的電腦運算不是基於輪盤的數學規律，而是基於輪盤的物理學規律。就本質言，混沌社的程式是**在鞋子裡的晶片內模擬了整個旋轉的輪盤和彈跳的小球**。他完成這種模擬只用了微不足道的 4K 記憶體，並且是在電腦像是巨型怪獸，還需要 24 小時的空調和專職人員照顧的時代。

這個科學公社不止一次地把混沌的另一面發揮出來，場景大致如此：在賭場裡接上線，由一個人（通常是法默）穿上一雙「魔法鞋」來測定輪盤操作員對輪盤的彈擊、球跳動的速度以及輪盤擺動的傾角。附近，同公社的一個人穿著第三隻連接無線電信號的魔法鞋，在檯面上實際下注。在這之前，法默已經用腳趾頭調整他的算式，仿照賭場內一部輪盤機的特性。此時，就在小球落下到最終停下來之間短短 15 秒左右的時間，他的微型電腦鞋子就模擬這個球的整個混沌運行過程。法默用他右腳大拇趾點擊預測裝置，生成這個球未來落點的信號，其速度要比一個真球落到號碼杯中的速度快上大約一百萬倍。法默動一下左腳大拇趾，將這個訊傳遞給他的夥伴，這個夥伴從他的腳底「聽」到這個訊息之後，一本正經地在小球落定之前把籌碼放到已經預先確定了的方格中。

如果一切都運轉良好，這一注就贏了。不過，這個系統從來都沒有預測到會贏的準確號碼；混沌社員是一些現實主義者。他們的預測裝置預報出一小片相鄰的號碼──輪盤的一個小扇面──作為賭桌上球的目的區。參賭的夥伴會在小球停止轉動的過程中，在這個區域內遍撒籌碼。最後其中一個贏得賭注。雖然有些賭注輸掉了，可是這個小區域作為一個整體，贏的往往能超過賠率而賺到錢。

但因為這個系統的硬體不可靠，小組把整個系統賣給其他的賭博者。不過，從這次冒險中，法默學到對於預測未來三件重要的事情：

- 首先，你**可以**在混沌系統中套出內在的基本模式，取得良好的預測。
- 其次，進行一次**有用**的預測用不著看得太遠。
- 第三，即使是**一點點**有關未來的訊息，也是有價值的。

法默牢記著這些經驗，又跟另外五位物理學家（其中一位是前混沌社成員）創立了一個新公司，想要破解所有賭徒的夢想：華爾街。這一回，他們將會用上高性能的電腦。他們把這些電腦裝上實驗性的非線性動態模型，以及其他「火箭專家」不外傳的訣竅。他們將從旁思考，讓這種技術在沒有他們控制的情況下承擔盡可能多的責任。他們將創造出一個東西，或許可以說是一個有機體，讓他自行完成數百萬美元的賭博。他們會讓這個有機體……（來點鼓聲吧）……預測未來。這幫老練的傢伙有點虛張聲勢地掛出新招牌：預測公司。

　　預測公司裡的這些人認為，想在金融市場賺到大錢，只要能夠提前幾天預見要發生的事情就夠了。的確，根據法默和同事們待過的聖塔菲研究所最近的研究，便解釋了「看得更遠並不意味著看得更好」。當你埋首在真實世界的複雜性時，清晰界定的選擇非常稀少，不完整的訊息又蒙蔽了所有的判斷，這時若要評斷太過於遙遠的選擇，就會產生不良的後果。儘管這個結論看似符合人類直覺，但我們還是不明白為什麼他也應該符合電腦和模型世界。人類的大腦很容易分散注意力。但假定說，你已經擁有無限的計算能力，而且專注地執行預測的任務。那為什麼看得更深遠不會更好的呢？

　　這個問題的簡單答案就是，當極小的錯誤（因有限的訊息所導致的）延伸到非常遙遠的未來時，將會惡化成極為嚴重的錯誤。並且這些被錯誤汙染的可能性成指數增長時，處理他們將會付出極大的代價，但這一點也不值得，即使計算是免費的（他從來就不是免費的）。聖塔菲研究所的研究員、耶魯的經濟學家約翰・吉納考普勞斯和明尼蘇達的教授賴瑞・格雷曾經用一個西洋棋比賽的電腦程式作為

他們預報研究的試驗平台。（最好的電腦西洋棋程式，比如頂級的「沉思」程式，能夠擊敗所有人類棋手，除了幾位最頂尖的大師之外。）

結果和電腦科學家的預料完全相反，不管是「沉思」，還是人類的象棋大師，都不需要看得太遠就能下出非常好的棋。這種有限的前瞻就是所謂「有益短視」。一般來說，這些大師首先會綜覽盤面的局勢，只對各個棋子下一步的走法做一個預測。接下來，他們會挑選出最可能的一種或兩種走法，更深入地去考慮這些走法的後果。儘管每向前推演一步，可能的走法就會以指數的數量級爆炸性地增長，然而那些優秀的人類大師在每一回合的交手上，只會把注意力集中在一些最有可能的對策。當他們遇到以往經歷過的熟悉環境，深知其間的利害取捨時，他們偶爾也會往前多思考幾步。但是，一般來說，大師們（現在再加上「沉思」）都是憑經驗法則布置棋局。例如：首先選擇那些有增加選擇餘地的走法、避開那些結果不錯但要求棄子求兌的走法、從鄰近有多個有利位置的有利位置著手。在對局勢的前瞻以及關注當前通盤的狀況間取得平衡。

我們每一天都會遇到類似的折衷。無論在商業，政治、技術還是生活中，我們必須能預見那些隱藏在角落裡的情況。然而，我們從來都沒有得到充足的訊息以做出完全有見地的決策。我們在黑暗中經營運作。為了有所補償，我們只能憑藉經驗法則或者粗略的指導原則。但在西洋棋的經驗法則中，是相當不錯的可靠規則。（給我的女兒們：首先選擇那些有增加選擇餘地的策略、避開那些結果不錯但要求棄子求兌的走法、從鄰近有多個有利位置的有利位置著手。前瞻局勢並全然關注當前的全盤狀況，而於其間取得平衡。）

常識就是這種「有益短視」的具體實現。與其花費數年去寫一本

預測可能發生所有狀況的公司員工手冊——在付梓之際就過時了——倒不如採用有益短視，也不要去想那麼遠，顯然要好得多。也就是說，先設計出一些一般的指導原則來應對那些看起來一定會「在下一步」發生的事情，等到那些極端事件真的發生的時候再來應付。如果我們身在一個陌生的城市，又想在交通高峰時段外出，那麼可以在地圖上計劃好穿越整個城市的詳細路線（想得遠一點）；或者試探一下，像是「一直向西，直到遇到沿河道路，再左轉」。通常，我們兩種方法都會採用。我們會忍著不要去想得太遠，又確實會關注眼前馬上要發生的事情。我們蜿蜒向西，或上坡，或下坡，同時，不管到了哪裡，都會拿出地圖查看下一個馬上要到的路口。我們使用的方法，就是由經驗法則引導的有限的前瞻。

預測機制看起來即使不像先知也一樣好用。只要他能從隨機和複雜掩飾的背後發現有限的模式——幾乎什麼樣的模式都行。

按照法默的說法，有兩種不同的複雜性：內在的和表面的。內在的複雜性是混沌系統「真正的」複雜性。他會造成晦暗的不可預測性。另外一種複雜性是混沌的另外一面——掩蓋著可利用秩序的表面複雜性。

法默在空中畫了一個方框。往上，表面複雜性增加；橫向穿過正方形，內在複雜性增加。「物理學通常是在這裡運作。」法默指著這兩類複雜性低端共聚的底角、那個簡單問題所在的區域說道。「到了那邊，」法默指著方框中跟這個底角相對的那個上角說道，「都是些難題。不過，我們現在是要滑到這個位置，往上到了這裡，問題就

會比較有趣——這裡表面的複雜性高，但真正的複雜性仍舊維持低水平。往上到了這裡，複雜的難題中有些東西是可以預測的。而那些正是我們要在股票市場中尋找的東西。」

預測公司希望能夠利用混沌的另一面，藉由簡陋電腦工具來消除金融市場中簡單的問題。

「我們正在運用我們所能找到的方法，」前混沌社成員，公司合夥人諾曼·帕卡德說。這個想法是把任何一條經過驗證的模式所能搜尋到的策略都變成數據，然後「不斷地敲打他們」對算法進行優化。找到任何一點規律，然後使真相大白。這是一種賭徒的心態：任何利益都是利益。

激勵法默和帕卡德的信念是混沌的另一面非常穩定足以依賴，而這是他們從自己的經驗中得來的。沒有比他們在拉斯維加斯的輪盤賭局試驗中贏得那實實在在的鈔票更能消除疑慮的了。若不利用這些模式似乎就太笨了。正如那位記錄他們高贏率冒險嘗試的作者在《幸福派》一書中大聲疾呼說：「為什麼不在鞋裡穿上微型電腦去玩輪盤賭局呢？」

除了經驗之外，法默和帕卡德在他們研究混沌時創造出來，相當受人敬重的理論中還注入了大量的信念。只是，他們現在還在測試他們最狂野最有爭議的理論。與大多數經濟學家的懷疑相反，他們相信其他那些複雜現象中的某些區域也能精準地預測。帕卡德把這些區域稱為「可預測性範圍」或者「局部可預測性」。

換句話說，不可預測性在整個系統中的分布並不是統一的。大多數時間，大多數複雜系統或許都不能預報，**但其中一小部分或許可以進行短期預報**。事後往回看，帕卡德相信，正是這種局部的可預測性才讓聖克魯茲混沌社預測輪盤上小球的近似路徑而贏錢的。

即使真的有可預測性範圍，他們肯定被掩埋在一大堆不可預測性之下。局部可預測性的信號會被其他上千個變量所產生的盤旋雜亂的干擾所掩蓋。而預測公司的六位股市分析高手則利用一種混合舊與新、高端與低階的搜索技術，對這個龐雜的組合信號堆進行掃描。他們的軟體既檢視那些從數學上來講是屬於高維空間的金融數據，也搜尋局部區域——任何局部區域——只要能夠匹配可預測的低維模式就好。他們是在金融的宇宙中尋找秩序的跡象，任何秩序。

他們的研究是即時進行的，或許也可以說是「超即時」。就跟鞋子微型機模擬出的彈跳賭球會在真球停下來之前停下來一樣，預測公司模擬出的金融模式也會比在華爾街那邊實際發生的要快。他們在電腦裡重新設定一個簡化的部分股票市場。當他們探測到正在展開的局部秩序有波動時，就會以比真實生活更快的速度進行模擬，然後把籌碼下在他們預想這一波動可能結束的價格點。

大衛‧貝雷比曾經在 1993 年 3 月的《發現》雜誌上以一種可愛的比喻來形容這種尋找可預測性範圍的過程：「看著市場中的混沌，就好像看著波濤洶湧、浪花四濺的河流充滿了狂野的、翻滾的波濤，還有不可預測的、不斷打轉的漩渦。但突然間，在河流的某個部分，你認出一道熟悉的渦流，之後 5 到 10 秒內，就可知道河流在這個部分的水流方向。」

當然，你是沒有辦法預測往下游 800 公尺處的水流向，但就在那 5 秒鐘——或者在華爾街 5 個小時——你卻可以預測這個演示的進展。而這也正是你致用（或者致富）所需要的。找出任意一個模式並且利用他。預測公司的演算法便是抓住稍縱即逝的一點點秩序，利用這短暫的原型來賺錢。法默和帕卡德強調說，當經濟學家必須因職業關係挖掘這些模式的原因時，賭徒們卻沒有這種約束。預測公司的重

要目標並不是模式形成的確切原因。在歸納式的模型中——預測公司建構的那種模型——事件並不需要抽象的原因，就跟外野手意念之中的棒球飛行路線，或者一隻追逐拋出的棍子的狗一樣，都不需要抽象的原因。

應該操心的，不是這些充斥著因果關係循環的大規模集群式系統中因與果之間模糊不清的關係，法默說：「要擊敗股票市場的關鍵性問題是，你應該關注哪些模式？」哪些模式掩飾了秩序？學會識別秩序，而不是原因，才是關鍵。

在使用某個模型下注之前，法默和帕卡德會用「返溯」的方法對他做一個測試。在運用返溯技術（專業的未來學家常用到的方法）的時候，模型的建立是由人力管理模型中的最新數據建立預扣模型。一旦系統在過往數據，比如說 1980 年代的數據，發現了某種秩序，就把過去那幾年的紀錄提供給他。如果系統能夠依據 1980 年代的發現，準確地預測出 1993 年的結果，那麼這個模式搜索器就可以拿到獎章了。法默說：「系統得出二十個模型。我們會執行每一種模型，用診斷統計學把他們篩選一遍。接著，我們六個人就會聚在一起，選出真正要執行的那個。」這種建模活動的每一輪都可能要在公司的電腦上執行個好幾天。但一旦找到局部秩序，根據這種秩序進行預測只需要百萬分之一秒的時間。

最後一步就是在他手裡放上大把的真錢，實際運作這個程序——需要這幾位博士其中的一位在鍵盤上敲「輸入」鍵。這個動作會把選定的運算法投入到那高速運轉、錢多得令人難以置信的一流世界賽事裡頭。割斷了理論的繩索，自動運行，這個充實的算法只聽到他的創造者們喃喃低語：「下單，呆瓜，下單啊！」

「只要盈利能夠賺到超過市場的 5 個百分點，那麼我們的投資

者就能賺到錢了。」帕卡德說。關於這個數字，帕卡德是這麼解釋的，他們能夠預測出 55% 的市場走向，也就是說，比隨機猜測高出5 個百分點，但一旦他們真的猜對了，那麼最後得到的結果會高出200%。那些提供預測公司財政支援的華爾街肥貓（當前是奧康納聯合公司），可以獲得這個演算法的獨家使用權，並依據這個算法預測的具體表現作為交換來支付費用。「我們還是有一些競爭者，」帕卡德笑著說，「我知道有另外四家公司也在盤算同樣的事情」——用非線性動力學捕捉混沌中的模式，用這些模式進行預測。「其中的兩家已經發展起來了。裡面還有一些是我們的朋友。」

其中一家使用真錢交易的競爭者是花旗銀行。自 1990 年開始，英國數學家安德魯・科林就已經開始發展交易的運算法。他的預報程式首先隨機生成數百個假設，這些假設的參數影響著貨幣數據，然後再用最近五年的數據來檢驗這些假設。最可能產生影響的參數會傳送到電腦類神經網路，由他權衡每一個參數的影響找出更好的數據，採取的最佳參數組合，以產生更好的猜測。

這個類神經網路系統也會持續地把得到的結果回饋回來，這樣這個系統可以透通某種類型的學習方式不斷磨練自己的猜測。當一個模型與過去的數據相吻合，他就會被傳送到未來。1992 年，《經濟學人》雜誌有篇文章這樣寫著：「經過兩年的實驗，科林博士估計他的電腦以虛擬交易資本能夠獲得每年 25% 的收益。……這已經超過大多數人類交易者期望獲利的好幾倍了。」當時倫敦的米特蘭銀行有八位「火箭專家」在研究預測裝置。他們計劃由電腦生成算法。然而，正和預測公司一樣，在「敲輸入鍵」之前，電腦生成的算法還是要由人類來評估。直到 1993 下半年，他們一直用真錢做交易。

投資者喜歡問法默一個問題：他怎麼證明人們只要憑藉這麼一點

點訊息的優勢就可以在市場中賺到錢。法默舉了一個「現實存在的例子」，像喬治·索羅斯在華爾街透過貨幣交易或者其他別的交易，年復一年地賺進數百萬的金錢。法默不滿地說，成功的交易者「被那些學院派嗤之以鼻，認為他們只是超級幸運而已——但證據顯示，事情完全不是這樣的。人類的交易者會在無意識中學會如何在大量的隨機數據裡，識別出哪些是屬於局部可預測性的模式。這些交易者之所以能夠賺到數以百萬計的美元是因為，為了能做出預測（不管因這預測會受到獎勵或懲處，都會使回饋迴路更有效率），他們先發掘出模式（雖然他們無法明確清晰地表達），然後建成內部模式（雖然他們並未意識到）。他們對自己的模型或理論的了解，並不比他們如何能抓住飛球的了解更多。他們就是做而已。不過，這兩種模型都是基於經驗，以同樣的托勒密式歸納法建立起來的。而這也正是預測公司利用電腦對飆升的股票進行建模的方法——以數據為起點自下而上。

法默說：「如果我們現在在所做事情上取得廣泛基礎的成功，那就證明機器的預報能力比人強，而且演算法是比米爾頓·弗里德曼還要優秀的經濟學家。交易師已經在猜疑這個東西了。他們感受到他的威脅。」

困難的地方是要保持演算法的簡潔。法默說：「問題愈複雜，最後要用到的模型就愈簡單。想要跟數據完美耦合其實很簡單，但如果你真的去做了，那你最後一定只是僥倖成功。因為關鍵在於歸納。」

預測機制最後就是生產理論的機制——產生抽象和概括性的方法。預測機制仔細咀嚼那些由複雜、活生生的東西所產生看似隨機，被弄得亂七八糟的雜亂數據。假如有日積月累，足夠的數據流，這個方法就能從中分辨出一點點的模式。慢慢地，這種技術就會形成內部特定的模式，以解決如何生成數據的問題。這種機制不會針對個別數

據「過度調校」模式，他傾向於不甚精確的概括性模糊配對。一旦他獲得了某種概括性的擬合，或者說某種理論，他就能夠做出預測。事實上，預測是整套理論的重點。「預測是建立科學理論之後最有用、最實在的結果，而且從許多方面來說，也是最重要的結果。」法默宣稱。儘管製造理論是人類大腦擅長的創造性的行為，可是諷刺的是，我們卻沒有如何製造理論的方法。法默把這種神祕的概括模式搜尋能力稱為「直覺」。這正是華爾街的那些「走運的」交易員所利用的技術。

在生物學中也可以發現這種預測機制。正如一家名為 Interval 的高科技智庫公司主管大衛·李德所說，「狗不會數學」，但經過訓練的狗卻能夠預先計算出飛盤的路徑然後準確地抓住他。一般而言，智能或者聰明根本就是一種預測機制。同樣地，所有適應與進化對預測與預報而言，都是更為溫和、分布更為稀疏的機制。

在一次各家企業的 CEO 私人聚會上，法默公開承認：「對市場進行預測並不是我的長期目標。坦白說，我是那種一翻開《華爾街日報》的金融版就覺得無比痛苦的人。」對一個頑固不化的前嬉皮來說，這沒什麼可驚訝的。法默規定自己花五年的時間研究預測股票市場的問題，大賺一筆後轉移到更有趣的問題上——像是真正的人工生命、人工進化以及人工智慧。而金融預測，就跟輪盤賭局一樣，只是另一個難題而已。法默說：「我們之所以對這個問題感興趣，是因為我們的夢想是產出預測機制，讓我們能夠對很多不同的東西都進行預測」——包括天氣、全球氣候、傳染病等等——「任何能夠生成很多讓我們無法完全理解的數據的東西」。

「最終，我們希望能夠賦予電腦某種粗略形態的直覺。」法默說。

至 1993 年年底，法默和預測公司公開報告說他們已經成功運用「電腦化的直覺」對市場進行預測，並且使用真錢交易。他們與投資者之間的協議不允許他們談論具體的業績表現，雖然法默非常想要這麼做。不過，他確切地說，再過幾年，他們應該就有夠多的數據「用科學的標準」來證明，他們在交易上的成功不是因統計上的運氣：「我們確實在金融數據中找到了在統計上非常重要的模式。確實存在著可預測性範圍。」

　　在探討預測和模擬機制的過程中，我有個機會去參觀位在加州帕薩迪那的噴射推進實驗室。那裡正在開發一種最先進的戰爭模擬系統。我應加州大學洛杉磯分校一位電腦科學教授的邀請，來到噴射推進實驗室。這位教授一直在推展電腦性能可應用的領域。這位教授和很多缺乏資金支持的研究者一樣，也必須得依靠軍方的資助才能進行他那些前衛的理論實驗。按照交易協議，他需要挑一個軍事方面的問題來檢驗他的理論。

　　他的測試台要觀察的是大型分散式控制並行計算——我稱之為「群式計算」——如何提高電腦模擬坦克戰役的速度，是一種他並不太感興趣的應用軟體程式。另一方面，我真的非常有興趣看一場頂尖水準的戰爭遊戲。

　　一到實驗室繁忙的前台，就直接進行安檢。由於我參訪的是一個國家級的研究中心，而且當時美國軍隊在伊拉克邊境正處於紅色警戒狀態，保安已算是相當友好的了。我簽了一些表格，就我對國家忠誠和公民身分起誓，別上一個大徽章，然後就跟教授一起被護送到樓上

他舒適的辦公室裡。在一個灰暗的小會議室中，我遇到了一個留著長髮的研究生，他藉著研究如何用數學方法來模擬戰爭的名義，探尋關於宇宙計算理論的某種創新概念。接著，又見到了噴射推進實驗室的頭號老闆。他因為我身為記者出現在這裡而感到緊張不安。

為什麼？我的教授朋友問他。模擬系統並不是什麼機密的東西；研究結果是發表在公開的文獻中。實驗室負責人用一大堆的說詞回答：「啊，嗯，你看，現在正在打仗，而且我們在過去有一年的時間都在模擬推演那個情節——我們選擇的遊戲純屬偶然，根本沒有預測的想法——現在卻真的打起來了。我們開始測試這個電腦演算法的時候，總要選擇一些情節，什麼情節都可，試著用來模擬效果。所以我們挑選了一個模擬的沙漠戰爭，參戰的……有伊拉克和科威特。現在這個模擬戰爭真的打起來了，那麼我們這裡多少有點像在現場。有些敏感。抱歉。」

我沒能看到那場戰爭模擬。但在波灣戰爭結束大約一年之後，我發現並不是只有噴射推進實驗室這個地方湊巧地預演了那場戰爭。位於佛羅里達州的美軍中央司令部在戰前就推演了另外一場更有實用價值的沙漠戰役模擬。憤世嫉俗者認為，美國政府在戰前對科威特戰爭做了兩次模擬，顯示出他作為帝國主義的嘴臉以及蓄意發動這場戰爭的企圖。在我認為，預測各種場景，與其說他殘忍，倒不如說他詭異、離奇並且具有指導性。我用這個實例勾勒出預測機制的潛在能力。

在世界各地，大概有二十四個操作中心進行著這種以美國為藍軍做為主角的戰爭遊戲。這些地方絕大多數都是軍校或者訓練中心裡的小部門，比如阿拉巴馬州馬克斯威爾空軍基地的兵棋推演中心，羅德島紐波特美國海軍軍事學院裡傳奇的全球遊戲室，或者堪薩斯州萊

文沃思的陸軍野戰概念分析機構的經典桌面「沙盤推演」裝置。為這些戰爭遊戲提供技術支持以及實用知識的就是一些躲在無數準軍事智囊團裡面的學術人員或者專業人士，他們不是散布在華盛頓特區沿著環城高速公路旁，不然就是窩在噴射推進實驗室、加利福尼亞的勞倫斯·利弗莫爾國家實驗室等各個國家實驗室的狹長通道裡。當然，這些玩具戰爭模擬系統，都有首字母縮寫字，比如：TACWAR、JESS、RSAC、SAG。最近有一份軍事軟體的目錄上列出了大約四百種不同的軍事遊戲或者其他軍事模型，都是上架銷售的。

美國任何一次軍事行動的神經中樞都是設在佛羅里達州的中央司令部。作為五角大樓裡一個機構的中央司令部，其存在的目的就是像獵鷹一樣替美國國會和美國人民緊盯住一個主要的戰局：藍軍對抗紅軍——這個超級強權遊戲裡唯一配做美國對手的是蘇聯。1980 年代，諾曼·史瓦茲柯夫將軍到任的時候，並不接受這種觀點。史瓦茲柯夫——一位有思想的將軍——提出了一種新的看法，他用來表達這個新看法的那句話，在全軍上下廣為流傳：「蘇聯狗不出獵。」史瓦茲柯柯夫把作戰計畫制定者的注意力導引到替代戰局上。高居榜單的就是伊拉克邊境沿線的中東沙漠戰爭。

1989 年初，中央司令部的一位官員，蓋瑞·威爾，開始以史瓦茲柯夫的直覺預感為基礎建立戰爭模型。為了能夠創造出一個模擬的沙漠戰爭，他和一組軍事未來學家一起搜集整理數據，並將這一模擬的代號稱為「內視行動」。

任何模擬都只能做到與他們的基礎數據一樣強，而威爾希望「內視行動」能夠盡可能地貼近現實。這意味著，需收集當下駐中東部隊近十萬數據的細節。這部分工作，絕大多數都極度單調乏味。戰爭模擬需要知道部署在中東的車輛數目，食物和燃料的物資儲存量，武器

的殺傷力，氣候條件等等。而這些枝微末節的東西，大部分都沒有現成的資料，甚至軍方也不容易弄到。所有這些訊息一直處在不斷的變化中。

一旦威爾的團隊制定出軍隊組織的規劃，戰爭遊戲電腦推演員就會編製整個波灣地區的雷射光碟地圖。這個模擬沙漠戰爭的基礎——這塊疆域本身——是從最新的衛星數位照片中轉過來的。等這個工作結束後，戰爭遊戲電腦推演員就會把科威特、沙烏地阿拉伯這些國家的地形壓縮到 CD 上。這時他們就可以把這些數據輸入 TACWAR 這個電腦模擬的戰爭遊戲主程式裡。

威爾是從 1990 年初開始在虛擬的科威特和沙烏地阿拉伯戰場上進行沙漠戰爭。七月，在北佛羅里達州的一場會議中，蓋瑞‧威爾向上級長官概述了「內視行動」的各種成果。他們檢閱了一個基於伊拉克入侵沙烏地阿拉伯，美國／沙烏地阿拉伯反擊的場景。讓人意想不到的是，威爾的這場模擬剛好預測了一場為期三十天的戰爭。

就在兩周之後，薩達姆‧海珊突然入侵了科威特。起初，五角大樓的高層們根本還不知道他們已經擁有完全可操作、數據詳實的模擬。只要轉動啟動鑰匙，這個模擬程式就能預測這個地區可能發生戰事的無盡假設分析。當這個有先見之明的模擬程式消息傳出之後，威爾身上就像玫瑰般散發著香氣地具有自信。他承認說：「如果等到侵略發動時才開始著手去做的話，那我們可能永遠都趕不上了。」未來，標準的軍備條例可能會要求在指揮中心配置一個盒子，裡面運轉著包括種種可能戰事的並行宇宙，隨時發動。

薩達姆入侵之後，戰事推演員立刻把「內視」轉成可以進行模擬變化無窮的「真實」局勢。他們的重點集中在一組圍繞著產生變量的可能性上：「如果薩達姆不斷地進攻，事態會怎樣？」對於預測三十

天內的戰事進行每一次疊代運算，威爾的電腦只花了大約 15 分鐘的時間。透過在多個方向上進行這些模擬，威爾的團隊很快就得出了結論——空中力量會是這場戰爭的決定性因素。戰事推演員進一步精確的疊代算法非常清楚地顯示，如果空戰打贏了，美國就能取勝。

不僅如此，依據威爾的預測機制顯示，如果空中力量能夠確實完成分配給他們的任務，那麼美國的地面部隊就不會有重大的損失。高級官員對這一結論的理解就是，先進行精確的空中打擊是降低美國傷亡率的關鍵。蓋瑞・威爾說：「史瓦茲柯夫非常堅持要維持我們部隊絕對最小傷亡，因此低傷亡變成了我們所有分析工作的基準。」

當時，預測模擬給了軍方指揮團隊信心，相信美國可以以最小的損失獲得戰爭的勝利。這種信心導致了劇烈的空中攻擊。威爾說：「模擬絕對影響了我們（在中央司令部）的思維。並不是史瓦茲柯夫事前對此沒有強烈的感受，而是模型給了我們信心去貫徹這些理念。」

作為預測，內視行動有了非常好的成績。儘管在最初的軍力平衡上有些變化，空中作戰和地面作戰的比例方面有一點小的差異，但是模擬出的三十天空中與地面的戰役與真正發生的戰事非常接近。地面戰鬥基本上是按照預測逐步展開的。和所有不在現場的人一樣，模擬人員對於史瓦茲柯夫在前線能如此之快地結束最後一輪的較量感到驚訝。威爾說：「但是我必須告訴你，我們當時並沒預期到（在戰場上）能在一百個小時的時間裡取得這樣的進展。根據我的回憶，我們當時的預測是要用六天的時間來進行地面戰，而不是一百個小時（四天）。地面部隊的指揮官曾經跟我們說，他們曾經預想行動會比模擬所得出的結果更快些。結果他們的行動確實像自己預測的那麼快。」

按照這個戰爭遊戲預測機制的計算，伊拉克人的抵抗會比他們的

實際抵抗更大一些。這是因為，所有的戰鬥模擬都是假設敵對方會全力以赴調用他們的所有可用資源。但實際上伊拉克根本沒那麼盡力。戰事推演員曾經厚著臉皮開玩笑說，沒有任何一種模型會將舉白旗列為武器系統。

由於戰爭進展實在太快，這些模擬者根本沒有時間去模擬明確的下一步：以日報模式預報戰事的進展。儘管計劃者盡可能詳細地記錄了每天發生的事件，而且他們也**可以**隨時計劃到未來，但他們還是感覺「最初的十二個小時之後，就不需要天才來推算未來的發展了。」

如果矽晶片足以起到水晶球的作用來掌握一場超級軍事戰爭，而在小型電腦裡快速運行的演算法就足以提供預測技術，看透股票市場，那我們為什麼不改裝一台超級電腦，用他來預測世界其他國家呢？如果人類社會只是一個由各種人和各種機器組成的大型分散式系統，為什麼不裝配一個能夠預測其未來的設備呢？

即使對過去的預測做一些粗略的研究，也能看出這到底是為什麼。總的來說，過去那些傳統的預測還不如隨機猜測。那些陳年的典籍就像埋葬著預言各種未曾實現的未來的墳場。雖然也有些預言擊中了靶心，但是我們沒有辦法預先把罕有的正確預言和大量的錯誤預言區分開來。由於預測是如此頻繁地出錯，而相信錯誤的預測又如此誘人、如此使人迷惑，所以有些未來學家原則上完全迴避做出任何預測。為了強調試圖預言不可靠到無可救藥，這些未來學家寧願蓄意誇張地陳述他們的偏見：「所有的預測都是錯誤的。」

他們說的，也有一定的道理。被證實為正確的長期預測是如此之

少，因此以統計的眼光看來，他們都是錯的。然而根據同樣的統計計量，正確的短期預測是如此之多，因此所有的短期預測都是對的。

對於複雜系統最有把握的說法，莫過於說他下一刻跟這一刻是完全一樣。這個觀察接近真理。系統是持之以恆的東西；因此，他只是從此時到下一刻地重複；一個系統——甚至一個有生命的東西——都少有變化。一棵橡樹，一間郵局，還有我的蘋果電腦，從某一天運轉到第二天，幾乎沒有絲毫變化。我可以輕鬆地對複雜系統做出一個保證的短期預測：他們明天會跟今天差不多。

還有一個老生常談的說法同樣正確：從某一天到第二天，事情偶爾也會發生一點變化。可是，這些即刻發生的變化能預測到嗎？如果能的話，我們是否可以把這一系列可預測的短期變化累積起來，轉換成一種可能的中程趨勢？

是的，可以的。儘管長期預測基本上仍是不可能，但是對於複雜系統而言，短期預測不僅可能，而且是必要的。此外，有些類型的中期預測是相當可行的，並且愈來愈可行。以下，我將會解釋為什麼人類在社會、經濟和技術各種方面的預測能力將會穩定增長，儘管我們對當下的行為做一些可靠的預測，會有愛麗絲幻遊奇境的奇異感覺。

我們現在擁有預測許多社會現象的技術，前提是我們能夠在恰當的時機抓住他們。我奉行西奧多・莫迪斯 1992 年的著作《預測》對預測的效用和可信性情況的精確總結。莫迪斯提出在人類互動的更大網路中建立三種秩序的類型。每一種不同的類型都會在特定的時間構成一個可預測性範圍。他把這一研究應用在經濟學、社會基礎設施和技術領域之中，但我相信他的發現同樣也適用於有機系統。莫迪斯的三個範圍是**不變量**、**成長曲線**和**循環波**。

不變量。對所有優化其行為的有機體來說，自然、無意識的趨勢逐漸在其行為中注入極少會隨時間推移產生變化的「不變量」。尤其，人類是最「稱職」的優化者。一天二十四個小時是一個絕對的不變量，那麼平均而言，人生幾十年，往往花費非常大量的時間來做這些瑣事：烹飪、旅行、打掃──儘管其間隔或他們在那段時間所完成的事情有所不同。如果把新的行為活動（比如，乘坐飛機，而不是步行）劃分成基本維度加以分析（每天花多少時間奔波）的話，就會看到新的行為模式通常持續展現舊有的行為模式，同樣也可以去推斷（或預測）他的未來。譬如，以前是每天走半個小時的路去上班，現在是開半個小時的車去上班。在未來，或許會飛半個小時去上班。商業市場的效率壓力是無此殘酷無情，致使他必然將各種人造系統推向最優化這單一的（可預測）方向。追蹤一個不變量的優化點，通常會讓我們注意到一個有規則的可預測性範圍。例如，提高機械效率是非常緩慢的。到現在為止，還沒有一種機械系統的效率能夠超過 50%。設計一個運轉效率能達到 45% 的系統是可能的，但要設計一個效率達到 55% 的系統，就不可能。因此，我們可以對燃料效率做一個可靠的短期預測。

　　成長曲線。一個系統如果愈大、層次愈多、愈去中心化，那麼他在有機成長方面也就會取得愈多的進展。所有成長的東西都擁有幾個共同的特點。其中一個就是形狀為 S 形曲線的生命周期：緩慢誕生、迅速成長、緩慢衰敗。全球每年的汽車產量，或者莫扎特一生中創作的交響樂，兩者都相當精確地符合這種 S 形曲線。「S 形曲線的預測能力既非魔法，也非無用，」莫迪斯寫道，「在 S 形曲線那優雅的形狀下面隱藏著一個事實：自然的生長過程遵循著一種嚴格的定律。」這個定律說明結局的形狀與開始的形狀相對稱。這個定律是以數千筆

生物學上以及制度上的生命歷史經驗觀察為基礎。這個定律還與以鐘形曲線所代表的複雜事物的自然分布有著密切的聯繫。成長對初始條件極為敏感；成長曲線上的初始數據點幾乎是毫無意義。不過，一旦在曲線上的某個現象形成不可遏止的趨勢時，有關他的歷史數值快照就會形成，並在預測這個現象最終的極限和消亡上起顛覆的作用。人們可以從這條曲線中抽取他與競爭系統的一個交界點，或者一個「上限」，以及到達這個上限的確切時間點。並不是每個系統的生命周期都呈現出光滑的 S 形曲線；但是有相當可觀的種類以及數量都是如此。莫迪斯認為，遵守這一生長定律的東西比我們所想的要多。如果我們在恰當的時機（在生長過程的中期）檢視此類生長系統，這種由 S 形曲線定律概括的局部秩序狀態的出現，就為我們提供了另外一個可預測性範圍。

　　循環波。系統明顯的複雜行為，部分地反映了系統環境的複雜結構，這是赫伯特‧西蒙在三十多年前指出的。當時，他利用一隻螞蟻在地面的運動軌跡作為例證。一隻螞蟻歪來歪去地穿過土地的路徑，反映出的並不是螞蟻自己複雜的移動，而是他所處環境的複雜結構。根據莫迪斯的說法，自然界的循環現象能為運轉其間的系統注入循環偏好。莫迪斯曾經被經濟學家尼古拉‧康德拉捷夫所發現的五十六年經濟周期所吸引。除了康德拉捷夫發現的經濟波之外，莫迪斯還補充了兩個類似的周期，一個是他自己提出的科學發展中的五十六年周期，另一個是阿諾夫‧古魯貝勒研究的基礎設施更換的五十六年周期。這些明顯波動原因已經由其他不同作者提出各種假說加以說明，有人認為他來自於五十六年的月亮運動周期，或者是每五個為期十一年的太陽黑子周期，甚至還有人將其歸結為人類世代的隔代周期——因為每二十八年的世代波動都會偏離其父執輩的工作成果。莫迪斯認

為，初始的環境周期引發了許多隨之而來的次生和再生的內部循環。研究者只要發現了這些循環的任何片段，就可以利用他們來預測行為的範圍。

同時，上述這三種預測模式表明了在系統提高能見度的某些特定時刻，對關注者而言，秩序的無形模式會變得清晰。這就好像下一個擊鼓點，幾乎可以預先聽到他要發出的聲音。只一會兒時間，那種模式就被干擾攪混覆蓋而消逝了。可預測性範圍沒辦法阻絕驚奇。不過，局部的可預測性確實指向一些可改進、可深化，也可延長為更大型東西的方法。

儘管大型預測的成功機率非常的小，但是試圖從過去股票市場價格中吸取長波模式，不論專職或業餘的金融圖表分析師們都並不因此氣餒。對圖表分析師來說，任何一種外在的周期性行為都是可捕獵的獵物：女性裙襬的長度、總統的年齡、雞蛋的價格。圖表分析師永遠都在追逐神話般的「領先指標」，用以預測股價趨勢，作為下注的數值。多年來，圖表分析師一直採用這種說不清楚道理的數字邏輯方法而受到嘲笑。但近年來，一些學者，比如理查德·詹姆斯·斯威尼和布雷克·勒巴隆卻說明圖表分析師的方法通常是可行的。圖表分析師的技術規則簡單到令人震驚：「如果市場保持上漲趨勢有一段時間了，就賭他還會繼續上漲。如果他處在一個下跌的趨勢，就賭他還會繼續下跌。」這樣的規則就把一個複雜市場的高維度簡化成兩部分組成，規則簡單的低維度。一般來說，這種尋找模式的辦法是有效的。這種「漲就一直漲，跌就一直跌」的模式比隨機碰運氣運作得要好，因此也比一般投資者的炒作要強得多了。既然對於一個系統來說，停滯是最可預測的事，那麼這種秩序模式的出現就不會令人感到意外

——儘管他真的令人驚訝。

相對於圖表分析，另外一些金融預測人員是依賴市場的「基本面」來預測市場。這些被稱為基本面分析師的人，試圖理解複雜現象中的驅動力量、潛在動力以及基本條件。簡單地說，他們尋找一個理論：$f = ma$。

另一方面，圖表分析師是從數據中尋找模式，而不是關心自己是否明白這個模式存在的理由。如果宇宙中存在著秩序，那麼所有的複雜性就會在某處以某種方式揭示——至少是暫時地——其未來路徑的秩序。人們僅僅需要了解可以把什麼信號當作噪音而忽視。圖表分析師按照多伊恩・法默的方式進行組織歸納。法默自己也承認，他和他那些預測公司的同事是「統計意義上，嚴格的圖表分析師」。

再過五十年，電腦的歸納法、算式的圖表分析以及可預測性範圍，將會成為值得尊敬的人類事業。股票市場的預測仍然會是一件古怪的事情，因為與其他系統相比，股票市場是建立在更多的預期之上。在一個靠預期取勝的遊戲中，如果所有人都分享這個預測的話，準確的預測就不會提供賺錢的機會。所有的預測公司能夠真正擁有的是時間上的領先。只要法默的團隊開發一個預測性範圍賺到大錢，那麼其他人都會衝進來，多少會模糊模式，但大多數情況下會拉平賺錢的機會。在股票市場中，成功會激發起強烈的自我取消的回饋流。在其他系統中，比如一個成長型網路或者一家正在擴張的公司，預測回饋不會自我取消。通常來說，回饋是自我管理型的。

最早的控制論學者諾伯特・維納，曾經費盡心力地說明回饋控制

的巨大力量。他當時心裡想的就是簡單的沖水馬桶型的回饋。他注意到，把系統剛剛實現的微弱的信息（「水平面還在下降」）持續一點一點地注入系統裡，在某種意義上引領了整個系統。維納總結說，這種力量是一種時間轉移的功能。他在 1954 年，這麼寫著：「回饋是控制系統的一種方式，他把系統過去運行的結果重新輸入系統，進而完成對系統的控制。」

感知現實的傳感器不會感到疑惑。除了此時此地，還需要知道什麼與現在有關的其他東西嗎？對系統來說，顯然關注當前是值得的，因為他幾乎沒有什麼別的選擇。但是為什麼要在已經過去的和無法改變的東西上消耗資源呢？為什麼要為了當下的控制而去襲擾挖取過去呢？

一個系統——不管是有機體、企業、公司、電腦程式——之所以花費精力把過去發生的事情回饋到現在，是因為對系統來說，這是在應對未來時比較經濟的做法。想要預見未來，就必須了解過去。沿著回饋迴路不斷侵擾過去，會給未來提供訊息並控制著未來。

不過對於一個系統來說，時間轉移還有另一條通往未來的途徑。身體中那些能夠拾得幾公里之外聲波和光波訊息的感覺器官，宛如是對當下進行衡量的計量表，而且更像是對未來進行衡量的量具。從實用的角度來說，地理位置遙遠的事件是來自未來的事件。一名掠食者正在靠近的圖像，現在變成了關於未來的信息。而遠處的一聲咆哮，則很快就變成一隻撲到跟前的動物；聞到一股鹽味，表明潮汐馬上要起變化。所以說，一個動物的眼睛就是把發生在時空遠處的訊息「前饋」到此時此地的身體中。

有些哲學家認為，生命起源於一個籠罩著空氣和水這兩種介質的行星上，並不是一件偶然的事情，因為水和空氣在絕大多數光譜下

都具有令人驚訝的透明度。清潔、透明的環境使得器官能夠接收來自「遠處」（未來），含有豐富資料的信號，並預先處理來自有機體的反應。因此，眼睛、耳朵和鼻子都是能夠窺視時間的預測機制。

根據這個概念，完全渾濁的水和空氣可能會藉由阻止遠處事件的信息傳達到現在而抑制預測機制的發展。生存在渾濁世界中的有機體，無論在空間上還是時間上，都會受到束縛；他們將會缺乏發展適應反應的空間。而適應，就其核心而言，要求一種對未來的感知。在一個變化的環境中，不管這環境是渾濁還是清澈，能夠預測未來的系統會更可能地存續下去。邁克爾・康拉德寫道：「歸根結柢，適應性是利用訊息來應付環境的不確定性。」格雷戈里・貝特森則用電報文體簡潔地說：「適應就是以變待不變。」一個系統（根據定義是不變的）適應（變化）的目的，就是為了存續（不變）。鶴鳥改變自己就是為了繼續生存。

所以，那些被卡在當下動彈不得的系統，會更常受到變化的驚嚇而死去。因此，一個透明的環境之所以會獎勵預測機制的進化，是因為預測機制賦予生命存活力複雜性。複雜系統能夠存活下來，便是因為他們能預測，而一種透明的介質則幫助他們進行預測。相反的是，渾濁會阻礙整個複雜的活系統的預測、適應以及進化。

後現代人類在成形的第三種透明介質中暢遊。每一種現實都能夠數位化，人類每一次集群活動的測量都可以通過網路傳輸。每個個體生命的生活軌跡都可以變形為數據並且通過線路發送。這個連線的行星已經變成數位的洪流，在光纖、數據庫和各種輸入設備組成的清澈

殼體裡流動。

　　數據一旦流動，就能創造出透明度。社會一旦連線，就能了解自己。預測公司的那些專業科學家能夠比老派的圖表分析師獲利更多，正是因為他們在一個更為透明的介質裡工作。網路化金融機構拋出的數十億數字訊息凝結為一種透明的氛圍，預測公司從中偵測出那些正在演變中的模式。流經他們工作站的大量數據形成了一種清澈的數位世界，供他們仔細探查。在這清新氛圍的某些片段，他們能夠預見未來。

　　與此同時，各種工廠大批生產攝影機、錄音機、硬碟、掃描機、電子表格、數據機和衛星接收器。這些東西分別是眼睛、耳朵或者神經元。他們連接起來就形成了一個由數十億個裂片組成的感覺器官，漂浮在飛速運行的數位所組成的清澈介質之中。這個組織的作用是把那些來自遠處肢體的訊息前饋到這個電子身體中。美國中央司令部那些戰爭推演員可以利用科威特的數位化地形、即時傳輸的衛星圖像，以及透過全球定位的（無論在地球的哪個位置，誤差範圍在 15 公尺之內）手持傳送器分段傳送過來的報告預測——以集體心智的眼睛去了解——即將到來的戰鬥過程。

　　說到底，揭示未來不僅僅是人類的嚮往；也是任何有機體，或許也是任何複雜系統所具有的基本性質。揭示未來就是有機體存在的目的。

　　我給複雜系統的初步定義是一個「跟自己對話的東西」。或許有人接著會問：複雜系統會跟自己說什麼？我的回答是：他們跟自己講未來的故事，講接下來可能會發生的故事——不管這個「接下來」是以奈秒還是以年計算。

1970 年代，在講述地球的過去與創造數千年之後，地球這個行星的住民終於開始說起未來可能發生在地球上的事。當時的高速通訊第一次為他們展示自己家園全面的即時視野。來自太空的圖像非常迷人——黑色的遠景裡有一顆朦朧蔚藍色的球體優美地懸掛著。但地面上正在發生的故事就沒那麼可愛了。地球每一個象限傳回來的報告裡指出地球正在分解中。

　　太空中的微型照相機帶回了地球的全貌照片，令人驚嘆，用句老式的詞語表達就是：既令人振奮又令人恐懼。這些照相機，連同由每個國家湧出的大量地面數據，組成了一面分散式的鏡子，反映出整個地球系統的畫面。整個生物圈愈來愈透明。地球系統開始預測未來——像所有系統都會做的那樣——希望知道接下來（比如說，在下一個二十年裡）可能會發生什麼事。

　　從環球外膜收集的數據中，我們獲得的第一印象，就是我們的地球受傷了。沒有一種靜態的世界地圖能查證（或者駁斥）這個景象。也沒有一個地球儀能夠隨著時間推移，標示出起起落落的污染和人口圖表，或者破解出一個因素與另一個因素之間相互關聯的影響。也沒有任何一種來自太空的影片能夠詮釋這個問題：繼續下去會怎樣？我們需要一種全球預測裝置，一個全球假設分析的電腦數據表。

　　在麻省理工學院的電腦計算機實驗室裡，一位謙遜的工程師拼湊出第一份全球電腦數據表。傑・福雷斯特從 1939 年開始就涉獵回饋迴路，改良操縱機械的伺服機制。福雷斯特和他在麻省理工學院的同事諾伯特・維納一起遵循伺服機制的邏輯路徑直到電腦的誕生。在協助發明數位電腦的同時，福雷斯特還把第一部具有計算能力的機器

應用到典型工程技術理念以外的領域。他建立了各種電腦模型以輔助工業公司和製造流程的管理。這些有效的公司模式激發了福雷斯特新的靈感，並在波士頓一位前市長的幫助下建立一個城市模型，模擬整個城市。他直覺地、非常正確地認為串聯回饋迴路──雖然不可能用紙筆進行追蹤，但是電腦卻能輕而易舉地追蹤──是唯一接近財富、人口和資源之間互相影響網路的途徑。那麼為什麼不能模擬整個世界呢？

1970 年，福雷斯特在瑞士參加了有關「人類處境」的會議之後，坐在返程的飛機上，開始草擬第一個將會形成他稱之為「世界動態」模型的方程式。

非常粗略。是份草圖。福雷斯特的粗略模式卻反映出明顯的迴路和力量，他直覺地感覺到，他們統治著大型經濟體。至於數據，只要是手邊現有的，他都抓過來作為快速估計。資助那次會議的集團──羅馬俱樂部，來到麻省理工學院，對福雷斯特拼湊出的這個原型進行評估；而眼前所看到的東西鼓勵了他們。於是，他們從福斯汽車基金會籌到資金，聘請福雷斯特的同事丹尼斯·梅多斯對這個模型繼續發展下一階段的工作。在 1970 年剩下的時間裡，福雷斯特和梅多斯共同改進「世界動態」模式，設計更為周密的流程迴路，並挑選全世界最新的數據。

丹尼斯·梅多斯和他的妻子戴娜以及另外兩位共同作者，一起發布一個功力增強的模式，裡面存滿真實的數據，並命名為「增長的極限」。作為第一個全球電腦數據表，這一模擬獲得了巨大的成功。有史以來第一次，整個地球的生命系統、地球資源以及人類文化都予以摘要，形成一個模擬系統，並任其漫遊至未來。「增長的極限」作為全球性的警報系統，也是非常成功的。他的作者群用這樣的結論提醒

全世界：人類現有路徑的每一次擴張，幾乎都會導致文明的崩潰。

「增長的極限」模式得出的結果發表後的許多年裡，全世界激起了成千上萬的社論、政策辯論和報紙文章。斗大標題驚呼：「電腦預測未來，令人不寒而慄」。這個模式的發現要點是：「如果當前在世界人口、工業化、汙染、食品生產以及資源消耗方面的增長趨勢持續不變的話，這個星球將會在下一個一百年內的某個時刻達到增長的極限。」這些模式的製造者曾經以數百種差別細微的情景進行了數百次的模擬。但是，無論他們如何進行權衡，幾乎所有的模擬都預測到人口和生活水準不是逐漸萎縮就是迅速膨脹，然後立刻破滅。

這個模型極具爭議性，而且受到極大的關注，主要是因為蘊含其中的政策意義是如此顯著、清晰又令人討厭。不過，他永久性地把有關資源和人類活動的討論提升到了必要的全球範圍。

「增長的極限」模型的作者群希望透過該模型孕育出其他更好的預測模式，但並沒有成功。相反的是，在其間的二十年裡，世界模型都受到懷疑，主要是因為「增長的極限」引發的種種爭議。諷刺的是，現今大眾唯一看得見的世界模式，仍然是「增長的極限」。在這個模式發布二十周年紀念日的時候，作者們只略做更動又重新發布這個模式。

重新公布的「增長的極限」模型，在一個稱之為 Stella（史特拉）的軟體程式上執行著。Stella 採用傑・福雷斯特在大型電腦上制訂出的動態系統，再把他移植到蘋果電腦的視覺界面上。「增長的極限」模型是一張用各式「庫存」與「流」等令人深刻印象的網路編製而成的。庫存（貨幣、石油、食物、資本等等）流入某些特定的節點（代表一般進程，比如耕種），在那裡引發其他庫存的流出。舉例來說，貨幣、土地、肥料以及勞動力流入農場之後，就會產出未加工的食

物。而食物、石油和其他庫存流入工廠生產出肥料,從而完成一個回饋迴路。由迴路、次級迴路和交叉迴路組成的義大利麵似的迷宮構成了完整的世界。每個迴路對其他迴路的影響都是可以調整的,而且視現實世界中的數據比率而定;闢如,每公斤肥料、每公斤水,能在每一公頃的田裡生產出多少糧食,又會產生多少汙染和廢料。確實,在所有的複雜系統裡,單一調整所產生的影響是無法事先估計的;必須讓他在整個系統中展現出來後,才得已進行測量。

活系統為了存活必須做預測。可是,預測機制的複雜性絕不能覆蓋活系統本身。我們可以詳細檢視「增長的極限」模型,以作為預測機制固有困難的實例。選擇這個特殊的模式有四個理由。首先是他的重新發布需要人類在做出預測努力的時候,把他(重新)看作是可以依賴的預測裝置。其次,這個模式提供現有的 20 年期做為評估之用。他於 20 年前偵測到的那些模式是否仍具有優勢?第三,「增長的極限」模式的優點之一在於,他是可以評論的。他生成可以量化的結果,而不是含糊其詞的描述;亦即,他是可以被檢驗的。第四,為地球上人類生活的未來建立模型是最具野心的目標。不管是成功還是失敗,如此傑出的嘗試都會讓我們學習到如何運用模式去預測極其複雜的適應系統。我們確實要去提問:這個像世界一樣看似完全不可預測的進程,是否能有信心去模擬或預測呢?回饋驅動的模式能夠成為複雜現象的可靠預報器嗎?

增長極限模式有很多可抨擊的地方。其中包括:他並非極度複雜;他塞滿了回饋迴路;他演練情景。但是,我從這個模式裡還發現以下的弱點:

有限的總體情景。與其說「增長的極限」是在探索各種真實存在

多樣性的可能的未來，倒不如說他是在一組頗為有限的假設上展現大量微小的變化。他所探查「可能的未來」，大多數似乎都只在他那些作者那邊才言之有理。二十年前建立模式的時候，作者們覺得有限的資源會枯竭是個合理的假設，他們就把那些沒有建立在這個假設基礎上的情景忽略掉了。但是，資源（比如稀有金屬、石油或者肥料）並沒有減少。任何一種真正的預測模式都必須具備能夠產生「想像不到」的情景的能力。重要的是，一個系統在可能性的空間裡要有充分的活動餘地，可以遊蕩到我們沒有預期的地方。說他是一門藝術，是因為一個擁有太多自由度的模式，就會變得不可駕馭，然而把他約束得太緊，他就變得不可靠。

錯誤的假設。即使是最好的模式也會因為錯誤的前提而有所轉變。對於「增長的極限」來說，一個關鍵性的原始假設就是認為世界只容納可供 250 年使用的不可再生資源，而且對於這種資源的需求成指數的增長。二十年過後，我們已經知道這兩種假設全都是錯誤的。石油和礦物的儲量增加了；他們的價格並沒有增加；對礦物的需求，譬如銅，並沒有呈指數增長。1992 年重新發布這一模式的時候，作者重新修改這些假設。現在的基本假設是汙染**必然會隨著發展而增加**。如果以過去的 20 年作為指導的話，可以想像的是，這樣的假設在未來的 20 年也需要修正。而我們必須要做這種基本性質的「調整」，因為「增長的極限」模式需要他……。

沒有為學習留下餘地。一批早期的批評者曾經開玩笑說，他們用「增長的極限」模式就 1800 到 1900 年這段時間進行模擬，結果發現「街上有一堆 6 公尺高的馬糞」。因為當時利用馬來進行運輸的比例正在增長，所以這是一個邏輯外推。那些半開玩笑半當真的批評者認為，「增長的極限」模式沒有提供技術學習、效率提高，以及人類改

變行為或發明解決方案的能力。

這個模型內的確有某種類型的適應。當危機發生的時候（比如汙染增加了），資本資產就會轉過來處理危機（於是汙染生成的係數就會降低）。但是這種學習既不是去中心化的，也不是開放的。事實上，這兩種類型的建模一點都不容易。本書其他地方提到很多的研究報告，都是關於人造環境或自然環境中分散式學習和開放式增長的開拓性嘗試。如果沒有這種分散、開放的學習，不用多久的時間，真實的世界就可以勝過模型。

現實生活中，印度、非洲、中國以及南美的人口並沒有基於「增長的極限」模式的假設性規劃來改變他們的行為。他們之所以適應的原因，是因為他們有自己的即時學習周期。例如，全球出生率的下降速度快得超過任何人的預測，使得「增長的極限」模型（和大多數其他預測一樣）措手不及。這是受到像「增長的極限」之類的世界末日預言的影響嗎？更為合理的機制是，受過教育的婦女生育的子女少，過得也較好，而人們會仿效過得好的人。而他們並不知道，也不關心全球的增長極限。政府的種種鼓勵促進了這些本來就已經存在的局部動態發展。無論什麼地方的人總是為了自己的直接利益而行動（和學習）。這也適用於其他的功能，比如作物的生產力、耕地、交通等等。在「增長的極限」模式中，這些波動數值的假設是固定的，但是在現實生活中，這些假設本身就擁有共同進化的機制，會隨著時間的推移而變化。關鍵在於，必須把學習當作一種內在的迴路植入模型。除了這些數值，模擬中──或者任何想要預測活系統的模擬中──假設的確切構造必須具有適應性。

世界平均化。「增長的極限」模式把世界上的汙染、人口構成以

及擁有的資源看成是相同一致的。這種均質化方式簡單地簡化世界而方便穩妥地將他建模。但是，因為地球的局部性和區域劃分是他最顯著和最重要的特性，這樣做的最後結果破壞了模型存在的目的。再者，源自各不相同的局部動態的動態層級，形成了地球的一些重要現象。「增長的極限」的建模者意識到次級迴路的力量——事實上，這正是福雷斯特支撐這個軟體的系統動態學的主要優點。可是，這個模型卻完全忽略了對於世界最為重要的次級迴路：地理。一個沒有地理的全球模式……根本不是這個世界。在整個模擬中，不僅學習必須是分散式的，**所有的**功能也都必須是分散式的。這個模型最大的失敗就在於，他沒有反映出地球生命所具有的這種分散式的本質——群集本性。

任何開放的增長都不能模仿。我曾經問過戴娜‧梅多斯，當他們以 1600 年，甚至是 1800 年為起點執行這個模式的時候，得到什麼結果；他回答說，他們從來沒有這樣執行過這個模式。我當時非常吃驚，因為向後預測是對各種預測模式進行實際檢驗的標準方法。「增長的極限」這個模式的建造者們懷疑，這個模式如果進行模擬的話，會產生出與事實不符的結果。這應該是一種警訊。從 1600 年開始，這個世界就已經經歷長期的增長。假設一個世界模式是可靠的，那麼他應該能夠模擬出四個世紀以來的增長狀況——至少作為歷史來進行模擬。說到底，如果我們要相信「增長的極限」這個模式對於未來的增長確實是有話可說，那麼就原則上而言，這個模擬必須能夠經由幾個過渡期的模擬生成長期的增長。現在就他的情況而言，「增長的極限」所能夠證明的，就只是模擬出一個崩潰的世紀而已。

「我們的模式異常『強健』，」梅多斯告訴我，「你得千方百計來阻止他崩潰……。總是有相同的行為和基本動態出現：過火和崩潰。」依靠這種模型對社會的未來進行預測，是相當危險的。系統的所有的初始參數迅速向著終點匯聚，可歷史卻告訴我們，人類社會所顯示出的是一個不可思議持續膨脹的系統。

　　兩年前，我曾經花了一個晚上的時間跟程式設計師肯·卡拉科特西鳥聊天。他當時正在建造一個生態和進化的微型世界。這個微型世界（最後變成了〈模擬生命〉電玩遊戲）為那些扮演天神的角色的玩家提供了工具，他們可以用這些工具創造出 32 種虛擬動物和 32 種虛擬植物。這些虛擬的人造動植物相互影響、相互競爭、相互捕食，然後進化。「你讓你的世界運行最長的時間是多長？」我問他。「喔，」他嘆氣著，「只有一天。你知道，想要讓這些複雜的世界不斷運行下去確實是一件困難的事情。他們確實喜歡崩潰。」

　　「增長的極限」裡的情景之所以會崩潰，是因為「增長的極限」這個模型善於崩潰。在這個模型裡，幾乎每一個初始條件不是導致大災難，不然就是導致某種（極少情況下）穩定狀態──但從來不會有任何新的結構產生──因為這個模式天生不能產生開放的增長。「增長的極限」無法模擬出從農業時代進入工業時代的演化過程。梅多斯承認，「他也不可能把這個世界從工業革命帶向任何一種超越工業革命的階段。」他解釋說，「這個模式所展示出來的，是工業革命的邏輯撞到了無可避免的限制牆。這個模式有兩件事情好做，不是開始崩潰，不然就是由我們身為建模者對他進行干預、做出改變來挽救他。」

　　我說：「一個更好的世界模型是不是能擁有將自身轉換到下一個

階段的動力呢？」

戴娜·梅多斯說：「當我想到，這在系統裡的設計是要讓他運作，並且我們只要往後靠做壁上觀，便讓人有一點宿命的感覺。但相反的，我們在建立模型的時候，實際上也把自己放進模型裡面。人類的智能進入到這個模型之中，感知到整個形勢，然後在人類的社會結構裡做出改變。這就反映出我們對系統昇華到下一個階段的想像——利用智能介入並重建系統。」

這是「拯救世界」的模式，而且將一個總是不斷複雜化的世界建模是不適當的。梅多斯說對了；人類智能介入人類文化的範圍，並重新建構人類文化。但這個工作不只是由建模者來完成，也不是只發生在文化的起始點。這個結構的重建是發生在全球六十億個心智中，是每天發生、每個時代都在發生的事情。如果說確實存在著去中心化的進化系統，那麼人類的文化就是這樣一種系統。任何不能包容這種每日在數十億頭腦中進行的分散式微型進化的預測模式，注定會崩潰；如果沒有這樣的進化，文化本身也會崩潰。

二十年之後，「增長的極限」模擬所需要的不僅僅是更新換代而已，而是需要完全重做。利用他的最好方式，是把他看成一個挑戰，是建立更好模型的一個新起點。一個真正的全球社會的預測模式，應該：

(1) 能夠大量運行各式各樣的情景；

(2) 從一些更靈活、更有根據的假設開始；

(3) 體現分散式學習；

(4) 包含局部性和地區性的差異，並且

(5) 如果可能的話，展現不斷增長的複雜性。

我之所以不把焦點放在「增長的極限」世界模式上，是因為我想數落一下那些強有力的政治內涵（畢竟，他的第一個版本激發了一代反增長的激進主義份子）。確切地說，這個模式所具有的各種缺失，跟我想在本書提出的幾個核心論點相正好相對應。為了把這個系統的某情景「前饋」到未來，福雷斯特和梅多斯勇敢地嘗試模擬一個極端複雜，具有適應性的系統（在地球上生活的人類的基礎結構）；他們這個模式所凸顯的，不是增長的極限，而是某些特定模擬的極限。

　　梅多斯的夢想，同樣是福雷斯特的夢想，是美國中央司令部那些戰爭電腦玩家的夢想，是法默和他的預測公司的夢想，也是我的夢想：創造出一個系統（一種機器）；他可以充分反映出真實的、正在進化的世界，使得這個微型模式可以比真實世界跑得更快，進而把他的結果投射到未來。我們想要預測機制，並不是想要預先感知命運，而是想要獲得指引。理念上，只有考夫曼或者馮諾伊曼的機器，才能自行創造出更為複雜的東西。

　　為了做到這一點，模型就必須擁有「必要的複雜性」。這個術語，是 1950 年代由控制論專家羅斯・艾許比創造出來的；他最早製作出一些電子自適應模式。每一種模型都必須一點一滴地提取出無數現實的細節，匯聚起來壓縮成像；而他必須濃縮的最重要的特質之一，就是現實的複雜性。艾許比從他自己那些用真空管做出的極簡化模型試驗中，得出了這樣的結論：如果一個模式太過急切地簡化複雜性，他就會錯失目標。模擬的複雜程度必須在他所模擬的複雜性的活動領域內；否則，模式就跟不上他模擬目標的曲折路線。另外一位控制論專家，傑拉德・溫伯格，在他的著作《論穩定系統的設計》中，給這個「必要的複雜性」提供了一個非常貼切的比喻。溫伯格建議，可以想像一枚瞄準了一架敵機的導彈。導彈本身並不需要是一架飛

機，但是他必須具備與飛機飛行行為的複雜性旗鼓相當的飛行複雜性。如果這枚導彈不具備至少與目標飛機一樣的速度，而且在空氣動力學方面的敏捷度也不如那架目標敵機，那他肯定打不中目標。

那些以 Stella 為基礎的模式，比如說「增長的極限」，顯而易見地擁有過量回饋線路。正如諾伯特・維納在 1952 年所指出的，具備各類組合變化的回饋線路，是控制和自我管理的源頭。但是，在回饋引發最初的興奮激情的四十年之後，我們現在已經知道，單單只有回饋迴路不足以培育出那些我們最感興趣的活系統行為。本書提及的研究者們已經發現，想要生成功能齊備的活系統，還必須擁有另外兩種類型的複雜性（或許還有別的類型）：分散式個體以及開放的進化。

近年來，通過研究複雜系統得出的關鍵知識就是：一個系統要想進化成某種新的東西，唯一的途徑就是要有一個柔性結構。小蝌蚪可以變成青蛙，而一架 747 噴氣式飛機即使只增加 15 公分，也會把他變成殘廢。這就是為什麼分散式個體對具有學習和進化能力的系統如此重要的原因。一個去中心化、冗餘的組織能夠在功能不受影響的前提下收放自如，因此他能夠適應。他能夠控制變化。我們稱之為成長。

直接回饋模型，例如像「增長的極限」，能夠達到系統穩定——這是生物系統的一個特徵；但他們不能學習、不能成長、不能變化——這三個是變化中的文化或者生命模式必要的複雜性。沒有這些能力，世界模型就會遠遠落在不斷運動的現實之後。較無學習能力的模型，可以用來預測不遠的未來，那時的進化變動很小；但是想要去預

測一個進化系統——如果能做有範圍預測的話——就需要這種模擬人工進化模式的必要複雜性。

但是，想要導入進化和學習，就得抽離系統的控制。當戴娜‧梅多斯在談及人類集體智慧退位去理解全球問題，然後又「介入並重構」人類活動的體系時，他也在指出「增長的極限」模式最大的錯誤：線性、機械式、不可行的控制意念。

自我製造系統之外不存在控制。活系統，像是經濟、生態和人類文化，無論從哪個位置下手都是難以控制的。他們可以被刺激、被干擾、被哄騙、被驅動，最多也就是從內部進行協調。地球上沒有任何一個平台可以伸出智能之手進入活系統，而且在活系統的內部也沒有理由存在等待轉動的控制旋鈕。大型群集式的系統導向，例如人類社會，是由一大堆相互聯結、自相矛盾的成員控制的；這些成員，在任何一個時刻，對於整體也就只有那麼一丁點兒的意識。不僅如此，在這個群集系統中，很多活躍的成員並不是個體人類智能；他們是公司實體、集團、體制、技術系統，甚至還包括地球本身的非生物系統。

原本的歌詞是這麼寫的：沒人來當家。未來無法測。

現在來聽唱片的背面：舵手是大家。而且我們**能夠**學習預測即將發生的事情。學習意味生存。

第二十三章

整體、缺口、空間

「早安，自組織系統！」

這位愉快的演講者優雅自如地調整領帶，微笑地說：「在這個精心挑選的日子裡，我非常高興能參加由海軍研究處和裝甲研究基金會聯袂發起的這次研討會，探討我個人認為非常重要的課題。」

這是 1959 年 5 月初的一個春天。四百名學科背景迥然不同的一群學者聚集芝加哥，參加這個可望震驚科學界的盛會。出席者幾乎涵蓋了主要的科學分支：心理學、語言學、工程學、胚胎學、物理學、資訊理論、數學、天文學和社會科學。在這之前，還沒有任何一次會議有這麼多不同領域的頂尖科學家花兩天時間共同研討一個主題。當然也從來沒有對這一特別的主題舉辦過大型的會議。

只有自己在世界上扮演的角色有著巨大的成功，並為此驕傲的朝氣蓬勃的國家才會思考這樣的問題：自組織系統——組織是如何自我啟動的。自我啟動！這是以方程式表達的美國夢。

「會議選擇的時機對我的個人生活而言，也有特別重要的意義，」演講者接著說道，「過去的九個月，美國國防部一直在全力以

赴地做著組織工作，這非常清楚地說明了，想要理解自組織系統的成因，我們還有很長的路要走。」

　　一早進入會場就座的人群傳來熱誠的笑聲。站在講台上的海軍研究處主任約阿希姆‧威爾博士笑著繼續說：「我想請各位注意三個基礎要素，他們值得好好研究。就長遠來看，我們對電腦領域中記憶這個要素的基本理解，未來絕對且不可避免地將運用到稱之為『自組織系統』內。談到電腦，如今大家會可能和我以前一樣，認為他不過是一種幫助記憶從某一狀態轉入另一狀態的工具。」

　　「第二個要素，生物學家們稱之為分化。很顯然地，任何能夠進化的系統都離不開遺傳學家所謂本質上屬於隨機事件的突變。將一個群推往一個方向，將另一個群推往另一個方向，這需要某種最初的觸發機制。換句話說，為使長期的天擇規律發揮作用，必須依賴含有干擾的環境提供觸發機制。」

　　「第三個基本要素可能會在我們論述龐大的社會組織時，自行以最純粹最易理解的方式體現出來。就本次會議的目的而言，且讓我稱之為從屬性，如果你願意，也可以稱之為執行功能。」

　　看看這些術語：信號干擾、突變、執行功能、自組織。說出這些詞的時候，DNA 模型尚未建立，數位技術尚未應用，資訊管理系統專業尚未出現，複雜性理論尚未誕生。很難想像這些想法在當時是多麼離經叛道，多麼具有創新性。

　　而且又是多麼正確。威爾博士在 35 年前一下子就全部概述了我在 1994 年出版的這一整本書，有關適應性、分散式系統的突破性科學以及這門科學導致的突發現象。

　　1959 年，這場會議上的預言是值得注意的，然而我也感覺預言的背後同樣值得注意：35 年來，我們對整個系統的認識並沒有提高

多少。儘管本書中提到近來有了巨大的進步，但是很多關於整體系統的自組織、變異和從屬性的基本問題還是令人難以理解。

在 1959 年的會議上遞交論文的全明星陣容是匯集了自 1942 年起就常在一起召開小型會議的一些科學家。這些私密的，只能憑邀請函參與的聚會是由梅西基金會所發起並組織的，後來以梅西會議聞名。在當時緊張的戰時氣氛下，與會成員多為跨學科的學術精英，著重懷有雄心的思維。這 9 年裡，會議邀請的幾十位有遠見的研究者，其中包括：格雷戈里・貝特森、諾伯特・維納、瑪格麗特・米德、勞倫斯・法蘭克、約翰・馮諾伊曼、沃倫・麥卡洛克和阿圖洛・羅森布魯斯。這次群星雲集的聚會因其開拓性的觀點——控制論是控制的藝術和科學，而被稱作「控制論群體」。

有些事情剛開始不怎麼引人注目；但這次卻不是。從最早第一次的梅西會議中，與會者就能想像到他們所開啟的是個多麼陌生怪異的美景。雖然他們都有資深的科學背景，又是天生的懷疑論者，但是他們仍然馬上意識到這種革新的視角將改變他們的學術事業。人類學家瑪格麗特・米德後來回憶說，他在參加第一次會議時，便對那些橫空出世的想法興奮不已，也因此「直到會議結束後，我才注意到我的一顆牙齒斷了」。

雖然這個群組那時才開始創立電腦的概念，但這個核心組的成員包括生物學、社會科學，還有現在我們稱為電腦科學等領域的主要思想家。他們最主要的成就是明確地制定一種控制和設計的語言，使這語言可以為生物學、社會科學和電腦效力。這些會議的卓越成果得益於當時嚴格地把生物視為機器，把機器視為生物的非常規觀點。馮諾伊曼在數量上比較了大腦神經元和真空管的運算速度，大膽暗示這兩者**可以**類比。維納回顧了自動控制機器進入人體解剖學的演變歷史。

醫生羅森布魯斯預測了人體及細胞內的自我平衡環路。史蒂夫‧海姆斯在《控制論群體》一書中講述了這群具有影響力思想家的故事，他談到梅西會議：「即使是米德和法蘭克這樣的人類社會學家，也成為從機械的視角理解事物的擁護者。在這理念中，他們把生命體描述為熵的衰減裝置，賦予人類自動控制裝置的特色，把人類的思維當成電腦，並以數學博弈論看待社會衝突。」

在大眾科幻小說剛剛問世、尚未成為如當今對現代科學具有影響力的元素時，梅西會議的與會者常常使用極度誇張的比喻，很像現今的科幻小說家所做的那樣。在一次會議上，麥卡洛克曾這麼說：「我特別不喜歡人類，從沒喜歡過。就我認為，人類是所有的動物中最卑鄙、最具破壞性的動物。如果人類能夠進化出比人類自己活得更有趣的機器的話，我想不出有什麼理由不讓機器非常快樂地取代我們、奴役我們。他們也許會過得比我們人類更快活，發明更好玩的樂子。」人道主義者聽到這種推測感到十分驚嚇，但在這種噩夢般泯滅人性的情節背後，隱藏著一些非常重要的理念：機器有可能進化，他們也許確實能比我們把日常工作做得更好，我們與精良的機器享有相同的操作原理。這些理念就是下一個千禧年的絕佳比喻。

就像米德在梅西會議後所寫的：「這個（控制論）群組的切磋琢磨創造出了一系列更高層次的豐碩成果。」尤其是產生了回饋性控制、循環因果、機器的動態平衡和政治博弈理論等觀念，並且都漸漸地進入主流，至今他們已經成為近乎陳腔濫調的基礎理念了。

控制論群組並沒有按照事先安排解決問題的時間表找到相應答案。幾十年後，研究混沌、複雜性、人工生命、包容架構、人工進化、模擬仿真、生態系統和仿生機器的科學家們，將會為控制論中的問題提供一個框架。對《釋控》進行簡述概要的人或許會說，本書是

控制論研究現狀的最新資料。

　　但本書也令人感到疑惑。如果真的是探討控制論，為什麼全書罕見「控制論」這個術語呢？從事尖端科學研究的早期開拓者如今在哪裡？為什麼老一輩的學術權威和他們的傑出想法沒有放在他們研究工作自然延伸的中心呢？控制論發生什麼事了？

　　在我剛開始和年輕一輩的系統開發者打交道的時候，這是讓我感到困惑而難以理解的事。這些更為博學的人當然知道早期的控制論研究，但他們當中幾乎沒有一個具有控制論背景的人。好像在知識傳播的過程中，那一整個世代的人都消失了，出現了一個缺口。

　　對於控制論運動消失的原因有三種推測：

・控制論之所以中止的原因是，因為當時炙手可熱卻胎死腹中的人工智慧研究領域被抽走大量資金，以致控制論資金枯竭而中止。人工智慧的失敗在於，開發出效用，卻犧牲控制論。人工智慧只是控制論研究的一方面，但當他取得政府和大學的大部分資金時，控制論其餘大量待研究的議題就消失了。剛畢業的學生們紛紛進入人工智慧研究領域，於是其他領域後繼乏人。之後，人工智慧研究自身也陷入停頓。

・控制論是批次計算處理的受害者。資訊傳遞是控制論最主要的妙策。這種需要測試想法的試驗，要求電腦以全面探究的模式全速運算多次。這種要求對於保護主機的嚴格律例而言，顯然不合時宜。因此，控制論理論幾乎很少對此進行實驗。後來廉價的個人電腦風行世界，大學裡頭卻遲遲未採用。所以當中學生家裡都有蘋果 II 型電腦了，大學還在使用穿孔卡片。克里斯・蘭頓在蘋果 II 型電腦上做出了平生第一個人工生命實驗。

多伊恩‧法默和朋友用組裝電腦發現了混沌理論。即時掌控一台完備的通用型電腦，是傳統控制論需要做，卻從未做到的事情。

- 「把觀察者放進盒子裡」，這句話扼殺了控制論。1960 年，福雷斯特聰明地提出，可以把系統觀察者當作一個部件加入一個更大的元系統，來獲得對社會系統的創新觀點。他把自己的觀察設立一個框架，稱為「二次指令控制」或者稱為觀察系統的系統。這個想法曾經在以下領域非常有用，比如像家庭心理治療，臨床治療師在理論上得把自己融入這個他們正在治療的家庭。但是當臨床治療師拍攝病人，之後社會學家又拍攝臨床治療師觀看病人影帶的情況，然後社會學家再為自己觀察治療師拍攝影像……「把觀察者放進盒子裡去」就陷入了無止境的回歸。到了 1980 年代，美國社會控制論名冊裡全是臨床治療師、社會學者以及主要興趣在於觀察系統的效用的政治學者。

以上這三種原因，導致到了 1970 年代末，控制論就此消亡殆盡。大多數控制論的研究停留在本書述及的水平：不切實際地拼織一幅連貫的宏大圖像。真正的研究人員不是在人工智慧研究室裡遭到挫折，不然就是在俄羅斯偏僻的研究機構裡繼續工作，在那裡控制論研究作為數學的分支確實持續地進行著。我認為，沒有一本正式的控制論教科書是用英文寫成的。

我們稱為科學的知識構架中存在著裂縫，一個缺口。熱中於科學

的年輕人填補了這個缺口，他們沒有背負睿智前輩們所給的負擔。而這個缺口讓我對科學的空間充滿了好奇。

科學知識是一種平行的分散式體系。沒有中心，沒有人處於控制地位。其中容納著無數智慧的頭腦和分散的書籍。他也是一個網路，一個受到事實和理論相互作用、進而影響其他事實與理論的共同進化系統。但是，作為在崎嶇不平的神祕王國中並行的探索者網路，科學研究的領域遠比我在這裡談及的任何領域都來得更為寬廣。單單只是適當地論述科學的運作，就需要寫出比我至今已完成的著述規模更大的一本書。對此複雜的體系，我只能在此結尾的章節中點到為止。

知識、真理和資訊在網路和群體系統內流動。我一直醉心於科學知識的構造，因為看上去他似乎凹凸不平、厚薄不均。我們共同了解的很多科學知識都來自於一些小領域，然而在這些領域之間卻有著大片無知的荒漠。我可以將現在的觀察數據解釋為那是正回饋和吸引子帶來的結果。一點點知識就可以闡釋周圍的許多現象，而新的解釋又啟發自身的知識，於是角落的知識迅速擴大。反之亦然：所謂的無知生無知。一無所知的領域，人人避而遠之，因此愈是一無所知。結果就出現了一幅凹凸不平的圖景：大片無知的荒漠中有著一座座自成體系知識的山峰。

在文化產生的空間中，我最著迷的是那些荒漠──那些科學知識的缺口。對於未知的事物我們能知道些什麼？進化理論隱現的最大希望就是揭開生物體為什麼不改變的神祕謎團，因為靜態比改變更為普遍，也更難以解釋。在一個變化的系統中，我們對於不變的了解是什麼呢？關於變化的整體情況，變化的缺口能告訴我們些什麼？因此，對於整體空間中的知識缺口，我想要探個究竟。

這本書到處有著缺口，也有著整體。我不知道的遠遠超過我所知

道的，但遺憾的是，論述未知遠比論述已知要難。由於無知的天性，我當然也無法知道自己擁有知識的所有缺口。承認自己的無知實在是個不錯的祕訣。對於科學的認知也是如此。全面描繪出人類在科學知識上的缺口，或許就是科學下一次的躍進。

今天的科學家相信，科學是不斷革新發展的。他們透過不斷進行微小變革的模型來解釋科學如何發展。依照這樣的觀點，科學研究者建立一種理論來解釋事實（例如，因為光是一種波，所以能生成彩虹）。理論本身又能指引尋找新的事實（你可以彎曲光波嗎？）。這又是收益遞增法則。揭示發現的新事實，將之整合到理論體系之中，這使得理論更加有力也更為可靠。偶爾，科學家會發現不容易用理論來解釋的新事實（光有時表現得像粒子）。這些事實被稱為異常現象。然而當新事實與支配的理論共同起作用時，最初的異常現象就先被擱置一旁。到了某個時刻，累積的異常現象經驗已經太大、太棘手或太多了，再也無法忽略了；這時必然會有一些少壯派激進份子提出革新性的另類模式來解釋異常現象（例如，光的波粒二象性）。舊理論已成過去，新理論迅速成為優勢。

按照科學史學家湯馬斯・庫恩的說法，主流理論形成一種稱之為「典範」的自我強化思維來指定哪些是事實，哪些只是干擾。在這樣的典範內，異常事物是一些微不足道、稀奇古怪、憑空幻想的，或是些不合格的數據。因此，贊同典範的研究計畫就會獲得撥款、實驗空間和學位；反對典範的研究課題——那些涉足分散瑣事的計畫——就什麼都得不到。然而，那些被拒絕資助，也不被學界信任，卻有偉大創新發現的著名科學家比比皆是，這樣的故事已經很老套了。在本書中，我引述了幾個老套故事與大家分享。其中一個例子就是那些與新達爾文教條相抵觸思想的科學家，他們所做的研究遭到了忽視。

根據庫恩在他那本有創新性的著作《科學變革的結構》中提到，科學史上真正的發現只是「從意識到異常現象開始」。進步源自於對反面意見的認可。受到壓制排斥的異常事物（及其發現者）憑藉著反面事實反對，並顛覆一系列原已確立地位的典範而奪取領導地位。新的理論至少在一段時間內也會居優勢地位，直到他們自身也僵化並對後起的異常事物麻木不覺，最後自己也被趕下寶座。

庫恩的科學典範更替模式如此令人信服，以至於他自身也變成一種典範——典範的典範。現在，我們在科學領域內外到處可見典範和推翻典範的事例。典範更替成為我們的典範。如果事物沒有真正地那樣演化，那麼這個事實就是異常現象。

亞倫・萊特曼和歐文・金格里奇在 1991 年的一期《科學》雜誌上發表一篇論文〈異常事物何時出現？〉（When Do Anomalies Begin?）聲稱，這與庫恩的占領統治地位的科學模式相反，「只有在新的基本概念範圍內做出令人信服的解釋**之後**，這些科學異常現象才能受到大家認可。在此之前，那些特異的事實在舊框架內應被當作假想事實或是被忽視。」

換句話說，最終顛覆典範的真正異常事物，最初**甚至沒有被當作異常現象**。他們被視而不見。

基於萊特曼和金格里奇的文章，這裡有一些簡短的例子來加以說明「事後承認」的現象：

・南美洲和非洲的地形就像鎖和鑰匙一樣契合，這一事實從未困擾過 1960 年代以前的地質學家。對此現象的觀察或者是對海洋中脊的觀察，也未對他們或他們的大陸成形理論造成任何困擾。儘管打從第一次有人繪製大西洋海圖時，這一顯著的契合

就被注意到了，但這個既存的事實甚至不需要解釋。只是後來對此有了解釋，大家才事後承認這一契合。

- 牛頓精確測量了很多物體的慣性質量（使物體運動的內在動力，就像鐘擺開始往返的動力）和他們的重力質量（以多快的速度向地表墜落），以此來確定這兩種力儘管不一定同義，卻是均等的，而在執行物理學運算時兩者就可以相互抵銷。幾百年來從未有人質疑這兩者的關係。然而讓愛因斯坦驚訝的是，「牛頓定律在物理學領域的知識結構基礎中找不到一席之地」*。和別人不同的是，他對此現象感到困惑而窮追不捨，最終成功地以創新的廣義相對論闡釋了這個現象。

- 幾十年來，天文學家們偶然注意到宇宙動能和重力能之間幾乎精準的平衡——一組使膨脹中的宇宙得以在暴漲和坍塌間維持平衡的力量。但是這個現象從未被當作一個「問題」，直到1981年革命性的「膨脹宇宙」模型問世，才使這一事實成為令人不安的悖論。對此平衡的觀察，開始時並不是異常現象，直到典範更替後，回顧過去，他才被看作是個麻煩。

以上例子有一個共同主題：一開始異常現象都只是人們觀察到的事實，完全不需要解釋。這些事實不是引起麻煩的事實，他們只是事實。異常現象不是典範更替的原因，而是更替的結果。

在一封寫給《科學》雜誌的信裡，大衛・巴拉什講述自己與非異常現象的經歷。他在1982年所寫的社會生物學教科書中這麼寫著：

---

* 編注：出自愛因斯坦於1911年發表的論文《On the Influence of Gravitation on the Propagation of Light》。

「自達爾文開始，進化生物學家常被這現象困擾著：動物常常做一些看上去利他的行為，但往往自己要付出極高的代價。」1964 年，威廉·漢密爾頓出版的包容性適應理論的刊物開創了社會生物學。他的理論提供了雖然有爭議卻可行的方法，來解釋動物的利他行為。巴拉什寫道：「受萊特曼—金格里奇論文的啟發，我當時回顧了 1964 年以前大量有關動物行為和進化生物學方面的教科書，發現事實上和我上面引用的主張相反，在漢密爾頓的觀察之前，動物界出現的明顯利他行為並沒有困擾進化生物學家（至少他們對此現象並沒有投入精力做多少理論探究或是實驗考察）。」他在信中的結尾半開玩笑地建議，要生物學家「幫大家上幾堂課，講講我們所**不了解的**，比如說動物的行為」。

　　本書的最後章節是個簡介，講述我們，或至少是我所不了解的複雜的自適應系統及控制的本質。這是一份問題的清單，一份缺口的目錄。即使對非科學研究者來說，其中很多問題看起來也是愚蠢、淺顯、瑣碎，或者幾乎不值一提的。相關領域的專家或許一樣會說：這些問題是業餘的科學追星族擾亂人心的瘋話，是技術超越論者閉門造車的冥想。這些都無關緊要。而我是讀到一段精彩文章，才獲得靈感寫下這一非傳統的課程。這個精彩段落是道格拉斯·霍夫施塔特寫的，早於彭蒂·卡內爾瓦那晦澀難懂，有關稀疏分散式電腦記憶體的技術專論。霍夫施塔特寫道：

　　　　我從一個近乎瑣碎的觀察開始：對於日常熟知的事物，

看到其個體就能自動地聯想到其所屬類別的名字。比方說，當我看到樓梯，無論他的大小，是螺旋的還是直上直下的，有裝飾還是樸素無奇，是現代的還是老式的，髒的還是乾淨的，想也不用想，「樓梯」這個稱號總能自然而然地蹦出來。顯然地，對於電話、信箱、奶昔、蝴蝶、飛機模型、彈力褲、八卦雜誌、女鞋、樂器、沙灘球、旅行車、雜貨店等等，也都是這樣。這種藉著外界物質間接地刺激我們大腦記憶區某處的現象，完全融入了人類的生活和語言，以致大多數人很難對此留意並產生興趣，更別提對此感到驚訝了；然而這或許就是所有心理機制的最關鍵之處。

對沒人感興趣的問題驚訝不已，或者對沒人認為是問題的問題驚訝不已，就科學進步而言，這或許就是一個更好的典範。

我寫作本書的根本動力就是基於我對自然和機器的運行之道感到無比驚訝。這本書是想要試著向讀者解釋我的困惑。當我寫到某些我不懂的事情時，我會與之較勁，加以研究，或大量閱讀相關書籍直到能理解為止，然後再次提筆寫下去，直至遇到下一個問題。之後，我會重複這個過程，周而復始。最後總會遇到無法進一步寫下去的問題。不是沒人解答問題，就是有人根本不理解我的困惑而給出老套的答覆。這些擋路的問題一開始從不顯得如此舉足輕重，而成為一個讓我無法繼續下去的問題。但是實際上，他們就是原型的異常事物。就像霍夫施塔特對於人類心智具有識物之前先分類的能力感到驚訝，卻未獲賞識一樣，這些未解之謎在未來也會產生深刻的見解，也許是革命性的理解力，也許最終也會成為我們**必須**解釋的公認事物。

看到這裡列舉的大部分問題，似乎就是我在前面章節中已經回答

過的問題時，讀者們也許會感到困惑。但事實上，我所做的一切就是圍繞著這些問題，調查其範圍，然後向上攀爬，直到自己卡在某個虛假的頂點。以我的經驗來看，被別處的部分答案迷住，往往能引出大部分很好的問題。本書就是尋找有趣問題的一項嘗試。但在探索的過程中，一些相當平凡的問題卻困住了我。以下就是這些問題。

· 我在本書中常用「湧現」（emerge）這個詞。對於那些喜歡把事情弄得複雜的專業人士來說，這個詞具有這樣的意思：「各個部分一致行動生成的組織」。但當我們撇開含混不清的印象細讀這個詞，這個「湧現」的涵義就消失了，實際上這個詞也沒有特別的意義了。我試過在每個用到「湧現」的地方，用「發生」（happen）來替代，似乎效果也不錯。我們可以試試。全球的秩序發生自各地的規則。我們用湧現要表達什麼意思呢？

· 還有，「複雜性」到底是什麼？我期望兩本在 1992 年出版的科學著作，書名同為《複雜性》——作者分別是米奇·沃爾德羅普和羅傑·李文——其中一本能提供衡量複雜性的實用方法。但兩位作者圍繞這一主題，卻都不敢冒險寫出有用的定義。我們怎麼知道一件事物或一個過程就會比另一樣更複雜呢？黃瓜比凱迪拉克更複雜嗎？草地比哺乳動物的大腦更複雜嗎？斑馬比國民經濟更複雜嗎？我知道複雜性有三到四種數學上的定義，但沒有哪一種可以大體上解答我剛剛提出的這類問題。我們對複雜性的認知是如此無知，以至於我們還提不出有關複雜性到底是什麼的恰當問題。

· 如果進化趨向於複雜化，為什麼會這樣？如果真相並非如此，

那為什麼他看上去似乎如此呢？複雜性真的比簡單性更有效率嗎？

- 對於像是自組織、進化、學習和生命這樣的過程，似乎存在著一種「必需的多樣性」——個體之間一種最小的複雜性或差異性。我們如何確定多樣性什麼時候才算是足夠？我們甚至對多樣性都還沒有適當的衡量方法。我們擁有直觀的感覺，但無法非常精確地將其轉化為任何東西。多樣性是什麼？

- 「混沌的邊緣」聽起來常有「凡事適度」（中庸之道）的感覺。是否只是透過像《金髮女孩與三隻熊》裡那樣嘗試錯誤，就能定義這種使系統達到最大自適應性的數值，並且當作是「正好的適應」？這是另一種必需的多餘工作嗎？

- 計算機科學理論中有個著名的假設，稱為邱奇／圖靈問題，他加強了人工智慧和人工生命研究的大部分推理。假設是這樣的：假定有無限的時間和無限長的計算用磁帶，一台通用的計算機器就可以計算另一台通用計算機器所能計算的任何東西。可是天哪！無限的時間和空間正好是生與死之間的差別。死亡擁有無限的時間和空間。活著則是存在於有限中。那麼在某一特定的範圍內，當計算過程獨立於運行其上的硬體時（一台機器可以仿效另一台機器所能做的一切），過程的可替代性便具有真正的限制。人工生命建立的前提，是能從其碳基的載體中萃取出的生命，並使其在不同的基質上開始運行。到目前為止的實驗表明了，這比預想的要來得真實。那麼真實時間和真實空間內的界限在哪裡呢？

- 究竟什麼是不可模仿的？

- 所有對人工智慧和人工生命的探求全都專注（有人說受困）在

一個重大的謎題：一個極端複雜系統的模擬是偽造的，還是某種獨立的真實事物？或許他是超現實的，又或者超現實這個術語正好迴避了這個問題。沒有人懷疑模型模仿原物的能力。問題是：我們給予一個物體的模擬具有何種真實性？仿真和本體之間的差別究竟是什麼？

· 你能把一塊草地濃縮到何種程度，使他縮小成為種子？這是恢復大草原的那些人不經意的提問。你能把整個生態系統所含有的珍貴訊息簡化成幾個蒲式耳單位的種子嗎？澆水以後，這些種子還會重構出草原生命那令人敬畏的複雜性嗎？是否有重要的自然系統是不能簡化並精確地建模的？這樣一個系統應該本身就是自己最小的壓縮形式，是他自己的模型。是否有**任何**不能濃縮或提煉的人造大系統？

· 我想知道更多關於穩定性的知識。如果我們建造一個「穩定」的系統，是否有什麼方式可以定義這種穩定？穩定的複雜性有什麼限制條件或必要條件？什麼時候改變不再是改變？

· 物種究竟為什麼會滅絕？假如自然界時時運轉以適應環境，不遺餘力地在生存中戰勝競爭對手並利用對手的環境資源，那為什麼某些物種還會被淘汰？或許是某些生物體比別的生物體有更好的適應性。但為什麼自然界的普遍機制有時候對所有生物**種類**起作用，有時候又不會惠及所有生物，而是容許某些特別的族群衰退，而另一些族群得以發展？更確切地說，為什麼只有某些生物體能發揮很好的動態適應性呢？為什麼自然界會讓一些生物被迫變得天生就效率低下呢？這裡有一個牡蠣類雙殼貝類的例子，他進化出愈來愈趨向螺旋狀的外殼，直到該物種滅絕前，其外殼幾乎打不開了。為什麼這種生物體不能回歸到

可適用的範圍內呢？為什麼滅絕發生在同一族群，彷彿是劣質基因的責任？自然界是如何產生出一群劣質基因的呢？或許，滅絕是因外來事物引起的，像彗星和小行星。古生物學家戴夫‧勞普假設 75% 的物種滅絕事件是小行星撞擊造成的。如果沒有小行星，就不會有滅絕了嗎？假如地球上沒有會滅絕的物種，那麼今天的芸芸眾生會是怎樣的？就此而言，為什麼任何形式的複雜系統會走向失敗或消亡呢？

- 另一方面，在這個共同進化的世界裡，為什麼任何事物都是穩定的呢？

- 我聽說，自然界和人造自持續系統的每一個數據，都顯示出系統自我穩定的變異率在 1% 到 0.01% 之間。這樣的變異率是普遍的嗎？

- 連接一切會帶來什麼負面效應呢？

- 在所有可能有生命存在的空間裡，地球上所孕育出的生命只占那麼一小條——創造力的一次嘗試。對既定質量的物質所能容納的生命數量是否有限制？為什麼地球上沒有更多不同種類的生命形式？宇宙怎麼會如此之小？

- 宇宙運行的定律也會進化嗎？如果主宰宇宙運行的定律是宇宙內自行生成的，那麼他會受到宇宙自我調節力的影響嗎？也許維持所有理性規律的特殊基本定律都是處於流變中。我們是否在玩一場**所有**規則都是不斷地被重寫的遊戲？

- 進化能進化他自己的目的嗎？如果愚笨個體結合的有機體都能夠創造出目標，那麼演化這個同樣盲目、愚笨而且在某一點上非常遲鈍的有機體，是否也能進化出一個目標？

- 那麼上帝又是怎麼回事？在人工生命研究者，進化理論家，宇

宙學家和模擬學者的學術論文裡，都看不到上帝的功勞。但我感到意外的是，在一些私人談話場合裡，同樣的這些研究者還是常常談到上帝。科學家用到的上帝，是個淡定自若，無關宗教的技術概念，更接近一方神聖——局部創造者。每當討論世界，包括現實和模型中的，上帝儼然是個精確的代數符號，代表著無處不在的 X，運行於某個世界之外，創造了那個世界。「好吧，你是上帝……」一位電腦科學家在演示一段程式時這麼說，他的意思是他正在為世界制定規則。「上帝」是一種使事物成真而自永存的觀察者的簡略表達方式。於是上帝成了一個科學術語，一個科學概念。他既沒有哲學上的初始起源的微妙之處，也沒有神學上造物主的華麗裝飾；他只是探討一個世界在運行時，所需要的初始條件的一種方便途徑。那麼我們對神性又有什麼要求呢，是什麼造就了一個好上帝？

這些都是老問題了。之前其他人在不同的文章裡都提問過。如果知識網路完全連通了，那麼此刻我就可以把適當的歷史引述附在本書之後，並且為所有這些沉思默想取出相關的歷史背景。

研究者都夢想著能擁有這樣一個緊密連接著數據和思想的網路。今日的科學處於連接性限制的另一端；分散式科學網路上的節點在達到其最大的進化能力以前，需要更為緊密地相互連接。

美國陸軍醫學圖書館員設法將醫學期刊的索引統一編制在一起，邁向知識網路高度連結的第一步。1955 年，對機器索引感興趣的圖書管理員尤金・加菲爾德參與該計畫，開發了一套電腦系統，能自動

追蹤醫學界發表過的每份科學論文的文獻資料出處。後來他在費城自家車庫創立一家商業公司——科學資訊機構，可以在電腦上追蹤某段時間內發表過的所有科學論文。現今的 ISI 已是一家擁有許多職員和超級電腦的公司，數百萬份學術論文與文獻參考目錄交叉聯結在一起。

例如，拿我參考書目裡的一篇文章來看：羅德尼・布魯克斯 1990 年的一篇文章《大象不下棋》。我可以登錄 ISI 系統，在作者名下找到這篇文章，並且能夠連續讀取參考書目或注腳引用過《大象》的所有發表過的科學論文清單，而我這本《釋控》也在其中。假定其他的研究者和作者認為《大象》對他們是有用的一本書，對我來說可能也是有益的，那我就有方法去回溯這些觀念的影響。（可是，目前書籍還不能編製引文索引，因此實際上，如果《釋控》不是書而是篇文章，這個例子才說得通。但其原理是適用的。）

引文索引讓我可以追蹤自己思想的未來傳播。再次假設《釋控》作為一篇文章編入索引中。每年我都能查閱 ISI 的引文索引，並且得到所有其他作者在其著作中引用過此文的清單。這個網路能讓我接觸很多人的觀點——其中許多觀點引述了我的看法而密切關連——用別的方式，我也許無法發現。

引文索引功能目前是用來標示科學研究中突破性的「熱門」領域。引用頻率極高的論文能預示某一研究領域正在飛速發展。這個系統還有一個無心插柳的成果，就是政府資助者可以利用引文索引來幫助他們決定贊助的項目。他們計算某學者著作被引用的總次數——根據發行論文的雜誌其「分量」或聲望進行調整——來顯示該學者的重要性。但就像任何網路一樣，引言評價培育了一種積極回饋迴路的良機：愈多資金投入，論文問世就愈多，引文累積的次數愈多，資金愈

有保障，如此等等。沒有資金，就沒有論文，沒有論文的引用，也就沒有資金的回報，這也產生出類似的消極回饋迴路。

引文索引也可以被看成是一種注腳追蹤系統。如果你把每份參考目錄當作正文的注腳，那麼一份引文索引能把你引到注腳，然後讓你找出注腳的注腳。對此系統有一種較為簡潔的描述，就是泰德·尼爾森在 1974 年提出的「超文本」。本質上，超文本是一種大型分散式文檔。超文本文檔就是在文字、思想和資料來源之間實況鏈接的模糊網路。這種文檔沒有中心，沒有盡頭。閱讀超文本，你可以在其間穿越，可以翻過正文去看注腳，看注腳的注腳，可以細讀和「主要正文」一樣長，一樣複雜的附加說明的想法。任何一個文檔都可以連接到另一個文檔並成為其中的一部分。電腦處理的超文本可以在正文中包含各種旁注、注釋，這些注釋由其他作者所補充、更新、修訂、提取、摘要或曲解，並且就像在引文索引中一樣，在文章中列出所有參考書目。

這種分散式文檔的應用範圍是不可知的，因為他沒有邊界，並且常常是多位作者的共同書寫。他是一族群集文本。但是一位作者就能獨自編輯一個簡單的超文本文檔，別人可以按照許多不同指示，沿著多種途徑來閱讀該文檔。因此，在作者架設的網路上，**超文本讀者又創造了自己的作品**，這種創造取決於讀者是如何利用這些資料。因此在超文本中，就像在其他的分散式創造物一樣，創造者必須放棄對他的創造物的某種控制。

各種深度的超文本文檔已經存在十年了。1988 年，我參與開發第一代商用超文本作品──一本名為《全球概覽》雜誌的電子版本，在蘋果電腦上用 HyperCard 程式編寫而成。即使在這樣一個相對較小的文本網路裡（有 10,000 個微型文檔；以及數百萬種瀏覽他們的方

式），我也對這種相互連結理念的新空間產生了想法。

一方面，超文本很容易使讀者迷路。超文本網路沒有掌控敘事的核心，其間所有事物似乎不分主次，處處顯得大同小異，彷彿這個空間是雜亂拓展延伸的區域。在網路裡定位查閱某個條目是個重要問題。回到早期的書籍時代，14 世紀藏書閣裡的書本是很難定位查閱的，因為他們缺乏編目、沒有索引或是目錄。相較於口述傳統，超文本模式所提供的優勢是可被編製成索引和目錄。索引是閱讀印刷文本的一種方式，但對於閱讀超文本來說，他只是許多方式中的一種。在一個沒有實物形態卻足夠大型的資訊庫中（比如未來可能出現的電子圖書館），會缺乏一些簡單卻很重要的線索，像是你想要知道總共讀了幾本書、或是要讀到一本書大概有多少途徑，而這往往會令人洩氣。

超文本為自己創造可能性空間。正如傑‧大衛‧波爾特在他那本傑出卻罕為人知的著作《寫作空間》裡寫的：

> 在這個印刷時代的後期，作者和讀者的想像仍然將文本置於印刷書籍的空間裡。在印刷書籍的概念空間，書籍穩定不變，重要且不朽，絕對由作者做主。這是一個由成千上萬冊印刷精美的相同書卷所確立的空間。另一方面，電子書概念空間的特色是流動不定，是一種作者和讀者之間往來互動的關係。

應用科學，特別是知識的應用科學，塑造了我們的思想。由每種應用科學創造的可能空間給予某些類型思維產生的機會，同時阻止其他思維的產生。黑板讓使用者可以再三修改、擦拭，促進使用者隨心

所欲的思考以及自發行為的產生。在寫字紙上用羽毛筆書寫需要小心謹慎、注意文法、整潔、有控制性的思維。印刷的頁面徵求的是反覆修改草稿，校樣、複核、編輯。而超文本激發的是別樣的思考方式：簡短的、組合式的、非線性的、可延展的、合作的思考模式。正如音樂家布萊恩‧伊諾在談及波爾特的作品時說：「（波爾特的理論）是說，我們組織寫作空間的方式，也就是我們組織思想的方式，並且即時成為我們思考世界必須組織自身的方式。」

　　古代的知識空間是動態的口述傳統。通過修辭語法，知識構成了詩歌和對話——容易遭受干擾插話、質疑以及轉移話題。早期的寫作也有像這般靈活的空間。文本是件不斷發展的事情，由讀者來修正，讓弟子來校訂；是一個協商的論壇。當手稿交付印刷時，作者的想法就成為永存不變的思想。讀者在文本形成過程中的作用消失了。貫穿整本書堅定不移的思想賦予作品令人敬畏的權威——「權威」（authority）和「作者」（author），源自相同的字根。正如波爾特指出的：「當遠古、中世紀甚至文藝復興時期的文本呈現在現代讀者面前時，其中的文字不僅有了翻譯上的改變，文本本身也被轉移到現代印刷品的空間。」

　　在過去的印刷時代，一些作者想要探究拓展寫作和思考的空間，便試圖從印刷書籍的封閉線性轉移到超文本非連續性的體驗之中。詹姆斯‧喬伊斯寫的《尤利西斯》和《芬尼根的守靈夜》就如同相互衝突、前後參映的思想網路，每次閱讀都會有變幻不定的感覺。波赫士寫作的風格是傳統線性的方式，但他描述的寫作空間是：有關書的書，文本有著不斷分支的情節，怪異反覆自我指稱的書，無限置換的文本，以及擁有各種可能性的圖書館。對此，波爾特這麼寫著：「波赫士能夠想像出這樣的空中樓閣，卻無法製造出來……。波赫士本人

未曾為自己創立一個隨手可得的電子空間，在這個空間裡，各個時代的文本可以構成一個分歧、彙聚以及並行的網路。」

我以電腦網路為生。這張網路之網——網際網路——連接了全球好幾百萬台個人電腦。沒有人確切地知道網路連接了多少台電腦，甚至也不知道其中存在著多少個中繼節點。1993 年 8 月，網際網路協會做出有根據的推測，稱當時這張巨網由 170 萬台主機和 1,700 萬個用戶組成。無人控制這張巨網，也無人主管。間接資助網際網路的美國政府，有一天突然意識到無需多少管理和監督，網際網路已經在技術精英的終端之間自行運轉起來。正如用戶們自豪地誇示的那樣，互連線已是全世界最大有效運轉的無政府組織。每天有無數的資訊在網路用戶間傳遞，而無需考慮中央權威的利益。我個人每天都要收發約 50 則訊息。除了這麼多個人信件的往來流動之外，網路中還存在著訊息互動的無形網路空間，一個書面公開交流的共享空間。遍及全球的作者每天在數不清的重疊話題中添加數百萬則訊息。人們日復一日建造一個巨大的分散式文檔，一個處於不停建造，持續變化，短暫永恆的文檔。「電子寫作空間內的基本元素不是純粹的雜亂無章，」波爾特寫道，「而是處在一種持續的重新組織狀態。」

網際網路產生的結果遠不同於印刷書籍或餐桌閒談。文本是一個與無數參與者的理智對話。由網際網路的超空間激發出來的思想方式，趨向於培育非教條式思維、實驗性思想、妙語嘲諷、全球觀點、跨領域討論以及天馬行空，有時充滿感情的回響。許多參與者之所以喜歡在網路上寫作而非寫書，是因為網路寫作是一種對等的對話風

格，是因為他的無拘無束、暢所欲言，而不是因為他的一板一眼、矯揉造作。

分散式的動態文本，像是網路和很多超文本格式的新書，完全是一個容納觀念、想法和知識的嶄新空間。印刷時代塑造成型的知識產生了一個觀念準則，反過來又暗指出基本事實的一套核心；這個準則以油墨定型，並完美的複製，讓人類知識只進不退。每一世代的讀者要做的事，就是從文本裡找出公認的真理。

另一方面，分散式文本或者是超文本為讀者提供了一種新的角色——每位讀者共同決定文本的意義。這種關係是後現代文藝評論的基本理念。對後現代主義者，沒有所謂的準則。他們認為超文本可以讓「讀者參與其中，與作者一起掌控寫作空間」。閱讀一部作品，每次都能讀到不同的道理，每個道理都不是詳盡無遺的，也不會比另一個更有價值。文本有多層次意義，不同的人有不同的詮釋。想要解讀文本就必須把他看成是一張滿布思想的網路線。有些思路屬於作者，有些屬於讀者以及其所處的歷史脈絡，還有一些則屬於作者所處的時代背景。「讀者從網路中引出自己的文本，而每一篇這樣的文本都屬於某位讀者和某一次特別的閱讀過程。」波爾特說。

這種對作品的拆解叫做「解構」。解構主義之父雅克‧德希達把文本（一個文本可以是任何的複雜體）稱為「一種離散的網路，一種不斷地指向一些除了自身以外，其他離散踪跡的踪跡織物」。或者用波爾特的話來說是「一個指向其他標記的標記結構」。當然，這種涉及其他符號的符號意象，就是分散式群的無限回歸和紊亂的遞歸邏輯的原型意象，是網路的標誌，萬物相連的象徵。

我們稱為知識或科學的總體概括是一張相互指向、相互教導的思想之網。超文本和電子書寫促進了這種互惠作用。網路重新調整了印

刷書籍的寫作空間，使得新的寫作空間裡比油墨印刷的寫作風格更奔放、寫作方式更複雜。我們可以將生活的整體樂章當作那種「寫作空間」的一部分。當氣象感測器、人口調查、交通記錄器、收銀機以及各種形形色色的電子資訊產生器中的數據，將他們的「文本」或陳述大量地注入網路時，他們就擴展了寫作空間。他們的訊息成為我們所知道的部分，成為我們所談論的部分，成為我們所意指的部分。

同時，網路空間的這種特殊形式也塑造了我們。後現代主義者隨著網路空間的形成而接著崛起絕非巧合。在前半個世紀中，統一的大眾市場──工業化迅速發展的結果──已經分崩離析而讓位於小型利基的網路──資訊化浪潮的結果。這種片段的聚集體是我們目前手邊唯一完整的東西。商業市場、社會習俗、精神信仰以及種族特點和真理本身的殘片分裂為愈來愈細小的碎片，構成了這個時代的特徵。

我們這個社會是各種殘片運轉的混亂場所。這幾乎就是分散式網路的定義。波爾特又寫道：「我們的文化本身就是一個廣闊的寫作空間，一個複雜的象徵性結構。……正如我們的文化由印刷書籍時代進入電腦時代，他也處於層級體系的社會秩序過渡到我們或許可以稱為『網路文化』的最後階段。」

網路中沒有知識的中央管理者，只有特定觀點的監護人。人類身處高度連接又深度分裂的社會，不可能再依賴中心標準的指導。他們被迫進入現代存在主義的黑暗中，在相互依存的碎片混亂困境中創造出自己的文化、信仰、市場和身分特徵。標示著傲慢中心或潛在著「我」的工業圖標變得空洞乏力。分散式、無領導、自湧現的整體性成為社會的理想。

一向富於洞察力的波爾特寫道：「批評者指控電腦造成我們社會的同質性，由於自動化產生一致性，但是電子閱讀和寫作剛好有了相

反的結果。」計算機促進了異質化、個性化和自由意志。

對於電腦化的使用後果，沒人比喬治‧歐威爾在《1984》中的預言錯得更離譜了。到目前為止，電腦創造的幾乎所有實際的可能性空間都指出，電腦是權威的終結，並非權威的開始。

蜂群的工作模式為我們開啟的，不僅是新的寫作空間，而且是新的思考空間。如果並行超級電腦和連線的電腦網路可以做到這一點，那麼未來的科技——比如生物工程學——會提供我們什麼樣的思考空間？生物工程學可以為我們新的思考空間做的一件事就是改變我們的時間尺度。現代人類可以構想十年內的事情。我們的歷史向過去延伸五年，向未來延展五年，不會再進一步了。我們還沒有結構化的方式、一種文化工具，來思考無論是幾十年還是幾個世紀的問題。為捉摸基因和進化而準備的工具也許能改變這種情況。當然，有助於增加我們自己心智思維的藥物也會重建我們的思考空間。

最後一個困住我，使我暫且擱筆的問題是：思考的可能方式，其空間有多大？至目前為止，我們在思考和知識的形式庫裡發現的所有種類的邏輯，是多還是少？

思考空間可能很遼闊。無論是解決一個問題、或探究一個概念、或者證明一個說法，還是創造一個新的觀念，其方法或許就和想法本身一樣多。相反地，思考空間也許狹小有限，就像希臘哲學家所想的那樣。我敢斷言，當人工智慧真正出現的時候，他會是有才智的，但不會十分類似於人類。他將會是許多非人類思考方式中的一種，也許能填充思考空間的形式庫。這個空間也將包含我們人類根本無法理解的某些思考類型。但我們仍可拿來利用。非人類的認知方法會為我們提供超越並失去我們控制的美好結果。

說不定我們會為自己創造出驚喜。我們也許會創造出類似考夫曼

機器的頭腦，可以通過一個小型有限集的指令生成所有的思考類型和前所未見的複雜性。也許那可能存在的認知空間就是**我們的**空間。那麼，我們就能夠攀爬進入我們所能創造、進化或發現的任何類型的邏輯之中。假如我們能在認知空間內到處悠遊，就能進入無拘無束的思考領域。

我認為，我們會為自己創造出意外驚喜。

第二十四章

神之九律

大自然從無創造有。

先是一顆堅硬的岩石星球；然後有了生命，許許多多的生命。先是貧瘠的山崗丘陵；然後是有魚的溪流以及香蒲，還有紅翅黑鸝鳥。先是橡子，然後是一片橡樹林。

我希望自己也能夠做到這一點。先是一大塊金屬，然後是一個機器人。先是一些金屬線，然後是一個頭腦。先是一些古老的基因，然後是一隻恐龍。

如何無中生有？雖然大自然深知這個妙招，但藉由觀察他，我們並沒學到太多的東西。我們從創造複雜性的失敗中學習到更多，從模仿和理解自然界系統的小小成就中學習到經驗教訓。我從電腦資訊科學的新領域探索和生物研究的優勢成果，以及跨學科的各種實驗的偏僻奇怪之處，匯集了自然界中從無生有的九則定律：

- 分散式狀態。
- 自下而上的控制。
- 建立遞增效益。

- 模組增長。
- 邊界最大化。
- 鼓勵犯錯。
- 不求最優化，但求多目標。
- 追求持久的不均衡態。
- 變自生變。

在各種不同的系統中，像是生物進化以及〈模擬城市〉等，都能發現這九律的組織原則。當然，我並不是說他們是無中生有的唯一法則；但是，從複雜性科學所累積的大量觀察中總結而來的這九個法則，是最廣泛、最明確、也最具代表性的通則。我相信，只要堅守這九律，就能夠有如神助，無往不利。

分散式狀態。蜂群意識，經濟體行為，超級電腦的思維，以及我的生命，都分布在多種更小的單元上（這些單元自身也可能是分散式的）。當各部分的總體超過各部分時，那多出來的部分（也就是從無中生出的有）就分布於各部分之中。無論何時，當我們從無中而生有時，總會發現他是衍生自許多相互作用的更小部件。所有我們發現的最有趣的神祕事物──生命、才智、進化──都是根植於大型分散式系統中。

自下而上的控制。在分散式網路中，一切都互相連接起來時，一切都會同時發生。當一切都同時發生時，遍及各處而且快速變化的問題都會自動繞過中央權威。因此，全面控制必須由最底層相互連接的行動，採並行的方式來完成，而非來自中央指令的行為。群體能夠引導自身，而且，在快速、大規模的異質性變化領域中，只有群體能予

以駕馭。想要無中生有，控制必然是依賴簡單性的底層。

建立遞增效益。每當你使用一個想法、一種語言或者一項技能時，你都在強化他、鞏固他，並使他更具重用的可能。這就是所謂的正回饋或「滾雪球」。成功孕育成功。這條社會動力學定律在新約福音中即為眾人所知的「凡有的，還要加給他更多。」任何改變其所處環境以增加本身產出的行為，玩的就是收益遞增的遊戲。任何大型和可持續的系統，也是玩這樣的遊戲。這一定律在經濟學、生物學、電腦科學以及人類心理學中都起了作用。地球上的生命改變著地球，以產生更多的生命。信心建立起信心。秩序生成更多的秩序。既有者得之。

模組增長。創造一個能運轉的複雜系統，其唯一途徑就是從一個能運轉的簡單系統開始。未加培育就試圖立即安裝啟用高度複雜的組織（如智力或市場經濟）則注定走向失敗。整合一個大草原需要時間——即使你擁有了所有分塊。我們需要時間讓每一個部分與其他各部分互相磨合。透過逐步組裝簡單且能獨立運作的模塊，複雜性就誕生了。

邊界最大化。差異性產生於世界的創造。千篇一律的實體必須通過偶爾發生的顛覆性革命來適應世界，一個不小心就會灰飛煙滅。另一方面，彼此差異的實體，也可以經由每天都在發生，數以千計的微小變革來適應世界，處於一種永不靜止但卻不會致死的起伏狀態。多樣性偏好那些天高皇帝遠的邊遠之地，不為人知的隱密角落，混亂時刻，以及被孤立的族群。在經濟學、生態學、進化論和體制模組中，健康的邊緣可以加速他們的適應性，增加彈性，並且幾乎總是創新的來源。

鼓勵犯錯。小把戲只能一時得逞，等到人人都會時就不靈了。若

想超越一般，就需要想出新遊戲，或是開創新領域。但跳出傳統方法、遊戲或是領域的舉動，又難以與犯錯分別開來。儘管是天才們天馬行空的行為，歸根究柢，也是一種試錯的行為。「犯錯和越軌，皆為上帝之安排」，詩人威廉・布雷克這樣寫著。不管是隨機還是刻意的錯誤，都必然成為任何創造過程中不可分割的一部分。進化可以看作是系統化的錯誤管理機制。

不求最優，但求多目標。 簡單的機器可以非常有效率，而複雜的適應性機器則未必能做到。一個複雜結構中有許多個主人，但系統不能厚此薄彼。與其費勁地將任一功能最優化，不如使多數功能「令人滿意」（足夠好），這才是大型系統得以生存之道。舉個例子，一個適應性系統必須權衡是應該拓展已知的成功途徑（優化當前策略），還是分出資源開闢新路徑（因此把精力浪費在試用效率低下的方法上）。在任何一個複雜實體中，糾纏在一起的驅動因素是如此之多，以至於不可能明白究竟是什麼因素可以使系統生存下來。生存是一個多指向的目標。多數有機體更是多指向，因此他們只是某個碰巧可運作的變種，並非蛋白質、基因或器官的精確組合。無中生有並不講究高雅；只要能運作，就太好了。

追求持久的不均衡態。 靜止不變和不斷的變化都無益於創造。好的創造，就像一曲優美的爵士樂，不僅要有平穩的旋律，也要不時地爆發出激昂的音符。均衡即死亡。然而，除非一個系統能在某個平衡點上保持穩定，否則幾乎就等同於爆炸一般，必會迅速滅亡。沒有事物能處於平衡狀態同時處於失衡態。但事物可以處於持久的不均衡態——一種在永不停歇，但也永不衰落之間的邊緣上，卻持續漫遊狀態。創造的神奇之處仍是想要在這個流動的臨界點上安家落戶，這也是所有人類追求的目標。

變自生變。變化本身是可以結構化的。這也是大型複雜系統的做法：協調變化。當多個複雜系統建構一個特大系統的時候，每個系統就開始影響，直到最終改變其他系統的組織結構。也就是說，如果遊戲規則的訂定是由下而上，那麼處在底層的相互作用的力量有可能在運行期間改變遊戲規則。隨著時間的推移，使系統產生變化的規則，自身也產生了變化。進化──一如人們所謂的進化──是關於一個如何隨時間而變化的學說。而深層進化（按其可能的正式定義）則是關於實體隨時間變化的規則，是如何隨時間而變化的學說。要做到從無中生出最多的有，你需要有使自己變化的規則。

　　九律支撐著自然界令人敬畏的運作：大草原，紅鶴，雪松林，眼球，地質時代中的自然淘汰，乃至一隻幼象從精子、卵子的小小起源開始的演變。

　　如今，這些相同的生物邏輯被注入了電腦晶片、電子通信網路、機器人模組、藥物搜尋、軟體設計、企業管理之中，其目的是為了讓這些人工系統可以勝任自身的複雜性。

　　當科技被生物活化之後，我們就得到了能夠適應、學習和進化的人造物。而當我們的技術能夠適應、學習和進化之後，我們就擁有了一個全新的生物文明。

　　在完全精確的齒輪裝置系統和繁花點綴的大自然荒原之間，是連綿不斷的複雜體集合。工業時代的標誌是機械設計能力的提升；而新生物文明的標誌則是使設計再次回歸自然。早期的人類社會也曾依賴從自然界中找到的生物學方案──草藥、動物蛋白、天然染料等等，但新生物文化則是將工程技術和不受限的自然融合在一起，直至二者難以區別，而這起初似乎是一件難以想像的事情。

　　即將到來的文化帶有鮮明的生物本質，是因為受到下列五方面的

影響：

- 儘管我們的世界愈來愈技術化，有機生命——包括野生和馴養的——將繼續成為人類在全球範圍內進行實踐和認知的基礎。
- 機械將變得更具有生物特性。
- 技術網路將使人類文化更有利於生態環境的保護和進化。
- 生物工程學和生物技術將使機械技術的重要性黯然失色。
- 生物學方法將被視為解決問題的理想方法。

在即將到來的新生物時代，所有我們依賴和擔心的事物，將會具有更多天生的屬性。如今我們要面對的包括電腦病毒、類神經網路、生物圈2號、基因療法以及智慧卡——所有這些人工構造的產物，聯結了機械與生物進程。未來的仿生混合技術將會更令人困惑，更普遍，也更具有威力。我想，或許會出現這樣一個世界——會變異的建築、具有生氣的矽聚合物、離線進化的軟體程式，自適應車輛、塞滿共同進化家具的房間、清潔衛生的蚊蟲型機器人、能治病的人造生物病毒、類神經插座、半機械身體部件、人造的糧食作物、模擬人格，以及由不斷變化的電腦設備組成的巨型生態。

生命長河——或者說是其流動的邏輯——始終奔流不息。

我們不應對此大驚小怪，生命已征服了地球上大多數無生命物質，接下來他將會繼續征服技術，也會使之接受他那不斷進化、不斷地常變常新，以及不受我們掌控的進程。即使我們不交出控制，新生物技術也遠比時鐘、齒輪和可預測的簡單性有更多看頭。

今天的世界已是如此複雜，明天的一切將會變得更加複雜。科學家以及本書中所提的那些計畫，已經在關注如何利用設計規則，使

混沌中產生秩序，避免組織的複雜性解體為無組織的複雜性，並且能做到無中生有。

致謝

　　這本書裡的觀點幾乎是我個人所思。除了把參考書目中的書籍和論文加以注釋外；並且將與下面所列人士所進行非正式的談話、通信或長時間訪談的內容，於書中大量濃縮、釋義或轉引述而提出他們的觀點。毫無例外，每位人士總是非常有雅量地耐心回答我許多提問。在採訪的過程中，一些受訪人士針對我的問題，也提供了寶貴的修正和評論。當然，對於我個人就他們的觀點所做出的獨特詮釋，他們是不需負責的。另外，在人名後面以「*」打上記號的人士，更是在最後定稿時，十分善心地再次審查一番。在此，謝謝你們！

Ralph Abraham	Mark Bedau	David Campbell
David Ackley	Russell Brand	Peter Cariani
Ormond Aebi	Stewart Brand*	Mike Cass
John Allen	Jim Brooks	David Chaum
Noberto Alvarez	Rod Brooks	Steve Cisler
Robert Axlerod	Amy Bruckman	Michael Cohen
Howard Baetjer	Tony Burgess*	Robert Collins
Will Baker	Arthur Burks	Michael Conrad
John Perry Barlow	L.G. Callahan	Neale Cosby
Joseph Bates	William Calvin	George Cowan

Brad Cox	George Gilder*	Alan Kaufman
Jim Crutchfield	John Gilmore	Ed Knapp
Paul Davies	Narenda Goel	Barry Kort
Richard Dawkins	Lloyd Gomez	John Koza
Bill Dempster	Steven Jay Gould	Bob Lambert
Brad de Graf	Ralph Guggenheim	David Lane
Daniel Dennett*	Jeff Haas	Chris Langton*
Jamie Dinkelacker	Stuart Hameroff	Jaron Lanier
Jim Drake	Dan Harmony	William Latham
Gary Drescher	Phil Hawes	Don Lavoie
K. Eric Drexler	Neal Hicks	Mike Leibhold
Kathy Dyer	Danny Hillis*	Linda Leigh
Esther Dyson	Carl Hodges	Steven Levy
Doyne Farmer*	Malone Hodges	Kristian Lindgren
David Fine	Douglas Hofstadter	Seth Lloyd
Paul Fishwick	John Holland*	James Lovelock
Anita Flynn	John Hopfield	Pattie Maes
Walter Fontana	Eric Hughes	Tom Malone
Heinz von Foerster	David Jefferson	Lynn Margulis
Jay Forrester	Bill Jordan	Maja Matrick
Stephanie Forrest	Gerald Joyce	Tim May
John Gall	Ted Kaehler	David McFarland
Eugene Garfield	James Kalin	John McLeod
John Geanokoplos	Ken Karakotsios	H. R. McMasters
Murray Gell-Mann	Stuart Kauffman*	Dana Meadows

Dennis Meadows

Ralph Merkle

Gavin Miller

John Miller

Mark Miller

Scott Miller

Marvin Minsky

Melanie Mitchell

Max More

Mark Nelson

Ted Nelson

Tim Oren

Norm Packard

Steve Packard

John Patton

Mark Pauline

Jim Pelkey

Stuart Pimm*

Charlie Plott

Przemyslaw
Prusinkiewcz

Steen Rasmussen

Tom Ray

Mitchel Resnick

Craig Reynolds

Howard Rheingold*

David Rogers

Rudy Rucker

Jonathan Schull

Ted Schultz

Barry Silverman

Herbert Simon

Karl Sims*

Peter Sprague

Bruce Sterling*

Steve Strassman

Chuck Taylor

Mark Thompson

Hardin Tibbs

Mark Tilden

Ralph Toms

Joe Traub

Micheal Travers

Dean Tribble

Roy Valdes

Fransisco Varela

Michael Wahrman

Roy Walford

Gary Ware

Peter Warshall

Jordan Weisman

Jim Wells

Mark Wieser

Lawrence Wilkinson

Greg Williams

Christopher Wills

Johnny Wilson

Stewart Wilson

David Wingate

Ben Wintraub

Ben Wise

Steven Wolfram

Will Wright

Larry Yaeger

David Zeltzer

參考資料

翻譯協力：楊潔涵、游孝恩、吳元劭

Ahmadjian, Vernon. Symbiosis: An Introduction to Biological Associations. Hanover, 1986.
一篇清晰而充滿洞見，關於共生的文章。

Alberch, Pere. "Orderly Monsters: Evidence for internal constraint in development and evolution." In The construction of organisms: Opportunity and constraint in the evolution of organic form., Thomas, R. D. K. and W. E. Reif, eds. In press.
最讓我驚豔的論文之一。解釋了在所有可能性中，生物畸形的型態為何如此相似與「秩序」。

Aldersy-Williams, Hugh. "A solid future for smart fluids." New Scientist, 17 March 1990.
能在接收信號後變換狀態的液體和膠體。工程師可以利用這個反應來讓他們變「聰明」。

Allen, Thomas B. War Games: The Secret World of the Creators, Players, and Policy Makers Rehearsing World War III Today. McGraw-Hill, 1981.
美國軍方機構試圖解開戰爭中生死交關的複雜性，進行了許多大型模擬，本書記載了其中精彩的歷史與內部觀點。

Allen, T. F. H., and Thomas B. Starr. Hierarchy: Perspectives for Ecological Complexity. University of Chicago Press, 1982.
很有野心的書，但是在論證和清晰度上稍微薄弱了點。重點：生態系統中的規律只能從正確的規模觀察或測量時才能看得出來。

Allen, John. Biosphere 2: The Human Experience. Penguin, 1991.
由生物圈 2 號的前瞻者所寫的關於生物圈 2 號誕生的一本大書。詳細描述了當初的想法如何發酵並付諸實踐。內容包括了實驗即將「封閉」前的事。

Allman, William F. Apprentices of Wonder: Inside the Neural Network Revolution. Bantam Books, 1989.
神經網路是連結主義和由下而上控制的最佳範本。一篇關於這個領域的重要人物的輕鬆報導，是個好的入門文章。

Amato, Ivan. "Capturing Chemical Evolution in a Jar." Science, 255; 14 February 1992.
自我複製，而且可以產生突變型態的 RNA。

Amato, Ivan. "Animating the Material World." Science, 255; 17 January 1992.
對於將智慧注入無生命物質的各種實驗做的簡短報導。

Anderson, Philip W., Kenneth J. Arrow, and David Pines. The Economy as an Evolving Complex System. Addison-Wesley, 1988.
針對高深的物理、數學、電腦及經濟學，相當重要的一系列論文。對於讓我們重新認識經濟學有很大的幫助。整體走向反對古典的經濟均衡學說。不是本領域的讀者可以看看總結，用英語寫成而且相當有趣。

Aspray, William and Arthur Burks, eds. Papers of John von Neumann on Computers and Computer Theory. MIT Press, 1967.
如果你對數學不是很在行（跟我一樣），你只需要讀柏克斯所寫的極佳的導論和總結。

Axelrod, Robert. The Evolution of Cooperation. Basic Books, 1984.
針對囚徒困境及其他開放式遊戲如何影響政治與社會思維的清楚描述。

Badler, Norman I., Brian A. Barsky, and David Zeltzer, eds. Making Them Move: Mechanics, Control, and Animation of Articulated Figures. Morgan Kaufmann Publishers, 1991.
要更清楚的理解本書中列出的技術細節，你需要搭配實驗模型試圖移動的

影片來看。有些動得還不錯。

Bajema, Carl Jay, ed. Artificial Selection and the Development of Evolutionary Theory. Hutchinson Ross Publishing, 1982.
從人擇（育種）的角度看天擇的一系列標竿級論文。值得注意的是這些論文的稀有程度。

Basalla, George. The Evolution of Technology. Cambridge University Press, 1988.
（用精彩的舉例）說明所有的創新都是漸進而不是突發的。強調了科技變革中新穎性的重要。

Bass, Thomas A. The Eudaemonic Pie. Houghton Mifflin, 1985.
本書講述了一個加州的物理學家和電腦宅男組成的嬉皮公社，如何用混沌理論贏遍拉斯維加斯；其中有提到時間序列預測的難題。一本被遺漏的好書。

———. *"Road to Ruin." Discover, May 1992.*
詳述喬爾‧寇恩對於布雷斯悖論的延伸──增加更多的路徑可能會使整個網路變慢。

Bateson, Gregory. Steps to an Ecology of Mind. Ballentine, 1972.
一本比較演化與心智的好書。我特別喜歡關於「演化與軀體變化的關係」那一章。

———. *Mind and Nature. Dutton, 1979.*
貝特森強調並延伸了自然界中演化與心智的相似之處。

Bateson, Mary Catherine. Our Own Metaphor. Smithsonian, 1972.
瑪莉‧凱瑟琳‧貝特森對於他父親，格雷戈里‧貝特森所舉辦的一場關於人類適應中演化、進步與學習的非正式會議的個人看法。該次會議是為了解決意圖在如此複雜的系統中的角色而辦。每個會議都應該要有類似的一份紀錄。

———. *With a Daughter's Eye. William Morrow, 1984.*

關於瑪格麗特·米德與格雷戈里·貝特森，不只是回憶錄的傳記。由他們的女兒，也是與他們同樣重要的學者瑪莉·凱瑟琳所寫；這是一本有關於控制論家庭的故事。

Bateson, Gregory and Mary Catherine Bateson. Angels Fear: Toward an Epistemology of the Sacred. Macmillian, 1987.
格雷戈里·貝特森生前的著作（由其生女瑪莉·凱瑟琳完成）穿插父女間的對話，引出格雷戈里對於宗教、溝通、智能與存在的深刻思想。

Baudrillard, Jean. Simulations. Semiotext(e), Inc., 1983.
在這本短而法式，精煉而饒富詩意，艱澀難懂卻也極為有用的書裡，布希亞試圖從模擬中淬出意義。

Beaudry, Amber A., and Gerald F. Joyce. "Directed Evolution of an RNA Enzyme." Science, 257; 31 July 1992.
引導式 RNA 分子增殖的優雅實驗結果。

Bedau, Mark A. "Measurement of Evolutionary Activity, Teleology, and Life." In Artificial Life II, Langton, Christopher G., ed. Addison-Wesley, 1990.
量化演化方向的扣人心弦的嘗試。

———. *"Naturalism and Teleology." In Naturalism: A Critical Appraisal, Wagner, Steven and Richard Warner, eds. University of Notre Dame Press, 1993.*
自然系統可以有目的嗎？當然。

Bedau, Mark A., Alan Bahm, and Martin Zwick. "The Evolution of Diversity." 1992.
提供了度量演化系統中多樣性的尺度。

Bell, Gordon. "Ultracomputers: A Teraflop Before Its Time." Science, 256; 3 April 1992.
平行對序列電腦的爭霸戰下的賭局。

Bergson, Henri. Creative Evolution. Henry Holt, 1911.

對於演化是由某種生命力驅動的哲學經典。

Berry, F. Clifton. "Re-creating History: The Battle of 73 Easting." National Defense, November 1991.
詳細描述波灣戰爭中的關鍵戰役是如何在五角大廈裡被模擬重建。

Bertalanffy, Ludwig von. General System Theory. George Braziller, 1968.
很多年來這本書被視為控制論的聖經。現在仍是少數有關全系統或「概略系統」的書。但是我覺得他在一些我認同的地方也立論模糊。我也覺得貝塔郎非的經典理論——殊途同歸性特質——如果不是錯的,至少也不完整。

Biosphere 2 Scientific Advisory Committee. "Report to the Chairman, Space Biosphere Ventures." Space Biosphere Ventures, 1992,
從科學角度分析了生物圈 2 號頭九個月的可行性與營運品質。

Bolter, Jay David. Writing Space: The Computer, Hypertext, and the History of Writing. Lawrence Erlbaum Associates, 1991.
一本列舉了超文本的符號學意義的神奇卻被忽略的小巧好書。這本書也有一個在麥金塔上的超文本擴增版。我認為這是有關「網路文化」的一個開拓性作品。

Bonner, John Tyler. The Evolution of Complexity, by Means of Natural Selection. Princeton University Press, 1988.
關於演化為何走向複雜的優質論點。

Botkin, Daniel B. Discordant Harmonies: A New Ecology for the Twenty-First Century. Oxford University Press, 1990.
一個將自然視為失衡系統的創新生態學家關於自然歷史的論文集。

Bourbon, W. Thomas, and Williams T. Powers. "Purposive Behavior: A tutorial with data." Unpublished, 1988.
認為行為並不是「被引發」而是發源自不斷湧現的內在動機的一個有趣主張。附有一個簡單的演示實驗。

Bowler, Peter J. The Eclipse of Darwinism: Anti-Darwinian Evolution Theories in the Decades around 1900. The John Hopkins University Press, 1983.
了解狹義新達爾文主義另類科學理論的極佳入門史書。

———. *The Invention of Progress. Basil Blackwell, 1989.*
以學術角度精彩的檢視了維多利亞時代，演化理論是如何開啟了對於進步的注意，這個風潮直到最近才慢慢削弱。

Braitenberg, Valentino. Vehicles: Experiments in Synthetic Psychology. The MIT Press, 1984.
演示了極為簡單的線路也可以表現出複雜的行為和動作。這些實驗最後被放在小模型車上。

Brand, Stewart. II Cybernetic Frontiers. Random House, 1974.
一本奇特而令人愉悅的雙面小書。一半是關於電腦駭客們玩電腦遊戲的第一手報導，另外一半是格雷戈里‧貝特森對於演化和控制論的訪談。

———. *The Media Lab: Inventing the Future at MIT. Viking, 1987.*
雖然是關於媒體的未來，這本豐富的書中仍然有很多關於互相連結未來的精彩洞悉，讓他走在時代尖端。

Bratley, Paul, Bennet L. Fox, and Linus E. Schrage. A Guide to Simulation. Springer-Verlag, 1987.
關於模擬在理論和實作中的角色和機制的最佳概論。

Briggs, John. Turbulent Mirror. Harper & Row, 1989.
從混沌的理論到「整體的科學」，關於複雜系統奇妙行為不錯的介紹。附上許多精彩的圖片與圖表。強調擾動的混亂面向而不是整體的自我組織。

Brooks, Daniel, and R. E. O. Wiley. Evolution as Entropy. The University of Chicago Press, 1986.
雖然我只有讀了一點點，不過是本重要的書。我希望我能有多一點技術和數學背景，讓我能更深入的欣賞這個為「生物學的統一理論」所做的嘗

試。

Brooks, Rodney A. "Elephants Don't Play Chess." Robotics and Autonomous Systems, 6; 1990.
在現實世界裡，大象走來走去，做各種不同的事情。這份論文總結了布魯克斯將智能置於真實物理環境中的實驗（包括目前為止大約八個機器人）。

———. *"Intelligence without representation." Artificial Intelligence, 47; 1991.*
有關機器人由下而上控制中的演化觀點。

———. *"New Approaches to Robotics." Science, 253; 1991.*
總結了布魯克斯機器人中的統合架構。

Brooks, Rodney A., and Anita Flynn. "Fast, Cheap and Out of Control: A Robot Invasion of the Solar System." Journal of The British Interplanetary Society, 42; 1989.
有關「以百萬個微小機器人入侵一顆星球」。本書書名的來源。

Brooks, Rodney A., Pattie Maes, Maja J. Mataric, and Grinell More. "Lunar Base Construction Robots." IROS, IEEE International Workshop on Intelligence Robots & Systems, 1990.
針對一群迷你推土機所做的提議，充滿了「集體智能」的概念。

Bruckman, Amy. "Identity Workshop: Emergent Social and Psychological Phenomena in Text-Based Virtual Reality." Unpublished, 1992.
針對青少年依賴性的產生與遊玩線上「泥巴」遊戲的新社會學的傑出研究。

Buss, Leo W. The Evolution of Individuality. Princeton University Press, 1987.
不太好讀的書。導論和結論的章節清晰而有趣，也許對階層演進的理解頗為重要。巴斯的研究很重要：個體不是演化選擇中的唯一單位。

Butler, Samuel. "Darwin Among the Machines." In Canterbury Settlement. AMS Press, 1923.
《Erewhon》的作者於 1863 年寫成的論述，指出機器的生物天性。

———. *Evolution, Old and New. AMS Press, 1968.*
一篇哲學性說服力兼具，對達爾文主義的極早期（1879 年發表）批評。
作者是個早期的達爾文支持者，但後來轉而強烈反對達爾文學說。

Cairns-Smith, A.G. Seven Clues to the Origin of Life. Cambridge University Press, 1985.
Card, Orson Scott. Ender's Game. Tom Doherty Associates, 1985.
一本有關於在模擬戰爭遊戲中被訓練來打真實戰爭的孩子的科幻小說。

Casdagli, Martin. "Nonlinear Forecasting, Chaos and Statistics." In Nonlinear Modeling and Forecasting, Casdagli, M., and S. Eubank, eds. Addison-Wesley, 1992.
一些用來從不規則現象中提取規律的強力演算法。

Cellier, Francois E. Progress in Modelling and Simulation. Academic Press, 1982.
處理一些電腦在建構定義不明確的系統時的實務問題。

Chapuis, Alfred. Automata: A Historical and Technological Study. B. T. Batsford, 1958.
關於歷史中一些令人驚豔的齒輪自動機的驚人細節，包括歐洲和亞洲。可以當成是早期嘗試創造人工生命的目錄。

Chaum, David. "Security Without Identification: Transaction Systems to Make Big Brother Obsolete." Communications of the ACM, 28, 10; October 1985. 403
無身分電子貨幣系統運作模式的詳盡解說。具有可讀性與前瞻性。修訂版更是清晰，值得找出一看。

Cherfas, Jeremy. "The ocean in a box." New Scientist, 3 March 1988.

關於瓦爾特・亞迪合成珊瑚礁的新聞報導。

Cipra, Barry. "In Math, Less Is More—Up to a Point." Science, 250; 23
November 1990.
有關堵丁柱與黃光明證明增加節點可縮短網路的報導。

Clearwater, Scott H., Bernardo A. Huberman, and Tad Hogg. "Cooperative
Solution of Constraint Satisfaction Problems." Science, 254; 22 November
1991.
關於協作式疑難排除的尖端研究。指出管理「提示」對於一群合作解決問
題的代理成功的影響。

Cohen, Frederick B. A Short Course on Computer Viruses. ASP Press, 1990.
來自發明「電腦病毒」一詞的人的獨家報導。

Cole, H. S. D., et al. Models of Doom. Universe Books, 1973.
一個來自英國薩塞克斯大學的跨領域團隊對於《增長的極限》這本書與模
型的批評。

Colinvaux, Paul. Why Big Fierce Animals Are Rare. Princeton University
Press, 1978.
酣暢淋漓。一本小書中關於生態關係的親密與複雜性的一篇美妙文章。以
作者本身的博物學經驗寫成，試圖提出生態定律。我認為是關於生態系在
控制論上的連結中最好的一本書。

Conrad, Michael, and H. H. Pattee. "Evolution Experiments with an Artificial
Ecosystem." Journal of Theoretical Biology, 28; 1970.
在電腦中模擬共同演化行為最早的實驗之一。

Conrad, Michael. Adaptability: The Significance of Variability from Molecule
to Ecosystem. Plenum Press, 1983.
在很多系統中描述廣義適應的一個良好嘗試。

———. "The brain-machine disanalogy." Biosystems, 22; 1989.
指出以現在的組織或材料，沒有機器可以通過圖靈測試。換言之，人類的

智能只能來自人類的大腦。

———. *"Physics and Biology: Towards a Unified Model." Applied Mathematics and Computation, 32; 1989.*
我就快了解這篇短短的論文了;我想這其中有一些不錯的點子。

Cook, Theodore Andre. The Curves of Life. Dover, 1914.
以圖示的方式解釋活體螺旋的自我組織力量。

Crutchfield, James P. "Semantics and Thermodynamics." In Nonlinear Modeling and Forecasting, Casdagli, M., and S. Eubank, eds. Addison-Wesley, 1992.
從一組隨時間變化的資料中提取數學模型的自動化方法的深入研究。

Culotta, Elizabeth. "Forecasting the Global AIDS Epidemic." Science, 253; 23 August 1991.
多份探討同一個問題、同一份數據的研究,卻得出極度不同的模型。探討模擬鐘內在問題的極佳範例。

———. *"Forcing the Evolution of an RNA Enzyme in the Test Tube." Science, 257; 31 July 1992.*
很好的總結了傑拉德‧喬伊斯的研究。

Dadant & Sons, eds. The Hive and the Honey Bee. Dadant & Sons, 1946.
Bees are probably the most studied of insects. This fat book offers practical management tips for the distributed organism of bees and their hives.
Darwin, Charles. The Origin of Species. Collier Books, 1872.
The fountainhead of all books on evolution. Darwinism reigns in large part because this book is so full of details, supporting evidence, and persuasive arguments, all so well written, that other theories pale in comparison.
Davies, Paul. "A new science of complexity." New Scientist, 26 November 1988.
關於複雜性新觀點,寫得不錯的概論。

———. *The Mind of God. Simon & Schuster, 1992.*
我還沒辦法說明為什麼我覺得這本書如此適合我關於複雜度和演化的主題。有關現今對於實體宇宙背後法則的理解，但戴維斯將這些法則放在所有可能法則的空間，又或者是所有可能的宇宙中檢視，並講解這些法則為什麼被選擇、演化或發生。這讓人得以一窺上帝，或者神的想法。充滿創新觀點與近乎異端的思想。

Dawkins, Richard. The Selfish Gene. Oxford University Press, 1976.
精彩、清晰而完整的說明了完全原創的想法（基因是因為自我的原因而複製）。道金斯也介紹了他同樣獨創的第二個想法：文化基因（會自己複製增殖的想法）。

———. *The Blind Watchmaker. W.W. Norton, 1987.*
大概是最具新達爾文主義思想的一本書。道金斯描述了一個完全倚賴天擇而「沒有設計的宇宙」。他寫得很好，也很清楚，以至於他人很難反駁他的強烈思想。至少，這本書大概是對傳統演化理論最好的導論。充滿巧妙的範例。

———. *"The Evolution of Evolvability." In Artificial Life, Langton, Christopher G., ed. Addison-Wesley, 1988.*
精彩的描繪了一個驚人的新主意：演化能力也能演化。

Dempster, William F. "Biosphere II: Technical Overview of a Manned Closed Ecological System." Society of Automotive Engineers, 1989, SAE Technical Paper Series #891599.
在正式啟動前，生物圈 2 號工程成就上的技術細節。

Denton, Michael. Evolution: A Theory in Crisis. Burnett Books, 1985.
這是目前對達爾文演化最好的科學批評。丹頓沒有隱藏一些個人傾向，以這類書來說頗為新鮮。

Depew, David J., and Bruce H. Weber, eds. Evolution at a Crossroads. The MIT Press, 1985.
這本科學論文集探討有關處理演化艱澀概念問題時的一些激進方法。

De Robertis, Eddy M. et al. "Homeobox Genes and the Vertebrate Body Plan." Scientific American, July 1990.
關於同源異形盒調控基因重要性的可讀文章。

Dixon, Dougal. After Man: A Zoology of the Future. St. Martin's Press, 1981.
我唯一知道將演化向未來擴展但不流於反覆或膚淺的書，範圍明確而且立論連貫。雖然不是一本嚴謹的科學書，但裡面美妙的插圖讓人有很多的啟發。

Dobzhansky, Theodosius. Mankind Evolving. Yale University Press, 1962.
文筆稍嫌陳舊的書。遺傳學家多布然斯基以冷靜的筆調潛入種族、智力、個性與演化的滔滔論辯。

Drake, James A. "Community-assembly Mechanics and the Structure of an Experimental Species Ensemble." The American Naturalist, 137; January 1991.
揭示加入物種的順序與時機如何影響生態群落最終樣貌的巧妙實驗。

Drexler, K. Eric. "Hypertext Publishing and the Evolution of Knowledge." Social Intelligence, 1; 2, 1991.
對一個分散式大眾超文本系統與其激發科學知識能力的完整而充滿熱情的速寫。

Dupre, John, ed. The Latest on the Best: Essays on Evolution and Optimality. The MIT Press, 1987.
一般來說，這些文章都會為生物系統不會最優化提出極具說服力的理由，因為「對什麼來說是最優化」這樣的問題無法回答。

Dykhuizen, Daniel E. "Experimental Evolution: Replicating History." Trends in Ecology and Evolution, 7; August 1992.
微生物群落演化研究的文獻回顧與評論。

Dyson, Freeman. From Eros to Gaia. HarperCollins, 1990.
包含了一個有關「大氣與生物圈中的二氧化碳」的精彩章節。

―――. *Origins of Life. Cambridge University Press, 1985.*
知名物理學家清晰且不帶偏見的檢視了生命的起源,令人眼睛為之一亮。
就精彩程度來說,可以跟薛丁格的《生命是什麼》相提並論。

―――. *Infinite in All Directions. Harper & Row, 1988.*
一位原創思考者用極為抒情的方式描寫了那些他感興趣的事物,雖然這些
事物通常幾乎不會有人想到。戴森可以在平凡的事物中發現不可思議的新
鮮觀點。在這本書中他思考宇宙終結的各種方式。

Eco, Umberto. Travels in Hyperreality. Harcourt Brace Jovanovich, 1986.
這本綱要中的關鍵文章應該要是美國高中畢業生的必讀選文。本書有關真
實、虛假,以及超真實。

Eigen, Manfred, and Peter Schuster. The Hypercycle: A Principle of Natural Self-Organization. Springer-Verlag, 1979.
一部有利的抽象作品,描述圈套內的圈套產生自製的穩定圈套,或者是
「超圈套」。

Eldredge, Niles. Unfinished Synthesis: Biological Hierarchies and Modern Evolutionary Thought. Oxford University Press, 1985.
共同發表了斷續平衡理論的艾崔奇在這本開創性的書裡拓展了演化理論,
討論演化變化中的階級差異。

―――. *Macroevolutionary Dynamics: Species, Niches, and Adaptive Peaks. McGraw-Hill, 1989.*
給專業學者的專題論文,討論演化湧現處的不同層次如何影響物種層級的
適應。

Endler, John A. Natural Selection in the Wild. Princeton University Press, 1986.
恩德勒統合所有自然界中天擇的研究,並進行縝密的剖析。過程中他得到
對於天擇的一些新鮮觀點。

Flynn, Anita, Rodney A. Brooks, and Lee S. Tavrow. "Twilight Zones and

Cornerstones: A gnat robot double feature." MIT Artificial Intelligence Laboratory, 1989, A.I. Memo 1126.
對於製作蚊蚋般小型機器人（拋棄式，完全自給自足的工作型小蟲）理由與方法的漫天思考。

Foerster, Heinz von. "Circular Causality: Fragments." Intersystems Publications, ca. 1980.
梅西會議及各界與會者簡史。介紹湧現出的「終極目標」（telos），或者目標與動機這樣一個正在萌芽的想法。

———. Observing Systems. Intersystems Publications, 1981.
馮佛斯特論文選集。包含數學專業論文到強烈的哲學批評。其中都體現了馮佛斯特將觀察者放入系統的論點。

Fogel, Lawrence J., Alvin J. Owens, and Michael J. Walsh. Artificial Evolution Through Simulated Evolution. Wiley & Sons, 1966.
早期的聯結主義試驗，雖然沒有產出多強的智能，但是證明了演化程式設計的價值。這大概是第一次的運算進化。

Folsome, Clair E. "Closed Ecological Systems: Transplanting Earth's Biosphere to Space." AIAA, May 1987.
關於建立一個封閉的外星生活環境所需科技知識的粗略描寫。

Folsome, Clair E., and Joe A. Hanson. "The Emergence of Materially-closed-system Ecology." In Ecosystem Theory and Application, Polunin, Nicholas, ed. John Wiley & Sons, 1986.
關於密封罐中不斷延續的微生物的美妙報導。作者們測量了能量流動與封閉系統的生產力。

Forrest, Stephanie, ed. Emergent Computation. North-Holland, 1990.
集合、協作式的行為是如何從大量的運算節點中生出來的？這些非線性系統會議的紀錄總結了近期的研究方法，包括類神經網路、細胞自動機以及模擬退火等運算方式。

Frazzetta, T. H. Complex Adaptations in Evolving Populations. Sinauer Associates, 1975.
現實的檢視了相關基因在真實、紛亂的族群中如何導致適應的謎題。有點工程化的解釋方式，非常值得一讀。

Frosch, Robert A., and Nicholas E. Gallopoulos. "Strategies for Manufacturing." Scientific American, September 1989.
介紹封閉迴路製造鏈及其生物性類比的意見論文。

Gardner, M. R., and W. R. Ashby. "Connectance of Large Dynamic (Cybernetic) Systems: Critical Values for Stability." Nature, 228; 5273, 1970.
關於連接度與穩定度比例的論文，經常被引用。

Gelernter, David. Mirror Worlds. Oxford University Press, 1991.
將真實系統（如城鎮或醫院）映射到平行及時虛擬模型以監督、管理與探索的美妙前瞻。

Gell-Mann, Murray. "Simplicity and Complexity in the Description of Nature." Engineering & Science, 3, Spring 1988.
試圖揭開簡單與複雜之間差異的初步嘗試，看起來不怎麼樣但是至少是個起頭。

George, F. H. The Foundations of Cybernetics. Gordon and Breach Science Publishers, 1977.
關於控制論（大概已經過時了）的輕鬆（法文！）概論和一些不錯的普遍論述。

Gilder, George. Microcosmos: The Quantum Revolution in Economics and Technology. Simon and Schuster, 1989.
一本扎實，有分量的書，有關科技從物質世界轉移進入象徵領域以及隨之而來的經濟變化。

Gleick, James. Chaos. Viking Penguin, 1987.
這本暢銷書幾乎不需要說明了。體裁和內容簡直可以當作科學寫作的模

範。雖然有一些關於渾沌的書正在跟隨這個世界性的成功，但是這本書仍然值得一讀再讀，可以當作一個窺探複雜系統深遠影響的有趣方法。

Goldberg, David E. *Genetic Algorithms in Search, Optimization, and Machine Learning. Addison-Wesley, 1989.*
關於基因演算法最好的專業總論。

Goldschmidt, Richard. *The Material Basis of Evolution. Yale University Press, 1940.*
要了解這本書最精華的部分，你得要讀很多 1940 年代古老的遺傳學。可以把它當作「有希望的怪獸」理論的來源。

Gould, Stephen Jay. *Ever Since Darwin. W. W. Norton, 1977.*
古爾德的文章一直能帶給我新的想法，並改變我的思維。在這個合集裡，我特別注意「被誤解的大角鹿」一篇。

———. *The Panda's Thumb. W. W. Norton, 1980.*
在古爾德所有的《自然歷史》專欄選集中，這本在巨觀演化的機制與新的演化思維上著墨最多。

———. *Hen's Teeth and Horse's Toes. W. W. Norton, 1983.*
關於演化理論的精彩歷史，充滿古爾德獨有的寫作風格。

———. *Wonderful Life: The Burgess Shale and the Nature of History. W. W. Norton, 1989.*
一部炫麗的大師之作。豐富、清晰無瑕，反對傳統。古爾德在書中描述了重新詮釋古老頁岩化石的痛苦過程導出了一個另類的生命史觀──生物多樣性正在減少。這應該是現今必讀的一本書。

———. *"Opus 200." Natural History, August 1991.*
關於斷續平衡，你找不到比這更好、更簡明扼要的第一手說明了。不只解釋原因，也交代了這個支持者稱為「蹦移」，而反對者稱為「混蛋演化」的東西的歷史。

Gould, Stephen Jay, and R.C. Lewontin. *"The spandrels of San Marco and*

the Panglossian paradigm: a critique of the adaptationist programme."
Proceedings of the Royal Society of London, B 205; 1979.
這份經常被引用的論文反對將任何現象都是為選擇性適應（過於樂觀的潘格洛斯典範）。古爾德給了大量演化機制一些好讀的解釋。

Gould, Stephen Jay, and Elisabeth S. Vrba. "Exaptation—a missing term in the science of form." Paleobiology, 8; 1, 1982.
書名（Exaptation）是關於為了適應某種情境所產生的特徵，在遇到另外一個適應壓力時被賦予其他的功能。原本用來保暖的羽毛變成飛行工具是個經典範例。

Grasse, Pierre P. Evolution of Living Organisms: Evidence for a New Theory of Transformation. Academic Press, 1977.
一些代表性的小章節提到了如「適應的極限」和「被放棄的表型」等有趣主題，都是一些對後達爾文主義的嚴峻挑戰。發人深省的書。

Hamilton, William D., Robert Axelrod, and Reiko Tanese. "Sexual reproduction as an adaptation to resist parasites (A Review)." Proceedings of the National Academy of Science, USA, 87; May 1990.
除了巧妙而且有利的解釋了性的起源，這本書也漂亮的展示了計算生物學的能力。

Harasim, Linda M., ed. Global Networks. The MIT Press, 1993.
21 位與會者談論去中心化的高頻寬通訊在全球規模的影響；沒有很多艱澀的數據，取而代之的是一些機會和陷阱的暗示。

Hayes-Roth, Frederick. "The machine as partner of the new professional." IEEE Spectrum, 1984.
那封為人類寫的可愛人事信函的來源。

Heeter, Carrie. "BattleTech Masters: Emergence of the First U.S. Virtual Reality SubCulture." Michigan State University, Computer Center, 1992.
有關第一款商業線上 VR 遊戲的死忠粉絲，介於學術報導和市場調查之間的文章。

Heims, Steve J. The Cybernetics Group. The MIT Press, 1991.
關於歷屆梅西會議的議題與走向，令人驚嘆的詳盡歷史。書中也側寫了幾位角色鮮明的與會者。

Hillis, W. Daniel. The Connection Machine. The MIT Press, 1985.
第一部商用平行處理電腦的概念藍圖，與發明家對於這個發明的意義的一些感想。

———. *"Intelligence as an Emergent Behavior." In Artificial Intelligence, Graubard, Stephen, ed. The MIT Press, 1988.*
1988 年，在一期特別探討人工智慧研究狀況的《代達勒斯》中，希利斯以聯結主義的觀點檢視可能的、置入於平行與演化程序的人工智慧。他對智力的論點大概是我所看到最有智慧的。

Hiltz, Starr Roxanne and Murray Turoff. The Network Nation: Human Communication via Computer (Revised Edition). The MIT Press, 1993.
在 1978 年剛出版時是本有前瞻性的書，他準確的預測了緊密聯結的電腦通訊和分散群組的很多影響。對將來的網路文化也有很多預測。新版中新增的一段內容說明了作者目前對超連結度的想法。

Hinton, Geoffrey E., and Steven J. Nowlan. "How Learning Can Guide Evolution." Complex Systems, 1; 1987.
這份非常簡短的論文提供了一些在電腦上進行的拉馬克演化的迷人結果，以及對於後達爾文演化的一些推測。

Ho, Mae-Wan, and Peter T. Saunders. Beyond Neo-Darwinism. Academic Press, 1984.
沒有很多非達爾文主義的書是在科學的場域出版的。這本書由真正的生物學家以一些引人聯想，或者只是稍微提示非達爾文演化的一些結果寫成。這應該是科學要做的事。

Hofstadter, Douglas. Gödel, Escher, Bach: An Eternal Golden Braid. Basic Books, 1979.
跟本書中提到的 Egbert B. Gebstadter《金銀銅：無堅不摧的合金》這本充

滿詭異迴圈的普立茲獎絕版書完全一樣。

Holldobler, Bert, and Edward O. Wilson. The Ants. Harvard University Press, 1990.
又深，又廣。包含所有現今已知關於螞蟻的知識（包含一些威爾森早期《昆蟲社會》的擴充與增修段落），是一本可以擁有並迷失其中的書，普立茲獎實至名歸。

Huberman, B. A. The Ecology of Computation. Elsevier Science Publishers, 1988.
在運算中利用經濟與生態動力學管理複雜運算的有趣開拓性論文集。

Johnson, Phillip E. Darwin on Trial. Regnery Gateway, 1991.
作者將新達爾文主義列為被告，自己作為律師，向法院的嚴格審判提出證據。他最後的結論是新達爾文主義是個未經證實的假說，也似乎和現有的證據不符。是本給沒有專業背景的人讀的反達爾文主義的入門好書，但是裡面的邏輯更偏向法律而不是科學。

Kanerva, Pentti. Sparse Distributed Memory. MIT Press, 1988.
對新的電腦記憶架構（依靠弱協同連結）的一份平淡，但大膽的專文著述。侯世達寫得極好的前言解釋了這個設計的重要之處。

Kauffman, Stuart A. "Antichaos and Adaptation." Scientific American, August 1991.
關於考夫曼的重要概念，一份非常好讀的總論，裡面完全沒有公式。建議從這裡讀起。

———. *"The Sciences of Complexity and 'Origins of Order'." Santa Fe Institute, 1991, technical report 91-04-021.*
考夫曼針對「自我組織的秩序」這個想法的私人、幾乎是詩意的簡短自述。

———. *The Origins of Order: Self Organization and Selection in Evolution. Oxford University Press, 1993.*

一部四處延伸、深沉而且巨大的巨作，扎實有如字典。考夫曼試圖告訴你所有他所知道的事情，而他很聰明，所以撐住不下去。這本書關於天擇以及自我組織的陰陽兩面。是一本不能被遺漏的重要作品。

Kauppi, Pekka E., Karl Mielikainen, and Kullervo Kuusela. "Biomass and Carbon Budget of European Forests, 1971 to 1990." Science, 256; 3 April 1992.
顯示可能由大氣中二氧化碳增加導致蓋亞生物質增殖。

Kay, Alan C. "Computers, Networks and Education." Scientific American, September 1991.
一份值得注意的遠見，探討點對點網路可能影響教育的方式。

Kleiner, Art. "The Programmable World." Popular Science, May 1992.
關於一個可能成為智慧房屋和建構式環境中分散式協同運算基礎的晶片。

Kochen, Manfred. The Small World. Ablex Publishing Corporation, 1989.
標題中的「小世界」來自其中所說「這世界上一定只有 200 個人，因為我一直遇到同樣的一群人。」如果你更深入去閱讀這個關於社會網路，豐富得不可思議的研究集錦，你會發現其中有著一些目前看到最酷的網路文化資料。裡面也提到有多少個朋友的朋友將我們連結在一起。

Koestler, Arthur. Janus: A Summing Up. Random House, 1978.
沒有那篇對達爾文的現代批評家能有聰明的庫斯勒這樣的分量和影響力。這本書的後三分之一總結了對達爾文主義的反對，也提出了一些修改的建議。他對這個議題的敏捷思考讓我可以敞開心胸。

Korner, Christian, and John A. Arnone. "Responses to Elevated Carbon Dioxide in Artificial Tropical Ecosystems." Science, 257; 18 September 1992.
告訴你封閉溫室中的二氧化碳去了哪裡。

Koza, John. Genetic Programming: On the Programming of Computers by Means of Natural Selection. The MIT Press, 1992.
柯扎比任何人都認真地用系統性的方法演化軟體。這本巨大的書是他實驗

細節和結果的紀錄。

Langreth, Robert. "Engineering Dogma Gives Way to Chaos." Science, 252; 10 May 1991.
關於工程師如何利用反混沌對抗混亂的震盪與傷害。

Langton, Christopher G., ed. Artificial Life. Addison-Wesley, 1987.
所有人工生命研究的開端。這是全世界第一個人工生命工作坊的紀錄。這些文章的廣度令人驚訝。

Langton, Christopher, et al, eds. Artificial Life II. Addison-Wesley, 1992.
新東西在這。最近人工演化與電腦中原型生命的模擬結果。獨創、深刻卻也非常好讀的一些論文。大概是這個書目裡最重要的一本書。

Lapo, Andrey. Traces of Bygone Biospheres. Synergetic Press, 1987.
用一種廣大，結合德日進「心智圈」與洛夫洛克「蓋亞」以及維爾納茨基活力論的生物神祕學方法對地球上的生命非常俄羅斯式的重新分類。很難讀，但是很有趣。

Laszlo, Ervin. Evolution, the Grand Synthesis. Shambhala, 1987.
對演化的變化在宇宙中的角色進行的新世紀的推測。我覺得自由自在的寫作風格和長遠視野頗為新鮮，雖然我不認為我有從中學到什麼東西。

Latil, Pierre de. Thinking by Machine: A Study of Cybernetics. Houghton Mifflin, 1956.
挖到寶了。這個法國作家對於回饋控制論有著我所看過最具洞察力，而且充滿新知的觀點。更令人驚訝的是這本書寫於 1956 年。多虧了他。

Layzer, David. Cosmogenesis: The Growth of Order in the Universe. Oxford University Press, 1990.
對我來說有些鬆散，但是他的確有一兩個我無法忽略的不尋常的想法。他提出「生殖不穩定性」是一個演化驅力的想法。

Lenat, Douglas B. "The Heuristics of Nature: The Plausible Mutation of DNA." Stanford Heuristic Programming Project, 1980, technical report HPP-

80-27.

最離經叛道，卻也最合理的達爾文演化的替代方案都扎實的包含在這份史丹佛電腦科學系出版的專業報導。

Leopold, Aldo. *Aldo Leopold's Wilderness: Selected early writings by the author of A Sand County Almanac.* Stackpole Books, 1990.

這本書傳播了利奧波德對於火在自然系統中的角色的想法，還有很多其他的重要概念。

Levy, Steven. *Artificial Life.* Pantheon, 1992.

一本極為好看的書，描述人造生命運動的發展與幾個值得紀念的中心思想和人物。

Lewin, Roger. *Complexity: Life at the Edge of Chaos.* Macmillian Publishing, 1992.

與目前將複雜性當作一門科學的中心人物的附注釋的訪談。不像沃爾德羅普同樣主題，或列維關於人造生命的書那樣深入或讓人滿意。這本書給出一個快速但淺顯的概覽，而且更偏向生物，而不是數學。我認為最好的部分是將有關方向或趨勢的問題以演化的方式解決。

Lightman, Alan, and Owen Gingerich. *"When Do Anomalies Begin?"* Science, 255; 7 February 1991.

有關科學的發展機制，發人深省的論文。

Lima-de-Faria, A. *Evolution without Selection: Form and Function by Autoevolution.* Elsevier, 1988.

一本困難的書。作者似乎有達到和考夫曼差不多的高度，但是藉由直覺和詩意的方法，而不是數學和科學。

Lipset, David. *Gregory Bateson: The Legacy of a Scientist.* Prentice-Hall, 1980.

貝特森對於所有複雜得很神祕的東西都很有興趣。這本關於他和他關心領域的傳記提示了一些能夠理解複雜性的地方：語言、學習、無意識，以及演化。

Lloyd, Seth. "The Calculus of Intricacy." The Sciences, October 1990.
在定義複雜度上我覺得最好的一本導論，另外，行文極為優雅。

Lovece, Joseph A. "Commercial Applications of Unmanned Air Vehicles." Mobile Robots and Unmanned Vehicles, 1, August-July 1990.
完整的商業自動機器人研發現況。

Lovelock, James. The Ages of Gaia: A Biography of Our Living Earth. W. W. Norton, 1988.
洛夫洛克藉本書中精湛的見解與論證推導他的蓋亞理論，並試著推測蓋亞過去的演化方式。

Lovtrup, Soren. Darwinism: The Refutation of a Myth. Croom Helm, 1987.
這本書詳盡描述了反達爾文主義的發展，在古今反達爾文主義人士的說法與批判中講起其他專家對達爾文主義的質疑。

Macbeth, Norman. Darwin Retried. Gambit Incorporated, 1971.
一場對達爾文進化論的公平審判，簡潔有力的挑出問題，但沒有嘗試提出替代理論。

Maes, Pattie. "How to do the Right Thing." Connection Science, 1; 3, 1989.
討論一種為了達成特定目標，會持續對該目標做出各種嘗試的機械智能演算法。

———. *"Situated Agents Can Have Goals." Robotics and Autonomous Systems, 6; 1990.*
解釋在一個有大量依簡單規則行動的機器人系統中，系統如何可能會自然趨向某種功能性目標。

Malone, Thomas W., Joanne Yates, and Robert I. Benjamin. "Electronic Markets and Electronic Hierarchies." Communications of the ACM, 30; 6, 1987.
協調合作技術的成本降低與普及化導致了經濟體從過去的階級式架構開始轉向市場網路結構，好論文一篇。

Mann, Charles. "Lynn Margulis: Science's Unruly Earth Mother." Science, 252; 19 April 1991.
記錄了一個主流進化論生物學家在讀了馬古利斯的著作後逗趣的反思。

Margalef, Ramon. Perspectives in Ecological Theory. The University of Chicago Press, 1968.
如何將生態系統儘量視為控制論系統。

Margulis, Lynn, and Rene Fester, eds. Symbiosis as a Source of Evolutionary Innovation: Speciation and Morphogenesis. The MIT Press, 1991.
內有許多探討互利共生關係的案例，有幾個章節重新審視了互利共生行為在演化上的意義。

Markoff, John. "The Creature That Lives in Pittsburgh." The New York Times, April 21, 1991.
關於「漫步者」，一台卡內基梅隆大學在匹茲堡製造的巨大六足步行機器人。

May, Robert M. "Will a Large Complex System be Stable?" Nature, 238; 18 August 1972.
一個早期的數學示範顯示，當系統的複雜度超出了某個臨界值，其複雜性將導致系統不穩定。

Mayo, Oliver. Natural Selection and its Constraints. Academic Press, 1983.
本書認真探討了在基因上受限會對天擇造成的影響。梅奧表示受限的基因會讓演化的道路變得狹窄。他也在書中談了些其他的假說，但沒有一個是能夠取代現有理論的。

Mayr, Ernst. Toward a New Philosophy of Biology. The Belknap Press of Harvard University Press, 1988.
邁爾是超級正統派的達爾文主義者。他既是新達爾文學說中現代演化綜論的創始人之一，也是其最忠實的擁護者。然而，他卻早了古爾德二十年提出破天荒的蹦移理論雛型，邁爾在本書中大力推廣極端而有凝聚力的基因受限。

Mayr, Otto. The Origins of Feedback Control. MIT Press, 1969.
從古老伺服機構講到現代的機械回授裝置，這是本好讀的歷史書，書中還有提到一個由作者父親所設計的系統。

———. *Authority, Liberty & Automatic Machinery in Early Modern Europe. John Hopkins University Press, 1986.*
描述控制系統的比喻如何影響著控制的技術發展，技術又怎麼的塑造了人對控制系統的比喻。

Mazlish, Bruce. The Fourth Discontinuity: The Coevolution of Humans and Machines. Yale University Press, 1993.
談仿生技術的趨同化與其哲學性代價的發展脈絡。如果這本書早些出版，我可能會從中借鏡不少；只可惜我這本書差不多都寫完了它才出版。

McCulloch, Warren S. "An Account of the First Three Conferences on Teleological Mechanisms." Josiah Macy, Jr. Foundation, 1947.
概括濃縮了前三次梅西會議的議題，講了許多有趣的事，直到他們碰巧踩到控制論。

McKenna, Michael, Steve Pieper, and David Zeltzer. "Control of a Virtual Actor: The Roach." Computer Graphics, 24; 2, 1990.
如何誘導一隻虛擬蟑螂在虛擬空間中向你設定的方向移動。

McShea, Daniel W. "Complexity and Evolution: What Everybody Knows." Biology and Philosophy, 6; 1991.
很妙的一篇，傳統上來說生物演化會導致複雜度不斷增加（大家都懂的常識），本文作者提出了自己反對這種說法的證據。

Meadows, Donella H., Dennis L. Meadows, et al. The Limits to Growth. New American Library, 1972.
羅馬俱樂部臭名昭彰的全球經濟與環境趨勢模擬。曾在 1970 年代廣遭嘲諷和批判。

Meadows, Donella H., Dennis L Meadows, and Jorgen Randers. Beyond

the Limits: Confronting global collapses, envisioning a sustainable future.
Chelsea Green Publishing, 1992.
1972 年暢銷書《增長的極限》的續集。

Metropolis, N., and Gian-Carlo Rota, eds. A New Era in Computation. The
MIT Press, 1992.
幾篇寫給普通人看的好論文，淺談平行運算對電腦科學，文化和我們的思
維造成的衝擊，並探討未來還可能有些什麼樣的影響。

Meyer, Jean-Arcady, and Stewart Wilson, eds. From Animals to Animats. The
MIT Press, 1991.
在收穫頗豐的適應性行為模擬會議上發表的論文集，收錄了有研究真實動
物行為的動物行為學家還有試圖在人工「活物」上合成行為的機器人學
家。

Meyer, Thomas P., and Norman Packard. "Local Forecasting of High
Dimensional Chaotic Dynamics." Center for Complex Systems Research, The
Beckman Institute, University of Illinois, 1991, technical report CCSR-91-1.
嘗試在複雜系統下做出「局部」預測的理論架構。

Midgley, Mary. Evolution as a Religion: Strange hopes and stranger fears.
Muthuen & Co, Ltd., 1985.
米雷在演化論中對於「信念」的哲學結果的思索，雖然有時成功有時失
敗，不過她提供了許多值得思考的議題。

Miller, James Grier. Living Systems. McGraw-Hill, 1978.
一部大部頭的書籍（一千一百頁的小號字體），描述關於生命系統如組織
等等的各種階層，子階層和次級子階層。可以把它想成一個包含所有生命
系統原始資料的書本。

Minsky, Marvin. The Society of Mind. Simon & Schuster, 1985.
在這 270 則易讀的單頁短篇中，明斯基對於心智社會呈現了一系列的想
法。裡面含著真正的禪意。每一頁都充滿令人驚奇、讓人思考的想法。每
當我在思考複雜系統的時候我就會回來讀它。就是此書最終引領了我寫了

自己這本書。

Modis, Theodore. Predictions. Simon & Schuster, 1992.
某種程度上有些古怪，儘管如此，在當作是科技預測的摘要上還是有它的用處。

Mooney, Harold A. Convergent Evolution in Chile and California. Dowden, Hutchinson & Ross, 1977.
本書點出了在兩個大陸間的一些平行生物型態。其主要以相似氣候這個主流論點來解釋此一相似性。並沒有提及內部主義者對於趨同演化論的替代性論點。

Morgan, C. Lloyd. Emergent Evolution. Henry Holt and Company, 1923.
非常早期但並不完美的論點試圖解釋演化中的劇變控制。

Moss, J. Eliot B. Nested Transactions: An Approach to Reliable Distributed Computing. The MIT Press, 1985.
層級系統的實際運用。

Motamedi, Beatrice. "Retailing Goes High-Tech." San Francisco Chronicle, April 8, 1991.
一個關於頂級零售商如何把密集網絡通訊運用在即時流行情報、存貨和製造上的故事。

Needham, Joseph. Science and Civilisation in China. Cambridge at the University Press, 1965.
古代中國人擁有相當精密的機械發明，而這一系列精彩的書籍記錄了每一個令人驚嘆的發明細節，感覺好像我們有個古漢人的智慧財產局一樣。

Negroponte, Nicholas P. "Products and Services for Computer Networks." Scientific American, September 1991.
麻省理工學院媒體實驗室主任所寫，關於我們可以預期會從無限超高頻寬網絡領域得到的東西。

Nelson, Mark. "Bioregenerative Life Support for Space Habitation and

Extended Planetary Missions." Space Biosphere Ventures, 1989.
提出太空永續殖民的可行想法的早期嘗試。

Nelson, Mark, and Gerald Soffen, eds. Biological Life Support Systems. Synergetic Press, 1990.
1989 年關於以封閉生態體系作為人類太空維生系統的工作坊的會議紀錄。工作坊於美國太空總署的生物圈 2 號地點舉行。內容相當工程但也非常豐富。

Nelson, Mark, and Tony L. Burgess, et al. "Using a closed ecological system to study Earth's biosphere: Initial results from Biosphere 2." BioScience, April 1993.
生物圈 2 號員工在第一年過後對於在生物圈 2 號的科學實驗的描述。對於這個冷僻的主題而言，它擁有絕佳的參考書目。

Nitecki, Matthew H., ed. Evolutionary Progress. University of Chicago Press, 1988.
生物學家並不知道該怎麼處理定向演化這個想法。在這個後現代的時代，領頭的演化論學者，哲學家，和生物史學家不斷爭論於這個概念，並且最後得出了矛盾的結果。幾位之中的學者認為這個概念是「有害的，有特定文化殖入的，不可測試的，不可運作的，並且難駕馭的」。而那些認為定向演化存在的專家們對此不以為然。這是一部發人深省的論文集。

O'Neill, R. V. A Hierarchical Concept of Ecosystems. Princeton University Press, 1986.
針對時下生態學最新潮的話題：一個把群落理解為在各個階層有不同動態的層系架構的新思維。在確立未來值得探索的問題的方面做得很好。

Obenhuber, D. C., and C. E. Folsome. "Carbon recycling in materially closed ecological life support systems." BioSystems, 21; 1988.
在封閉生態球下的碳足跡量測方法。

Odum, Eugene P. Ecology and Our Endangered Life-Support Systems. Sinauer Associates, 1989.

由把能量計算變成一門學科的那個人來帶大家快速的認識什麼是生態科學。

Olson, R. L., M. W. Oleson, and T. J. Slavin. "CELSS for Advanced Manned Mission." HortScience, 23(2); April 1988.
一篇來自「地外作物生產」討論會的論文。是一個關於美國太空總署封閉系統實驗的不錯的概要。

Pagels, Heinz R. The Dreams of Reason: The Computer and the Rise of the Sciences of Complexity. Bantam, 1988.
本書以豐富的洞見帶大家檢視複雜的電腦是如何讓世界的複雜性被看見。

Parisi, Domenico, Stefano Nolfi, and Federico Cecconi. "Learning, Behavior, and Evolution." In Proceedings of the First European Conference on Artificial Life, The MIT Press, 1991.
基於神經網絡下對於加速演化理論中學習行為所扮演的角色的探討。

Pattee, Howard H. Hierarchy Theory: The Challenge of Complex Systems. George Braziller, 1973.
這本書包含了 20 年前所有（但不是很多）關於層級系統的知識。作者提到了一些直到今天都還無法回答的問題。簡單來說，我們到目前仍然無法理解控制的層級是怎麼運作的。

Pauly, Philip J. Controlling Life: Jacques Loeb & the Engineering Ideal in Biology. University of California Press, 1987.
一部學者傳記描述這個人如何讓科學界把生物有機體視為機械結構。

Pimm, Stuart L. "The complexity and stability of ecosystems." Nature, 307; 26 January 1984.
嘗試解答在生態系統內的複雜度與穩定度之間的關聯。

———. The Balance of Nature? University of Chicago Press, 1991.
皮姆將食物網視為控制論的迴路，並且從模擬與真實生物網中都得到了有關生態近十年來最新的結論。

Pimm, Stuart L., John H. Lawton, and Joel E. Cohen. "Food web patterns and their consequences." Nature, 350; 25 April 1991.
一篇極富知識性的回顧論文，探討目前生態食物網的系統觀點所知的一切。

Pines, David, ed. Emerging Syntheses in Science. Addison-Wesley, 1988.
標示複雜性的新科學的一批兼容並蓄的論文集。這個選集裡最佳的一些論文來自聖塔菲研究所，專注於複雜度本身的問題。

Porter, Eliot, and James Gleick. Nature's Chaos. Viking, 1990.
這份埃利奧特・波爾特精美的全彩地形攝影搭配著詹姆士・格萊克優美的科學散文。兩者都在這本巨大的書裡讚頌自然中充滿或大或小細節、有秩序的複雜現象。

Poundstone, William. Prisoner's Dilemma. Doubleday, 1992.
除了告訴你比你想要知道的還要多，關於「囚徒困境」的事，這本書也將那個遊戲帶入智庫的歷史與軍備競賽中博弈理論的應用。書中也提到約翰・馮諾伊曼在博弈理論與冷戰當中的角色。

Powers, William T. Living Control Systems. The Control Systems Group, 1989.
一個控制工程師對於生物系統中各類控制迴路的觀點。

Prusinkiewicz, Przemyslaw, and Aristid Lindenmayer. The Algorithmic Beauty of Plants. Springer-Verlag, 1990.
數字化的植物。

Pugh, Robert E. Evaluation of Policy Simulation Models: A Conceptual Approach and Case Study. Information Resources Press, 1977.
評估了如「增長的極限」之類的世界經濟模型。

Raup, David M. Extinction: Bad Genes or Bad Luck? W. W. Norton, 1991.
本書標題提出了一個很好的問題。這位聲名卓著的古生物學家覺得壞基因與壞運氣都導致了物種的滅亡，但是「大部分滅絕的原因都是運氣問

題」。他也提出了他的證據。

Reid, Robert G. B. Evolutionary Theory: The Unfinished Synthesis. Croom Helm, 1985.
這是我目前看到有關演化理論的書中最有趣的一本。其他書或許可以對新達爾文主義提出更完整全面的批評，但是沒有一本能像這本一樣提出一個後達爾文主義的觀點。作者不怕鑽研非生物學的研究，讓他對演化的看法更完整，但是他主要還是專注於生物性的事實。我最推薦這本書。

Rheingold, Howard. Tools for Thought. Prentice Hall Books, 1985.
副標：「拓展思維的科技的歷史與未來」，這本極富知識性，非常新穎的編年史講述了電腦如何變成個人電腦、這個轉變背後的那些先知，還有這項轉變的社會意義與對文化的影響。我推薦這本書作為目前最好的電腦歷史書。

Ricklefs, Robert E. Ecology. Chiron Press, 1979.
這本生態學教科書清晰、深入而且文筆優雅，充滿作者個人洞察，讓他與大部分過於簡潔呆板及僵化的生態教科書區別。

Ridley, Mark. The Problems of Evolution. Oxford University Press, 1985.
這裡有一些從新達爾文主義內部觀察，關於新達爾文主義的一些麻煩問題。

Roberts, Peter C. Modelling Large Systems. Taylor & Francis, 1978.
主要在談從縮小的大系統中得到有意義的結果時所遇到的困難。

Robinson, Herbert W., and Douglas E. Knight. Cybernetics, Artificial Intelligence, and Ecology. Spartan Books, 1972.
介紹控制論思考，並提出一些有用想法。

Root, A. I., ed. The ABC and XYZ of Bee Culture. A. I. Root Company, 1962.
流傳百年，給新手養蜂人，關於養蜂文化傳說的一部不朽的百科全書。最後一次更新於 1962 年。

Rosenfield, Israel. The Invention of Memory. Basic Books, 1988.

對大腦非局部記憶的探查觀點。也是對傑拉爾德‧埃德爾曼（Gerald Edelman）那富爭議的「神經達爾文主義」（腦中思想的天擇）的長篇前言。

Sagan, Dorion. Biospheres: Metamorphosis of Planet Earth. McGraw-Hill, 1990.
對於生物圈的科學推測──作為「蓋亞」延伸的人類居地。

Salthe, Stanley N. Evolving Hierarchical Systems: Their Structure and Representation. Columbia University Press, 1985.
我不會說我完全理解了這本書，不過這本書對於將演化視為在不同層面上的離散工作極具啟發性。

Saunders, Peter T. "The complexity of organisms." In Evolutionary Theory: Paths into the Future, Pollard, J. W., ed. John Wiley and Sons, 1984.
作者認為複雜性是由自我組織中而不是從天擇中產生的。

Schement, Jorge Reina, and Leah A. Lievrouw. Competing Visions, Complex Realities: Social Aspects of the Information Society. Ablex Publishing, 1987.
對於通訊網路作為社會結構的一些想法。

Schneider, Stephen, H. Penelope, and J. Boston, eds. Scientists on Gaia. The MIT Press, 1991.
這個合集裡有些論文比其他更為有力，但他們全都在以科學而非詩意的角度來描述「蓋亞」。我覺得那些關心「蓋亞」定義的論文收穫最大。

Schrage, Michael. Shared Minds: The New Technologies of Collaboration. Random House, 1990.
在網路社會中，合作的工具變得重要，也開始能產出財富。作者報導了最新網路技能的一些近期研究。

Schull, Jonathan. "Are species intelligent?" Behavioral and Brain Sciences, 13; 1, 1990.
學習和演化之間的類比至少和演化這個概念本身差不多古老，作者想藉此

用思考的架構探討物種。他的想法遭受到認知科學家和演化學家的批評。

Schulmeyer, G. Gordon. Zero Defect Software. McGraw-Hill, 1990.
對零缺點這項有爭議的概念的導論。我認為這本書的內容是建構可靠複雜系統的其中一種方法。

Scientific American, eds. Automatic Control. Simon and Schuster, 1955.
這份早期《科學人》雜誌有關控制論式控制的選集主要是為了歷史研究，探討自動系統對一段時間（1940 年代晚期）的社會的影響，當時世界上只有一台電腦。

Simon, Herbert A. The Sciences of the Artificial. The MIT Press, 1969.
這本小書裡塞了很多建構複雜系統所要知道的很多基本常識。他也提供了一些模擬的角色和意義的罕見觀點。

— ——. Models of My Life. Basic Books, 1991.
一本平淡的自傳，關於 20 世紀最後一位在各方面都學識淵博的人的非凡人生。在他的閒暇時間裡，他協助發展了人工智慧的領域。

Slater, Philip. "Democracy is Inevitable." Harvard Business Review, September/October 1990.
我在這份具啟發性的論文中最喜歡的論述：「任何社會系統在長期變化的環境中，為求生存，會將民主作為一個功能性必要品。」

Smith, Reid G. A Framework for Distributed Problem Solving. UMI Research Press, 1981.
於分布式環境中作業之程序的通用計算機科學概論。

Smith, John Maynard. Did Darwin Get it Right? Essays on Games, Sex and Evolution. Chapman and Hall, 1989.
以公平與明智的方式處理目前進化生物學中的爭議。

Sober, Elliott. The Nature of Selection: Evolutionary Theory in Philosophical Focus. The University of Chicago Press, 1984.
這是一本令人印象深刻的書。內容則是對進化論的哲學式考察，始於對新

達爾文主義根植於一個矛盾、即「適者生存是一種同義反覆」的常態批評。Sober 闡明了這種因果關係的難題，接著將進化論解釋成為一種邏輯體系。任何從事與計算機發展相關工作之人都不該錯過他的作品。

Sonea, Sonrin and Maurice Panisset. A New Bacteriology. Jones and Bartlett, 1983.
這裡的「新」是一種觀點，不再將細菌視為原始且獨立的，而是一種在全世界迅速傳播遺傳變化的超級生物。

Spencer, Herbert. The Factors of Organic Evolution. Williams and Nograte, 1887.
在達爾文時代，哲學家赫伯特・史賓塞對於進化意義概念的普及造成了巨大的影響。如同書中所述，進化是漸進的，並由內在導向改進及完善等等。

Stanley, Steven. "An Explanation for Cope's Rule." Evolution, 27; 1973.
生物進化中少見可被接受的趨勢之一──生物體型的增加──被揭穿。

———. The New Evolutionary Timetable. Basic Books, 1981.
慎選出了比個體還更大的單位並發表了宏觀進化論的長期方向，然而並沒有強而有力的結論。

Steele, E. J. Somatic Selection and Adaptive Evolution: On the Inheritance of Acquired Characters. University of Chicago Press, 1979.
免疫學家泰德・斯蒂爾在實驗者自己的話中提出了具爭議性的實驗，他聲稱以近親品系小鼠證實了拉馬克的進化論。然而斯蒂爾的實驗並沒有被證實。

Stewart, Ian. Does God Play Dice? Basil Blackwell, 1989.
關於混沌和動力系統的技術性見解，比起格萊克的「混沌」還要更佳的書籍。斯圖爾特並沒有格萊克的敘事天賦，但他確實以大量的圖表、插圖和一些數學更深入的探討了原因及方法。

Stewart, Thomas A. "Brainpower." Fortune, June 3, 1991.

關於知識在為公司創造財富方面所扮演之角色的文章。我以「網路經濟學」這個專有名詞稱之。

Symonds, Neville. "A fitter theory of evolution?" New Scientist, 21 September 1991.
以非科學專業術語得到大腸桿菌湯中的「拉馬克式」進化的結論。

Tainter, Joseph A. The Collapse of Complex Societies. Cambridge University Press, 1988.
我並不認同作者的基本宗旨,即日漸複雜的收益下降會導致穩定的文明崩潰,但是他的論點值得回顧。

Taylor, Gordon Rattray. The Great Evolution Mystery. Harper & Row, 1982.
泰勒將進化論視為一個未解之謎,並試圖解釋傳統的達爾文式解釋以及對這些解釋的常見質疑。他是最容易令人理解反達爾文主義的書籍,雖然實際對反達爾文主義的懷疑論者需要藉由其良好的參考書目以進一步獲得具說服力的細節。

Thompson, D'Arcy. On Growth and Form. Cambridge University Press, 1917.
一個對於生活中型態的影響無處不在的經典提醒。

Thompson, John. Interaction and Coevolution. Wiley & Sons, 1982.
共同進化中最新之思考,證據及分析的堅實綱要。

Thompson, Mark. "Lining the Wild Bee." In Fire Over Water, Williams, Reese, ed. Tanam Press, 1986.
一個把頭埋進野蜂圈裡的人,以及那些撰寫有關蜂與巢之涵義的故事。

Thomson, Keith Stewart. Morphogenesis and Evolution. Oxford University Press, 1988.
一個耶魯的異端團體(「異教徒」)對進化論相當令人耳目一新且完全不合邏輯的看法。湯普森認為內部的約束力決定了物種進化和「集群」中的「主題」。強力推薦的好讀物。

Thorpe, Col. Jack. "73 Easting Distributed Simulation Briefing." Institute for Defense Analyses, 1991.
模擬波灣戰爭東 73 戰役的勝利對往後軍事模擬之影響的執行摘要。

Tibbs, Hardin. "Industrial Ecology." Arthur D. Little, 1991.
此工業顧問的白皮書是一個對於全面的工業生態學的初步構想。

Todd, Stephen, and William Latham. Evolutionary Art and Computers. Academic Press, 1992.
除了以華麗的色板呈現了威廉・拉薩姆進化性生成的藝術形式之外，本書亦兼具計算機科學和圖像背後哲學的技術手冊的角色。

Toffler, Alvin. PowerShift. Bantam Books, 1990.
未來派托夫勒頗具說服力的猜想，一個網路聯繫的社經中預測的趨勢。

Toffoli, Tommaso, and Norman Margolus. Cellular Automata Machines: A New Environment for Modeling. The MIT Press, 1987.
透過利用簡單的規則建造微小的宇宙來探討創世。這是關於細胞自動機最全面的一篇文章。

Travis, John. "Electronic Ecosystem." Science News, 140; August 10, 1991.
對於湯姆　雷的人造演化系統「地球」的背景描述與介紹。

Vernadsky, Vladimir. The Biosphere. Synergetic Press, 1986.
首先出版（並被忽略）於西元 1926 年的這篇俄羅斯專題論文，直到最近才在西方得到關注。這是一篇半科學半詩詞性，對蓋亞理論，也就是地球與生命為一的生命共同體的預告。

Vernon, Jack A. Inside the Black Room. Clarkson N. Potter, Inc., 1963.
維農早期的對於赫布在麥基爾大學最初的感官阻絕實驗的追蹤實驗。維農五零年代末期在普林斯頓大學心理大樓地下室的隔音室中進行實驗。

Vrba, Elisabeth S., and Niles Eldredge. "Individuals, hierarchies, and process: towards a more complete evolutionary theory." Paleobiology, 10; 2, 1984.

自然階級的本質可能是大規模演化模式（巨觀演化）是一個直覺概念。這篇論文為上述概念提供了初步的解釋。

Waddington, C. H. *The Strategy of the Genes. George Allen & Unwin Ltd*, 1957.
給予理論生物學尊重的一本書。沃丁頓推敲基因對於進化的影響，並且討論了鮑德溫效應。

Waddington, C. H., ed. *Towards a Theoretical Biology. Aldine Publishing*, 1968.
生物學鮮少有超過一個例子可以研究，因此這個學門不斷探求著新的理論。這幾篇論文來自於沃丁頓所舉辦的多場難忘的研討會，為了在研究生物體的過程中開啟一個更系統性的觀點。這些「沃丁頓研討會」在後達爾文時代的學界有著傳奇般的地位。

Wald, Matthew L. *"The House That Does Its Own Chores." The New York Times, December 6, 1990.*
報導亞特蘭大第一棟示範智慧房屋的開幕。

Waldrop, M. Mitchell. *Complexity: The Emerging Science at the Edge of Order and Chaos. Simon & Schuster, 1992.*
著名的著作，闡述聖塔菲研究所對於複雜適應性系統的觀點。關於經濟學家布萊恩・亞瑟與生物學家史都華・考夫曼的不錯的內容。瓦爾德羅普的這本書比起另一本羅格・李文所著之同名書籍更好，因為它有更多解釋，並且嘗試結合了各種意見。

Warrick, Patricia S. *The Cybernetic Imagination in Science Fiction. The MIT Press, 1980.*
科幻擴大了控制論可能性的想像空間，而後真正科學即可填補這個空間。

Weinberg, Gerald M. *An Introduction to General Systems Thinking. John Wiley & Sons, 1975.*
有助於理解「整體思考」的入門課程。

Weinberg, Gerald M., and Daniela Weinberg. General Principles of System Design. Dorset House Publishing, 1979.
這或許是現代控制論寫得最好的一本書。在教室中也管用因為書中包含模空學的習題。

Weiner, Jonathan. The Next One Hundred Years. Bantam Books, 1990.
將地球視為一個封閉系統的一篇報導性調查。

Weintraub, Pamela. "Natural Direction." Omni, October 1991.
關於霍爾與凱因斯對於細菌中定向突變的相當可讀且可靠的研究。

Weiser, Mark. "The Computer for the 21st Century." Scientific American, September 1991.
或許會需要一段時間，但我相信這篇文章總有一天會被視為探討電腦在我們日常生活將扮演角色時的發想源頭。

Wesson, Robert. Beyond Natural Selection. MIT Press, 1991.
大部分只是些非適應派演化學證據，舉例的繁瑣紀錄。在一些時候抓準了一切的「所以呢？」的精髓。我的一些關鍵構想歸功於已故的作者。

Westbroek, Peter. Life as a Geological Force. W. W. Norton, 1991.
一位地質學家親自講述生命形塑石頭的證據。

Wheeler, William Morton. Emergent Evolution: and the development of societies. W. W. Norton & Company, 1928.
一本早期，單薄（事實上是篇論文）關於整體論的篇章。

Whyte, Lancelot Law. Internal Factors in Evolution. George Braziller, 1965.
一回有憑據又大膽的，對於基因體內部選擇的猜想。具可讀性而且發人深思。

Wiener, Norbert. Cybernetic, or control and communication in the animal and the machine. John Wiley, 1961.
所有控制論論述的起源。除了前言，出奇的專業與數學性。但是值得鑽研。

Wilson, Edward O. The Insect Societies. Harvard University Press, 1971.
不可或缺的一本驚奇，見解卓越，清楚明晰的科學書。網路思維必須的沉思。

Wright, Robert. Three Scientists and Their Gods. Times Books, 1988.
對於三個追求資訊統一論的世界級思想家有非常精闢的剖析。作者在完整系統和複雜度這方面有很多想法。非常推薦。在寫完我自己的書後重新閱讀這本書，我發現它大概就精神和範圍上是最接近我的書的。

Yoshida, Atsuya, and Jun Kakuta. "People Who Live in an On-line Virtual World." IEEE International Workshop on Robot and Human Communication, technical report 92TH0469-7; 1992.
一篇相當透徹的，對於日本富士通「Habitat」虛擬網路世界的使用者，以及玩家如何使用這個世界的調查。

Zeltzer, David. "Autonomy, Interaction and Presence." Presence: Teleoperators and Virtual Environments, 1; 1, 1992.
判定了自主性與控制為虛擬實境網路三軸心其一。（另外兩軸心為互動程度與臨場感）

Zorpette, Glenn. "Emulating the battlefield." IEEE Spectrum, September 1991.
探討模擬在戰爭中的新穎與逐漸顯著的角色的報告，自工程師口中親述。

Zubek, John P., ed. Sensory Deprivation: Fifteen years of research. Meridth Corporation, 1969.
一系列整理感官阻絕研究的學術文章的手冊，涵蓋到西元 1969 年，也就是這個題目風行的時候。感官阻絕與催眠所造成的效應同樣難以捉模，並且隨著指向不一的證據堆積，這個領域的一切希望也跟著蒸發。

Zurek, Wojciech H., ed. Complexity, Entropy and the Physics of Information. Addison- Wesley, 1990.
一些定義複雜度的嘗試。

Cybernetics. Josiah Macy, Jr. Foundation, 1953.
包含一系列梅西會議的逐字稿，其中包含艾許比介紹她的穩態機器時，充
滿驚奇的精彩對談。

Self-Organizing Systems. Pergamon Press, 1959.
一場由有名氣的一群控制論先驅者舉行的盛大研討會的驚奇會議手冊。每
一篇論文結尾收錄問答討論的詳盡紀錄，也就是真正學習發生的時候。其
他書怎麼都沒有這種做法。

Transactions of the 9th Conference on Cybernetics. Josiah Macy, Jr.
Foundation, 1952.
對於生物與機械系統中控制起源，幾乎不會過時的精彩討論。

中英對照及索引

天生

人物

6-10 畫

植物／真菌／微生物

1-5 畫

人造

機器人

1-5 畫

小蟲機器人　Gnatbots　95

尺蠖機　Inchworm Machine　58

6-10 畫

成吉思　Genghis　71-73, 86, 94-95, 98, 621

亞倫（機器人）　Allen (Robot)　70

迴轉利嘴機　Rotary Mouth Machine　58

11-15 畫

啄步機　Walk-And-Peck Machine　58

傑瑞（機器人）　Jerry (Robot)　70

微型漫遊者　Microrovers　69

搜集狂機器人　"Collection Machine"　74

「蜂群之群」機器人　Swarmers Machines　62

漫步者　Ambler Walking Machine　66-69, 88

衝擊波加農砲　Shockwave Cannon　62

16 畫以上

機器跳蚤　Fleabots　86

螺絲錐投機　Screw Throwbot Machine　60

羅比（機器人）　Robbie　65, 456, 493-494

鑽頭機　drill bit　59-60

生態系

史坦哈特水族館　Steinhart Aquarium　203-204

生物圈 2 號　Biosphere 2　18, 222-235, 237-246, 248-257, 259-260, 279, 524, 531, 710

生物圈 3 號　Bios-3　216-217, 219, 222

生物圈 J　Biosphere J　257

技術與程式

1-5 畫

6-10 畫

11-15 畫

理論

16 畫以上

會議

計畫、實驗與行動